DER TECHNISCHE BETRIEBSWIRT LEHRBUCH 1

Lehrbuch 1

Dipl.-Ökonomin Elke-H. Schmidt M. A.
Dipl.-Betriebswirt Jens K.-F. Kampe
Dipl.-Wirtschaftschemiker Gerhard Tolkmit

Zusammengestellt von Elke-H. Schmidt

Der Technische Betriebswirt

Lehrbuch zur Weiterbildung
Technische Betriebswirtin
Technischer Betriebswirt

Arbeitsmethodik
Volks- und Betriebswirtschaft
Rechnungswesen
Finanzierung und Investition

Zehnte, überarbeitete Auflage

FELDHAUS

Zur Sparte »Technischer Betriebswirt« im FELDHAUS VERLAG gehören:

»Der Technische Betriebswirt« **Lehrbuch 1**
»Der Technische Betriebswirt« Lehrbuch 2
»Der Technische Betriebswirt« Lehrbuch 3
»Der Technische Betriebswirt« Arbeitsbuch

Die Verfasser und ihre Buchabschnitte in Lehrbuch 1

Jens K.-F. Kampe	2.4; 2.5; 3.2; 3.4
Elke-H. Schmidt	Arbeitsmethodik; 1.7.3; 1.7.4; 2.1–2.3; 2.6; 3.1; 3.3; 3.5
Gerhard Tolkmit	1.1–1.7.2

ISBN 978-3-88264-522-4

FELDHAUS VERLAG GmbH & Co. KG
Postfach 73 02 40
22122 Hamburg
Telefon +49 40 679430-0
Fax +49 40 67943030
post@feldhaus-verlag.de
www.feldhaus-verlag.de

Satz und Gestaltung: FELDHAUS VERLAG, Hamburg
Umschlaggestaltung: Reinhardt Kommunikation, Hamburg
Druck und Verarbeitung: WERTDRUCK, Hamburg

Bibliografische Information der Deutschen Nationalbibliothek
Die Deutsche Nationalbibliothek verzeichnet diese Publikation in der Deutschen Nationalbibliografie; detaillierte bibliografische Daten sind im Internet über http://dnb.d-nb.de abrufbar.

Vorwort

Vor mehr als zehn Jahren wurde der Weiterbildungsabschluss »Technischer Betriebswirt«[1] aus der Taufe gehoben – damals noch mit dem Zusatz »IHK« und auf Basis »Besonderer Rechtsvorschriften« einzelner Kammern. Ende der neunziger Jahre wurden bundeseinheitliche Prüfungen eingeführt und in 2004 trat eine bundeseinheitliche Rechtsverordnung in Kraft.

Seitdem heißt der Abschluss »Geprüfte Technische Betriebswirtin/Geprüfter Technischer Betriebswirt« – neu ist aber nicht nur die Bezeichnung, sondern auch inhaltlich hat sich etliches verändert. Die wesentliche Neuerung betrifft die **Handlungsbereiche** und die in ihnen enthaltenen **Qualifikationsschwerpunkte** im Prüfungsteil B »Management und Führung«. Die Inhalte dieser Handlungsbereiche fließen in neuer Form in die Prüfungen ein: Waren sie bisher mehr oder weniger isoliert abgeprüfte »Fächer«, bei denen wenig bis gar nicht über die Ränder des Fachs geschaut wurde, werden heute **»Situationsaufgaben«** gestellt, deren Lösung den Rückgriff auf Kenntnisse und Kompetenzen aus allen Handlungsbereichen erfordert.

Die drei Lehrbücher lehnen sich an die Struktur der Rechtsverordnung und den Rahmenplan des Deutschen Industrie- und Handelskammertages (DIHK); in einigen Fällen sind die Autoren aus didaktischen Gründen davon abgewichen oder haben durch zusätzliche Themen die Stoffsammlung ergänzt.

Mehr denn je verbindet der Technische Betriebswirt in idealer Weise die bei dieser Zielgruppe vorhandene technische Vorbildung mit fundiertem betriebswirtschaftlichem Wissen, das zur Übernahme von Führungsaufgaben besonders an den Schnittstellen von technischen und kaufmännischen Bereichen befähigt. Weit über 20.000 Menschen haben sich der Prüfung bereits erfolgreich unterzogen, was man als eindrucksvollen Beweis für den Stellenwert dieser Weiterbildung werten sollte.

Die Autoren der – sorgfältig koordinierten[2] – Buchbeiträge sind sowohl durch ihre Unterrichtserfahrung in der Erwachsenenbildung und Mitwirkung in regionalen IHK-Fortbildungs-Prüfungsausschüssen »Technischer Betriebswirt« als auch durch ihre tägliche berufliche Praxis ausgewiesen. Das Ergebnis ihrer Zusammenarbeit ist ein Lehrwerk, das sich besonders für den unterrichtsbegleitenden Einsatz eignet: Es behandelt den gesamten prüfungsrelevanten Stoff in der von der DIHK-Lernzieltaxonomie jeweils geforderten Intensität.

Die zehnte Auflage wurde gründlich durchgesehen und, wo notwendig, überarbeitet.

Autoren, Koordinatorin und Verlag wünschen viel Erfolg mit dem Lehrwerk!

1) Mit der männlichen Form sind selbstverständlich stets auch die Betriebswirtinnen angesprochen – wie bei allen anderen Berufsbezeichnungen oder Funktionsträgern in diesem Buch ebenfalls.

2) Kritik und Anregungen sind willkommen und können auch direkt an die Koordinatorin des Autorenteams gerichtet werden: mail@elkeschmidt.de

Inhaltsverzeichnis LEHRBUCH 1:

Arbeitsmethodik

A Grundlagen wirtschaftlichen Handelns und betrieblicher Leistungsprozess

Inhaltsübersichten zu den Lehrbüchern 2 und 3 befinden sich am Ende dieses Buches.

Arbeitsmethodik

Die Bedeutung der Arbeitsmethodik oder »Lernen zu lernen«

Die Lernpsychologie, die »Lehre vom Lernen«, definierte das Lernen lange Zeit als »Aneignung von Kenntnissen« und damit als reine »Kopfarbeit«. Lernen galt als Gedächtnisleistung, und der Lernprozess bestand in der bloßen Übernahme verbal dargebotener Informationen. Aus dieser Anschauung erklärt sich die traditionelle Form des Unterrichts als Vortragsveranstaltung, in der ein »Wissender« den (noch) Unwissenden sein Wissen darbietet mit der Zielsetzung, dass sich dieses in den Köpfen seines Auditoriums dauerhaft festsetzen möge.

Spätestens seit den Versuchen des russischen Physiologen PAWLOW ist jedoch nachgewiesen, dass Lernen mehr ist als bewusstes und gezieltes Aufnehmen von Informationen. Das berühmte Experiment mit dem Hund, der solange sein Futter unter gleichzeitigem Läuten einer Glocke dargeboten bekam, bis er auf das alleinige Anschlagen der Glocke mit Speichelfluss reagierte, verdeutlicht den Lernprozess vielmehr als eine Verkettung von Reizen (Glockenton) und Reaktionen (Speicheln). Die Lernpsychologie bezeichnet diesen Vorgang der erlernten Verknüpfung von Reizen und Reaktionen als **»Konditionierung«.** In diesem Sinne erzeugt Lernen eine dauerhafte Verhaltensänderung aufgrund von Erfahrungen, die auf vielfältige Art erworben und gefestigt werden können. Lernprozesse vollziehen sich häufig unbewusst und unbeabsichtigt, sehr oft auch gegen den Willen des Lernenden oder des Lehrenden. Sie erstrecken sich sowohl auf motorische Fertigkeiten als auch auf soziale Verhaltensmuster, auf abstrakte, theoretische Informationen ebenso wie auf – gute oder schlechte – Angewohnheiten.

Gegenstand der folgenden Betrachtungen sollen Methoden des gewollten, zielorientierten Lernens sein, das in unserer modernen Gesellschaft, die von Lernpsychologen gern als »learning society« (so MCCLUSKY 1971) bezeichnet wird, für jedes Lebensalter von besonderer Bedeutung ist. Galt früher die Anschauung, dass das Lernen für das Leben im Kindes- und Jugendalter stattfinde und spätere Lebensphasen vom einmal Gelernten profitieren könnten, so hat sich heute die Erkenntnis der Notwendigkeit des **lebenslangen Lernens** durchgesetzt. Ursache hierfür ist der in unserer Industriegesellschaft beschleunigte technische und soziale Fortschritt und die hierdurch notwendige Anpassung an geänderte Lebens- und Arbeitsbedingungen.

Die lange von der Lernpsychologie vertretene These, wonach die Lernfähigkeit eines Menschen allein vom Lebensalter abhänge und mit zunehmendem Alter mehr und mehr abhanden komme, ist inzwischen abgelöst von der Erkenntnis, dass auch soziale Faktoren wie Herkunft, Bildung und Berufsausübung einen erheblichen Einfluss auf den Lernerfolg des erwachsenen Menschen ausüben. Jedoch bestehen den Untersuchungen der Lernforschung zufolge zwischen dem Lernen im Kindesalter und dem Lernen des erwachsenen Menschen erhebliche Unterschiede:

- Mit zunehmendem Lebensalter geht die Fähigkeit, sinnlose Lerninhalte zu behalten, zurück, während die Lernleistungen bei sinnvollem (d. h. durch Einsicht erfassbarem) Material altersunabhängig sind.
- Die Auffassungsgabe ist beim jüngeren Menschen ausgeprägter als bei höherem Lebensalter. Das Tempo der Lernstoff-Darbietung muss daher in der Erwachsenenbildung im Vergleich zur Unterweisung Jugendlicher zurückgenommen werden.

- Ältere Lernende benötigen meist mehr Wiederholungen des Lerninhaltes zu dessen Beherrschung als jüngere Menschen.
- Lerndefizite älterer Menschen erklären sich häufig aus fehlender Lerntechnik (z. B. wird die Verknüpfung von Lerninhalten durch »Eselsbrücken« mit steigendem Alter abgelegt).

Besonders aus dem letztgenannten Aspekt ergibt sich für den erwachsenen Lernenden die Notwendigkeit, sich vor der Hinwendung zum eigentlichen Lernstoff mit der Technik des Lernens auseinanderzusetzen, gewissermaßen also »das Lernen zu lernen«. Hilfen hierzu bieten die von der modernen Lernpsychologie entwickelten und empirisch erforschten Methoden, Informationen zu sammeln, lerngerecht aufzubereiten und zu verarbeiten.

Von diesen Techniken der Arbeitsmethodik, aber auch von denjenigen der **Gliederung** und schriftlichen **Wiedergabe** eines Sachverhalts sowie von den speziellen Aspekten der **Gruppenarbeit** soll im Folgenden die Rede sein. Ein gesonderter Abschnitt ist den Grundlagen der **Sprech- und Redetechnik** gewidmet.

Im Mittelpunkt aller Betrachtungen steht der Mensch in der Lernsituation.

Aufnahme und Verarbeitung von Lerninformationen

Lernen ist, im Nachhinein betrachtet, nur dann geglückt, wenn die aufgenommene Information zu einem späteren Zeitpunkt aus dem Gedächtnis abgerufen und richtig wiedergegeben werden kann. Voraussetzung hierfür ist eine systematische und gründliche Verarbeitung des Lernstoffes. Selbstverständlich ist es äußerst sachdienlich, wenn der Lernende dem Lernstoff Interesse abgewinnen kann; auch ist es erforderlich, dass die aufzunehmende Information nicht nur »eingepaukt«, also auswendig gelernt, sondern vor allem verstanden wird. Interesse und Begreifen allein genügen jedoch nicht; vielmehr bedarf es der Anwendung verschiedener Techniken bei der richtigen **Verarbeitung** der Lerninhalte.

Im Folgenden einige Vorschläge zum »richtigen« Lernen:

- **Lernzeit planen:** Nahezu jeder kennt aus der Schulzeit das Gefühl der Ohnmacht, das einen Examenskandidaten vor der Prüfung angesichts einer unüberschaubaren Fülle an unbewältigtem Lernstoff befällt. Unbestritten ist ein kontinuierliches Lernen vorteilhafter und stressfreier als jeder Gewaltakt. Hilfreich ist ein Terminkalender (am besten als Wandkalender), in den alle anstehenden Prüfungstermine, aber auch alle diejenigen Termine, an denen ein Lernen wegen anderweitiger Verpflichtungen unmöglich ist, eingetragen werden. Mit seiner Hilfe lassen sich Lernaktivitäten auf längere Zeiträume verteilen und so auf Prüfungs- oder Klausurtermine abstimmen, dass Engpässe und Versäumnisse vermieden werden.

  Auch die einzelnen Lerntage wollen geplant sein: Viele Menschen ermüden, wenn sie sich stundenlang mit der gleichen Thematik beschäftigen. Vor Klausuren wird dies kaum zu vermeiden sein, aber in prüfungsfreien Zeiten empfiehlt es sich, Abwechslung in den Lernalltag zu bringen. Es ist günstig, sich für jeden Lernabschnitt mehrere, möglichst nicht ähnliche Fächer vorzunehmen und sich für jedes Fach ein **Etappenziel** zu setzen. Dieses kann in der Lösung einer bestimmten Aufgabe, dem aufmerksamen Lesen eines Abschnittes oder in der wiederholenden Kontrolle bereits gelernter Inhalte (Vokabeln, Paragraphen) bestehen. Am Anfang sollte ein Fach stehen, das dem Lernenden Spaß bereitet. Zwischendurch sind unbedingt Pausen einzulegen.

- **Vorbereitung des Lernens:** Häufig wird Lernzeit, die gerade dem erwachsenen, in vielerlei Verpflichtungen eingebundenen Lernenden alles andere als unbegrenzt zur Verfügung steht, mit dem Zusammensuchen der notwendigen Arbeits- und Hilfsmittel vertan. Optimal ist ein fester Arbeitsplatz, der nicht ständig geräumt und wieder hergerichtet werden muss und an dem die ständig benötigten Arbeitsmittel – Schreib- und Zeichengeräte, Taschenrechner, Lehrbücher, Gesetzeswerke etc. – griffbereit lagern.
- **Ordnungsmittel nutzen:** Es ist ratsam, für jedes Lernfach einen Aktenordner anzulegen oder, bei Nutzung eines Ordners für verschiedene Themenbereiche, Trennblätter anzulegen und Lernmaterialien nicht chronologisch, sondern nach Fachgebieten getrennt abzulegen. Aufzeichnungen sollten nicht als »Sammlung fliegender Blätter« angelegt werden, sondern von vornherein – etwa beim Mitschreiben von Vorlesungen – in gebundenen Heften oder Ringbüchern erfolgen. Für sogenannte »Faktenfächer«, wie Rechtskunde, Geografie oder Geschichte, empfiehlt sich das Arbeiten mit Karteikarten.
- **Verschiedene Lernwege und unterschiedliche Medien nutzen:** Alle Sinnesorgane sind geeignet, Lerninhalte aufzunehmen. Wenn es auch unbestritten ausgesprochen festgelegte »Lerntypen« gibt, also Menschen, die am besten entweder über das Gehör, das Sehen oder das Nachahmen lernen können, so gilt in der Lerntheorie doch die Regel, dass der Lernstoff umso besser behalten wird, je mehr Lernwege benutzt wurden. Mögliche Lernwege zur Nachbereitung eines Lernstoffes sind z. B. die folgenden:
  - **Das konzentrierte Lesen**, das Sehen und Handeln vereinigt. Aktives Lesen beschränkt sich nicht auf das bloße Durchlesen eines Textes, sondern beinhaltet
    - das Unterstreichen oder Markieren wichtiger Textpassagen;
    - die Formulierung von Fragen zum gelesenen Text, deren Beantwortung ggf. das nochmalige, aufmerksame Lesen erfordert;
    - die Anfertigung von Zusammenfassungen in eigenen Worten (wichtig auch im Hinblick auf künftige Wiederholungen, denn nichts versteht der Lesende besser als eigene Formulierungen!);
    - das Herausschreiben von Fakten (Paragraphen, Formeln, Daten etc.), die in eine Kartei aufgenommen werden können.
  - **Die Aufnahme über das Gehör** durch lautes Vorlesen von Texten, wobei der Effekt häufig größer ist, wenn der Lernende selbst laut rezitiert, statt sich den Text vorlesen zu lassen. Viele Schüler schwören auf die Methode, Lerninhalte auf Band zu sprechen und immer wieder abzuhören. Diese Methode führt jedoch häufig zum unfreiwilligen Auswendiglernen und ist immer dann mit Vorsicht zu genießen, wenn der Lernstoff später nicht im Zusammenhang wiedergegeben werden soll, sondern nach Einzelaspekten gefragt wird – in Prüfungssituationen ist meist nicht die Zeit gegeben »Litaneien herunterzubeten«.
  - **Die Aufnahme über das Handeln,** die sich überall anbietet, wo der Lerngegenstand im Wortsinne »begreifbar« ist, also gegenständlichen Charakter aufweist oder der Lerninhalt selbst eine motorische Fähigkeit darstellt. Während das Nachvollziehen von Sachverhalten im technischen und handwerklichen Bereich im Allgemeinen einfach und unerlässlich ist, entzieht sich die abstrakte Theorie des Kaufmanns meist jeder gegenständlichen Darstellung und somit der Möglichkeit, Versuche durchzuführen. Hilfreich ist hier jedoch häufig die Anfertigung von Skizzen und Tabellen. Auch das oben im Abschnitt über konzentriertes Lesen beschriebene schriftliche Zusammenfassen von Texten mit eigenen Worten stellt ein gedächtnisförderndes Handeln dar.
- **Verfügbare Informationsquellen nutzen:** Das Lehrbuch sollte keineswegs einziges Lernmedium sein; vielmehr sollten andere Informationsquellen herangezogen werden. Diese sind nicht nur Sachbücher, sondern auch Artikel aus (Fach-)Zeitschriften, Mit-

schnitte aus Radio- oder Fernsehsendungen oder Filme, die in öffentlichen Bildstellen (bei der Gemeinde oder dem Landkreis zu erfragen) entliehen werden können. Fachpublikationen weisen häufig über Fußnoten auf sachverwandte Veröffentlichungen hin, aus denen wiederum auf gleichem Wege, gewissermaßen im »Schneeballsystem«, Hinweise auf weitere Quellen entnommen werden können (zum **Internet** siehe »Neue Medien«).

- **Gedächtnisbrücken bauen:** Manche Lerninhalte entziehen sich trotz vorhandenen Grundverständnisses der dauerhaften Speicherung. Hilfreich ist hier häufig die Nutzung sog. Memotechniken, im Volksmund besser als »Eselsbrücken« bekannt.

Wie schon erwähnt, stellen diese Lerntips keine erschöpfende Aufzählung dar, sondern lediglich eine Anregung, die Problematik des Lernens bewusst wahrzunehmen, vielleicht aber auch eine Ermunterung, nach anfänglichen Startschwierigkeiten nicht zu kapitulieren, sondern gezielt veränderte Verhaltensmuster für ein auf die individuellen Bedürfnisse optimal abgestimmtes Lernverhalten zu entwickeln.

Protokoll- und Berichtstechnik

Das Protokoll

Wird ein Lehrstoff in der Form der Vorlesung dargebracht, so ist die Anfertigung einer Niederschrift, eines Protokolls, unerlässlich. Die Beherrschung der unterschiedlichen Protokolltechniken ist jedoch auch in anderen Situationen von Nutzen, in denen es gilt, Sachverhalte zu dokumentieren (z. B. Gerichtsverhandlungen, Vertragsabschlüsse) oder Informationen festzuhalten bzw. weiterzugeben (z. B. Aktennotizen, Mitteilungen für Nichtanwesende).

Zu unterscheiden sind

- das **wörtliche Protokoll,** dessen Anfertigung die Beherrschung der Stenografie erfordert: Diese Protokollform findet nur dort Anwendung, wo einerseits das Festhalten jedes einzelnen gesprochenen Wortes gefordert ist, andererseits der Einsatz von Tonbandgeräten nicht gewünscht wird (z. B. bei Gerichtsverhandlungen);
- das **Ergebnis-** oder **Beschlussprotokoll,** das lediglich das Resultat einer Verhandlung oder Sitzung sowie Abstimmungsergebnisse festhält;
- das **Verhandlungs-** oder **Verlaufsprotokoll,** das neben den Resultaten auch den Verlauf von Gesprächen, jedoch nicht den Wortlaut sämtlicher Äußerungen, festhält: Diese Form wird häufig gewünscht, wenn den Beschlussfassungen etwaige Meinungsverschiedenheiten vorangehen;
- das **Kurzprotokoll** als Kurzform des Verhandlungsprotokolls, das die wesentlichen Argumente, jedoch nicht in chronologischer Folge der Wortbeiträge, wiedergibt.

Es empfiehlt sich, eine einheitliche äußere Form für Protokolle einzuhalten. Im Protokollkopf sind zunächst Thema, Referent(en), Datum, Ort, Uhrzeit, ggf. Teilnehmer (bei Sitzungen) sowie die Tagesordnung aufzuführen. Der eigentliche Text schließt unmittelbar an die Tagesordnung an.

Die Anfertigung eines Protokolls verlangt vom Protokollanten u. a. ein geübtes Kurzzeitgedächtnis sowie die Fähigkeit, Wesentliches zu erkennen und Unwesentliches wegzulassen. Werden Protokolle nicht für den Eigengebrauch (Notiz für eigene Akten, Mitschrift einer Lehrveranstaltung), sondern als Dokumentations-, Informations- und Beweismittel angefertigt, so kommen natürlich weitere Anforderungen hinzu.

Die einschlägige Literatur, besonders zur Sekretariatskunde, enthält hilfreiche Hinweise zur Anfertigung von Stichwort-Mitschriften unter Verwendung von Symbolen zur Herstellung von Gedankenverbindungen.

Der Bericht

Anders als das Protokoll ist der Bericht keine Mitschrift einer mündlichen Verhandlung, sondern eine schriftliche Zusammenstellung von Fakten nach Sammlung und Auswertung verschiedener Informationsquellen. Berichte fallen z. B. an als

- Arbeitsberichte an Vorgesetzte oder Auftraggeber,
- Unfallberichte für Versicherungen,
- amtliche (Zwischen-)bescheide auf Bürgereingaben und -anfragen.

Berichte müssen

- die wesentlichen Informationen enthalten,
- auf einen bestimmten Adressaten abgestimmt sein,
- dabei berücksichtigen, ob dieser Fachmann oder Laie ist,
- sinnvoll gegliedert, knapp und klar formuliert sein,
- objektiv sein.

Im Bericht verbietet sich die Verwendung wörtlicher Rede sowie der Gebrauch von Füllwörtern (»eigentlich, natürlich, schließlich« usw.). Dagegen empfiehlt sich, wann immer möglich, die Verwendung der Passivform. Auch zur Anfertigung von Berichten bietet die Literatur, wieder zum Themenkreis Sekretariatskunde, zahlreiche Hinweise und Beispiele.

Darstellungs- und Gliederungstechniken

Zum Lernen gehört auch die Wiedergabe des Gelernten. Steht am Ende des Lernprozesses eine Prüfung, so wird häufig die schriftliche Abhandlung eines Themas verlangt, deren Abfassung nur in Ausnahmefällen, etwa bei Diplomarbeiten oder Dissertationen, langfristig vorbereitet werden kann. Standardsituation ist vielmehr die Vorgabe eines wenige Stunden umfassenden Zeitraumes, innerhalb dessen zu einem zuvor nicht bekannten Thema ein **Aufsatz** verfasst werden soll.

Die wenigsten Menschen – und dies gilt für Jugendliche ebenso wie für Erwachsene – sind imstande, ohne jede Vorbereitung eine Abhandlung niederzuschreiben, die alle sachwesentlichen Fakten enthält und zugleich eine klare Gliederung (den »roten Faden«) erkennen lässt. Daher sollten der Niederschrift einige Überlegungen und Vorbereitungen vorangehen.

- **Ideen sammeln:** Vor der Niederschrift sollte der Verfasser alle wichtigen Stichworte, die ihm zum Thema einfallen, zunächst ungeordnet aufschreiben. Sind alle für das Thema wichtigen Aspekte aufgedeckt, werden diese Stichworte in eine Ordnung gebracht: Zusammengehörende Begriffe werden einander zugeordnet, die hieraus resultierenden Gruppen werden in eine Reihenfolge gebracht, in der sie auch im Aufsatz abgehandelt werden sollen.
- **Gliederung aufstellen:** Dies fällt leichter, wenn die Ideensammlung vorweg stattgefunden hat. Entlang eines Grobgerüsts »Einleitung – Hauptteil – Schluss« werden Überschriften für einzelne Textabschnitte formuliert. Der Verfasser sollte während des Schrei-

bens immer wieder Text und Gliederung vergleichen. Nur so ist gewährleistet, dass man entlang des roten Fadens arbeitet und das Thema nicht verfehlt.

- **Stil durchhalten:** Der Verfasser sollte sich vor Inangriffnahme der Ausformulierung überlegen, welcher Stil für das gestellte Thema angebracht ist, und sich darauf konzentrieren, den einmal gewählten Stil durchzuhalten. Ein Stilbruch, also etwa ein Wechsel vom lockeren Erzählstil zum trockenen Dozieren, irritiert den Leser und lässt ihn »den Faden verlieren«.

Äußere Form und Gliederung einer schriftlichen Abhandlung hängen vom Zweck, der Situation, dem Adressaten und zahlreichen anderen Faktoren ab, sodass hier keine pauschale und allumfassende Empfehlung abgegeben werden kann. Soweit einem Text eine Gliederung, evtl. in Form eines Inhaltsverzeichnisses, vorangestellt wird, kommen jedoch einige elementare Einordnungsvorschriften zur Anwendung. Die folgende Aufzählung enthält Gliederungsregeln, die für wissenschaftliche Arbeiten maßgeblich sind und sogar deren Beurteilung beeinflussen.

Gliederungen verwenden die **Dezimalklassifikation** (wie auch in diesem Buch) oder eines der in folgender Kurzübersicht dargestellten **Buchstaben-Ziffern-Systeme.**

	Dezimalsystem	Buchstaben-Ziffern-Systeme			
Stufe:		**I.**	**II.**	**III.**	**IV.**
1	1.	1. Teil	1. Abschnitt	A.	I.
2	1.1	1. Abschnitt	A.	I.	A.
2	1.2	2. Abschnitt	B.	II.	B.
3	1.2.1	A.	I.	1.	1.
4	1.2.1.1	I.	1.	a)	a)
5	1.2.1.1.1	1.	a)	aa)	(1)

Das am einfachsten zu durchschauende und logischste System ist das der Dezimalklassifikation. Wenn es 1. gibt, muss es auch 2. geben; kommt 1.1 vor, so muss zumindest auch 1.2 vorhanden sein. Inhaltsverzeichnisse sind mit der Angabe der Seitenzahlen zu versehen; fehlen diese, so liegt eine Gliederung vor. Materiell gliedern sich alle Ausführungen in eine Einleitung, einen Hauptteil und einen Schluss; Letztere sind jedoch keinesfalls mit den Worten »Hauptteil« und »Schluss« zu überschreiben. Auch verwandte Begriffe wie »Schlussbemerkungen«, »Schlussbetrachtungen« oder »Ausleitung« sind nicht zulässig. Die Einleitung dagegen darf »Einleitung« heißen!

Lernen in der Gruppe

In der Schule wie auch in der Erwachsenenbildung findet der überwiegende Unterricht in der Gruppe statt. Gruppen zeichnen sich u. a. dadurch aus, dass

- zwischen den ihr angehörenden Individuen Wechselwirkungen auftreten (können),
- ihr Bestand über die Dauer des flüchtigen Augenblicks hinausgeht,
- die Gruppenmitglieder Interessen oder Ziele, aber auch Normvorstellungen teilen,
- den Gruppenmitgliedern soziale Rollen zuwachsen, die sich im Laufe des Gruppenlebens herausbilden,
- ein System organisatorischer Regeln entsteht, nach denen Tätigkeiten ausgeübt und Mittel eingesetzt werden, die der Erreichung des Gruppenziels dienlich sein sollen.

Auf die Wechselwirkungen zwischen Gruppe und Individuum, auf Rollenfunktionen und Kommunikationsregeln in der Gruppe, soll an dieser Stelle nicht eingegangen werden, da diese Aspekte Gegenstand umfangreicher Betrachtungen im arbeitspädagogischen Bereich sind; vielmehr sei hier die Lehrform der Gruppenarbeit insbesondere in der **Erwachsenenbildung** betrachtet.

Die **pädagogischen Ziele** der Gruppenarbeit sind

- die Förderung der Selbstständigkeit der Lernenden,
- die Steigerung der Lernmotivation,
- die Bereicherung der Lerntechnik und -methodik,
- die Förderung sozialer Verhaltensweisen (»Schlüsselqualifikationen«), d. h.
- Koordination, Kooperation und Kommunikation auszubilden.

Ihre **Durchführung** erfordert die Beachtung gruppenpsychologischer Effekte, besonders durch den Dozenten:

- In jeder zielorientierten, **formellen** Gruppe bilden sich im Zeitablauf informelle Beziehungen. Bei der Bildung von Arbeitsgruppen innerhalb der Gesamtgruppe können diese Beziehungen beachtet werden, etwa indem formelle und **informelle** Kleingruppen miteinander in Deckung gebracht werden oder genau dieses vermieden wird. Die Frage, ob informelle Beziehungen dem Lernziel förderlich oder abträglich sind, kann kaum pauschal beantwortet werden.

- **Kleingruppen** neigen zur Herausbildung eines Zusammengehörigkeitsbewusstseins (»Wir-Gefühl«), das in der Beziehung zu Mitgliedern anderer Kleingruppen störend wirken kann. Der Dozent hat die Wahl, die Gruppenzusammensetzungen zu variieren oder an der einmal gewählten Zuordnung festzuhalten.

- Gruppen üben **Zwänge** in Form einer »sozialen Kontrolle« auf ihre einzelnen Mitglieder aus. Teilnehmer, die den Erwartungen der Gruppe nicht gerecht werden, drohen, zu Außenseitern zu avancieren und hierdurch hinsichtlich ihrer eigenen Zielerreichung auf der Strecke zu bleiben.

Gruppenarbeit vollzieht sich in drei verschiedenen Phasen.

1. Phase: Themenstellung und Arbeitsanweisung
Vor dem Plenum (der Gesamtgruppe) wird das Problem benannt und die Aufgabe, die in die Kleingruppen delegiert werden soll, in Form einer präzisen Anweisung formuliert. Anschließend erfolgt die Einteilung der Arbeitsgruppen.

2. Phase: Lösungsfindung in Kleingruppen
Die Kleingruppe identifiziert und diskutiert Fakten und Zusammenhänge und formuliert ein vorläufiges Arbeitsergebnis.

3. Phase: Ergebnissicherung
Die Kleingruppen präsentieren ihre Arbeitsergebnisse im Plenum. Sofern alle Gruppen mit der gleichen Aufgabe befasst waren (**konkurrierendes** im Gegensatz zum **arbeitsteiligen** Verfahren), finden Vergleiche und hieraus resultierende Ergänzungen, Korrekturen und kritische Äußerungen statt. Es wird versucht, ein gemeinsames Ergebnis als Problemlösung zu verabschieden.

Dabei ist Gruppenarbeit keineswegs ein »Selbstgänger«; vielmehr erfordert sie eine gründliche Vorbereitung durch den Dozenten hinsichtlich der einzusetzenden Arbeitsmittel und -techniken, aber auch hinsichtlich der Gruppenzusammensetzung, sowie das Gespür, eventuell einzugreifen oder auch die eigene Person in den Hintergrund treten zu lassen.

Zum Thema »Gruppen« sei ergänzend auf die Abschnitte 9.1.2 und 13.2 verwiesen.

Methoden der Problemanalyse und Entscheidungsfindung

Auch die Methoden der Problemanalyse und Entscheidungsfindung gehören zu den Techniken der Arbeitsmethodik. Es sei an dieser Stelle verwiesen auf die in Abschnitt 7.3 dargestellten Analysetechniken, ferner auf die Planungs- und Steuerungsmethoden des »Operations Research« sowie auf die Nutzwertanalyse im Abschnitt 3.3.

Grundlagen der Sprech- und Redetechnik

Rhetorik

Sobald mindestens zwei Menschen zusammen sind, findet **Kommunikation** statt. Diese besteht nicht zwangsläufig im Austausch von sprachlichen Äußerungen, sondern beinhaltet auch die Körpersprache, also Körperhaltung, Mimik, Gestik, Blickkontakte und weitere »sprachlose« Verhaltensweisen. Das Handwerkszeug der Kommunikation ist die Rhetorik, die als Teilgebiet der Stilistik die Lehre von der guten und wirkungsvollen Rede darstellt.

Rhetorische Fähigkeiten kommen nicht nur dem Lernenden in seiner Rolle als Schüler oder Studenten zugute, sondern sind in nahezu jeder Situation, sowohl im Arbeits- als auch im Privatleben, von Nutzen. Daher soll im Folgenden auf elementare rhetorische Techniken eingegangen werden.

Zweck einer jeden Rede ist es, die Zuhörer zu **überzeugen** und zu **fesseln.** Ob dies gelingt, hängt nicht nur vom Wortlaut des Vortrages ab, sondern in ebenso starkem Maße vom Verhalten des Vortragenden. Für die meisten Menschen ist die Situation des Redners, nämlich im Stehen vor einer Gruppe von Personen zu sprechen, unangenehm. Dies drückt sich vielfach in Nervositätsgesten, leiser oder sich überschlagender Stimme und in einer verkrampften Körperhaltung aus. All diese Erscheinungen sind zwar menschlich verständlich, aber kaum günstig, wenn die Zuhörerschaft durch den Vortrag von einer Sache überzeugt werden soll. Außerdem lenken sie die Aufmerksamkeit der Zuhörer vom Inhalt des Vortrages in unerwünschter Weise auf die Person des Vortragenden. Eine schwer verständliche Artikulation strapaziert zudem die Konzentration der Zuhörer in einem Übermaße – geistiges »Abschalten« ist die Folge.

Ein ungeübter Redner sollte sich durch Atem- und Artikulationsübungen, wie sie in der einschlägigen Literatur beschrieben oder in speziellen Rhetorikkursen zu erlernen sind, auf seinen »Auftritt« vorbereiten. Eine Korrektur der eigenen Stimmführung setzt jedoch voraus, dass sich der Redner seiner stimmlichen Probleme bewusst ist. Dieses Bewusstsein erlangt er am besten mit Hilfe anderer Personen, die ihn auf Mängel im Vortrag hinweisen (z. B. Teilnehmer an einem Rhetorikkurs) oder auch mittels Tonband- oder Videoaufnahmen, die sich auch für Fortschrittskontrollen hervorragend eignen. Filmaufnahmen haben darüber hinaus den Vorteil, dem Redner die eigene Körpersprache bewusst und damit korrigierfähig zu machen.

Einige Ratschläge für (angehende) Redner:

- Zu Beginn des Vortrages sollte eine sichere und feste **Redeposition** (beidbeiniger Stand mit leicht gegrätschten Beinen, erhobener Kopf, gerade Haltung) eingenommen werden, da am Anfang die Nervosität des Redners am größten ist. Ist das erste Lampenfieber überwunden, kann die Position gewechselt, z. B. können auch – wenn weder Stehpult noch Mikrophon vorhanden sind – einige Schritte gegangen werden. Die Unsicherheit zu Beginn eines Vortrages kann dadurch gemindert werden, dass sich der Redner vor Beginn den Raum anschaut und die Lichtverhältnisse sowie die Mikrofone überprüft.

- Ein von den Betroffenen gefürchtetes Unsicherheitszeichen ist das **Rotwerden**. Leider gibt es hiergegen kein Patentrezept, aber den Trost, dass es mit wachsender Redepraxis meist verschwindet. Oft ist das subjektive Empfinden, einen unübersehbar roten Kopf zu haben, ohnehin überzogen; die Zuschauer nehmen allenfalls ein leichtes Erröten wahr.
- Die **Sprache** muss hinreichend laut und verständlich artikuliert sein. Echte Stimmprobleme, wie Heiserkeit oder pfeifender Atem, bedürfen der ärztlichen Behandlung. Sprech-Unarten, etwa das Verschlucken von Wortendungen, können dagegen – z. B. durch Tonband-Training – abgebaut werden.
- **Gestik**, also »Reden mit den Händen«, kann das gesprochene Wort wirkungsvoll unterstreichen, aber auch das Gegenteil bewirken. Ratschläge, wo der Redende seine Hände während des Vortrages lassen soll, können kaum pauschal erteilt werden. Es empfiehlt sich, die Gestik – wie überhaupt die gesamte Körperhaltung – per Videoaufzeichnung zu kontrollieren, um vor allem unerwünschte Nervositätsgesten wie Hantieren mit dem Kugelschreiber oder dem Ehering zu erkennen und zu vermeiden.
- Die Wirkung des Gesagten ist größer, wenn der Redner **Blickkontakt** zum Auditorium hält. Blickkontakt zum Publikum vermittelt dem Kontaktpartner das Gefühl, persönlich angesprochen und beachtet zu werden. Für den Redner bietet der direkte Blickkontakt die Chance, Reaktionen der Zuhörer wahrzunehmen. Bei Reden vor größerem Publikum bleibt der Blickkontakt zwangsläufig auf die ersten Reihen beschränkt. Dennoch sollte auch den weiter hinten Sitzenden durch Hineinschauen in die Menge das Gefühl gegeben werden, dass sie angesprochen sind. In jedem Falle verliert ein Redner, der bevorzugt nach unten, an die Decke oder aus dem Fenster starrt, auf Dauer mindestens die Aufmerksamkeit, wahrscheinlich aber auch die Sympathie der Zuhörerschaft.

Die Vorbereitung einer Rede

Welcher Vorbereitung eine Rede bedarf, hängt vom Anlass, vom Thema und von der Zuhörerschaft ab. Wenn im Folgenden von Reden oder Vorträgen die Rede ist, so sind damit **Sachvorträge** gemeint, die die Darstellung eines Themas zum Gegenstand und die Information oder Überzeugung der Zuhörer zum Ziel haben und damit der inhaltlichen Vorbereitung bedürfen. Das hier Dargestellte ist jedoch grundsätzlich auch auf andere Ansprachen (z. B. Jubiläums- und Begrüßungsrede, Geburtstags-Laudatio) anwendbar.

Reden kommen umso besser an, je mehr sie auf das jeweilige Publikum »maßgeschneidert« sind. Der erste Schritt bei der Vorbereitung einer Rede ist daher die **Zielgruppenanalyse,** die z. B. Bildungsstand, gesellschaftliche und berufliche Position sowie Vorkenntnisse der Zuhörer hinterfragt und daraus Interessenlage und Erwartungen abzuleiten versucht. Wer als Referent eingeladen ist, einen Vortrag vor unbekanntem Auditorium zu halten, sollte Informationen über die zu erwartende Zuhörerschaft vom Veranstalter abfordern. Die Festlegung des Vortragsinhalts kann erst erfolgen, wenn die Zielgruppenanalyse abgeschlossen ist.

Am Anfang der inhaltlichen Vorbereitung steht die Frage, warum die Rede überhaupt gehalten, welches **Anliegen** verfolgt werden soll. Dieses Anliegen, knapp formuliert, sollte während der sich anschließenden Stoffsammlung ständig im Blickfeld des sich Vorbereitenden liegen, um nicht in Vergessenheit zu geraten. Anschließend werden alle Gedanken zum Thema – Fakten, Fragen, Probleme, für die spezielle Zuhörerschaft besonders interessante Aspekte, überhaupt alles, was dem zukünftigen Redner zur Sache einfällt – zunächst in willkürlicher Reihenfolge notiert. Diese Notizen lassen sich anschließend am einfachsten ordnen, wenn sie auf einzelnen Zetteln vorgenommen wurden.

Die Ordnung der **Notizen** erfolgt entlang einer Gliederung, die etwa, wenn im Vortrag ein Problem beleuchtet und Lösungen präsentiert werden sollen, wie folgt aussehen kann (angelehnt an FEY):

- Sachverhalts- oder Problemschilderung,
- Analyse des Problems und Zielsetzung der Lösung,
- Vorstellung der Lösungsmöglichkeiten,
- Überprüfung verschiedener Lösungen,
- Vorstellung der Hauptlösung im Detail unter besonderer Herausstellung ihrer Vorteile,
- abschließende Zusammenfassung.

Sind die Stichworte aus der Stoffsammlung in diese Gliederung eingestellt, so kann die Ausformulierung der Rede in Angriff genommen werden. Dies kann schriftlich erfolgen; häufig klingen schriftliche Manuskripte, wenn sie abgelesen werden, jedoch wenig lebendig. Wenn es also nicht unbedingt auf jedes einzelne Wort ankommt, sollte anstelle einer Manuskriptrede eine lediglich durch **Stichworte** gestützte Rede gehalten werden. Bei längeren Vorträgen und komplexer Themenstellung wird kein Zuhörer ernsthaft einen freien Vortrag erwarten. Deshalb ist es legitim, das Konzept nicht nur in der Hand zu halten oder offen auf dem Rednerpult abzulegen, sondern auch hineinzuschauen. Viele Ratgeber empfehlen, die Stichworte auf mehrfarbigen Kartonkarten zu notieren, damit abgearbeitete Punkte zur Seite gelegt werden können und die Chance kurzfristiger Variationen erhalten bleibt.

Größtes Problem der meisten Redner sind **Einleitung** und **Schluss** der Rede. Gemäß der Volksweisheit, dass der erste Eindruck entscheidend sei und der letzte Eindruck bleibe, kommt diesen beiden Phasen größte Bedeutung zu. Günstig ist ein Redeeinstieg, der die Zuhörerschaft auflockert und günstig einstimmt, etwa ein persönlicher Erlebnisbericht oder eine ins Thema führende Anekdote. Die Aufmerksamkeit der Zuhörer ist ebenfalls gesichert, wenn am Beginn des Vortrages eine provozierende These steht. In jedem Fall soll die Einleitung einen Ausblick auf die im Hauptteil erörterten Aspekte des Themas bieten. Notwendige Vorreden, wie etwa die Begrüßung von Ehrengästen, sollten so kurz wie möglich ausfallen und ohne pathetische Floskeln auskommen.

Der Schluss sollte unbedingt dazu genutzt werden, die Grundgedanken des vorangegangenen Vortrages **zusammenzufassen**. Viele Themenstellungen lassen auch einen Ausblick auf die Zukunft zu. Wann immer es das Thema zulässt, sollte der letzte Satz kurz und plakativ ausfallen und etwa ein Fazit, ein Motto oder eine Aufforderung zum Handeln enthalten. Ungünstig sind Schlusssätze, die den Schluss ankündigen. Auch die Anbringung von Dankesfloskeln ist nicht unumstritten. Wegen seiner besonderen Bedeutung sollte der Schlussteil, ebenso wie die Einleitung, schriftlich ausformuliert werden.

Neue Medien

In den letzten Jahren haben elektronische, **computergestützte** Medien an Bedeutung gewonnen. Der Computer – insbesondere ist hier der PC, der Personal Computer, gemeint – kann zum einen als Hilfsmittel bei der Erstellung von Lernunterlagen dienen; zum anderen hält der Markt eine Fülle von **Lernsoftware** bereit, die zur Aneignung oder Vertiefung von Lerninhalten genutzt werden kann. Vorreiter waren hier die Schulbuchverlage, die Lernprogramme für alle Schüleralters- und Klassenstufen und nahezu alle Unterrichtsfächer in ihr Angebot aufnahmen.

Für den Bereich der Erwachsenenbildung sind vor allem Programme zum Erlernen von Fremdsprachen erhältlich (der Bereich der Wirtschaftslehre ist dagegen, zumindest in Bezug auf Programme für den häuslichen, privaten Gebrauch, noch nicht zufriedenstellend mit Angeboten abgedeckt). Die Auslieferung der Programme erfolgt hauptsächlich auf **CD-ROM**.

Wer einen Online-Zugang nutzen kann, findet eine Flut von Informationen im **Internet**. »Suchmaschinen«, mit deren Hilfe das World Wide Web anhand von Stichwörtern nach Informationen »durchforstet« werden kann, ermöglichen eine umfangreiche Informationsbeschaffung.

Die gezielte Suche im Internet erbringt oft hunderte Hinweise. Aber Achtung: Viele Anbieter belassen Seiten mit veralteten Daten im Netz, und man sollte sich immer vergegenwärtigen, dass jedermann – ob seriös und kompetent oder nicht – im Internet publizieren kann und sich entsprechend viel Unsinn im Netz findet.

Einige Weiterbildungseinrichtungen bieten **Web Based Training** (WBT), **E-Learning** oder Mischformen aus Präsenz- und E-Learning (**Blended Learning**) an, und es ist damit zu rechnen, dass diese Angebote in den nächsten Jahren erheblich ausgeweitet werden. Bisher ist uns allerdings noch keine Möglichkeit bekannt, einen Lehrgang zur Vorbereitung auf die Prüfung zum »Geprüften Technischen Betriebswirt« vollständig am häuslichen PC zu absolvieren, und es ist auch fraglich, ob ein solches Vorhaben erfolgreich sein kann.

A Grundlagen wirtschaftlichen Handelns und betrieblicher Leistungsprozess

Unser wirtschaftliches Handeln findet auf der Basis unseres Wirtschaftssystems statt, d. h. auf der Grundlage der sozialen Marktwirtschaft und eingebettet in unsere Wirtschaftsordnung – das sind die gesetzlichen und gewachsenen Regelungen, die den Aufbau und die Abläufe der Volkswirtschaft bestimmen. Wer wirtschaftliche Verantwortung in einem Betrieb übernimmt, tut gut daran, sich mit den Grundlagen der Volkswirtschaftslehre – VwL – zu befassen; denn die VwL liefert die Erklärung für elementare Zusammenhänge des Wirtschaftens, die auch im »Kleinen und Konkreten«, auf den einzelnen Betrieb, den einzelnen Arbeitsplatz und den einzelnen Menschen in seinen Rollen als betrieblicher Entscheidungsträger, Arbeitnehmer und Konsument ihre Wirkung entfalten.

Vielen, die in ihrer Weiterbildung erstmals mit VwL konfrontiert sind, erscheint sie trocken und theoretisch; und gerade Techniker klagen häufig über das »Sowohl – als auch«, das die Volkswirtschaft als Antwort auf manche berechtigte Frage bereithält: »Ist Staatsverschuldung gut oder schlecht?« »Es kommt darauf an ...« Andererseits: Nicht zuletzt die Wirtschaftskrise, die Ende 2008 ihren Anfang nahm, bescherte uns eine Flut von Wirtschaftsnachrichten, bei denen derjenige, der nicht über Grundkenntnisse der VwL verfügte, häufig nur »Bahnhof« verstand – und wer will sich damit zufrieden geben?

Die Materie, die den Studierenden in »TBW«-Lehrgängen die größten Schwierigkeiten bereitet, ist aber fraglos das betriebliche Finanzwesen, das gleich zwei Klausurbereiche umfasst: Zum einen das externe und interne Rechnungswesen mitsamt dem Controlling, zum anderen die Instrumente und Methoden der Finanzierung und Investitionsrechnung. Hier allerdings eröffnen sich auch die größten Chancen: Denn wer betriebliche Entscheidungen nicht nur technisch begründen, sondern auch betriebswirtschaftlich fundiert vorbereiten und argumentieren kann, empfiehlt sich für die Übernahme einer verantwortlichen Position an der Schnittstelle zwischen den – traditionell getrennten und häufig konfliktären – technischen und kaufmännischen Betriebsteilen.

Tiefere Einblicke in den betrieblichen Leistungsprozess liefert schließlich der Prüfungsbereich »Material-, Produktions- und Absatzwirtschaft«. Hier werden die Verknüpfungen zwischen technischem und kaufmännischem Tun am deutlichsten, und dies ist auch der Bereich, in den sich technisch vorgebildete Fachkräfte ideal einbringen können – vor allem dort, wo es um die Gestaltung von Produktionsverfahren, Materialströmen und die Lösung logistischer Probleme geht.

Nicht jeder Lerninhalt erscheint auf den ersten Blick wichtig und notwendig: Aber wer heute die Weiterbildung zum/zur »Geprüften Technischen Betriebswirt/in« durchläuft, kann sicher sein, vielem des Gelernten in der späteren Praxis wieder zu begegnen. Es lohnt sich also, sich heute damit zu befassen!

1 Aspekte der Allgemeinen Volks- und Betriebswirtschaftslehre

Im täglichen Leben finden sich viele Beispiele dafür, dass Menschen wirtschaften. In Industriebetrieben werden Güter kostengünstig hergestellt, um sie gewinnbringend zu verkaufen. Handelsbetriebe kaufen weltweit ein und vertreiben ihre Produkte an andere Betriebe oder an Endverbraucher. Auch im privaten Haushalt ist es notwendig, mit dem vorhandenen Einkommen wirtschaftlich umzugehen. Ausgangspunkt aller Formen des Wirtschaftens sind die **Bedürfnisse** der Menschen.

Alle Menschen haben Bedürfnisse. Ein Bedürfnis ist ein empfundener Mangel, verbunden mit dem Wunsch, diesen zu beheben. Bedürfnisse sind tendenziell unbegrenzt. Sie können auch existieren, wenn sie unerfüllbar sind oder die nötigen Mittel zu ihrer Befriedigung fehlen. Durch die Befriedigung von Bedürfnissen können neue Bedürfnisse entstehen. Sind erst einmal die Grundbedürfnisse wie Nahrung, Kleidung und Wohnen befriedigt, werden weitere Bedürfnisse hinzukommen: z. B. kulturelle Bedürfnisse nach Bildung, Kunst, gesellschaftlicher Anerkennung, Selbstverwirklichung, oder Bedürfnisse nach Gütern, die einem gehobenen Lebensstandard entsprechen.

Dagegen sind die vorhandenen **Güter** bzw. die Ressourcen zur Herstellung von Gütern begrenzt. Es gibt nur noch wenige Güter, die so reichlich vorhanden sind, dass man sie kostenlos verbrauchen kann. Solche Güter werden freie Güter genannt, dazu gehören z. B. Luft, Wasser, Sonne, Wind. Die meisten der Güter sind jedoch knapp. Diese Güter nennt man Wirtschaftsgüter. Im Gegensatz zu freien Gütern kann man sie nicht kostenlos erwerben. Aufgrund der Knappheit ist es notwendig, wirtschaftlich, d. h. sparsam, mit ihnen umzugehen.

Der Grund des Wirtschaftens liegt also in dem Gegensatz von tendenziell unbegrenzten Bedürfnissen und der Knappheit der zur Verfügung stehenden Ressourcen.

Da die Güter nur in begrenztem Maße vorhanden sind, werden die Menschen versuchen, mit den vorhandenen Mitteln ein Höchstmaß an Bedürfnisbefriedigung zu erreichen. Die Menschen handeln wirtschaftlich, oder anders ausgedrückt: sie handeln nach dem **ökonomischen Prinzip**. Dieses fundamentale Prinzip der Wirtschaftslehre kann auf zwei Weisen formuliert werden:

- Man versucht, ein gestecktes Ziel mit einem Minimum an Aufwand zu erreichen (in diesem Fall spricht man vom Minimalprinzip).
- Man versucht, mit den vorhandenen Mitteln einen maximalen Erfolg zu erzielen (in diesem Fall spricht man vom Maximalprinzip).

Beide Formulierungen des ökonomischen Prinzips stellen zwei Seiten derselben Medaille dar, nämlich den rationalen Umgang mit begrenzten Ressourcen. Aus diesem Grunde wird das ökonomische Prinzip auch Rationalprinzip genannt.

Gegenstand der Wirtschaftslehre ist also der ökonomische Umgang mit knappen Mitteln zur Befriedigung von Bedürfnissen bzw. zur Erreichung bestimmter Ziele.

Die Betriebswirtschaftslehre befasst sich mit dieser Fragestellung aus der Sicht einzelner Betriebe. Gegenstand ist der optimale Einsatz der betrieblichen Produktionsfaktoren zur Erreichung der Betriebsziele.

Die Volkswirtschaftslehre untersucht die Zusammenhänge des Wirtschaftens mit knappen Mitteln auf gesamtgesellschaftlicher Ebene. In der Gesellschaft gehen die Menschen dabei vielfältige Beziehungen ein, sie werden durch ihr Handeln als Wirtschaftssubjekte aktiv. Es wäre unmöglich, alle diese vielfältigen Aktivitäten und Beziehungen zu erfassen. Deshalb werden die Wirtschaftssubjekte zu Gruppen zusammengefasst, wobei man annimmt, dass die Wirtschaftssubjekte einer Gruppe ein ähnliches wirtschaftliches Verhalten aufweisen.

Drei Gruppen von Wirtschaftssubjekten können unterschieden werden:

- Die **Unternehmen** erstellen Güter (dazu gehören auch Handel und Dienstleistungen) zur Befriedigung von Bedürfnissen (Konsumgüter) oder zur Herstellung anderer Güter (Produktionsgüter bzw. Investitionsgüter).
- Die **privaten Haushalte** stellen den Unternehmen Arbeitskraft und Kapital zur Verfügung und verbrauchen die von den Unternehmen hergestellten Konsumgüter.
- Der **Staat** schafft die Rahmenbedingungen des Wirtschaftens und greift in Form von Gebietskörperschaften (Bund, Länder, Gemeinden), Zentralbank und Sozialversicherungen in die Wirtschaft ein.

1.1 Koordinierungsmechanismen idealtypischer Wirtschaftssysteme und Elemente der sozialen Marktwirtschaft

1.1.1 Wirtschaftssysteme und deren Koordinierungsmechanismen

Alle Wirtschaftssubjekte werden ihre Aktivitäten individuell planen. Es kann natürlich nicht davon ausgegangen werden, dass alle diese individuellen Pläne sich automatisch aufeinander abstimmen. Die Gesamtwirtschaft kann nur dann funktionieren, wenn die Einzelpläne **koordiniert** werden.

Zentrale Fragen dabei sind:

- Wer soll bestimmen,
- was,
- wie und
- wo produziert wird?
- Wie soll die Verteilung der produzierten Güter erfolgen?

Wirtschaftssysteme sind gedankliche Modelle der tatsächlich existierenden Wirtschaftsordnungen. In ihnen werden die wesentlichen Elemente einer Wirtschaftsordnung analysiert und zusammengefasst. Kernbausteine eines Wirtschaftssystems sind dabei

- der Koordinationsmechanismus und
- die Eigentumsordnung, d. h. die Beantwortung der Frage, ob die Produktionsmittel einer Volkswirtschaft sich in Privateigentum oder in Gemeineigentum befinden.

1.1.1.1 Das System der freien Marktwirtschaft

Das System der freien Marktwirtschaft hat seine geistigen Grundlagen in den Ideen des klassischen Liberalismus des 18. und 19. Jahrhunderts. Im Mittelpunkt stand die Freiheit des Individuums. Aus diesem Grunde entwickelte der klassische Liberalismus auf wirtschaftlichem Gebiet Theorien, die von dem Recht auf Privateigentum und von der individuellen Planung der Wirtschaftssubjekte ausgingen. Adam SMITH, einer der bedeutendsten Ökonomen des klassischen Liberalismus, vertrat die These, dass eine Wirtschaftsordnung, die auf der Freiheit der privaten Produzenten beruht, den Wohlstand einer Nation garantiere.

Materielle Grundlage für die Entstehung der freien Marktwirtschaft war die zunehmende Industrialisierung im 18. und 19. Jahrhundert, die zu einer verstärkten Arbeitsteilung führte.

Der Warenaustausch zwischen den Wirtschaftssubjekten war vorherrschend geworden – im Gegensatz zur Naturalwirtschaft des Mittelalters.

Die **freie Marktwirtschaft** ist gekennzeichnet durch

- Privateigentum an Produktionsmitteln,
- dezentrale Planung durch die einzelnen Wirtschaftssubjekte,
- Koordination der Wirtschaft durch den Preismechanismus und Wettbewerb auf den Märkten (Näheres siehe Abschnitt 1.3),
- Gewinnmaximierung der Unternehmen und Nutzenmaximierung der privaten Haushalte als Motive für wirtschaftliche Entscheidungen.

Dem Staat kommt dabei die Aufgabe zu, grundlegende Bedingungen für den Wettbewerb an Märkten durch Garantie grundlegender Freiheitsrechte zu schaffen.

Zu diesen Freiheitsrechten gehören:

- Vertragsfreiheit,
- Gewerbefreiheit,
- freie Berufswahl,
- Schutz des Eigentums.

Darüber hinaus hat der Staat für den äußeren und inneren Schutz durch Armee und Polizei zu sorgen und die Wirtschaft mit Geld zu versorgen. Direkte wirtschaftliche Aktivitäten soll der Staat nicht entfalten.

Mit dem Entstehen der freien Marktwirtschaft entwickelte sich die Industrialisierung stürmisch voran und setzte große wirtschaftliche Kräfte frei. Aufgrund fehlender Sozialgesetze und der weitgehenden Rechtlosigkeit der abhängig Beschäftigten führte diese Entwicklung allerdings auch zur Verelendung großer Bevölkerungsteile.

Durch den Konkurrenzkampf kam es zur Verdrängung schwächerer Unternehmen vom Markt und zur Entwicklung großer Konzerne und Monopole. Deren Marktmacht drohte den Wettbewerb, der Grundlage der Marktwirtschaft ist, zu unterbinden.

1.1.1.2 Das System der Zentralverwaltungswirtschaft

An diesen Entwicklungen setzte die Kritik sozialistischer Kräfte am Kapitalismus an. Als wichtigste Strömung entstand dabei der Marxismus. Grundlegende Idee des Marxismus war, die kapitalistische Gesellschaftsordnung durch eine sozialistische und später kommunistische Gesellschaftsordnung abzulösen, um damit die kritisierte Ausbeutung der Menschen abzuschaffen und die soziale Gleichheit herzustellen.

In der praktischen Realisierung dieser Ideen sollte das Privateigentum an Produktionsmitteln durch das Gemeineigentum (in Form von Volkseigentum und Genossenschaftseigentum) ersetzt werden und der marktwirtschaftliche Koordinierungsmechanismus durch eine **zentrale Planung** ersetzt werden. Aus diesem Grunde wird dieses Wirtschaftssystem als Zentralverwaltungswirtschaft bezeichnet.

Gekennzeichnet wird es durch:

- Gemeineigentum an Produktionsmitteln,
- zentrale staatliche Planung,
- staatliche Koordinierung der Wirtschaft,
- Planerfüllung als Motiv wirtschaftlichen Handelns.

In der Realität konnten die sozialistischen Planwirtschaften nicht die Effektivität der Marktwirtschaft erreichen, da sich eine zentrale Planung als außerordentlich schwierig und fehlerhaft erwies und eine hinreichende Motivation der Wirtschaftssubjekte fehlte. Bis auf wenige Ausnahmen sind die ehemaligen Zentralverwaltungswirtschaften zu Marktwirtschaften konvertiert.

Grundlegende Unterschiede zwischen den Systemen der Marktwirtschaft und der Zentralverwaltungswirtschaft sollen in der nachfolgenden Abbildung nochmals aufgezeigt werden.

1.1.1.3 Die soziale Marktwirtschaft

Die Konzeption der sozialen Marktwirtschaft wurde in der Bundesrepublik Deutschland von Vertretern des Neoliberalismus entwickelt. Grundidee ist die Verknüpfung der Vorteile der Marktwirtschaft mit der Durchsetzung sozialer Gerechtigkeit und sozialer Sicherheit.

Die Koordination der Wirtschaft erfolgt durch Wettbewerb und Preismechanismus. Grundlage dafür ist das Vorherrschen von privatem Eigentum an Produktionsmitteln. Die Wirtschaftssubjekte können individuell ihre wirtschaftlichen Tätigkeiten planen. Gewerbefreiheit, Vertragsfreiheit, freie Wahl des Berufes und des Arbeitsplatzes sowie Freizügigkeit sind gesetzlich garantiert.

Allerdings erhält der Staat weitreichendere Aufgaben als in der idealtypischen Marktwirtschaft. Er hat die Aufgabe, den freien Wettbewerb zu schützen und in das Wirtschaftsgeschehen einzugreifen, um soziale Sicherheit und Gerechtigkeit zu gewährleisten.

Demnach erfüllt die soziale Marktwirtschaft die Kriterien eines marktwirtschaftlichen Wirtschaftssystems; es handelt sich nicht um ein eigenständiges Wirtschaftssystem, sondern um eine besondere **Ausprägung** der Marktwirtschaft, wie sie in den Grundzügen in Abschnitt 1.1.1.1 beschrieben wurde.

	Marktwirtschaft	**Zentralverwaltungswirtschaft**
Planungsordnung	dezentral	zentral
Lenkungsmechanismus	Marktpreisbildung	staatliche Preisfestsetzung, zentrale Planbehörde
Eigentumsordnung	Privateigentum an Produktionsmitteln vorherrschend	Kollektiveigentum an Produktionsmitteln vorherrschend
Motivation	Gewinn- und Nutzenmaximierung	Planerfüllung

Unterschiede zwischen Marktwirtschaft und Zentralverwaltungswirtschaft

1.1.2 Alternative Ordnungsrahmen der Wirtschaft

Wirtschaftssysteme als gedachte idealtypische Modelle realisieren sich in Form von real existierenden Wirtschaftsordnungen. Unter Wirtschaftsordnung versteht man die Gesamtheit aller Gesetze, Verordnungen, Regelungen, Gebräuche und Beziehungen, die den Aufbau und den Ablauf einer Volkswirtschaft koordinieren.

Aufgrund dieser real existierenden Ordnungsrahmen können sich Volkswirtschaften, welchen dasselbe Wirtschaftssystem zu Grunde liegt, sehr stark voneinander unterscheiden. So sind in den verschiedenen Marktwirtschaften die Eingriffsmöglichkeiten des Staates sehr unterschiedlich geregelt. Das betrifft insbesondere die unterschiedlichen existierenden Sozialsysteme. Andere Beispiele für unterschiedlich ausgeprägte Ordnungsrahmen sind Umweltpolitik und Subventionspolitik.

Ein besonderer Ordnungsrahmen für ein marktwirtschaftliches System wurde mit der sozialen Marktwirtschaft geschaffen, die in Abschnitt 1.1.1.3 schon kurz beschrieben wurde. Die Aufgaben des Staates in diesem Rahmen sollen im folgenden Abschnitt näher beschrieben werden.

1.1.3 Elemente der sozialen Marktwirtschaft

Die wirtschaftspolitischen Aktivitäten des Staates im Rahmen der sozialen Marktwirtschaft gliedern sich in vier Schwerpunkte:

- Ordnungspolitik,
- Strukturpolitik,
- Prozesspolitik,
- Sozialpolitik.

Ordnungspolitik

Durch Gesetze und Verordnungen schafft der Staat die rechtlichen Rahmenbedingungen des Wirtschaftens. Bereits vorhandene Gesetze, wie das Bürgerliche Gesetzbuch (BGB), das Handelsgesetzbuch (HGB) und die Gewerbeordnung, werden der aktuellen wirtschaftlichen Entwicklung angepasst.

Eine besonders wichtige Rolle spielt in der sozialen Marktwirtschaft die Wettbewerbspolitik. Um den Wettbewerb zu schützen, wurde z. B. das Gesetz gegen Wettbewerbsbeschränkungen – GWB – (»Kartellgesetz«) beschlossen und das Kartellamt gegründet (Näheres siehe Abschnitt 1.3). In den letzten Jahrzehnten hat die Umweltpolitik stark an Bedeutung zugenommen.

Strukturpolitik

Der Staat hat die Aufgabe, die allgemeinen Voraussetzungen für wirtschaftliche Aktivitäten herzustellen und zu verbessern, z. B. durch geeignete Infrastrukturmaßnahmen. Darüber hinaus sollen stark unterschiedliche Entwicklungen in verschiedenen Branchen und Regionen durch strukturpolitische Maßnahmen ausgeglichen werden. Beispiele dafür sind Investitionshilfeprogramme für die wirtschaftliche Entwicklung in den neuen Bundesländern oder Hilfen für die Stahl- und Werftenindustrien.

Prozesspolitik

Das Stabilitätsgesetz verpflichtet den Staat, in den Wirtschaftsablauf einzugreifen, um ein stabiles Preisniveau, angemessenes und stetiges Wirtschaftswachstum, außenwirtschaftliches Gleichgewicht und einen hohen Beschäftigungsstand zu sichern. Diesen Zielen dient die Prozesspolitik, bestehend aus der Geldpolitik der Zentralbank und der Fiskalpolitik (Politik der Staatseinnahmen und -ausgaben) von Bund, Ländern und Gemeinden.

Sozialpolitik

Die Sozialpolitik des Staates dient dem Ziel, soziale Gerechtigkeit herzustellen und soziale Sicherheit zu garantieren. Beispiele dafür sind das Sozialversicherungssystem, Verbraucherschutzgesetze, Mieterschutzgesetze, das Arbeitsrecht, Mitbestimmungsgesetze oder die Förderung der Aus- und Weiterbildung. Verschiedene Regelungen dienen der Umverteilung der Einkommen zugunsten der geringer Verdienenden, so z. B. die progressive Besteuerung, Ausbildungsförderung, Wohngeld.

1.2 Der volkswirtschaftliche Kreislauf

1.2.1 Wirtschaftskreislauf in einer wachsenden offenen Volkswirtschaft und deren Faktoreinkommen

Wie eingangs erwähnt, produzieren die Unternehmen Güter zur Bedürfnisbefriedigung (Konsumgüter) und zur Produktion anderer Güter (Produktions- oder Investitionsgüter). Die Volkswirtschaftslehre versteht unter Produktion das Erstellen einer betrieblichen Leistung gleich welcher Art. Es werden also nicht nur Sachgüter produziert, sondern auch Dienstleistungen, wie z. B. Handelsleistungen, Transportleistungen, Versicherungen, Geld- und Kreditwesen.

In einen Produktionsprozess gehen vielfältige Faktoren ein: So werden z. B. Gebäude benötigt sowie der Grund und Boden, auf denen die Gebäude stehen; ferner Maschinen, Rohstoffe und menschliche Arbeitskraft.

In einer Volkswirtschaft können verschiedene Arten von Produktionsfaktoren unterschieden werden. **Originäre** Produktionsfaktoren sind die menschliche Arbeit und die Natur (in der volkswirtschaftlichen Literatur häufig auch mit dem klassischen Begriff »Boden« bezeichnet). **Derivative** (abgeleitete) Faktoren sind das Kapital und das technologische Wissen. Unter Kapital versteht man in der Volkswirtschaft den Bestand an von Menschen hergestellten Produktionsgütern wie Maschinen, Anlagen, Materialien usw. Angesichts der großen Bedeutung technologischer Verfahren in der Produktion kann das technologische Wissen (anders als in der klassischen ökonomischen Literatur) als eigenständiger Produktionsfaktor betrachtet werden.

Im einfachen Wirtschaftskreislauf werden die Produktionsfaktoren den Unternehmen von den privaten Haushalten zur Verfügung gestellt. Die privaten Haushalte erhalten dafür Entgelt, die so genannten Faktorentgelte oder Faktoreinkommen. Für menschliche Arbeitsleistung werden Löhne, Gehälter, Honorare, Vergütungen usw. gezahlt; das Entgelt für den Produktionsfaktor Arbeit wird unter dem Begriff Löhne zusammengefasst. Für das Zurverfügungstellen von Kapital (bzw. von Geldmitteln, als Vorstufe zur Kapitalbildung) werden Zinsen gezahlt und Gewinne ausgeschüttet. Grund und Boden wird gegen Zahlung von Pacht zur Verfügung gestellt.

Die Unternehmen verkaufen die produzierten Güter an andere Unternehmen oder an die privaten Haushalte und erhalten dafür Geld in Höhe des Kaufpreises.

Man kann deshalb den Wirtschaftsprozess auch als einen doppelten Kreislauf darstellen, bestehend aus einem Güterkreislauf und einem Geldkreislauf.

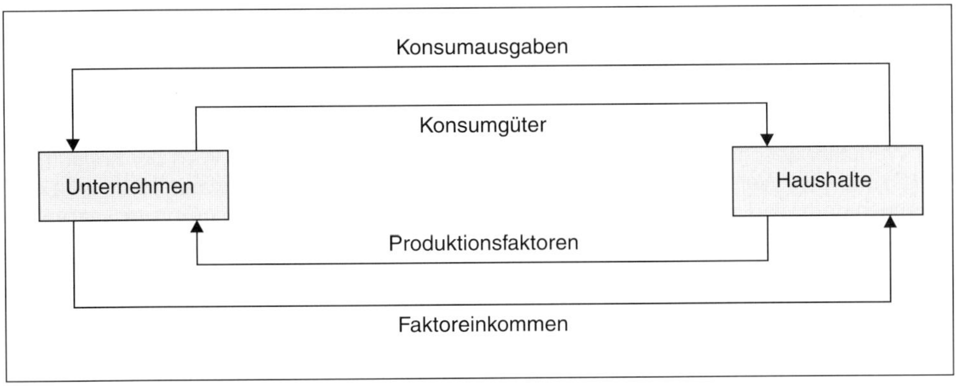

Der einfache Wirtschaftskreislauf in einer geschlossenen Volkswirtschaft (ohne Staat)

In diesem einfachen Modell wird angenommen, dass die Faktoreinkommen der privaten Haushalte vollständig für Konsumgüter ausgegeben werden. Die geschaffenen Werte fließen also in Form von Geld an die privaten Haushalte und über die Konsumausgaben an die Unternehmen zurück. Bezeichnen wir den Wert aller geschaffenen Güter mit Y und die Konsumausgaben mit C, so muss gelten:

$$Y = C$$

Im einfachen Wirtschaftskreislauf kann keine Entwicklung der Wirtschaft stattfinden, da nur Konsumgüter hergestellt und verbraucht werden. Voraussetzung für eine wirtschaftliche Entwicklung sind Investitionen, also die Erschaffung oder Beschaffung von Produktionsgütern. Zur Finanzierung der Investitionen können die Unternehmen Kredite bei Kreditinstituten aufnehmen. Die Kreditinstitute erhalten die finanziellen Mittel dafür von den privaten Haushalten, denn diese können ihre Einkommen nicht nur für den Konsum verwenden, sondern auch sparen. Sparen ist also nichts anderes als Konsumverzicht. Dabei ist gleichgültig, ob die Ersparnisse in Sparguthaben, Wertpapieren oder anderen Formen angelegt werden (von dem gesamtwirtschaftlich nicht erheblichen »Horten« in Sparschweinen oder Sparstrümpfen sei hier abgesehen). Die Unternehmen können die finanziellen Mittel für Investitionen auch dadurch beschaffen, dass sie einen Teil der Gewinne nicht an die Gesellschafter ausschütten. Letztlich ist auch das eine Form des Sparens, denn in diesem Falle verzichten die Gesellschafter darauf, ihren Gewinnanteil für Konsumzwecke auszugeben. Berücksichtigt man im Kreislaufmodell das Investieren und Sparen und zeichnet die Kreditinstitute als eigenständigen Sektor, so ergibt sich folgendes Bild:

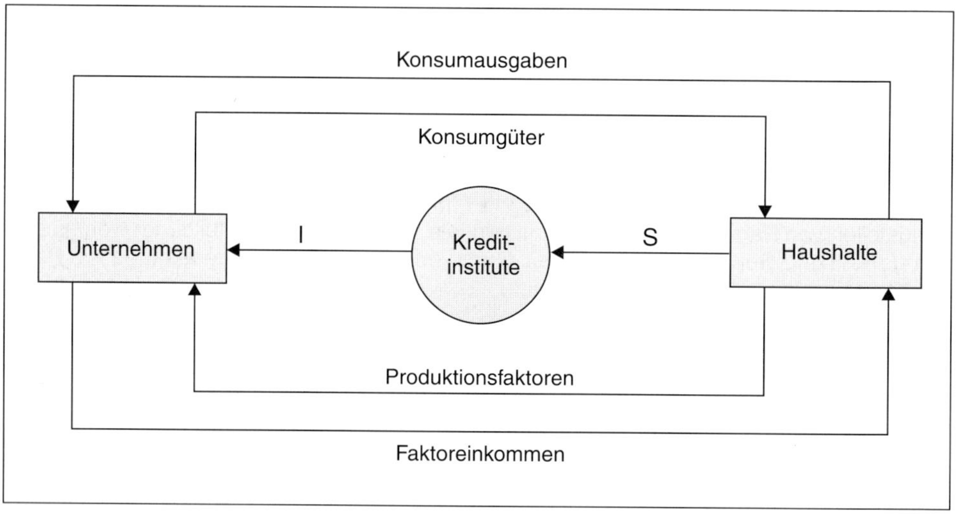

Der erweiterte Wirtschaftskreislauf (ohne Staat, ohne Ausland; I = Investitionen, S = Ersparnisse)

Der Wert aller geschaffenen Güter (Y) setzt sich zusammen aus dem Wert der Konsumgüter (C) und dem Wert der Investitionsgüter (I). Die Einkommen der privaten Haushalte entsprechen dem Wert aller Güter (Y) und werden zum Konsumieren (C) und zum Sparen (S) verwendet. Es gelten die Gleichungen:

$$Y = C + I$$

$$Y = C + S$$

Das Gleichsetzen beider Gleichungen bei Elimination von C ergibt:

$$S = I$$

Beispiel:

Es werden Güter im Wert von 100 Mrd. Geldeinheiten (GE) produziert, und zwar Konsumgüter für 80 Mrd. GE und Investitionsgüter zu 20 Mrd. GE. Die privaten Haushalte erhalten als Faktoreinkommen (Löhne, Gewinne, Zinsen, Pachten) 100 Mrd. GE. Davon kaufen sie alle produzierten Konsumgüter im Wert von 80 Mrd. GE. Es verbleiben den Haushalten 20 Mrd. GE, die sie sparen.

In einer geschlossenen Volkswirtschaft ohne Staat müssen also Ersparnisse und Investitionen übereinstimmen. Sparen ist die Voraussetzung für Investitionen (also für die Entwicklung der Wirtschaft). Der erweiterte Wirtschaftskreislauf ist das einfachste Modell für eine evolutorische Wirtschaft.

In unserem Beispiel wurde davon ausgegangen, dass die privaten Haushalte alle hergestellten Konsumgüter kaufen werden, dass also ein volkswirtschaftliches Gleichgewicht herrscht. Allerdings wäre es schon ein außerordentlicher Zufall, wenn die Konsumpläne der privaten Haushalte mit den Produktionsplänen der Unternehmen vollständig übereinstimmen würden.

Gesetzt den Fall, die Haushalte planen, weniger Geld für Konsumgüter auszugeben und etwas mehr zu sparen: Dann werden die Unternehmen einen Teil der produzierten Konsumgüter nicht absetzen können. Es kommt zu einem wirtschaftlichen Ungleichgewicht. Die Unternehmen werden auf die zu geringe Nachfrage mit Preissenkungen und Produktionseinschränkungen reagieren. Dabei könnte es zu Entlassungen und Abbau von Produktionskapazitäten kommen. (Formal stimmt die Gleichung S = I nach wie vor, denn die unverkauften Güter bleiben auf Lager liegen und stellen so genannte Vorratsinvestitionen dar).

Die Unternehmen produzieren Konsumgüter im Wert von 80 Mrd. GE, die Haushalte wollen aber nur Konsumgüter im Wert von 70 Mrd. GE kaufen. Die Unternehmen können Konsumgüter im Wert von 10 Mrd. GE nicht absetzen. Den Ersparnissen von 30 Mrd. GE stehen jetzt Investitionen in Höhe von 30 Mrd. GE gegenüber, nämlich 20 Mrd. GE für Erweiterungsinvestitionen und 10 Mrd. GE für Vorratsinvestitionen.

Bleibt hingegen die Konsumgüterproduktion hinter den Konsumplänen der Haushalte zurück, so kommt es zu einer Übernachfrage, die nicht befriedigt werden kann. Die Unternehmen werden die Preise erhöhen und soweit wie möglich die Produktion erhöhen. (Auch in diesem Fall stimmt die Formel S = I, da die privaten Haushalte ihre Konsumwünsche nicht befriedigen können und zum Sparen »gezwungen« werden).

Das Ausgangsbeispiel wird wie folgt verändert: Die Haushalte wollen Konsumgüter im Wert von 90 Mrd. GE kaufen. Die Nachfrage kann jedoch nicht befriedigt werden, da nur Konsumgüter im Wert von 80 Mrd. GE produziert worden sind. Die Haushalte werden »gezwungen«, statt der geplanten 10 Mrd. GE nun 20 Mrd. GE zu sparen.

Mit Hilfe dieses einfachen Modells können wirtschaftliche Zusammenhänge bereits grob analysiert werden.

Erweitert man das Modell noch um den Staat und das Ausland, so sieht die Darstellung, wie folgt aus (auf die Darstellung der Güterströme wurde aus Gründen der Übersichtlichkeit verzichtet):

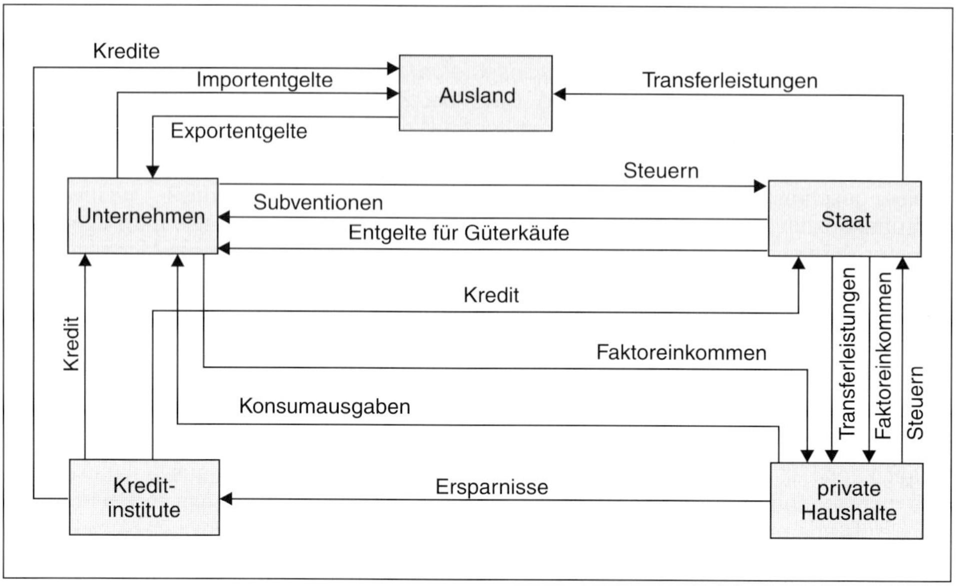

Erweiterter Wirtschaftskreislauf mit Staat und Ausland (nur **Geldströme** eingezeichnet)

Es ist einzusehen, dass die wertmäßigen Zusammenhänge nun nicht mehr auf einfache Formeln reduziert werden können. Um die in der Realität existierenden Wertströme unserer Volkswirtschaft zu erfassen, hat das Statistische Bundesamt in Wiesbaden ein Instrumentarium geschaffen, welches mit dem Begriff »Volkswirtschaftliche Gesamtrechnung« bezeichnet wird.

1.2.2 Volkswirtschaftliche Gesamtrechnung

1.2.2.1 Bruttoinlandsprodukt und Bruttonationaleinkommen

Mit Hilfe der Volkswirtschaftlichen Gesamtrechnung (VGR) werden wichtige volkswirtschaftliche Größen wie Bruttonationaleinkommen, Bruttoinlandsprodukt und Volkseinkommen berechnet. Diese **Kennzahlen** dienen zur Analyse der wirtschaftlichen Entwicklung. Auf Grundlage der Daten der VGR ermitteln die Sachverständigen und die Wirtschaftsforschungsinstitute ihre Prognosen für kommende Perioden. Die wirtschaftlichen Daten und die Prognosen sind Grundlage für politische Entscheidungen.

Das Statistische Bundesamt erfasst alle Geldströme in einem Kontensystem, ähnlich der doppelten Buchführung in einem Betrieb. Jedem Sektor der Volkswirtschaft (Unternehmen, Haushalte und Staat) werden Konten zugeordnet, in denen die ökonomischen Aktivitäten wertmäßig erfasst werden. Die geldmäßigen Beziehungen zum Ausland werden auf einem gesonderten Konto erfasst.

Seit 1999 wird die volkswirtschaftliche Gesamtrechnung in Deutschland nach dem »Europäischen System Volkswirtschaftlicher Gesamtrechnungen (ESVG)« durchgeführt. Die Ergebnisse der Berechnungen der Mitgliedsstaaten der Europäischen Union sind dadurch untereinander und im internationalen Maßstab besser vergleichbar geworden.

Bei der Berechnung des Bruttoinlandsprodukts können grundsätzlich drei Ansätze verfolgt werden:

- ein Produktionsansatz: die Entstehungsrechnung,
- ein Ausgabenansatz: die Verwendungsrechnung,
- ein Einkommensansatz: die Verteilungsrechnung.

Entstehungsrechnung

Die Einkommen der privaten Haushalte entstehen in der Produktion. Sie werden an die Besitzer der Produktionsfaktoren als Faktorentgelte verteilt. Notwendig für die Entstehung von Einkommen ist ein Wertschöpfungsprozess. Die Wertschöpfung wird in mehreren Stufen vollzogen, wie folgendes Beispiel zeigt:

	1. Stufe	**2. Stufe**	**3. Stufe**	**4. Stufe**
	Erzgewinnung	Stahlerzeugung	Stahlverarbeitung	Handel
Bezug von Vorleistungen		1.000 €	1.500 €	2.000 €
Wertschöpfung	1.000 €	500 €	500 €	500 €
Produktionswert	1.000 €	1.500 €	2.000 €	2.500 €
Gesamte Wertschöpfung = Summe der Produktionswerte – Summe der Vorleistungen				

Mehrstufiger Wertschöpfungsprozess

Insgesamt ist in einem mehrstufigen Prozess also ein Wert von 2.500 geschaffen worden. Addiert man die Produktionswerte aller Betriebe und zieht die von anderen Betrieben empfangenen Vorleistungen ab, so erhält man die Bruttowertschöpfung einer Volkswirtschaft.

Das Statistische Bundesamt ermittelt aus Umfrageerhebungen und einer Vielzahl von Branchenstatistiken die Bruttowertschöpfung der folgenden Wirtschaftsbereiche:

Land- und Forstwirtschaft; Fischerei

A. Land- und Forstwirtschaft
B. Fischerei und Fischzucht

Produzierendes Gewerbe

C. Bergbau und Gewinnung von Steinen und Erden
D. Verarbeitendes Gewerbe
E. Energie- und Wasserversorgung
F. Baugewerbe

Dienstleistungsbereiche

G. Handel; Reparatur von Kfz und Gebrauchsgütern
H. Gastgewerbe
I. Verkehr und Nachrichtenübermittlung
J. Kredit- und Versicherungsgewerbe
K. Grundstückswesen, Vermietung, Unternehmerische Dienstleistungen
L. Öffentliche Verwaltung, Verteidigung, Sozialversicherung
M. Erziehung und Unterricht
N. Gesundheits-, Veterinär- und Sozialwesen
O. Sonstige öffentliche und private Dienstleister
P. Häusliche Dienste

Auf Grund der benutzten Rechenverfahren werden dabei auch Eigenleistungen am Bau, Trinkgelder und implizit Leistungen im Rahmen der »Schattenwirtschaft« (steuerlich nicht erfasste Leistungen) berücksichtigt. Selbstverrichtete Hausarbeiten gehören nicht zur Produktion.

Die Summe der auf diese Weise ermittelten Bruttowertschöpfung aller Wirtschaftsbereiche wird noch korrigiert um die unterstellten Finanzserviceleistungen (die im Rahmen der Produktion Vorleistungen darstellen) und um den Nettowert der gezahlten Gütersteuern (nichtabziehbare Umsatzsteuer, Importabgaben, Verbrauchssteuern), welche in die Marktpreise der Güter einfließen.

Die Entstehungsrechnung erfolgt also nach folgendem Schema:

	Produktionswert
–	Vorleistungen
=	Bruttowertschöpfung (unbereinigt)
–	unterstellte Finanzserviceleistungen
=	Bruttowertschöpfung (bereinigt)
+	Gütersteuern
–	Gütersubventionen
=	Bruttoinlandsprodukt (BIP)

Das Bruttoinlandsprodukt ist der Geldwert aller in einer Abrechnungsperiode im Inland hergestellten Güter (inkl. Dienstleistungen) abzüglich der dafür benötigten Vorleistungen.

Das Bruttoinlandsprodukt erfasst nur Leistungen, die im Inland erbracht wurden. Es werden aber auch Leistungen von Inländern im Ausland erbracht. Zum einen gibt es Grenzgänger, die im Ausland arbeiten. Außerdem könnten Inländer im Ausland investieren und Gewinneinkommen erhalten.

Inländer im volkswirtschaftlichen Sinne sind alle Personen, die im Wirtschaftsgebiet wohnen, unabhängig davon, welcher Nationalität sie angehören. Auf der anderen Seite gibt es Ausländer, die im Inland produktive Leistungen erbringen (Grenzgänger, Investoren) und damit zum Bruttoinlandsprodukt beitragen. Die so erwirtschafteten Einkommen fließen aber ins Ausland.

Das Bruttoinlandsprodukt erfasst also diejenigen Einkommen, die im Inland erwirtschaftet werden, unabhängig davon, wem sie zugute kommen. Will man die Wertschöpfung erfassen, die von Inländern erbracht worden ist, so muss man zum Bruttoinlandsprodukt die Faktoreinkommen aus dem Ausland addieren und die Faktoreinkommen an das Ausland subtrahieren. Man erhält dann das Bruttonationaleinkommen (BNE):

BNE = BIP + Faktoreinkommen aus dem Ausland – Faktoreinkommen an das Ausland

Das Bruttonationaleinkommen ist der Geldwert aller in einer Abrechnungsperiode von Inländern hergestellten Güter (inkl. Dienstleistungen) abzüglich der dafür benötigten Vorleistungen.

Das Bruttoinlandsprodukt bezieht sich also auf die im Inland erbrachten wirtschaftlichen Leistungen (**Inlandskonzept**), während sich das Bruttonationaleinkommen auf die von Inländern erbrachten wirtschaftlichen Leistungen bezieht (**Inländerkonzept**).

Verwendungsrechnung

Das Statistische Bundesamt untersucht, für welche Zwecke das Bruttoinlandsprodukt verwendet wird, d. h. welche Art von Gütern in der Produktion hergestellt werden.

Dabei werden die folgenden Verwendungen unterschieden:

- Privater Konsum (CP),
- Staatskonsum (CS),
- Bruttoinvestitionen (I),
- Außenbeitrag (EX – IM).

Privater Konsum: Konsumausgaben privater Haushalte und privater Organisationen ohne Erwerbszweck.

Staatlicher Konsum: Geldwert aller Leistungen, die der Staat unentgeltlich zur Verfügung stellt (z. B. Schaffung von Infrastruktur, Sozialleistungen, Polizei, Militär, Gerichtswesen, Verwaltung usw.). Leistungen der staatlichen Dienstleistungsbetriebe (Strom, Wasser, Elektrizität) werden hier nicht erfasst, da das Statistische Bundesamt diese Betriebe im Sektor »Unternehmen« erfasst. Da für die unentgeltlichen Leistungen des Staates kein Marktpreis existiert, wird der Geldwert des staatlichen Konsums durch die Kosten erfasst, die der Staat dafür aufbringen muss.

Bruttoinvestitionen: Die Bruttoinvestitionen setzen sich zusammen aus Re-Investitionen (Ersatzinvestitionen), die zum Ersatz verbrauchter Investitionsgüter dienen, und Neuinvestitionen (Nettoinvestitionen, Erweiterungsinvestitionen), die den Bestand an Investitionsgütern erweitern. Die Investitionen werden unterschieden in Anlage- und Vorratsinvestitionen.

Außenbeitrag: Der Außenbeitrag erfasst den Wert aller Güter (inkl. Dienstleistungen), die exportiert werden, abzüglich des Wertes aller importierten Güter.

Verteilungsrechnung

Der Gegenwert der produzierten Leistungen wird auf die Wirtschaftssubjekte verteilt. Mit den Einnahmen für die verkauften Leistungen müssen die Unternehmen zunächst alle Kosten decken: nämlich Kosten für verbrauchte Rohstoffe und Materialien (Vorleistungen), Kosten für den Werteverzehr bei Maschinen und Anlagen (Abschreibungen), indirekte Steuern (abzüglich staatlicher Subventionen, welche die Unternehmen erhalten), Löhne und Gehälter, Zinsen für Kredite.

Der Einnahmenüberschuss ist der Gewinn, welcher den Inhabern der Unternehmen zusteht. Da die Vorleistungen definitionsgemäß abgezogen werden (s.o.), setzt sich das Bruttonationaleinkommen von der Verteilungsseite aus folgenden Größen zusammen:

- Abschreibungen (D),
- indirekte Steuern abzgl. Subventionen (TIND),
- Löhne und Gehälter von Inländern (L),
- Zinsen und Gewinne von Inländern (G).

Die Verteilungsrechnung wird vom Statistischen Bundesamt auf Grund unvollständigen Datenmaterials nicht zur Ermittlung des BNE genutzt.

Ein Teil des Bruttonationaleinkommens dient dem Ersatz verbrauchter Investitionsgüter. Dieser Wert wird durch Abschreibungen erfasst. Zieht man vom Bruttonationaleinkommen die Abschreibungen ab, so erhält man das Nettonationaleinkommen zu Marktpreisen (NNEM). Das Nettonationaleinkommen zu Marktpreisen erfasst also alle von Inländern in einer Abrechnungsperiode neu geschaffenen Werte bewertet zu Marktpreisen. Zieht man die indirekten Steuern ab und addiert die Subventionen, so erhält man das **Volkseinkommen** (Y) – siehe hierzu noch Abschnitt 1.2.2.2:

$$NNEM = BNE - D$$

$$Y = BNE - D - TIND = L + G$$

Zusammenfassend kann man die Zusammensetzung des Bruttoinlandsprodukts (mit Zahlenbeispielen für 2007) wie folgt darstellen:

Entstehung		Verwendung		Verteilung	
	Mrd. €		Mrd. €		Mrd. €
+ Land- und Forstwirtschaft, Fischerei	19,57	+ privater Konsum	1.402,25	+ Arbeitnehmerentgelte (Inland)	1.225,84
+ Produzierendes Gewerbe	673,78	+ staatlicher Konsum	452,04	+ Betriebsüberschuss/ Selbstständigeneinkommen (Inland)	654,32
+ Dienstleistungsbereiche	1.541,77	+ Bruttoinvestitionen	480,64	+ Prod.- und Importabgaben abzgl. Subventionen	285,32
+ Gütersteuern – Gütersubventionen	256,88	+ Außenbeitrag	157,07	+ Abschreibungen	363,12
Summe	**2.492,00**	**Summe**	**2.492,00**	**Summe**	**2.492,00**

Entstehung, Verwendung und Verteilung des Bruttoinlandsprodukts 2008 (in jeweiligen Preisen)
(Quelle: Statistisches Bundesamt www.destatis.de und eigene Berechnungen)

1.2.2.2 Einkommensverteilung und Einkommensumverteilung; Volkseinkommen

Die Einkommen sind Entgelte für die Zurverfügungstellung von Produktionsfaktoren.

Dementsprechend kann man folgende Einkommensarten unterscheiden:

- **Lohn- und Gehaltseinkommen** sind Entgelte für die Zurverfügungstellung von unselbstständiger Arbeit.
- **Pachteinkommen** sind Entgelte für die Zurverfügungstellung von Grund und Boden. In der Volkswirtschaft wird diese Einkommensart auch als Grundrente (Bodenrente) bezeichnet.
- **Gewinn- und Zinseinkommen** sind Entgelte für die Zurverfügungstellung von Kapital. Der Kapitalanteil, den die Inhaber bzw. Gesellschafter eines Unternehmens zur Verfügung stellen, heißt Eigenkapital. Die Gesellschafter erhalten dafür den Gewinn. Der Kapitalanteil, den Kreditgeber zur Verfügung stellen, heißt Fremdkapital. Die Gläubiger erhalten dafür Zinsen.

Das Statistische Bundesamt fasst Gewinneinkommen, Zinserträge, Mieten und Pachten zusammen als Unternehmens- und Vermögenseinkommen. Löhne und Gehälter werden zusammengefasst als Arbeitnehmerentgelt.

Einkommen (2008)	Mrd. €
Volkseinkommen	**1.880,16**
darunter Arbeitnehmerentgelt*)	1.225,84
darunter Unternehmens- und Vermögenseinkommen*)	654,32

*) gerundet (Rundungsdifferenz)

(Quelle: wie zuvor)

Die funktionale Einkommensverteilung zeigt die Verteilung der Einkommen auf die Produktionsfaktoren.

Dabei interessieren insbesondere die Lohnquote und die Gewinnquote:

- **Lohnquote:** Prozentualer Anteil der Arbeitnehmerentgelte am Volkseinkommen;
- **Gewinnquote:** Prozentualer Anteil der Unternehmens- und Vermögenseinkommen am Volkseinkommen.

Die personale Einkommensverteilung zeigt die Verteilung des Volkseinkommens auf die Haushalte. Primär wird das Volkseinkommen in Form der Faktoreinkommen auf den Märkten verteilt. Danach findet allerdings eine Umverteilung durch den Staat statt (sekundäre Einkommensverteilung).

Von den Bruttoeinkommen müssen direkte Steuern (Einkommensteuer, u. a.) sowie gesetzliche Sozialleistungen an den Staat abgeführt werden. Vom Staat erhalten die berechtigten Haushalte so genannte **Transferleistungen** (Wohngeld, Arbeitslosengeld I + II, Renten, Kindergeld). Der Saldo aus Bruttoeinkommen und Transferleistungen einerseits und Steuern sowie Sozialabgaben andererseits ist das verfügbare Einkommen der Haushalte.

Das verfügbare Einkommen verwenden die Haushalte zum Konsumieren und zum Sparen:

- **Konsumquote:** Prozentualer Anteil des Konsums am verfügbaren Einkommen;
- **Sparquote:** Prozentualer Anteil der Ersparnisse am verfügbaren Einkommen.

Die sekundäre Einkommensverteilung dient der sozial gerechteren Verteilung der primär erzielten Einkommen auf die Haushalte. Durch die Umverteilung werden der prozentuale Anteil der Haushalte mit sehr niedrigem Einkommen sowie der prozentuale Anteil der Haushalte mit sehr hohem Einkommen deutlich verringert. Die Struktur der Einkommensverteilung lässt sich graphisch durch eine **Lorenzkurve** darstellen.

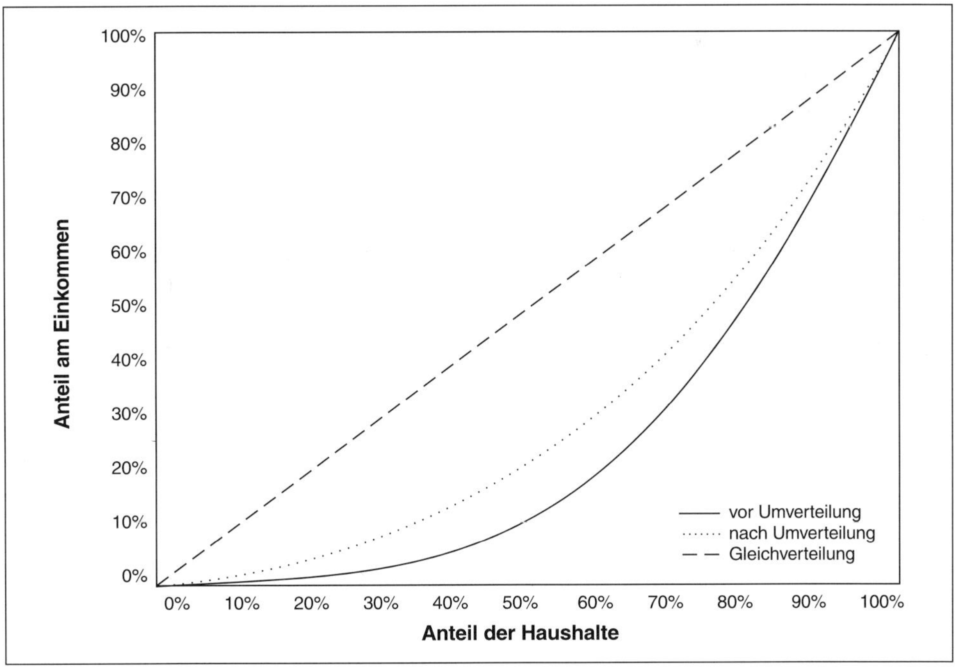

Lorenzkurve der Einkommensverteilung

Die Lorenzkurve der Einkommensverteilung zeigt, welcher Anteil der gesamten Einkommen der Haushalte auf einen bestimmten Anteil der Haushalte entfällt. Auf der Ordinate sind die kumulierten Prozentwerte der Haushaltseinkommen abgetragen, auf der Abszisse die kumulierten Prozentwerte der Anzahl der Haushalte.

Eine Gleichverteilung der Einkommen auf die Haushalte würde in dieser Darstellung eine Diagonale ergeben. Die tatsächliche Lorenzkurve ist unterhalb dieser Geraden gekrümmt. Je stärker die Krümmung von der Diagonalen abweicht, desto ungleicher sind die Einkommen auf die Haushalte verteilt. Die Fläche zwischen der Diagonalen und der Kurve ist also ein Maß für die »Ungleichverteilung«. Aus der Grafik ergibt sich nach der sekundären Verteilung der Einkommen eine Annäherung der Lorenzkurve an die Diagonale.

1.2.2.3 Das Bruttonationaleinkommen als Wohlstandsindikator

Da das Bruttonationaleinkommen die Wertschöpfung in einer Abrechnungsperiode erfasst, kann es als ein Maßstab für die Entwicklung des Wohlstandes einer Gesellschaft aufgefasst werden. Allerdings wäre es falsch, das BNE als hinreichendes Kriterium für den Wohlstand zu betrachten.

Beispiele:

Die Höhe des Bruttonationaleinkommens sagt noch nichts über die Verteilung der Einkommen aus. Es gibt Länder mit hohem Nationaleinkommen, in denen in Teilen der Bevölkerung Armut herrscht.

Unentgeltliche Leistungen werden im Bruttonationaleinkommen nicht erfasst, obwohl sie erheblich zum Wohlstand einer Gesellschaft beitragen. Dazu gehören z. B. die Hausarbeit, karitative Tätigkeit, Nachbarschaftshilfe usw.

Auf der anderen Seite führen Leistungen, die dazu dienen, Katastrophenschäden zu beseitigen, zu einer Steigerung des Bruttonationaleinkommens, offensichtlich mehren sie aber keinesfalls den Wohlstand.

Bestimmte Faktoren, die unseren Wohlstand betreffen, werden im Bruttonationaleinkommen gar nicht erfasst, wie z. B. Umweltzerstörung, Veränderung der Lebensqualität u.ä.

Um den Wohlstand einer Gesellschaft zu beurteilen, reichen also wirtschaftliche Kennzahlen nicht aus. Sie stellen lediglich einen **Teilaspekt** der gesellschaftlichen Realität dar.

1.2.3 Außenwirtschaftsbeziehungen in der Zahlungsbilanz und ihren Teilbilanzen

Die wirtschaftlichen Transaktionen zwischen Inländern und Ausländern werden in der Zahlungsbilanz erfasst. Diese wird von der Bundesbank erstellt.

Die Gliederung der erfassten Transaktionen gibt nachfolgende Abbildung schematisch wieder:

<table>
<tr><td rowspan="8">Zahlungsbilanz</td><td rowspan="4">Leistungsbilanz</td><td rowspan="3">Außenbeitrag zum BNE</td><td rowspan="2">Außenbeitrag zum BIP</td><td>Handelsbilanz</td></tr>
<tr><td>Dienstleistungs-bilanz</td></tr>
<tr><td colspan="2">Saldo der Einkommen der übrigen Welt</td></tr>
<tr><td colspan="3">Laufende Übertragungen</td></tr>
<tr><td colspan="4">Vermögensübertragungen</td></tr>
<tr><td colspan="4">Kapitalverkehrsbilanz</td></tr>
<tr><td colspan="4">Restpostenbilanz</td></tr>
<tr><td colspan="4">Veränderung der Nettoauslandsaktiva der Bundesbank (Devisenbilanz)</td></tr>
</table>

Die Zahlungsbilanz

Die Zahlungsbilanz gliedert sich in **fünf Unterbilanzen** auf: die Leistungsbilanz, die Bilanz der Vermögensübertragungen, die Kapitalbilanz, die Bilanz der »statistisch nicht aufgliederbaren Transaktionen« (Restposten) und die Devisenbilanz.

Die **Leistungsbilanz** erfasst den Austausch von Leistungen zwischen In- und Ausländern. Sie ist wiederum in Teilbilanzen untergliedert. In der Handelsbilanz werden Warenexporte (positiv) und Warenimporte (negativ) erfasst. Die Dienstleistungsbilanz erfasst die Dienstleistungsexporte (positiv) und Dienstleistungsimporte (negativ). Die Salden der Handels- und Dienstleistungsbilanz ergeben zusammen den Außenbeitrag zum BIP (siehe auch Abschnitt 1.2.2). Korrigiert man den Außenbeitrag zum Bruttoinlandsprodukt um den Saldo der Einkommen aus der übrigen Welt , so erhält man den Außenbeitrag zum Bruttonationaleinkommen. In einer weiteren Teilbilanz der Leistungsbilanz werden die laufenden Übertragungen erfasst. Dabei handelt es sich um regelmäßige Leistungen ohne direkte Gegenleistung, wie z. B. Beiträge zur Europäischen Union, zur NATO, zur Organisation für Europäische Sicherheit und Zusammenarbeit (OSZE). Die geleisteten Übertragungen werden negativ, die empfangenen Übertragungen positiv bilanziert.

Ist der Saldo der gesamten Leistungsbilanz positiv, so spricht man von einem Leistungsbilanzüberschuss, bei einem negativen Saldo spricht man von einem Leistungsbilanzdefizit. Die Bundesrepublik Deutschland hat traditionell einen Handelsbilanzüberschuss, da die deutsche Industrie stark exportorientiert ist. Dieser Überschuss im Warenexport ist nötig, um Defizite in der Dienstleistungsbilanz und insbesondere in der Bilanz der laufenden Übertragungen auszugleichen.

Die Bilanz der **Vermögensübertragungen** erfasst einmalige Übertragungen von Inländern an Ausländer und umgekehrt, beispielsweise Erbschaften und Schenkungen.

Die **Kapitalverkehrsbilanz** erfasst den Kapitalverkehr zwischen Inländern und Ausländern, beispielsweise durch Vergabe von Krediten oder Investitionen. Die Zunahme der deutschen Forderungen gegenüber Ausländern (Kapitalexport) wird negativ, die Zunahme ausländischer Forderungen gegenüber Inländern (Kapitalimport) wird positiv erfasst.

Die **Restpostenbilanz** dient der Erfassung von Positionen, die statistisch nicht zugeordnet werden können.

Die Salden der vier genannten Teilbilanzen zusammen drücken sich aus in einer **Veränderung der Nettoauslandsaktiva** der Bundesbank. Dabei handelt es sich vor allem um die Devisenbestände der Bundesbank. Ein Überschuss der ersten vier Teilbilanzen führt zu einer Zunahme der Devisenbestände der Bundesbank, ein Defizit zu deren Abnahme.

1.2.4 Geldversorgung der Wirtschaft

1.2.4.1 Geldarten

Menschen brauchen Geld, um Güter zu kaufen und erhalten Geld für den Verkauf von Gütern. In diesem Fall dient Geld als **Tauschmittel**, denn es ist ein Gut, welches allgemein als Tauschobjekt für Güter aller Art anerkannt ist. Geld dient also dazu, den Austausch der produzierten Güter zu vereinfachen. Darüber hinaus wird der Vermögensbestand von Personen und Betrieben in Geldeinheiten bewertet, um die verschiedenen Vermögen überhaupt miteinander vergleichbar zu machen. Hier dient das Geld als **Recheneinheit**. Geld kann auch aufbewahrt werden; in »Sparstrümpfen«, Tresoren, auf Girokonten oder Sparkonten wird es für spätere Verwendungen aufgehoben. Geld ist also auch **Wertaufbewahrungsmittel**.

Das Bedürfnis nach einem allgemein anerkannten Tauschmittel entstand historisch erst mit zunehmender Bedeutung der Warenwirtschaft. In der Urgesellschaft der Sammler und Jäger hatte der Tausch keine große Bedeutung. Die Jagdbeute und gesammelten Pflanzen wurden unmittelbar von den Familien verbraucht, die benötigten Werkzeuge selbst hergestellt. Erst mit der Arbeitsteilung und Spezialisierung von Menschen auf bestimmte Tätigkeiten wurde der Austausch von Gütern nötig. Zunächst fand dieser Austausch spontan, Gut gegen Gut, statt. Mit zunehmender Arbeitsteilung wurde dieser spontane Warentausch schwieriger, da zwangsläufig multilaterale Beziehungen an die Stelle der zweiseitigen »Zug-um-Zug-Geschäfte« treten mussten. Es gab keine einheitliche Bemessungsgrundlage für den Wert der Güter. Nach und nach begannen in den verschiedenen Kulturen besondere Güter eine hervorgehobene Stellung zu entwickeln, da sie von allen am Handel Beteiligten als Tauschobjekte anerkannt wurden und sich eine allgemeine Vorstellung von ihrem Wert durchsetzte. Beispiele sind Muscheln, Getreide oder auch Vieh, also **Warengeld**. Einige Güter hatten den Vorteil, dass sie im Verhältnis zu ihrer Größe hohen Wert hatten, beliebig teilbar waren und nicht mit der Zeit an Wert verloren, nämlich Gold und Silber. Weltweit setzten sich diese Edelmetalle als allgemeine Tauschäquivalente durch. Um nicht bei jedem Handelsgeschäft die Gold- oder Silbermenge abwiegen zu müssen, begann man einheitliche Gewichtsstücke herzustellen und den Wert einzuprägen – das **Münzgeld** war entstanden. Kaufleute, die viel Münzgeld besaßen, lagerten dieses bei anderen Kaufleuten und erhielten dafür Berechtigungsscheine, die selbst Tauschobjekt wurden. So entstand das **Papiergeld** und zugleich das Betätigungsfeld der Banken.

Heute wird Münzgeld, Papiergeld und Buchgeld benutzt. **Buchgeld (Giralgeld)** ist Geld, das auf Konten der Kreditinstitute existiert. Es kann durch Überweisungen oder Schecks übertragen werden. Die umlaufenden Geldmittel sind in den modernen Wirtschaften der Gegenwart nicht mehr durch Goldreserven gedeckt. Vielmehr stellen sie eine »Anweisung auf das Nationaleinkommen« dar. Der Geldbesitzer hat einen Anspruch auf einen bestimmten Anteil des Nationaleinkommens.

1.2.4.2 Geldschöpfung

Zentrale Rolle im Geld- und Kreditwesen spielt das System der **Europäischen Zentralbanken (ESZB)**. Das ESZB besteht aus der Europäischen Zentralbank (EZB) mit Sitz in Frankfurt und den nationalen Zentralbanken der Mitgliedsstaaten der Europäischen Union. Damit ist auch die Deutsche Bundesbank Mitglied des ESZB.

Das vorrangige Ziel des ESZB ist es, die Preisstabilität zu gewährleisten. Soweit es ohne Beeinträchtigung dieses Ziels möglich ist, unterstützt das ESZB die allgemeine Wirtschaftspolitik in der Europäischen Gemeinschaft. Das ESZB handelt im Einklang mit den Grundsätzen einer offenen Marktwirtschaft.

Die wichtigsten Aufgaben des ESZB sind:

- Festlegung und Ausführung der Geldpolitik der Gemeinschaft,
- Durchführung von Devisengeschäften,
- Haltung und Verwaltung von offiziellen Währungsreserven der Mitgliedstaaten,
- Förderung des reibungslosen Funktionierens der Zahlungssysteme.

Das ESZB ist **unabhängig** von den nationalen Regierungen der Mitgliedsstaaten und von Organen der Europäischen Union.

Geschäftsbanken sind private Kreditinstitute, die Kredite gewähren, Einlagen entgegennehmen, Handel mit Wertpapieren betreiben und Dienstleistungen bei der Abwicklung des Geldverkehrs übernehmen.

Neben den Banken spielen im Kreditwesen auch die Versicherungen eine wichtige Rolle.

Die Zentralbank versorgt die Geschäftsbanken mit Münz-, Noten- oder Buchgeld, indem sie Wertpapiere, Gold und Devisen ankauft oder Kredite vergibt. Dadurch wird Geld in Umlauf gebracht. Dieser Vorgang wird **primäre Geldschöpfung** genannt. Durch den Verkauf von Wertpapieren, Gold oder Devisen oder die Rückgewährung von Darlehen durch die Geschäftsbanken wird Geld dem Umlauf entzogen. Die Zentralbank kann auf diese Weise die Menge des umlaufenden Geldes direkt beeinflussen.

Daneben gibt es einen **sekundären Geldschöpfungsprozess**, in dem die Geschäftsbanken die primär geschaffene Geldmenge durch Kreditvergabe vermehren. Einlagen von Kunden bei den Geschäftsbanken werden genutzt, um Kredite an andere Kunden zu vergeben. Allerdings können die Einlagen nicht in voller Höhe zur Kreditvergabe genutzt werden. Die Geschäftsbanken sind verpflichtet, einen bestimmten Prozentsatz der Einlagen ihrer Kunden bei der Zentralbank als so genannte Mindestreserve zu hinterlegen. Die Mindestreservesätze für die verschiedenen Arten von Einlagen werden vom ESZB festgelegt und dienen dazu, die sekundäre Geldschöpfung zu regulieren. Einen weiteren Teil der Einlagen ihrer Kunden halten die Geschäftsbanken als Liquiditätsreserven zurück, um Barauszahlungen leisten zu können. Die gewährten Kredite benutzen die Bankkunden, um Zahlungen zu leisten. Diese Zahlungen führen zu weiteren Einlagen bei Geschäftsbanken, welche wiederum (abzüglich der Mindestreserve und der Liquiditätsreserve) zur Vergabe von Krediten genutzt werden. Auf diese Weise wird ein ursprünglicher Geldbetrag durch Vergabe von Krediten vermehrt. Man nennt diesen Vorgang auch **multiplen Giralgeldschöpfungsprozess**.

Beispiel:

Herr A legt 10.000 € bei seiner Bank A als Einlage an. Angenommen, der Kassenreservesatz (Mindestreserve und Liquiditätsreserve zusammen) läge bei 10 %, dann könnte Bank A 9.000 € als Kredit an den Kunden B vergeben. Der Kunde B kauft sich dafür einen Gebrauchtwagen und überweist das Geld auf das Konto des Gebrauchtwagenhändlers bei der Bank B. Die Bank B hält wiederum 10 % zurück und vergibt 8.100 € an den Kunden C, der sich dafür Möbel kauft und das Geld auf das Konto des Möbelhändlers bei Bank C überweist. Zu der Einlage bei der A-Bank über 10.000 sind Einlagen bei der B-Bank über 9.000 € und bei der C-Bank über 8.100 € hinzugekommen. Die folgende Tabelle veranschaulicht den sekundären Geldschöpfungsprozess:

Kreditinstitut	Sichteinlage	Kassenreserve	Kreditvergabe
Bank A	10.000	1.000	9.000
Bank B	9.000	900	8.100
Bank C	8.100	810	7.290
Bank D	7.290	729	6.561
usw.	usw.	usw.	usw.

Sekundärer Geldschöpfungsprozess

Dieser Prozess kann theoretisch fortgesetzt werden, bis die ursprüngliche Geldmenge durch den Abzug der Kassenreserve aufgebraucht ist. Aus ursprünglich 10.000 entstehen dann:

$10.000 + 9.000 + 8.100 + 7.290 + ... = 100.000$. Die ursprüngliche Geldmenge hat sich verzehnfacht.

Der Geldschöpfungsmultiplikator kann wie folgt errechnet werden:

$$\textbf{Geldschöpfungsmultiplikator} = \frac{1}{\text{Kassenreservesatz}}$$

Beispiele:

Kassenreservesatz = 10 % = 0,1 Geldschöpfungsmultiplikator = 1/0,1 = 10

Kassenreservesatz = 20 % = 0,2 Geldschöpfungsmultiplikator = 1/0,2 = 5

In der Realität wird der sekundäre Geldschöpfungsprozess außer durch die Mindestreserve und die Liquiditätsreserve dadurch gebremst, dass bei der Kreditvergabe auch Bargeld in Umlauf kommt (welches dem Giralgeldschöpfungsprozess entzogen wird) und nicht immer genügend Kreditnachfrager vorhanden sind, um den Geldschöpfungsprozess beliebig fortzusetzen.

Die Geldschöpfung hängt also ab von folgenden Faktoren:

- Freie Zentralbankgeldmenge,
- Mindestreservesätze der Zentralbank
- Liquiditätsreserven der Geschäftsbanken,
- Barabflüsse und
- Kreditnachfrage.

1.2.4.3 Geldmengen

Durch die primäre und sekundäre Geldschöpfung entsteht die umlaufende Geldmenge.

Die Zentralbank definiert als Geldmenge drei Größen:

- Geldmenge **M 1**: Bargeldumlauf und Sichteinlagen von Nichtbanken bei den Monetären Finanzinstituten (Kreditinstitute, Bausparkassen, Geldmarktfonds).
- Geldmenge **M 2**: Geldmenge M 1 + Termineinlagen bis zu zwei Jahren und Einlagen mit einer Kündigungsfrist bis zu drei Monaten (Spareinlagen).
- Geldmenge **M 3**: Geldmenge M 2 + Anteile an Geldmarktfonds, Repoverbindlichkeiten, Geldmarktpapiere und Bankschuldverschreibungen mit Laufzeiten bis zu zwei Jahren.

1.2.4.4 Veränderungen des Binnenwerts des Geldes

Unter Geldwert versteht man den **Tauschwert** des Geldes. Er entspricht also einer bestimmten Gütermenge, die man kaufen kann. Diese Menge hängt ab von den Preisen der Güter. Steigen die Preise aller Güter, so ist das Geld weniger wert.

Den Zusammenhang zwischen Güterangebot, Geldmenge und Preisen zeigt (vereinfacht) die **Fischer'sche Verkehrsgleichung**:

$$G \cdot U = H \cdot P$$

G ist die Geldmenge, U die Umlaufgeschwindigkeit des Geldes. H ist das Handelsvolumen, die Menge der im Handel befindlichen Güter, P das durchschnittliche Preisniveau der Güter. Die Geldmenge, multipliziert mit ihrer Umschlaggeschwindigkeit, muss dem Wert des gesamten gehandelten Gütervolumens entsprechen. Löst man die Gleichung nach P auf, so ergibt sich folgendes Bild:

$$P = \frac{G \cdot U}{H}$$

Betrachtet man die Umlaufgeschwindigkeit des Geldes näherungsweise als konstant, so kann gefolgert werden:

Steigt die Geldmenge stärker als das Handelsvolumen, so werden die Preise steigen (und umgekehrt).

Dieser Zusammenhang ist leicht einzusehen: Ist »zu viel« Geld auf dem Markt, so wird die Nachfrage wachsen, ohne dass ein entsprechendes Güterangebot bereitsteht. Die Unternehmen werden deshalb ihre Preise erhöhen.

Es gibt in unserer Volkswirtschaft zahlreiche Güter, die zu unterschiedlichen Preisen gehandelt werden. Aus diesem Grunde ist die Bestimmung des Geldwertes ein statistisches Problem. Das Statistische Bundesamt stellt einen »repräsentativen Warenkorb« zusammen, der den durchschnittlichen Jahresverbrauch eines privaten Haushaltes enthält. Da sich das Verbraucherverhalten der privaten Haushalte ebenso verändert wie die Qualität der Güter, wird der Warenkorb von Zeit zu Zeit den veränderten Verhältnissen angepasst. Der Wert dieses Warenkorbes im Berechnungsjahr wird verglichen mit dem Wert des Warenkorbes in einem Basisjahr. Man erhält so den **Verbraucherpreisindex (VPI)**, der die prozentuale Veränderung der Preise vom Basisjahr zum Berechnungsjahr wiedergibt.

$$\textbf{Verbraucherpreisindex (VPI)} = \frac{\text{Wert des Warenkorbes im Berechnungsjahr} \cdot 100}{\text{Wert des Warenkorbes im Basisjahr}}$$

Die Kaufkraft der Währung bezogen auf das Basisjahr kann wie folgt berechnet werden:

$$\textbf{Kaufkraft der Währung} = \frac{\text{1 Währungseinheit} \cdot 100}{\text{Verbraucherpreisindex}}$$

Beispiel:

Der Verbraucherpreisindex im Mai 2008 bezogen auf das Jahr 2005 betrug 106,7. Damit ist die Kaufkraft des Euro, verglichen mit dem Jahr 2005, auf ca. 0,94 € gesunken.

Inflation liegt vor, wenn eine allgemeine, andauernde und spürbare Erhöhung der Güterpreise vorliegt. Quantifiziert wird die Inflation durch die Inflationsrate oder Preissteigerungsrate. Die Preissteigerungsrate wird jeden Monat ermittelt und bezieht sich auf das Preisniveau im Vorjahresmonat. Sie wird berechnet wie folgt:

$$\textbf{Preissteigerungsrate} = \frac{\text{Änderung des VPI gegenüber dem Vorjahresmonat} \cdot 100}{\text{VPI im Vorjahresmonat}}$$

Beispiel:

Der VPI im Mai 2008 betrug 106,7 (gegenüber 2005), im Mai des Vorjahres lag er noch bei 103,6. Die Inflationsrate betrug also im Mai 2008 ca. 3 %.

Ursache einer Inflation ist, wie schon aus der Fischer'schen Verkehrsgleichung ersichtlich, eine Vermehrung der Geldmenge gegenüber dem Gütervolumen. Diese kann durch eine Zunahme der Geldmenge oder durch eine Abnahme des Güterangebots verursacht sein.

Von einer **Nachfragesoginflation** spricht man, wenn die Inflation durch eine ungewöhnlich hohe Nachfrage ausgelöst wird. Eine Übernachfrage, die kurzfristig nicht durch eine Erhöhung des Güterangebots ausgeglichen werden kann, führt zu Preiserhöhungen. Gleichzeitig steigt der Bedarf an Arbeitskräften, um das Güterangebot auszudehnen. Der Bedarf an Arbeitskräften und die Preissteigerungen führen dazu, dass die Arbeitnehmer Lohnerhöhungen durchsetzen können. Diese wirken sich wiederum auf eine Erhöhung der Preise aus. Durch die gestiegenen Löhne und die gewachsene Beschäftigung steigt die Nachfrage weiter usw.

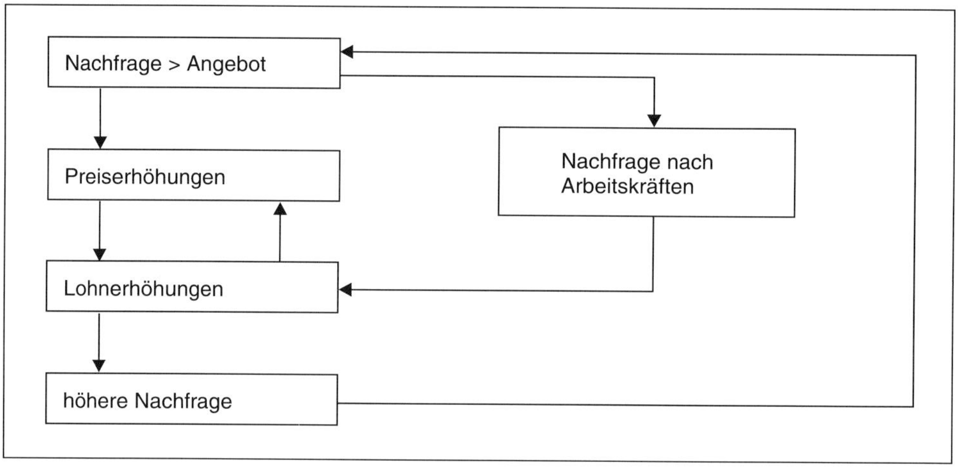

Nachfragesoginflation

Von einer **Kostendruckinflation** (siehe die nächste Abbildung) spricht man, wenn eine Steigerung der Produktionskosten zu einer Verringerung des Angebots führt. Unternehmen, die nicht rentabel genug produzieren, um die Kostensteigerung auffangen zu können, müssen die Produktion einstellen oder die Preise erhöhen, wodurch ihr Absatz zurückgeht.

Dadurch entsteht eine Übernachfrage nach Gütern, was wiederum zu einem Ansteigen der Preise führt.

In der Realität sind meist beide Ursachen, sowohl erhöhte Produktionskosten als auch eine erhöhte Nachfrage, verantwortlich für die Auslösung einer Inflation.

Als **importierte Inflation** wird eine Inflation bezeichnet, die durch wirtschaftliche Prozesse im Ausland ausgelöst worden ist.

Beispiele:

Erhebliche Preissteigerungen beim Erdöl können in einem Öl importierenden Land eine Inflation auslösen.

Durch das System fester Wechselkurse (siehe Abschnitt 1.2.4.5) kann eine Inflation von einem Land auf das andere übertragen werden.

Ein Problem ist das so genannte »Trägheitsmoment der Inflation«; denn eine Inflation birgt in sich die Tendenz, sich selbst zu erhalten. Die Wirtschaftssubjekte beziehen die durch

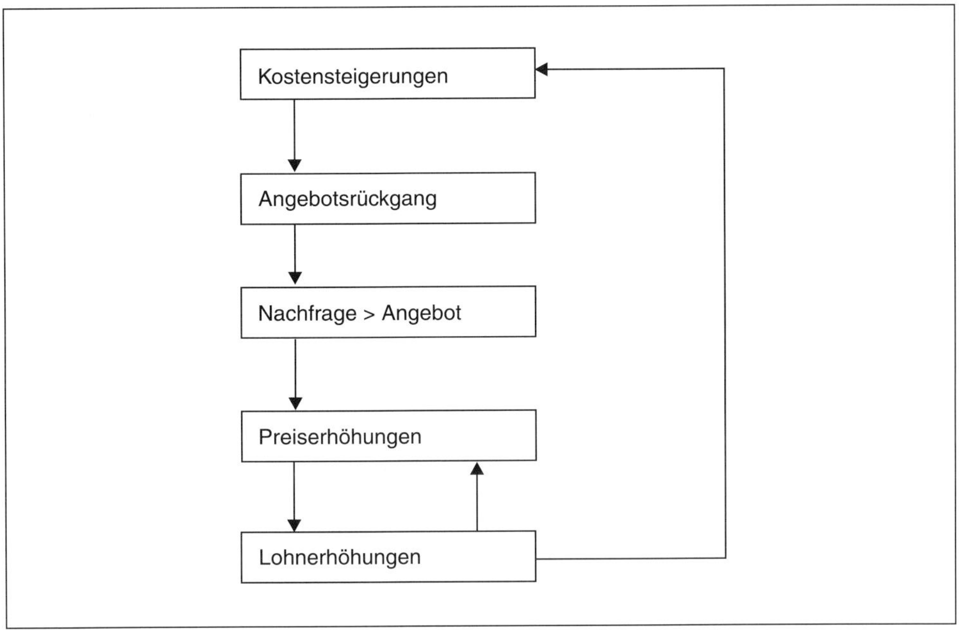

Kostendruckinflation

eine Inflation ausgelösten Preissteigerungen in ihre Überlegungen ein. So werden die Unternehmen Preissteigerungen bei Betriebsmitteln und Werkstoffen in ihre Kalkulationen einbeziehen, Banken werden ihre Zinsen für Kredite so festlegen, dass auch der Geldwertverlust berücksichtigt wird und die Gewerkschaften werden einen Inflationsausgleich in ihre Lohnforderungen einbeziehen.

Die einmal begonnenen Preissteigerungen werden sich auf diese Weise von Jahr zu Jahr fortsetzen, wenn sie nicht durch äußere Einflüsse zum Stillstand gebracht werden. Das zeigt anschaulich die Diskussion um die so genannte »Lohn-Preis-Spirale«. Während die Unternehmen betonen, dass durch Lohnsteigerungen weitere Preissteigerungen ausgelöst werden, führen die Gewerkschaften die gestiegenen Preise als Argument für Lohnerhöhungen an und sprechen eher von einer »Preis-Lohn-Spirale«.

Nachteilig wirkt sich eine Inflation auf Geldanleger und andere Gläubiger von Geld aus; denn durch die Preissteigerungen verliert ihr Geld an Wert. Benachteiligt werden meist auch Lohn- und Gehaltsempfänger und Rentner, da die Anpassung an gestiegene Preise in der Regel zeitverzögert erfolgt. Besitzer von Sachwerten und Geldschuldner sind dagegen »Gewinner« der Inflation.

Auf diese Weise kann eine Inflation zur Umverteilung von Vermögenswerten führen.

Mit Hilfe der Inflationsrate kann aus der Steigerung des nominalen Bruttoinlandsprodukts die Steigerung des realen Bruttoinlandsprodukts berechnet werden. Das nominale Bruttoinlandsprodukt wird ausgedrückt in Preisen des jeweiligen Berechnungsjahres, das reale Bruttoinlandsprodukt wird ausgedrückt in den Preisen des Vorjahres. Zieht man von der Steigerungsrate des nominalen Bruttoinlandsprodukts die Inflationsrate ab, so erhält man die Steigerungsrate des realen Bruttoinlandsprodukts.

Auf diese Weise ergibt sich eine »**preisbereinigte Steigerungsrate**«. Erhöhungen des Bruttoinlandsprodukts, die nicht auf eine erhöhte Güterproduktion, sondern auf Preissteigerungen zurückzuführen sind, sind herausgerechnet worden.

1.2.4.5 Veränderungen des Außenwerts des Geldes

Durch die Wechselkurse wird der Wert der inländischen Währung ins Verhältnis zur ausländischen Währung gesetzt. Seit Einführung der Europäischen Wirtschafts- und Währungsunion wird der Wechselkurs des Euro als Mengennotierung angegeben, d. h. der Wechselkurs drückt aus, wie viel Einheiten der ausländischen Währung einem Euro entsprechen.

Beispiel:

Ein Dollarkurs von 1,306 bedeutet, dass 1,306 US-$ für einen Euro bezahlt werden müssen.

Veränderungen der Wechselkurse zeigen an, wie sich der Außenwert des Euro verändert. Steigen die Wechselkurse, steigt der Außenwert des Euro (**Aufwertung** des Euro). Sinken die Wechselkurse, so sinkt der Außenwert des Euro (**Abwertung**).

Wird die inländische Währung aufgewertet, so werden die inländischen Produkte im Ausland teurer. Das wirkt sich bremsend auf den Export aus. Ausländische Produkte werden im Inland billiger, was den Import begünstigt.

Der Kurs des Euro im Verhältnis zum Dollar steigt von 1,2500 auf 1,5699. Ein deutscher PKW im Wert von 20.000 € kostete in den USA vor der Aufwertung 25.000 $ und nach der Aufwertung ca. 31.398 $; er ist damit weniger wettbewerbsfähig auf dem amerikanischen Markt geworden.

Umgekehrt ist der Preis eines amerikanischen PKW im Wert von 12.500 $ auf dem deutschen Markt von 10.000 € auf 7.962 € gefallen.

Die Abwertung der inländischen Währung führt zu einer Begünstigung des Exports und einer Bremsung des Imports.

Bilden sich die Wechselkurse auf dem Devisenmarkt nach den Gesetzen von Angebot und Nachfrage, spricht man von **Floating** oder **flexiblen Wechselkursen**.

Auf dem Devisenmarkt treffen Angebot und Nachfrage nach Devisen zusammen. Devisenanbieter sind z. B. Exporteure, die ihre Einnahmen in ausländischer Währung in Euro umtauschen wollen. Devisennachfrager sind z. B. Importeure, die Devisen für ihre Handelsgeschäfte einkaufen müssen.

Ist das Angebot an Devisen größer als die Nachfrage, so wird der Wechselkurs des Euro steigen. Importeure können jetzt günstiger Devisen einkaufen und werden ihre Geschäftstätigkeit ausdehnen, bis Devisenangebot und Devisennachfrage wieder übereinstimmen.

Umgekehrt wird eine Übernachfrage nach Devisen zu einem Sinken des Wechselkurses führen. (Es handelt sich hier um den gleichen Mechanismus wie bei der Preisbildung auf dem vollkommenen Markt, siehe dazu Abschn. 1.3).

Ein Vorteil der flexiblen Wechselkurse ist, dass konjunkturelle Schwankungen oder Preisniveauveränderungen im Ausland sich nicht auf das Inland übertragen.

Angenommen, in den USA herrscht eine inflationäre Entwicklung, wodurch sich die Güterpreise erhöhen. Das betrifft auch die Exportgüter der USA. Die Preiserhöhungen führen zu einem Rückgang der Wettbewerbsfähigkeit der US-Produkte und damit zu einer sinkenden Dollarnachfrage. Der Wechselkurs des Euro im Verhältnis zum Dollar steigt. Dadurch sinken die Preise der amerikanischen Güter auf dem Weltmarkt, wodurch die Exportkraft der US-Wirtschaft wieder steigt. Die Leistungsbilanz der USA gleicht sich wieder aus.

Ein System flexibler Wechselkurse kann allerdings den Handel mit dem Ausland erschweren. Exporteure und Importeure müssen ein Kursrisiko eingehen, da die Wechselkurse zwischen Vertragsabschluss und Lieferung sehr stark schwanken können. Das Kursrisiko muss in die Verkaufspreise der Exporteure und Importeure einkalkuliert werden, wodurch der internationale Handel erschwert wird.

Flexible Wechselkurse existieren z. B. zwischen dem Euro und dem japanischen Yen oder zwischen dem Euro und dem US-Dollar.

Bei einem System **fester Wechselkurse** beruhen die Kurse auf Vereinbarungen zwischen den Regierungen. Der vereinbarte Wechselkurs heißt **Leitkurs** oder **Parität** und orientiert sich an der jeweiligen Inlandskaufkraft der Währung. Die Notenbanken der beteiligten Länder verpflichten sich, durch An- und Verkäufe von Devisen die Kurse stabil zu halten. Innerhalb gewisser Bandbreiten werden Kursschwankungen aufgrund von Veränderungen von Angebot und Nachfrage nach Devisen toleriert. Wird die vereinbarte Bandbreite überschritten, müssen die Notenbanken intervenieren (durch An- oder Verkauf von Devisen).

Beispiel:

Nach Einführung der Europäischen Wirtschafts- und Währungsunion existieren zwischen dem Euro einerseits und den Währungen mehrerer Mitgliedsländer der Europäischen Union, die den Euro nicht eingeführt haben, feste Wechselkurse (Wechselkursmechanismus II, auch WKM II), die innerhalb vereinbarter Bandbreiten schwanken dürfen. Angenommen, in einem der beteiligten Länder führen inflationäre Tendenzen zu einem Preisanstieg: Aufgrund der sinkenden Devisennachfrage wird der Wert der Währung dieses Landes sinken. Erreicht er den unteren Interventionspunkt, müssen die Zentralbanken der anderen beteiligten Länder reagieren und Devisen des betroffenen Landes ankaufen. Dadurch wird die Nachfrage nach dessen Devisen erhöht und der Kurs gestützt.

Der Vorteil des Systems fester Wechselkurse liegt in der Förderung internationaler Handelsbeziehungen durch eine sichere Kalkulationsbasis.

Nachteile treten vor allem dann auf, wenn sich die Kaufkraft der Währungen der beteiligten Länder unterschiedlich entwickelt. Stützungsankäufe von Devisen durch die Zentralbank eines Landes führen zu einer Ausdehnung der Geldmenge dieses Landes; denn die Zentralbank bringt durch den Ankauf von Devisen mehr Geld ihrer eigenen Währung in Umlauf. Dadurch könnten Preissteigerungen im eigenen Land ausgelöst werden. Durch das System fester Wechselkurse kann also eine Inflation von einem Land auf andere Länder übertragen werden. Kommt es längerfristig zu unterschiedlichen Entwicklungen in der Kaufkraft der beteiligten Währungen, müssen die Leitkurse der Entwicklung angepasst werden.

1.2.5 Volkswirtschaftliche Kennzahlen

Um die Leistungsfähigkeit einer Volkswirtschaft beurteilen und ihre Entwicklungsmöglichkeiten einschätzen zu können, werden vom statistischen Bundesamt neben den schon beschriebenen eine Reihe weiterer Kennzahlen ermittelt und zur Verfügung gestellt:

1.2.5.1 Produktivität

Die Produktivität eines Produktionsfaktors drückt aus, wie viel Einheiten Produkt durch eine Einheit des Produktionsfaktors in einer bestimmten Zeiteinheit hergestellt werden. In einer Volkswirtschaft gibt es nun unzählige unterschiedliche Produkte, die nicht miteinander vergleichbar sind. Das statistische Bundesamt errechnet daher gesamtgesellschaftliche Produktivitätskennzahlen mit Hilfe des Bruttoinlandsprodukts. Die gesamtgesellschaftliche Arbeitsproduktivität misst das jährliche Bruttoinlandsprodukt pro Erwerbstätigen. Die gesamtgesellschaftliche Kapitalproduktivität stellt das Verhältnis von Bruttoinlandsprodukt zum Kapitalstock dar.

Während im Verlaufe der vergangenen Jahren die Arbeitsproduktivität anstieg, ist die Kapitalproduktivität in den meisten Jahren gesunken. Ursache dafür ist die zunehmende Bedeutung des Produktionsfaktors Kapital, der die durch die Erwerbstätigen erwirtschaftete Leistung pro Zeiteinheit steigert.

1.2.5.2 Kapitaleinsatz

Der **Kapitalstock** misst das jahresdurchschnittliche Bruttoanlagevermögen. Es umfasst alle produzierten Vermögensgüter, die länger als ein Jahr wiederholt und dauerhaft in der Produktion eingesetzt werden. Das Wachstum des Kapitalstocks ist ein wichtiger Indikator für die Investitionstätigkeit der Unternehmen. Bezieht man den Kapitaleinsatz auf die Anzahl der Erwerbstätigen, so erhält man die Kapitalintensität. Sie zeigt, wie sich die Produktionsfaktoren Kapital und Arbeit im Verhältnis zueinander entwickelt haben.

Seit Jahren ist die Kapitalintensität in Deutschland kontinuierlich gestiegen, was auf eine zunehmende Bedeutung des Produktionsfaktors Kapital hinweist.

1.2.5.3 Arbeitskosten

Die Arbeitskosten werden durch Befragung der Unternehmen ermittelt. Sie umfassen die Entgelte für die geleistete Arbeitszeit sowie die Personalnebenkosten. Letztere setzen sich zusammen aus Arbeitgeberbeiträgen zur Sozialversicherung, Aufwendungen für die betriebliche Altersversorgung, Sonderzahlungen, Vergütung arbeitsfreier Tage und sonstige Personalnebenkosten. Die ermittelten Arbeitskosten werden als jährliche Durchschnittsgrößen sowie als Kosten pro Arbeitsstunde dargestellt. Sie werden getrennt nach Wirtschaftszweigen (produzierendes Gewerbe, ausgewählte Dienstleistungsbereiche) erhoben. Auf Grundlage der Arbeitskosten pro Stunde wird der **Arbeitskostenindex** festgestellt. Er misst die prozentuale Veränderung der Arbeitskosten. Der Arbeitskostenindex dient als Indikator für die internationalen Wettbewerbsfähigkeit, darüber hinaus signalisiert er Risiken für die Stabilität der Verbraucherpreise. Die Mitgliedsstaaten der EU sind verpflichtet, vierteljährlich den Arbeitskostenindex auf Grundlage einheitlicher Bestimmungsregeln festzustellen.

1.2.5.4 Beschäftigung

Das statistische Bundesamt stellt monatlich Daten über die Zahl der Erwerbstätigen und die Zahl der Erwerbslosen zur Verfügung. Diese werden in Form von telefonischen Befragungen erhoben. Die Statistik folgt dabei dem Konzept der International Labour Organization (ILO), welches internationale Vergleiche ermöglicht. Erwerbstätig ist danach jede Person im erwerbsfähigen Alter, die im Berichtszeitraum gegen Entgelt gearbeitet hat. Als erwerbslos gilt jede Person im Alter zwischen 15 und 74 Jahren, die in diesem Zeitraum nicht erwerbstätig war, aber in den letzten vier Wochen vor der Befragung aktiv nach einer Tätigkeit gesucht hat. Im Gegensatz zur Arbeitslosenquote, die von der Bundesagentur für Arbeit veröffentlicht wird, kommt es dabei nicht darauf an, ob die Person arbeitslos gemeldet ist. Die **Erwerbsquote** errechnet sich dann als Anteil der Erwerbstätigen an den Erwerbspersonen (Erwerbstätige plus Erwerbslose), die **Erwerbslosenquote** als Anteil der Erwerbslosen an den Erwerbspersonen.

Im Jahr 2009 lag nach dieser Methode die Erwerbslosenquote in Deutschland bei 7,6 %. Die Zahl der inländischen Erwerbstätigen lag im Jahr 2009 bei ca. 40,15 Mio., die Zahl der Erwerbslosen bei 3,31 Mio.

1.2.5.5 Staatsquote

Die Staatsquote misst das Verhältnis der Staatsausgaben zum Bruttoinlandsprodukt. Unter Staatsausgaben versteht man dabei die Ausgaben der Gebietskörperschaften sowie die Ausgaben der obligatorischen Sozialversicherungen. Die Staatsquote wird vom statistischen Bundesamt veröffentlicht als »**Anteil der Gesamtausgaben des Staates am Bruttoinlandsprodukt**«. Die Beurteilung dieser Kennzahl ist innerhalb der volkswirtschaftlichen Fachwelt umstritten. Im Allgemeinen geht man davon aus, dass eine hohe Staatsquote signalisiert, dass der Staat in hohem Maße durch seine Aktivitäten Einfluss auf die Wirtschaft nimmt. Darüber hinaus birgt eine hohe Staatsquote die Gefahr zunehmender Verschuldung des Staates. Auf der anderen Seite können aber in Zeiten schwacher Konjunktur staatliche Ausgaben einen positiven Impuls auf die wirtschaftliche Entwicklung ausüben.

Im Jahr 1996 lag die Staatsquote in Deutschland mit knapp 50 % auf einem historischen Höchststand. In den letzten Jahren ist sie kontinuierlich gesunken; 2006 betrug sie nach Angaben des Bundesfinanzministeriums 45,3 % und wurde damit innerhalb der Eurozone nur von Irland, Spanien und Luxemburg unterboten. Infolge der Wirtschaftskrise 2008/9 nähert sich die Staatsquote in Deutschland jedoch wieder stark der 50-Prozent-Marke .

1.3 Marktformen und Preisbildung

Grund allen Wirtschaftens ist der Widerspruch zwischen der Unbegrenztheit der Bedürfnisse und den knapp vorhandenen Ressourcen. Um Bedürfnisse befriedigen zu können, brauchen die Menschen in unserer Volkswirtschaft Geld. Ist die nötige Kaufkraft vorhanden, um ein Bedürfnis befriedigen zu können, entsteht ein **Bedarf**.

Diejenigen, die Bedarf an einem bestimmten Gut haben, werden mit den Anbietern des entsprechenden Gutes Kontakt aufnehmen, um das Gut zu erwerben. Der Bedarf wird auf dem Markt zur **Nachfrage**.

Märkte entstehen durch das Zusammentreffen von Angebot und Nachfrage. Angebot und Nachfrage treffen auf vielfältige Weise zusammen: In Kaufhäusern, auf Wochenmärkten, auf Warenbörsen, auf Großmärkten, aber auch durch das Lesen eines Kataloges, durch das Studieren von Preislisten, beim Verhandeln am Telefon oder durch schriftlichen Geschäftsverkehr.

1.3.1 Angebot und Nachfrage

Die privaten Haushalte haben das Ziel, mit dem vorhandenen Einkommen einen höchstmöglichen Nutzen zu erreichen. Sie sind bereit, einen Preis für ein Konsumgut zu bezahlen, der jedoch nicht beliebig hoch sein darf. Die Obergrenze für den Preis, den ein Haushalt für ein Konsumgut zu zahlen bereit ist, richtet sich nach der individuellen Einschätzung des Nutzenzuwachses, den dieses Gut bietet. Die gesamtgesellschaftliche Nachfrage nach einem Gut wird daher normalerweise mit steigendem Preis sinken. Dieser Sachverhalt wird in der folgenden Abbildung dargestellt.

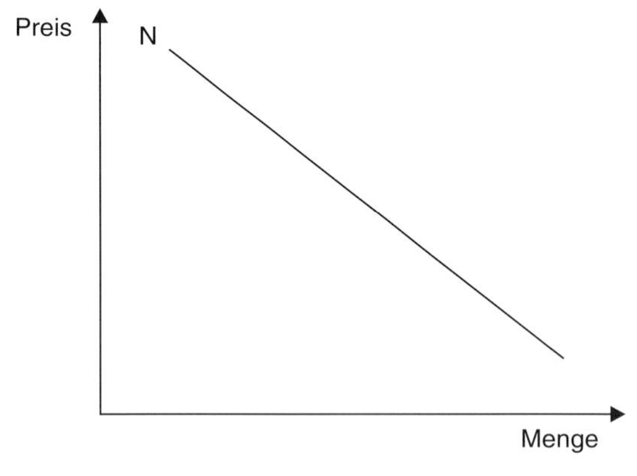

Abhängigkeit der Nachfrage vom Preis

Mit zunehmendem Preis für ein Gut werden die Nachfrager auf Güter, die eine ähnliche Funktion erfüllen (so genannte **Substitutionsgüter**), umsteigen. So wird bei einem Steigen der Butterpreise möglicherweise mehr Margarine gekauft. Zum anderen werden die Verbraucher bei steigendem Preis eines Gutes zunehmend auf dieses verzichten.

Die Abhängigkeit der Nachfrage vom Preis ist bei unterschiedlichen Gütern unterschiedlich stark ausgeprägt. Ein Maß dafür ist die

$$\text{Preiselastizität der Nachfrage} = \frac{\text{prozentuale Änderung der Nachfrage}}{\text{prozentuale Änderung des Preises}}$$

Die Preiselastizität der Nachfrage ist normalerweise negativ, da im Allgemeinen die Nachfrage mit steigendem Preis sinkt. Ist die Preiselastizität kleiner als –1, so spricht man von »elastischer Nachfrage«, ist sie größer als –1, spricht man von »unelastischer Nachfrage«.

Bei elastischer Nachfrage führt eine Preissenkung zu einer überproportional steigenden Nachfrage. Bei unelastischer Nachfrage reagiert diese nur unterproportional auf Preisveränderungen. Güter, auf die leichter verzichtet werden kann oder die leicht durch andere Güter substituiert werden können, haben in der Regel eine elastischere Nachfrage als Güter, auf die schlecht verzichtet werden kann (vgl. hierzu auch Abschn. 4.1.3.8.5.1).

In besonderen Fällen kann die Preiselastizität der Nachfrage auch einen positiven Wert annehmen, man spricht dann von einem **anormalen Nachfrageverhalten**. Dieses tritt z. B. dann auf, wenn Güter ausschließlich aus Gründen des persönlichen Ansehens gekauft werden, wie es bei Luxusgütern nicht selten der Fall ist. Wenn ein Mensch durch die Anschaffung von Luxusgütern seinen persönlichen Reichtum demonstrieren will, dann sind die Güter um so attraktiver für ihn, je höher der Preis ist.

Ein anderer Fall von anormaler Nachfrage wurde in England im 19. Jahrhunderts festgestellt. Die Nachfrage nach Brot ist mit steigendem Preis gestiegen. Die Ursache lag in der Armut der Bevölkerung, für die Brot das Hauptnahrungsmittel war. Höchstens einmal in der Woche kam Fleisch auf den Tisch. Als dann der Preis für Brot stieg, konnten sich die armen Menschen nicht einmal mehr diese geringe Menge an Fleisch leisten und mussten ihren Brotkonsum erhöhen.

Die Nachfrage nach einem Gut hängt aber noch von anderen Faktoren ab:

- Vom durchschnittlichen Einkommen der Bevölkerung: Mit steigendem Einkommen wird die Nachfrage nach allen Gütern steigen.
- Von der Zahl der Nachfrager: Je mehr Nachfrager, desto höher die Nachfrage.
- Von der Nutzeneinschätzung gegenüber einem bestimmten Gut: Z.B. führen Veränderungen in der Mode und Trends zu Veränderungen der Nachfrage.
- Vom Preis anderer Güter: Z.B. wird eine Preissteigerung bei Butter zu einer Nachfragesteigerung bei Margarine führen.

Misst man die prozentuale Veränderung der Nachfrage eines Gutes im Verhältnis zur Preisveränderung eines anderen Gutes, so erhält man als Kennzahl die **Kreuzpreiselastizität**. Bei Substitutionsgütern ist diese im Allgemeinen positiv. Steigt der Preis des einen Gutes, so steigt die Nachfrage nach dem Substitutionsgutes (Margarine/Butter). Ist die Kreuzpreiselastizität dagegen negativ, so spricht man von **Komplementärgütern** (Güter, die sich ergänzen). Ein Beispiel dafür sind PKWs und Winterreifen:

Steigt die Nachfrage nach PKWs, so wird im Allgemeinen auch die Nachfrage nach Winterreifen steigen.

Graphisch stellt man diese Art von Nachfrageveränderungen durch eine Verschiebung der Nachfragegeraden nach rechts (steigende Nachfrage) oder links (sinkende Nachfrage) dar:

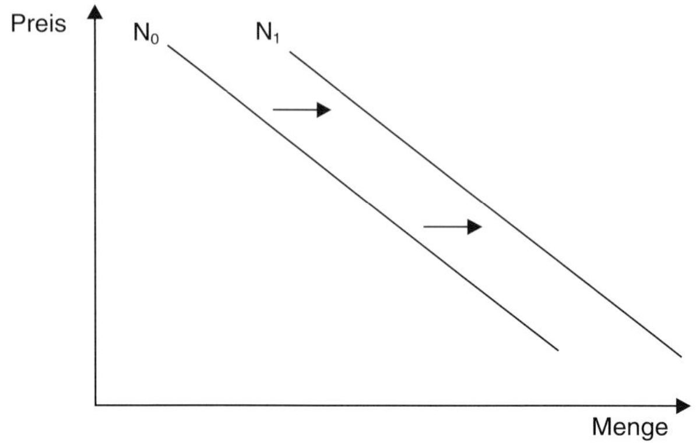

Verschiebung der Nachfragegerade nach rechts

Betrachten wir nun das Angebot. Die Anbieter haben das Ziel, durch den Verkauf ihrer Produkte einen höchstmöglichen Gewinn zu erzielen. Man kann daher davon ausgehen, dass mit steigendem Preis eines Gutes das gesamtgesellschaftliche Angebot für dieses Gut zunehmen wird. Die graphische Darstellung folgt in der nächsten Abbildung.

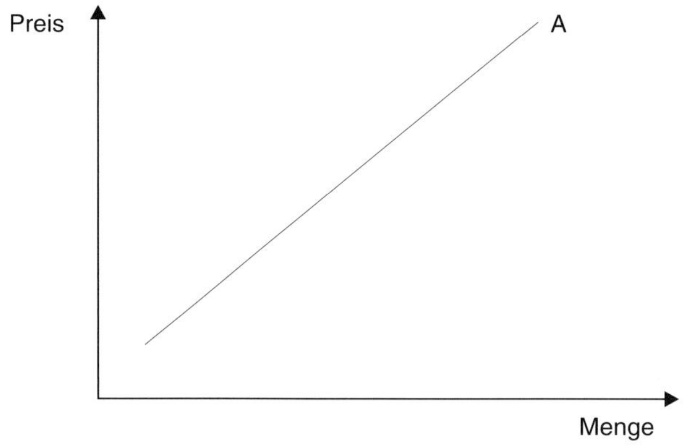

Abhängigkeit des Angebots vom Preis

Ein Grund für diesen Zusammenhang liegt in der unterschiedlichen Wirtschaftlichkeit der anbietenden Unternehmen. Bei niedrigem Preis eines Gutes werden nur die Unternehmen mit den niedrigsten Produktionskosten dieses Gut anbieten können. Bei einem Steigen des Preises wird sich die Produktion auch für Unternehmen lohnen, die mit höheren Kosten produzieren.

Die prozentuale Veränderung des Angebotes, bezogen auf die prozentuale Veränderung des Güterpreises, bezeichnet man als **Angebotselastizität**.

Das Gesamtangebot eines Gutes hängt aber auch noch von anderen Faktoren ab:

- Von den **Produktionskosten**: Mit insgesamt sinkenden Produktionskosten (z. B. wegen sinkender Rohstoffpreise) werden mehr Unternehmen das Gut anbieten können.
- Vom **Stand der Technik**: Mit zunehmendem technischem Niveau werden die Produktionskosten sinken.
- Von der **Zahl der Anbieter**: Mit zunehmender Zahl wird das Gesamtangebot steigen.
- Von den **Kapazitätsgrenzen**: Erweitern die Unternehmen ihre Kapazitätsgrenzen, so wird das Gesamtangebot zunehmen.
- Vom **Preis anderer Güter**: Steigende Preise bei anderen Gütern könnten Unternehmen bewegen, ihre Produktion auf das lukrativere Geschäft umzustellen; dadurch sinkt die Zahl der Anbieter.

Wie auch bei der Nachfragegeraden führt eine Veränderung des Angebots aufgrund von Preisveränderungen zu einer Bewegung auf der Angebotsgeraden, eine Veränderung des Angebots aus anderen Gründen zu einer Verschiebung der Angebotsgeraden. Eine Vergrößerung des Angebots führt zu einer Rechtsverschiebung, eine Verkleinerung zu einer Linksverschiebung.

1.3.2 Marktgleichgewicht und -ungleichgewicht

Marktgleichgewicht bedeutet das Übereinstimmen von Angebot und Nachfrage. Bringt man Angebots- und Nachfragegerade in einer Graphik zusammen, ergibt sich ein Schnittpunkt, in dem Übereinstimmung von Angebot und Nachfrage herrscht. Auf der Ordinate kann der zugehörige Preis abgelesen werden, der so genannte Marktpreis oder Gleichgewichtspreis. Die Menge, die angeboten und nachgefragt wird, heißt dementsprechend **Gleichgewichtsmenge**.

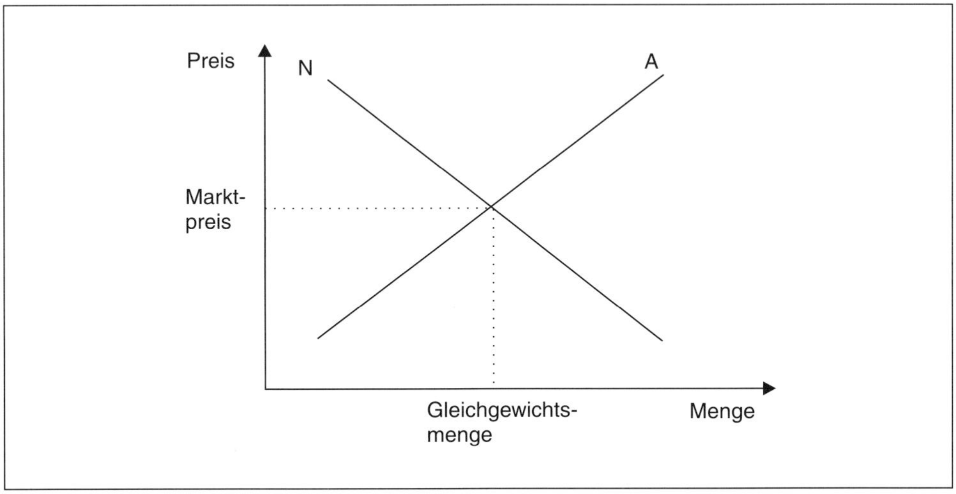

Marktgleichgewicht

Der Marktpreis ist der Preis, bei dem Angebot und Nachfrage übereinstimmen.

Marktungleichgewicht liegt immer dann vor, wenn ein Preis existiert, bei dem Angebot und Nachfrage nicht übereinstimmen. Unter den Bedingungen eines vollkommenen Wettbewerbs werden jedoch Prozesse ausgelöst, die zu einem Marktgleichgewicht führen.

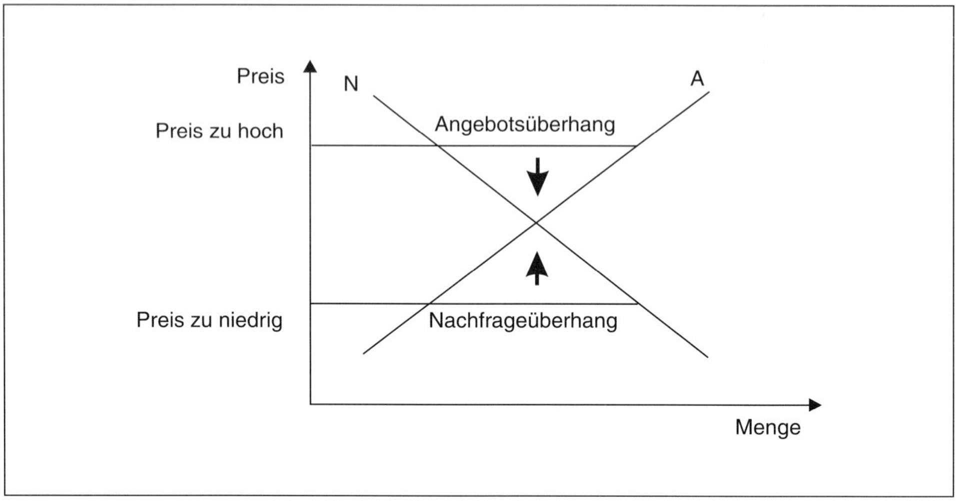

Marktungleichgewicht

Liegt der Preis eines Gutes über dem Marktpreis, so ist das Angebot größer als die Nachfrage, es herrscht ein **Angebotsüberhang**. Die Anbieter können ihr Angebot nicht vollständig absetzen.

Die Folge wird sein, dass sie die Preise senken werden, um aus dem Wettbewerb um die Kunden siegreich hervorzugehen. Die sinkenden Preise werden zu einem Steigen der Nachfrage führen. Aufgrund der sinkenden Preise wird aber auch das Angebot eingeschränkt.

Liegt der Preis unter dem Marktpreis, so wird die Nachfrage größer als das Angebot sein. Es liegt ein **Nachfrageüberhang** vor. Die Übernachfrage wird die Anbieter ermutigen, ihre Preise zu erhöhen, denn die Kunden werden bereit sein, für das knappe Gut höhere Preise zu bezahlen. Infolge des steigenden Preises wird das Angebot zunehmen und die Nachfrage zurückgehen.

Unter den Bedingungen eines vollkommenen Wettbewerbs wird sich über Preisveränderungen also immer wieder ein Marktgleichgewicht einstellen. Diesen Mechanismus, der unabhängig vom Wollen der Wirtschaftssubjekte funktioniert, nennt man **Preismechanismus**. Er ist von grundlegender Bedeutung für das Funktionieren der Selbstregulierung der Marktwirtschaft.

Mit Hilfe dieses Modells lässt sich erklären, wie sich Veränderungen von Angebot und Nachfrage auf den Marktpreis und die Gleichgewichtsmenge auswirken.

Beispiel:

Angenommen, aufgrund eines allgemeinen Trends erhöht sich die gesamtgesellschaftliche Nachfrage nach einem Gut. Die Nachfragegerade wird nach rechts verschoben. Die Folge ist ein Steigen des Marktpreises und eine Erhöhung der Gleichgewichtsmenge.

Steigen die Rohstoffpreise, so wird sich das gesamtgesellschaftliche Angebot eines Gutes verringern. Die Angebotskurve wird nach links verschoben. In der Folge steigt der Marktpreis und die Gleichgewichtsmenge sinkt.

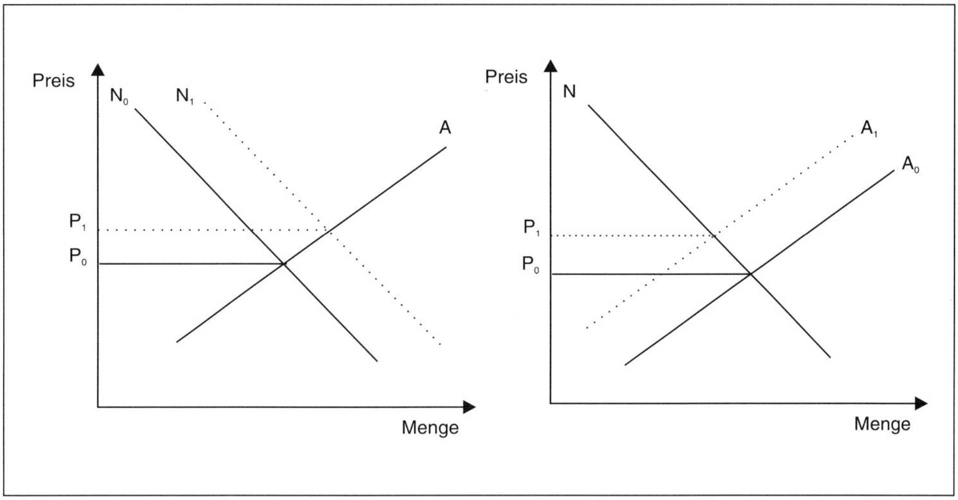

Preisanpassung bei Veränderung der Nachfrage (links) und Veränderung des Angebots (rechts)

1.3.3 Marktformen

Dem oben erläuterten Markt-Preis-Modell liegen idealisierte Voraussetzungen zugrunde. Diese Art der Betrachtung war nötig, um die grundlegenden Marktprozesse kennen zu lernen und zu verstehen. Sie zeigen, wie die Marktwirtschaft in ihrem gedachten Idealzustand, bei Existenz eines vollkommenen Wettbewerbes, funktioniert.

In der Realität gibt es keine idealen Marktbedingungen; vielmehr kommt es zu vielfältigen Störungen beim Preisbildungsmechanismus.

Der (gedachte) Markt, der den idealisierten Voraussetzungen entspricht, wird **vollkommener Markt** genannt. Er ist durch folgende Merkmale gekennzeichnet:

- Es existieren viele Anbieter und viele Nachfrager.
- Die Anbieter haben als Ziel die Gewinnmaximierung, die Nachfrager verfolgen das Ziel der Nutzenmaximierung. Bei der Durchsetzung ihrer Ziele verhalten sie sich nach dem ökonomischen Prinzip.
- Es fehlen jegliche Präferenzen bei Anbietern und Nachfragern. Das heißt im Einzelnen:
  - Fehlen von Präferenzen sachlicher Art: die einzelnen Güter sind völlig homogen, es gibt innerhalb einer Güterart keine Qualitätsunterschiede.
  - Fehlen von Präferenzen persönlicher Art: Anbietern und Nachfragern ist es gleichgültig, mit welchen Geschäftspartnern sie in Kontakt treten. Entscheidend ist ausschließlich der Preis.
  - Fehlen von Präferenzen räumlicher und zeitlicher Art: Unterschiedliche Lieferzeiten und Transportwege spielen keine Rolle.
- Es herrscht eine vollkommene Markttransparenz: Anbieter und Nachfrager sind jederzeit über die Nachfrage und das Angebot informiert und können entsprechend reagieren.
- Die Marktteilnehmer reagieren außerordentlich schnell auf Veränderungen. Preis, Angebot und Nachfrage passen sich augenblicklich an.

Aus diesen Merkmalen des vollkommenen Marktes ergeben sich Schlussfolgerungen:

- Auf einem vollkommenen Markt herrscht vollständige Konkurrenz.
- Für jedes Gut gibt es nur einen Preis, den Marktpreis.
- Angebot und Nachfrage stimmen überein: »Der Preis räumt den Markt.«
- Für einzelne Anbieter und einzelne Nachfrager ist der Marktpreis eine gegebene Größe, sie können ihn nicht beeinflussen. Der einzelne Anbieter kann also keine Preispolitik betreiben. Erhöht er den Preis, so verliert er alle Kunden. Zu einer Preissenkung hat er keine Veranlassung, da er seine Produkte zum Marktpreis absetzen kann. Der einzelne Anbieter auf dem vollkommenen Markt wird also seine Angebotsmenge so festlegen, dass er bei gegebenem Marktpreis den höchstmöglichen Gewinn macht: Er ist reiner Mengenanpasser.

In der Realität gibt es keine »vollkommenen Märkte«. Den Voraussetzungen am nächsten kommen die Wertpapier- und Warenbörsen sowie der internationale Rohstoffmarkt. Alle anderen Märkte weichen mehr oder weniger stark vom vollkommenen Markt ab.

Um die Preisbildung auf den zahlreichen real vorkommenden Märkten untersuchen zu können, ist es sinnvoll, diese Märkte in Gruppen einzuteilen, die durch ähnliche Merkmale gekennzeichnet sind. Bei der Untersuchung der Preisbildung ist es sinnvoll, die Märkte nach der Zahl der Anbieter und der Zahl der Nachfrager zu unterscheiden:

Nachfrager	**Anbieter**		
	viele	**wenige**	**einer**
viele	Polypol	Angebotsoligopol	Angebotsmonopol
wenige	Nachfrageoligopol	bilaterales Oligopol	beschränktes Angebotsmonopol
einer	Nachfragemonopol	beschränktes Nachfragemonopol	bilaterales Monopol

Marktformen

Die wichtigste Bedeutung für die Volkswirtschaft haben die Marktformen in der ersten Rubrik der Abbildung, nämlich

- Polypol,
- Angebotsoligopol und
- Angebotsmonopol.

Da im Allgemeinen nur diese drei Marktformen betrachtet werden, sind sie in der Literatur meist mit den Begriffen Polypol, Oligopol und Monopol belegt. Eine große Anzahl Nachfrager wird dabei unterstellt. Im Folgenden wird dieser Ansatz zugrunde gelegt.

Monopole kommen in der volkswirtschaftlichen Realität meist als Betriebe in staatlicher Hand vor (z. B. die Deutsche Bahn AG, der Briefdienst der Deutsche Post AG, im regionalen Bereich die Stadtwerke). Diese Unternehmen sollen die Bevölkerung kostendeckend mit Dienstleistungen versorgen und unterliegen damit in erster Linie nicht dem Ziel der Gewinnmaximierung, sondern dem gemeinwirtschaftlichen Prinzip.

Im Privatbereich können Monopole keinen längerfristigen Bestand haben. Allerdings können Unternehmen bei einzelnen Produkten eine gewisse Zeit lang eine Monopolstellung einnehmen, nämlich dann, wenn sie neue Produkte auf den Markt bringen. Diese werden in der Regel durch Patente geschützt, und es dauert einige Zeit, bis die Konkurrenz mit ähnlichen Artikeln auf den Markt kommen kann.

Auf die Besonderheiten des Monopols, insbesondere die Preisbildung im Monopol, wird ausführlich in Kapitel 4 eingegangen. Daher sei an dieser Stelle auf eine eingehendere Darstellung verzichtet.

Die in der Realität vorkommenden **polypolistischen Märkte** erfüllen meistens nicht die Bedingungen des vollkommenen Marktes. Es herrschen persönliche und sachliche Präferenzen. Einige Nachfrager bevorzugen aus unterschiedlichen Gründen bestimmte Anbieter. Preisvergleiche zwischen Gütern sind schwierig, da diese in unterschiedlichen Qualitäten angeboten werden. Durch Werbung werden Präferenzen für bestimmte Marken geschaffen.

Der Polypolist auf dem unvollkommenen Markt kann innerhalb eines bestimmten Rahmens seine Preise erhöhen, ohne damit rechnen zu müssen, alle Kunden zu verlieren. Da er Präferenzen für sich und seine Produkte geschaffen hat, wird sein Absatz lediglich ein wenig zurückgehen. Erst beim Überschreiten einer bestimmten Preisgrenze werden sich die meisten seiner Kunden anderen Anbietern zuwenden. Ebenso kann er innerhalb eines gewissen Rahmens seine Preise senken, ohne damit rechnen zu müssen, die gestiegene Nachfrage nicht mehr bedienen zu können. Innerhalb dieser oberen und unteren Preisgrenzen legt der Polypolist auf dem unvollkommenen Markt den Preis fest, bei dem er den höchsten Gewinn macht. Innerhalb gewisser Preisgrenzen verhält sich der Polypolist auf dem unvollkommenen Markt wie ein Monopolist. Das erklärt, warum wir auf den meisten polypolistischen Märkten unterschiedliche Preise vorfinden, die allerdings nicht allzu stark voneinander abweichen.

Das **Oligopol** ist die bei uns wirtschaftlich bedeutendste Marktform. Zahlreiche Konsumgüter des gehobenen Bedarfs werden von relativ wenigen Herstellern angeboten. Aber auch zahlreiche Güter des täglichen Bedarfs befinden sich unter der Regie marktbeherrschender Ketten. Typische Beispiele für diese Marktformen sind z. B. der Automobilsektor und die Mineralölkonzerne. Aufgrund einer geringen Anbieterzahl herrscht eine große Marktübersicht bezüglich des Angebots. Die wenigen Anbieter verfügen allerdings über einen hohen Marktanteil. Dadurch werden sich die Maßnahmen der Konkurrenz auf den eigenen Absatz in starkem Maße auswirken. Aus diesem Grunde wird der Oligopolist die Maßnahmen seiner Mitbewerber genau beobachten. Will er seinen Preis erhöhen, so muss er damit rechnen, dass er aufgrund der hohen Marktübersicht spürbar Kunden verliert. Will er seinen Preis senken, so werden seine Konkurrenten reagieren und versuchen, ihn zu unterbieten. Dadurch kann ein Preiskampf ausgelöst werden, der für alle Wettbewerber nachteilige Folgen hat.

Aus diesem Grunde betreiben die Oligopolisten, wenn überhaupt, nur eine sehr vorsichtige Preispolitik. Oligopolistische Märkte zeichnen sich durch eine gewisse **Preisstarrheit** aus. In der Realität kann man beobachten, dass die Preise für viele Güter eine gewisse Zeit stabil bleiben und nicht, wie es die Theorie des vollkommenen Marktes fordert, tagtäglich mit Angebot und Nachfrage schwanken. Um ihre Gewinne zu erhöhen, bedienen sich Oligopolisten im Wesentlichen anderer Maßnahmen als der Preispolitik:

- Kostensenkung durch Rationalisierung,
- Schaffung von Präferenzen durch Werbung und verkaufsfördernde Maßnahmen,
- technische Neuerungen, Innovationen.

In der Preispolitik besteht ein Drang zu abgestimmtem Verhalten. Da Preisabsprachen verboten sind (siehe Abschn. 1.3.7), vollzieht sich diese Abstimmung meist durch Anerkennung einer **Preisführerschaft**. Der Preisführer, meist der Marktführer, verändert die Preise, und die anderen Anbieter ziehen entsprechend nach. Wer aus diesem Verbund ausschert, geht das Risiko ein, in einem Preiskampf mit den anderen Wettbewerbern zu unterliegen und vom Markt verdrängt zu werden.

Die Preisführerschaft funktioniert auch bei gleichwertigen Partnern. Ein Wettbewerber erhöht die Preise aufgrund bestimmter Vorgänge (z. B. Verknappung der Rohstoffe), die anderen ziehen nach. Eine Absprache ist dazu nicht nötig, da alle anderen über die Risiken und Folgen ihrer Entscheidungen informiert sind.

Der Marktmechanismus bleibt grundsätzlich erhalten. Die beteiligten Unternehmen sind zu Innovationen, kostenbewusstem Handeln und ständiger Qualitätsverbesserung gezwungen. Allerdings entstehen auch Gefahren: So formen sich marktbeherrschende Unternehmen, die den Wettbewerb zu ihren Gunsten beeinflussen können. Wenn wenige Anbieter sich den Markt teilen und abgestimmt handeln, kann sich das nachteilig für die Verbraucher auswirken. Der Wettbewerb wird nicht außer Kraft gesetzt, aber doch eingeschränkt.

1.3.4 Funktionen der Preise und des Wettbewerbs

Aus den vorangegangenen Darstellungen wird deutlich, dass den Preisen und dem Wettbewerb in der Marktwirtschaft eine zentrale Bedeutung zukommt. Der Preismechanismus erfüllt folgende Funktionen:

1. Informations- und Signalfunktion:

Die Marktteilnehmer werden darüber informiert, wie knapp ein Gut ist. Liegt ein Nachfrageüberhang vor, so steigen die Preise. Liegt ein Angebotsüberhang vor, so sinken die Preise.

2. Koordinationsfunktion:

Der Preis sorgt für den Ausgleich von Angebot und Nachfrage. Sobald eine Störung des Gleichgewichts vorliegt, verändert sich der Preis und stellt ein neues Gleichgewicht her.

3. Selektionsfunktion:

Auf dem Markt setzen sich die leistungsstärksten Marktteilnehmer durch. Nicht konkurrenzfähige Anbieter werden herausgedrängt. Der Preismechanismus zwingt so zu ständiger Innovation und Erhöhung der Produktivität.

4. Lenkungsfunktion:

Über den Preismechanismus werden die Produktionsfaktoren zu den Verwendungszwecken gelenkt, die den größten Ertrag und Nutzen bringen. Auf diese Weise wird Verschwendung von Ressourcen vermieden.

5. Verteilungsfunktion:

Die Preise bestimmen auch die Verteilung der Einkommen entsprechend der produktiven Leistung. Damit ist nicht die persönliche Arbeitsleistung des Einzelnen gemeint, sondern die produktive Leistung, die die einzelnen Produktionsfaktoren im Prozess der Leistungserstellung erbringen.

Umstritten ist in der Wirtschaftstheorie, ob der Preismechanismus auf allen Märkten funktioniert, insbesondere auch auf dem Arbeitsmarkt.

Die Vertreter der »neoklassischen Wirtschaftstheorie« bejahen dies. Der Preis für die Arbeit, also das Lohnniveau, sorgt dafür, dass auf dem Arbeitsmarkt ein Gleichgewicht zwischen Angebot und Nachfrage entsteht. Arbeitslosigkeit entsteht dadurch, dass die Löhne nach unten nicht flexibel, sondern durch tarifliche oder gesetzliche Regelungen fixiert sind. Lohnsenkungen könnten danach zu einem Abbau der Arbeitslosigkeit führen.

Die Vertreter der »keynesianischen Wirtschaftstheorie« sind der Auffassung, dass ein gesamtwirtschaftliches Gleichgewicht auch bei Unterbeschäftigung möglich ist. Arbeitslosigkeit resultiert im Wesentlichen aus einer gesamtwirtschaftlichen Nachfragelücke. Lohnsenkungen können, müssen aber nicht zur Beseitigung der Arbeitslosigkeit führen. Besser wäre es demnach, durch konjunktur- oder geldpolitische Maßnahmen die gesamtgesellschaftliche Nachfrage anzuregen.

Grundbedingung für das Funktionieren des Preismechanismus ist die Existenz eines freien Wettbewerbs. Die Reaktionen der Marktteilnehmer auf Störungen von Angebot und Nachfrage entstehen nur bei Bestehen einer Konkurrenzsituation. Darüber hinaus ist der Wettbewerb **Motor der Wirtschaft**. Er zwingt die Anbieter dazu, ihre Produkte ständig zu verbessern, zu marktgerechten Preisen anzubieten, kostenbewusst zu handeln und den technischen Fortschritt zu forcieren.

1.3.5 Eingriffe in den Markt durch den Staat

Mit Hilfe des Markt-Preis-Modells sollen im Folgenden die Auswirkungen staatlicher Preisfestlegungen untersucht werden.

Staatlich festgelegte **Mindestpreise** sollen die wirtschaftliche Existenz von Anbietern schützen. Ein Beispiel sind die innerhalb der Europäischen Union subventionierten Agrarpreise: Eine freie Marktpreisbildung könnte dazu führen, dass die Existenzgrundlage der Bauern gefährdet wird. Die Vernichtung eines ganzen Berufszweiges hätte schwere soziale Auseinandersetzungen zur Folge und könnte die Möglichkeit zur Selbstversorgung eines Landes gefährden.

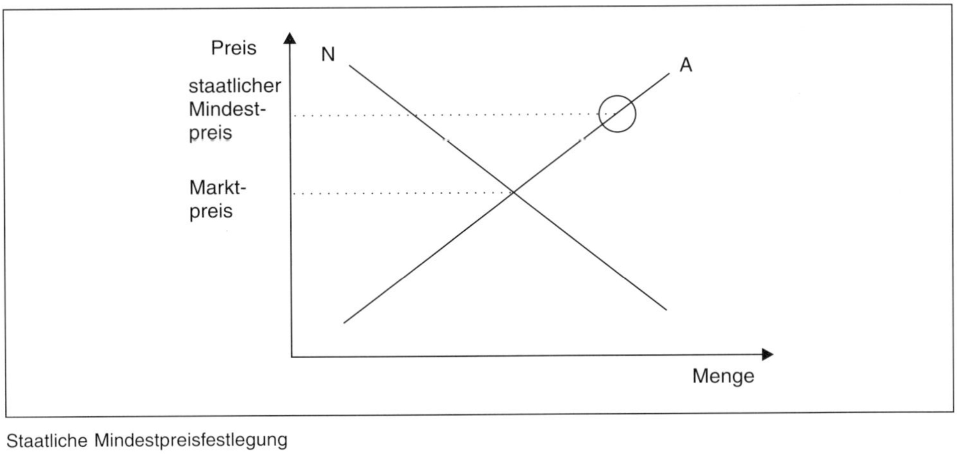

Staatliche Mindestpreisfestlegung

Es existiert ein ständiger Angebotsüberhang. Damit die Preisgarantie wirkt, muss der Staat die Überproduktion aufkaufen. Die Überschussmengen werden vernichtet, gelagert oder zu staatlich gestützten Niedrigpreisen an bedürftige Länder verkauft. Letztere Maßnahme ist allerdings sehr umstritten, weil dadurch die wirtschaftliche Existenz der Bauern in den betroffenen Ländern gefährdet wird. Um das Angebot zu drosseln, werden Höchstmengen festgelegt, wie z. B. die Milchquote. Darüber hinaus vergibt der Staat Prämien für die Stilllegung von Anbauflächen. Die staatliche Preisfestlegung zieht also notwendigerweise eine ganze Reihe weiterer nichtmarktkonformer Maßnahmen nach sich, die aus Staatsmitteln finanziert werden müssen. Aus diesem Grunde werden Überlegungen angestellt, die staatlichen Ziele mit marktkonformen Mitteln zu erreichen. Eine Möglichkeit wäre z. B. die Förderung des Anbaus von Bioprodukten. Die produzierten Mengen würden dabei geringer ausfallen. Ein Markt für die etwas teureren Bioprodukte ist vorhanden.

Staatliche **Höchstpreise** werden festgelegt, um den Verbraucher zu schützen, insbesondere bei Gütern des Grundbedarfs. Staatliche Höchstpreise spielen immer wieder in Übergangssituationen eine Rolle, wenn Knappheit an lebenswichtigen Gütern herrscht (z. B. in der Nachkriegszeit oder in den Übergangswirtschaften der ehemaligen Sowjetunion). Die Koppelung der Mieten an Vergleichsmieten stellt für einen gewissen Zeitraum eine Begrenzung nach oben dar und kommt somit der Festlegung eines Höchstpreises gleich.

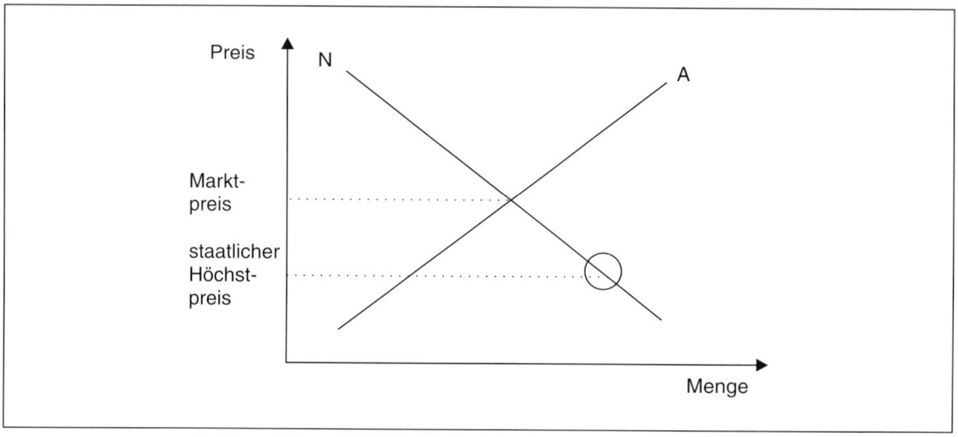

Staatliche Höchstpreisfestlegung

Es kommt zu einem anhaltenden Nachfrageüberhang. Um die Versorgung der Bevölkerung zu gewährleisten, muss der Staat die Produktion subventionieren. Möglich wäre auch eine Kontingentierung des Angebots. So waren in der Nachkriegszeit nur begrenzte Mengen lebensnotwendiger Güter auf »Marken« zu haben. Neben dem offiziellen Angebot entstehen jedoch Schwarzmärkte, auf denen die Waren zu Marktpreisen verkauft werden. Diese Schwarzmärkte führen zum Entstehen von organisierter Kriminalität. Der Staat kann auch selbst als Anbieter auftreten, um das Angebot zu erhöhen und die Preise zu drücken. Um aber die niedrigen Preise zu halten, ist eine Bezuschussung aus Steuergeldern nötig. Der Anreiz für die Privatwirtschaft, das Angebot zu erhöhen, ist nicht vorhanden.

Subventionen durch den Staat führen zu einer Senkung des Marktpreises der subventionierten Güter. Die erwünschten Folgen von Subventionen sind die Stärkung strukturschwacher Betriebe, Branchen oder Regionen. Die produzierten Güter sollen dadurch auf dem Markt konkurrenzfähig werden. Meistens geht es dabei um die Schaffung oder Sicherung von Arbeitsplätzen. Subventionen führen aber auch zu Wettbewerbsverzerrungen, da die nicht subventionierten Unternehmen benachteiligt werden. Darüber hinaus wird für die subventionierten Unternehmen der Zwang zur Innovation vermindert, was dazu führen kann, dass die strukturelle Schwäche dieser Unternehmen verfestigt wird. Unter Umständen kann es dazu kommen, dass unproduktive Unternehmen oder Branchen künstlich am Leben erhalten werden.

Umgekehrt wirken **Steuern** auf den Verbrauch von Gütern. Sie erhöhen deren Marktpreis. Aus diesem Grunde können Verbrauchsteuern benutzt werden, um die Nachfrage nach einem bestimmten Gut zurückzudrängen. Im Zusammenhang mit den Ökosteuern wird z. B. diskutiert, durch die Besteuerung der Energieträger deren Verbrauch zurückzudrängen.

Das kann allerdings nur gelingen, wenn die Nachfrage nach den betroffenen Gütern genügend elastisch ist, also ein Verzicht oder eine Substitution möglich ist (z. B. Verzicht auf Nutzung des privaten PKW und Nutzung öffentlicher Verkehrsmittel). Erforderlich sind deshalb meist begleitende Maßnahmen, die diese Substitution ermöglichen. Andernfalls wird sich die Besteuerung in allgemeinen Preissteigerungen auswirken, die die wirtschaftliche Entwicklung negativ beeinflussen.

1.3.6 Eingriffe in den Markt durch Kooperation und Konzentration

Der Wettbewerb zwingt die Unternehmen, die Produktionskosten zu senken und ständig den Stand der Technologie zu erweitern. Dazu benötigen die Unternehmen Kapital. Um den erhöhten Kapitalbedarf zu decken, entsteht das Bedürfnis der Unternehmen zusammenzuarbeiten. Dies kann zu einer marktbeherrschenden Stellung führen, welche Wettbewerbsvorteile verspricht. Zusammenarbeit führt in der Regel auch zu Kostensenkungen, da bestimmte betriebliche Funktionen, wie z. B. Verwaltung, Buchhaltung, Absatzwirtschaft gemeinsam durchgeführt werden können. Aufgrund der heute z.T. erheblichen Risiken für Unternehmen besteht die Tendenz, durch Absprachen und vertragliche Vereinbarungen den Wettbewerb zu vermindern.

Die Zusammenarbeit von Unternehmen bezeichnet man als **Kooperation**, während der Zusammenschluss von Unternehmen als **Konzentration** bezeichnet wird. Der Übergang von der Kooperation zur Konzentration ist allerdings fließend. Durch Konzentrationsprozesse finden Eingriffe in den freien Markt statt, da der Wettbewerb beschränkt wird. Wichtige Formen der Unternehmenskonzentration sind

- die Interessengemeinschaft,
- das Konsortium,
- das Kartell,
- der Konzern und
- der Trust.

Bei der **Interessengemeinschaft** handelt es sich um vertragliche Vereinbarungen rechtlich selbstständiger Unternehmen zur Förderung gemeinsamer Interessen. Es kann sich z. B. um Abstimmungen in der Forschungs- und Entwicklungstätigkeit handeln. Interessengemeinschaft besteht oft auch bei Unternehmen, die den gleichen Gesellschaftern gehören (ohne dass eine einheitliche Leitung existiert). Interessengemeinschaften bilden die Vorstufe zur Bildung eines Kartells oder eines Konzern.

Ein **Konsortium** ist ein Zusammenschluss von Unternehmen von zeitlich begrenzter Dauer zur Durchführung eines gemeinsamen Vorhabens. So werden z. B. Aktien häufig von Bankenkonsortien ausgegeben. Große Bauvorhaben werden häufig von einem Konsortium verschiedener Unternehmen durchgeführt.

Bei einem **Kartell** handelt es sich um den Zusammenschluss wirtschaftlich und rechtlich selbstständiger Unternehmen, die aber ihre wirtschaftliche Selbständigkeit auf einigen Gebieten aufgeben. Es existieren vertragliche Vereinbarungen zu bestimmten Teilbereichen. Nach dem Gegenstand der Vereinbarung kann man z. B. folgende Typen von Kartellen unterscheiden:

- **Preiskartell:** Vereinbarung gemeinsamer Absatzpreise;
- **Konditionenkartell:** Vereinbarung gemeinsamer Lieferungs- und Zahlungsbedingungen oder gemeinsamer Geschäftsbedingungen;

- **Ex- und Importkartell:** Vereinbarungen über gemeinsames Vorgehen im Außenhandel;
- **Rabattkartell:** Vereinbarung einheitlicher Rabatte;
- **Normen- und Typenkartell:** Vereinbarung gemeinsamer Normen (bei Bauteilen, Ersatzteilen o.ä.) und Typen von Endprodukten;
- **Gebietskartell:** Gemeinsame Aufteilung der Absatzgebiete;
- **Quotenkartell:** Vereinbarung über Absatzquoten;
- **Rationalisierungskartell:** Absprachen über Beschränkungen im Produktionsprogramm;
- **Krisenkartell:** Absprachen der Wettbewerber untereinander in Krisenzeiten über Beschränkungen der Produktion.

Eine spezielle Form des Kartells ist das **Syndikat**. Es handelt sich um eine Gesellschaft, die gemeinsam von den beteiligten Unternehmen gegründet wird. Aufgabe dieser Gesellschaft ist es, für die beteiligten Unternehmen den Vertrieb durchzuführen. Wird eine solche Gesellschaft zu Zwecken des gemeinsamen Einkaufs gegründet, spricht man von einem Einkaufskontor.

Ein **Konzern** ist der Zusammenschluss rechtlich selbstständiger Unternehmen unter einheitlicher Leitung bei Aufgabe der wirtschaftlichen Selbstständigkeit. Zur gemeinsamen Leitung der einzelnen Konzernunternehmen wird meistens eine spezielle Gesellschaft gegründet, die so genannte Holding. Der Zusammenschluss kann vertraglich erfolgen, meist erfolgt er aber durch Kapitalverflechtungen. Die einzelnen Unternehmen sind aneinander durch gegenseitige Beteiligungen gekoppelt. Eine Mehrheitsbeteiligung an einem Unternehmen führt zu dessen Unterordnung.

Verschmelzen zwei oder mehrere Unternehmen miteinander völlig, wobei ein neues Unternehmen entsteht, so spricht man von einer **Fusion**. Im Ergebnis der Fusion entsteht ein **Trust**.

In Deutschland ist die Unternehmenskonzentration bereits sehr weit vorangeschritten. Etwa 6 % der Unternehmen realisieren über 70 % des gesamten Umsatzvolumens. Ohne Unternehmenskonzentration wäre der technologische Standard in der Bundesrepublik Deutschland nicht realisierbar gewesen. Die Produktionsverfahren in einer hochtechnisierten Gesellschaft erfordern einen Kapitaleinsatz, der von kleinen Unternehmen nicht zu leisten ist. Dieser hohe Kapitaleinsatz erfordert darüber hinaus eine strategische Planung sowie eine Minimierung des Risikos. Aus diesem Grunde streben die Großunternehmen nach einer hohen Marktmacht. Die Unternehmenskonzentration ist somit Ergebnis und Voraussetzung des technischen Fortschritts.

Gefahren gehen von der Unternehmenskonzentration aus, weil sie den freien Wettbewerb beschränkt. Konzerne und Unternehmen, die über eine hohe Marktmacht verfügen, können ihre Stellung zum Nachteil der Verbraucher und kleinerer Anbieter ausnutzen. Neben der Marktmacht verfügen Großunternehmen auch über eine bedeutende politische Macht, die in einem demokratischen Staatswesen bedenklich ist.

1.3.7 Wettbewerbsrecht

Der Staat in der sozialen Marktwirtschaft hat die Aufgabe, den Wettbewerb zu schützen. Um den negativen Auswirkungen der Unternehmenskonzentration begegnen zu können, trat am 1. Januar 1958 das Gesetz gegen Wettbewerbsbeschränkungen (GWB) in Kraft, das auch unter dem Kürzel »**Kartellgesetz**« bekannt ist.

Im Jahre 2005 wurde es dem Inhalt nach an das europäische Wettbewerbsrecht angepasst (siehe auch Abschn. 1.5.1.4). Das Gesetz verbietet Vereinbarungen oder abgestimmte Verhaltensweisen zwischen Unternehmen, die eine **Verhinderung, Einschränkung** oder **Verfälschung** des Wettbewerbs bezwecken oder bewirken.

Von diesem Verbot befreit sind allerdings Vereinbarungen, die zu einer Beteiligung der Verbraucher an den entstehenden Gewinnen führen oder die zur Förderung des technischen oder wirtschaftlichen Fortschritts beitragen. Von dem Verbot ausgenommen sind auch Vereinbarungen zur Rationalisierung durch zwischenbetriebliche Zusammenarbeit, die dem Zweck dienen, die Wettbewerbsfähigkeit kleinerer und mittlerer Unternehmen zu erhöhen (**Mittelstandskartelle**).

Verboten durch das GWB ist auch der Missbrauch einer marktbeherrschenden Stellung eines großen Unternehmens. Der Zusammenschluss von Unternehmen, der zu einer marktbeherrschenden Stellung führt, kann von vornherein untersagt werden oder es können Auflagen erteilt werden.

Durchführende Behörden sind das Bundeskartellamt mit Sitz in Bonn, das Bundesministerium für Wirtschaft und Technologie und die nach Landesrecht zuständigen obersten Landesbehörden. Sie sind auch für die Anwendung des europäischen Wettbewerbsrechts zuständig und arbeiten im Netzwerk der europäischen Wettbewerbsbehörden zusammen.

Die behördliche Aufsicht kann bei Verstößen gegen das Gesetz **Bußgelder** in Millionenhöhe verhängen. Das Kartellgesetz eröffnet außerdem die Möglichkeit, die durch die beanstandeten Handlungen erzielten Gewinne **abzuschöpfen**.

1.3.8 Globalisierung

Durch die Globalisierung haben die Marktbeziehungen und der Wettbewerb zwischen den Unternehmen eine neue internationale Dimension angenommen. Unter Globalisierung versteht man ein Zusammenwachsen der Märkte für Sachgüter und Dienstleistungen über die Grenzen einzelner Staaten hinaus. Verbunden ist dieser Prozess mit der Verflechtung der Wirtschaftsbeziehungen zwischen den Staaten, der raschen internationalen Verbreitung neuer Technologien und einem rasanten Anwachsen internationaler Kapitalströme.

Globalisierung ist ein Prozess, der nicht erst in jüngster Zeit begonnen hat, der aber durch politische, technologische und wirtschaftliche Veränderungen in jüngerer Zeit deutlich beschleunigt worden ist. Der Niedergang der sozialistischen Systeme in Osteuropa und deren Umwandlung in marktwirtschaftliche Ordnungen hat zur Beendigung der Systemkonkurrenz und zu einem neuen Betätigungsfeld für Investoren geführt. Der Welthandel wurde durch die Regelungen der **World Trade Organisation (WTO)** von nationalen Beschränkungen (insbesondere Zollbarrieren) befreit. Die internationalen Finanzströme sind nur noch in geringem Maße staatlichen Regelungen unterworfen. Die Entwicklung der Technologien in den Bereichen Kommunikation und Verkehr hat dazu geführt, dass die Welt »kleiner geworden« ist.

Durch die Globalisierung vergrößern sich die Märkte, z. T. entstehen **globale Märkte**. Für zahlreiche Unternehmen bedeutet das einen zunehmenden Wettbewerbsdruck. Das betrifft nicht nur transnational handelnde Unternehmen, auch die rein binnenwirtschaftlich orientierten Unternehmen müssen sich auf den zunehmend internationalisierten Warenfluss einstellen. Die internationalen Märkte werden zunehmend von Großunternehmen beherrscht, die international agieren und ihre Investitionsentscheidungen von den Standortbedingungen der einzelnen Länder abhängig machen. Die Länder setzen daher verstärkt den Akzent auf Angebot und Pflege ihrer Standortvorteile. Das kann zu Vorteilen führen, wenn z. B. in zukunftsorientierte Technologien und Wissen investiert wird. Länder mit einem hohen Lohnniveau und einem hohen Standard an sozialer Absicherung geraten im Zuge der Globalisierung aber auch unter Druck. Auf der anderen Seite können aber Länder vom Know-How- und Technologie-Transfer profitieren. Die internationalen Finanzströme sind von den Einzelstaaten kaum noch kontrollierbar. Dadurch entsteht die Gefahr großer Krisen im finanziellen Sektor, wie in den 90er Jahren des letzten Jahrhunderts in Asien.

Die Globalisierung birgt Chancen und Gefahren. In der politischen Auseinandersetzung um die Globalisierung wird häufig die Frage nach deren Befürwortung oder Ablehnung gestellt. Vermutlich handelt es sich dabei um eine falsche Fragestellung: Die Globalisierung ist ein objektiver Prozess der weltweiten wirtschaftlichen und technologischen (und in der Folge politischen) Entwicklung, der sich nicht aufhalten lässt. Die Frage ist vielmehr, **wie** dieser Prozess gestaltet wird und ob es Möglichkeiten gibt, Einfluss in dem Sinne auf diesen Prozess zu nehmen, dass die Vorteile für die Menschen in den Vordergrund gerückt und nachteilige Auswirkungen verhindert oder gemindert werden. Der Kern der Diskussion ist dabei nicht die Frage »Globalisierung – ja oder nein«, sondern die Frage, ob sich das internationale Kapital auf den Weltmärkten »frei« entfalten kann, oder ob die Staatengemeinschaft als regulierende Instanz in diesen Prozess eingreifen soll.

1.4 Konjunktur- und Wirtschaftspolitik

1.4.1 Wirtschaftsschwankungen

Über einen längeren Zeitraum betrachtet ist das reale Bruttoinlandsprodukt im Durchschnitt allmählich gewachsen. Der Grund dafür liegt darin, dass aufgrund des technischen Fortschritts das Produktionspotenzial immer weiter ausgedehnt wurde. Dieses Wachstum vollzieht sich allerdings nicht gleichmäßig, sondern unterliegt Schwankungen. Kurzfristig kommt es von Zeit zu Zeit auch zu einem Rückgang des Bruttoinlandsprodukts.

Unterschieden werden langfristige Schwankungen mit einem Zyklus von 50 bis 60 Jahren, mittelfristige Schwankungen mit einem Zyklus von vier bis sieben Jahren und kurzfristige Schwankungen innerhalb eines Jahres.

Bei den langfristigen Schwankungen, deren Existenz in den Wirtschaftswissenschaften umstritten ist, handelt es sich um die so genannten **Kondratieff-Wellen**. Sie werden auf tief greifende strukturelle Veränderungen, die durch technische Erneuerungsschübe ausgelöst werden (wie etwa die elektronische Datenverarbeitung), zurückgeführt.

Mittelfristige Schwankungen sind **konjunkturelle** Schwankungen. Sie werden ausgelöst durch Störungen des Gleichgewichts zwischen gesamtgesellschaftlicher Nachfrage und gesamtgesellschaftlichem Angebot in einer Volkswirtschaft.

Bei den kurzfristigen Schwankungen handelt es sich um **saisonale** Schwankungen. Sie treten aufgrund des unterschiedlichen Verbraucherverhaltens in den verschiedenen Jahreszeiten auf.

1.4.2 Konjunktur

Eine besondere Bedeutung für die wirtschaftliche Entwicklung haben die konjunkturellen Schwankungen. Insbesondere in Zeiten krisenhafter Entwicklungen erfordern wachsende Arbeitslosigkeit, sinkende Einkommen und zahlreiche Insolvenzen von Unternehmen staatliches Eingreifen, um die sozialen Folgen abzumildern. Die Wirtschaftspolitik schenkt deshalb den Möglichkeiten der Beeinflussung der Konjunktur große Aufmerksamkeit.

Die folgende Graphik zeigt den Konjunkturverlauf in der Bundesrepublik Deutschland in den Jahren 1998 bis 2007. Auf der Ordinate ist die jeweilige Steigerungsrate des realen Bruttoinlandsprodukts in Prozent abgetragen.

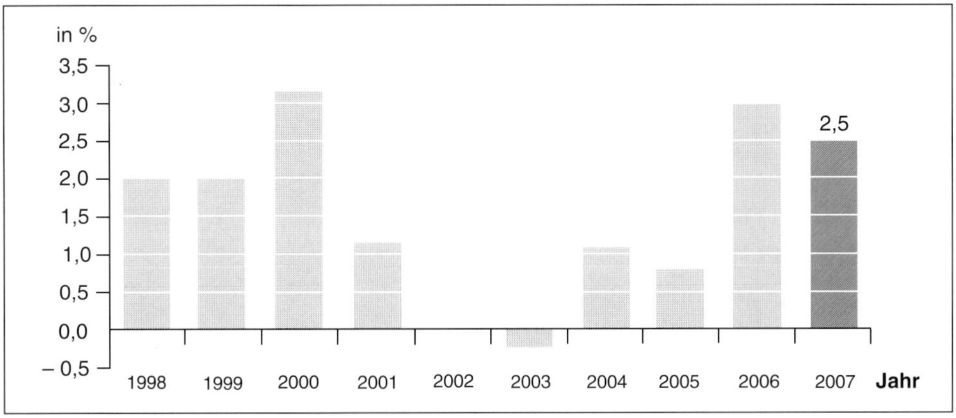

Quelle: Statistisches Bundesamt 2008

Der Konjunkturverlauf lässt sich in vier Phasen unterteilen. Da diese vier Phasen sich in immer gleicher Abfolge wiederholen, die Konjunktur sich also zyklisch verhält (Zyklus = Kreis), spricht man auch von einem **Konjunkturzyklus**. Die vier Phasen sind:

I. Aufschwung oder Expansion
II. Hochkonjunktur oder Boom
III. Abschwung oder Rezession
IV. Tiefstand (bei besonders geringem Stand wirtschaftlicher Tätigkeiten: »Depression«)

Schematisch lässt sich der Konjunkturzyklus wie folgt darstellen:

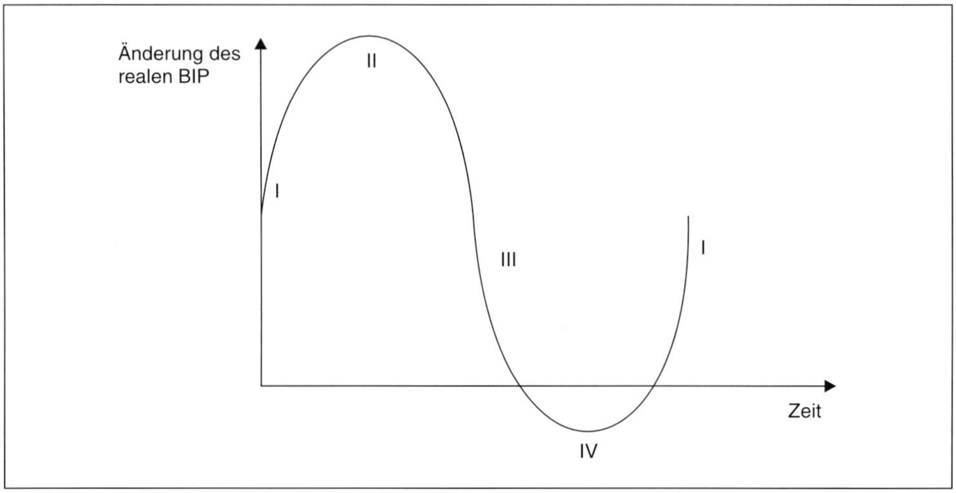

Der Konjunkturzyklus

Die einzelnen Konjunkturphasen lassen sich durch verschiedene Merkmale beschreiben. Die folgende Tabelle enthält eine schematische Zusammenfassung dieser Merkmale und ihrer Ausprägungen in den verschiedenen Konjunkturphasen. Allerdings treten in der Realität nicht immer alle Merkmale zeitgleich auf, da die Wirtschaftssubjekte mit Verzögerung reagieren. In den letzten Jahren werden zunehmend auch atypische Merkmalsausprägungen beobachtet. Auffälligstes Beispiel ist das auch in der Krise hohe Zinsniveau.

	Expansion	**Boom**	**Rezession**	**Depression**
Auftragseingänge	steigend	schnell steigend	fallend	gering
Produktion	allmählich steigend	schnell steigend	fallend	gering
Arbeitslosigkeit	sinkend	sehr gering	steigend	hoch
Reallöhne	allmählich steigend	steigend	Zuwachsraten sinkend	stagnierend bis sinkend
Zinsen	verzögert steigend	auf hohem Niveau steigend	fallend	niedrig
Preissteigerungsrate	allmählich anwachsend	hoch und steigend	allmählich sinkend	sinkend
Investitionsneigung	steigend	stabil bis nachlassend	fallend	schnell fallend
Stimmung	optimistisch	skeptisch	pessimistisch	niedergedrückt

Merkmale der Konjunkturphasen

Um frühzeitig reagieren zu können, benötigt die Regierung rechtzeitig Informationen über die voraussichtliche konjunkturelle Entwicklung. Einige gesamtwirtschaftliche Größen sind gut geeignet, konjunkturelle Entwicklungen anzukündigen. Solche Wirtschaftsdaten nennt man **Konjunkturindikatoren**. Wichtige Konjunkturindikatoren sind

- Auftragseingänge in der Industrie,
- industrielle Güterproduktion,
- Entwicklung der Güternachfrage,
- Entwicklung der Erzeugerpreise,
- Entwicklung der Lagerbestände,
- Entwicklung von Export und Import,
- Stimmungslage in der Wirtschaft.

Die Stimmungen bzw. Erwartungen der Wirtschaftssubjekte sind nicht nur Folge der wirtschaftlichen Entwicklung, sondern können die wirtschaftliche Entwicklung auch beeinflussen. Eine pessimistische Stimmung wirkt restriktiv auf die Risiko- und Investitionsbereitschaft der Unternehmen und dämpft die Ausgabenbereitschaft der privaten Haushalte. In der Folge wird eine konjunkturelle Abschwächung eintreten. Umgekehrt können optimistische Erwartungen der Wirtschaftssubjekte zu einer Anregung der wirtschaftlichen Aktivitäten beitragen.

Zur Erklärung der Ursachen konjunktureller Schwankungen existieren verschiedene Theorien, von denen hier nur einige Grundgedanken wiedergegeben werden können.

Die **Überinvestitionstheorien** sehen die Ursachen für konjunkturelle Schwankungen in einer ungleichgewichtigen Entwicklung von Konsum- und Investitionsgütersektor. Im Aufschwung wächst der Investitionsgütersektor schneller als der Konsumgütersektor. Das führt dazu, dass die vorhandenen Kapazitäten nicht mehr ausgelastet werden können. Es kommt zu einem Rückgang der Investitionen. Damit verbunden ist eine Verlangsamung des wirtschaftlichen Wachstums, es kommt zum **Umschwung**.

Eine ungleichgewichtige Entwicklung von Konsum- und Investitionsgütersektor liegt ebenfalls den **Unterkonsumtionstheorien** zugrunde. Im Aufschwung verschiebt sich die Einkommensverteilung zugunsten der Kapitaleinkommen. Da hohe Einkommen eine höhere Sparquote aufweisen als niedrige Einkommen, wird im Aufschwung also auch die durchschnittliche Sparquote steigen. Aus diesem Grunde wächst die Konsumgüternachfrage langsamer als die Produktion. Es kommt zu einer geringeren Auslastung der Produktionskapazitäten und damit zu einem Rückgang der Investitionen. Damit wird der **Abschwung** eingeleitet.

Als Auslöser eines **Aufschwungs** werden in den verschiedenen Theorien entweder technische Innovationen oder eine Ausweitung der Geldmenge gesehen. Technische Innovationen führen zu neuen Möglichkeiten, Gewinne zu realisieren. Das wird sich positiv auf die Investitionstätigkeit und damit auf das wirtschaftliche Wachstum auswirken. Eine Ausweitung der Geldmenge führt dazu, dass die Nachfrage schneller wächst als das Angebot. Dadurch werden Preissteigerungen ausgelöst, es kommt aber auch zu einem Impuls in Bezug auf die Steigerung der Produktion, um die gewachsene Nachfrage zu befriedigen.

Zur Erklärung der konjunkturellen Schwankungen werden auch **psychologische** Momente herangezogen (s. o.). Der Aufschwung führt zu wachsenden Gewinnerwartungen und damit zu einem allgemeinen Optimismus. Aus diesem Grunde sind die Unternehmen eher bereit zu investieren. Wird dieser Optimismus durch die reale Entwicklung gedämpft, kommt es zu einem Rückgang der Investitionstätigkeit. Im Abschwung herrscht Pessimismus vor. Die Unternehmen investieren weniger und bauen Kapazitäten ab.

Einen wichtigen Einfluss auf den Verlauf der Konjunktur üben die **Träger der Wirtschaftspolitik** aus. Bund und Länder beeinflussen mit ihrer Politik der Staatseinnahmen und der Staatsausgaben die gesamtgesellschaftliche Nachfrage (siehe Abschn. 1.4.3.3). Die EZB reguliert mit den geldpolitischen Instrumenten die umlaufende Geldmenge, welche ebenfalls auf die gesamtgesellschaftliche Nachfrage wirkt (Näheres siehe Abschn. 1.4.3.2). Auch das Verhalten der Tarifparteien (Gewerkschaften und Arbeitgeberverbände) beeinflusst den Konjunkturverlauf. Primär werden die Tarifparteien ihr Verhalten an den unmittelbaren Interessen ihrer Mitglieder ausrichten. Kurzfristige Vorteile können sich aber mittelfristig auch als nachteilig herausstellen. Zu niedrige Lohnabschlüsse können z. B. dazu führen, dass die Konsumnachfrage sinkt und eine negative Konjunkturentwicklung ausgelöst wird. Das wird letztlich auch zu sinkenden Gewinnen führen. Reallohnabschlüsse, die über dem Produktivitätszuwachs liegen, führen zu einer Erhöhung der Produktionskosten. Das kann zu allgemeinen Preissteigerungen führen und eine Inflation auslösen. Außerdem werden die Unternehmen darauf mit Rationalisierung und Abbau von Arbeitsplätzen reagieren.

1.4.3 Akteure der Konjunktur- und Wirtschaftspolitik, deren Ziele und Instrumente

1.4.3.1 Ziele und Zielkonflikte

In der sozialen Marktwirtschaft greift der Staat in die Wirtschaft ein, um soziale Gerechtigkeit und Sicherheit durchzusetzen. Davon ist auch die kurz- und mittelfristige wirtschaftliche Entwicklung betroffen. Rezessionen führen zu einem Anwachsen der Arbeitslosigkeit und zu sinkenden Einkommen. Inflationen führen zu einer Entwertung des Geldes. Negative wirtschaftliche Entwicklungen führen zu sozialen Problemen. Der Staat muss im Rahmen der Sozialgesetzgebung Hilfe leisten in Form von Arbeitslosengeld I und II, Wohngeld u. a. Darüber hinaus sind krisenhafte wirtschaftliche Entwicklungen immer wieder Brennpunkt sozialer Auseinandersetzungen.

Im Jahre 1967 wurde deshalb das Gesetz zur Förderung der Stabilität und des Wachstums der Wirtschaft (**Stabilitätsgesetz**) verabschiedet. In § 1 des Stabilitätsgesetzes heißt es:

»Bund und Länder haben bei ihren wirtschafts- und finanzpolitischen Maßnahmen die Erfordernisse des gesamtwirtschaftlichen Gleichgewichts zu beachten. Die Maßnahmen sind so zu treffen, dass sie im Rahmen der marktwirtschaftlichen Ordnung gleichzeitig zur Stabilität des Preisniveaus, zu einem hohen Beschäftigungsstand und außenwirtschaftlichem Gleichgewicht bei stetigem und angemessenem Wirtschaftswachstum beitragen.«

Die Zusammenfassung dieser vier Ziele erfolgt meist in der Darstellung als so genanntes »magisches Viereck«.

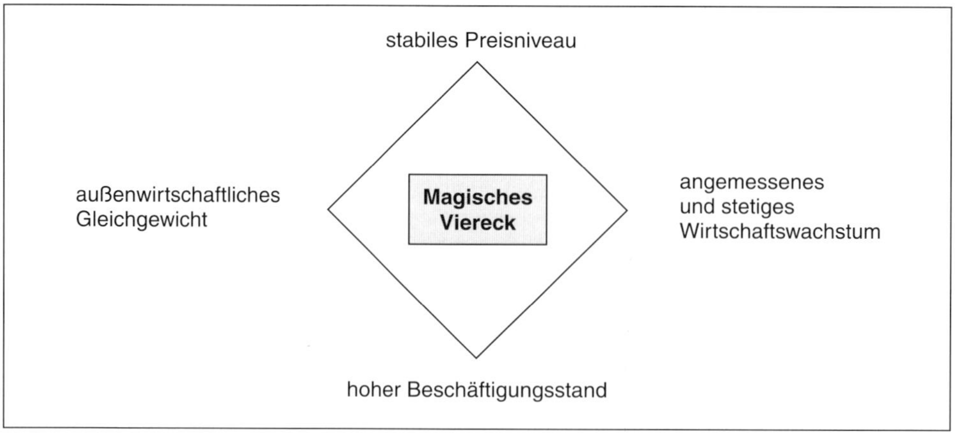

Magisches Viereck

Die Notwendigkeit möglichst **stabiler Preise** wurde in Abschnitt 1.2.4.4 bereits dargestellt.

Bei der Zielstellung eines **hohen Beschäftigungsstandes** geht es darum, die Arbeitslosigkeit so gering wie möglich zu halten. In der Arbeitslosenstatistik der Bundesagentur für Arbeit sind alle registrierten Arbeitslosen erfasst. Das sind diejenigen Personen ohne Beschäftigung, die sich arbeitslos gemeldet haben und bereit sind, Arbeit aufzunehmen. Die Bundesagentur berechnet die Arbeitslosenquote wie folgt:

$$\textbf{Arbeitslosenquote in \%} = \frac{\text{registrierte Arbeitslose} \cdot 100}{\text{Erwerbspersonen in abhängiger Beschäftigung}}$$

Zu den »Erwerbspersonen in abhängiger Beschäftigung« zählen auch die Arbeitslosen selbst.

Neben der offiziellen Arbeitslosigkeit existiert aber auch noch eine so genannte »versteckte Arbeitslosigkeit«. Sie betrifft diejenigen beschäftigungslosen Personen, die zwar eine Arbeit aufnehmen würden, sich aber aus verschiedenen Gründen nicht arbeitslos gemeldet haben.

Nach den **Ursachen** werden vier Arten von Arbeitslosigkeit unterschieden:

- Die **friktionelle** Arbeitslosigkeit wird auch Sucharbeitslosigkeit genannt. Zwischen Aufgabe des alten Arbeitsplatzes und der Neuaufnahme einer Tätigkeit liegt oft eine gewisse Zeit der Arbeitslosigkeit. Das liegt z. B. an der eingeschränkten Arbeitsmarktübersicht von Arbeitnehmern und Arbeitgebern oder an Einstellungs- und Kündigungsterminen.

- **Saisonale** Arbeitslosigkeit entsteht in Branchen, die saisonabhängig produzieren. Davon betroffen sind z. B. die Bereiche der Landwirtschaft, der Bauwirtschaft und zum Teil des Tourismus.

- **Strukturelle** Arbeitslosigkeit liegt vor, wenn in einer Region oder einer Branche aufgrund der sich verändernden Produktionsstruktur die Beschäftigung stark zurückgeht. So sind der Bergbau und die Stahlbranche in Deutschland seit geraumer Zeit von einer Strukturkrise betroffen, die in den jeweiligen Regionen zu erhöhter Arbeitslosigkeit führt. In einer wirtschaftlichen Strukturkrise befinden sich auch die neuen Bundesländer, da die Produktionsstätten und Betriebsmittel veraltet sind und ein wichtiger Markt der ehemaligen DDR, die Länder der ehemaligen Sowjetunion, verloren gegangen ist. Eine Anpassung an die veränderten Produktionsbedingungen ist kurz- und mittelfristig meist nicht möglich, da sie Verlagerungen von Produktionsstätten, Investitionen in neue Technologien und regionale Mobilität der Arbeitskräfte mit ihren Familien erfordert.

- Die **konjunkturelle** Arbeitslosigkeit entsteht durch Arbeitsplatzabbau in der Rezession. Die Ursache dieser Form der Arbeitslosigkeit ist unter den Wirtschaftstheoretikern umstritten. Während die eine Strömung die Ursachen in einer zu geringen gesamtgesellschaftlichen Nachfrage und der damit verbundenen geringen Kapazitätsauslastung sieht, erklärt die andere Strömung diese Form der Arbeitslosigkeit mit zu hohen Reallöhnen, die die Unternehmen zu einem Arbeitsplatzabbau zwingen.

Bei der Zielstellung eines **stetigen und angemessenen Wirtschaftswachstums** geht man davon aus, dass aufgrund des technischen Fortschritts die Arbeitsproduktivität allmählich steigt. Bei einer gleichgewichtigen Wirtschaft wird das reale Bruttonationaleinkommen pro Kopf etwa im selben Maße wachsen. Die konjunkturellen Schwankungen sollen so weit wie möglich gedämpft werden.

Außenwirtschaftliches Gleichgewicht ist gleichbedeutend mit einer ausgeglichenen Leistungsbilanz. Ein Überschuss an Exporten von Waren und Dienstleitungen sowie empfangenen Übertragungen birgt die Gefahr einer inflationären Entwicklung. Durch den Aufkauf von Devisen durch die Bundesbank wird die Geldmenge ausgedehnt. Ein Überschuss an Importen gefährdet die wirtschaftliche Entwicklung aufgrund des Überangebotes an Waren und Dienstleistungen.

»Magisch« wird das in der Abbildung dargestellte Viereck genannt, weil in der wirtschaftlichen Realität alle vier Ziele gleichzeitig nicht zufriedenstellend erreichbar sind. Wenn z. B. die EZB Maßnahmen zur Verringerung der Geldmenge unternimmt, um die Inflation einzudämmen, wird das zu einer Verringerung der gesamtgesellschaftlichen Nachfrage führen (Näheres siehe Abschn. 1.4.3.2). Dadurch werden die Ziele »hoher Beschäftigungsgrad« und »stetiges Wirtschaftswachstum« gefährdet. Versucht die Bundesregierung, die Konjunktur durch staatliche Ausgaben anzuregen, so können aufgrund der gestiegenen Nachfrage Preissteigerungen ausgelöst werden. Der Staat muss also immer dort eingreifen, wo das wirtschaftliche Gleichgewicht am meisten gefährdet ist. Die staatlichen Maßnahmen können aber wiederum zu einer Gefährdung des wirtschaftlichen Gleichgewichts an anderen Stellen führen.

Diese Probleme wirtschaftspolitischen Handelns des Staates führten zu der Vermutung eines direkten Zusammenhanges zwischen Arbeitslosigkeit und Inflation. Empirische Untersuchungen des amerikanischen Ökonomen PHILLIPS im Jahr 1985 ergaben die so genannte Phillips-Kurve. Diese besagt, dass mit sinkender Inflationsrate die Arbeitslosigkeit steigt und umgekehrt.

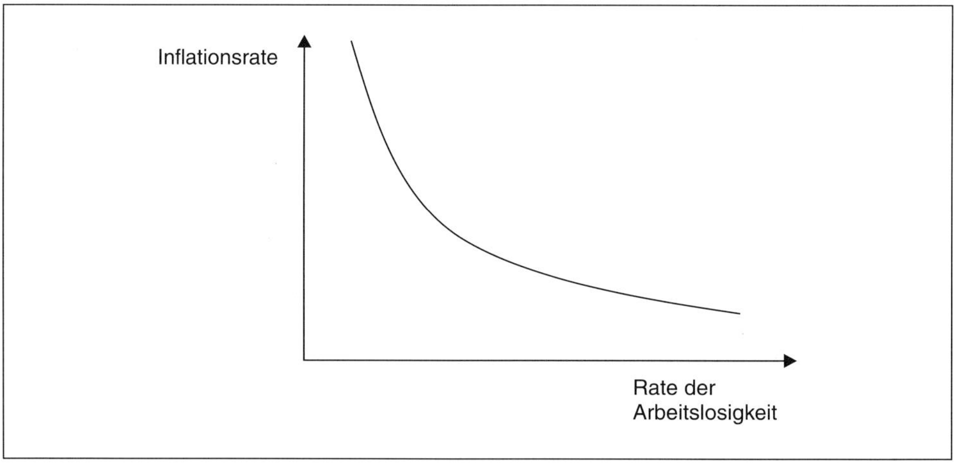

Phillips-Kurve

Es ist umstritten, ob man aus diesen empirischen Daten einen unmittelbaren Zusammenhang zwischen Inflation und Arbeitslosigkeit schlussfolgern kann. Ein mittelbarer Zusammenhang ist aber sicherlich vorhanden. In der Hochkonjunktur, bei ausgelasteten Kapazitäten, werden die Preise aufgrund der hohen Nachfrage sicherlich schneller steigen als in der Rezession, die durch eine geringe Nachfrage gekennzeichnet ist.

Für die wirtschaftspolitischen Entscheidungsträger stellt sich also die Frage, welche Arbeitslosenquote und welche Inflationsrate zu »tolerieren« sei. Vollbeschäftigung bei stabilen Preisen ist offensichtlich ein Ziel, welches nicht erreicht werden kann.

In der neueren Diskussion werden die vier Ziele des Stabilitätsgesetzes als unzureichend betrachtet. Als weitere Zielstellungen des wirtschaftspolitischen Handelns des Staates werden eine »gerechte Einkommensverteilung« und die »Erhaltung der Umwelt« genannt. In diesem Zusammenhang spricht man vom »magischen Sechseck«.

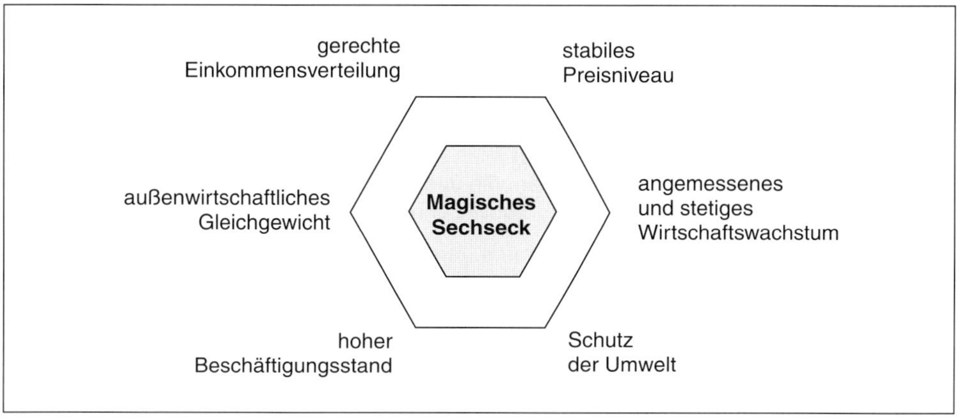

Magisches Sechseck

Auch die Maßnahmen zur Erreichung dieser Ziele befinden sich im Konflikt mit anderen Zielstellungen. Wirtschaftspolitik bedeutet demzufolge heute, bei Beachtung der zahlreichen Zielkonflikte eine richtige Mischung von Maßnahmen zu suchen, um eine optimale Gestaltung der wirtschaftlichen und gesellschaftlichen Realitäten zu gewährleisten.

Wichtige Hebel des Staates zur Erreichung der wirtschaftspolitischen Zielsetzungen sind die **Geldpolitik** der Zentralbank und die **Fiskalpolitik** der Gebietskörperschaften.

Zusammen werden sie als **Prozesspolitik** bezeichnet.

1.4.3.2 Geldpolitik der Europäischen Zentralbank

In Abschnitt 1.2.4.2 wurde dargestellt, dass die wesentlichen Aufgaben des ESZB in der Versorgung der Wirtschaft mit Geld und in der Wahrung der Preisstabilität liegen. Zur Verwirklichung dieser Ziele handelt das ESZB autonom, d. h. frei von Anweisungen der Regierungen.

Gleichwohl hat sie die wirtschaftspolitischen Zielstellungen der Europäischen Union zu unterstützen. Die Zentralbank hat also keinen konjunkturpolitischen Auftrag. Ihre Maßnahmen wirken sich allerdings auch auf die Konjunktur aus. Deshalb muss der Zentralbankrat bei seinen Beschlüssen auch die allgemeine wirtschaftliche Entwicklung berücksichtigen.

Dem ESZB stehen eine Reihe von geldpolitischen Maßnahmen zur Verfügung, mit deren Hilfe es Preisstabilität erreichen will. Wie in Abschnitt 1.2.4.2 dargelegt, will es erreichen, dass die Geldmenge nicht stärker wächst als die Wirtschaftskraft eines Landes. Es setzt in jedem Jahr ein Ziel für das prozentuale Wachstum der Geldmenge M3 fest.

Es handelt sich dabei um kein starres Ziel, sondern um die Festlegung einer Ober- und einer Untergrenze für die Geldmengenentwicklung. Mit Hilfe der geldpolitischen Maßnahmen versucht das ESZB die Geldmengenentwicklung innerhalb des »**Zielkorridors**« zu halten.

Wie bereits erwähnt, sind die Geschäftsbanken verpflichtet, einen bestimmten Prozentsatz (den so genannten Mindestreservesatz) der Einlagen ihrer Kunden bei der Zentralbank zu hinterlegen. Für unterschiedliche Einlagetypen (Sichteinlagen, Termineinlagen, Spareinlagen) gibt es unterschiedliche Mindestreservesätze.

Darüber hinaus variieren die Mindestreservesätze je nach Höhe der gesamten Einlagen bei der jeweiligen Geschäftsbank. Außerdem wird unterschieden zwischen den Einlagen von Ausländern und denjenigen von Inländern.

Die Mindestreservesätze dienen der Steuerung der Geldmengenentwicklung:

Steigt der Mindestreservesatz, wird dem sekundären Geldschöpfungsprozess Geld entzogen. Die Geldmengenentwicklung wird dadurch gebremst. Umgekehrt wird eine Senkung des Mindestreservesatzes zu einem stärkeren Geldmengenwachstum führen. Die Mindestreservesätze können vom ESZB der aktuellen Entwicklung angepasst werden.

Offenmarktgeschäfte sind Transaktionen, die das ESZB an den Kapitalmärkten und Devisenmärkten (»am offenen Markt«) durchführt. Es handelt sich dabei um

- befristete Refinanzierungsgeschäfte durch Vergabe von Pfandkrediten,
- Ankäufe und Verkäufe von Wertpapieren,
- Emission von Schuldverschreibungen,
- An- und Verkäufe von Devisen,
- Hereinnahme von Termineinlagen.

Mit Hilfe der festgelegten Laufzeiten für befristete Refinanzierungsgeschäfte kann die Zentralbank in kurzen Abständen Anpassungen der Geldmenge vornehmen. Eine wichtige Rolle spielt dabei der Zinssatz für diese Geschäfte. Ein niedriger Zinssatz macht es für die Geschäftsbanken attraktiv, sich mit Hilfe dieser Instrumente zu refinanzieren, führt also zu einer Ausweitung der Geldmenge.

Mit Hilfe der Offenmarktpolitik sollen

- die Zinssätze am Markt gesteuert,
- Signale bezüglich des geldpolitischen Kurses gegeben und
- der Wirtschaft Liquidität zugeführt werden.

Mit Hilfe der **ständigen Fazilitäten** wird den Geschäftsbanken zu vorgegebenen Zinssätzen Übernachtliquidität zur Verfügung gestellt (Spitzenrefinanzierungsfazilität) oder absorbiert (Einlagefazilität). Die Fazilitäten können die Geschäftsbanken in Anspruch nehmen, wenn sie bei der Abwicklung des Tagesgeldgeschäfts benötigt werden. Tagesgeld wird zwischen den Geschäftsbanken gehandelt, um benötigte Liquidität sicherzustellen. Die vorgegebenen Zinssätze für die Fazilitäten beeinflussen direkt die Tagesgeldzinssätze.

Wichtige Signale für die Wirtschaft sind Veränderungen der Zinssätze, die das ESZB ihren oben beschriebenen Geschäften zugrunde legt. Die Veränderung dieser Zinssätze haben Einfluss auf das gesamte Zinsniveau; aus diesem Grund werden die Zinssätze der wichtigsten Refinanzierungsgeschäfte auch als **Leitzinsen** bezeichnet.

Die Auswirkungen der Leitzinsen **auf das allgemeine Zinsniveau** können wie folgt erklärt werden:

- Um die Kreditnachfrage zu bremsen, erhöht das ESZB die Leitzinsen. Für die Geschäftsbanken wird es teurer, sich zu refinanzieren. Aus diesem Grunde bieten sie ihrerseits Kredite teurer an, erhöhen also die Zinssätze. Darüber hinaus werben die Geschäftsbanken verstärkt um Einlagen ihrer Kunden. Deshalb werden die Zinssätze für Einlagen erhöht. In der Folge steigt das Zinsniveau für Einlagen und Kredite.

- Eine Senkung der Leitzinsen führt das ESZB durch, um die Kreditnachfrage anzuregen. Die Geschäftsbanken, die sich nun günstig refinanzieren können, sind an einer Ausdehnung ihrer Kreditgeschäfte interessiert. Um Nachfrage ihrer Kunden nach Kredit anzuregen, senken sie die Zinssätze. Dagegen sinkt das Interesse der Geschäftsbanken an Einlagen der Kunden. Diese werden folglich niedriger verzinst. Im Ergebnis sinkt das allgemeine Zinsniveau.

Ein steigendes Zinsniveau wird zu einer Verringerung der Geldmenge führen, da weniger Kredite aufgenommen werden. Der sekundäre Geldschöpfungsprozess wird also gebremst. Ein sinkendes Zinsniveau führt dagegen zu einer Ausdehnung der Geldmenge.

Wie sich eine Veränderung der Leitzinsen **auf die Wirtschaft** auswirkt, soll im Folgenden dargestellt werden:

Um einer Inflationsgefahr entgegenzuwirken, erhöht das ESZB die Leitzinsen. Dadurch steigt das allgemeine Zinsniveau. Von den Wirtschaftssubjekten werden weniger Konsumkredite und weniger Investitionskredite aufgenommen. Die Nachfrage nach Konsumgütern und Investitionsgütern geht zurück. Eine allgemein sinkende Nachfrage führt zu einem Sinken der Preissteigerungsrate. Allerdings wird durch diese Maßnahme auch die Konjunktur gebremst. Aufgrund der gesunkenen Nachfrage wird die Produktion gedrosselt und die Beschäftigung sinkt.

Wenn die Geldmenge in geringerem Maße steigt als geplant, kann das ESZB dieser Entwicklung durch Senkung der Leitzinsen entgegenwirken. Die Folge ist ein Sinken des allgemeinen Zinsniveaus. Die Nachfrage nach Investitions- und Konsumgütern nimmt zu, was sich in einer Belebung der Konjunktur auswirkt. Die Beschäftigung steigt. Kommt es jedoch zu einem starken Anwachsen der Geldmenge, besteht die Gefahr inflationärer Tendenzen.

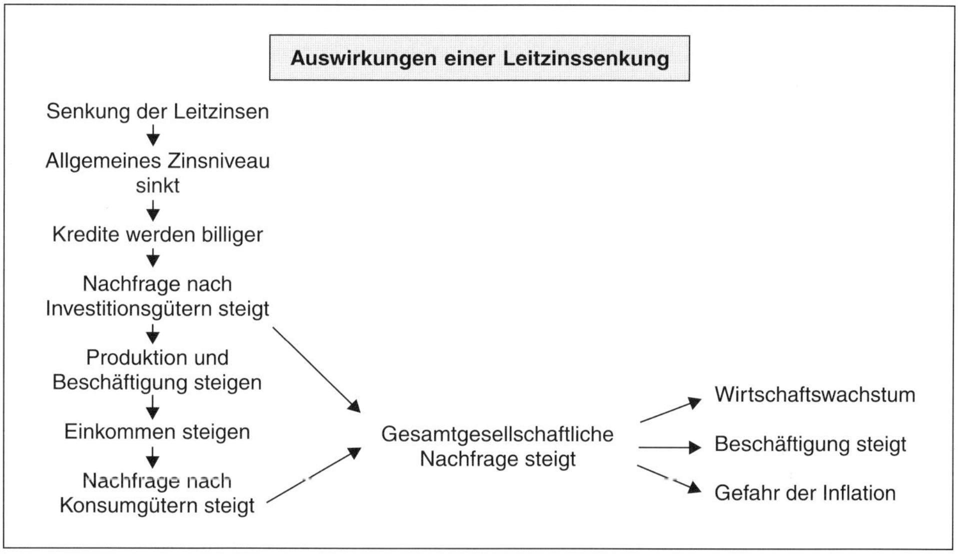

Erwartete Auswirkungen einer Leitzinssenkung

In der Diskussion um die Leitzinsen liegt ein mögliches Konfliktfeld zwischen nationalen Regierungen einerseits und der Zentralbank andererseits. Während letztere sehr vorsichtig mit ihren geldpolitischen Maßnahmen agiert, um Preisstabilität zu wahren, drängen Regierungspolitiker in wirtschaftlich angespannten Zeiten häufig darauf, mit Hilfe geldpolitischer Maßnahmen die Konjunktur zu beleben.

Der Zielkonflikt zwischen Preisniveaustabilität und positiver konjunktureller Entwicklung wird besonders dann deutlich, wenn die Konjunktur stagniert und gleichzeitig die Inflationsrate hoch ist. Dieser Zustand wird auch als **Stagflation** bezeichnet.

Eine solche Situation entstand in der Bundesrepublik Deutschland in Folge der Währungsunion und des darauf folgenden Konjunkturaufschwungs 1990. In diesem Jahr wurden die Geldvermögen der DDR-Bürger in DM umgetauscht. Dieser Umtausch wurde für ein Grundvermögen pro DDR-Bürger im Verhältnis 1 DM gegen 1 DDR-Mark durchgeführt. Höhere Vermögen wurden im Verhältnis 1 DM gegen 2 DDR-Mark umgetauscht. Diese Umtauschkurse entsprachen aber keineswegs der tatsächlichen Stärke der DDR-Mark, sondern wurden aus politischen Gründen festgelegt. Einer erheblichen Ausweitung der DM-Geldmenge stand kein adäquates Angebot an DDR-Gütern gegenüber.

Die Folge war die Entstehung eines außerordentlichen Nachfrageüberhangs. Es kam zu einem Konjunkturaufschwung, allerdings wuchs dabei die Preissteigerungsrate bis zum Jahr 1992 auf über 4 %. Als 1993 der Abschwung einsetzte, lag die Preissteigerungsrate immer noch über 4 %. In dieser Situation hätte eine Senkung der Leitzinsen zur Stabilisierung der Konjunktur zu einer Verstärkung der Inflation führen können.

Erst nach allmählichem Absinken der Preissteigerungsrate infolge der Rezession konnten die Zinsen vorsichtig gesenkt werden.

1.4.3.3 Wirtschafts- und Fiskalpolitik des Staates

Unter Fiskalpolitik versteht man den Einsatz von Staatsausgaben und Staatseinnahmen zur Durchsetzung wirtschaftspolitischer Ziele. Um die im Stabilitätsgesetz festgelegten Ziele zu erreichen, muss der Staat den Konjunkturschwankungen entgegenwirken.

In Phasen der Rezession und der Depression wird er versuchen, die Konjunktur anzuregen. In Phasen der Hochkonjunktur wird er dagegen versuchen, die Konjunktur zu bremsen, um eine Inflation zu vermeiden. Da auf diese Weise dem Konjunkturzyklus entgegengewirkt wird, spricht man von einer **antizyklischen Fiskalpolitik**.

Voraussetzung für eine antizyklische Fiskalpolitik ist der Verzicht auf einen stets ausgeglichenen Haushalt. Im konjunkturpolitischen Abschwung sinken die Staatseinnahmen aufgrund sinkender Steuereinnahmen ohnehin. Trotzdem muss der Staat seine Ausgaben erhöhen, um die gesamtwirtschaftliche Nachfrage anzuregen. Er muss dazu Konjunkturausgleichsrücklagen auflösen oder die Ausgabenüberschüsse durch eine höhere Staatsverschuldung finanzieren (**Deficit Spending**). In Zeiten der Hochkonjunktur wird der Staat durch restriktive Maßnahmen die Nachfrage drosseln. Die zusätzlichen Staatseinnahmen sollen zur Bildung von Konjunkturausgleichsrücklagen und zum Abbau der Staatsverschuldung eingesetzt werden.

Expansive (nachfragesteigernde) fiskalpolitische Instrumente sind

- die Senkung von Steuersätzen,
- die Gewährung von Sonderabschreibungsmöglichkeiten,
- Investitionszulagen und Subventionen,
- die Vergabe öffentlicher Aufträge,
- der Ausbau von Sozialleistungen und
- die Förderung von Beschäftigungsprogrammen.

Restriktive (nachfragesenkende) fiskalpolitische Maßnahmen sind

- die Erhöhung von Steuersätzen,
- der Abbau von Abschreibungsmöglichkeiten,
- Subventionsabbau,
- die Verringerung öffentlicher Aufträge und
- der Abbau von Sozialleistungen.

Die **Arbeitsmarktpolitik** wird getragen von Bund, Ländern und der Bundesanstalt für Arbeit. Ziel ist die Bekämpfung der strukturellen Arbeitslosigkeit. Voraussetzung dafür ist die Erforschung der strukturellen Veränderungen des Arbeitsmarktes.

Mit Hilfe der aktiven Arbeitsmarktpolitik sollen Strukturdefizite abgebaut werden. Das geschieht u. a. mit Hilfe von Umschulungs- und Fortbildungsmaßnahmen. Darüber hinaus werden Hilfen zur Eingliederung Arbeitsloser in den Arbeitsprozess geleistet, z. B. in Form von Arbeitsbeschaffungsmaßnahmen oder Lohnkostenzuschüssen für Betriebe, die Langzeitarbeitslose einstellen.

In den letzten Jahrzehnten ist die Umweltpolitik zunehmend in den Mittelpunkt des öffentlichen Interesses gelangt. Aus diesem Grunde hat auch die **Umweltschutzpolitik** zunehmende Bedeutung erlangt. Dabei geht es vor allem darum, negative Auswirkungen der wirtschaftlichen Aktivitäten des Menschen auf die Umwelt zu vermeiden. Das klassische Element der Umweltpolitik ist die Auflagenpolitik. Durch Gesetze und Verordnungen werden beispielsweise Emissionsgrenzen für Schadstoffe festgelegt oder die Benutzung umweltschädlicher Stoffe untersagt. In neuerer Zeit werden mehr und mehr marktwirtschaftliche Instrumente zum Schutz der Umwelt eingesetzt. Ein Beispiel dafür ist die Ökosteuer. Durch die Besteuerung der Umweltbelastung sollen über den Preismechanismus Anreize für umweltschonendere Verfahren gegeben werden.

1.4.3.4 Lohnpolitik der Tarifparteien

Die Lohnpolitik wird getragen von den Tarifparteien. Die gesetzlich festgelegte **Tarifautonomie** garantiert, dass die Tarifparteien die Bedingungen der Arbeit unabhängig vom Staat untereinander aushandeln. Dazu schließen sie in regelmäßigen Abständen Tarifverträge ab. Vertragspartner sind dabei auf der einen Seite die Arbeitgeberverbände oder einzelne Unternehmen und auf der anderen Seite die Gewerkschaften.

Die Ziele der Arbeitgeberverbände bei den Lohnverhandlungen sind geprägt von den Lohnkosten als Teil der Produktionskosten. Aus Sicht der Gewerkschaften beeinflussen die Löhne maßgeblich die Einkommenshöhe der abhängig Beschäftigten und damit deren Kaufkraft.

Eine reale prozentuale Lohnerhöhung entspricht einer vereinbarten prozentualen Lohnerhöhung (nominale Lohnerhöhung) abzüglich der Inflationsrate. Entspricht die Nominallohnerhöhung gerade der Inflationsrate, so bleiben die Reallöhne unverändert. Unveränderte Reallöhne bei steigender Arbeitsproduktivität führen aber zu sinkenden Lohnstückkosten. Die Gewerkschaften streben deshalb an, dass die Reallohnerhöhung mindestens der Steigerung der Arbeitsproduktivität entspricht, um damit eine Umverteilung der Einkommen zugunsten der Kapitaleinkommen zu verhindern (produktivitätsorientierte Lohnpolitik). Reallohnerhöhungen über die Steigerung der Arbeitsproduktivität hinaus führen zu einer Umverteilung der Einkommen zugunsten der Lohneinkommen.

1.4.4 Angebots- und nachfrageorientierte Wirtschaftspolitik

Die antizyklische Fiskalpolitik will durch Steuerung der gesamtwirtschaftlichen Nachfrage die Konjunktur beeinflussen. Aus diesem Grunde wird sie auch als **nachfrageorientierte** Wirtschaftspolitik bezeichnet. Lange Zeit glaubte man, mit diesen Mitteln konjunkturpolitische Schwankungen weitgehend vermeiden zu können. Wirtschaftskrisen Mitte der 70er Jahre und Anfang der 80er Jahre des 20. Jahrhunderts haben allerdings die Wirksamkeit dieser Politik in Frage gestellt.

Die Kritik an der antizyklischen Fiskalpolitik setzt vor allem an folgenden Punkten an:

- Die antizyklische Fiskalpolitik erfordert kurzfristige Reaktionen auf wirtschaftliche Schwankungen. Die Maßnahmen greifen jedoch oft mit erheblicher Zeitverzögerung, da die wirtschaftspolitischen Entwicklungen zu spät erkannt werden und die Beschlussfassung der legislativen und exekutiven Organe zu viel Zeit erfordert.

- Es besteht Ungewissheit über die genaue Wirkung der fiskalpolitischen Instrumente. Insbesondere sind die Reaktionen der Wirtschaftssubjekte ungewiss. Eine Steuersenkung muss z. B. nicht unbedingt höhere Ausgaben auslösen, sie kann auch zu einer höheren Sparquote führen.
- In Zeiten leerer Staatskassen sind expansive Maßnahmen nur zu Lasten der Staatsverschuldung möglich. Eine hohe Staatsverschuldung kann aber inflationäre Tendenzen auslösen. Außerdem werden die zukünftigen Möglichkeiten des Staates eingeschränkt (»Wir leben auf Kosten der zukünftigen Generationen«).
- Ein Teil der Wirtschaftstheoretiker bezweifelt grundsätzlich die Wirksamkeit fiskalpolitischer Maßnahmen. Höhere Staatsausgaben würden auch zu einem Anstieg des allgemeinen Zinsniveaus führen, wodurch private Investitionen zurückgedrängt würden (crowding out). »Unter dem Strich« blieben deswegen Produktion und Beschäftigung unverändert.

In den 80er Jahren gewannen die Vertreter des Neoliberalismus zunehmend Bedeutung in der Wirtschaftspolitik der entwickelten Industrieländer. Anknüpfend an die Kritik an der antizyklischen Fiskalpolitik entwickelten sie den Ansatz der **angebotsorientierten** Wirtschaftspolitik.

Die Vertreter dieser Richtung bezweifeln, wie schon angedeutet, grundsätzlich die Möglichkeit, die gesamtgesellschaftliche Nachfrage durch staatliche Maßnahmen zu beeinflussen. Stattdessen vertrauen sie auf die Kräfte des Marktes zur Selbstregulierung der Wirtschaft. Die angebotsorientierte Wirtschaftspolitik will die Rahmenbedingungen der Angebotsseite, der Unternehmen, langfristig verbessern. Auf kurzfristige Eingriffe des Staates soll weitgehend verzichtet werden. Wesentliche Forderungen der angebotsorientierten Wirtschaftspolitik liegen in einer Stärkung des Standortes durch

- Abbau bürokratischer Hemmnisse,
- Verringerung der Produktionskosten, insbesondere der Lohnnebenkosten,
- Verringerung der Sozialleistungen auf ein notwendiges Mindestmaß,
- Förderung von Investitionen,
- Abbau von Steuern,
- Abbau der Staatsverschuldung,
- Sicherung des Wettbewerbs,
- Förderung von Forschung und Entwicklung,
- Forderung nach »weniger Staat«,
- potenzialorientierte Geldpolitik (d. h. durch Orientierung der Geldmengenentwicklung am Wirtschaftspotenzial).

Die angebotsorientierte Wirtschaftspolitik wurde u. a. in den USA von der Regierung REAGAN, in Großbritannien von der Regierung THATCHER und in der Bundesrepublik Deutschland von der Regierung KOHL in die Praxis umgesetzt. Der erwartete Erfolg blieb jedoch aus, die betroffenen Volkswirtschaften blieben von Rezessionen nicht verschont. Dagegen blieben Probleme wie Arbeitslosigkeit und zunehmende Armut weiterhin bestehen bzw. verschärften sich noch.

In den 90er Jahren gewannen auch wieder fiskalpolitische Instrumente an Bedeutung (auf die übrigens nie ganz verzichtet wurde). Insbesondere in den USA unter CLINTON und in Frankreich unter JOSPIN konnten damit Erfolge erzielt werden. Dennoch konnten sich die neoliberalen Wirtschaftstheoretiker mit ihren wichtigsten Positionen in den Führungseliten der Industrieländer durchsetzen, was auch in der wirtschaftspolitischen Wende der großen sozialdemokratischen Parteien in Europa zum Ausdruck kommt.

1.5 Ziele und Institutionen der Europäischen Union und der internationalen Wirtschaftsorganisationen

1.5.1 Europäische Union

1.5.1.1 Aufgaben und Ziele

Der Gedanke einer europäischen Einigung entstand nach dem zweiten Weltkrieg. Der Einigungsprozess vollzog sich dabei schrittweise von der wirtschaftlichen Zusammenarbeit auf einigen Gebieten über die Gründung der Europäischen Wirtschaftsgemeinschaft, der Zusammenfassung verschiedener europäischer Organe zur Europäischen Gemeinschaft bis hin zum gemeinsamen Binnenmarkt und der Europäischen Wirtschafts- und Währungsunion. Eine Überblick:

1949 Gründung des Europarates in Straßburg mit heute 26 Mitgliedern; Hauptaufgaben: Förderung der Demokratie und der Menschenrechte, kulturelle Zusammenarbeit, Rechtsangleichung

1951 Gründung der »Europäischen Gemeinschaft für Kohle und Stahl (EGKS)« durch Deutschland, Frankreich, Italien und die drei Benelux-Staaten

1958 Inkrafttreten der »Römischen Verträge« zur Gründung der »Europäischen Wirtschaftsgemeinschaft (EWG)« und der »Europäischen Atomgemeinschaft (EURATOM)«

1967 Schaffung der »Europäischen Gemeinschaft (EG)« durch Zusammenlegung der Organe der drei Teilgemeinschaften EGKS, EWG und EURATOM

1970 Koordinierung der nationalen Außenpolitiken im Rahmen der »Europäischen Politischen Zusammenarbeit (EPZ)«

1973 Erste Erweiterung der EG um Großbritannien, Irland und Dänemark (»Norderweiterung«)

1979 In-Kraft-Treten des »Europäischen Währungssystems (EWS)« zur Koordinierung der nationalen Währungspolitik

1979 Erste Direktwahl des Europäischen Parlaments

1981/1986 Zweite Erweiterung der EG um Griechenland, Spanien und Portugal (»Süderweiterung«)

1987 In-Kraft-Treten der »Einheitlichen Europäischen Akte« mit dem Programm »Binnenmarkt '92« sowie institutionellen Verbesserungen und Ausweitungen der Befugnisse der EG in den Bereichen Umweltschutz und Forschung/Technologie

1991 In Maastricht Vereinbarung des »Vertrages über die Europäische Union« mit erneuten institutionellen Reformen, dem Ziel der Einführung einer europäischen Währung spätestens 1999 sowie neuen Aufgabenzuweisungen an die Union

1993 In-Kraft-Treten des europäischen Binnenmarktes

1995 Beitritt Schwedens, Finnlands und Österreichs; In-Kraft-Treten des »Schengener Abkommens« zur Aufhebung der Personenkontrollen an den Grenzen der beteiligten Länder

1997 Vertrag von Amsterdam (Fortentwicklung des Vertrages von Maastricht)

1999 Einführung der »Europäischen Wirtschafts- und Währungsunion (EWWU)«; unwiderrufliche Festlegung der Wechselkurse zwischen den Währungen der beteiligten Länder – der Euro wird als Buchgeldwährung eingeführt; an der EWWU waren zunächst elf Länder beteiligt: Finnland, Deutschland, die Niederlande, Belgien, Luxemburg, Irland, Frankreich, Spanien, Portugal, Italien, Österreich

2001 Griechenland tritt der EWWU bei

2002 Der Euro wird in den Ländern der EWWU nun auch als Bargeld eingeführt; die ehemaligen nationalen Währungen verlieren ihre Gültigkeit

2004 Beginn der Osterweiterung der EU; Beitritt der Staaten Ungarn, Polen, Tschechische Republik, Slowakische Republik, Slowenien, Estland, Lettland, Litauen, Zypern und Malta; der Vertrag über die »Europäische Verfassung« wird von den Regierungschefs unterzeichnet; dieser Vertrag muss von allen 25 Ländern ratifiziert werden

2005 In Volksabstimmungen in den Niederlanden und in Frankreich wird der Vertrag über die »Europäische Verfassung« abgelehnt und kann daher nicht in Kraft treten

2007 Rumänien und Bulgarien treten der EU bei; weitere Beitrittskandidaten sind Kroatien, Mazedonien und die Türkei. Slowenien tritt der EWWU bei. Unterzeichnung des Vertrages von Lissabon: dieser Vertrag soll nach der Ablehnung der Europäischen Verfassung die Reform der Institutionen der EU auf neuer Grundlage vorantreiben

2008 Zypern und Malta treten der EWWU bei

2009 Das deutsche Verfassungsgericht billigt den Vertrag von Lissabon nach Erlass von Begleitgesetzen, die Bundesrat und Bundestag stärkere Partizipationsrechte einräumen. Polen, Irland und Tschechien stimmen als letzte EU-Staaten dem Vertrag zu. Die Slowakische Republik tritt der EWWU bei

2011 Estland tritt der EWWU bei

Die Aufgaben und Ziele der europäischen Einigung sind:

- Angleichung der Wirtschaftspolitiken der Mitgliedsländer und Förderung des Handels,
- Ausgleich unterschiedlicher regionaler Entwicklungen,
- Zusammenarbeit bei Forschung, Technologieentwicklung und Umweltschutz,
- Schaffung einer gemeinsamen Außen- und Sicherheitspolitik,
- Zusammenarbeit auf den Gebieten Justiz und Inneres, gemeinsame Sozialpolitik,
- Verwirklichung einer Wirtschafts- und Währungsunion,
- Schaffung einer europäischen Unionsbürgerschaft.

Fernziel ist die **politische Union**.

1.5.1.2 Europäische Wirtschafts- und Währungsunion, Konvergenzkriterien und Stabilitätspakt

Im Jahre 1979 wurde auf Initiative des damaligen deutschen Bundeskanzlers Helmut SCHMIDT und des damaligen französischen Staatspräsidenten GISCARD D'ESTAING das Europäische Währungssystem ins Leben gerufen. Ziel war es, durch Einführung fester Wechselkurse Kursrisiken und daraus entstehende Kosten zu vermeiden, um den innereuropäischen Handel zu fördern (siehe auch Abschn. 1.2.4.5). Dazu wurde eine künstliche Währung geschaffen, der **ECU (European Currency Unit)**. Es handelte sich um eine so genannte Korbwährung, deren Wert aus den verschiedenen nationalen Währungen zusammensetzte, die alle mit einem bestimmten Gewicht einflossen.

Für alle beteiligten Währungen wurden die Leitkurse gegenüber dem ECU festgesetzt. Mit Hilfe dieser Leitkurse konnten nun die Paritäten zwischen den einzelnen Währungen berechnet werden. Innerhalb einer gewissen Bandbreite sollten die einzelnen Währungen schwanken dürfen. Bei einer Abweichung von mehr als 2,25 % nach oben oder nach unten waren die Notenbanken verpflichtet, zu intervenieren, wie in Abschnitt 1.2.4.5 beschrieben.

Von Zeit zu Zeit kam es jedoch zu Schwierigkeiten im EWS: So mussten Leitkurse durch Auf- oder Abwertungen verändert werden. Das britische Pfund und die italienische Lira mussten ihre Teilnahme am EWS vorübergehend aussetzen. Im Jahre 1993 war aufgrund wirtschaftlicher Schwierigkeiten sogar der Bestand des EWS gefährdet. Die beteiligten Länder hatten sich deshalb darauf geeinigt, die Bandbreiten für Wechselkursschwankungen vorübergehend auf 15 % nach oben und 15 % nach unten zu erhöhen.

Durch die Einführung der Europäischen Wirtschafts- und Währungsunion wurden die Wechselkurse der beteiligten Währungen untereinander **unwiderruflich** festgelegt. Der **Euro** als gemeinsame Währung wurde zunächst als Buchgeld neben den nationalen Währungen eingeführt: Im Jahre 2002 wurden die ehemaligen nationalen Währungen abgeschafft.

Die Währungen derjenigen EU-Mitgliedsländer, die den Euro nicht eingeführt haben, sind im Rahmen des EWS II über festgelegte Paritäten mit einer Schwankungsbreite von 15 % an den Euro gebunden.

Die Vorteile einer Währungsunion liegen in dem Wegfall von Kosten, die durch den Geldwechsel entstehen, insbesondere aber im Wegfall des Währungsrisikos im innergemeinschaftlichen Handel. Trotz der Wechselkursbindungen im Rahmen des EWS konnte es im europäischen Handel zu Währungsverlusten kommen. Diese Risiken mussten von den Unternehmen in ihre Verkaufspreise einkalkuliert werden. Durch den Wegfall des Währungsrisikos rechnet man mit der Belebung des innergemeinschaftlichen Handels. Darüber hinaus hat die neue europäische Währung ein stärkeres weltweites Gewicht bekommen und kann möglicherweise neben dem US-Dollar zu einer weiteren Leitwährung werden.

Da der Stand der wirtschaftlichen Entwicklung in den Staaten der Europäischen Union sehr unterschiedlich ist, was auch starke Differenzen in der Stabilität der nationalen Währungen nach sich zieht, wurde befürchtet, dass die neue europäische Währung sich als sehr instabil erweisen könnte, was inflationäre Tendenzen und möglicherweise Kapitalflucht aus Europa zur Folge hätte. Aus diesem Grunde wurde ein Kriterienkatalog für die Teilnahme an der Währungsunion festgelegt, der die **Stabilität** der neuen Währung gewährleisten sollte.

Kernpunkte dieses Kriterienkatalogs waren der Abbau der Staatsverschuldung und die Begrenzung der jährlichen Neuverschuldung durch die beteiligten Länder. Außerdem sollte in den beteiligten Ländern beim Start der Währungsunion eine niedrige Inflationsrate und ein niedriges Zinsniveau herrschen **(Konvergenzkriterien)**.

Auf Grund dieser Kriterien konnten Schweden und Griechenland zunächst nicht an der Währungsunion teilnehmen. Großbritannien und Dänemark haben (vorläufig) selbst auf eine Teilnahme verzichtet.

Damit gehörten der Währungsunion zunächst elf Länder an: Finnland, Deutschland, Österreich, die Niederlande, Belgien, Luxemburg, Frankreich, Irland, Spanien, Portugal und Italien. Im Jahr 2001 folgten Griechenland nach, 2007 Slowenien, 2008 Malta und Zypern; in 2009 die Slowakei.

Auch nach Einführung der Währungsunion soll der Kurs der Stabilität fortgesetzt werden. Um diesen Kurs zu untermauern, haben die Mitgliedsländer der EU auf Initiative des deutschen Finanzministers einen **Stabilitätspakt** beschlossen. Dieser sieht Sanktionen in Form von unverzinslichen Einlagen bei der EU durch diejenigen Länder vor, die die Stabilitätskriterien nicht einhalten. Im Mittelpunkt steht dabei die Abwendung eines übermäßigen Haushaltsdefizits in den einzelnen Staaten der EWWU. Dieses soll unter 3 % des Bruttoinlandsprodukts liegen. Ob die angedrohten Sanktionen jedoch zu einer Einhaltung der Stabilitätskriterien führen, ist zweifelhaft. So wird die wirtschaftliche Lage in den Ländern, die es nicht schaffen, das Haushaltsdefizit wie angestrebt zu begrenzen, durch die Verhängung von Sanktionen eher noch verschlechtert. Es gibt mehrere Fälle von Nichteinhaltung der vereinbarten Verschuldungsgrenze (auch von Deutschland, auf dessen Initiative der Stabilitätspakt zurückgeht), ohne dass Sanktionen verhängt worden wären.

Als problematisch wird dabei auch angesehen, dass sich die Partnerländer der Wirtschafts- und Währungsunion auf eine einheitliche Geld- und Währungspolitik geeinigt haben und dafür auch eine zentrale Institution geschaffen haben (das EZBS), es hinsichtlich der Wirtschaftspolitik der Staaten jedoch nur geringe Abstimmung gibt.

1.5.1.3 Der europäische Binnenmarkt

Das Ziel der Schaffung eines einheitlichen europäischen Binnenmarktes wurde bereits 1987 in der »Einheitlichen Europäischen Akte« festgelegt. Der gemeinsame Binnenmarkt bringt für die Wirtschaften der Mitgliedsländer Veränderungen auf vier Gebieten:

1. Freier Warenverkehr

Freier Warenverkehr bedeutet Abbau aller Handelsbeschränkungen innerhalb der EU. Zölle zwischen den Ländern der EU sind schon seit längerer Zeit abgeschafft worden. Es wurde ein gemeinsamer Außenzoll gegenüber Drittländern eingeführt. Zur Schaffung eines einheitlichen Binnenmarktes gehört aber auch der Abbau anderer Handelshemmnisse, wie z. B. mengenmäßige Beschränkungen (Kontingente), Anpassung der Mehrwertsteuersätze und Verbrauchssteuersätze (z. B. Alkoholsteuer, Tabaksteuer usw.) sowie die Anpassung von technischen Vorschriften und Normen. Die Zollkontrollen innerhalb der EU sind bereits Anfang 1993 fortgefallen. Die Anpassung der Steuersätze, und der technischen Vorschriften und Normen ist noch nicht abgeschlossen.

2. Freizügigkeit

Freizügigkeit bedeutet freie Einreise, freien Aufenthalt, freies Wohnrecht, Niederlassungsfreiheit und Freiheit der Arbeitsplatzwahl innerhalb der Europäischen Union. Diese Freiheiten sind weitestgehend durchgesetzt worden. Zur vollständigen Durchsetzung der Freiheit der Arbeitsplatzwahl müssen allerdings noch die unterschiedlichen Aus- und Weiterbildungsabschlüsse aneinander angepasst werden. Die Personenkontrollen an den innereuropäischen Grenzen konnten noch nicht überall abgebaut werden. Im »Schengener Abkommen« haben sich Belgien, Dänemark, Deutschland, Finnland, Frankreich, Griechenland, Italien, Luxemburg, die Niederlande, Österreich, Portugal, Schweden, Spanien (aber nicht Irland und das Vereinigte Königreich) sowie Island und Norwegen (die nicht der EU angehören) verpflichtet, die Personenkontrollen an den gemeinsamen Grenzen abzuschaffen.

3. Freier Dienstleistungsverkehr

Wie für den Warenverkehr sollen auch für den Dienstleistungsverkehr alle Hemmnisse abgebaut werden. Auf diesem Gebiet sind aber noch viele Anpassungen nationaler Regelungen nötig, so z. B. bei der Kfz-Steuer, der Treibstoffsteuer, den Straßenbenutzungsgebühren, den Arbeitsbedingungen für Fernfahrer, den Regelungen über Gefahrguttransporte.

4. Freier Kapitalverkehr

Freier Kapitalverkehr bedeutet, dass Geldanleger ihr Geld über alle europäischen Grenzen ohne Einschränkungen fließen lassen können. Damit wird ermöglicht, dass das Kapital sich in Europa die günstigsten Anlagemöglichkeiten ungehindert suchen kann.

1.5.1.4 Wettbewerbspolitik im europäischen und deutschen Binnenmarkt

Um die Folgen des den Wettbewerb einschränkenden Verhaltens marktbeherrschender Unternehmen zu vermeiden oder zu begrenzen, hat sich die Europäische Union ein für alle

Mitgliedsländer gültiges Wettbewerbsrecht geschaffen. Dieses Wettbewerbsrecht ist für alle Staaten der EU **verbindlich**. Daneben verfügen die einzelnen Staaten noch über ein nationales Wettbewerbsrecht, welches an die europäischen Richtlinien angepasst werden muss, daneben aber auch Regelungen enthalten kann, die nur im nationalen Raum des jeweiligen Staates gelten. In Deutschland ist für die Umsetzung des Wettbewerbsrechts auf nationaler Ebene das Bundeskartellamt zuständig (siehe dazu auch Abschn. 1.3.7). Auf der Ebene der EU ist zuständig die Europäische Kommission.

Die Zuständigkeit der EU-Kommission ist dabei auf alle Fälle beschränkt, die innerhalb der EU übergreifende, gemeinschaftsweite Wirkung haben. Es sind Umsatzschwellen festgelegt worden, bei deren Überschreitung von einer gemeinschaftsweiten Wirkung ausgegangen wird. Fälle, die sich ausschließlich auf den nationalen Bereich eines Mitgliedslandes beschränken, werden von den nationalen Behörden behandelt. Die EU-Kommission hat das Recht, nationale Verfahren an sich zu ziehen, wenn eine gemeinschaftsweite Auswirkung vorliegt. Die nationalen Behörden dürfen Wettbewerbsverfahren nach EU-Recht umsetzen. Die EU-Kommission kann auch gegen außereuropäische Unternehmen vorgehen, wenn sie eine marktbeherrschende Stellung innerhalb der EU wettbewerbswidrig nutzen.

Die EU-Kommission kann den Zusammenschluss von Unternehmen untersagen, wenn dadurch eine marktbeherrschende Stellung entsteht, die zu einer erheblichen Behinderung des Wettbewerbs führt. Sie hat auch das Recht, eine Genehmigung unter Einhaltung bestimmter Auflagen, die dem Erhalt des Wettbewerbs dienen, zu erteilen.

Vereinbarungen von Unternehmen mit dem Ziel, den Wettbewerb auf den europäischen Märkten zu unterbinden oder einzuschränken, sind grundsätzlich nicht erlaubt (**Kartellverbot**). Es existieren aber Freistellungen von diesem Verbot unter folgenden Voraussetzungen:

- Förderung des technischen Fortschritts, Verbesserung des Vertriebs,
- angemessene Beteiligung der Verbraucher am entstehenden Gewinn,
- Unabdingbarkeit der Wettbewerbsbeschränkung für die Erreichung der ersten beiden Ziele,
- keine Ausschaltung des Wettbewerbs für einen wesentlichen Teil der Waren oder Dienstleistungen.

Die EU-Kommission hat für bestimmte Gruppen von Unternehmensvereinbarungen so genannte **Gruppenfreistellungsverordnungen** erlassen. Diese gelten z. B. für Forschungs- und Entwicklungsvereinbarungen, Spezialisierungsvereinbarungen, Technologietransfervereinbarungen, Vertriebsvereinbarungen und für bestimmte Branchen (Versicherung, Verkehr).

Die Europäische Kommission kontrolliert das Verhalten von Unternehmen mit marktbeherrschender Stellung. Sie kann z. B. überhöhte Preise, Dumping-Preise, die Diskriminierung von Handelspartnern (Ausschluss von Handelspartnern, wenn diese gerechtfertigte Bedingungen nicht erfüllen) oder ungerechtfertigte Handelsbedingungen (»Knebelverträge«) untersagen.

Als Hilfe für die Firmen zur Umsetzung des Wettbewerbsrechts, veröffentlicht die EU-Kommission Orientierungshilfen für Unternehmen.

Die EU-Kommission wird auch aktiv zur Liberalisierung der Märkte, in denen traditionell Unternehmen mit marktbeherrschender Stellung agieren, z. B. Bahn, Luftfahrt, Strom, Gas, Post, Telekommunikation. So hat sie beispielsweise verfügt, dass die »alteingesessenen« Unternehmen der Energieversorgung (Gas, Strom) neu entstehenden Wettbewerbern das Recht einräumen müssen, die bestehende Infrastruktur zu nutzen (**Durchleitungsrechte**).

Die EU-Kommission hat auch die Aufgabe, staatliche Beihilfen (Zuschüsse, Zinsvergünstigungen, Steuerbefreiungen, Bürgschaften, staatliche Beteiligungen) zu überwachen. Diese sind nur erlaubt, wenn die allgemeine wirtschaftliche Entwicklung es erfordert. Sofern sie zu Wettbewerbsverzerrungen führen oder den Handel innerhalb der EU beeinträchtigen, sind sie verboten.

Die EU-Kommission und die nationalen Behörden tauschen gegenseitig Informationen aus, koordinieren ihre Nachprüfungen, unterstützen sich gegenseitig, tauschen Beweismittel aus im Rahmen des »Europäischen Wettbewerbsnetzes (ECN)«.

1.5.2 Institutionen der Europäischen Union

Die Europäische Union ist mehr als ein Zusammenschluss europäischer Staaten. Im Rahmen der Europäischen Union haben die Mitgliedsländer einen Teil ihrer nationalen Souveränität aufgegeben. Europäische Gesetze müssen in nationales Recht überführt werden. Nach außen tritt die Europäische Union mit eigenen Organen und Vertretungen auf. Grundlage der Zusammenarbeit in der EU ist das **Subsidiaritätsprinzip**: Danach darf die Gemeinschaft in den Bereichen, die nicht in ihre ausschließliche Zuständigkeit fallen, nur tätig werden, sofern und soweit die Ziele der in Betracht gezogenen Maßnahmen auf der Ebene der Mitgliedsstaaten nicht ausreichend erreicht werden können und daher wegen ihres Umfangs oder ihrer Wirkungen besser auf Gemeinschaftsebene erreicht werden können.

Mit dem In-Kraft-Treten des Maastrichter Vertrages wurden die Rechte des **Europäischen Parlamentes** erheblich erweitert. Seine Bedeutung ist noch nicht vergleichbar mit der Bedeutung der nationalen Parlamente als gesetzgebende Organe. Es ist aber an der Gesetzgebung und Kontrolle in wesentlich höherem Maße beteiligt als früher. Die Aufgaben:

- Parlamentarische **Mitentscheidung** beim Gesetzgebungsverfahren: Die Rechte des Parlaments richten sich nach dem Gegenstand, der behandelt wird. D. h. im Einzelnen:
  - Anhörungsrecht: Das Parlament muss lediglich gehört werden (z. B. bei Angelegenheiten der Innen- und Justizpolitik).
  - Kooperationsrecht: Das Parlament kann einen Gesetzentwurf des Ministerrates verwerfen; dieser kann das Gesetz dann nur noch einstimmig beschließen (z. B. bei Bestimmungen zur Wirtschafts- und Währungsunion).
  - Mitentscheidungsrecht: Unterschiedliche Auffassungen von Parlament und Ministerrat werden in den Vermittlungsausschuss überwiesen; anschließend müssen dessen Vorschläge eine Mehrheit im Parlament und im Ministerrat finden (z. B. bei Gesetzgebung zum Binnenmarkt).
  - Zustimmungsrecht: Beschlüsse des Ministerrats können nur mit Zustimmung des Parlamentes wirksam werden (z. B. bei Abkommen mit Drittländern).
- **Zustimmung** zur Ernennung des Präsidenten und aller Mitglieder der Europäischen Kommission.
- **Entscheidung** über den Haushalt der EU.

Sitz des europäischen Parlamentes ist Straßburg. Die Abgeordneten werden alle fünf Jahre direkt gewählt. Jedes Mitgliedsland entsendet eine bestimmte Anzahl an Parlamentariern entsprechend einem vereinbarten Schlüssel. Im Europäischen Parlament haben sich die Abgeordneten der verschiedenen Richtungen in politischen Fraktionen zusammengefunden.

Im Rat der Europäischen Union (**Ministerrat**) sind die Mitgliedsländer durch ihre Minister vertreten, die dort deren nationale Interessen vertreten. Der Ministerrat ist – in Zusammenarbeit mit dem Parlament – das **gesetzgebende Organ der EU**. Allerdings können Rat und

Parlament nur Gesetze auf Grundlage eines Vorschlages der Europäischen Kommission verabschieden. Entscheidungen werden im Ministerrat in der Regel mit Mehrheit gefällt.

Der Rat setzt sich in der Regel aus den Außenministern zusammen. Bei bestimmten Fachentscheidungen können auch die jeweiligen Ressortminister zusammenkommen. Der Vorsitz (**Ratspräsident**) wechselt alle sechs Monate zwischen den Mitgliedsländern.

Ministerrat und Parlament können folgende Rechtsakte der Europäischen Union verabschieden:

- **Verordnung:** Sie ist unionsweit unmittelbar gültig und steht über dem nationalen Recht.
- **Richtlinie:** Sie ist eine Verpflichtung für die Mitgliedsländer, ihre nationale Gesetzgebung entsprechend anzupassen.
- **Entscheidung:** Dabei handelt es sich um einen Rechtsakt, der Einzelfälle regelt.

Die **Europäische Kommission** ist das ständige durchführende Organ der EU. Sie ist verantwortlich für die Ausführung der Gesetze und kontrolliert die Umsetzung von EU-Recht in nationales Recht.

Die Kommission stellt den Entwurf für den Haushalt auf und verwaltet die Finanzen und verschiedenen Fonds. Sie ist auch verpflichtet, einzuschreiten, falls Mitgliedsländer die gemeinsamen Verträge nicht einhalten. Vorschläge für Gesetze werden von der Kommission oder deren Fachbereichen erarbeitet.

Die Mitglieder der Kommission und der **Präsident** der Kommission werden von den Mitgliedsstaaten vorgeschlagen und müssen vom Parlament bestätigt werden. Sie agieren nicht als nationale Vertreter ihrer jeweiligen Länder, sondern als Europäer. Der Sitz der Europäischen Kommission ist Brüssel. Die Amtszeit der Europäischen Kommission beträgt fünf Jahre.

Der **Europäische Rat** setzt sich zusammen aus den Regierungschefs der Mitgliedsländer und dem Präsidenten der Europäischen Kommission. Der Europäische Rat trifft sich mindestens zweimal im Jahr und hat die Aufgabe, der Union für ihre Entwicklung grundlegende Impulse zu geben und die allgemeinen politischen Zielvorstellungen festzulegen.

Der **Europäische Gerichtshof** entscheidet über Rechtsstreitigkeiten, die Europäisches Recht betreffen. Seine Urteile können nicht angefochten werden. Nationale Gerichte können Fälle, bei der Europarecht zur Anwendung kommt, dem Europäischen Gerichtshof zur Klärung vorlegen. Sitz des Europäischen Gerichtshofes ist Luxemburg.

Der **Europäische Rechnungshof** kontrolliert die Ausgabenpolitik der EU. Jährlich wird ein Rechnungsprüfungsbericht herausgegeben. Sitz des Europäischen Rechnungshofes ist ebenfalls Luxemburg.

1.5.3 Internationale Wirtschaftsorganisationen

1.5.3.1 World Trade Organisation (WTO)

Die World Trade Organisation ist hervorgegangen aus Verhandlungen über Erleichterung des internationalen Handels (GATT-Verhandlungen). Vorrangiges Ziel ist der Abbau von Zöllen. Mitglied der WTO sind knapp 150 Staaten, die zusammen mehr als 90 % des Welthandelsvolumens bestreiten. Die Mitglieder haben sich zur Einhaltung folgender Prinzipien verpflichtet:

- **Meistbegünstigung** – Handelsvorteile, die ein Land einem WTO-Mitglied gewährt, muss es auch allen anderen Mitgliedern gewähren.
- **Inländerbehandlung** – ausländische Waren und deren Anbieter dürfen nicht schlechter behandelt werden als inländische.
- **Transparenz** – Regelungen und Beschränkungen des Außenhandels müssen veröffentlicht werden.

Sitz der WTO ist Genf.

1.5.3.2 Organisation for Economic Cooperation and Development (OECD)

Die OECD hat 30 Mitglieder, von denen fast alle Industriestaaten sind: Australien, Japan, Kanada, Südkorea, Mexiko, Neuseeland, die Vereinigten Staaten, Belgien, Dänemark, Deutschland, Finnland, Frankreich, Griechenland, Irland, Island, Italien, Luxemburg, die Niederlande, Norwegen, Österreich, Polen, Portugal, Schweden, Schweiz, Slowakei, Spanien, Tschechien, Türkei, Ungarn, Vereinigtes Königreich.

Sie hat zum **Ziel**, die wirtschaftliche Entwicklung und die Erhöhung des Lebensstandards in den Mitgliedsländern zu fördern. Dabei setzt sie auf Wirtschaftswachstum und Förderung des internationalen Handels. So führt sie regelmäßige Untersuchungen zur wirtschaftlichen Entwicklung in den Mitgliedsländern und Studien zu anderen Themen durch.

Sitz der OECD ist Paris.

1.5.3.3 International Monetary Fund (IMF)

Der »**Internationale Währungsfonds (IWF)**« ist eine Sonderorganisation der Vereinten Nationen. Die Gründung erfolgte 1944 aufgrund der Beschlüsse von Bretton Woods. Grundlegende **Aufgabe** ist die Förderung der wirtschaftlichen Entwicklung durch die Vergabe von Krediten. Der IWF spielt dabei eine wesentliche Rolle in der internationalen **Entwicklungshilfepolitik**. Die Vergabe von Krediten erfolgt in der Regel unter Auflagen, die das wirtschaftliche Handeln der Regierungen der betroffenen Länder betreffen, so z. B. zum Abbau der Staatsverschuldung oder zur Privatisierung von Unternehmen (Strukturanpassungsprogramme). Darüber hinaus fördert der IWF die **internationale Zusammenarbeit** in der Währungspolitik, der Ausweitung des Welthandels und der Stabilisierung der internationalen Finanzmärkte.

Die Mitgliedsländer des IWF haben das Recht, Kredite in Devisen anderer Mitgliedsländer zu erhalten (Sonderziehungsrechte). Gleichzeitig haben sie Einzahlungsverpflichtungen in Gold, Devisen oder Landeswährung. Die Sonderziehungsrechte haben damit den Charakter eines »Weltgeldes« im Zahlungsverkehr zwischen den Zentralbanken angenommen.

Der IWF arbeitet eng mit der Weltbankgruppe in Washington zusammen, die ursprünglich gegründet wurde, um den Wiederaufbau nach dem 2. Weltkrieg finanziell zu unterstützen. Heute hat die Weltbankgruppe die Aufgabe, in Zusammenarbeit mit dem IWF die wirtschaftliche Entwicklung in den wenig entwickelten Ländern zu fördern.

Sitz des IWF ist Washington.

1.6 Bestimmungsfaktoren für die Standort- und Rechtsformwahl

1.6.1 Bestimmungsfaktoren für die Standortwahl

Standort eines Unternehmens ist der Ort, an dem das Unternehmen seinen Sitz hat. Die Wahl des optimalen Standortes ist eine wichtige **Grundsatzentscheidung** in der Gründungsphase, da sie langfristig angelegt ist. Eine getroffene Entscheidung durch eine Standortverlagerung wieder rückgängig zu machen, ist mit hohen Kosten verbunden. Deshalb sollte die Wahl des Standortes unter Berücksichtigung der Einschätzung zukünftiger Entwicklungen des Betriebes und seiner Umwelt getroffen werden (insofern sind langfristig wirkende Faktoren stets höher zu bewerten als kurzfristig wirkende). Im Zeitalter der Globalisierung ist die Wahl des Standortes für das Unternehmen oder für Teile des Unternehmens nicht auf einen nationalen Raum beschränkt. Die Öffnung der internationalen Märkte sowie die europäische Integration haben die Gründung von Unternehmen im Ausland oder die Verlagerung von Unternehmensteilen ins Ausland erheblich erleichtert. Unternehmen haben daher nicht nur die Möglichkeit, sondern sind auf Grund des Wettbewerbsdrucks sogar gezwungen, bei ihrer Standortauswahl **in globalen Maßstäben** zu denken.

Bei der Auswahl des optimalen Standortes sind unterschiedliche Aspekte zu berücksichtigen, die sich zu folgenden Bestimmungsfaktoren zusammenfassen lassen:

Nähe zu Absatz- und/oder Beschaffungsmärkten

Um Transportkosten zu sparen, kann es sinnvoll sein, den Betrieb in der Nähe von Rohstoffquellen anzusiedeln. In einem Produktionsprozess werden meistens mehrere Rohmaterialien benötigt. Kommen diese aus unterschiedlichen Regionen, so muss entschieden werden, welcher Rohstoff für die Standortwahl ausschlaggebend ist.

Aus der Nähe zu den Beschaffungsmärkten resultiert bei industriellen Produktionsbetrieben eine entsprechende Entfernung zu den Absatzmärkten. Es ist dabei zu berücksichtigen, ob die Transportkosten der Rohstoffe schwerer wiegen als die Transportkosten der Produkte. Ersteres ist z. B. bei der Stahlerzeugung der Fall.

Bei der Orientierung auf die Nähe zu den Absatzmärkten spielen nicht nur die Transportkosten sondern auch die Nähe zu den Kunden eine erhebliche Rolle. (Im Einzelhandel und im Dienstleistungsbereich spielt daher die Nähe zu den Beschaffungsmärkten überhaupt keine Rolle). Bei der Orientierung auf die Nähe zu den Absatzmärkten ist zu untersuchen, wie sich die Zahl der möglichen Abnehmer in dem betreffenden Gebiet entwickelt, wie die Bevölkerung sich zusammensetzt, welches Käuferverhalten vorliegt, wie die Einkommensstruktur aussieht, in welchem Ausmaß Konkurrenz vorhanden ist und wie sie auftritt und wie die Verkehrsverhältnisse für die Verbraucher aussehen (öffentliche Verkehrsmittel, Straßenanbindung, Parkmöglichkeiten).

International agierende Unternehmen werden – insbesondere bei hohen Transportkosten der Produkte oder bei Dienstleistungen – mehrere Produktionsstandorte in den verschiedenen Absatzregionen wählen.

Infrastruktur- und Kommunikationsgesichtspunkte

Die Wahl eines geeigneten Standortes hängt auch von der vorhandenen Infrastruktur ab: Straßenanbindung, Schienenanbindung, Hafenanbindung, Nähe zum Flughafen sowie um die Qualität des in der jeweiligen Region vorhandenen Verkehrsnetzes. Die Nähe zum Hafen wird bei Betrieben bevorzugt, die Massengüter aus Überseegebieten importieren. Ein Freihafen ermöglicht es, Güter bis zum Verkauf zollfrei zu lagern, was die Kapitalkosten verringert.

Neben der Infrastruktur werden die laufenden Kosten eines Unternehmens auch von der Qualität der vorhandenen Kommunikationsinfrastruktur beeinflusst. In Deutschland existiert ein kostengünstiger hoher Standard mit vielfältigen Möglichkeiten der Kommunikation: Telefonnetze mit hohem Service, Internetanbindung, mögliche Nutzung von Navigationssystemen, Kurierdienste etc. Dieser Standard ist in vielen Ländern jedoch in dieser Qualität noch nicht vorhanden.

Arbeitspotenziale

Dabei geht es sowohl um das Lohn- und Gehaltsniveau, als auch um die Anzahl der vorhandenen Arbeitskräfte mit den vorhandenen Qualifikationen. Die Höhe des Lohnniveaus spielt bei der Verlagerung von Produktionen ins Ausland vielfach eine große Rolle. Betriebe, die besonders spezialisierte Arbeitskräfte benötigen, werden diesen Bedarf bei der Standortwahl ebenfalls berücksichtigen.

Umweltpolitik

Aufgrund der Umweltschutzgesetzgebung existieren für viele Betriebe behördliche Beschränkungen. Diese sehen das Verbot der Ansiedlung in Wohngebieten oder Landschaftsschutzgebieten vor oder enthalten Auflagen bezüglich der Gestaltung der Anlagen, der zugelassenen Emissionen, des Lärmschutzes usw. Die Erfüllung dieser Auflagen ist in der Regel mit hohen Kosten verbunden. Neben den behördlichen Auflagen müssen Betriebe bei ihrer Standortwahl die öffentliche Meinung beachten. Das gilt insbesondere, wenn eine gesundheitliche Gefährdung von diesen Betrieben ausgehen könnte (Chemiebetriebe, Atomkraftwerke u. a.).

Politische und kulturelle Kriterien

Insbesondere Unternehmen, die sich international ausrichten, müssen sich sehr intensiv mit den politischen und kulturellen Verhältnissen des Landes befassen, in dem sie sich ansiedeln wollen. Politisch-rechtliche Rahmenbedingungen erschweren nicht selten die Gründung von Unternehmen durch Ausländer. Manchmal ist eine Gründung nur in Form eines »Joint-Ventures« mit inländischen Unternehmen nötig. Außerdem müssen die Rahmenbedingungen für die Produktion und den Vertrieb von Produkten geprüft werden, die z. B. behördlichen Auflagen unterliegen. Kulturelle Gepflogenheiten betreffen insbesondere die Art und Weise, wie Handel in den betreffenden Ländern betrieben wird. Ohne eine enge Zusammenarbeit mit inländischen Partnern oder guten Kennern der jeweiligen örtlichen Gepflogenheiten kann eine Unternehmensgründung im Ausland leicht scheitern.

Berücksichtigt werden müssen auch die politischen Verhältnisse in dem jeweiligen Lande, die wirtschaftliche Risiken für die Investoren beinhalten können. Dies gilt sowohl in Ländern mit politischen Unruhen oder Bürgerkriegsgefahr als auch in Ländern, denen etwa ein wirtschaftliches Embargo droht.

Energiebedarf

In Deutschland spielt die Energieorientierung kaum noch eine Rolle, da alle Regionen in gleichem Maße zu weitgehend gleichen Bedingungen mit Energie versorgt werden. Bei Unternehmensgründung im Ausland ist das Vorhandensein von ausreichender Energieversorgung nicht überall gesichert.

Abgabenpolitik

Bei der Abgabenorientierung geht es um die Höhe der Steuern, Beiträge und Gebühren, die an den Staat zu entrichten sind. Innerhalb Deutschlands spielen dabei insbesondere Unterschiede beim Hebesatz für die Gewerbesteuer eine Rolle. Darüber hinaus sind in strukturschwachen Gebieten Steuervergünstigungen oder Investitionsbeihilfen von Belang. Im internationalen Bereich sind die Steuersätze sehr unterschiedlich, was die Entscheidung für die Standortwahl beeinflussen kann.

Eigenschaften des potenziellen Standortes

Dabei geht es um Grundstückskosten, Erschließungskosten, mögliche Altlasten, Auflagen der Behörden bei der Erschließung usw. Dieser Faktor hat gegenüber den anderen eine nachrangige Bedeutung, da es sich um einmalige Kosten bei der Gründung handelt. Bei der Auswahl zwischen ansonsten gleichwertigen Standorten kann dieser Faktor aber durchaus einmal ausschlaggebend sein.

1.6.2 Standortbewertung und -wahl

Welche Standortfaktoren ein besonderes Gewicht erlangen, hängt im Wesentlichen vom **Betriebszweck** ab. Bei rohstoffintensiven Industriebetrieben wird die Orientierung auf die Beschaffungsmärkte und die Infrastruktur eine große Rolle spielen. Einzelhandels- und Dienstleistungsbetriebe werden sich vorrangig am Absatz orientieren. Bei Im- und Exportunternehmen, die mit Massengütern handeln, wird die Verkehrsorientierung von entscheidender Bedeutung sein.

Eine optimale Entscheidung liegt dann vor, wenn unter Berücksichtigung des Betriebszweckes und der Eigenschaften des Betriebes der Standort gefunden wird, bei dem bei langfristiger Betrachtung möglichst geringe Kosten anfallen und sich die Absatzerwartungen so positiv wie möglich gestalten. Da ein Standort, der alle Anforderungen optimal erfüllt, kaum zu finden ist, müssen die unterschiedlichen Anforderungen **gewichtet** werden.

Ein Hilfsmittel zur Gewichtung und Bewertung der unterschiedlichen Standortfaktoren ist die **Nutzwertanalyse**. Bei der Durchführung der Nutzwertanalyse werden die verschiedenen Kriterien, die zur Bewertung herangezogen werden, zunächst gewichtet. Das kann z. B. in einem Workshop von Entscheidern geschehen. Danach werden die einzelnen Kriterien mit Hilfe eines Punktesystems **bewertet**. Da eine Gewichtung bereits vorgenommen wurde, ist des wichtig, für alle Kriterien die gleiche Punkteskala zu verwenden, z. B. Punkte zwischen 0 und 10, wobei 10 für die bestmögliche und 0 für die schlechtmöglichste Bewertung stehen. Die vergebenen Punkte werden mit dem jeweiligen Gewicht multipliziert. Die Alternative, welche die höchste Punktzahl erreicht, ist die bevorzugte.

Beispiel:

Ein Unternehmen im Dienstleistungsbereich sucht für die Gründung einer Filiale einen neuen Standort. Kriterien für die Wahl des Standortes sind Kundennähe (Nähe zum Absatzmarkt), Verkehrsanbindung und die Kosten, die durch die Filialgründung entstehen. Wichtigstes Kriterium ist die Kundennähe, sie hat nach Einschätzung der Geschäftsführung ein doppelt so hohes Gewicht wie die Verkehrsanbindung. Die Kosten der Filialgründung sind von untergeordneter Bedeutung, da sie nur einmalig anfallen. In der Geschäftsführungsrunde misst man ihr nur $^1/_3$ *der Bedeutung der Verkehrsanbindung bei. Die Gewichtung wird also wie folgt festgelegt:*

Kundennähe : Verkehrsanbindung : Gründungskosten = 6 : 3 : 1.

Anschließend werden Arbeitsgruppen zur Bewertung der einzelnen Alternativen eingesetzt. Die erste Arbeitsgruppe befasst sich mit der jeweils vorhanden Kundenstruktur, Anzahl der Kunden und deren Kaufkraft. Sie kommt zu dem Ergebnis, dass sie für eine mögliche Alternative A 6 Punkte vergibt, für die Alternative B dagegen 8 Punkte und für die Alternative C nur 4 Punkte.

Die zweite Arbeitsgruppe befasst sich mit der Verkehrsanbindung: öffentliche Verkehrsmittel und Parkmöglichkeiten. Danach erhält Alternative A 8 Punkte, Alternative B 4 Punkte und Alternative C ebenfalls 4 Punkte. Die möglichen Kosten für die Filialgründung liegen nach Schätzungen zwischen 800.000 und 900.000 Euro. Es wird daher festgelegt, dass für die minimal angenommenen Kosten 10 Punkte und für die maximal angenommenen Kosten 0 Punkte vergeben werden. Die Kosten der drei Alternativen wurden ermittelt: A – 880.000 Euro, B – 870.000 Euro, C – 800.000 Euro.

Das Ergebnis der Nutzwertanalyse wird in folgender Grafik anschaulich zusammengefasst:

Kriterium	**Gewicht**	**Alternative A**	**Alternative B**	**Alternative C**
Kundennähe	6	6 · 6 = 36	6 · 8 = 48	6 · 4 = 24
Verkehrsanbindung	3	3 · 8 = 24	3 · 4 = 12	3 · 4 = 12
Kosten	1	1 · 2 = 2	1 · 3 = 3	1 · 10 = 10
Summen		**62**	**63**	**46**

Nutzwerttabelle

Demnach erreicht Alternative B die höchste Punktzahl und wird ausgewählt.

1.6.3 Bestimmungsfaktoren für die Wahl der Rechtsform

Die Gründung eines Unternehmens unterliegt einer Vielzahl von rechtlichen Rahmenbedingungen, die in verschiedenen Gesetzen geregelt sind. Dabei können Unternehmen von einzelnen Personen oder von Gruppen von Personen gegründet werden. Im letzteren Falle spricht man von Gesellschaften.

Die Zusammenfassung der gesetzlichen Regelungen, welche die Art und Weise betreffen, wie die Beziehungen der Gesellschafter untereinander und gegenüber Externen geregelt werden, bezeichnet man als Rechtsform (Gesellschaftsform) der Unternehmung.

Je nach Zweck des Unternehmens und nach den individuellen Zielen der Unternehmensgründer ist die eine oder andere mögliche Rechtsform besser oder schlechter geeignet. Vor Gründung eines Unternehmens bedarf es also einer Entscheidung über die am besten geeignete Rechtsform. Bestimmungsfaktoren für diese Auswahl sind dabei die Ausgestaltungen der unterschiedlichen Regelungen, die in den jeweiligen Gesetzen vorgesehen sind.

Leitungsbefugnis: Die gesetzlichen Regelungen sehen für die Teilhaber an Unternehmen unterschiedliche Teilhabe an der Leitung des Unternehmens vor, von dem ausdrücklichen Recht auf Geschäftsführung bis hin zur Beschränkung auf Kontroll- und Mitspracherechte.

Aufsicht/Kontrolle: Die Teilhabe als Gesellschafter an einem Unternehmen sieht in jedem Fall Aufsichts- und Kontrollrechte vor, die je nach Rechtsform der Unternehmung jedoch unterschiedlich ausgestaltet sind.

Haftung: Die gesetzlichen Regelungen unterscheiden zwischen einer persönlichen, unbeschränkten Haftung der Gesellschafter eines Unternehmens mit ihrem gesamten Privatvermögen oder einer Beschränkung der Haftung auf das Vermögen des Unternehmens.

Mitbestimmung: Es geht dabei um die Frage, welche Mitbestimmungsbefugnisse die Gesellschafter eines Unternehmens abhängig von ihrem Rechtsstatus haben, hängt also eng mit der Frage der Leitungsbefugnis und der Frage nach Aufsichts- und Kontrollmöglichkeiten zusammen.

Kapitalbeschaffung: Von den Möglichkeiten der Kapitalbeschaffung hängt häufig auch die mögliche Größe des zu gründenden Unternehmens ab. So können große Gesellschaften mit sehr vielen Kapitalanlegern (so genannte Publikumsgesellschaften) meist sehr viel mehr Kapital beschaffen, als Unternehmen mit nur wenigen Gesellschaftern. Auch der Zugang zu den geregelten Kapitalmärkten, wie der Börse, ist Unternehmen mit einer bestimmten Rechtsform vorbehalten.

Ergebnisbeteiligung: Dabei geht es um die Frage, in welcher Höhe die Gesellschafter am Jahresergebnis des Unternehmens beteiligt werden. In einigen Rechtsformen ist die Höhe des eingelegten Kapitals maßgebend, in anderen Fällen geht man davon aus, dass die Leistung des Gesellschafters als Mitglied der Leitung des Unternehmens und das eingegangene Risiko honoriert werden.

Entnahmerechte: Eine weitere Frage ist die nach dem Recht auf Entnahme bzw. Ausschüttung des erwirtschafteten Ergebnisses. Dieses Recht besteht bei einigen Rechtsformen für jeden Gesellschafter individuell, bei anderen bedarf es eines Beschlusses der Gesellschafterversammlung.

Publizitätspflichten: Abhängig von der Rechtsform und von der Größe sind einige Unternehmen verpflichtet, ihre Jahresergebnisse öffentlich zu publizieren. Da dies nicht immer von den Unternehmensinhabern erwünscht ist, spielt diese Frage bei der Wahl der Rechtsform also ebenfalls eine Rolle.

Besteuerung: Das Steuerrecht sieht für unterschiedliche Rechtsformen von Unternehmen unterschiedliche Formen der Besteuerung vor, was sich auf die Höhe der Steuerlast für die Ergebnisse des Unternehmens auswirken kann.

1.6.4 Rechtsformen

Man unterscheidet zwischen **Personengesellschaften** und **Kapitalgesellschaften**.

Personengesellschaften sind Zusammenschlüsse natürlicher Personen. Im Mittelpunkt einer Personengesellschaft steht das Handeln der Gesellschafter für ein gemeinsames Ziel.

Kapitalgesellschaften stellen dagegen Vermögensmassen dar. Sie haben den Status einer juristischen Person und sind als solche rechtsfähig. Im Mittelpunkt der Kapitalgesellschaft steht der Einsatz des von den Gesellschaftern eingebrachten Kapitals zur Erreichung eines bestimmten Zwecks.

Personengesellschaften sind die BGB-Gesellschaft, die Partnerschaft, die Offene Handelsgesellschaft (OHG) und die Kommanditgesellschaft (KG). Kapitalgesellschaften sind die Aktiengesellschaft (AG), die Gesellschaft mit beschränkter Haftung (GmbH), die Kommanditgesellschaft auf Aktien (KGaA) und die Europäische Aktiengesellschaft (SE).

1.6.4.1 Die Gesellschaft bürgerlichen Rechts

Auf Grund der Gewerbefreiheit und der Vertragsfreiheit kann jedermann allein ein Unternehmen gründen oder mit anderen zusammen als Gesellschaft. Jeder Zusammenschluss von Personen zur Verfolgung eines gemeinsamen Zweckes stellt eine Gesellschaft dar, deren rechtliche Grundlagen im Bürgerlichen Gesetzbuch (BGB) geregelt sind. Man spricht deshalb auch von einer **BGB-Gesellschaft**. Den BGB-Gesellschaftern steht eine gemeinsame Geschäftsführungsbefugnis zu. Jeder Gesellschafter hat ein Recht auf Gewinnanteil, der nach Köpfen anfällt, es sei denn, dass etwas anderes vertraglich vereinbart wurde. Beschlüsse können nur einstimmig gefasst werden. Alle Gesellschafter haften unbeschränkt, d. h. auch mit ihrem gesamten Privatvermögen gesamtschuldnerisch mit den anderen für die Verbindlichkeiten der Gesellschaft. Nach neuerer Rechtsprechung kann die BGB-Gesellschaft als solche vor Gericht klagen und verklagt werden.

1.6.4.2 Die Partnerschaft

Eine besondere Rechtsform wurde für Freiberufler in Form der Partnerschaft geschaffen. Grundlage ist das **Partnerschaftsgesellschaftsgesetz**. Es handelt sich dabei um keine Handelsgesellschaft, sie wird aber als ein Pendant zur offenen Handelsgesellschaft (OHG) gesehen (vergl. Abschn. 1.6.4.4). Zu den Berufen, die sich in Form einer Partnerschaft organisieren können, zählen Ärzte, Zahnärzte, Rechtsanwälte, Wirtschaftsprüfer, Steuerberater, Ingenieure, Architekten, Journalisten, Schriftsteller, Künstler u. a. Der Name der Partnerschaft muss mindestens den Namen und den ausgeübten Beruf eines Partners enthalten, sowie den Hinweis auf die Rechtsform (»Partnerschaft«, »...und Partner«). Die Rechtsverhältnisse der Partner untereinander sind im Partnerschaftsvertrag geregelt; sofern Regelungen fehlen, kommen die gesetzlichen Regelungen der BGB-Gesellschaft zur Anwendung. Für die Verbindlichkeiten der Partnerschaft haften deren Vermögen und das der Partner als Gesamtschuldner.

1.6.4.3 Handelsgesellschaften; eingetragener Kaufmann

Kaufleuten stehen für die Gründung von Unternehmen weitere Gesellschaftsformen zur Verfügung, welche gesetzlich im Handelsgesetzbuch (HGB) sowie in speziellen Gesetzen zu einigen Rechtsformen geregelt sind (**Handelsgesellschaften**). Kaufmann im Sinne des HGB ist jeder, der ein Handelsgewerbe betreibt. Handelsgewerbe ist jeder Gewerbebetrieb, es sei denn, dass das Unternehmen nach Art oder Umfang einen in kaufmännischer Weise eingerichteten Geschäftsbetrieb nicht erfordert (Kleinunternehmen). Kaufleute sind verpflichtet, ihre Unternehmen beim Handelsregister anzumelden. Handelsgesellschaften haben Kraft Gesetz die Kaufmannseigenschaft. Die Kaufmannseigenschaft führt dazu, dass für das Unternehmen die Regelungen des HGB zur Anwendung kommen. So gibt es im HGB Bestimmungen zum Vertragsrecht, welche über das BGB hinausgehen.

Führt ein Einzelunternehmer ein Handelsgewerbe, so spricht man von einem Einzelunternehmen. Der Name eines solchen Unternehmens muss einen Zusatz, der auf die Rechtsform hinweist, enthalten (z. B. **e. K.** oder **e. Kfm.** für **»eingetragener Kaufmann«**).

1.6.4.4 Die Offene Handelsgesellschaft (OHG)

Die Offene Handelsgesellschaft kann von zwei oder mehr Personen gegründet werden. Alle Gesellschafter haben die vereinbarte Einlage zu leisten. Die Gesellschafter sind gleichberechtigt zur Geschäftsführung des Unternehmens berechtigt. Sie haften unbeschränkt, unmittelbar und solidarisch für Verbindlichkeiten der Gesellschaften. Unbeschränkt bedeutet: mit dem gesamten Privatvermögen; unmittelbar bedeutet: jeder Gesellschafter haftet persönlich gegenüber den Gläubigern; solidarisch bedeutet: die Gesellschafter haften gesamtschuldnerisch (»einer für alle, alle für einen«). Die Verteilung des Unternehmenserfolges erfolgt nach Gesellschaftsvertrag; sofern nichts vereinbart ist, erhält von einem erzielten Gewinn zunächst jeder Gesellschafter 4 % auf seine Einlage, der Rest wird nach Köpfen verteilt, ein Verlust ebenfalls. Die Gewinnanteile werden den Einlagen gutgeschrieben. Jeder Gesellschafter hat das Recht, aus seinen Einlagen Privatentnahmen in Höhe seines Gewinns, mindestens jedoch 4 % seiner Einlage zu entnehmen.

1.6.4.5 Die Kommanditgesellschaft (KG)

Bei der Kommanditgesellschaft gibt es zwei Arten von Gesellschaftern. Der oder die **Komplementäre** (Vollhafter) haben Geschäftsführungsbefugnis und haften unbeschränkt, unmittelbar, solidarisch. Die **Kommanditisten** (Teilhafter) müssen die vereinbarte Einlage aufbringen, haben aber nur ein eingeschränktes Auskunfts- und Kontrollrecht. Sie haften nur mit dem Anteil, den sie laut Vereinbarung in das Unternehmen einbringen. Ist die Einlage noch nicht voll erbracht, kann ein Gläubiger bis zur Höhe des nicht eingebrachten Betrages auch auf des Privatvermögen des Kommanditisten zurückgreifen, bei voll eingebrachter Einlage jedoch nicht. Das Gesetz regelt die Gewinnverteilung etwas anders als bei der OHG. Zunächst erhält jeder Gesellschafter 4 % seiner Einlage, der Rest wird in »angemessenem Verhältnis« verteilt. Damit soll dem Umstand Rechnung getragen werden, dass die Kommanditisten auf Grund der Haftungsregelung ein geringeres Risiko tragen. In der Praxis ist zur Präzisierung dieser Formulierung eine vertragliche Regelung erforderlich. Ein Verlust wird nach Köpfen verteilt, an der Verlustverteilung nehmen die Kommanditisten jedoch nur in Höhe ihrer Einlage teil. Hinsichtlich Publizitätspflichten und Besteuerung gelten die gleichen Regelungen wie bei der OHG.

1.6.4.6 Die Aktiengesellschaft (AG)

Die Aktiengesellschaft ist geschaffen worden, um durch eine breite Streuung der Kapitalanteile sehr hohe Kapitalien aufbringen zu können. Denn durch die Höhe der einzelnen Kapitalanteile ist es auch Kleinanlegern möglich geworden, sich an einer solchen Gesellschaft zu beteiligen. Die AG kann von einer Person gegründet werden. Das Kapital wird durch die Ausgabe von Aktien aufgebracht, welche einen Anteil des Aktionärs am Unternehmen verbriefen. Die Summe des Nennwerts aller Aktien bildet das gezeichnete Kapital, welches bei der AG mindestens 50.000 € betragen muss. Der Nennwert einer Aktie muss mindestens 1 € betragen. Der Gesellschaftsvertrag einer AG heißt Satzung. Erst mit der Eintragung ins Handelsregister existiert die AG. Es gilt das Aktiengesetz.

Da die AG den Status einer juristischen Person hat, müssen Organe vorhanden sein, die ein Handeln der AG ermöglichen:

Die Versammlung aller Aktionäre heißt **Hauptversammlung**. Jeder Aktionär verfügt über Stimmrechte, welche sich nach der Höhe seines Anteils am Unternehmen richten. Die Hauptversammlung entscheidet über Fragen der Satzung, stellt den Jahresabschluss fest, entscheidet über die Verwendung des Jahresüberschusses und wählt den **Aufsichtsrat**. Dieser bestellt den **Vorstand** und übt die Kontrolle über dessen Geschäftsführungstätigkeit aus; der Vorstand stellt die Geschäftsführung des Unternehmens dar. Sind mehrere Mitglieder für den Vorstand vorgesehen, so bestimmt der Aufsichtsrat aus deren Mitte einen **Vorstandsvorsitzenden**. Das deutsche Mitbestimmungsrecht sieht vor, dass in den Aufsichtsrat auch Vertreter der Arbeitnehmerschaft gewählt werden.

Die AG ist in den meisten Fällen eine **Publikumsgesellschaft**, d. h. an ihr sind sehr viele Aktionäre beteiligt. Ein Großteil von ihnen hat auf Grund geringer individueller Stimmenanteile kaum Einflussmöglichkeiten. Die meisten Kleinaktionäre delegieren ihr Stimmrecht an diejenigen Banken, in deren Depots ihre Aktien verwaltet werden. Das Interesse der Kleinaktionäre liegt in der Regel auch nicht an einer Mitwirkung im Unternehmen, sondern in einer möglichst rentablen Anlage ihres Vermögens. In der AG haben wir also typischerweise eine Trennung von Eigentümereigenschaft und Machtbefugnis. Die Macht liegt hauptsächlich in den Händen des Vorstandes, der formalrechtlich Angestellter des Unternehmens ist. Diese Macht wird allerdings begrenzt durch die Kontrollbefugnisse des Aufsichtsrates.

Die Aktionäre tragen nur ein begrenztes Risiko, denn die Haftung ist auf das Vermögen des Unternehmens beschränkt. Sie können also maximal ihr angelegtes Kapital verlieren. Aktien werden gehandelt, der Aktionär kann seinen Anteil am Unternehmen also jederzeit wieder veräußern.

Aktiengesellschaften verfügen über bessere Möglichkeiten zur Kapitalbeschaffung als andere Unternehmen. Wie bereits erwähnt, sind sie schon durch eine breite Streuung des Kapitals in der Lage, hohe Kapitalien aufzubringen. Außerdem gibt es spezielle Märkte für Wertpapiere, die **Börsen**, welche den Handel mit Wertpapieren erleichtern. Aufgrund der meist guten Ausstattung mit Eigenkapital und der bevorzugten Möglichkeit zur Kapitalbeschaffung verfügen Aktiengesellschaften meist auch über eine hohe Kreditwürdigkeit.

Der **Jahresüberschuss** einer Aktiengesellschaft wird nach den Regelungen des Aktiengesetzes verteilt. Nicht ausgeschüttete Gewinne werden zur Rücklagenbildung verwandt. Die Höhe des einem Aktionär zustehenden Anteils am Gewinn richtet sich nach der Höhe seiner Einlage, der Anzahl seiner Aktien. Über die Ausschüttung von Gewinnen an die Aktionäre entscheidet letztlich die Hauptversammlung. Der einem Aktionär zustehende Ausschüttungsbetrag heißt **Dividende**. Ein individuelles Recht auf Entnahme von Gewinnanteilen existiert nicht.

Die **Publizitätspflichten** von Kapitalgesellschaften und von Personengesellschaften, bei denen kein Gesellschafter eine natürliche Person ist, sind im HGB geregelt. Alle betroffenen Gesellschaften sind verpflichtet, ihre Jahresabschlüsse beim Handelsregister einzureichen. Welche Unterlagen im Einzelnen einzureichen sind, richtet sich nach der Unternehmensgröße. Die Abschlüsse großer Unternehmen, wie eben Aktiengesellschaften, werden darüber hinaus im Bundesanzeiger veröffentlicht. Die meisten publizitätspflichtigen Unternehmen veröffentlichen ihren Abschluss freiwillig in einem selbst erstellten Geschäftsbericht. Börsennotierte Unternehmen sind zur Veröffentlichung von Börsenprospekten verpflichtet. Außerdem müssen letztere neben einem Abschluss nach HGB einen Abschluss nach dem internationalen Standard IAS durchführen.

Die Aktiengesellschaft unterliegt als juristische Person dem Körperschaftssteuerrecht. Der Körperschaftssteuersatz unterliegt keiner Progression, bei großen Unternehmen ist er daher niedriger als der Durchschnittssteuersatz einer natürlichen Person mit vergleichbarem Einkommen. Ausgeschüttete Gewinne unterliegen der Kapitalertragssteuer, die mit der privaten Einkommenssteuerlast der Anteilseigner verrechnet wird.

1.6.4.7 Die Kommanditgesellschaft auf Aktien (KGaA)

Die KGaA unterscheidet sich von der AG dadurch, dass es mindestens einen unbeschränkt haftenden Komplementär geben muss, der gleichzeitig zur Geschäftsführung befugt ist. Die Beteiligung der Kommanditisten erfolgt durch Ausgabe von Aktien. Im Übrigen gelten für die KGaA die Regelungen des Aktiengesetzes. Ein Vorteil liegt unter bestimmten Umständen in der höheren Kreditwürdigkeit der KGaA gegenüber der AG: Das ist dann der Fall, wenn der persönlich haftende Gesellschafter über ein hohes Privatvermögen verfügt. Kommanditgesellschaften auf Aktien sind vielfach aus Kommanditgesellschaften entstanden, um deren Finanzierungsbasis durch die Ausgabe von Aktien zu verbessern.

1.6.4.8 Die Gesellschaft mit beschränkter Haftung (GmbH)

Die GmbH vereint die haftungsrechtlichen Vorteile einer Kapitalgesellschaft mit den Vorteilen einer auf Personen bezogenen Gesellschaftsform. Zur Gründung ist mindestens eine Person erforderlich. Das Mindestkapital beträgt 25.000 € (zur »1-€-GmbH« vgl. Abschn. 1.6.4.9). Die Kapitalanteile der Gesellschafter werden als **Stammanteile** eingebracht. Die GmbH entsteht als juristische Person durch die Eintragung ins Handelsregister.

Organe der GmbH sind die **Gesellschafterversammlung** und die oder der **Geschäftsführer**. Die Stimmanteile in der Gesellschafterversammlung richten sich nach den Kapitalanteilen. Der oder die Geschäftsführer werden durch die Gesellschafterversammlung bestimmt. Das Mitbestimmungsgesetz schreibt vor, dass eine GmbH mit mehr als 500 Mitarbeitern einen **Aufsichtsrat** einsetzen muss, kleinere GmbHs dürfen dies. Im Gegensatz zur AG besteht eine GmbH meistens nur aus wenigen Gesellschaftern. In nicht wenigen Fällen sind sie gleichzeitig auch die Geschäftsführer der GmbH. Daher ist die Leitung des Unternehmens sehr stark auf die Gesellschafter bezogen, ohne dass die haftungsrechtlichen Bestimmungen der OHG gelten. Auf Grund der Höhe der Stammanteile ist – anders als bei der AG – ein Handel mit Stammanteilen nur selten. Deshalb ist der Gesellschafterkreis einer GmbH sehr konstant.

Die Gesellschaft haftet mit ihrem Vermögen, die Haftung der Gesellschafter bleibt daher auf deren Einlage beschränkt. Der Name dieser Rechtsform ist also nicht ganz korrekt. Nicht die Haftung der Gesellschaft ist beschränkt, sondern die der Gesellschafter.

Die Möglichkeiten der Kapitalbeschaffung hängen vom Vermögen der Gesellschaft ab, und gegebenenfalls vom Vermögen der Gesellschafter, wenn diese bereit sind, für die GmbH zu bürgen. In Deutschland gibt es sehr viele kleine GmbHs mit geringem Kapitaleinsatz, deren Kreditwürdigkeit auf Grund der beschränkten Haftung vergleichsweise gering ist.

Der Jahresgewinn einer GmbH wird nach Kapitalanteilen verteilt. Über die Höhe des auszuschüttenden Gewinns entscheidet die Gesellschafterversammlung. Geschäftsführende Gesellschafter erhalten von der GmbH – da sie den Status eines leitenden Angestellten haben – darüber hinaus ein Gehalt.

Hinsichtlich der Publizitätspflichten gilt das bereits zu den Aktiengesellschaften Gesagte. Die Besteuerung der GmbH unterliegt dem Körperschaftssteuergesetz. Ausgeschüttete Gewinne unterliegen der Kapitalertragssteuer, die mit der individuellen Einkommenssteuerlast der Gesellschafter verrechnet wird.

1.6.4.9 Die Unternehmergesellschaft (haftungsbeschränkt)

Mit dem am 1. November 2008 in Kraft getretenen Gesetz zur Modernisierung des GmbH-Rechts und zur Bekämpfung von Missbräuchen (MoMiG) vom 23. Oktober 2008 wurde die Einfügung des »§ 5 a Unternehmergesellschaft« in das GmbH-Gesetz verfügt. Dieser Paragraph eröffnet die Möglichkeit, das in § 5 Abs. 1 GmbHG genannte Mindeststammkapital von 25.000 € zu unterschreiten. In Verbindung mit der Vorschrift aus § 5 Abs. 2 (»Der Nennbetrag jedes Geschäftsanteils muss auf volle Euro lauten«) ergibt sich für den Fall eines Gesellschafters mit einem Geschäftsanteil die Möglichkeit einer Gründung mit einem Stammkapitel von 1 €, weswegen die Unternehmergesellschaft häufig auch als **»1-Euro-GmbH«** oder **»Mini-GmbH«** bezeichnet wird. Das Kapital ist bar einzuzahlen; Sacheinlagen sind nicht zulässig. Jährlich müssen mindestens 25 % des Jahresüberschusses in eine Rücklage eingestellt werden. Übersteigen die Rücklage und das Stammkapital zusammen den Betrag von 25.000 €, kann ein Kapitalerhöhungsbeschluss gefasst und auf die Firmierung als »GmbH« umgestellt werden. Mit weiteren Erleichterungen – niedrige Beurkundungsgebühren und Abkopplung von sonstigen Genehmigungsverfahren – soll mit dieser besonderen Form der GmbH, die den Rechtsformzusatz »Unternehmergesellschaft (haftungsbeschränkt)« bzw. »UG (haftungsbeschränkt)« führen muss, ein attraktiver Gründungsanreiz und zugleich eine Alternative zur englischen »Limited (Ltd)« geschaffen werden.

1.6.4.10 Die GmbH & Co. KG

Es handelt sich dabei um keine eigenständige Rechtsform, sondern um ein Konstrukt, welches geschaffen wurde um Vorteile, die mit einer Personengesellschaft verbunden sind, zu nutzen, bei gleichzeitigem Ausschluss der unbeschränkten Haftung. Das »Kernunternehmen« ist eine Kommanditgesellschaft, deren Kommanditisten natürliche Personen sind und deren **Komplementär eine GmbH** ist. Damit gibt es in dieser Konstruktion keine natürliche Person, die mit ihrem Privatvermögen unbeschränkt haftet. Die Gesetzgebung hat aber mittlerweile die Vorteile, die aus dieser »Gesetzeslücke« resultierten, weitgehend abgebaut.

1.6.4.11 Die Europäische Wirtschaftliche Interessenvereinigung (EWIV)

Mit der europäischen Integration wurden Gesellschaftsformen geschaffen, die sich in besonderem Maße für Unternehmen eignen, die länderübergreifend in Europa tätig sind. Eine davon ist die Europäische Wirtschaftliche Interessenvereinigung (EWIV). Es handelt sich dabei um einen Zusammenschluss von mindestens zwei Unternehmen unterschiedlicher europäischer Staaten zur Erreichung gemeinsamer Ziele. Die EWIV stellt also nicht eine Rechtsform zur Gründung eines Unternehmens dar, sondern bietet einen rechtlichen Rahmen zur Kooperation europäischer Unternehmen. In der Praxis wird die Rechtsform EWIV z. B. gewählt, um den Vertrieb von Produkten gemeinsam zu organisieren oder um gemeinsame Forschungsvorhaben durchzuführen. Die EWIV darf nur Hilfstätigkeiten ohne eigene Gewinnerzielungsabsicht für die Mitglieder ausüben. Die geschaffene Gesellschaft ist selbst nicht rechtsfähig. Die Mitglieder der EWIV haften unbeschränkt und gesamtschuldnerisch. Sie haben gleichberechtigtes Stimmrecht und bestimmen einen Geschäftsführer. Diese Zusammenschlussform ähnelt der BGB-Gesellschaft. Im Unterschied dazu wird sie jedoch in das Register des Landes eingetragen, in dem die EWIV ihren Sitz hat. Die EWIV tritt nach außen wie ein Unternehmen mit eigener Firmierung auf. Die EWIV darf nicht mehr als 500 Mitarbeiter beschäftigen.

1.6.4.12 Die europäische Aktiengesellschaft (SE)

Mit der europäischen Aktiengesellschaft wurde eine Rechtsform geschaffen, die in allen Mitgliedsländern der Europäischen Union gültig ist. Die Entstehung ist vorgesehen in Form einer Verschmelzung von Kapitalgesellschaften aus mindestens zwei Mitgliedsländern, durch die Gründung einer gemeinsamen Tochtergesellschaft von Kapitalgesellschaften aus EU-Mitgliedsländern oder durch Umwandlung einer Kapitalgesellschaft, die seit mindestens zwei Jahren eine Tochter in einem anderen Mitgliedsland hat. Der Vorteil wird in einer europaeinheitlichen Rechtsform gesehen. Unternehmen dieser Rechtsform können z. B. den Sitz innerhalb von Europa ohne großen Aufwand wechseln. Mehrere europäische Unternehmen können zusammengehen, ohne auf Hürden durch die unterschiedlichen nationalen Gesetze zu stoßen. Ebenso können Unternehmen mit Tochtergesellschaften in unterschiedlichen EU-Staaten mit einheitlichen Geschäftsführungs- und Bilanzierungsverfahren arbeiten.

Das gezeichnete Mindestkapital der SE beträgt 120.000 €. Die Organe des Unternehmens können wahlweise aus Vorstand und Aufsichtsrat bestehen, wie in Deutschland üblich, oder – wie z. B. in Frankreich üblich – aus einem Verwaltungsrat, der einen oder mehrere geschäftsführende Direktoren wählt. Direktoren sind an die Beschlüsse des Verwaltungsrates gebunden und können jederzeit abberufen werden.

1.7 Sozialökonomische Aspekte der Unternehmensführung und des zielorientierten Wertschöpfungsprozesses im Unternehmen

1.7.1 Sozialökonomische Aspekte der Unternehmensführung

Ein Unternehmen ist ein **sozialer Organismus**, in dem verschiedene Produktionsfaktoren unter der Leitung der Unternehmensführung kombiniert werden, um nachhaltig Leistungen für andere unter Wahrung des finanziellen Gleichgewichts zu erstellen. Während des Leistungsprozesses müssen dabei von verschiedenen Gruppen von Menschen unterschiedliche Aufgaben erfüllt werden. Aufgaben, die der Erfüllung einer abgegrenzten Teilaufgabe dienen, können zu Funktionsbereichen zusammengefasst werden.

Die folgende Abbildung zeigt das Zusammenwirken der typischen betrieblichen Grundfunktionen einer Unternehmung. Gleichzeitig werden Leistungs- und Geldströme im Austausch mit der Umwelt des Unternehmens und innerhalb des Unternehmens dargestellt. Geldströme findet man dabei nicht innerhalb des Unternehmens, sondern nur im Austausch mit der Außenwelt.

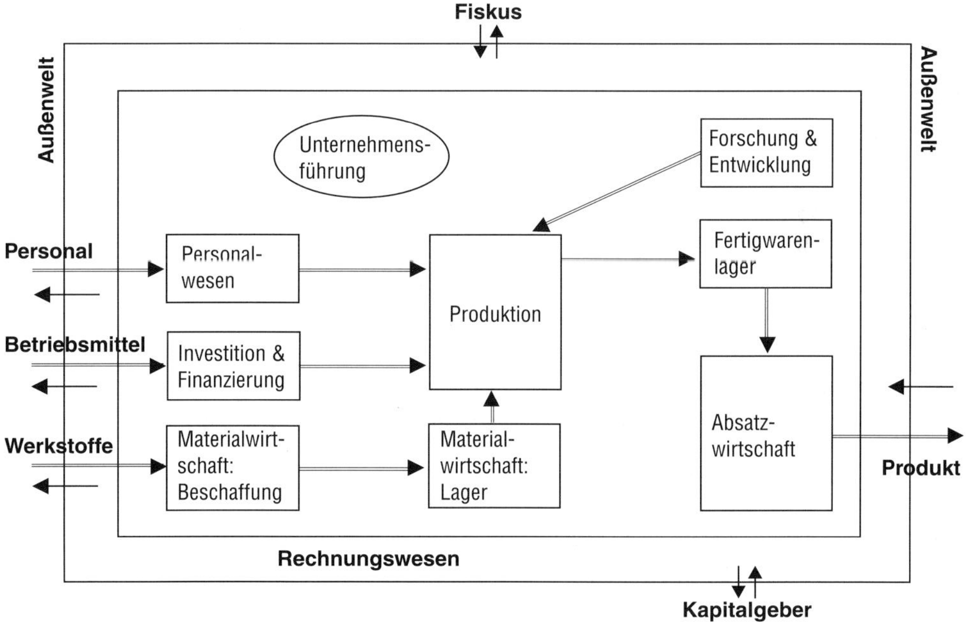

Betriebliche Funktionsbereiche; ——▶ Geldströme ══▶ Leistungsströme

Wie schon beim volkswirtschaftlichen Kreislauf, kann auch hier zwischen einem Güterstrom (oder Leistungsstrom) und einem Geldstrom unterschieden werden. Zur Erstellung der Leistungen benötigt der Betrieb Produktionsfaktoren: Arbeit, Betriebsmittel und Werkstoffe. Diese Produktionsfaktoren werden auf dem Arbeitsmarkt, den Investitionsgütermärkten und den Rohstoffmärkten beschafft.

Die hierzu benötigten Mittel müssen bei Kapitalgebern beschafft werden. Die Kapitalgeber erhalten dafür Zinsen oder Gewinnanteile ausbezahlt.

Durch optimale Kombination der Produktionsfaktoren wird die betriebliche Leistung erstellt und auf dem Gütermarkt verkauft. Zwischen dem Betrieb und seiner Umwelt findet also ein Leistungs- bzw. Güteraustausch und Geldaustausch statt. Innerhalb des Betriebes findet nur ein Leistungs- bzw. Güteraustausch statt.

Die **Unternehmensführung** hat dafür zu sorgen, dass die Leistungserstellung unter Wahrung des finanziellen Gleichgewichts durchgeführt wird und dass eine Nachhaltigkeit der Leistungserstellung gesichert wird. Im Auftrag der Eigentümer des Unternehmens hat sie auch dafür zu sorgen, dass deren Ziele erfüllt werden. Bei Unternehmen in der Marktwirtschaft handelt es sich meistens um Gewinnziele.

Der Bereich **»Forschung und Entwicklung« (F&E)** dient der Anpassung der Produkte bzw. des Sortiments an die Bedürfnisse des Marktes. Durch ständige Verbesserung und Neuentwicklung von Produkten sollen Marktanteile gehalten und ausgebaut sowie neue Märkte erschlossen werden. Auf den meisten Gütermärkten ist das Angebot größer als die Nachfrage. Die Konkurrenz zwingt dazu, den Mitbewerbern in Qualität, Serviceleistungen und Innovationen »eine Nasenlänge voraus« zu sein.

Der Funktionsbereich »**Materialwirtschaft**« umfasst die Teilaufgaben Beschaffung von Werkstoffen und deren Lagerhaltung. Ziel der Materialwirtschaft ist es, die notwendigen Materialien in ausreichender Menge und Qualität zum erforderlichen Zeitpunkt am erforderlichen Ort zu geringstmöglichen Kosten bereitzustellen.

Die »**Produktion**« ist der Bereich der Leistungserstellung im engeren Sinne. Sie ist damit die Kernfunktion in Industriebetrieben. In der Produktion werden die Produktionsfaktoren so kombiniert, dass die Fertigerzeugnisse auf kostengünstigste Weise hergestellt werden. Die Produktion ist eng verzahnt mit den anderen betrieblichen Funktionen.

In einer Zeit, in der Käufermärkte vorherrschend sind, hat der Funktionsbereich »**Absatz**« für alle Unternehmen eine entscheidende Rolle eingenommen. Die Wertschöpfung der Produktion kann nur dann realisiert werden, wenn die Produkte verkauft werden. Das moderne Marketing, welches für Käufermärkte typisch ist, unterscheidet sich vom traditionellen Absatz dadurch, dass alle Unternehmensfunktionen an den Erfordernissen des Marktes ausgerichtet werden. Marketing ist also heute nicht mehr ein mehr oder weniger abgegrenzter Funktionsbereich, sondern ein Führungskonzept, das in alle anderen Funktionsbereiche hineinwirkt.

»**Finanzierung**« bedeutet die Bereitstellung von finanziellen Mitteln, um die laufenden Verbindlichkeiten erfüllen und Investitionen tätigen zu können. Dabei gilt es, die Liquidität (Zahlungsfähigkeit) des Unternehmens zu sichern und gleichzeitig das Kapital des Unternehmens den rentabelsten Verwendungsmöglichkeiten zuzuführen. Zuwenig liquide Mittel gefährden die Zahlungsfähigkeit des Unternehmens; sind jedoch liquide Mittel in zu hohem Maße vorhanden, werden diese rentableren Anlagemöglichkeiten entzogen. Finanzierung im engeren Sinne bedeutet die Bereitstellung von finanziellen Mitteln für notwendige Investitionen.

Im Bereich »**Rechnungswesen**« fließen alle Wertbewegungen zwischen Betrieb und Umwelt zusammen, werden registriert und ausgewertet. Die Finanzbuchhaltung hat die Aufgabe, alle Geschäftsfälle in richtiger Reihenfolge wertmäßig zu erfassen. Das Ergebnis eines Geschäftsjahres wird im Jahresabschluss zusammengefasst, der aus der Bilanz, der Gewinn- und Verlustrechnung und bei Kapitalgesellschaften zusätzlich dem Anhang zum Jahresabschluss besteht. In der Kosten- und Leistungsrechnung werden alle Kosten und Leistungen erfasst. Die Kosten und Leistungen werden einzelnen Abteilungen oder Stellen zugeordnet, um deren Beitrag zum Betriebsergebnis festzustellen.

Die Kosten- und Leistungsrechnung dient darüber hinaus der Kalkulation der Verkaufspreise sowie der informationellen Fundierung von Entscheidungen über Produktionsaufträge, Produktionsverfahren, Produktionsumstellungen usw.

Aufgabe des Funktionsbereiches »**Personalwirtschaft**« ist es, dafür zu sorgen, dass Personal in ausreichender Anzahl und mit der benötigten Qualifikation zur Verfügung steht. Eine Kernaufgabe ist deshalb die Personalbeschaffung. Die Personalentwicklung ist eine weitere wichtige Aufgabe des Personalwesens. Sie umfasst die Ausbildung und Fortbildung der Mitarbeiter sowie die Entwicklung von Führungspersönlichkeiten. Neben diesen Aufgaben kommt diesem Bereich auch die Erledigung der verwaltungstechnischen Aufgaben im Personalbereich, wie Lohn- und Gehaltsabrechnung, Abführung der Sozialleistungen, Führen der Personalakten usw. zu.

In der Volkswirtschaft werden die Produktionsfaktoren »Arbeit, Natur, Kapital und Technologisches Wissen« unterschieden. In der Betriebswirtschaftslehre gibt es eine etwas andere Sichtweise. Während der Volkswirt untersucht, welche Produktionsfaktoren allgemein in einer produzierenden Wirtschaft benötigt werden, interessiert sich der Betriebswirt für diejenigen Faktoren, die in den betrieblichen Produktionsprozess eingehen.

In der Betriebswirtschaftslehre werden unterschieden:

- Arbeit,
- Betriebsmittel und
- Werkstoffe.

Der Produktionsfaktor »**Arbeit**« wird unterteilt in objektbezogene oder ausführende Arbeit sowie leitende oder dispositive Arbeit.

Objektbezogene Arbeit umfasst immer einen bestimmten abgegrenzten Aufgabenbereich; es geht dabei weniger um die Belange des Gesamtunternehmens oder eines ganzen Unternehmensbereiches.

Dispositive Arbeit ist Führungstätigkeit im Unternehmen und umfasst die Aufgaben Zielsetzung, Planung, Organisation, Entscheidung und Kontrolle.

»**Betriebsmittel**« sind Anlagen, Ausstattungsgegenstände und Arbeitsmittel – also mehr oder weniger langlebige Gegenstände, die im betrieblichen Leistungsprozess benötigt werden. Dazu gehören Grundstücke, Gebäude, technische Anlagen, Maschinen, Fahrzeuge, Werkzeuge, Büroausstattung usw.

»**Werkstoffe**« sind Roh-, Hilfs- und Betriebsstoffe sowie Halbfertigerzeugnisse. Sie werden im Produktionsprozess be- und verarbeitet. Rohstoffe gehen dabei als Hauptbestandteil in das Endprodukt ein (z. B. Holz bei der Herstellung eines Schrankes). Hilfsstoffe sind Nebenbestandteile des Endprodukts (z. B. Leim bei der Herstellung eines Schrankes). Betriebsstoffe werden im Produktionsprozess verbraucht (z. B. Treibstoffe, Schmierstoffe).

Die Faktoren »Ausführende Arbeit, Betriebsmittel und Werkstoffe« werden auch als »Elementarfaktoren« zusammengefasst und dem »dispositiven Faktor« gegenübergestellt. Dem dispositiven Faktor kommt die Aufgabe zu, die Elementarfaktoren optimal zu kombinieren. Dabei kommt es darauf an, die Faktoren so zu kombinieren, dass zur Erreichung eines bestimmten Zieles ein Minimum an Kosten entsteht. Diese optimale Faktorenkombination nennt man auch »**Minimalkostenkombination**«.

Ein Unternehmen ist ein sozioökonomisches System, weil bei der Leistungserstellung unter wirtschaftlichen Gesichtspunkten die Interessen von verschiedenen Gruppen von Menschen berücksichtigt werden. Die Eigentümer eines Unternehmens werden als »Shareholder« (Anteilseigner) bezeichnet. Sie haben als Eigentümer rechtlich gesehen den entscheidenden Einfluss auf das Unternehmen.

Darüber hinaus gibt es eine Reihe von weiteren Interessengruppen, die durch den betrieblichen Produktionsprozess direkt oder indirekt betroffen sind. Es handelt sich dabei um die Belegschaft, um Lieferanten, um die Kunden des Unternehmens, um staatliche Organe und um das gesellschaftliche Umfeld des Unternehmens, also etwa die Einwohner der betreffenden Region oder im überregionalen Bereich. Alle Interessengruppen zusammen bezeichnet man auch als »**Stakeholder**« (Anspruchsinhaber).

Je nach Größe des Unternehmens und nach dessen Zweck ist die Gesellschaft als Ganzes mehr oder weniger vom Wirken eines Unternehmens betroffen. So schaffen Unternehmen auf der einen Seite Arbeitsplätze, auf der anderen Seite können sie aber auch das Leben von Anwohnern durch Umweltbelastungen beeinträchtigen. Es liegt auf der Hand, dass die verschiedenen Gruppen der Stakeholder nicht immer übereinstimmende Interessen haben.

Der Staat hat durch zahlreiche Gesetze Einflussmöglichkeiten für einzelne Interessengruppen geschaffen. Die Belegschaften von Unternehmen haben z. B. Mitbestimmungsrechte in Form von Betriebsräten und Vertretern in Aufsichtsräten. Es existieren Gesetze zum Schutz der Verbraucher und staatliche Auflagen, um negative Einflüsse von Unternehmen auf das Wohlergehen der Einwohner zu begrenzen. Diese staatlichen Eingriffe haben zu einer Begrenzung der Macht von Eigentümern über »ihr Unternehmen« geführt.

Im Grundgesetz (GG) ist die Sozialpflichtigkeit von Eigentum verankert: »Eigentum verpflichtet. Sein Gebrauch soll zugleich dem Wohle der Allgemeinheit dienen.« (Artikel 14 Abs. 2 GG).

1.7.2 Unternehmerische Zielbildung

Das Hauptziel eines Unternehmens richtet sich zunächst nach dem Wirtschaftsprinzip, welches dem Unternehmen zugrunde liegt.

Man unterscheidet drei Wirtschaftsprinzipien:

- Das **erwerbswirtschaftliche** Prinzip: Hauptziel ist danach die Erreichung eines maximalen Gewinns.
- Das **genossenschaftliche** Prinzip: Hauptziel genossenschaftlicher Betriebe ist die Förderung der Wirtschaft der einzelnen Mitglieder.
- Das **gemeinwirtschaftliche** Prinzip: Hauptziel gemeinwirtschaftlicher Unternehmen ist die Deckung des Bedarfs der Bevölkerung mit bestimmten Gütern zu kostendeckenden Preisen.

In der Marktwirtschaft handelt die Mehrzahl der Unternehmen nach dem erwerbswirtschaftlichen Prinzip. Hauptziel dieser Betriebe ist also die Maximierung des Gewinns.

Neben dem Hauptziel eines Unternehmens gibt es zahlreiche Nebenziele, die dem Hauptziel untergeordnet sind. Der Zielbildungsprozess eines Unternehmens ist ein widersprüchlicher Prozess an dem – wie bereits ausgeführt – unterschiedliche Interessengruppen beteiligt sind. Diese haben durch Mitbestimmungsrechte und gesetzliche Auflagen erhebliche Einflussmöglichkeiten im Zielbildungsprozess, weshalb Unternehmensziele immer auch einen **Kompromisscharakter** tragen.

In der Literatur wird diesem widersprüchlichen Zielbildungsprozess mit dem Begriff eines »**magischen Dreiecks der Leistungserstellung**« Rechnung getragen. Die betriebliche Leistungserstellung unterliegt dabei einem Spannungsdreieck zwischen drei Dimensionen: der ökonomischen Dimension – Gewinnerzielung, Wirtschaftlichkeit der Leistungserstellung – ; der sozialen Dimension – Arbeitsplatzerhaltung, Arbeitsbedingungen, Mitbestimmung – ; der ökologischen Dimension – Schonung der Umwelt und der Ressourcen.

Zielarten können nach unterschiedlichen Kriterien systematisiert werden.

Monetäre und nichtmonetäre Ziele

Monetäre Ziele lassen sich in Geldeinheiten messen. Dazu gehören z. B. die Kenngrößen Gewinn, Umsatz, Deckungsbeitrag, Liquidität (Zahlungsbereitschaft), Kapitalerhaltung. Nichtmonetäre Zielvorstellungen lassen sich nicht in Geldeinheiten messen. Beispiele sind: Marktanteil, Wachstumsziele, Image, Arbeitsplatzsicherung, Umweltziele.

Ziele unterschiedlicher Rangordnung

Nach Rangordnung unterschieden werden Ober-, Zwischen- und Unterziele. Aus dem Oberziel müssen Zwischen- und Unterziele abgeleitet werden, damit der Beitrag jedes Bereiches, jeder Abteilung, jeder Gruppe und jedes Mitarbeiters zum Oberziel festgelegt werden kann.

Unbegrenzte und begrenzte Ziele

Von unbegrenzten Zielen spricht man, wenn ein maximaler Zielerreichungsgrad angestrebt wird: z. B. Gewinnmaximierung, Kostenminimierung. Begrenzte Ziele werden durch einen vorgegebenen Wert charakterisiert (z. B. Steigerung des Gewinns um 10 %).

Unterscheidung nach Beziehungen zwischen den Zielen

Komplementäre Ziele wirken in die gleiche Richtung: Maßnahmen zur Erreichung des einen Zieles tragen auch zur Erreichung des anderen Zieles bei. Die Ziele Umsatzsteigerung und Gewinnsteigerung sind komplementäre Ziele, wenn die Kosten und die Absatzpreise konstant bleiben. Konkurrierende Ziele wirken dagegen in die entgegengesetzte Richtung, wie etwa die Verringerung der Lagerkosten einerseits und die Geringhaltung der Bestellkosten andererseits: Kleinere Losgrößen belasten das Lager in geringerem Maße und wirken sich positiv auf dessen Kosten aus; jedoch steigen die Bestellkosten wegen des Wegfalls von Mengenrabatten und wegen des höheren Transportaufwandes. Wenn sich Ziele sogar im Extremfall gegenseitig ausschließen, spricht man von Zielantinomie. Üben die Maßnahmen zur Erreichung von Zielen keinen Einfluss aufeinander aus, spricht man von Zielindifferenz.

Unterscheidung nach zeitlichem Bezug

Nach zeitlichem Bezug kann unterschieden werden zwischen lang-, mittel- und kurzfristigen Zielen. Kurzfristig können z. B. bei einer Sonderaktion Gewinneinbußen hingenommen werden, wenn das langfristig zu einer Gewinnerhöhung führt. Weiterhin kann unterschieden werden zwischen zeitpunkt- und zeitraumbezogenen Zielen, statischen und dynamischen Zielen sowie dauernden und vorübergehenden Zielen.

Wie bereits ausgeführt, kommt es zwischen unterschiedlichen Zielen zu Konflikten. Bei den Zielkonflikten können unterschiedliche Arten unterschieden werden:

Individualkonflikte entstehen, wenn die Ziele des Unternehmens und private Zielvorstellungen nicht miteinander harmonieren. Sie entstehen, wenn z. B. Mitarbeiter bei Einsatz für die Unternehmensziele ihre persönlichen Ziele nicht in angemessenem Maße verwirklichen können. Das betrifft z. B. die Entlohnung, Aufstiegschancen, Mitsprachemöglichkeiten. Individualkonflikte können auch zwischen Unternehmenszielen und Gesellschaftern auftreten. Ein Beispiel dafür ist das Bestreben von Vorstand und Aufsichtsrat der AG, den Gewinn zugunsten der Investitionen im Unternehmen zu belassen, während die Aktionäre eher an hohen Ausschüttungen interessiert sind.

Hierarchisch bedingte Konflikte treten auf, wenn die Zielvorstellungen der übergeordneten Instanzen keine geeignete Basis für die Zielsetzungen der Mitarbeiter bieten, beispielsweise wenn es keine konkreten Zielvorstellungen gibt oder die Ziele unerfüllbar sind.

Innerorganisatorische Konflikte können zwischen den einzelnen Abteilungen entstehen. Die einzelnen Abteilungen verfolgen Unterziele, die durchaus in Konflikt zueinander stehen können. So ist beispielsweise der Einkauf an hohen Bestellungen interessiert, um Mengenrabatte ausnutzen zu können, während die Lagerhaltung an kleinen Mengen interessiert ist, um Lagerkosten zu sparen. Diese Konflikte müssen durch das Finden optimaler Lösungen von den Abteilungen gemeinsam oder von übergeordneten Instanzen gelöst werden.

Nach Festlegung der Ziele auf allen Ebenen des Unternehmens erfolgt die **Planung der Zielumsetzung**. Dabei werden die einzelnen Aktivitäten festgelegt, die erforderlich sind, um die gesetzten Ziele zu erreichen. Nach Durchführung der Aktivitäten werden die Ergebnisse in Hinblick auf die Zielerreichung ausgewertet (**Kontrolle**). Je klarer und eindeutiger ein Ziel formuliert wurde, um so leichter ist dieser Schritt durchführbar. Aus diesem Grunde wird angestrebt, alle Ziele eindeutig messbar zu machen. Dadurch unterliegt die Kontrolle der Zielerreichung nicht subjektiven Einschätzungen sondern objektiven Messgrößen. Die Auswertung des Grades der Zielerreichung führt gegebenenfalls zu einer Veränderung der geplanten Aktivitäten, um eine unzureichende Zielerfüllung korrigieren zu können. Unter Umständen müssen aber auch Abstriche an den ursprünglich gesetzten Zielen gemacht werden und neue Ziele festgelegt werden.

1.7.3 Planungsinstrumente im Wertschöpfungsprozess

Planung, Kontrolle und Informationsverarbeitung sind zentrale betriebliche Aufgaben, die in allen Bereichen eines Unternehmens vorkommen. Dementsprechend werden diese Begriffe in den folgenden Kapiteln immer wieder behandelt: etwa in Zusammenhang mit den Fächern der **speziellen Betriebswirtschaftslehre** (Kapitel 4), den **Informations- und Kommunikationstechniken** (Kapitel 16 bis 19), insbesondere aber der **Organisation und Unternehmensführung** (Kapitel 5). Daher ist es angebracht, diese grundlegenden Begriffe bereits an dieser Stelle in den Grundzügen zu behandeln.

Bis in die fünfziger Jahre unseres Jahrhunderts wurde Planung im Rahmen der Betriebswirtschaftslehre lediglich als Instrument des Rechnungswesens angesehen. Die Planungslehre beschäftigte sich ausschließlich mit Budgets und Prognosen als »Anhängsel« der Buchhaltung. Erst in den letzten Jahrzehnten erhielt die Planungslehre den Rang eines eigenständigen Fachgebietes im Rahmen der Unternehmensführung.

Die Planung stellt innerhalb eines Unternehmens ein permanent benötigtes Führungsinstrument dar und kann daher nicht losgelöst betrachtet werden von der Struktur der Organisation. Das Planungs- und Kontrollsystem ist in die **Aufbauorganisation** des Unternehmens (vgl. Abschn. 6.3.2) eingebettet und dort im Sinne einer **Ablauforganisation** (Abschn. 6.3.3) installiert. Die Elemente, die bei der Lösung planerischer Aufgaben zusammenwirken, bilden eine organisierte Struktur innerhalb der gesamten Unternehmensstruktur, das so genannte **Planungssystem**, das alle Abteilungen einer Unternehmung durchzieht und daher nicht allein auf eine Planungsabteilung oder einen Planungsstab beschränkt ist. Auch das System ist organisatorisch zu gestalten, d. h. – auch wenn dies paradox klingen mag – die Planung selbst bedarf der Planung!

Als Basis wie auch als ständige Begleiterin der Planung ist die **informationelle Fundierung** anzusehen. Insoweit kommt ihr eine besondere Bedeutung zu, der im Folgenden durch eine ausführliche Behandlung Rechnung getragen wird. Gleiches gilt für die mit der Planung und Planrealisierung untrennbar verbundene Kontrolle.

An dieser Stelle soll nur ein Überblick über den Themenkreis »Planung« gegeben werden. Insbesondere die Organisationsproblematik wird in Kapitel 5 ausführlich behandelt werden.

1.7.3.1 Planung und Entscheidung

Für den Planungsbegriff lässt sich in der einschlägigen Literatur eine Vielzahl von Definitionen finden. Beispiele:

»Unter Planung versteht man die geistig abstrahierende Vorwegnahme und Auswahl zukünftiger Handlungen« (HEINEN).

»Planung bedeutet, das von der Geschäfts- und Betriebsleitung Gewollte in die rationalen Formen betrieblichen Wollens zu gießen« (GUTENBERG).

»Planung ist ein willensbildender, informationsverarbeitender, prinzipiell systematischer Entscheidungsprozess mit dem Ziel, zukünftige Entscheidungs- oder Handlungsspielräume problemorientiert einzugrenzen und zu strukturieren. Planung wird von dazu legitimierten Planungsträgern durchgeführt. Das intendierte Resultat ist ein ratifizierter Plan bzw. ein System ratifizierter Pläne« (BITZ).

Insbesondere die letzte, sehr kompakte Definition stellt den Charakter des Planungsprozesses als Entscheidungsprozess heraus.

1.7.3.1.1 Ablauf der Planung

1.7.3.1.1.1 Phasen des Planungsprozesses

In der einschlägigen Literatur findet sich eine Fülle von Darstellungen des Planungsprozesses, wobei manchen Phasenmodelle noch zwischen Gesamt- und Teilprozessen unterscheiden. Das nachfolgende Schema will den Weg »mittels strukturierter Planung vom Problem zur Problemlösung« nachzeichnen, bildet aber kein »Dogma« ab: Es gibt nicht »die« Phasen der Planung!

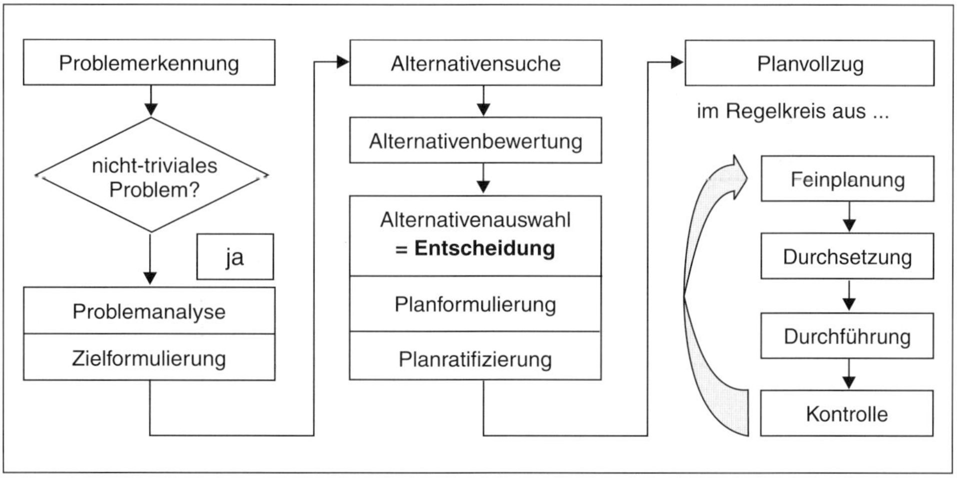

Vom Problem zur Problemlösung

Phase der Problemnennung, Zielformulierung und Problemanalyse

Ausgangspunkt jeder Planung ist die Problemerkennung: Bevor ein Problem formuliert und so zum Ausgangspunkt einer Planung genommen werden kann, muss es empfunden werden. Probleme werden entweder aufgrund systematischer Recherchen (**Systemanalyse**, vgl. Abschn. 6.4.1.1) identifiziert oder »zufällig« entdeckt. Aktivitäten werden jedoch nur ausgelöst, wenn das erkannte Problem in einer ersten Beurteilung als gravierend (also nicht-trivial) empfunden wird. Planungsanregende Probleme können vielerlei Ursachen haben. Ursachen unternehmensinterner Art liegen in der Unternehmensstruktur begründet und betreffen beispielsweise die Arbeitsverteilung, Art und Alter der Produktionsanlagen, das Vertriebsnetz und vieles andere mehr. Externe Ursachen sind dagegen Zustände oder Entwicklungen der Umwelt, die eine Anpassung der Unternehmung an eine veränderte oder in Veränderung begriffene Situation erfordern.

Ist ein Problem als nicht-trivial erkannt, so löst diese Erkenntnis nicht in jedem Fall eine sofortige Aktion aus. Mögliche erste Reaktionen sind vielmehr

- Verdrängung,
- zeitliche Verschiebung,
- Abschiebung aus dem eigenen in einen anderen Zuständigkeitsbereich,
- die Empfindung, dass eine Lösung vonnöten ist.

Nur im letzten Fall folgen die nächsten Schritte, nämlich die Zielformulierung und die Suche nach Problemlösungen. Am Anfang dieses Prozesses steht die **Problemanalyse**: Das Problem wird in seine einzelnen Komponenten zerlegt; fehlende Informationen werden beschafft; die Beeinträchtigungen, die das Problem bedingt, bzw. die möglichen Verbesserungen, die aus einer Problemlösung resultieren, werden in einer Soll-Ist-Gegenüberstellung herausgearbeitet. Schließlich muss eine deutliche Zielformulierung erfolgen, aus der eindeutig hervorgeht, welcher Zustand nach Lösung des Problems hergestellt sein soll. Zugleich wird überlegt, wer durch das Problem und seine Lösung betroffen ist und welche Stellen zur Lösung beitragen können.

Phase der Alternativensuche

Bei der Generierung alternativer Lösungen sind die verfügbaren Lösungsmittel, die Zeit, die Rentabilität, die Dauerhaftigkeit der Lösung und die mit ihr einhergehenden Risiken zu berücksichtigen. Unter Beachtung dieser Faktoren werden häufig mehrere zulässige Lösungen gefunden. Der Suchvorgang ist jedoch nur bedingt objektivierbar und ein weitgehend kreativer Prozess. Einige Methoden und Techniken werden später dargestellt.

Die gesammelten Informationen werden, soweit sie als für das zu lösende Problem relevant angesehen werden, in Form einer umfangreichen **Dokumentation** aufbereitet und der zuständigen Stelle zugetragen. Diese Dokumentation enthält die möglichst exakte Beschreibung des **Ist-Zustandes**, der möglichen Lösungen und des nach der Lösung erwarteten Soll-Zustandes. Nach Möglichkeit benennt sie auch die Planungsträger, die verfügbaren Mittel und den zeitlichen Rahmen.

Phase der Alternativenbewertung

Zwecks Auswahl der günstigsten, d. h. am meisten zielkonformen, Planalternative müssen die verschiedenen vorgeschlagenen Lösungen vergleichbar gemacht, d. h. quantifiziert und möglichst in eine Rangfolge gebracht werden. Geeignete Verfahren sind die **Kostenvergleichsrechnung**, die **Nutzwertanalyse** und die **Kapitalwertmethode**, die an späterer Stelle behandelt werden.

Phase der Entscheidung

In jedem Unternehmen wird gleichzeitig mehr als ein Objektbereich geplant. Sind Planungen voneinander abhängig oder miteinander verbunden, so bedürfen sie einer inhaltlichen, zeitlichen und personellen Koordination. Bei der Entscheidung für einen Plan ist daher auf Berührpunkte mit anderen – schon verabschiedeten oder zur Entscheidung anstehenden – Planungen zu achten.

Das Ergebnis des geschilderten Prozesses ist ein formulierter **Plan**, der den Planungsgegenstand sachlich, räumlich, zeitlich und personell konkretisiert. Im Einzelnen:

- Für Pläne existiert keine Normung, weswegen ihre äußeren Erscheinungsformen je nach Planer und Unternehmung höchst unterschiedlich sind. Häufig enthalten Pläne neben den Anweisungen, welche Ziele oder Aktionen der Planempfänger realisieren soll (**Entscheidungsprogramm**), Informationen und Argumente, die im Planungsprozess gewonnen und erarbeitet wurden.
- Das Entscheidungsprogramm ist der Kern des Plans (**Plan-Nukleus**). Es legt fest, welche Ziele der Planempfänger erreichen bzw. welche Aktionen er, in Abhängigkeit vom Eintreffen bestimmter Bedingungen, vornehmen soll.
- Ein **vollständiges Entscheidungsprogramm** enthält
  - Ziele,
  - Bedingungen und
  - Aktionen, die in Abhängigkeit vom Eintreten der Bedingungen durchgeführt werden sollen.
- **Unvollständige Entscheidungsprogramme** nennen dagegen entweder nur die Ziele oder die (ggf. von Bedingungen abhängigen) Aktionen. Zu unterscheiden sind folgende Typen unvollständiger Entscheidungsprogramme:
  - unbedingte Zielprogramme,
  - bedingte Zielprogramme,
  - unbedingte Aktionsprogramme,
  - bedingte Aktionsprogramme.

Beispiele:

- *Senkung der Verwaltungskosten binnen eines Jahres um mindestens 10 %! (unbedingtes Zielprogramm).*
- *Senkung der Verwaltungskosten binnen eines Jahres um mindestens 10 %, wenn die im nächsten Monat zu erwartenden Tarifabschlüsse einen Lohnzuwachs von 2,5 % nicht übersteigen! Liegt die Tariferhöhung über 2,5 %, so sind die Verwaltungskosten binnen eines Jahres um 10 % abzgl. der 2,5 % übersteigenden Marge zu senken! (bedingtes Zielprogramm).*
- *Entlassung sämtlicher Hilfskräfte in der Produktionsabteilung! (unbedingtes Aktionsprogramm).*
- *Entlassung sämtlicher Hilfskräfte in der Produktionsabteilung, wenn der Großauftrag der ABC-KG nicht erteilt wird! Wenn der Großauftrag der ABC-KG erteilt wird, keine Entlassungen in der Produktion! (bedingtes Aktionsprogramm).*

Während unbedingte Ziel- und Aktionsprogramme keinen Raum für Anpassungen an Veränderungen zulassen, die sich seit der Planratifizierung ergeben haben, sehen bedingte Programme unterschiedliche Handlungsalternativen in Abhängigkeit vom Eintreten vorab definierter Bedingungen vor. Bedingte Planungen sind immer dann von Vorteil, wenn Unsicherheiten hinsichtlich der Entwicklung von Planvariablen im Zeitverlauf bestehen.

Die Entscheidung für die Durchführung eines Planes wird durch die entscheidungsbefugte Instanz (z. B. Geschäftsleitung) auf der Basis der obigen Alternativenbeurteilung getroffen.

Diese Phase wirft Probleme auf, wenn die Bewertung keine eindeutige Rangfolge der Alternativen erbracht hat. Mit der Auswahl eines Planes geht seine **Ratifikation** (verbindliche Vorgabe zur Realisierung) einher.

Phase des Vollzugs

Diese Phase beinhaltet die Schritte

- Feinplanung,
- Durchsetzung,

- Durchführung und
- Kontrolle.

Dabei liegt es in der Natur der Sache, dass diese Schritte nicht ausschließlich linear von oben nach unten durchlaufen werden.

In der **Feinplanung** werden Ergänzungsanalysen durchgeführt, Teil- und Detailpläne erarbeitet, Fristen und Termine festgelegt und Aufgaben verteilt. Die letztliche **Durchsetzung** eines Planes hängt im Wesentlichen davon ab, inwieweit es gelingt, Widerstände und Realisationsschwierigkeiten zu erkennen und abzubauen.

Die **Durchführung** eines Planes erfolgt in Abhängigkeit vom Planungsgegenstand und dem vorgegebenen Zeitrahmen durch den koordinierten Einsatz von menschlicher und maschineller Arbeit, Betriebs- und Hilfsmitteln und Werkstoffen, die be- oder verarbeitet werden. Die Koordination dieser Einsatzfaktoren ist eine organisatorische Aufgabe, die einerseits der konkreten Vorbereitung in der Planungsphase, andererseits der laufenden **Kontrolle** in allen Phasen der Realisation bedarf.

Wie aus der obigen Darstellung deutlich wird, ist der Planungsprozess ein Willensbildungsprozess, der innerhalb des Planungssystems idealerweise systematisch in mehreren Phasen abläuft. Jede einzelne Phase steht dabei für eine abgeschlossene Teilaufgabe, für die die Eingangsdaten, der einbezogene Personenkreis, die angewendeten Methoden und das beabsichtigte Ergebnis eindeutig definiert sind.

In der einschlägigen Literatur werden diverse Phasenmodelle beschrieben. Sie unterscheiden sich hinsichtlich

- Art, Anzahl und des Inhalt der Phasen,
- Beziehungen zwischen den Phasen,
- Anordnung der Phasen und
- Projektumfang.

Einige dieser Modelle werden in diesem Lehrwerk an unterschiedlichen Stellen eingehend dargestellt, etwa im Abschnitt über »Phasenmodelle (vgl. Abschn. 6.4.1) und dort vor allem unter dem Stichwort der Systemanalyse, sowie im Rahmen des Projektmanagements (vgl. Kap. 7). Aus diesem Grunde soll an dieser Stelle nur kurz auf diese beiden Begriffe eingegangen werden.

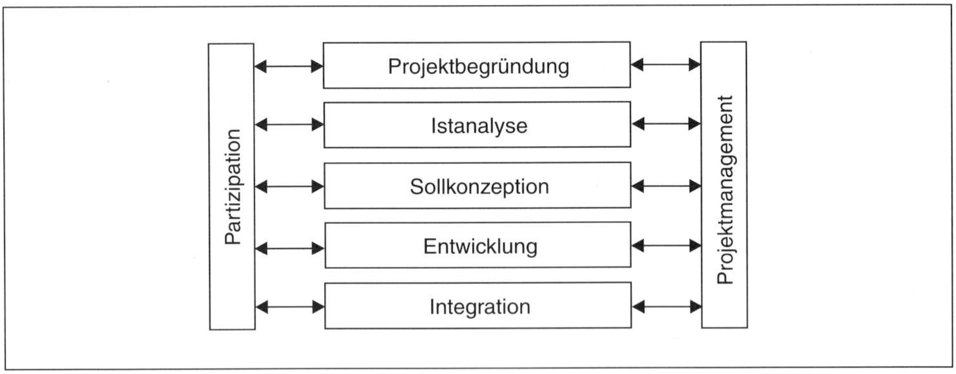

Phasen der Systemanalyse nach KRALLMANN

Eine **Systemanalyse** wird durchgeführt, wenn ein System oder ein Modell von einem Ist-Zustand in einen gewünschten Soll-Zustand überführt werden soll. Der Begriff der Systemanalyse steht dabei für die klassische Vorgehensweise, die Elemente eines **sozio-technischen Systems** (z. B. eines Unternehmen, einer Abteilung; vgl. Abschn. 5.1.2.3.2) und deren

Beziehungen zueinander in Hinblick auf deren Organisation, Technologie und Motivation zu untersuchen und ggf. in **Modellen** abzubilden, dadurch den Wirkmechanismen und letztlich auch den Schwachstellen innerhalb des Systems »auf die Spur zu kommen« und auf Basis dieses Wissens zu entscheiden, an welchen Stellen und in welcher Art bzw. in welche Richtung Veränderungen vorzunehmen sind. Für dieses Verfahren, das mit dem Oberbegriff der **Systementwicklung** eigentlich zutreffender beschrieben ist (die Analyse ist nur ein Teil davon), sind keine formalen Methoden vorgeschrieben. **Partizipation** steht in der folgenden Abbildung (nach KRALLMANN) für die Forderung, die von der Änderung des Systems Betroffenen in den Entwicklungsprozess einzubeziehen. Außerdem wird die Wechselbeziehung zwischen Systementwicklung und Projektmanagement abgebildet.

Projektmanagement ist nach DIN 69901 »...die Gesamtheit der Führungsaufgaben, -organisation, -techniken und -mittel für die Abwicklung eines Projekts«. Konkret geht es darum, alle Aktivitäten zu koordinieren, die unternommen werden müssen, um ein Projekt in einer bestimmten Zeit mit bestimmten Ressourcen zu einem bestimmten Ergebnis zu bringen. Damit ist zugleich die Einmaligkeit und Endlichkeit (d. h. zeitliche Begrenzung) eines jeden Projektes zum Ausdruck gebracht. Ein solches Projekt kann z. B. die (Weiter)Entwicklung eines Produkts oder eines EDV-Programms sein. Unter Anwendung eines Instrumentariums aus verschiedenen Methoden und Werkzeugen werden Termine, Ressourcen und Kosten geplant, gesteuert und kontrolliert. Der Lösungsprozess, der zu diesem Ergebnis führt, kann in bestimmten Phasen ablaufen (etwa in der oben beschriebenen Abfolge der **Systementwicklung**). Es sind aber auch andere Modelle denkbar.

- Das **Wasserfallmodell:** Dabei ist, im Gegensatz zur Systemanalyse, die durchaus Rücksprünge in frühere Phasen zulässt, die Rückkehr zu vorhergegangenen Phasen oder die Wiederholung von phasenbezogenen Aktivitäten nicht möglich.
- Das **Prototyping:** Hierbei wird die möglichst schnelle Erstellung einer Erstversion (eines Produkts, eines Programms usw.) angestrebt. Dieser Prototyp wird daraufhin geprüft, ob er die vorab formulierten Anforderungen erfüllt, und ggf. nachgebessert. Hierdurch entsteht ein zweiter Prototyp, der wiederum geprüft und nachgebessert wird, usw. – bis ein Ergebnis vorliegt, das allen Anforderungen gerecht wird und (am Markt, im Betrieb usw.) implementiert werden kann.
- Das **Versioning:** Ein vorhandenes Projekt (ein Produkt, ein Programm usw.) wird in einer immer wieder wiederholten Schrittfolge (Iteration) von
  - Objektanalyse (Mängel werden dokumentiert, neue Anforderungen formuliert),
  - Konzeptentwicklung (für notwendige Änderungen werden Lösungen entwickelt),
  - Ausführungsentscheidung,
  - Ausführung im Prototyp,
  - Prototypentest und
  - Versionsherausgabe

sukzessive verändert/verbessert. Das Ergebnis eines jeden Durchlaufs ist eine neue Version, die auch auf den Markt gebracht wird. Häufig sind mehrere Versionen gleichzeitig am Markt bzw. in Gebrauch. Dieses Verfahren wird vorrangig bei der Entwicklung von EDV-Anwendungen praktiziert. Quasi-Standard ist der **Rational Unified Process (RUP)**.

Eine sehr ausführliche Darstellung der Vorgehensweise bei der Systemanalyse und -entwicklung enthält Kapitel 6.

1.7.3.1.1.2 Planungszeitraum

Planungshorizont und Meilensteine

Ein wesentliches Kennzeichen jeder strukturierten Planung ist die Festlegung von Zeitbedarfen, Fristen und Terminen. Bereits dann, wenn eine Planung aufgrund eines als veränderungsbedürftig empfundenen Zustandes in Angriff genommen und ein Planungsziel formuliert wird, wird in aller Regel ein – wenigstens ungefährer – Zeitpunkt benannt, zu dem der Planvollzug abgeschlossen und das Ziel erreicht sein soll. Dieser Zeitpunkt wird als **Planungshorizont** bezeichnet. Er stellt anfangs meist eine grobe, im Laufe der fortschreitenden Planung immer weiter konkretisierte Zeitangabe dar.

Im Zuge der Strukturierung der Planung werden – vor allem in der Phase der Feinplanung – Planungsschritte verabredet und Teilpläne erstellt, für die jeweils – eingedenk des gesamten Planungshorizontes – Zeitvorgaben zu treffen und planmäßig zu überwachen sind. Es werden also Teilergebnisse definiert, Festlegungen darüber getroffen, bis wann diese erreicht sein sollen, und Termine gesetzt, an denen eine Nachprüfung der Planerfüllung stattfindet. Häufig wird in diesem Zusammenhang von **Meilensteinen der Planung** gesprochen.

Wie später noch ausführlicher gezeigt werden wird, vollzieht sich Planung oft unter Unsicherheit, und es kann nicht davon ausgegangen werden, dass die Erreichung eines bei Planungsbeginn erstrebenswert erscheinenden Ziels dauerhafte Gültigkeit behält. Daraus folgt zum einen, dass jede Planung endlich ist, und zum anderen, dass die Festlegung der Zeitvorgabe im Spannungsfeld von »so zügig wie möglich und so gründlich wie nötig« erfolgt.

Häufig beziehen sich Planungen auf »externe Projekte«, also Kundenaufträge, für die Ablieferungsfristen zu beachten sind, deren Nichteinhaltung negative Folgen bis hin zu Konventionalstrafen nach sich ziehen kann. Außerdem muss bedacht werden, dass auch »interne Projekte« solche Ressourcen (Personal, Kapital, Betriebsmittel usw.) binden, die für andere Projekte nicht zur Verfügung stehen. Verzögerungen eines Projektes können damit auch den fristgerechten Erfolg anderer Vorhaben gefährden.

Strategische und operative Entscheidungen

Aus der bisherigen Darstellung wird deutlich, dass Planung in allen Lebensphasen und allen Arbeitsbereichen eines Unternehmens stattfindet und sowohl auf die Gestaltung von Systemen als auch auf die reibungsverlustfreie Gestaltung von Abläufen innerhalb bestehender Systeme abzielen kann. Im ersten Fall spricht man von strategischer Planung, im letzten von operativer Planung. Zwischenstufen werden in der Literatur auch als dispositive Planung bezeichnet.

Strategische Planung zielt ab auf die Schaffung von Erfolgspotenzialen zum Zwecke der Sicherung und Verbesserung der Unternehmensposition. Typische strategische Entscheidungen betreffen neue Produkte und Märkte bzw. Produkt-Markt-Konstellationen. Derartig grundsätzliche Entscheidungen erzeugen den Bedarf nach konkreter Ausgestaltung der durch sie veränderten Aktionsräume der Unternehmung. In der Regel zieht ein strategischer Plan also eine Fülle von Planungsproblemen nach sich, die Gegenstand dispositiver oder operativer Planung sind. Während die **dispositive Planung** die Errichtung geeigneter Aktionssysteme zum Gegenstand hat, beinhaltet die **operative Planung** die konkrete und detaillierte Vorgehensweise zur Realisierung der durch strategische und dispositive Planung vorbestimmten Problemlösungen.

In der Unterscheidung zwischen strategischer und operativer Planung drückt sich die Rangfolge der in den Plänen behandelten Probleme aus: Ein strategischer Gesamtplan wird in ein System von Teilplanungen zerlegt, wobei jeder Teilplan einen Aspekt des Problems behandelt. Die Erstellung dieser Teilpläne wird in der Regel von der Führungsebene auf nachgeordnete Bereiche delegiert. Wenn auch die Teilpläne, isoliert betrachtet, weniger »wichtig« und meist auch kurzlebiger sind als die übergeordnete Strategie, so hängt die strategische Problemlösung doch wesentlich von ihnen ab: In der operativen Planung zeigt sich, ob die strategische Planung Dinge fordert, die nicht leistbar sind (»... der Teufel steckt im Detail«). Daher ist, im Umkehrschluss, in der strategischen Planung das konkret »Machbare« bereits zu analysieren und zu berücksichtigen.

1.7.3.1.2 Organisation der Planung

Planung kann innerhalb von Systemen zentral oder dezentral erfolgen. In der Praxis finden sich natürlich auch Mischungen dieser beiden Grundformen.

Zentrale Planung

In der zentralen Planung werden alle Entscheidungen von einer Instanz (vgl. Abschn. 6.3.2) bzw. einer Einzelperson getroffen. Der Hauptvorteil dieser Planungsorganisation ist sicherlich darin zu sehen, dass die Koordination verschiedener paralleler Projekte leichter fällt, wenn kein Abstimmungsbedarf zwischen verschiedenen Interessenvertretern bzw. Entscheidungsträgern besteht. Dadurch können Fehlplanungen aufgrund von Informationsdefiziten – z. B. Doppelverplanung von Ressourcen, Kollision widersprüchlicher Projektziele – vermieden werden, und auch sonstige Reibungsverluste (Zeitverluste durch notwendige Einigungsprozesse, Verärgerung durch vermeintliche Bevorzugung/Benachteiligung von Projekten usw.) entstehen nicht. Stehen verschiedene Probleme an, können diese vielmehr in Simultanmodellen gelöst werden.

Dezentrale Planung

Bei Dezentralisation werden Entscheidungen auf mehrere Personen bzw. Instanzen aufgeteilt. Daraus resultiert die zwingende Notwendigkeit einer Koordination der Entscheidungsfelder, da sonst die im vorangegangenen Abschnitt benannten Probleme auftreten können. Dezentralisation ist ein Hauptmerkmal der divisionalen Organisation (vgl. Abschn. 6.3.2.3.2). Die Bildung strategischer Geschäftseinheiten in Form von »Profit Centern« birgt dabei immer die Gefahr, dass die Planung des eigenen Geschäftsbereichs nur auf dessen Erfolgsmaximierung ausgerichtet ist und dabei möglicherweise gegen die übergeordneten Unternehmensziele verstößt bzw. zur Folge hat, dass der Gesamterfolg des Unternehmens gerade deswegen hinter den Möglichkeiten zurückbleibt.

Vorteile der Zentralisation	Vorteile der Dezentralisation
– Keine Koordination notwendig, da alle Entscheidungen durch ein- und dieselbe Instanz getroffen werden; daher: – Keine Informationsdefizite durch nicht weitergegebene Informationen – Berücksichtigung aller Verflechtungen und Abhängigkeiten der Projekte untereinander möglich – Simultane Planung aller anstehenden Projekte möglich – Keine Zielkonflikte	– Entscheidungsbefugnisse sind delegiert; daher: – Kleinere, überschaubare Einzelprojekte und -modelle – Zeitersparnis bei Datenbeschaffung und der eigentlichen Planung – Verbesserte Entscheidungsqualität – Hohe Mitarbeitermotivation
Nachteile der Zentralisation	**Nachteile der Dezentralisation**
– Komplexität der Planungsaufgabe; dadurch – Überforderung des Entscheidungsträgers (Zeitmangel; begrenzte Aufnahmefähigkeit) – Gefahr unqualifizierter Entscheidungen – Gefahr von Irrtümern und Versehen – Demotivierung der Mitarbeiter durch mangelnde Mitwirkungsmöglichkeit	– Die notwendige Koordination verschlingt Zeit und Nerven – Gefahr von Planungsfehlern mit negativen Folgen durch – Vernachlässigung von Interdependenzen zwischen verschiedenen Projekten – Doppelverplanung von Ressourcen – Zielkonflikte möglich durch – Ausleben von »Bereichsegoismen« – Nichtbeachtung übergeordneter Ziele

Zentralisation/Dezentralisation: Pro und Contra

Formen der dezentralen Planung sind

- die **horizontale Dekomposition** (gleichrangig nebeneinander stehende Entscheidungsfelder müssen aufeinander abgestimmt werden);
- die **hierarchische Planung** (Entscheidungsfelder sind in ein Rangsystem eingebunden, Planungen müssen »verschachtelt« werden).

1.7.3.1.3 Problematik der Planung und Entscheidung in Abhängigkeit vom Informationsstand

Entscheidungen, also das Auswählen zwischen verschiedenen Handlungsalternativen, begleiten das gesamte Leben. Auch wenn dies dem handelnden Menschen in alltäglichen Situationen nicht ständig bewusst ist, so gibt es doch zu jeder Aktion mindestens eine Alternative, nämlich ihre Unterlassung. Eine Entscheidung bewusst zu treffen heißt, Handlungsalternativen zu entwerfen und zu beurteilen, also Aufwand, Nutzen und Konsequenzen jeder zur Auswahl stehenden Aktion abzuwägen und die Ergebnisse zu vergleichen. Dies setzt vielfältige Kenntnisse, etwa über übergeordnete Ziele, Handlungsspielräume, Methoden und Techniken der Bewertung, Umweltentwicklungen und -reaktionen voraus: Entscheidungen erfordern **Information**, und zwar nicht nur über bereits erfüllte Tatbestände, sondern auch über solche, die – abhängig oder unabhängig von der getroffenen Entscheidung – zukünftig eintreten werden oder können; denn jede Entscheidung betrifft und beeinflusst die Zukunft. Erfolgt eine Entscheidung aufgrund bereits vorhandenen Erfahrungswissens, so heißt dies nichts anderes, als dass in der Vergangenheit bereits Informationen aufgenommen und verarbeitet wurden. Fehlt das Erfahrungswissen, müssen Informationen beschafft, bewertet und verarbeitet werden.

Auch der betriebliche Alltag ist von der Notwendigkeit, Entscheidungen zu treffen, durchzogen. Die Entscheidungsspielräume der einzelnen Stelleninhaber sind dabei durch die bestehende Organisationsstruktur vorgegeben. Diese Organisationsstruktur ist das Ergebnis einer langfristig wirksamen Planung. Planung erstreckt sich aber nicht nur auf die Schaffung langlebiger Strukturen, sondern findet in allen Lebensphasen und allen Arbeitsbereichen einer Unternehmung statt. In allen Phasen der Planung sind wiederum Entscheidungen zu treffen, etwa darüber,

- ob eine Problemlösung angestrebt und eine entsprechende Planung in Gang gesetzt werden soll,
- welche Personen mit der Planung oder mit Teilaufgaben im Rahmen der Planung betraut werden sollen,
- welche Ziele mit der Planung erreicht werden sollen,
- welche Planalternative letztlich zur Ausführung gelangen soll usw.

Planung ist folglich ein **Entscheidungsprozess**, und wie alle Entscheidungen, so bedürfen auch diejenigen, die im Rahmen einer Planung zu treffen sind, der informationellen Fundierung. In jeder Phase eines Planungsprozesses finden daher Informationsbeschaffung, -verarbeitung, -speicherung und -aktualisierung statt. Streng genommen gibt es also innerhalb dieses Prozesses keine eigenständige Informationsphase mit fest definiertem Anfang und Ende. Jedoch findet insbesondere im Anschluss an die Problemformulierung eine Orientierung statt, im Zuge derer alle Informationen beschafft werden, die zur Beurteilung künftiger Zustände und zur Lösungsfindung für das formulierte Problem beitragen können.

Informationen im Rahmen der Planung sind entweder planungstechnischer oder objektbezogener Natur. **Planungstechnische Informationen** betreffen die Kenntnis des Planungssystems der Unternehmung und seiner Elemente sowie Kenntnisse über Planungsmethoden und -hilfsmittel. Als **objektbezogene Informationen** bezeichnet man alle wesentlichen Informationen über den Planungsgegenstand, also Fakten (Statistiken, rechtliche Vorschriften, Naturgesetze) und technologisches (Erfahrungs-) Wissen. Die Informationsquellen finden sich entweder im Unternehmen selbst (Rechnungswesen, Marktforschung) oder extern (Informationsdienste, Unternehmensberatungen, Fachliteratur, statistische Jahrbücher usw.).

Angesichts der Vielfalt der möglichen Informationen im Zusammenhang mit der Planung kann hier nur eine Übersicht über wesentliche Bereiche des Informationsspektrums wiedergegeben werden.

Man unterscheidet, wobei diese Aufzählung beliebig fortgesetzt und vertieft werden kann:

- Informationen **über die Unternehmung** (Umsatz-, Gewinn-, Kostenentwicklung, Finanz-, Personal-, Organisationsstruktur, Anpassungsfähigkeit usw.),
- Informationen **über das Unternehmensumfeld** (volkswirtschaftliche Rahmendaten, Bevölkerungsstruktur, politische Tendenzen, rechtliche Situation usw.),
- Informationen **über Technologien** (Verfahrens-, Recyclingtechnologien usw.),
- Informationen **über relevante Märkte** (Analyse des Beschaffungs-, Absatz-, Arbeits- und Kapitalmarktes),
- **branchenspezifische** Informationen (Branchenstruktur, Beschäftigungslage, Bedeutung und Situation von Konkurrenten usw.).

Hinsichtlich der Beurteilung von Informationen ist einschränkend festzustellen, dass die Auswahl und Wertung, aber auch die Weitergabe von Informationen subjektive Prozesse sind, die die Gefahr der bewussten oder unbewussten Verfälschung von Informationen in sich bergen. **Informationsdeformationen** können intrapersonale (in der Person des Informierenden oder des sich Informierenden belegene) oder interpersonale (im Informationstransfer zwischen »Sender« und »Empfänger« begründete) Ursachen haben. Die Gefahr, die von unzutreffenden Prognosen aufgrund falscher oder unvollständiger Information ausgeht, liegt auf der Hand und bedarf keiner weiteren Erläuterung. Ein in diesem Zusammenhang interessantes, häufig beobachtetes Phänomen ist das der Self-Fulfilling-Prophecy: Der Planer, der – bewusst oder unbewusst – unter dem Erfolgszwang steht, dass die von ihm gelieferten Prognosen wirklich zutreffen und seine Planung damit als richtig anerkannt wird, setzt – meist unbewusst – alles daran, dass sich seine Prognosen bewahrheiten, und trägt durch sein eigenes Verhalten zu ihrer Erfüllung bei. Eine andere wesentliche Einschränkung erfährt Information dadurch, dass sie häufig um Intuition ergänzt (»Mut zur Lücke!«) oder gar durch diese ersetzt wird (»Fingerspitzengefühl«).

Die **Entscheidungstheorie**, eine Disziplin des (in Kapitel 7 ausführlicher dargestellten) **Operations Research**, untersucht zum einen die formale Struktur von zur Entscheidung anstehenden Problemen, um zu Aussagen darüber zu gelangen, wie – bei rationalem Verhalten und Ziehen folgerichtiger Schlüsse – entschieden werden sollte (**normative** oder **präskriptive Entscheidungstheorie**) und zum anderen das tatsächliche Entscheidungsverhalten von Individuen oder Gruppen (**deskriptive Entscheidungstheorie**).

Die normative Entscheidungstheorie unterscheidet

- **heuristische Verfahren**, deren Anwendung akzeptable Näherungslösungen liefern soll

  Beispiel:

  Eine Faustformel wie »Eine gute Geldanlage besteht zu ¼ aus Immobilien, zu ¼ aus Aktien, zu ¼ aus festverzinslichen Papieren und zu ¼ aus Edelmetallen« führt sicherlich nicht zum optimalen, wahrscheinlich aber zu einem akzeptablen Ertrag.

  Ziel der Anwendung heuristischer Verfahren ist nicht Optimierung, sondern Satisfizierung (Befriedigung);

- **analytische Verfahren**, die mit dem Ziel der **Optimierung** nach einer (endlichen) Anzahl von Rechenschritten zur besten Lösung führen, dafür meist aber deutlich mehr Zeit beanspruchen als heuristische Verfahren. Ein Beispiel hierfür ist die Nutzwertanalyse (vgl. vor allem Abschn. 3.3).

In Entscheidungssituationen ist die Frage, ob die benötigten Informationen vollständig sind oder nicht, von großer Bedeutung. Vollständigkeit der Information bedeutet aber nicht automatisch Sicherheit, wie die folgenden Ausführungen zur Entscheidung unter Sicherheit, Entscheidung bei Risiko und Entscheidung bei Unsicherheit verdeutlichen.

1.7.3.1.3.1 Entscheidung unter Sicherheit

Planungen sind am einfachsten dann möglich, wenn hinsichtlich der Wirkungen, die von ihnen ausgehen, Sicherheit besteht, und wenn gewiss ist, dass sich die Umstände der Systemumwelt, die zum Zeitpunkt der Entscheidung für einen bestimmten Plan galten, entweder nicht ändern werden, oder wenn über deren Entwicklung gesicherte Erkenntnisse vorliegen: Dann folgt aus jeder Aktion eine bestimmte, bekannte Konsequenz. In diesem Fall spricht man auch von einer **deterministischen Situation**.

1.7.3.1.3.2 Entscheidung unter Risiko oder Unsicherheit

Sehr häufig allerdings sind Planungen mit Risiken oder Unsicherheiten behaftet, etwa in folgenden Hinsichten:

- Die Umstände der Systemumwelt können sich ändern; jedoch sind Zeitpunkt, Richtung und Intensität dieser Änderungen zum Entscheidungszeitpunkt unbekannt (vgl. »Adaptationsproblematik«, Abschn. 6.2.1).
- Die Wirkungen, die die Aktivitäten des Planungsvollzugs im System entfalten, sind nicht gesichert.
- Die Informationsbasis ist unvollständig.

Je zuverlässiger die Informationen über Wirkungszusammenhänge zwischen den internen Systemelementen einerseits und dem System und seiner Umwelt andererseits sind, desto größer ist die Übereinstimmung zwischen dem geplanten und dem tatsächlich erzielten Ergebnis. Die in der Wirtschaftslehre betrachteten Systeme – Volkswirtschaften, Märkte, Unternehmen usw. – sind jedoch meist außerordentlich komplex und bieten sich kaum für ein »Experimentieren« an.

Die benötigten Informationen werden daher vorwiegend aus der Betrachtung von **Modellen** gewonnen:

- Planungen basieren im Allgemeinen auf Annahmen über das Verhalten von Systemen, die aus Modellen gewonnen werden. Modelle werden als Hilfsmittel zur Erklärung, Untersuchung und Gestaltung realer Systeme gebildet und sind Abbilder der Wirklichkeit, die auf diejenigen Determinanten reduziert sind, die für die jeweilige Fragestellung relevant sind oder für relevant gehalten werden. Modelle sind folglich wesentlich weniger komplex als die Realität. Welcher Detaillierungsgrad notwendig ist, hängt von der Problemstellung ab: Für »unsensible« Probleme genügen gröbere Modelle, während »sensible« Probleme komplexere Modelle erfordern. Die Kosten der Informationsbeschaffung und Planung steigen mit der Detailtreue an.
- Je einfacher das Modell, desto klarer sind die Zusammenhänge zwischen »Input«, also Veränderungen bestimmter Wirkgrößen, und »Output«, also Auswirkungen dieser Veränderungen, erkennbar. Jedoch: Vielfach steht nicht fest, welche Bestimmungsfaktoren tatsächlich relevant sind und welche nicht, und über die Zusammenhänge zwischen diesen Faktoren besteht häufig keine Klarheit. Eine zutreffende Auswahl der relevanten Faktoren

und eine zutreffende Abbildung der Beziehung zwischen diesen in handhabbaren Lösungsalgorithmen setzt zutreffende Informationen über die Merkmale des realen Systems (Elemente, Beziehungen, Umweltbedingungen) voraus. Mit der Zuverlässigkeit der Informationen steht und fällt also die Tauglichkeit eines Modells.

- Beispiele für Modelle sind die bekannten Darstellungen von Wirtschaftskreisläufen in ihren ansteigenden Detaillierungen vom einfachen Kreislauf (zwei Sektoren – Unternehmen und Haushalte –, zwei Untersuchungsgrößen – Güterfluss, Geldfluss) über den um den Kreditsektor und – in einem weiteren Schritt – um den Staat ergänzten Kreislauf bis zum erweiterten Kreislauf unter Einbezug des Auslands. Ein anderes Beispiel findet sich in Abschnitt »Operations Research« in Kapitel 7.

Entscheidung unter Risiko

Von einer Entscheidung unter Risiko oder in einer stochastischen Situation wird dann gesprochen, wenn

- eine bekannte Anzahl von Alternativen vorhanden ist,
- für jede einzelne dieser Alternative auch bekannt ist, wie hoch der mit ihr zu erzielende Erfolg bei einer bestimmten Datenlage ausfallen wird,
- Unsicherheit darüber besteht, welche der unterschiedlichen möglichen Datenlagen sich einstellen wird,
- die Wahrscheinlichkeit für das Eintreten jeder einzelnen Datenlage aber bekannt ist (d.h. es gibt eine **objektive Wahrscheinlichkeitsverteilung**).

Beispiele:

Bei der bekannten Wette »Kopf oder Zahl« kann, wenn einmal geworfen wird, genau einer von genau zwei alternativen Zuständen eintreffen. Haben zwei Wettkandidaten den gleichen Einsatz erbracht, der demjenigen, der die richtige Vorhersage getroffen hat, zufallen wird, ist jedem Teilnehmer der Erfolg unzweifelhaft bekannt. Vorweg ist nicht bekannt, ob »Kopf« oder »Zahl« oben liegen wird (immer unter der Voraussetzung, das mit einer nicht-manipulierten, »fairen« Münze geworfen wird), aber die Wahrscheinlichkeit für jede der beiden Alternativen beträgt 50 %. Wenn in dieser Situation eine Entscheidung getroffen werden muss, gibt es keine Alternative mit höherem bzw. geringerem Risiko.

Dieselbe Wette, jedoch mit einer Münze durchgeführt, die aufgrund einer ungleichen Gewichtsverteilung in 7 von 10 Fällen »Kopf« ergibt, weist dagegen eine Risikoverteilung von 70 % Wahrscheinlichkeit für »Kopf« und 30 % für »Zahl« auf. Die Entscheidung für die Alternative »Zahl« würde daher bei rationaler Erwägung nur treffen, wer dafür einen entsprechend geringeren Wetteinsatz zu leisten oder einen entsprechend höheren Gewinn zu erhalten hätte. Dabei ist die Angemessenheit der Gewinnhöhe in Bezug auf die Gewinnwahrscheinlichkeit klar berechenbar.

Für das Treffen der Entscheidung in Risikosituationen ist in der Literatur eine Reihe von **Entscheidungsregeln** beschrieben, z. B.:

- **Dominanzregeln**, die zum Ausschluss solcher Alternativen führen, die von mindestens einer anderen Alternative dominiert werden. Dominanz liegt vor, wenn das geringste Ergebnis der dominanten Alternative günstiger ist als das beste Ergebnis der dominierten Alternative (absolute Dominanz) oder die Wahrscheinlichkeit, ein bestimmtes Ergebnis zu erzielen, bei einer bestimmten Datenlage der dominanten Alternative größer ist als bei der dominierten Alternative, und bei allen anderen Datenlagen wenigstens gleich (Wahrscheinlichkeitsdominanz).

– **Erwartungswertregel**: Gewählt wird die Alternative mit dem maximalen Erwartungswert. Der Erwartungswert ergibt sich aus der Addition der mit den Wahrscheinlichkeiten gewichteten möglichen Werte der Zielgröße und gibt an, welches Ergebnis man im Durchschnitt zu erwarten hat.

Beispiel:

Ein Spieler soll sich entscheiden, ob er an der Wette »Kopf oder Zahl« mit der nicht-manipulierten oder der manipulierten Münze teilnehmen will. In jedem Fall soll der Gewinn 1 für »Kopf« und 3 für »Zahl« betragen. Für die erste Variante (nicht-manipulierte Münze) ist der Erwartungswert 1 · 0,5 + 3 · 0,5 = 2,0; bei Verwendung der manipulierten Münze ist der Erwartungswert 1 · 0,7 + 3 · 0,3 = 1,6. Die rationale Entscheidung fällt also für die Teilnahme an Spielvariante 1.

Entscheidung unter Unsicherheit

Die Entscheidung unter Unsicherheit unterscheidet sich (nach KNIGHT, der diese Unterscheidung 1921 definierte) von der Entscheidung unter Risiko nur in dem Punkt, dass die Wahrscheinlichkeit für das Eintreten der einzelnen Datenlagen nicht bekannt ist, also keine objektive Wahrscheinlichkeitsverteilung gegeben ist.

Beispiel:

In einer Lostrommel befinden sich insgesamt 1000 Lose. Diese sind Gewinnlose und Nieten, aber die Verteilung – wie viele Nieten, wie viele Gewinnlose – ist nicht bekannt. Damit kann die Wahrscheinlichkeit dafür, dass man bei einmaligen Hineingreifen einen Gewinn ziehen wird – bzw. die Wahrscheinlichkeit, dass man seinen Wetteinsatz verlieren wird – nicht angegeben werden.

Wenn vor einem solchen Hintergrund eine Entscheidung gefällt werden muss, wird man zunächst versuchen, die Auswirkungen der Unsicherheit zu analysieren. Dabei kommen z.B. folgende Vorgehensweisen in Betracht:

– **Korrektur nach dem Vorsichtsprinzip:** Alle zur Entscheidungsfindung heranzuziehenden, als unsicher betrachteten Plandaten werden »pessimistisch korrigiert« (angesetzte Einnahmen werden vermindert, Ausgabenansätze erhöht, Kalkulationszinsfüße heraufgesetzt usw.).

– **Sensitivitätsanalyse (Sensibilitätsanalyse):** Hierbei wird untersucht, in welchem Ausmaß die Optimallösung durch die Änderung von Ausgangsdaten verändert wird (also »sensibel reagiert«). Damit werden die Auswirkungen der Unsicherheit möglichst transparent gemacht, und das Risiko wird quantifiziert. **Abweichungsanalysen** untersuchen die Reaktion der Zielgröße auf die Veränderung einer Plangröße (etwa die Änderung des Ertrags bei einer Preisänderung). Werden **mehrere** Plangrößen verändert, spricht man von Szenario. (Wie reagiert die Zielgröße – etwa der Ertrag – auf Veränderungen von Plangrößen – etwa Zinssatz, Absatz, Preis? – Bei welchen Werten »kippt« die Zielgröße in einen unvorteilhaften/unannehmbaren Bereich?).

– **Risikoanalyse:** Mittels analytischer Verfahren oder Simulation wird ermittelt, wie wahrscheinlich das Eintreffen der verschiedenen möglichen Werte der Zielgröße ist. Dabei werden für die unsicheren Werte Zufallszahlen angenommen und mehrere Simulationsläufe durchgeführt **(»Monte-Carlo-Simulation«)**.

Letztlich spielt bei Entscheidungen unter Unsicherheit die persönliche Risikobereitschaft, die so genannte **Risikopräferenz**, eine entscheidende Rolle. Diese spielt eine wesentliche Rolle in einem häufig angewandten Entscheidungsprinzip, nämlich dem **Bernoulli-Prinzip** (nicht zu verwechseln mit dem in der Physik bekannten Bernoulli-Prinzip, -Effekt oder -Gesetz über das Strömungsverhalten von Flüssigkeiten): 1738 schlug der Schweizer Mathematiker Daniel BERNOULLI vor, nicht den Erwartungswert des **Ergebnisses**, sondern den (individuell unterschiedlich ausgeprägten) Erwartungswert des **Nutzens** als Entscheidungskriterium für die Alternativenauswahl heranzuziehen, ohne dabei die Regeln des rationalen Handelns zu verletzen.

Bei Anwendung des Bernoulli-Prinzips wird ein komplexes Entscheidungsproblem in überschaubare hypothetische Teilprobleme zerlegt, bei denen jeweils nur drei mögliche Ergebnisse gegeneinander abzuwägen sind. Das Verfahren soll an dieser Stelle nicht präzise dargestellt werden; Interessierte seien auf die im Literaturverzeichnis aufgeführten Veröffentlichungen zur Entscheidungstheorie/Spieltheorie verwiesen.

1.7.3.2 Instrumente der Planung und Entscheidungsfindung

Planung, Informationsverarbeitung und Kontrolle sind Managementaufgaben, für deren Erfüllung der Unternehmensführung eine Vielzahl Instrumente zur Verfügung steht. Diese können zunächst unterschieden werden in

- **quantitative Instrumente:** Diese erfassen und analysieren Tatbestände mittels quantitativer Verfahren, also solcher systematischer Verfahren, die quantifizierbare Resultate liefern, d. h. konkret in Zahlen ausgedrückte Fakten, Rechenergebnisse oder Messwerte, die weiter verrechenbar bzw. statistisch auswertbar sind. Zu den quantitativen Verfahren zählen z. B. Messungen, Zählungen usw., Bewertungsverfahren, bei denen Punkte oder Noten erteilt werden, die zumindest ordinal skalierbar sind, und standardisierte Befragungen mit geschlossener Fragestellung. Näheres zu diesen Verfahren enthalten die Ausführungen zur Statistik (vgl. Kap. 7, Abschn. 7.3.2);
- **qualitative Instrumente:** Bei Anwendung qualitativer Verfahren werden Informationen erhoben, die qualitativer Natur, also keine Zahlenwerte und damit nicht verrechenbar sind. Diese Informationen, die etwa in Form freier Antworten vorliegen, können nur auf ihre Inhalte analysiert und interpretiert werden (auch hierzu geben die Ausführungen zur Statistik näheren Aufschluss).

Die moderne Unternehmensführung benötigt sowohl qualitative als auch quantitative Instrumente. Einige werden im Folgenden beispielhaft erläutert; außerdem wird an gegebener Stelle auf eingehendere Behandlung der jeweiligen Thematik in anderen Kapiteln hingewiesen.

1.7.3.2.1 Kennzahlen und Kennzahlensysteme

Führungskräfte benötigen laufend Informationen darüber, wie sich der Betrieb entwickelt: Wurden die gesteckten Ziele erreicht bzw. ist der Betrieb auf dem richtigen Weg zur Zielerreichung? Gibt es kritische Entwicklungen, die gegensteuernde Maßnahmen erfordern? Welche zukünftigen Entwicklungen zeichnen sich ab, und welche Maßstäbe sind daraus für neue Zielvorgaben abzuleiten?

Wichtige Informationslieferanten sind Kennzahlen. Kennzahlen werden gebildet, indem ausgewählte messbare und quantifizierbare betriebswirtschaftliche Daten in bestimmter Weise zueinander in Beziehung gestellt werden. Quellen für innerbetriebliche Daten sind vor allem Bilanz und GuV, Betriebsbuchhaltung/Kostenrechnung und Erhebungen der verschiedenen Fachabteilungen – vorrangig der Finanzabteilung. Jeder Betrieb entscheidet selbst, welche Kennzahlen für ihn von Wichtigkeit sind, und wird dabei bemüht sein, alle für ihn wesentlichen Faktoren auch zu erfassen. Dabei wird ein Industriebetrieb andere Zahlen bilden als ein Handels- oder ein Dienstleistungsbetrieb. Die Ergebnisse werden zur Kontrolle des Betriebes herangezogen. Diese erfolgt häufig im Rahmen eines Betriebsvergleichs.

Ein **Betriebsvergleich** ist ein Vergleich betrieblicher Vorgänge und Zustände, entweder innerhalb desselben Betriebes zu verschiedenen Zeitpunkten **(innerbetrieblicher Vergleich)** oder zwischen verschiedenen Betrieben gleicher oder unterschiedlicher Wirtschaftszweige **(zwischenbetrieblicher Vergleich)**. Betriebsvergleiche beziehen neben statistischen Kennzahlen auch Plan- und Normdaten **(Soll-Ist-Vergleich)** und Verfahren (Produktions-, Lagerhaltungs-, Vertriebs-, Verwaltungsverfahren usw.) ein. Für den ständigen Vergleich des eigenen Unternehmens mit den führenden Unternehmen der jeweiligen Branche und den Prozess der permanenten Weiterentwicklung in Richtung auf die Leistung des Vorbilds innerhalb einer »Lernenden Organisation« hat sich der Begriff des **Benchmarking** durchgesetzt.

Kennzahlen finden im innerbetrieblichen Zeitvergleich Niederschlag in Form von **Verhältniszahlen**, die über mehrere Erhebungsperioden miteinander verglichen werden, im zwischenbetrieblichen **Richtzahlenvergleich** dagegen in Form von Richtwerten, die Branchendurchschnittswerte darstellen, oder als Verhältniszahlen beim Direktvergleich von Betrieben gleicher oder unterschiedlicher Wirtschaftszweige.

Als **absolute Kennzahlen** oder **Grundzahlen** werden solche Kennzahlen bezeichnet, die dem Betrieb direkt – ohne weitere Transformation – entnommen werden können.

Die im inner- oder zwischenbetrieblichen Vergleich gewonnenen Kennzahlen müssen wiederum ausgewertet werden. Dabei kommen Verfahren der angewandten Statistik, beim innerbetrieblichen Vergleich etwa in Form der Trendanalyse, zur Anwendung. Ziel ist die Aufdeckung eines Handlungsbedarfs, also z. B. der Notwendigkeit, gegensteuernde Maßnahmen einzuleiten.

Im Folgenden sollen wesentliche betriebliche Kennzahlen dargestellt werden. Einige dieser Kennzahlen finden sich auch in den nächsten Kapiteln wieder, wo sie jeweils themenbezogen platziert sind: Diese Doppelung ist beabsichtigt. Vorweggestellt ist eine Übersicht über die unterschiedlichen **Arten von Kennzahlen**.

Wesentlich für die Charakterisierung von Kennzahlen ist außerdem die Unterscheidung in Kennzahlen nach der Zielgröße, über die sie Auskunft geben sollen. Die hiernach unterscheidbaren wichtigsten **Gruppen von Kennzahlen** zeigt die übernächste Tabelle.

Sonstige statistische Maßgrößen (Mittelwerte, Streuungsmaße) werden ausführlich in Abschnitt 7.3.2 dargestellt.

Art der Kennzahl	Bildungsvorschrift	Beispiel	weitere Beispiele
Grundzahl/ absolute Kennzahl	Kann dem Betriebsgeschehen direkt entnommen werden; keine Transformation	Umsatzerlös gemäß GuV	Umsatzerlöse gemäß GuV Verbindlichkeiten LuL Inventurbestand
Gliederungszahl	Verhältniszahl, die den Anteil einer Teilmasse an einer Gesamtmasse angibt; »Quote«	Anlagenquote: $\frac{\text{Anlagevermögen}}{\text{Gesamtvermögen}} \cdot 100$	Eigenkapitalquote Fremdkapitalquote Frauenanteil in der Belegschaft
Beziehungszahl	Verhältniszahl, die verschiedene Gesamt- oder Teilmassen zueinander in Beziehung setzt	Eigenkapitalrentabilität: $\frac{\text{Gewinn}}{\text{Eigenkapital}} \cdot 100$	Gesamtkapitalrentabilität Umsatzrentabilität Produktivität
Indexzahl	Dynamische Messzahl, die die zeitliche Entwicklung mehrerer Größen bezogen auf einen Basiswert beschreibt	Preisindex: $\frac{\text{Warenkorbwert Periode 5}}{\text{Warenkorbwert Periode 1}} \cdot 100$	DAX, Dow Jones

Kennzahlengruppe	Kennzeichen	Berechnung	Aussagewert
Finanzierungs-, Vermögensstruktur- und Kapitalstrukturregeln	Setzen Bilanzpositionen – der Aktivseite (vertikal) – der Passivseite (vertikal) – seitenübergreifend (horizontal) zueinander oder zur Bilanzsumme in Beziehung	z. B. Anlagevermögen/ Umlaufvermögen Fremdkapital/Eigenkapital z. B. Eigenkapital/ Anlagevermögen (vgl. »Deckungsgrade«) Anlagevermögen/ Gesamtvermögen Eigenkapital/Gesamtkapital	Ausgewogenheit der Vermögensstruktur Verschuldungsgrad*) »Goldene Bankregel/ Bilanzregeln« Anlagenintensität Grad der Unabhängigkeit
Produktivitätskennzahlen	Setzen Ausbringungsmengen (Output) ins Verhältnis zu Einsatzmengen (Input)	$\frac{\text{Ausbringungsmenge}}{\text{Einsatzmenge}} \cdot 100$	Technische Ergiebigkeit eingesetzter Mengen: Je höher, desto besser; meist nur im Zeitvergleich oder Soll-Ist-Vergleich brauchbar
Wirtschaftlichkeitskennzahlen	Setzen den (Geld-)Wert einer Leistung ins Verhältnis zu ihren Kosten	$\frac{\text{Nutzen}}{\text{Kosten}}$	Aussage über die Wertrelation von Einsatz und Ergebnis; macht unterschiedliche Inputs »gleichnamig« und erlaubt weitergehende Vergleiche gg. der Produktivität
Rentabilitätskennzahlen	Setzen am Markt erzielte Leistungen in Beziehung zum eingesetzten Eigen-, Fremd-, Gesamtkapital	z.B.: Eigenkapitalrentabilität = $\frac{\text{Gewinn}}{\text{Eigenkapital}} \cdot 100$	Erlaubt die Beurteilung der Sinnhaftigkeit des Kapitaleinsatzes gegenüber alternativen Anlagemöglichkeiten
Liquiditätskennzahlen	Vergleichen Betragshöhen und Fälligkeiten von verfügbaren und benötigten Mitteln	z.B.: Barliquidität = $\frac{\text{flüssige Mittel}}{\text{kurzfristige Verbindlichkeiten}} \cdot 100$	Zeigt die Zahlungsfähigkeit
Cashflow und Cashflow-Kennzahlen	Ermittlung des frei verfügbaren Teils der Einnahmen; Weiterverarbeitung z. B. zum Dynamischen Verschuldungsgrad oder zum DCF (Discounted Cash Flow)	Cashflow = Gewinn ± nicht-zahlungsaktive Erfolgsbuchungen Dynamischer Verschuldungsgrad = $\frac{\text{Fremdkapital}}{\text{Cashflow}}$ DCF = Cashflow-Erwartungswerte mehrerer Jahre werden auf den heutigen Tag abgezinst und addiert	Maß für die Selbstfinanzierungskraft (zugleich: Kreditwürdigkeit) des Unternehmens Maß für die Entschuldungskraft des Unternehmens Maßstab für die Bewertung eines Unternehmens

*) auch: Fremdkapital · 100/Gesamtkapital

1.7.3.2.1.1 Ausgewählte Kennzahlen

Die heute bereits nahezu unüberschaubare Fülle von Kennzahlen wächst noch beständig an: Vor allem Unternehmensberatungen im angelsächsischen Raum werden nicht müde, immer neue Kennzahlen zu kreieren, zu propagieren und sogar zum Markenschutz anzumelden. An dieser Stelle können nur einige wenige Kennzahlen exemplarisch dargestellt werden. In allen weiteren Kapiteln dieses Lehrwerks finden sich Ergänzungen.

Die gewählte Gliederung der nachfolgenden Kennzahlen orientiert sich an häufig in der einschlägigen Literatur anzutreffenden Oberbegriffen. Dabei ist die Zuordnung einer Kennzahl zu einem bestimmten Oberbegriff nicht immer eindeutig: Häufig könnte ein- und dieselbe Kennzahl mehreren Oberbegriffen zugerechnet werden, worauf hier aber aus Platzgründen verzichtet wurde. An einigen Stellen finden sich jedoch Hinweise auf andere plausible Zuordnungen.

Umschlagskennzahlen

Umschlagskennzahlen sind häufig, aber nicht ausschließlich auf **Lagerbestände** bezogen. Sie machen Verweildauern, Umschlagshäufigkeiten und Kapitalbindungen transparent.

Kennzahl	Berechnung	Aussage	Interpretation
Lagerumschlags-häufigkeit (hier: der Rohstoffe)	$\frac{\text{Rohstoffaufwendungen}}{\text{durchschn. Materialbestandswert*)}}$	Wie oft wurde der Lagerbestand umgesetzt (d. h. verbraucht und ersetzt)?	Schlecht, wenn gesunken: Hinweis auf Absatz-problem/ höhere Kapitalbindung
Durchschnittliche Lagerdauer	$\frac{360}{\text{Lagerumschlagshäufigkeit}}$	Wie lange hat ein Gut durchschnittlich im Lager gelegen?	Schlecht, wenn gestiegen: Ungünstige Kapitalbindung!
Forderungs-umschlagshäufigkeit	$\frac{\text{Umsatzerlöse}}{\text{durchschn. Forderungsbestand}}$	Wie oft wurde der Forderungsbestand umgesetzt (d. h. eingenommen und erneuert)?	Schlecht, wenn gesunken: Hinweis auf Absatzproblem/schlechte Zahlungsmoral
Durchschnittliche Kreditierungsdauer	$\frac{360}{\text{Forderungsumschlagshäufigkeit}}$	Welches Zahlungsziel haben die Kunden beansprucht?	Schlecht, wenn gestiegen: Fehlende Liquidität, unrentabel
Eigenkapital-Umschlagshäufigkeit (»Asset turnover«)	$\frac{\text{Umsatzerlöse}}{\text{Eigenkapital}}$	Wie oft ist das Eigenkapital über die Umsatzerlöse zurückgeflossen?	Schlecht, wenn gesunken: abnehmende EK-Produktivität; ungünstige Auswirkung auf die Rentabilität
Kapitalumschlags-häufigkeit	$\frac{\text{Umsatzerlöse}}{\text{Gesamtkapital}}$	Wie oft ist das Gesamtkapital über die Umsatzerlöse zurückgeflossen?	Bestandteil der Berechnung des ROI (s.u.)

*) zur Berechnung des durchschnittlichen Lagerbestandswertes vgl. Abschn. 4.3.3

Produktionskennzahlen

Die Produktionsstatistik umfasst zum einen die **Kostenstatistik**, die Kosten zueinander oder zu anderen Größen in Beziehung setzt, z. B. als

- **Kosten-Ertrags**-Kennzahlen, z. B. Aufwand · 100/Gesamtertrag
- **Kosten-Leistungs**-Verhältnisse, z. B. Lohnkosten/Produzierte Stücke
- **Einzelkosten-Gesamtkosten**-Verhältnisse, z. B. Materialkosten · 100/Gesamtkosten
- **Kosten-Zeit**-Verhältnisse, z. B. Fertigungskosten/Maschinenstunden

Weitere Kennzahlen ergeben sich aus der

- Auftrags- und Reparaturstatistik,
- Überwachung der Auslastung von Maschinen und Personal,
- Ausschussproduktion usw.

Ebenfalls hier zuzuordnen sind die Wirtschaftlichkeit und die Produktivität (siehe jew. oben).

Beispiele für gebräuchliche Kennzahlen:

Kennzahl	Berechnung	Aussage	Interpretation/Anmerkung
Beschäftigungsgrad	$\frac{\text{Ist-Ausbringungsmenge}}{\text{maximale Ausbringungsmenge}} \cdot 100$	Wie viel Prozent der maximal möglichen Menge wurden tatsächlich produziert?	Prinzipiell: Je näher an 100 %, desto besser; differenzierte Betrachtung der Ursachen (bewusste Drosselung wg. Absatzlage? Betriebsmittelausfall?) nötig
Betriebsmittelbeschäftigungsgrad	$\frac{\text{eingesetzte Kapazität}}{\text{vorhandene Kapazität}} \cdot 100$	Wie viel Prozent der vorhandenen Kapazität wurden tatsächlich abgerufen?	Prinzipiell: Je näher an 100 %, desto besser; differenzierte Betrachtung der Ursachen erforderlich
Ausschussquote	$\frac{\text{Ausschuss (Stückzahl)}}{\text{Gesamtproduzierte Stücke}}$	Welcher Anteil der Produktion ist nicht brauchbar?	Je näher an 0, desto besser; bei gestiegener Quote unverzügliche Fehlersuche erforderlich

Personalkennzahlen

Die Personalstatistik untersucht die Zusammensetzung der Belegschaft (**Personalstruktur**), Personalzu- und -abgänge (**Personalbewegung**), Arbeitsausfälle durch Krankheit, Urlaub, Streik usw., die Lohnstruktur und die betrieblichen sozialen Leistungen. Kennzahlen aus dem Bereich der Personalstatistik sind beispielsweise:

Kennzahl	**Berechnung** (AN = Arbeitnehmer)	Aussage	Interpretation
Beschäftigungsstruktur/Altersstruktur	$\frac{\text{Zahl der AN mit [best. Merkmal]}}{\text{Gesamtzahl der AN}} \cdot 100$	Wie hoch ist der Anteil der [Frauen; AN > 50 Jahre; Führungskräfte; Auszubildenden?] etc.	in Abhängigkeit von der jeweiligen Zielsetzung
Fluktuationsrate	$\frac{\text{Zahl der ausgeschiedenen AN}}{\text{Gesamtzahl der AN}} \cdot 100$	Wie viele AN haben das Unternehmen in der Berichtsperiode verlassen?	ggf. differenziert nach Abgangsgründen
Krankheitsquote	$\frac{\text{Krankheitstage}}{\text{Arbeitstage der Periode} \cdot \text{AN}} \cdot 100$	Wie hoch ist der relative Arbeitsausfall durch Krankheit?	Schlecht, wenn gestiegen; ggf. Ursachenforschung notwendig
Personalbeschäftigungsgrad	$\frac{\text{Ist-Beschäftigung in Std.}}{\text{Planbeschäftigung in Std.}}$	Wie viel Prozent der verfügbaren Arbeitszeit wurden tatsächlich genutzt?	Prinzipiell: Je näher an 100 %, desto besser; differenzierte Betrachtung der Ursachen erforderlich
Lohnquote	$\frac{\text{Personalkosten}}{\text{Umsatzerlöse}}$	Wie hoch ist der Anteil der Personalkosten an den Umsatzerlösen?	Stark abhängig von Branche und Automatisierungsgrad
Arbeitsproduktivität*	$\frac{\text{Ausbringungsmenge}}{\text{geleistete Arbeitsstunden}}$	Wie viele Stücke produziert ein AN je Arbeitsstunde?	Leistungsbeurteilung

* Achtung! Häufig wird – im Widerspruch zur obigen betriebswirtschaftlichen Definition der Produktivität als Gegenüberstellung von Mengengrößen – hierunter eine (volkswirtschaftliche) Wertgröße verstanden, die je nach Quelle als »BIP/Anzahl der Arbeitnehmer«, »Umsatz/Arbeitnehmer« usw. angegeben wird!

Rentabilitätskennzahlen

Rentabilitätskennzahlen basieren auf Zahlen des Jahresabschlusses. Sie geben Aufschluss über die **Ertragskraft** des Betriebes.

Kennzahl	Berechnung	Aussage	Interpretation
Eigenkapital-rentabilität auch: Return on Equity (ROE)	$\frac{\text{Gewinn}}{\text{Eigenkapital}} \cdot 100$	Wie hoch wurde das eingesetzte Eigenkapital verzinst?	Erzielter Zins muss (deutlich) über dem Kapitalmarktzins liegen
Gesamtkapital-rentabilität	$\frac{\text{Gewinn + Fremdkapitalzinsen}}{\text{Gesamtkapital}} \cdot 100$	Welche Verzinsung hat das insgesamt eingesetzte Kapital erwirtschaftet?	Erzielter Zins muss (deutlich) über dem (nach EK- und FK-Anteil gewichteten) Marktzins liegen; vgl. WACC
Gewichtete Kapitalkosten; Gesamtkapitalkostensatz (Weighted Average Cost of Capital, WACC)	Eigenkapitalquote · EK-Sollverzinsung + Fremdkapitalquote · FK-Zins	Was kostet der Kapitaleinsatz?	Fließt ein in die Berechnung des Cash Value Added (s.u.)
Umsatzrentabilität (»profit margin«)	$\frac{\text{Gewinn}}{\text{Umsatzerlöse}} \cdot 100$ bisweilen auch: $\frac{\text{Gewinn + Fremdkapitalzinsen}}{\text{Umsatzerlöse}} \cdot 100$	Wie hoch ist der im Umsatz enthaltene Gewinnanteil? Wie hoch ist der relative wirtschaftliche Erfolg, bezogen auf den Umsatz?	Wichtige Branchenkennzahl, oft differenziert nach Gewinn vor und nach Steuern
Cashflow-Eigenkapitalrendite (EK-Effizienz, EK-Rate)	$\frac{\text{Cashflow}}{\text{Eigenkapital}} \cdot 100$	Wie hoch ist die relative Finanzkraft des Eigenkapitals?	Je höher, desto besser; Achtung: Begriffe, vor allem »EK-Rate«, werden uneinheitlich verwendet!
Cashflow-Umsatzrendite	$\frac{\text{Cashflow}}{\text{Umsatzerlöse}} \cdot 100$	Welcher Anteil der Umsatzerlöse steht für Investitionen, Tilgungen, Ausschüttungen zur Verfügung?	Je höher, desto besser, branchenabhängige Höhe
Return On Investment (ROI) auch: ROIC (Return On Invested Capital) ROCE (Return On Capital Employed)	$\frac{\text{Gewinn}}{\text{Gesamtkapital}}$ oder (gleiches Ergebnis) $\frac{\text{Umsatzrentabilität}}{\text{Kapitalumschlagshäufigkeit}}$	Zeigt in der Zusammensetzung aus Umsatzrentabilität und Kapitalumschlagshäufigkeit die Ursachen für Veränderungen der Gesamtkapitalrentabilität	Eine der wichtigsten Kennzahlen; Faustregel für kleine/mittlere Unternehmen: ROI sollte um 10 % betragen
Cashflow-Return On Investment (CFROI)	$\frac{\text{Cashflow}}{\text{Bruttoinvestitionsbasis}}$ [Bruttoinvestitionsbasis = Anlagevermögen zu historischen, inflationsbereinigten Anschaffungs-/Herstellungskosten + Umlaufvermögen – kurzfristige Verbindlichkeiten]	bereinigter ROI unter Berücksichtigung der Abschreibungen; »interner Zinsfuß« des Unternehmens	Wird mit dem WACC (s.o.) verglichen; vgl. »Cash Value Added«
Cash Value Added (CVA)®; CVA®-Index	CVA-Index = CFROI – WACC (Der CVA ist der dazugehörige absolute Betragswert)	Indikator für die Wertschöpfung oder -vernichtung in der Betrachtungsperiode	Index darf nicht < 0 sein
Economic Value Added (EVA)® (»Wertbeitrag«)	Einnahmen ./. Ausgaben ./. fiktiver Kapitalertrag am Markt	Wertsteigerung in der Betrachtungsperiode	Periodenerfolgorientierte Größe

Die Anwendung einiger Rentabilitätskennzahlen soll das folgende Beispiel verdeutlichen.

In einem Unternehmen wurden für die Berichtsperiode folgende Werte (in €) ermittelt:

Anlagevermögen (historische bereinigte Anschaffungs-/Herstellungskosten)	*31,5 Mio*
Umlaufvermögen	*125,7 Mio*
Kurzfristige Verbindlichkeiten	*19,6 Mio*
Eigenkapitalquote	*45,0 %*
angestrebte Eigenkapitalverzinsung	*15,0 %*
Fremdkapitalzins	*5,0 %*
Jahresüberschuss	*8,2 Mio*
Abschreibungen auf Anlagevermögen	*4,7 Mio*
Zuführung zu langfristigen Rückstellungen	*6,0 Mio*
Erträge aus der Auflösung von Rückstellungen	*1,7 Mio*

Hieraus ergeben sich folgende Werte:

Cashflow =	*Jahresüberschuss*	*8,2 Mio*
	+ Abschreibungen auf AV	*4,7 Mio*
	+ Zuführung zu langfr. Rückstellungen	*6,0 Mio*
	./. Erträge aus Auflösg. v. Rückstellungen	*– 1,7 Mio*
	Gesamt	*17,2 Mio*
Bruttoinvestitionsbasis =	*Anschaffungskosten Anlagevermögen*	*31,5 Mio*
	+ Umlaufvermögen	*125,7 Mio*
	./. kurzfristige Verbindlichkeiten	*– 19,6 Mio*
	Gesamt	*137,6 Mio*

$$CFROI = \frac{\text{Cashflow}}{\text{Bruttoinvestitionsbasis}} = \frac{17{,}2 \text{ Mio}}{137{,}6 \text{ Mio}} = 0{,}125 = 12{,}5\ \%$$

$$WACC = 45 \cdot 0{,}15 + 55 \cdot 0{,}05 = 6{,}75 + 2{,}75 = 9{,}5\ \%$$

CVA-Index = *12,5 – 9,5 = 3,00, d. h. in der Berichtsperiode hat ein Wertzuwachs stattgefunden*

Finanzierungskennzahlen

Finanzierungskennzahlen geben Auskunft über die Finanzierungsstruktur, also z.B. das Verhältnis zwischen Eigen- und Fremdkapital sowie zwischen Eigen- oder Fremdkapital und Gesamtkapital.

Eigenkapitalanteil = Eigenkapital · 100/Gesamtkapital

Fremdkapitalanteil = Fremdkapital · 100/Gesamtkapital

Verschuldungsgrad = Eigenkapital · 100/Fremdkapital

Vermögenskennzahlen

Vermögenskennzahlen drücken den Vermögensaufbau aus.

Anteil des **Anlagevermögens** = Anlagevermögen/Gesamtvermögen

Anteil des **Umlaufvermögens** = Umlaufvermögen/Gesamtvermögen

Liquiditätskennzahlen

Liquiditätskennzahlen geben Aufschluss über die Zahlungsfähigkeit des Unternehmens, die eine unabdingbare Existenzgrundlage darstellt. Wie alle aus dem Jahresabschluss gewonnenen Kennzahlen stellen sie vergangenheitsbezogene, statische Werte dar. Die Verfolgung und Sicherstellung der Liquidität muss aber unbedingt zukunftsbezogen im Rahmen einer vorausschauenden, die Kongruenz von Fälligkeitshöhen und -fristen beachtenden Planung erfolgen! Die Liquiditätskennzahlen werden ausführlich in Abschnitt 2.3.3.3 dargestellt.

1.7.3.2.1.2 Kennzahlensysteme

In vielen Unternehmen ist es heute Praxis, Kennzahlen nicht isoliert zu ermitteln und zu betrachten, sondern zu einem in Bezug auf die angestrebten Ziele aussagefähigen System zusammenzufassen. Dabei sollte

- ein gestaffeltes System die wichtigsten Ziele der Führungsebene in Schlüsselkennzahlen (Makro-Kennzahlen) ausdrücken, aus denen Einzelkennzahlen für die Verwendung in den Abteilungen abgeleitet werden können (**»Top-Down-Ansatz«**, Zerlegung in **Aggregationsstufen**);
- der Umfang überschaubar bleiben: So viele Einzelkennzahlen wie nötig, so wenige wie möglich (auch unter dem Gesichtspunkt der Wirtschaftlichkeit);
- jede Kennzahl einen klaren Aussagewert besitzen und hinreichend sensibel sein, um als Indikator für Veränderungen zu taugen;
- die Berechnung jeder einzelnen Kennzahl transparent sein, d. h. messbare Werte (z. B. Mengen, Beträge) in möglichst wenig komplizierter Weise verknüpfen;
- für jede Kennzahl ein Vorgabewert festgelegt werden;
- darauf geachtet werden, dass nicht nur die kurze Frist berücksichtigt wird, sondern auch eine Ausrichtung auf Fernziele erfolgt;
- die Umsetzbarkeit in ein EDV-System und die Möglichkeit der Visualisierung bedacht werden.

Das in den 90er Jahren von KAPLAN und NORTON in den USA entwickelte, inzwischen auch in deutschen Unternehmen weit verbreitete Konzept der **»Balanced Scorecard«** legt zusätzlich besonderen Wert darauf, dass neben finanziellen auch andere Perspektiven in die Analyse einfließen. Diese sind meist die Kundenperspektive, die interne Prozessperspektive und der Komplex »Mitarbeiter/Wissen/Lernen« (vor allem im angelsächsischen Bereich finden sich bisweilen abweichend benannte Einzelperspektiven, die letztgenannte Perspektive wird z. B. häufig als »Innovationsperspektive« bezeichnet). Das hierauf zugeschnittene Ziel- und Kennzahlensystem soll transparent machen, was das Unternehmen im Berichtszeitraum erreicht hat und was es in Zukunft erreichen will. Im Zentrum steht dabei die **Strategie (»Vision«)** des Unternehmens.

Das »Balanced-Scorecard»-Konzept

- schaut gleichermaßen zurück und vorwärts,
- stellt die aus dem **Leitbild** (der »Vision») des Unternehmens abgeleiteten Oberziele in den Fokus,
- setzt sehr stark auf **Übersichtlichkeit** und **Visualisierung**: Die Leistung des Unternehmens wird im Gleichgewicht zwischen den vier Perspektiven auf einem einzigen Berichtsbogen dargestellt. Kennzahlen werden häufig nicht oder nicht nur als Zahlenwerte angegeben, sondern grafisch wiedergegeben, etwa in einem »Ampelsystem«, wobei Werte, die in Bezug auf den Vorgabewert in den »gelben Bereich« oder den »roten Bereich« fallen, weiter erläutert werden, während der »grüne Bereich« nicht weiter ausgeführt wird.

Die Abbildung zeigt die (üblichen) Perspektiven, die in der nachfolgenden tabellarischen Übersicht um die ihnen jeweils zuzuordnenden Messgrößen ergänzt sind.

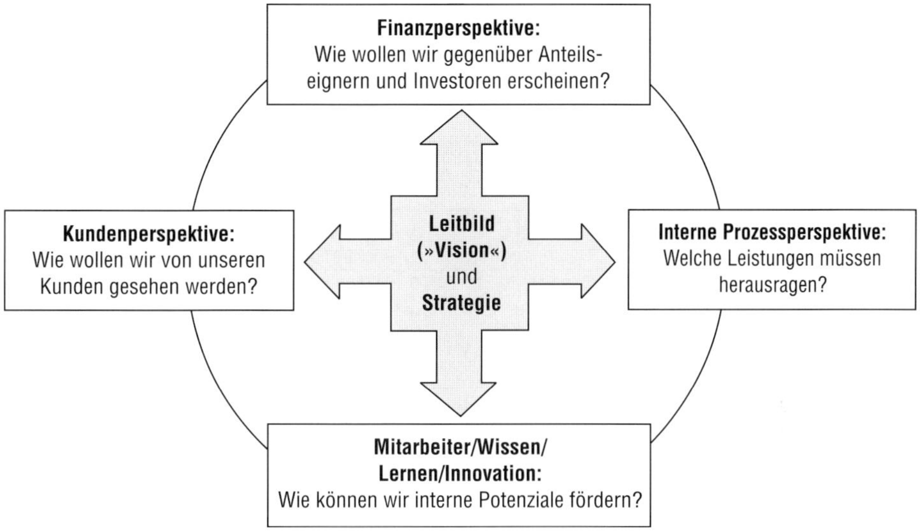

Finanzperspektive: Wie wollen wir gegenüber Anteilseignern und Investoren erscheinen?	
Ziele: z. B. Steigerung der... Selbstfinanzierungskraft Rentabilität Kapitalverzinsung Produktivität	Messgrößen: Cash flow Umsatzrentabilität ROI Betriebsergebnis/MA

Interne Prozessperspektive: Welche Leistungen müssen hervorragend sein?	
Ziele: Steigerung der... Effizienz Produktivität	Messgrößen: Auslastungsgrad Durchlaufzeit Ausstoß/h

Kundenperspektive: Wie wollen wir von unseren Kunden gesehen werden?	
Ziele: z. B. Steigerung der... Kundenzufriedenheit Qualität	Messgrößen: Umfragewert Kaufwiederholrate Marktanteil Reklamationsrate

Mitarbeiter/Wissen/Lernen/Innovation: Wie können wir interne Potenziale Fördern?	
Ziele: Steigerung der... Verbleibsbereitschaft Kompetenz	Messgrößen: Fluktuationsrate Weiterbildungsausgaben je MA Auszubildende/MA

Grundperspektiven des Balanced-Scorecard-Konzepts

Auf ein anderes Konzept, nämlich das Kennzahlen-Benchmarking, wird im folgenden Abschnitt eingegangen.

1.7.3.2.2 Analysemethoden und Analysearten

Betriebswirtschaftliche Analysen dienen dazu, entscheidungsrelevante Informationen so aufzubereiten, dass eine Beurteilung des eigenen Unternehmens möglich wird. Mit der Stellung des eigenen Unternehmens bzw. der eigenen Produkte im Markt beschäftigen sich vor allem die nachfolgend vorgestellten Instrumente. Einige der hier behandelten Methoden und Instrumente werden später – z. T. in Kapitel 4, überwiegend aber erst in den Handlungsbereichen des Prüfungsteils 2, vor allem der Organisation und Unternehmensführung – nochmals aufgegriffen; andere werden dann erst behandelt, denn erfahrungsgemäß erschließen sie sich besser auf der Basis fundierterer Kenntnisse der Fragestellungen der Industriebetriebslehre, die in den folgenden Kapiteln erörtert werden.

Umweltanalyse

Die Umweltanalyse ist ein qualitatives Verfahren, das Faktoren der Unternehmensumwelt, die auf das Unternehmen einwirken können, nach ihrer Bedeutung und Wirkung einstuft.

Umweltfaktoren	**Einschätzung**				
	←	wichtig*	–	unwichtig*	→
Technologische Faktoren					
– Produktionstechnologie		x			
– Prozessinnovation				x	
– Produktinnovation	x				
Ökonomische Faktoren					
– Konjunktursituation		x			
– Arbeitsmarktlage			x		
– Preisstabilität				x	
– Einkommensentwicklung	x				
– Einkommens-/Vermögensverteilung		x			
Demografische Faktoren					
– Bevölkerungszahl			x		
– Altersstrukturwandel	x				
Materielle Faktoren					
– Rohstoffvorkommen		x			
– Energieverfügbarkeit	x				
– Zugang zu sonstigen Ressourcen	x				
– Infrastruktur	x				
Ökologische Faktoren					
– Zustand des Ökosystems		x			
– Umweltbewusstsein		x			
– Recyclinggrad		x			
Soziale/kulturelle Faktoren					
– Einfluss von Wertesystemen				x	
– Freizeitorientierung	x			x	
– Multikulturalität					x
Rechtliche Faktoren					
– Handlungsspielraum bzgl.					
– Gesellschafts-, Handelsrecht,		x			
– Umweltrecht,			x		
– Arbeitsrecht usw.			x		
– Steuerliche Situation	x				
... ggf. weitere Faktoren					

* alternativ z.B. »gut für uns/schlecht für uns«

Benchmarking

Benchmark bedeutet Bezugspunkt. Beim Benchmarking geht es zunächst darum, die besten Mitbewerber (»Best of Class«) und die Position des eigenen Unternehmens in Bezug auf diese zu bestimmen. Grundgedanke ist die Orientierung am besten Konkurrenten mit dem Ziel, »die Lücke zu schließen«.

Gefragt wird danach, welche Praktiken den Erfolg des Konkurrenten ausmachen; Ziel ist, diese Praktiken für das eigene Unternehmen zu adaptieren. Dem **»Best Practice**

Sharing« (BPS) – vom Besten lernen – liegt die Erkenntnis zugrunde, dass es wenig Sinn macht, »das Rad immer wieder neu zu erfinden»: Schließlich kann der Austausch von Erkenntnissen um effiziente Praktiken allen Beteiligten helfen, Entwicklungszeiten abzukürzen und Kosten zu senken.

Allerdings soll BPS nicht dazu führen, dass Erfolgsrezepte von Mitbewerbern, womöglich unter Überschreitung der Grenzen zur Industriespionage, ausgespäht und kurzerhand übernommen werden: Ziel sollte vielmehr die Entwicklung eigener, an das jeweilige Unternehmen angepasster »Best Practices« sein.

Benchmarking ist keine einmalige Aktivität, sondern lt. Robert C. CAMP, Begründer der Benchmarking-Methodik,

> *»...ein Prozess der Selbstverbesserung, der andauern muss, um effektiv zu sein. Es kann nicht einmal durchgeführt und danach ignoriert werden, in dem Glauben, die Aufgabe sei erledigt. [...] Die Praktiken der Branchen ändern sich ständig. Die Branchenführer werden ständig stärker. [...] In einer Umgebung ständiger Veränderung ist Selbstzufriedenheit tödlich.«*

Möglichkeiten, ein Benchmarking nicht allein qualitativ, sondern über den Vergleich von Kennzahlen quantitativ durchzuführen, werden auch kleinen und mittleren Unternehmen durch Datenbanken eröffnet. So bietet etwa das vom »Informationszentrum Benchmarking« der Deutschen FRAUNHOFER-Gesellschaft angebotene Benchmarking die Bildung und den Vergleich von Kennzahlen auf Basis anonymisierter Unternehmensdaten einschließlich der Erstellung eines Stärken-Schwächen-Profils. Die Vergleichbarkeit von Unternehmen wird anhand bestimmter Kriterien – z. B. Jahresumsatz, Anzahl der Mitarbeiter, **SIC-Code** (= Standard Industrial Classification Code, ein Zahlencode, der jedes Unternehmen entsprechend seiner Tätigkeit einer bestimmten Branche zuordnet) – ermittelt. Die Resultate dieses Benchmarking sollen Rückschlüsse auf die Wirksamkeit einzelner Management- und Unternehmenspraktiken ermöglichen und die Potenziale des teilnehmenden Unternehmens aufdecken.

Marktanalyse

Der Begriff der Marktanalyse wird im Allgemeinen auf die Analyse der Situation am Absatzmarkt angewendet (obwohl natürlich mit dem Beschaffungs-, dem Arbeits- und dem Kapitalmarkt auch andere Märkte für das Unternehmen relevant sind). Im weiteren Sinne meint Marktanalyse die Analyse der Marketingsituation insgesamt und damit eine umfassende, weitgehend qualitative Analyse, zu der neben der schon behandelten Konkurrenzanalyse vor allem die Kundenanalyse und die Stärken-Schwächen-Analyse sowie die Portfolio-Analyse gehören. Ein ausführliches Beispiel für eine die Konkurrenzsituation berücksichtigende **Analyse der aktuellen Marketingsituation** wird in Kapitel 4 gegeben. Im engeren Sinne wird Marktanalyse aufgefasst als Auswertung der im Rahmen von Marktforschungen erhobenen quantitativen Daten (Marktvolumen, Marktwachstum, Verteilung von Marktanteilen) und qualitativen Daten (Kundenbedürfnisse, Kundenverhalten, Einflüsse auf Kaufentscheidungen usw.). Auch hierauf wird ausführlich in Kapitel 4 eingegangen.

Weitere Analysemethoden

Weitere wesentliche Analysen sind die **Konkurrenzanalyse, die Analyse des Produktlebenszyklus, die Portfolio-Analyse** und die **Stärken-Schwächen-Analyse**, die aber – analog zum neuen Rahmenstoffplan der Technischen Betriebswirte – erst in Kapitel 4 behandelt werden. In Vorbereitung auf die Klausur im Fach »Aspekte der allgemeinen Volks- und Betriebswirtschaftslehre« wird empfohlen, die dortigen Ausführungen zu bearbeiten.

Ein mehrdimensionaler Ansatz zur Beurteilung verschiedener Handlungsalternativen ist die **Nutzwertanalyse** (vgl. Abschn. 3.3, Abschn. 7.3.1.1). Mit der Verbesserung des Verhältnisses von Kosten zu Funktionswerten von in Fertigung oder Entwicklung begriffenen Produkten beschäftigt sich die **Wertanalyse**, die ausführlich in Abschn. 7.3.1.3) dargestellt wird. Die **Systemanalyse** ist Gegenstand des Abschnitts 6.4.1.1. Vielfältig einsetzbar sind **ABC-Analysen**, die nicht nur im Bereich der Materialwirtschaft eingesetzt werden, um benötigte Materialien nach ihrer Bedeutung zu klassifizieren (vgl. Abschn. 4.3), sondern z. B. auch zur Klassifizierung von Kunden im Rahmen von **Kundenanalysen** (in A-, B- oder C-Kunden nach Umsatz, Gewinn, Treue usw.).

1.7.4 Überprüfung der Zielerreichung durch Prozesscontrolling

Die Verbindung von Planung und Kontrolle ist das Controlling, eine Managementfunktion, die in größeren Unternehmen regelmäßig von eigens hierfür abgestellten Stelleninhabern ausgeübt wird. Controller erarbeiten Planungsgrundlagen und koordinieren die Planung, Informationsversorgung und Kontrolle. Eine einheitliche Auffassung darüber, welche konkreten Aufgaben einem Controller obliegen sollen, gibt es bislang nicht. Vielfach sind Controllingfunktionen dem Rechnungswesen (als vorrangigem Lieferanten planungsrelevanter Daten) angegliedert.

Prozesscontrolling ist die Erfassung, Verfolgung und Bewertung der im Unternehmen vollzogenen Abläufe und der dabei verwendeten Verfahren unter betriebswirtschaftlichen Gesichtspunkten. Die gefundenen Ergebnisse sollen in eine Form gebracht werden, die Vergleiche ermöglicht und Entwicklungen verdeutlicht. Auf diese Weise wird kurzfristig die Erreichung der gesetzten Periodenziele überprüft. Langfristiges Ziel ist jedoch die Optimierung von Abläufen, wobei nicht die technische, sondern die betriebswirtschaftliche Sicht die Optimalitätskriterien liefert. Indem Abläufe und Leistungsprozesse transparent gemacht werden, können Kostensenkungs- und Leistungssteigerungspotenziale identifiziert werden. Dabei liegt es in der Natur der Sache, dass Vorschläge zur **Prozessveränderung**, die eine ökonomische Verbesserung bewirken sollen, technische und organisatorische Konsequenzen bedingen, die gleichfalls zu berücksichtigen sind.

Die durch das Prozesscontrolling angeregten Veränderungen betreffen nicht nur die **Ablauforganisation**, sondern, wenn sie nicht nur marginaler Natur sind, auch die **Aufbauorganisation** von Teilen des Unternehmens: Geänderte Abläufe erfordern geänderte ständige Strukturen, innerhalb derer sie sich vollziehen können. Auf die Strukturen und Modelle der Aufbau- und Ablauforganisation wird ausführlich in Kapitel 7 eingegangen. Es empfiehlt sich, diese Abschnitte im hier gegebenen Zusammenhang einmal durchzulesen.

Die **Methoden des Prozesscontrollings** reichen von einmaligen **Systemanalysen** über den Aufbau eines prozessbasierten **Kosten- und Leistungsrechnungssystems** bis hin zur Implementierung eines permanenten Prozesscontrollings, angekoppelt an eine **workfloworientierte Software** und in enger Verzahnung mit einem **Qualitätsmanagementsystem**.

Kontrollen

Ganz offenkundig ist Controlling viel mehr als »Kontrolle«. Ohne Kontrollen kommt der laufende Betrieb aber nicht aus; denn trotz sorgfältiger Planung laufen Prozesse im Allgemeinen nicht störungsfrei ab: Zum einen können Verzögerungen eintreten, die das Einhalten von Fristen in Frage stellen (Ausfall von Mitarbeitern oder Maschinen, Durchführungsfehler etc.), zum anderen können sich Umweltbedingungen, auf deren Basis die Entscheidung für ein Verfahren, eine Auftragsannahme oder ein Projekt getroffen wurde, während der Durchführungsphase verändern und Korrekturen bedingen (z. B. veränderte gesetzliche Auflagen, steigende Zinsen oder Rohstoffpreise, technologische Neuerungen usw.). Deshalb darf sich Kontrolle nicht auf die Prüfung der Übereinstimmung zwischen Endergebnis und Sollvorgabe **(Ergebniskontrolle)** beschränken; vielmehr muss jeder Prozess bzw. jedes Projekt von laufenden Kontrollen **(Fortschrittskontrollen)** begleitet werden. Hierzu ist es erforderlich, dass vorab Prüf(zeit)punkte **(Checkpoints)** innerhalb des Durchführungszeitraums festgelegt werden, bis zu deren Erreichen bestimmte, gleichfalls zuvor definierte Teilziele erreicht sein sollen. Fortschrittskontrollen ermöglichen das rechtzeitige Erkennen von Fehlentwicklungen und die Ergreifung von Gegenmaßnahmen.

Kontrolle setzt jedoch nicht erst mit der Realisierung eines Prozesses ein; vielmehr findet sie schon zuvor in allen Phasen der Planung statt. Sie vergleicht den mit der Planung angestrebten Soll-Zustand mit dem Ist-Zustand und deckt Abweichungen auf, die in der Folge zu analysieren sind.

Weitere Formen der Kontrolle – neben den bereits geschilderten Ergebnis- und Fortschrittskontrollen – sind die folgenden.

- **Verfahrenskontrolle:** Die Verfahrenskontrolle prüft, ob diejenigen Verfahren, die zur Planung eingesetzt werden sollten, auch tatsächlich angewendet wurden, also z. B., ob anstelle der geforderten Nutzwertanalyse lediglich eine Kostenvergleichsrechnung durchgeführt wurde.
- **Konsistenzkontrolle:** Pläne werden daraufhin kontrolliert, ob sie inhaltlich und logisch widerspruchsfrei sind in Bezug auf andere Planungen oder auf die übergeordneten Unternehmensziele.
- **Prämissenkontrolle:** Erwartungen und Annahmen, die der Planung zugrunde liegen, können sich verändern oder eine geänderte Bedeutung erlangen. Prämissenkontrolle ist die Überprüfung, ob die Planungsgrundlagen (Prämissen) noch mit dem aktuellen Kenntnisstand übereinstimmen.

2 Rechnungswesen

2.1 Die Finanzbuchhaltung als Teil des betrieblichen Rechnungswesens

2.1.1 Aufgaben und Bereiche des Rechnungswesens

Aufgabe des betrieblichen Rechnungswesens ist die mengen -und wertmäßige Erfassung, Überwachung und Auswertung des betrieblichen Leistungsprozesses. Im Einzelnen dient das Rechnungswesen

- der **Dokumentation** aller Geschäftsfälle, die die Menge oder/und den Wert des Vermögen oder den Erfolg des Unternehmens beeinflussen, in zeitlicher und sachlicher Ordnung auf Basis von Belegen;
- der **Rechenschaftslegung** und **Information** gegenüber Eigentümern, Finanzbehörden und Gläubigern über die Vermögens- und Erfolgssituation des Unternehmens;
- der **Kontrolle** der Zahlungsfähigkeit und Wirtschaftlichkeit des Unternehmens;
- der Bereitstellung von **Auswertungen** zur Untermauerung vermögens- und erfolgswirksamer unternehmerischer **Dispositionen** (Planungen und Entscheidungen).

Hierzu gliedert sich das Rechnungswesen in die Bereiche Buchführung und Jahresabschluss, Kosten- und Leistungsrechnung, Planung und Statistik.

2.1.2 Rechtliche Grundlagen der Finanzbuchhaltung

2.1.2.1 Wirtschaftsgesetze

Die maßgeblichen Vorschriften über die Rechnungslegung des Kaufmanns enthält das **Handelsgesetzbuch (HGB)**. Seit der 1985 erfolgten Umsetzung der 4., 7. und 8. EG-Richtlinie zur Vereinheitlichung der Rechnungslegung in den EU-Mitgliedsstaaten durch das Bilanzrichtliniengesetz (BiRiLiG) sind diese Vorschriften, die neben der Buchführung insbesondere den Jahresabschluss betreffen, für alle Unternehmen im dritten Buch des HGB, das den Handelsbüchern gewidmet ist, zusammengefasst. Das **Publizitätsgesetz (PublG)** und die rechtsformspezifischen Einzelgesetze – Aktiengesetz (AktG), GmbH-Gesetz (GmbHG) – Genossenschaftsgesetz (GenG), früher von weiterreichender Bedeutung für alle Gesellschaftsformen, enthalten seitdem keine allgemeinen Regelungen mehr und ergänzen die Vorschriften des HGB lediglich in Bezug auf die jeweilige Rechtsform.

Das dritte Buch »Handelsbücher« des HGB gliedert sich wie folgt:

- Der **Erste Abschnitt (§§ 238 – 263 HGB)** enthält die für alle Kaufleute geltenden Vorschriften. In ihm ist die Rechnungslegung für Einzelkaufleute und Personengesellschaften abschließend geregelt. In vier Unterabschnitten sind allgemeine Vorschriften über Buchführung, Inventar, Eröffnungsbilanz und Jahresabschluss, Aufbewahrung und Vorlage der Rechnungslegungsunterlagen zusammengefasst.

  Mit dem Inkrafttreten des **Bilanzrechtsmodernisierungsgesetzes (BilMoG)** am 25. Mai 2009 wurde § 241a neu ins HGB aufgenommen. Danach brauchen **Einzel**kaufleute, die in zwei aufeinanderfolgenden Geschäftsjahren nicht mehr als 500.000 € Umsatzerlöse und 50.000 € Jahresüberschuss aufweisen, die §§ 238 bis 241 sowie § 242 Abs. 1–3 HGB nicht anzuwenden, d. h. sie sind von der Pflicht zur Buchführung, zur Erstellung eines Inventars und zur Aufstellung von Eröffnungsbilanz, Schlussbilanz sowie Gewinn- und Verlustrechnung **befreit**. Sie müssen künftig nur eine Einnahmen-Überschussrechnung aufstellen.

– Der **Zweite Abschnitt (§§ 264 – 335 HGB)** beinhaltet die ergänzenden Vorschriften für **Kapitalgesellschaften**: Aktiengesellschaften (AG), Kommanditgesellschaften auf Aktien (KGaA) und Gesellschaften mit beschränkter Haftung (GmbH). Sofern ein Sachverhalt im zweiten Abschnitt nicht gesondert geregelt ist, gelten die Regelungen des ersten Abschnitts auch für die Kapitalgesellschaften. Der erste Unterabschnitt des zweiten Abschnitts behandelt den Jahresabschluss und Lagebericht der Kapitalgesellschaften. Besonders hervorzuheben sind die darin enthaltenen Vorschriften zur Gliederung der Bilanz und der G+V-Rechnung sowie die Einteilung in kleine, mittelgroße und große Kapitalgesellschaften im zweiten Unterabschnitt, wobei für kleine und mittlere Unternehmen Erleichterungen bei Aufstellung, Prüfung und Offenlegung des Jahresabschlusses vorgesehen sind. Weitere Unterabschnitte behandeln den Konzernabschluss und Konzernlagebericht, Vorschriften zur Prüfung und zur Offenlegung des Jahresabschlusses, Verordnungsermächtigungen sowie Straf- und Bußgeldvorschriften.
– Der **Dritte Abschnitt (§§ 336 – 339 HGB)** enthält ergänzende Vorschriften für eingetragene Genossenschaften (eG).

Mit dieser systematisch aufgebauten Grundordnung für die Rechnungslegung der Kaufleute ist das HGB gewissermaßen das »Grundgesetz des Kaufmanns«.

Einer der wesentlichen Zwecke der handelsrechtlichen Rechnungslegungsvorschriften ist aus der Sicht des Gesetzgebers der **Gläubigerschutz**, zu dem bei den Aktiengesellschaften der **Aktionärsschutz** hinzukommt.

2.1.2.2 Steuergesetze

Die Vorschriften zur Führung von Büchern ergeben sich im Steuerrecht aus der **Abgabenordnung (AO)**, die als Rahmen- und Verfahrensrecht diejenigen Vorschriften enthält, die mehrere nachgeordnete Einzelgesetze betreffen. § 140 AO bestimmt:

> »Wer nach anderen Gesetzen als den Steuergesetzen Bücher und Aufzeichnungen zu führen hat, die für die Besteuerung von Bedeutung sind, hat die Verpflichtungen, die ihm nach den anderen Gesetzen obliegen, auch für die Besteuerung zu erfüllen.«

Diese Verpflichtung wird als **abgeleitete** oder **derivative Buchführungspflicht** bezeichnet. Buchführungspflichten nichtsteuerlicher Art finden sich bekanntlich im HGB.

Unterliegen Gewerbetreibende nicht der abgeleiteten Buchführungspflicht, so kann sich **eine originäre steuerliche Buchführungspflicht** aus § 141 AO ergeben, der Grenzen hinsichtlich des Gesamtumsatzes, des Gewinns und des Wirtschaftswertes der selbstbewirtschafteten Fläche definiert. Bezüglich des Wirtschaftswerts wird Bezug auf § 46 des **Bewertungsgesetzes (BewG)** genommen, das, ebenso wie die Abgabenordnung, innerhalb des Steuerrechts zum allgemeinen Steuerrecht gehört.

Buchführungspflicht nach Steuerrecht

abgeleitete (derivative) Buchführungspflicht	originäre Buchführungspflicht
§ 140 AO: leitet die Pflicht, Bücher zu führen, aus anderen als Steuergesetzen ab	**§ 141 AO** bei Überschreitung folgender Grenzen im Kalenderjahr: **Umsätze** > 500.000,00 € oder **Gewinn** > 50.000,00 € oder **Wirtschaftswert** der selbstbewirtschafteten Fläche (§ 46 BewG) 25.000,00 € (nur für Land- und Forstwirte)

Originäre und derivative Buchführungspflicht nach Abgabenordnung

Unterliegt ein Gewerbetreibender weder der abgeleiteten noch der originären steuerlichen Buchführungspflicht (etwa weil er kein Handelsgewerbe betreibt; vgl. § 1 Abs. 2 HGB) und führt er dementsprechend auch keine Bücher im Sinne einer doppelten Buchführung, kann er seinen Gewinn durch eine **Überschussrechnung** nach § 4 Abs. 3 Einkommensteuergesetz (EStG) ermitteln. Führt er auch hierzu nicht die nötigen Aufzeichnungen seiner Einnahmen und Ausgaben, so schätzt das Finanzamt seinen Gewinn gem. § 162 AO nach den Grundsätzen der Gewinnermittlung des § 4 Abs. 1 EStG. Führt er aber freiwillig Bücher, so unterliegt seine Gewinnermittlung automatisch § 5 EStG.

Für **Land- und Forstwirte** kommt in aller Regel nur eine originäre steuerliche Buchführungspflicht nach § 141 AO in Betracht. Die Umsatz-, Betriebsvermögens- und Gewinngrenzen für diesen Personenkreis enthält § 141 AO. Da § 5 EStG nur für Gewerbetreibende gilt, unterliegen buchführende Land- und Forstwirte der Gewinnermittlung nach § 4 Abs. 1 EStG.

Freiberufler wie Ärzte, Rechtsanwälte, Steuerberater usw. unterliegen weder der abgeleiteten noch der originären Buchführungspflicht. Sie können ihren Gewinn entweder freiwillig nach § 4 Abs. 1 EStG durch Betriebsvermögensvergleich oder aber mit Hilfe einer Einnahme-Überschussrechnung nach § 4 Abs. 3 ermitteln. Bei Nichtvorliegen der erforderlichen Unterlagen erfolgt auch bei ihnen eine Schätzung nach den Grundsätzen des § 4 Abs. 1 EStG.

Der Gewinnbegriff

Gewinn ist die Größe zur Bestimmung der Einkünfte aus Land- und Forstwirtschaft, aus Gewerbebetrieb und aus selbstständiger Arbeit. Im Folgenden wird ausschließlich der laufende Gewinn behandelt; auf Veräußerungsgewinne wird nicht eingegangen.

Das Steuerrecht unterscheidet folgende Methoden der Gewinnermittlung:

- **Betriebsvermögensvergleich** (Bestandsvergleich, Gewinnermittlung mit Hilfe einer Buchführung):
  - vollständig (nach GoB, § 5 EStG),
  - unvollständig (§ 4 Abs. 1 EStG);
- **Einnahmen-Überschussrechnung** (§ 4 Abs. 3 EStG);
- Anwendung von **Durchschnittssätzen** (§ 13a Abs. 1 EStG).

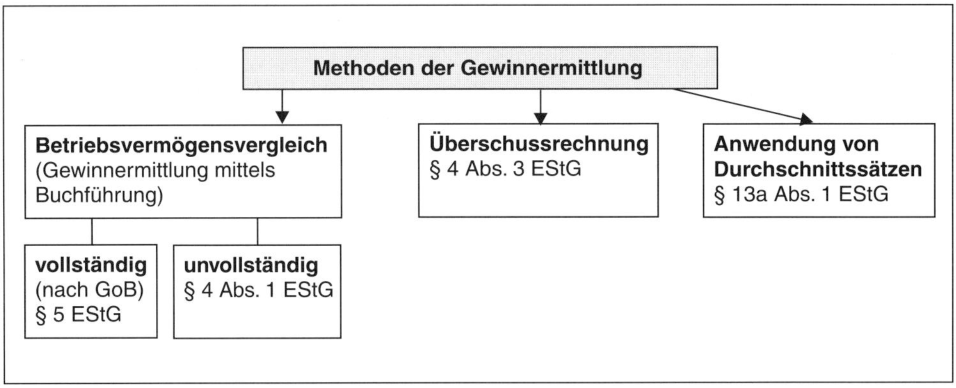

Gewinnermittlungsmethoden

Von allen Gewinnermittlungsarten ist der **Bestandsvergleich** (Betriebsvermögensvergleich) mit Abstand am bedeutendsten. Das Betriebsvermögen ist das Eigenkapital einschließlich seiner Unterkonten – also Privatkonten und ggf. Gewinn- und Rücklagenkonten. Unternehmen, die ihren Gewinn durch Bestandsvergleich ermitteln, betreiben zwangsläufig eine Buchführung.

Der Gewinnbegriff ist in § 4 Abs. 1 EStG definiert als

> »... der Unterschiedsbetrag zwischen dem Betriebsvermögen am Schluss des Wirtschaftsjahrs und dem Betriebsvermögen am Schluss des vorangegangenen Wirtschaftsjahrs, vermehrt um den Wert der Entnahmen und vermindert um den Wert der Einlagen.«

Der Gewinnbegriff des § 5 EStG entspricht diesem grundsätzlich. Ein gewichtiger Unterschied zwischen beiden Arten des Bestandsvergleichs besteht jedoch darin, dass bei der Gewinnermittlung nach § 5 die **Grundsätze ordnungsmäßiger Buchführung** (GoB) – siehe Abschnitt 2.2.1.3 – zu beachten sind, bei Gewinnermittlung nach § 4 Abs. 1 hingegen nicht.

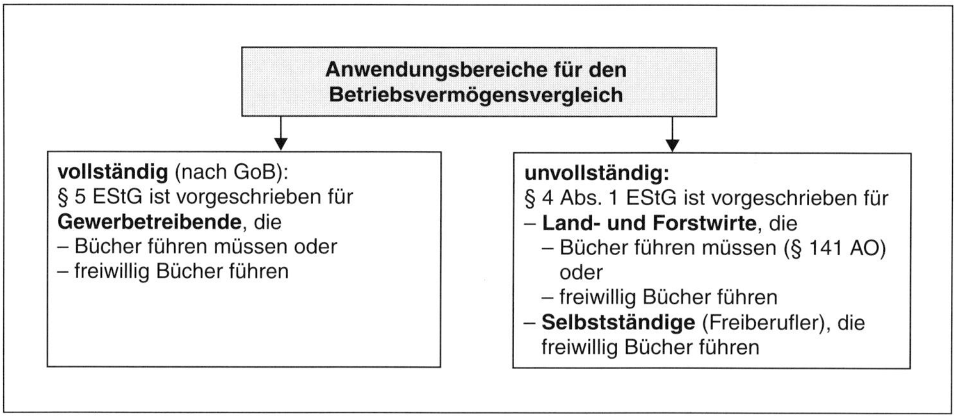

Vollständiger und unvollständiger Betriebsvermögensvergleich

Die Gewinnermittlung nach § 4 Abs. 3 beinhaltet keinen Bestandsvergleich, sondern eine **Überschussrechnung**; Gewinn ist dabei der Überschuss der Betriebseinnahmen über die Betriebsausgaben. Im Gegensatz zur Gewinnermittlung durch Bestandsvergleich wird keine periodengerechte Gewinnermittlung betrieben, sondern es gilt das **Zu- und Abflussprinzip** des § 11 EStG. Dieses Prinzip wird jedoch in zweifacher Hinsicht durchbrochen:

- Bei abnutzbaren Wirtschaftsgütern des Anlagevermögens darf der Abfluss von Geldmitteln zur Anschaffung oder Herstellung dieser Wirtschaftsgüter nicht als sofortige Betriebsausgabe behandelt werden, sondern lediglich die auf die jeweilige Periode entfallende **Absetzung für Abnutzung (AfA)** oder Substanzverringerung.

  Beispiel:

  Die Anschaffungskosten für einen Firmen-PKW werden nicht sofort bei Ausgabe aufwandswirksam und können daher, ebenso wie beim Betriebsvermögensvergleich, auch nicht vollständig im Jahr der Anschaffung steuerlich als Abzug geltend gemacht werden. Aufwand – und damit steuermindernd – sind im Anschaffungsjahr lediglich die Abschreibungen, die auf die Monate seit der Anschaffung (einschließlich des Anschaffungsmonats) entfallen und den Wertverlust der Periode beziffern.

- Die Anschaffungs- oder Herstellungskosten für nicht abnutzbare Wirtschaftsgüter des Anlagevermögens dürfen nicht bei Zahlung, sondern erst bei einer späteren Weiterveräußerung oder Entnahme als Betriebsausgaben berücksichtigt werden.

Beispiel:

Der Kaufpreis eines für das Betriebsvermögen angeschafften Grundstücks wird erst dann berücksichtigt, wenn das Grundstück wieder verkauft oder in das Privatvermögen überführt wird. Der Teil des Verkaufserlöses, der die historischen Anschaffungskosten übersteigt, wird dann gewinnerhöhend verbucht.

Die Gewinnermittlung nach Durchschnittssätzen gem. § 13a EStG wird in weiten Bereichen der Land- und Forstwirtschaft angewendet. Hierbei wird nicht der tatsächlich erzielte Gewinn ermittelt, sondern es wird ein für die Größe und Struktur des Betriebes als typisch anzusehender Gewinn unterstellt.

In den Aufgaben im Rahmen der Prüfung zum »Geprüften Technischen Betriebswirt« wird im Allgemeinen ein Gewerbebetrieb unterstellt, der seinen Gewinn nach § 5 EStG und damit im **vollständigen** Betriebsvermögensvergleich ermittelt.

2.1.2.3 Deutsche Rechnungslegungsstandards

Die Grundlage der heute geltenden Rechnungsvorschriften ist dem **Handelsgesetzbuch (HGB) von 1897** zu entnehmen. Alle Kaufleute haben danach in der Buchführung die Handelsgeschäfte und die Lage ihres Vermögens nach den Grundsätzen ordnungsgemäßer Buchführung ersichtlich zu machen. In der ursprünglichen Fassung des Handelsgesetzbuches war ergänzend für Aktiengesellschaften die Aufstellung eines Geschäftsberichtes und eine eingeschränkte Publizität durch Einreichung dieses Berichtes zum Handelsregister geregelt. Erst 1931 wurden im Verordnungswege die aktienrechtlichen Vorschriften aus dem Handelsgesetzbuch herausgenommen. Durch diese Aktienrechtsreform wurde dem Bilanzrecht eine Generalnorm beigefügt, nach der der Jahresabschluss so klar und übersichtlich aufzustellen ist, dass er den Beteiligten einen möglichst sicheren Einblick in die Lage der Gesellschaft gewährt. Zudem wurde die Prüfungspflicht für den aktienrechtlichen Jahresabschluss eingeführt.

Mit der Umsetzung der **EG-Richtlinien zur Rechnungslegung** im HGB erfolgte Ende 1985 ein weiterer, wesentlicher Schritt, allgemeine und rechtsformspezifische Rechnungslegungsvorschriften mit dazugehörigen Regelungen über die Prüfung, Offenlegung, Formblätter, Strafen, Zwangs- und Bußgelder gesetzlich niederzulegen. Aufgrund der EG-Richtlinien war auch die Bundesrepublik Deutschland verpflichtet, diejenigen Vorschriften zu koordinieren und gleichwertig zu gestalten, die EG-weit zum Schutz und im Interesse der Gesellschafter und Dritter vorgeschrieben sind.

Die fernere Zukunft der EG-Bilanzrichtlinien und des Bilanzrichtliniengesetzes scheint besiegelt; denn bereits im Jahre 1993 begann die Daimler Benz AG in die Neue Welt der kapitalmarktorientierten Rechnungslegung aufzubrechen und löste damit einen Sog zu den internationalen Rechnungslegungsstandards **IAS (International Accounting Standards**, vgl. Abschn. 2.1.2.4) aus. Damit werden die zähen Harmonisierungsbemühungen zu einer europäischen Rechnungslegung von den IAS überholt. Der Jahresabschluss einer Kapitalgesellschaft hat danach statt des Einblicks in die Vermögenslage unter Beachtung der Grundsätze ordnungsmäßiger Buchführung (GoB) ein den tatsächlichen Verhältnissen entsprechendes Bild der Vermögens-, Finanz- und Ertragslage zu vermitteln. Unterstützt wird diese Forderung durch eine ebenfalls neue Berichtspflicht, nach der dem Abschluss ergänzende Angaben und Erläuterungen in einem Anhang beizufügen sind.

Inhalt der gesetzlichen Buchführungs- und Bilanzvorschriften waren von Anfang an Regeln über die Art der Buchführung, die Aufbewahrung von Handelsbüchern sowie über die Beweiskraft der Bücher. Daraus lässt sich der **Dokumentationszweck** der Buchführung ableiten. Durch die Dokumentation der Geschäftsfälle in den Handelsbüchern soll dem Bedürfnis nach **Rechtssicherheit** Rechnung getragen werden. Die Bücher eignen sich zum

Beweis im Rechtsstreit, der Kaufmann kann mit den Büchern etwas beweisen, oder dem Kaufmann wird anhand seiner Bücher etwas bewiesen (z. B. gläubigerschädigendes Verhalten).

Weitere Zwecke lassen sich aus den betriebswirtschaftlichen Aufgaben ableiten, die das Rechnungswesen für den Unternehmer erfüllen soll. Dabei gehört zum Wesen jeder unternehmerischen Betätigung, dass der Kaufmann zur Kontrolle seines Handelns in dem abgeschlossenen Wirtschaftsjahr und als Maß für die Planung der Zukunft Rechenschaft über den Ablauf seiner wirtschaftlichen Betätigung im Hinblick auf das ökonomische Prinzip ablegt. Der Jahresabschluss gewährt eine Übersicht über den Stand und die Veränderung des eingesetzten Kapitals. Während die Bilanz nur die Verhältnisse an einem Abschlussstichtag zeigt, ergibt sich aus der Gewinn- und Verlustrechnung der Erfolg oder Misserfolg einer Periode. Rechenschaft hierüber soll der Kaufmann nicht nur vor sich selbst legen, sondern durchaus im öffentlichen Interesse, vor allem auch im Interesse der Gläubiger. Somit resultiert aus dem Gedanken des **Gläubigerschutzes** die Aufgabe der Kontrolle des wirtschaftlichen Handelns durch **Selbstinformation** des buchführenden und bilanzierenden Kaufmanns, der durch die Handelsbücher über die Vermögens- und Ertragslage informiert und dank dieser Informationen in die Lage versetzt wird, die wirtschaftliche Lage des Unternehmens einzuschätzen und zu kontrollieren, negativen Entwicklungen entgegenzuwirken und letztlich eine Insolvenz zu vermeiden.

Spektakuläre Unternehmenszusammenbrüche in den neunziger Jahren haben immer wieder die Frage aufgeworfen, ob der Rahmen von Unternehmensführung und Unternehmenskontrolle ausreichend reglementiert ist. Mehrere Kommissionen haben daraufhin Forderungen und Regeln aufgestellt und in einem deutschen **Corporate Governance-Kodex** zusammengestellt. Insbesondere wird mehr Transparenz der unternehmerischen Tätigkeit und die Offenlegung von Interessenkonflikten gefordert. Kritisiert wird auch die mangelnde Ausrichtung auf Aktionärsinteressen, das mangelnde Zusammenwirken von Aufsichtsrat und Vorstand und die oftmals eingeschränkte Unabhängigkeit von Abschlussprüfern.

1998 trat das **Gesetz zur Kontrolle und Transparenz im Unternehmensbereich (KonTraG)** in Kraft und bewirkte gravierende Veränderungen in anderen Wirtschaftsgesetzen, vor allem dem HGB und AktG, die vor allem den Jahresabschluss von Kapitalgesellschaften betreffen: Nach § 317 HGB in der Fassung des KonTraG wird von den Wirtschaftsprüfern ein **problemorientierter Prüfungsansatz** verlangt, um Verstöße gegen Gesetz und Satzung sowie Unrichtigkeiten, die sich auf die Vermögens-, Finanz- und Ertragslage auswirken, aufdecken zu können. Dazu ist der **Lagebericht** zu untersuchen, ob er ein zutreffendes Bild von der Lage des Unternehmens vermittelt. Das gilt insbesondere für die Darstellung von Risiken der künftigen Entwicklung. Bei amtlich notierten Aktiengesellschaften ist gem. § 317 Abs. 4 HGB weiterhin zu prüfen, ob der Vorstand ein funktionierendes **Risikofrüherkennungssystem (Risk Management)** eingeführt hat. Diese Regeln werden um den bereits erwähnten Corporate Governance-Kodex ergänzt und konkretisiert. Dabei stehen die Veröffentlichung von Zwischenberichten, die Unabhängigkeit des Aufsichtsrats und der Abschlussprüfer sowie die Aufdeckung von Interessenkonflikten und Verstößen gegen Neutralität und Unbefangenheit im Vordergrund.

2.1.2.4 Internationale Rechnungslegungsstandards IAS/IFRS

Die zunehmende Globalisierung führt zu einer verstärkten internationalen Kapitalverflechtung. Expansion über die Landesgrenzen hinaus funktioniert fast nur noch über den Zugang zu den internationalen Kapitalmärkten. Hierbei wirken die unterschiedlichen nationalen Rechnungslegungsvorschriften hinderlich. Vergleiche und Analysen von Jahresabschlüssen aus verschiedenen Rechtssystemen sind fast unmöglich. Standards sollen diesen Mangel beseitigen.

Mit den Regelungen des Bilanzrechtsmodernisierungsgesetzes (BilMoG) vom 25. Mai 2009 wurde ein wesentlicher Schritt zur Annäherung der handelsrechtlichen Vorschriften an die internationale Rechnungslegung unternommen, auch wenn der Schwerpunkt der Reform auf Deregulierung zugunsten kleiner und mittlerer Unternehmen lag. Neben dem HGB spielen zwei Standards international eine besonders wichtige Rolle: Die **IAS/IFRS** und die **US-GAAP** (United States General Accepted Accounting Principles).

IAS/IFRS: Die IFRS/IAS sind eine Sammlung von Regeln für die Rechnungslegung kapitalmarktorientierter Unternehmen. IAS steht für **International Accounting Standards**; diese wiederum bildeten die Grundlage für die **IFRS (International Financial Reporting Standards)**.

Die IFRS unterscheiden sich von den Vorschriften des HGB vor allem darin, dass nicht das Vorsichtsprinzip und der diesem zugrunde liegende Gedanke des Gläubigerschutzes im Mittelpunkt steht, sondern die Informationsfunktion gegenüber den Investoren. Diese sollen über die tatsächliche Vermögens-, Finanz- und Ertragslage aufgeklärt werden; die im deutschen Handelsrecht verankerten Niederstwertansätze und Risikovorsorgen stehen dieser Information aber entgegen. Wesentliche Vorschriften, in denen sich IFRS und HGB unterscheiden, sind

- IFRS-Pflichten zum Ansatz **selbst erstellter immaterieller Wirtschaftsgüter**, deren Ansatz nach HGB auf den wahlweisen Ansatz von Entwicklungskosten beschränkt ist;
- die Möglichkeit, nach IFRS über die historischen fortgeführten Anschaffungs- und Herstellungskosten von Wirtschaftsgütern hinauszugehen und deren Wert realistisch darzustellen (»**True and Fair View**«);
- die nach IFRS bestehende Pflicht zur Aktivierung **latenter Steuern**.

Einen Überblick zu den wesentlichen Unterschieden zwischen HGB und IAS/IFRS gibt die folgende Tabelle.

Regelungsbereich	HGB	IAS/IFRS
Zielsetzung	vorsichtige Ermittlung des ausschüttbaren Gewinns	vergleichbare, relevante und zuverlässige Informationen (decision usefulness)
Hauptaufgabe	Gläubigerschutz	Investorenschutz
Zielgruppe	Interessentenkoalition	Investoren
Besteuerungsgrundlage	Maßgeblichkeitsgrundsatz	kein Einfluss
Formvorschriften	detailliert (§§ 266, 275 HGB)	Empfehlungen
Hauptprinzip	Vorsichtsprinzip	Periodenabgrenzung (accrual concept)
Vorsichtsprinzip	grundlegend	untergeordnet
Grundsatz der Stetigkeit	Ausnahmen möglich	strenge Auslegung
Vermögensgegenstand	statisch	dynamisch
Schulden	Verbindlichkeiten, Rückstellungen	Verbindlichkeiten (liabilities)
Ertrag	Vermögensmehrung nach Realisationsprinzip	Zunahme des wirtschaftlichen Nutzens (revenues, gains)

Regelungsbereich	HGB	IAS/IFRS
Einzelbewertung	Grundsatz	Grundsatz
Gruppenbewertung	möglich	nicht definiert
Festwerte	möglich	nicht möglich
Wertobergrenze	historische Anschaffungskosten	historische Anschaffungskosten, Ausnahmen möglich
Bewertungsvereinfachung	zulässig, soweit GoB entsprechend	FIFO, LIFO
Firmenwert	derivativer Firmenwert, Aktivierungswahlrecht	derivativer Firmenwert, Aktivierungsgebot
bestimmte selbstgeschaffene immaterielle Wirtschaftsgüter	Ansatzwahlrecht für Herstellungskosten, die auf die Entwicklungsphase (nicht: Forschung!) entfallen	Aktivierungsgebot, wenn Voraussetzungen erfüllt, (Sonderregelungen für F&E-Aufwendungen)
Finanzanlagen	Anschaffungskosten, ggf. außerplanmäßige Abschreibung	Anschaffungskosten, danach Zeitwert (fair value)
langfristige Auftragsfertigung	Gewinnrealisierung bei Erfüllung	Realisierung von Teilgewinnen nach Auftragsfortschritt
Rückstellungen	nach vernünftiger kaufmännischer Beurteilung (neugefasst nach BilMoG § 253 Abs. 1 S. 2)	wahrscheinlicher Wert
Pensionsrückstellungen	grundsätzlich keine Berücksichtigung der Gehalts- und Rentendynamik; Abzinsung mit durchschnittlichem Marktzinssatz	Berücksichtigung der Gehalts- und Rentendynamik, Marktzins
Fremdwährung	imparitätisch	Stichtagskurs

Wesentliche Unterschiede zwischen HGB und IAS/IFRS

Durch Verordnung der EU-Kommission aus 2003 erlangten diejenigen IFRS-Standards, die bis zu einem bestimmten Stichtag in 2002 vorlagen, bis auf einige ausdrücklich ausgenommene Regelungen Rechtsverbindlichkeit für die EU-Staaten. Neuere Regelungen müssen jeweils durch einen Regelungsausschuss befürwortet werden, bevor sie in europäisches Recht aufgenommen werden können. Dieses in der EU verbreitete Rechtsetzungsverfahren wird als **Komitologie** bezeichnet.

Unternehmen, die dem Recht eines Mitgliedsstaats unterliegen und deren Wertpapiere zum Handel in einem geregelten Markt in einem der Mitgliedstaaten zugelassen sind (so genannte **kapitalmarktorientierte Unternehmen**), müssen ihre konsolidierten Abschlüsse für Geschäftsjahre, die am oder nach dem 1. Januar 2005 beginnen, nach den IFRS aufstellen.

Das deutsche **Bilanzrechtsreformgesetz (BilReG)** erweitert diese Verpflichtung auf solche Unternehmen, deren Wertpapiere zwar noch nicht gehandelt werden, die sich aber im Zulassungsprozess befinden.

Für Unternehmen, die ihren Konzernabschluss aufgrund einer Börsennotierung außerhalb der EU nach einem anderen international anerkannten Rechnungslegungsstandard (z. B.

GAAP) aufstellen müssen, und Unternehmen, von denen zwar keine Aktien, aber Schuldverschreibungen gehandelt werden, galt eine Übergangsfrist zur Umstellung auf die IFRS bis 2007.

Andere als die genannten Unternehmen können in Deutschland ihren Konzernabschluss freiwillig nach IFRS aufstellen. Einzelabschlüsse nach IFRS befreien jedoch nicht von der Pflicht, eine Handelsbilanz nach HGB aufzustellen. Folge ist in fast allen Fällen eine höhere Bilanzsumme als bei Bilanzierung nach HGB. In Bezug auf die im deutschen Steuerrecht vorgesehene Ableitung der Steuerbilanz aus der Handelsbilanz kann der Abschluss nach IFRS nicht die Rolle der Handelsbilanz übernehmen: Das Maßgeblichkeitsprinzip erstreckt sich hierauf nicht! Eine von der Wirtschaft dringend gewünschte **Einheitsbilanz** nach IAS/IFRS ist damit derzeit noch nicht möglich.

US-GAAP: Diese in den USA gültigen, vom FASB (Financial Accounting Standard Board) erarbeiteten Vorschriften bilden im Gegensatz zu den Vorschriften des HGB keinen auslegbaren Rahmen für die Rechnungslegung, sondern enthalten eine Vielzahl von Einzelfallregelungen für spezielle Sachverhalte.

Unternehmen, die an der Frankfurter Wertpapierbörse in den **Prime Standard** erhoben werden wollen, müssen ihre Rechnungslegung nach IFRS/IAS oder US-GAAP vornehmen. Der Prime Standard ist das Marktsegment für Unternehmen, die sich international positionieren wollen – und Voraussetzung für die Aufnahme der Papiere in den wichtigsten deutschen Aktienindex **DAX**.

2.1.3 Finanzbuchhaltung

2.1.3.1 Aufgaben der Finanzbuchhaltung

Die Buchführung stellt den Kern des durch gesetzliche Vorschriften geregelten **externen Rechnungswesens** dar, zu dem außerdem der Jahresabschluss (Bilanz, Gewinn- und Verlustrechnung, ggf. Anhang) gehört. Sie muss alle Vorgänge verzeichnen, die mindestens eine der folgenden Wirkungen entfalten:

- **Wertveränderung** des Vermögens oder der Schulden,
- **Erfolgswirksamkeit** (es liegt ein Aufwand oder Ertrag vor),
- **Zahlungswirksamkeit** (der Vorgang bedingt eine Ausgabe oder Einnahme).

Diese Vorgänge, die als **Geschäftsfälle** bezeichnet werden, müssen fortlaufend und vollständig erfasst (**Belegzwang!**) und sowohl in zeitlicher als auch sachlicher Ordnung aufgezeichnet werden. Die besondere Art der Aufzeichnung wird als **Buchung** bezeichnet. Durch die fortlaufende Erfassung in so genannter **doppischer Systematik** kann die Buchführung zu jeder Zeit über den aktuellen Stand des Vermögens und die Erfolgsentwicklung informieren und damit wichtige Grundlagen für Planungen und Entscheidungen liefern. Zugleich ist sie unverzichtbare Grundlage der Preiskalkulation und Beweismittel in Streit- und Zweifelsfragen. Ihre Hauptaufgaben sind somit Dokumentation und Rechenschaftslegung. Zur Abgrenzung von der internen, nicht gesetzlich geregelten Kosten- und Leistungsrechnung (KLR) wird für die Buchführung häufig der Begriff »**Finanzbuchhaltung**« verwendet, während die KLR als »Betriebsbuchhaltung« bezeichnet wird.

Die Finanzbuchhaltung erfasst nur solche Geschäfte, aus denen eine Hauptleistung bereits erbracht ist. Reine Verpflichtungsgeschäfte dürfen dagegen nicht berücksichtigt werden.

Beispiel:

Ein Kaufmann schließt einen Vertrag, in dem er sich gegenüber einem Kunden zur Lieferung einer bestimmten Ware verpflichtet. So lange weder eine Lieferung von seiner Seite noch eine Zahlung von Seiten des Kunden erfolgt ist, handelt es sich um ein reines Verpflichtungsgeschäft (mit Natur eines schwebenden Geschäfts), das keinen Anlass zur Buchung gibt. Eine Buchung kann aber erforderlich werden, wenn aus dem abgeschlossenen Geschäft – z. B. infolge einer Festpreisvereinbarung – ein Verlust droht.

2.1.3.2 Abgrenzung zu den anderen Bereichen des Rechnungswesens

2.1.3.2.1 Wesen und Aufgaben der Kosten- und Leistungsrechnung

Die Finanzbuchhaltung erfasst die Geschäftsfälle chronologisch auf Aufwands-, Ertrags-, Vermögens- und Kapitalkonten. Daraus kann im Jahresabschluss die Differenz aus Aufwendungen und Erträgen und der Bestand von Vermögen und Schulden ermittelt werden. Im Gegensatz zur Abrechnung der finanziellen Außenbeziehungen eines Unternehmens in der Finanzbuchführung bildet die **Betriebsbuchhaltung** ein Abrechnungssystem für den Innenbereich. Die bei der Leistungserstellung und -verwertung anfallenden Kosten werden nach der betreffenden Kostenart erfasst (z. B. Materialkosten, Energiekosten, Lohnkosten usw.), auf bestimmte Kostenstellen (z. B. Produktion, Verwaltung, Vertrieb) verteilt und dann den einzelnen produzierten Gütern oder Leistungen (Kostenträgern) zugeordnet (**Kosten- und Leistungsrechnung**). Auf diese Weise sollen das Ergebnis des Betriebsprozesses und seine Zusammensetzung sowie Daten für die Kalkulation der Angebotspreise ermittelt werden.

Die KLR als interne, nicht durch gesetzliche Bestimmungen reglementierte Buchführung konzentriert sich auf die betrieblichen Leistungsprozesse und blendet damit bestimmte, nicht dem eigentlichen Zweck des Betriebes dienende Vorgänge aus. Andererseits bezieht sie Größen mit ein, die in der externen Buchführung nicht berücksichtigt werden dürfen, wie etwa kalkulatorische Zinsen und kalkulatorische Abschreibungen. Die Kostenrechnung dient der Ermittlung der Selbstkosten für einzelne Produkte als Grundlage für die Kalkulation von Preisen bzw. Gebühren; die Komponente der Leistungsrechnung will den Wert der selbst erbrachten Leistungen ermitteln.

Grundsätzlich stellt sich die Frage, ob man angesichts der Unterschiede Finanzbuchführung und Betriebsbuchhaltung in einem System zusammenfassen kann (**Einkreissystem**) oder ob man beide Abrechnungsarten nicht besser voneinander trennt (**Zweikreissystem**). Da in der Praxis die vollständige Integration der Betriebsbuchhaltung in die Finanzbuchhaltung meist nicht gelingt, sammelt die Finanzbuchhaltung zumindest die Kosten zur Weiterverarbeitung im Betriebsabrechnungsbogen. Im DATEV-Kontenrahmen sind ebenfalls Konten zur Erfassung der kalkulatorischen Kostenarten vorgesehen. Eventuelle Unterschiede, so z. B. zwischen den handelsrechtlichen und den kalkulatorischen Abschreibungen, müssen abgegrenzt werden.

Beispiel:

Beträgt die betriebsgewöhnliche Nutzungsdauer einer Maschine für die bilanzmäßige Abschreibung z. B. 5 Jahre und der Abschreibungssatz 20 %, ergibt sich die jährliche Abschreibung bei angenommenen Anschaffungskosten von 1.000 € mit 200 €. Wird die Nutzungsdauer für die kalkulatorische Abschreibung dagegen mit 8 $^1/_3$ Jahren veranschlagt, ermittelt sich ein kalkulatorischer Abschreibungsbetrag von 120 € jährlich.

Eine ausführliche Darstellung der Kosten- und Leistungsrechnung findet sich in den Abschnitten 2.4 und 2.5.

2.1.3.2.2 Wesen und Aufgaben der Planungsrechnung

Als Vorschaurechnung stützt sich die Planung auf die Zahlen und Ergebnisse der Buchführung, Kosten- und Leistungsrechnung und Statistik, aus denen sie zukünftige Entwicklungen abzuleiten sucht. Pläne werden als **Gesamtpläne** und als **Teilpläne** für einzelne betriebliche Bereiche erstellt, z. B. als Investitionsplan, Absatzplan und Finanzplan. In den Bereichen Materialwirtschaft/Einkauf und Personalwirtschaft werden Beschaffungspläne aufgestellt. Während des Bezugszeitraums der Planung werden die tatsächlichen Ist-Werte den geplanten Soll-Werten gegenübergestellt, wobei Abweichungen sofort festgestellt werden und in Konsequenz zu Plananpassungen führen können.

Die folgende Tabelle zeigt das Beispiel einer Planungsrechnung.

Jahr: 2011	**Monat 5** Plan	**Monat 5** Ist	**Monat 1–5** Plan kum.	**Monat 1–5** Ist kum.
Umsatzerlöse	675	723	3.650	3.910
Bestandsänderung	+13	0	+21	0
Gesamtleistung	688	723	3.671	3.910
Materialkosten	275	293	1.376	1.564
Rohgewinn 1	413	430	2.295	2.346
Personalkosten	256	263	1.280	1.315
Rohgewinn 2	157	167	1.015	1.031
sonstiger betriebl. Aufwand	110	120	580	600
Betriebsergebnis	47	47	435	431
neutrales Ergebnis	10	8	50	45
vorläufiges Ergebnis	37	39	385	386

Beispiel einer Planungsrechnung

2.1.3.2.3 Wesen und Aufgaben der Statistik

Aufgabe der Statistik ist die Aufbereitung und Analyse der von der Buchführung und der KLR bereitgestellten Zahlen mit dem Ziel, die wirtschaftliche Situation und vor allem deren Entwicklung im Zeitverlauf **darzustellen** sowie (innerbetrieblich oder im zwischenbetrieblichen Vergleich) **vergleichbar** zu machen.

Sie bedient sich dabei anerkannter **mathematisch-statistischer Verfahren**, präsentiert ihre Ergebnisse meist aufbereitet in Tabellen und Grafiken und stellt Einzelwerte in **Kennzahlensystemen** zueinander in Beziehung, um damit Interpretationen zu ermöglichen. Ihre besondere Bedeutung bezieht die Statistik aus der Fähigkeit, zeitnah aufbereitete Informationen bereitzustellen, die das Erkennen von Planabweichungen und ihrer Ursachen erleichtern und damit ein Gegensteuern durch ursachenangepasste Maßnahmen ermöglichen.

Zusammen mit der Planung und der Kosten- und Leistungsrechnung bildet die Statistik einen Kernbereich des **Controlling**. Dieses stützt sich wesentlich auf die im Rechnungswesen zusammenfließenden und aufbereiteten Informationen und stellt, ergänzt um ein Kontrollinstrumentarium und ein umfangreiches Berichtswesen, eine heute unverzichtbare Managementfunktion dar, die weniger auf »Kontrolle« (wie der Begriff des Controlling suggeriert), sondern vielmehr auf »Steuerung« abzielt. Die Weiterverarbeitung der Zahlen des Rechnungswesens zu einem wirksamen Instrumentarium der **»kennzahlenbasierten Steuerung«** ist Gegenstand zahlreicher, vor allem in den vergangenen zehn Jahren entwickelten Controlling-Modelle.

2.1.3.3 Aufbau der Finanzbuchhaltung

Die Buchhaltung als Kernbereich eines betrieblichen Informationssystems dient der Dokumentation der Geschäftsfälle und der Rechenschaft des Kaufmanns vor den Adressaten des Rechnungswesens. Daraus ergibt sich die Anforderung, alle Geschäftsfälle zunächst in ihrer zeitlichen Reihenfolge zu erfassen. Diese chronologische Aufzeichnung erfolgt im so genannten **Grundbuch**.

Je nach Unterteilung können auch mehrere Grundbücher gebildet werden, wobei auch die geordnete Belegablage die Grundbuchfunktion erfüllen kann. Das **Kassenbuch** ist z. B. Grundbuch, wenn es die baren Geschäftsfälle in chronologischer Abfolge enthält; der Bankverkehr lässt sich z. B. durch die geordnete Ablage der Bankauszüge dokumentieren.

Die sachliche, durch die einzelnen Konten vorgegebene Gliederung der Geschäftsfälle erfolgt im **Hauptbuch**. Eine weitere Untergliederung der Konten kann in **Hilfs- oder Nebenbüchern** erfolgen, z. B. kann das Konto »Forderungen« in Unterkonten zerlegt und jedem Kunden ein solches Unterkonto (so genanntes **Debitorenkonto**) zugewiesen werden. Ähnlich kann mit den Lieferantenverbindlichkeiten eine entsprechende Aufgliederung in **Kreditorenkonten** vorgenommen werden.

Die inhaltliche Gliederung des Hauptbuches in einzelne Konten erfolgt anhand von Kontenrahmen und Kontenplänen.

2.1.3.3.1 Kontenrahmen und Kontenplan

Der **Kontenrahmen** ist ein Organisationsschema, das die einheitliche Verbuchung gewährleisten soll. Er gliedert die Sachkonten nach sachlichen Gesichtspunkten in Kontenklassen. Jede Kontenklasse ist wiederum unterteilt in Kontengruppen. Die Kontengruppe besteht aus einzelnen Sachkonten, für die weitere Unterkonten gebildet werden können. Die gängigen Kontenrahmen beinhalten 10 Kontenklassen (von 0 bis 9). In dem vom Bundesverband der Deutschen Industrie (BDI) herausgegebenen **Industriekontenrahmen (IKR)** lauten diese Kontenklassen wie folgt:

Kontenklasse 0 = Immaterielle Vermögensgegenstände und Sachanlagen
Kontenklasse 1 = Finanzanlagen
Kontenklasse 2 = Umlaufvermögen und aktive Rechnungsabgrenzung
Kontenklasse 3 = Eigenkapital und Rückstellungen
Kontenklasse 4 = Verbindlichkeiten und passive Rechnungsabgrenzung
Kontenklasse 5 = Erträge
Kontenklasse 6 = Betriebliche Aufwendungen
Kontenklasse 7 = Weitere Aufwendungen
Kontenklasse 8 = Ergebnisrechnungen
Kontenklasse 9 = Kosten- und Leistungsrechnung (KLR)

Diese Reihenfolge der Kontenklassen folgt der Gliederung von Bilanz und Gewinn- und Verlustrechnung (GuV); dieses Gliederungsprinzip wird daher als Abschlussgliederungsprinzip bezeichnet. Der IKR stellt ein System aus zwei unabhängigen Rechnungskreisen (»Zweikreissystem«) dar: Die Kontenklassen 0 bis 8 (Rechnungskreis I) nehmen die Vorgänge der Finanzbuchhaltung auf; Klasse 9 (Rechnungskreis II) kann für die kontenmäßige Darstellung der Kosten- und Leistungsrechnung genutzt werden.

Die weitere Untergliederung erfolgt nach **Kontengruppen** (zweistellig), **Kontenarten** (dreistellig oder – wie im folgenden Beispiel – aus EDV-technischen Gründen vierstellig) und **Sachkonten** (vierstellig).

2 Umlaufvermögen und aktive Rechnungsabgrenzung
20 Roh-, Hilfs- und Betriebsstoffe
2000 Rohstoffe/Fertigungsmaterial
2001 Bezugskosten
2002 Nachlässe
2010 Vorprodukte/Fremdbauteile
2011 Bezugskosten
2012 Nachlässe
2020 Hilfsstoffe
2021 Bezugskosten
2022 Nachlässe
2030 Betriebsstoffe
2031 Bezugskosten
2032 Nachlässe
2070 Sonstiges Material
2071 Bezugskosten
2072 Nachlässe
21 Unfertige Erzeugnisse, unfertige Leistungen
2100 Unfertige Erzeugnisse
2190 Unfertige Leistungen
...

Kontenrahmen bilden den Orientierungsrahmen für die Erstellung des betriebsspezifischen Kontenplans. Dieser enthält nur diejenigen Konten, die der Betrieb tatsächlich benötigt, und kann in Teilbereichen tiefer gegliedert sein als der Kontenrahmen, um den Aussagewert der Buchhaltung zu verbessern. Konten des Kontenrahmens, die individuell nicht benötigt werden, entfallen.

Kontenpläne vereinfachen und vereinheitlichen die Buchhaltung, weil Kontenbezeichnungen durch eindeutige Nummern ersetzt werden und sind Voraussetzung für die durchweg heute in Betrieben praktizierte EDV-Buchhaltung.

2.1.3.3.2 Nebenbücher

Nach Bedarf des Unternehmens können im laufenden Geschäftsjahr Nebenbücher geführt werden, deren Salden am Jahresende in das Hauptbuch übernommen werden. Wichtige Nebenbücher sind

- das **Kontokorrentbuch**: Dieses enthält die nach einzelnen Kunden und Lieferanten in **Personenkonten** gegliederte Buchhaltung der Forderungen (Debitorenbuchhaltung) und Verbindlichkeiten (Kreditorenbuchhaltung);
- das **Anlagenbuch**, das diejenigen Vorgänge aufnimmt, die die dauerhaft zum Unternehmen gehörenden Vermögensgegenstände betreffen: Zugänge, Abgänge, Ab- und Zuschreibungen;
- die **Lohnbuchhaltung**, über die Lohn- und Gehaltsabrechnungen abgewickelt werden;
- die **Lagerbuchführung**, die die Zu- und Abgänge an gelagerten Materialien und Produkten verzeichnet und damit eine Bestandskontrolle ermöglicht.

Unternehmen mit mehreren Filialen können ihre Buchführung organisatorisch so einrichten, dass die einzelnen Geschäftsstellen separate »Filialbuchführungen« unterhalten. Auf diese Weise wird eine nach Verantwortungsbereichen differenzierbare Wertezuordnung und Kontrolle ermöglicht.

In den folgenden Abschnitten werden die Personenkonten, die Anlagenbuchhaltung und die Lagerbuchhaltung eingehender betrachtet.

Personenkonten

Mit zunehmender Betriebsgröße steigt die Zahl der Geschäftsfälle und damit der Buchungssätze rasch an. Man kann sich leicht vorstellen, dass das Konto »Verbindlichkeiten aus Lieferungen und Leistungen« eine Vielzahl von Eingangsrechnungen (= Zunahme der Verbindlichkeiten) und deren Bezahlung (= Abnahme der Verbindlichkeiten) aufnehmen muss und schnell unübersichtlich wird.

Auch lassen sich zusätzliche Informationen gewinnen, wenn man das Konto in Unterkonten zerlegt und z. B. jedem Lieferanten ein Unterkonto zuordnet. Auf diesem Unterkonto ist das gesamte Geschäftsvolumen mit einem Lieferanten sofort an den Jahresverkehrszahlen ablesbar, der Saldo gibt die Höhe der Gesamtschuld gegenüber diesem Lieferanten an.

Diese Aufgliederung eines Sachkontos (hier: Verbindlichkeiten) in personenbezogene Unterkonten führt zur Bildung so genannter **Personenkonten**. Die jeweiligen Einzelbuchungen erfolgen auf dem Personenkonto, nur der Saldo wird an das betreffende Hauptkonto geliefert. Forderungsunterkonten werden als **Debitorenkonten** bezeichnet, die Konten für die Lieferanten als **Kreditorenkonten**.

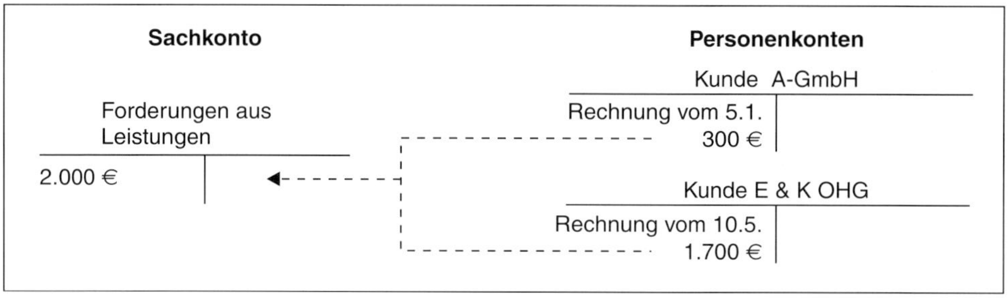

Sachkonto Forderungen und Debitorenkonten

Anlagenbuchhaltung

Die Tatsache, dass die meisten Betriebsanlagen im Laufe der Zeit eine Wertminderung erfahren, wird in der Buchhaltung durch die **Abschreibung** sichtbar gemacht. Ein Wert für ein Wirtschaftsgut des Anlagevermögens, der einmal in den Büchern steht, kann nur durch Buchung eines solchen Aufwandspostens wieder entfernt bzw. vermindert werden. Würde die Bilanz nicht auf Grund einer Buchhaltung, sondern nur mittels eines Inventars aufgestellt, ergäbe sich für diese Art der Buchung keine Notwendigkeit, weil zu jedem Bewertungsstichtag der Wert des Anlagegutes neu ermittelt werden würde. Die doppelte Buchführung verlangt aber die Kontinuität der Bilanzposten und begründet damit die Notwendigkeit, für die Wertminderung, den Schwund und die Abnutzung der Anlagen ein besonderes Konto »Abschreibungen« zu bilden und mit der Gewinn- und Verlustrechnung zu verbinden.

Der Grund für die Aussonderung der Anlagenbuchhaltung lag noch bis in die dreißiger Jahre des letzten Jahrhunderts darin, dass man die Abschreibungen nur als »Memorialbuchungen« betrachtete, die übrigens die Gewinn- und Verlustrechnung nicht berührten, sondern aus »dem angeblichen Reingewinn« gedeckt werden sollten. Der Gesetzgeber verlangte auch nur den Ausweis der Abschreibungen als »Erneuerungsfonds« neben der Bilanz.

Zunehmende Kapitalintensität und laufend verschärfte Gläubigerschutzbestimmungen führten aber zu einer veränderten Bedeutung des auszuweisenden Anlagevermögens als Schuldendeckungspotenzial. Wirtschaftspolitische Investitionsförderung durch Investitionszulagen, -zuschüsse und Sonderabschreibungen vermehrten die Buchungen im Bereich des Anlagevermögens, sodass aus Gründen der Zweckmäßigkeit eine Ausgliederung in eine Nebenbuchführung ratsam sein kann.

Außerdem liefert eine Anlagenbuchhaltung auch unterjährig Informationen über den Stand und die Entwicklung des Anlagevermögens, insbesondere über die Gewinnauswirkung durch Abschreibungen.

Lagerbuchhaltung

Ein Grund für die Ausgliederung der Warenein- und -ausgänge in einer Nebenbuchführung kann der geringe Aussagewert der Gewinn- und Verlustrechnung hinsichtlich des Rohgewinnes sein. In der Buchführung werden Wareneinkaufs- und Warenverkaufskonten geführt. Beim Nettoabschluss dieser Konten erscheint nur der Rohgewinn auf dem Gewinn- und Verlustkonto:

Wareneinkauf					Warenverkauf			
Anfangsbestand	50	Umsatz zum			Umsatz zum		Verkäufe	300
Einkäufe	180	Einstandspreis	200	→	Einstandspreis	200		
		Endbestand	30		Rohgewinn	100		
					(an GuV)			
	230		230			300		300

Ausbildung des Rohgewinns in den Warenkonten

Hat man nun mehrere Artikel, ließe sich für jeden ein Wareneinkaufs- und -verkaufskonto einrichten. Man hätte damit einen Überblick über die Rohgewinne der einzelnen Artikel. Bei einer großen Anzahl von Artikeln lassen sich die Absatzmengen buchhalterisch nicht mehr verfolgen. Hier muss sich die Lagerbuchführung auf eine reine Mengenrechnung beschränken. Das Lagerbuch zeigt die Gesamtheit der Eingänge einer bestimmten Ware. Durch die körperliche Aufnahme ergibt sich der jeweilige Bestand. Die Differenz zwischen den gebuchten Eingängen und dem Inventurbestand bildet die verkaufte, umgesetzte Menge.

2.1.3.4 Systematik der Finanzbuchhaltung

Nach § 238 Abs. 1 Satz 2 HGB muss die Buchführung *»so beschaffen sein, dass sie einem sachverständigen Dritten innerhalb angemessener Zeit einen Überblick über die Geschäftsfälle und über die Lage des Unternehmens vermitteln kann«*. Eine nahezu identische Formulierung, findet sich im Steuerrecht (§ 145 Abs. 1 AO).

Hieraus leitet sich die Pflicht ab, die Buchführung nach dem allgemein anerkannten System der »doppelten Buchführung« zu führen. »Doppelt« ist dieses Buchführungsverfahren, das schon um 1500 in Italien entwickelt wurde und seither von Kaufleuten in aller Welt praktiziert wird, in mehrfacher Hinsicht:

- Jede Buchung berührt **mindestens zwei Konten**, die im Kern auf die beiden verschiedenen Seiten der Bilanz verweisen.
- Der Periodenerfolg wird sowohl durch einen **Vergleich der Eigenkapitalbestände** am Jahresanfang und Jahresende (die sich jeweils aus der Sachkontengegenüberstellung in der Bilanz ergeben) als auch durch eine **Gegenüberstellung der Erträge und Aufwen-**

dungen der Buchungsperiode (die innerhalb der Gewinn- und Verlustrechnung/Ergebnisrechnung erfolgt) ermittelt.

- Die Geschäftsfälle werden zweifach aufgezeichnet: Zum einen in **zeitlicher** Reihenfolge (im **Grundbuch**), zum anderen nach **sachlichen** Gesichtspunkten (im **Hauptbuch**).

2.1.3.4.1 Kontoneröffnung und Eröffnungsbilanzkonto

Die buchhalterische Tätigkeit beginnt mit der Aufstellung der Eröffnungsbilanz, die in allen Positionen der Vorjahres-Schlussbilanz entsprechen muss. Diese wiederum enthält alle Vermögensteile und Schulden des Unternehmens, die in einer Bestandsaufnahme (**Inventur**) festgestellt und in einem Bestandsverzeichnis (**Inventar**) festgehalten wurden. Die Bilanzen selbst sind aber nicht Bestandteil der Buchhaltung, sondern gehören zum Jahresabschluss. Ausgangspunkt der Buchhaltung ist daher die Eröffnung der den einzelnen Bilanzpositionen entsprechenden Bestandskonten mit den in der Bilanz enthaltenen Werten. Gegenkonto im Sinne der doppelten Buchführung ist das **Eröffnungsbilanzkonto**.

2.1.3.4.2 Kontenarten und Verbuchung

Die doppelte Buchführung sieht vor, dass die Entwicklung einer Position in dem ihr zugeordneten Konto nicht als Staffelrechnung, sondern in einer Gegenüberstellung der Zu- und Abgänge dargestellt wird. In der »konventionellen«, nicht EDV-gestützten Buchhaltung werden diese Konten aufgrund ihrer Gestalt als **T-Konten** bezeichnet. Ihre Seiten heißen **Soll** (linke Seite) und **Haben** (rechte Seite).

Bestandskonten

Die den Bilanzpositionen entsprechenden Konten heißen – entsprechend den beiden Bilanzseiten, die als Aktivseite und Passivseite bezeichnet werden – **Aktivkonten** und **Passivkonten**. Gemeinsam werden sie als Bestandskonten bezeichnet. Sie verzeichnen den Anfangsbestand jeweils auf derjenigen Kontenseite, die der Zuordnung der Position in der Bilanz entspricht:

- **Aktivkonten** nehmen den Anfangsbestand und die Zugänge des laufenden Jahres auf der linken Seite auf und stellen diesen die Abgänge auf der Habenseite gegenüber.
- **Passivkonten** enthalten den Anfangsbestand und die Zugänge im Haben, die Abgänge dementsprechend im Soll.

Soll	Kontenbezeichnung		Haben
01.01. Anfangsbestand	10.000,00	06.01. Abgang	2.500,00
04.01. Zugang	500,00	31.12. Schlussbestand	8.000,00
	10.500,00		10.500,00

Soll	Kontenbezeichnung		Haben
Abgang 12.02.	2.000,00	Anfangsbestand 01.01.	8.500,00
Abgang 05.03.	3.500,00	Zugang 10.04.	500,00
Schlussbestand 31.12.	3.500,00		
	9.000,00		9.000,00

Aufbau von T-Konten; oben: Aktivkonto, unten: Passivkonto

Die folgende Abbildung zeigt den Zusammenhang zwischen Bilanz und Bestandskonten.

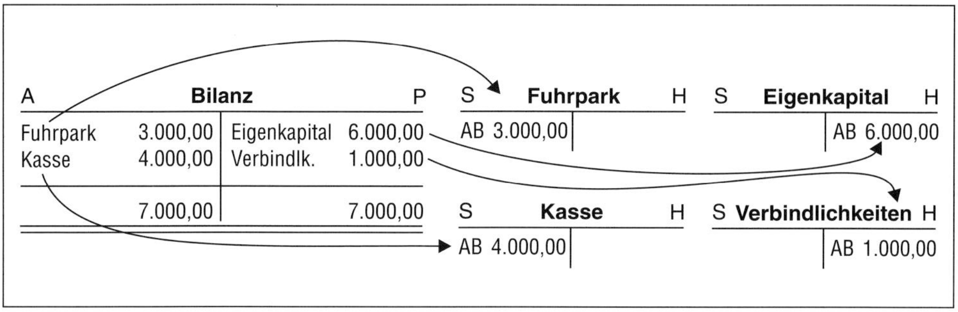

Zusammenhang zwischen Bilanz und Bestandskonten

Wie bereits erwähnt, wird in der tatsächlichen Buchführung ein Eröffnungsbilanzkonto zwischengeschaltet, weil die Bilanz selbst nicht Bestandteil der Buchführung ist.

Jeder Geschäftsfall berührt und verändert mindestens zwei Posten der Bilanz:

– Entweder auf derselben Bilanzseite als
  – **Aktivtausch** oder
  – **Passivtausch**,

  wobei die Bilanzsumme jeweils unverändert bleibt;
– oder auf verschiedenen Bilanzseiten als
  – **Aktiv-Passiv-Mehrung** (dabei wird die. Bilanz »verlängert«) oder
  – **Aktiv-Passiv-Minderung** (dabei wird die Bilanz »verkürzt«).

Bilanzverlängerung bedeutet eine steigende, **Bilanzverkürzung** eine abnehmende Bilanzsumme. Die Veränderung der Bilanzsumme allein ist kein Indiz für Erfolg oder Misserfolg: Z.B. steigt die Bilanzsumme durch Aufnahme eines Darlehens, dessen Bereitstellung auf einem Bankkonto erfolgt – hierdurch wird man aber keineswegs »reicher«, ebenso wenig, wie eine Darlehenstilgung, die eine Abnahme auf dem Bank- und zugleich auf dem Darlehenskonto bewirkt, »ärmer« macht!

Aktivtausch

Ausgangssituation: Ein nicht mehr benötigtes Fahrzeug wurde für 2.000 € bar verkauft.

A	**Bilanz**		P
Fuhrpark	5.000,00	Eigenkapital	6.000,00
Kasse	2.000,00	Verbindlk.	1.000,00
	7.000,00		7.000,00

A	**Bilanz**		P
Fuhrpark	3.000,00	Eigenkapital	6.000,00
Kasse	4.000,00	Verbindlk.	1.000,00
	7.000,00		7.000,00

Die Bilanzsumme wurde **nicht** verändert.

Aktivtausch

Aktiv-Passiv-Mehrung

Ausgangssituation: Ein neues Spezialfahrzeug für 20.000 €
wird durch Darlehen des Verkäufers finanziert.

A	**Bilanz**		P
Fuhrpark	3.000,00	Eigenkapital	6.000,00
Kasse	4.000,00	Verbindlk.	1.000,00
	7.000,00		7.000,00

A	**Bilanz**		P
Fuhrpark	23.000,00	Eigenkapital	6.000,00
Kasse	4.000,00	Darlehen	20.000,00
		Verbindlk.	1.000,00
	27.000,00		27.000,00

Die Bilanzsumme ist auf beiden Seiten um denselben Betrag gestiegen
(die Bilanz wurde »**verlängert**«)

Aktiv-Passiv-Mehrung

Geschäftsfälle und Buchungssätze

Im Laufe des Haushaltsjahres verändern sich durch die laufende Tätigkeit naturgemäß die Bestände auf den Bestandskonten. Diese Veränderungen stellen Geschäftsfälle dar, die in Buchungssätze umformuliert und im Grundbuch und Hauptbuch festgehalten werden. Dabei nehmen Konten stets auf der Seite zu, auf der sich ihr Anfangsbestand befindet, und auf der gegenüberliegenden Seite ab.

Die Buchung erfolgt jeweils mit einem **Buchungssatz** »(per) Soll an Haben«, wobei die traditionellen Begriffe »Soll« und »Haben« nichts weiter als die linke und rechte Seite eines Kontos kennzeichnen.

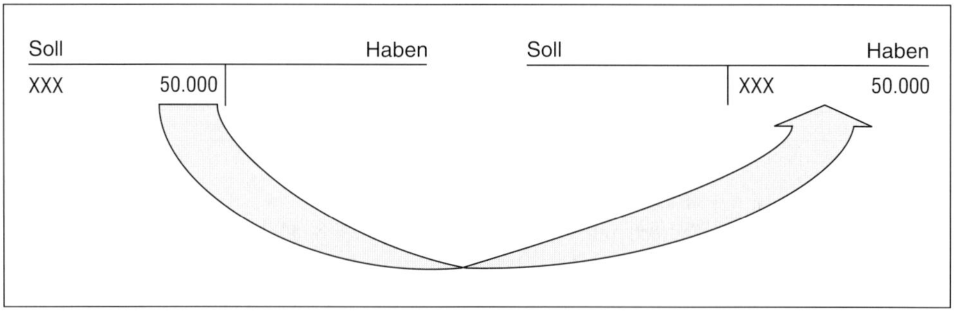

Jede Buchung berührt zwei Konten

Buchungssätze sind auch für Konteneröffnungen zu bilden. In den Beispielfällen der vorherigen Abbildung »Zusammenhang zwischen Bilanz und Bestandskonten« lauten die Buchungssätze für die Eröffnungsbuchungen:

»Fuhrpark«	*3.000,00*	*an »Eröffnungsbilanzkonto«*	*3.000,00*
»Kasse«	*4.000,00*	*an »Eröffnungsbilanzkonto«*	*4.000,00*
»Eröffnungsbilanzkonto«	*6.000,00*	*an »Eigenkapital«*	*6.000,00*
»Eröffnungsbilanzkonto«	*1.000,00*	*an »Verbindlichkeiten«*	*1.000,00*

Den Zusammenhang von Geschäftsvorfall und dazugehörigen Buchungssatzen des laufenden Jahres verdeutlicht das folgende Beispiel:

Ein betriebliches Ereignis führt zu einem **Geschäftsfall**:

Aus... »Wir haben zu viel Bares in der Kasse und zahlen 'mal was bei der Bank ein.« ...wird: Bareinzahlung auf Bankkonto

Ein Geschäftsfall führt zum **Buchungssatz**:

Aus... Bareinzahlung auf Bankkonto ...wird: »Bank an Kasse«

Vom Geschäftsfall zum Buchungssatz

Grundbuch und Hauptbuch

Alle Geschäftsfälle werden doppelt aufgezeichnet, im Grundbuch und im Hauptbuch.

- Das **Grundbuch** hält alle Geschäftsfälle in Form von Buchungssätzen in zeitlicher Reihenfolge fest und enthält Datum, Belegart (z. B. ER für Eingangsrechnung, BA für Bankauszug), lfd. Nummer, Buchungstext, Kontierung und Betrag.
- Das **Hauptbuch** enthält die Konten, die im laufenden Geschäftsjahr geführt werden:
  - **Bestandskonten** entsprechen Bilanzpositionen und werden, sofern ein Anfangsbestand am Beginn des Geschäftsjahres vorhanden ist, am Jahresanfang aus der Eröffnungsbilanz heraus eröffnet. Sie verzeichnen Bestandszu- und abnahmen und geben den Schlussbestand am Jahresende in das Schlussbilanzkonto ab.
  - **Erfolgskonten** werden im Laufe des Geschäftsjahres bei Bedarf eröffnet, haben also keinen Anfangsbestand, und nehmen Aufwendungen bzw. Erträge auf. Sie werden am Jahresende in die Ergebnisrechnung abgeschlossen; der dort ermittelte Saldo entspricht dem Jahresergebnis (Jahresüberschuss oder Jahresfehlbetrag).

Beim Einsatz einer Buchhaltungssoftware wird das Formulieren von Buchungssätzen im Allgemeinen nicht nötig sein. Das Verständnis für den Charakter einzelner Konten und ihren Zusammenhang in der Buchführung ist jedoch für aktiv Buchende unverzichtbar. Daher

Drei Fragen, richtig beantwortet, ermöglichen diese Zuweisung:

1. Welche Konten sind angesprochen?
   Im Falle »Bareinzahlung aufs Bankkonto« sind dies
   a) Konto »Kasse«
   b) Konto »Bank«

2. Handel es sich um eine Zunahme oder eine Abnahme des Kontos?
   a) Konto »Kasse«
   b) Konto »Bank«

...wir finden nicht immer »ein Plus und ein Minus«: Doppelplus und Doppelminus gibt es auch!

3. Handelt es sich um ein Aktiv- oder ein Passivkonto?
   a) Konto »Kasse« ist ein Aktivkonto (der Anfangsbestand steht im Soll)
   b) Konto »Bank« ist ebenfalls ein Aktivkonto.

Entscheidende Frage: denn Bestandskonten nehmen immer auf der Seite zu, auf der sie ihren Anfangsbestand tragen: Aktivkonten also im Soll, Passivkonten im Haben!

Und nun gilt:
+ und A ⇒ S **(dies trifft aufs Bankkonto zu)**
– und A ⇒ H **(dies trifft auf die Kasse zu)**
+ und P ⇒ H
– und P ⇒ S

Grundschema »Bildung eines Buchungssatzes«

wird hier ein Schema vorgestellt, mit dessen Hilfe die Zuweisung einer Buchung zum richtigen Konto und der richtigen Kontenseite getroffen werden kann.

Zugegebenermaßen ist ein Buchungssatz wie »Bank« an »Kasse« gut geeignet, bei Buchführungsanfängern Verwirrung zu stiften (schließlich wird Geld aus der Kasse genommen und zur Bank gebracht; vom Sprachgefühl her erscheint der Buchungssatz daher »verkehrt herum« zu sein).

Zur Verdeutlichung sei der entsprechende Auszug aus dem Hauptbuch gezeigt:

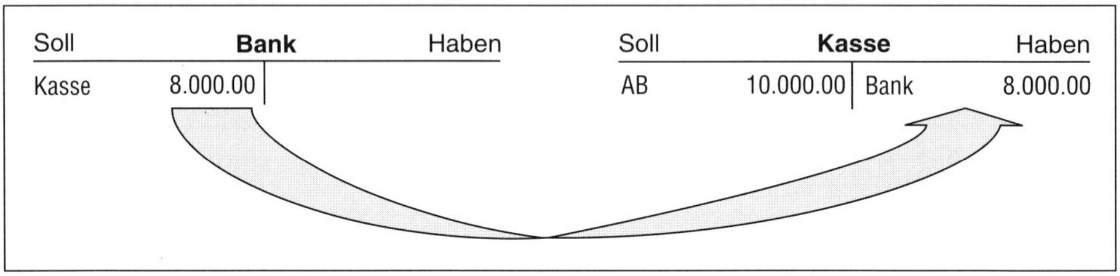

Buchungssatz »Bank an Kasse« in der Kontendarstellung

Aus Sicht der Kasse stellt die Barentnahme eine Verminderung dar, die im Haben gebucht werden muss, während das (im Beispiel zuvor guthabenlose) Bankkonto durch die Einzahlung zunimmt.

Die Bestandskonten werden am Jahresende abgeschlossen, indem ihre Schlussbestände durch Saldierung ermittelt und in das **Schlussbilanzkonto** (vgl. Abschn. 2.1.3.4.3) übertragen werden.

Erfolgskonten

Erträge und Aufwendungen werden in sachlich getrennten Konten verzeichnet, die während des laufenden Jahres eingerichtet und gebucht werden, sobald sich hierfür ein Bedarf ergibt. Ihr Buchungsgegenkonto ist immer ein Bestandskonto!

Die gemeinsame Bezeichnung für Ertrags- und Aufwandskonten heißt **Erfolgskonten**. Erfolgskonten sind Unterkonten des **Eigenkapitals**, da jede auf ihnen verzeichnete Bewegung eine positive oder negative Auswirkung auf den Stand des Eigenkapitals zeitigt. Wegen dieses Zusammenhangs werden Erträge im Haben (als Eigenkapitalmehrungen) und Aufwendungen im Soll (als Eigenkapitalminderungen) gebucht. Die Erfolgskonten werden über das **»Gewinn- und Verlustkonto«**, kurz als **GuV** bezeichnet, abgeschlossen. Auf diesem wiederum ergibt sich durch Saldierung der Jahresüberschuss bzw. Jahresfehlbetrag, der mit demjenigen der Bilanz übereinstimmen muss.

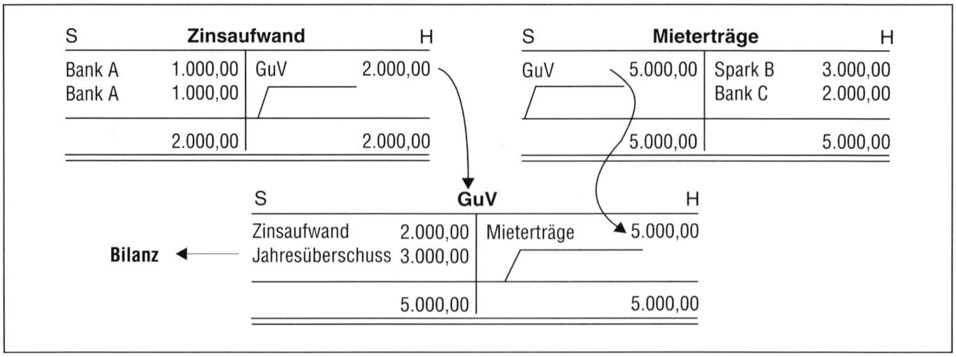

Zusammenhang zwischen Erfolgskonten, GuV und Bilanz

2.1.3.4.3 Kontenabschluss

Zum Jahresende werden die Kontenbestände der Bestandskonten durch Saldierung der während des laufenden Jahres angefallenen Buchungen ermittelt. Die Kontensalden lassen sich zum jeweiligen Bilanzposten zusammenfassen und in ein **Schlussbilanzkonto** übertragen.

Analog zum Kontenabschluss wird die Schlussbilanz aufgestellt. Diese entsteht außerhalb der Buchführung und basiert auf den Ergebnissen der Inventur, muss aber wertmäßig mit dem Schlussbilanzkonto übereinstimmen. Maßgeblich ist die **Inventur**, d. h. bei Abweichungen sind die Buchbestände durch entsprechende Buchungen anzupassen.

Beispiel:

Lt. Buchführung müssten 2.700 € als Barbestand in der Kasse vorhanden sein. Beim Nachzählen sind aber nur 2.650 € vorhanden. Der Fehlbetrag von 50 € muss als Aufwand gebucht werden (z. B. »außerordentliche Aufwendungen an Kasse«).

Zieht man von der Summe aller durch Inventur ermittelten aktiven Vermögensposten die Summe aller ebenso ermittelten passiven Schuldposten ab, erhält man das Reinvermögen, also das Eigenkapital. Vergleicht man das so ermittelte und um die Einlagen und Entnahmen bereinigte Eigenkapital am Ende des Geschäftsjahres mit dem Stand zu Beginn, lässt sich aus der Veränderung der erzielte Gewinn oder Verlust ableiten. Dieser wiederum muss dem Saldo des GuV-Kontos entsprechen.

2.1.3.5 Die Finanzbuchhaltung in Beziehung zu anderen Unternehmensbereichen

2.1.3.5.1 Finanzbuchhaltung und Einkauf/Lager

Ein Materialeingang wird zunächst auf einem Materialeinkaufskonto als Zugang gebucht. Buchungsgrundlage ist die Einkaufsrechnung, die z. B. folgende Wertzusammenhänge beinhalten kann:

Listenpreis	*1.000 €*
– Rabatt 10 %	*100 €*
= Einkaufspreis	*900 €*
+ Bezugskosten	*100 €*
= Einstandspreis	*1.000 €*
+ Mehrwertsteuer	*160 €*
= Rechnungsbetrag	*1.160 €*

Die in der Einkaufsrechnung ausgewiesene **Mehrwertsteuer** ist für den Erwerber abziehbare **Vorsteuer** und belastet ihn wirtschaftlich nicht. Die abziehbare Vorsteuer gehört folglich nicht zu den Anschaffungskosten des Materials. Bewertungsmaßstab für den Materialeinkauf ist der Einstandspreis. Das Materialeinkaufskonto enthält damit neben dem Materialzugang auch den Anfangsbestand. Würde jetzt der aktuelle Materialbestand am Stichtag ermittelt werden, ließe sich der Verbrauch an Material feststellen.

Im Fertigungsbetrieb werden die eingekauften Materialien mit Maschinen und Arbeitskraft zu Produkten verarbeitet und dann am Markt abgesetzt. Dieser Verbrauch an Material muss buchhalterisch erfasst werden. Viele kleinere Unternehmen, die keine Lagerbuchführung besitzen, setzen während der Buchungsperiode den erfolgswirksamen Verbrauch mit dem Materialzugang gleich. Alle Einkäufe werden zunächst als Aufwand erfasst und dann am Ende der Buchungsperiode um die durch die Inventur ermittelte **Bestandsveränderung** entsprechend korrigiert. Soweit eine Lagerbuchführung vorhanden ist, werden Anfangsbestand und Materialzugänge auf einem Materialkonto erfasst, das aber als reines Bestandskonto erfolgsneutralen Charakter besitzt. Wird jetzt Material verbraucht und darüber im Lager ein Materialentnahmeschein ausgestellt, wird das verbrauchte Material vom Materialbestandskonto auf ein erfolgswirksames Materialverbrauchskonto umgebucht. Dieses Konto wird wiederum über die Gewinn- und Verlustrechnung abgeschlossen. Das Materialbestandskonto zeigt damit den Materialbestand zu jedem Zeitpunkt an.

Allerdings wird im Materialbestandskonto nur der buchmäßige Materialbestand ausgewiesen, der nicht unbedingt mit dem tatsächlichen übereinstimmen muss. Es können sich mengen- und wertmäßige Abweichungen ergeben. Daher ist der Buchbestand mit dem maßgeblichen tatsächlichen Inventurbestand abzugleichen und ggf. an diesen erfolgswirksam anzupassen.

Mengenmäßige Abweichungen zwischen Buchbestand und tatsächlicher Inventur können auf Schwund oder Verderb beruhen. Wertmäßige Abweichungen können sich bei stark schwankenden Einstandspreisen ergeben. So kann bei schwankenden Preisen und verschiedenen Zukäufen der Wert des Endbestands nur indirekt durch die Durchschnitts- oder Verbrauchsfolgebewertung ermittelt werden (vgl. Abschn. 2.2.6.6).

2.1.3.5.2 Finanzbuchhaltung und Vertrieb

Die Umsätze der produzierten Leistungen werden vom Warenverkaufs- bzw. Erlöskonto erfasst. Das Erlöskonto ist ein reines Erfolgskonto; alle Habenbuchungen erhöhen den Gewinn, alle Sollbuchungen (z. B. für Erlösschmälerungen und Rücksendungen) mindern ihn. Wichtig ist die Frage, wann der Erlös eigentlich entstanden ist. Denkbar wäre als Zeitpunkt die Übergabe der Lieferung an den Empfänger, also die Erfüllung des Kaufvertrages von Seiten des Lieferanten, aber auch der Zeitpunkt der Rechnungstellung oder sogar der Tag des Zahlungseinganges. Da der Zeitpunkt der Rechnungstellung ebenso wie der Tag der Zahlung zu leicht beeinflusst werden kann, hat sich der Gesetzgeber für den Zeitpunkt der Forderungsentstehung entschieden. Das ist der Zeitpunkt, zu dem der Lieferant seinen Vertragspart durch Fertigstellung und Übergabe der Leistung erfüllt hat.

Eine Erlösbuchung noch vor dem Zeitpunkt der Forderungsentstehung, etwa beim Auftragseingang oder nach Leistungsfortschritt, verbieten die Grundsätze ordnungsgemäßer Buchführung. Das **Realisationsprinzip** bestimmt, dass ein Gewinn erst dann gebucht und ausgewiesen werden darf, wenn er entstanden ist.

Wird die Lieferung erbracht und vom Kunden nicht sofort bezahlt, entsteht eine **Forderung**. Um die Übersicht über die einzelnen Forderungen zu behalten, werden meist **Kontokorrentkonten**, also Personenkonten für einzelne Kunden, gebildet. Diese **Debitorenkonten** zeigen den Stand der Forderungen gegen den einzelnen Kunden. An den Jahresverkehrszahlen lässt sich aber auch der gesamte Umsatz mit diesem Kunden ablesen, und es kann für den Vertrieb eine Einstufung in wichtige und weniger wichtige Kunden erfolgen. Höhe und Entwicklung des Forderungsbestandes pro Debitor lassen auch Rückschlüsse auf dessen Zahlungsmoral zu. Offene Rechnungen können aus den Kontokorrentkonten zu einer Liste der offenen Posten zusammengezogen und der Mahnabteilung zur Einleitung von Beitreibungsmaßnahmen übergeben werden.

2.1.3.5.3 Finanzbuchhaltung und Produktion

Die Kosten des Produktionsprozesses werden, soweit es sich um aufwandsgleiche Kosten handelt, von der Finanzbuchhaltung erfasst und am Ende der Periode an die Gewinn- und Verlustrechnung weitergegeben. Würden in dieser Periode exakt so viele Stücke hergestellt, wie am Ende der Periode auch abgesetzt sind, ließen sich aus der Gewinn- und Verlustrechnung leicht die (aufwandsgleichen) Selbstkosten der Produktion ablesen:

Weichen produzierte und abgesetzte Menge aber voneinander ab, ist es also zu Lagerzu- oder -abnahmen gekommen, stehen die Aufwendungen der produzierten Leistung den Erträgen der abgesetzten Leistung gegenüber. Der Einblick in die Ertragslage wird hierdurch verfälscht. Der Gewinn bei einer Produktion auf Lager wäre zu niedrig ausgewiesen. Werden mehr Einheiten eines Produktes verkauft als produziert worden sind, wäre der Gewinnausweis tendenziell zu hoch. Insoweit ist es notwendig, die Änderung der Bestände an halbfertigen und fertigen Produkten zu berücksichtigen.

Die durch die Inventur ermittelten **Bestandsveränderungen** sind in der Gewinn- und Verlustrechnung auf erfolgswirksamen Konten zu berücksichtigen. Zunahmen der Bestände führen zu einer Habenbuchung auf dem Konto »Bestandsveränderung« und wirken wie ein Erlös gewinnerhöhend, Bestandsminderungen entsprechend wie Aufwand, also gewinnmindernd.

Bewertungsmaßstab für die Bemessung der Bestände sind dabei die **Herstellungskosten**. Der Zusammenhang zwischen Selbstkosten und Herstellungskosten und die Zusammensetzung der Herstellungskosten ergibt sich aus § 255 Abs. 2 und 3 HGB: Danach haben die Herstellungskosten mindestens die aktivierungspflichtigen Bestandteile, also die Einzelkosten, zu umfassen. Weitere Kostenbestandteile müssen (neues Recht) bzw. können wahlweise in die Aktivierung einbezogen werden. Dazu gehören die Material- und Fertigungsgemeinkosten und die Kosten der allgemeinen Verwaltung. Für gewisse Kosten, so die Vertriebskosten, besteht ein Aktivierungsverbot: Sie dürfen nicht in die Herstellungskosten eingehen. Eine ausführliche Darstellung enthält Abschnitt 2.2.3.2.2.

Die vorstehend beschriebenen Abhängigkeiten zwischen Bestands- und Erfolgskonten charakterisieren das so genannte **Gesamtkostenverfahren** (§ 275 Abs. 2 HGB). Dabei folgen Aufbau und Gliederung der Gewinn- und Verlustrechnung dem Ansatz, die Gesamtkosten der Produktion einer Periode den Umsatzerlösen der abgesetzten Leistungen und den Bestandserhöhungen durch noch nicht abgesetzte Leistungen gegenüberzustellen. Ein anderes zulässiges, aber weniger gebräuchliches Verfahren ist das **Umsatzkostenverfahren** (§ 275 Abs. 3 HGB). Ausgangspunkt dieses Verfahrens ist die Gegenüberstellung der Umsatzerlöse der abgesetzten Leistung mit den hierzu gehörenden Kosten. Es werden damit nicht alle betrieblichen Aufwendungen erfasst, sondern nur diejenigen, die mit der abgesetzten Leistung in Zusammenhang stehen.

Auf die Unterschiede in den Gliederungen der Gewinn- und Verlustrechnung nach dem Gesamtkosten- und dem Umsatzkostenverfahren sowie weitere Einzelheiten wird später noch ausführlicher eingegangen.

2.1.3.5.4 Finanzbuchhaltung und Lohn- und Gehaltsabrechnung

Die vom Arbeitgeber durchzuführende Lohn- und Gehaltsabrechnung ist eine Abrechnung über den gezahlten Bruttolohn und die darauf abzuführenden Abgaben. Ergebnis ist der Nettolohn bzw. der an den Arbeitnehmer auszuzahlende Betrag.

Arbeitslohn sind dabei gem. § 2 Lohnsteuer-Durchführungsverordnung (LStDV) alle Einnahmen, die dem Arbeitnehmer aus dem Dienstverhältnis oder einem früheren Dienstverhältnis zufließen. Einnahmen sind alle Güter, die in Geld oder Geldeswert bestehen. Es ist gleichgültig, ob es sich um einmalige oder laufende Einnahmen handelt, ob ein Rechtsanspruch auf sie besteht und unter welcher Bezeichnung oder in welcher Form sie gewährt werden.

Steuerlich zählt der Arbeitslohn zu den Einkünften aus nichtselbstständiger Arbeit, bei denen gem. § 38 EStG die Einkommensteuer durch Abzug vom Arbeitslohn erhoben wird (**Lohnsteuer**). Der Arbeitgeber hat die Lohnsteuer für Rechnung des Arbeitnehmers bei jeder Lohnzahlung vom Arbeitslohn einzubehalten. Der Arbeitnehmer ist aber Schuldner der Lohnsteuer. Die Lohnsteuer entsteht, indem der Arbeitslohn dem Arbeitnehmer zufließt.

Ähnliche Regeln hat das Sozialversicherungsrecht aus dem Steuerrecht übernommen. Die Aufwendungen zur Sozialversicherung (Kranken-, Renten-, Arbeitslosen- und Pflegeversicherung) werden in der Regel zwischen dem Arbeitnehmer und dem Arbeitgeber geteilt, d. h. jeder hat den halben Beitrag zu tragen. Die Lohnsteuer hat der Arbeitgeber spätestens am zehnten Tag nach Ablauf eines jeden Anmeldungszeitraums anzumelden und abzuführen. Für die Abführung der **Sozialversicherungsbeiträge** gilt seit 1. Januar 2006, dass die Beitragsschuld in ihrer voraussichtlichen Höhe am drittletzten Bankarbeitstag des laufenden Monats zur Zahlung fällig ist. Anlass für diese Terminvorverlegung – zuvor galt hier dieselbe Regelung wie für die Lohnsteuerabführung – war die angespannte Kassenlage der sozialen Sicherungssysteme.

2.1.4 Inventur und Inventar

Jeder Kaufmann (mit Ausnahme der Einzelkaufleute, die die Umsatz- und Überschussgrenzen des § 241a HGB nicht überschreiten) ist nach § 240 HGB verpflichtet, zu Beginn seines Handelsgewerbes seine Grundstücke, seine Forderungen und Schulden, den Betrag seines baren Geldes sowie seine sonstigen Vermögensgegenstände festzustellen und in einem so genannten **Inventar** unter Angabe der Werte der einzelnen Vermögensgegenstände und Schulden anzugeben. Ein solches Inventar muss am Schluss eines jeden Geschäftsjahrs, d. h. spätestens alle zwölf Monate, erneut aufgestellt werden. Grundlage für die Erstellung des Inventars ist eine körperliche Bestandsaufnahme, die **Inventur** genannt wird.

Das Inventar ist die Grundlage der Bilanzierung. Darüber hinaus besitzt es eine Dokumentations- und Nachweisfunktion: Es ist ein Bestandsnachweis über die einzelnen Vermögensgegenstände nach Art und Menge. Diese Funktion kann das Inventar nur ordnungsgemäß ausfüllen, wenn bei der Inventarisierung bestimmte Grundsätze beachtet werden. Insbesondere muss das Inventar vollständig sein, d. h. es muss alle Arten von Vermögensgegenständen und Schulden enthalten, die bilanzierungsfähig und dem Kaufmann zuzurechnen sind. Die Zurechnung erfolgt nach dem Kriterium des **wirtschaftlichen Eigentums**, das sich nicht immer mit dem juristischen Eigentum decken muss. So sind auch Gegenstände zu erfassen, die unter Eigentumsvorbehalt erworben worden sind, oder solche, die sicherungsübereignet wurden.

Verschiedene Arten der Bestandsermittlung sind zulässig. Welche davon zur Anwendung gelangt, hängt von dem jeweiligen Inventursystem und dem jeweiligen Inventurverfahren ab. Der Begriff des Inventursystems bezieht sich auf Zeitpunkt oder Zeitraum der Inventurdurchführung und -aufstellung, während unter dem Inventurverfahren die Art der Bestandsaufnahme zu verstehen ist.

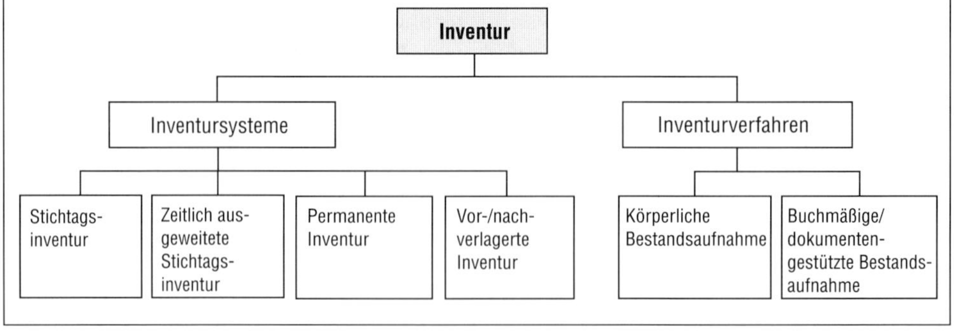

Inventursysteme und -verfahren

2.1.4.1 Inventursysteme

Zu den Inventursystemen zählen die Stichtagsinventur, die zeitlich ausgeweitete Stichtagsinventur, die vor- oder nachverlegte Stichtagsinventur sowie die permanente Inventur. Sie unterscheiden sich durch den unterschiedlichen Aufnahmetag, der nur bei der Stichtagsinventur mit dem Bilanzstichtag übereinstimmt.

2.1.4.1.1 Stichtagsinventur

Die als Stichtagsinventur bezeichnete körperliche Bestandsaufnahme zum Bilanzstichtag ist das **Standard-Inventursystem**. Es ist einfach anzuwenden und zuverlässig, da keinerlei Bestandsfortschreibungen notwendig sind. Es ist zwingend für diejenigen Bestandsarten vorgeschrieben, bei denen eine zuverlässige Bestandserfassung nur zum Bilanzstichtag möglich ist, also insbesondere für Bestände, die einem hohen Verlustrisiko durch Schwund und Verderb oder durch leichte Zerbrechlichkeit unterliegen, und für Bestände von besonderem Wert (z. B. Edelmetalle).

2.1.4.1.2 Zeitlich ausgeweitete Inventur

Bei der zeitlich ausgeweiteten Stichtagsinventur liegen die Aufnahmetage kurz vor oder kurz nach dem Bilanzstichtag. Gemäß R 5.3 Abs. 1 EStR muss diese Inventur zeitnah, in der Regel innerhalb einer Frist von 10 Tagen vor oder nach dem Bilanzstichtag, durchgeführt werden. Dabei muss jedoch sichergestellt sein, dass die Bestandsveränderungen zwischen dem Bilanzstichtag und dem Tag der Bestandsaufnahme anhand von Belegen oder Aufzeichnungen ordnungsgemäß berücksichtigt werden.

2.1.4.1.3 Verlegte Inventur

Nach § 241 Absatz 3 HGB kann die jährliche körperliche Bestandsaufnahme ganz oder teilweise innerhalb der letzten drei Monate vor oder der ersten zwei Monate nach dem Bilanzstichtag durchgeführt werden. Der dabei festgestellte Bestand ist nach Art und Menge in einem besonderen Inventar zu verzeichnen, das auch aufgrund einer permanenten Inventur erstellt werden kann.

Der in dem besonderen Inventar erfasste Bestand ist auf den Tag der Bestandsaufnahme (Inventurstichtag) nach allgemeinen Grundsätzen zu bewerten. Der sich danach ergebende Gesamtwert des Bestandes ist dann wertmäßig auf den Bilanzstichtag fortzuschreiben oder zurückzurechnen. Der Bestand braucht in diesem Fall nicht noch einmal zum Bilanzstichtag nach Art und Menge festgestellt werden; es genügt die Feststellung des Gesamtwertes des Bestands auf den Bilanzstichtag.

Die **Bestandsveränderungen** zwischen dem Inventurstichtag und dem Bilanzstichtag brauchen ebenfalls nicht nach Art und Menge aufgezeichnet zu werden; die wertmäßige Erfassung ist ausreichend. Das Verfahren zur wertmäßigen Fortschreibung oder Rückrechnung des Gesamtwertes des Bestandes am Bilanzstichtag muss den Grundsätzen ordnungsmäßiger Buchführung (GoB) entsprechen. Die Fortschreibung des Warenbestands kann dabei nach der folgenden Formel vorgenommen werden, wenn die Zusammensetzung des Warenbestands am Bilanzstichtag von der des Warenbestands am Inventurstichtag nicht wesentlich abweicht:

Wert des Warenbestands am Inventurstichtag
+ Wareneingang
– Wareneinsatz (= Umsatz – durchschnittlicher Rohgewinn)

= Wert des Warenbestands am Bilanzstichtag

Die **Inventurerleichterungen** durch die permanente oder die zeitverschobene Inventur dürfen nicht angewendet werden für Wirtschaftsgüter, die – abgestellt auf die Verhältnisse des jeweiligen Betriebs – besonders wertvoll sind, und auf Bestände, bei denen durch Schwund, Verdunsten, Verderb, leichte Zerbrechlichkeit oder ähnliche ins Gewicht fallende unkontrollierbare Abgänge eintreten, es sei denn, dass diese Abgänge aufgrund von Erfahrungssätzen schätzungsweise annähernd zutreffend berücksichtigt werden können. Für jene Bestandsarten ist die Stichtagsinventur vorgeschrieben.

2.1.4.1.4 Permanente Inventur

Nach § 241 Absatz 2 HGB kann sich bei der permanenten Inventur die körperliche Aufnahme auf das ganze Geschäftsjahr verteilen. Der Bestand für den Bilanzstichtag kann in diesem Fall nach Art und Menge anhand von Lagerbüchern (Lagerkarteien) festgestellt werden, wenn die folgenden Voraussetzungen erfüllt sind:

- In den **Lagerbüchern** und Lagerkarteien müssen alle Bestände und alle Zugänge und Abgänge einzeln nach Tag, Art und Menge (Stückzahl, Gewicht oder Volumen) eingetragen werden. Alle Eintragungen müssen belegmäßig nachgewiesen werden.
- In jedem Wirtschaftsjahr muss mindestens einmal durch **körperliche** Bestandsaufnahme geprüft werden, ob das Vorratsvermögen, das in den Lagerbüchern ausgewiesen wird, mit den tatsächlich vorhandenen Beständen übereinstimmt. Die Prüfung braucht nicht für alle Bestände gleichzeitig vorgenommen zu werden. Sie darf sich aber nicht nur auf Stichproben oder die Verprobung eines repräsentativen Querschnitts beschränken. Die Lagerbücher bzw. Lagerkarteien sind ggf. nach dem Ergebnis der Prüfung zu berichtigen. Der Tag der Bestandsaufnahme ist in den Lagerbüchern festzuhalten.
- Über die Durchführung und das Ergebnis der körperlichen Bestandsaufnahme sind Aufzeichnungen (**Protokolle**) anzufertigen, die unter Angabe des Zeitpunktes der Aufnahme von den aufnehmenden Personen zu unterzeichnen sind. Die Aufzeichnungen sind wie Handelsbücher zehn Jahre lang aufzubewahren.

2.1.4.2 Inventurverfahren

Eine vollständige körperliche Aufnahme kann mit solchen Gegenständen durchgeführt werden, deren Menge durch Messen, Zählen oder Wiegen ermittelt werden kann. Die körperliche Bestandsaufnahme ist in der Regel eine **Vollaufnahme**.

Bei der Aufstellung des Inventars darf der Bestand nach Art, Menge und Wert aber auch mit Hilfe anerkannter mathematisch-statistischer Methoden auf Basis von Stichproben ermittelt werden. Eine insoweit nur teilweise körperliche Aufnahme unter Anwendung eines geeigneten Stichprobenverfahrens wird auch als **Stichprobeninventur** bezeichnet.

Neben der körperlichen Bestandsaufnahme kommen in Bezug auf bestimmte Vermögensgegenstände und Schulden als weitere Inventurverfahren die **buchmäßige Inventur** (z. B. für Forderungen, Schulden, Bankguthaben anhand von Rechnungsunterlagen und Kontoauszügen) und die Bestandsaufnahme anhand von **Dokumenten** (bei »Unterwegsware«) in Frage.

Nach § 241 Abs. 1 HGB muss das gewählte Inventurverfahren den Grundsätzen ordnungsmäßiger Buchführung entsprechen. Der Aussagewert des auf diese Weise aufgestellten Inventars muss dem Aussagewert eines auf Grund einer körperlichen Bestandsaufnahme aufgestellten Inventars gleichkommen.

2.2 Beachten von Bilanzierungsgrundsätzen

2.2.1 Rechtsgrundlagen

Auf die grundsätzliche Bedeutung und Gliederung des »Dritten Buches Handelsbücher« innerhalb des HGB und die wesentlichen Regelungen des Steuerrechts bezüglich der Rechnungslegung wurde bereits in Abschnitt 2.1.2 hingewiesen. An dieser Stelle folgen Ergänzungen und Vertiefungen, die sich insbesondere auf die Bilanzierung beziehen.

Je nach Rechtsform, Größenklasse und Unternehmensverbindung (Konzern) sind spezifische Rechnungslegungsvorschriften zu beachten. Die Vorschriften beziehen sich auf die Aufstellung, den Umfang, die Feststellung, die Prüfung und die Veröffentlichung des Jahresabschlusses. Die folgende Abbildung zeigt die wesentlichen Rechnungslegungspflichten im Überblick.

	Einzelunternehmen und Personengesellschaften	**Kapitalgesellschaften**		
		kleine	**mittlere**	**große**
1. Größenklassen nach § 267 HGB	keine besonderen Anforderungen, sofern das Unternehmen nicht unter das Publizitätsgesetz fällt	Bilanzsumme		
		≦ 4,840 Mio €	≦ 19,250 Mio €	> 19,250 Mio €
		Umsatzerlöse		
		≦ 9,680 Mio €	≦ 38,500 Mio €	> 38,500 Mio €
		Zahl der Arbeitnehmer im Jahresdurchschnitt		
		≦ 50 AN	≦ 250 AN	> 250 AN
2. Buchführung	nach §§ 238 und 239 HGB und den Grundsätzen ordnungsmäßiger Buchführung	wie bei Einzelunternehmen und Personengesellschaften		
3. Jahresabschluss umfasst	Bilanz und Gewinn- und Verlustrechnung, § 242 Abs. 3 HGB; Lagebericht ist nicht zu erstellen	Bilanz, Gewinn- und Verlustrechnung und Anhang; Lagebericht ist zu erstellen, § 264 Abs. 1 HGB		
4. Prüfungspflicht	keine	keine	Prüfung von Jahresabschluss und Lagebericht, § 316 Abs. 1 HGB	
5. Offenlegungspflicht	keine	Einreichung von Bilanz und Anhang sowie Ergebnisverwendung (Beschluss, Vorschlag) zum Handelsregister; Bekanntgabe im Bundesanzeiger	Einreichung von Jahresabschluss, Lagebericht, Bericht des Aufsichtsrats (AR); Ergebnisverwendung (Beschluss, Vorschlag) zum Handelsregister; Bekanntgabe im Bundesanzeiger	Bekanntgabe von Jahresabschluss, Lagebericht; Bericht des AR, Ergebnisverwendung (Beschluss, Vorschlag) und Einreichung mit Bekanntgabe zum Handelsregister

Rechnungslegungspflichten

2.2.1.1 Bilanz, GuV, Anhang, Lagebericht

Zur Aufstellung eines Jahresabschlusses verpflichtet sind alle Kaufleute mit Ausnahme der Einzelkaufleute, die die im neu geschaffenen § 241a HGB genannten Umsatzerlös- und Jahresüberschussgrenzen nicht überschreiten. Die persönliche Verpflichtung zur Aufstellung des Jahresabschlusses trägt in Einzelunternehmen der Kaufmann selbst, Gesellschaften handeln durch ihre Organe (Geschäftsführer, Vorstand).

Nach § 242 HGB hat der Kaufmann zu Beginn seines Handelsgewerbes und für den Schluss eines jeden Geschäftsjahres einen Jahresabschluss, bestehend aus **Bilanz** sowie **Gewinn- und Verlustrechnung**, aufzustellen.

Für **Kapitalgesellschaften** ist der Jahresabschluss nach § 264 HGB um einen **Anhang** und ggf. weitere Elemente (§ 264 Abs. 1 S. 2 **n. F. – neue Fassung** –) zu erweitern. Darüber hinaus ist ein **Lagebericht** aufzustellen.

Die **Aufstellung des Jahresabschlusses** bezeichnet den Vorgang der Erstellung bis hin zum fertigen Jahresabschluss und dessen Unterzeichnung durch den Kaufmann. Bei Kapitalgesellschaften wird der Jahresabschluss in der Regel der Gesellschafterversammlung vorgelegt, die ihn festzustellen hat. Die Feststellung ist die Erklärung, dass der vorliegende Jahresabschluss als der vom Gesetz verlangte gelten soll.

Der Jahresabschluss soll gem. § 264 Abs. 2 HGB unter Beachtung der **Grundsätze ordnungsmäßiger Buchführung** (vgl. Abschn. 2.2.1.3) ein den tatsächlichen Verhältnissen entsprechendes Bild der Vermögens-, Finanz- und Ertragslage vermitteln (Generalnorm). Führen besondere Umstände dazu, dass der Jahresabschluss ein den tatsächlichen Verhältnissen entsprechendes Bild nicht vermittelt, so sind im Anhang zusätzliche Angaben zu machen. Der Lagebericht soll ergänzend zu diesem Bild Informationen über den Geschäftsverlauf und die Lage des Unternehmens liefern. Das Grundprinzip der Bilanzierung, der Grundsatz des **»True and Fair View«**, wurde aus dem anglo-amerikanischen Recht übernommen.

Die vorstehenden Leitlinien gelten zunächst für die Kapitalgesellschaften. Sie sind geprägt von der Haftungsbegrenzung in Höhe eines bestimmten Kapitalbetrages: Hier sind intensivere Vorschriften notwendig als bei Einzelunternehmen und Personenhandelsgesellschaften, bei denen der Einzelkaufmann oder die persönlich haftenden Gesellschafter mit ihrem gesamten Vermögen haften.

Durch § 264 a HGB werden Offene Handelsgesellschaften (OHG) und Kommanditgesellschaften (KG), deren persönlich haftende Gesellschafter ausschließlich Kapitalgesellschaften sind, den Kapitalgesellschaften gleichgestellt. Damit haben auch diese Gesellschaften die besonderen Rechnungslegungs-, Prüfungs- und Offenlegungsvorschriften zu beachten. Kleinere Einschränkungen erlauben § 264 b HGB (Einbeziehung in einen Konzernabschluss) und § 264 c HGB (Ausweisvorschriften).

Grundlegend für den Jahresabschluss gilt das Nominalwertprinzip. Inflation oder die verschiedenen Konzepte der Substanzerhaltung (so z. B. die Abschreibung von den Wiederbeschaffungskosten) dürfen nicht berücksichtigt werden.

2.2.1.1.1 Bilanz

Was unter einer Bilanz (spätlateinisch »bilanx« = Waage) zu verstehen ist, ergibt sich aus § 242 Abs. 1 HGB. Danach hat jeder Kaufmann, also auch die Kapitalgesellschaft als Formkaufmann, für den Schluss eines jeden Geschäftsjahres einen das Verhältnis seines Vermögens und seiner Schulden darstellenden Abschluss aufzustellen. Die Bilanz weist auf der **Aktivseite** das Vermögen, d. h. die Summe aller Aktivwerte aus und auf der **Passivseite** das Kapital, unterteilt in Eigen- und Fremdkapital. Die Passivseite bietet damit einen Überblick über die **Herkunft** der Mittel und zeigt, inwieweit das Unternehmen mit eigenen und fremden Mitteln finanziert ist. Die Aktivseite gibt an, wie diese Mittel **verwendet** worden sind.

2.2.1.1.2 Gewinn-und Verlustrechnung (G+V)

Während die Bilanz dem Einblick in die Vermögenslage dient, soll die Gewinn- und Verlustrechnung den Einblick in die **Ertragslage** ermöglichen. Alle Kaufleute (mit Ausnahme der Einzelkaufleute, die die Umsatz- und Überschussgrenzen des § 241a HGB n. F. nicht überschreiten) sind verpflichtet, eine Gegenüberstellung der Aufwendungen und Erträge aufzustellen. Diese Gegenüberstellung kann nach dem Gesamtkosten- oder nach dem Umsatzkostenverfahren erfolgen (vgl. Abschnitt 2.2.2.2). Von der Struktur muss eine Gewinn- und Verlustrechnung mindestens das Ergebnis der gewöhnlichen Geschäftstätigkeit des Geschäftsjahres, das außerordentliche Ergebnis des Geschäftsjahres und periodenfremde Aufwendungen und Erträge ausweisen.

2.2.1.1.3 Anhang

Die Pflicht, den Jahresabschluss um einen Anhang zu erweitern, ist nach § 264 Absatz 1 HGB auf Kapitalgesellschaften beschränkt. Der Anhang dient zur Erläuterung der Bilanz und der Gewinn- und Verlustrechnung. Insbesondere wenn besondere Umstände dazu führen, dass der Jahresabschluss ein den tatsächlichen Verhältnissen entsprechendes Bild der Vermögens-, Finanz- und Ertragslage **nicht** vermitteln kann, sind zusätzliche Angaben im Anhang zu machen.

Sachverhalt	HGB
Zusätzliche Angaben zur Vermittlung des »true and fair view«	§ 264 Abs. 2 Satz 2
Durchbrechung der Darstellungsstetigkeit	§ 265 Abs. 1 Satz 2
Anpassung Vorjahreszahlen	§ 265 Abs. 1 Satz 3
Fehlende Vergleichbarkeit mit Vorjahreszahlen	§ 265 Abs. 2 Satz 2
Mitzugehörigkeit zu anderen Bilanzposten	§ 265 Abs. 3 Satz 1
Geschäftszweigbedingte Gliederungsänderungen	§ 265 Abs. 4 Satz 2
Aufgliederung von in Bilanz/GuV zusammengefassten Posten	§ 265 Abs. 7 Satz 2
Angabe Ergebnisvortrag bei Bilanz nach Ergebnisverwendung	§ 268 Abs. 1 Satz 2
Anlagenspiegel	§ 268 Abs. 2 Satz 1
Abschreibungen des Geschäftsjahres im Anlagevermögen	§ 268 Abs. 2 Satz 3
Antizipative Abgrenzungsposten unter den sonstigen Vermögensgegenständen	§ 268 Abs. 4 Satz 2
Antizipative Abgrenzungsposten unter Verbindlichkeiten	§ 268 Abs. 5 Satz 3
Angabe aktiviertes Disagio	§ 268 Abs. 6
Aufgliederung Haftungsverhältnisse	§ 268 Abs. 7
Aktivierte Aufwendungen für Ingangsetzung und Erweiterung des Geschäftsbetriebs	§ 269 Satz 1
Vorschriften, nach denen Sonderposten mit Rücklageanteil gebildet worden sind	§ 273 Satz 2
Passive latente Steuern	§ 274 Abs. 1 Satz 1
Aktive latente Steuern	§ 274 Abs. 2 Satz 2
Außerplanmäßige Abschreibungen auf den niedrigeren beizulegenden Wert im Anlagevermögen	§ 277 Abs. 3 Satz 1a)
Abschreibungen auf den sog. nahen Zukunftswert im Umlaufvermögen	§ 277 Abs. 3 Satz 1b)
A.o. Erträge und a.o. Aufwendungen	§ 277 Abs. 4 Satz 2
Periodenfremde Erträge und Aufwendungen	§ 277 Abs. 4 Satz 3
Aus steuerrechtlichen Gründen unterlassene Zuschreibung	§ 280 Abs. 3
Vorschriften, nach denen steuerrechtliche Wertberichtigungen gebildet wurden	§ 281 Abs. 1 Satz 2
Steuerrechtliche Sonderabschreibungen im Anlagevermögen	§ 281 Abs. 2 Satz 1
Steuerrechtliche Sonderabschreibungen im Umlaufvermögen	§ 281 Abs. 2 Satz 1
Auflösung/Einstellung Sonderposten mit Rücklageanteil	§ 281 Abs. 2 Satz 2
Erläuterung Bilanzierungs- und Bewertungsmethoden	§ 284 Abs. 2 Nr. 1
Grundlagen der Währungsumrechnung	§ 284 Abs. 2 Nr. 2
Abweichungen von Bilanzierungs- und Bewertungsmethoden	§ 284 Abs. 2 Nr. 3
Einfluss von Bewertungsänderungen	§ 284 Abs. 2 Nr. 3
Unterschiedsbeträge bei Bewertungsvereinfachungen	§ 284 Abs. 2 Nr. 4
Einbeziehung von Fremdkapitalzinsen in die Herstellungskosten	§ 284 Abs. 2 Nr. 5
Langfristige Verbindlichkeiten	§ 285 Nr. 1a)
Sicherheiten bei Verbindlichkeiten	§ 285 Nr. 1b)
Aufgliederung der Verbindlichkeiten	§ 285 Nr. 2
Nicht passivierte finanzielle Verpflichtungen	§ 285 Nr. 3
Gesamtbetrag der nicht passivierten finanziellen Verpflichtungen gegenüber verbundenen Unternehmen	§ 285 Nr. 3
Haftungsverhältnisse gegenüber verbundenen Unternehmen	§ 285 Nr. 3
Aufgliederung der Umsatzerlöse	§ 285 Nr. 4
Ergebnisbeeinflussung durch steuerrechtliche Bewertung	§ 285 Nr. 5
Aufteilung der Ertragssteuerbelastung	§ 285 Nr. 6
Zahl der Arbeitnehmer	§ 285 Nr. 7
Materialaufwand bei Anwendung des Umsatzkostenverfahrens	§ 285 Nr. 8a)
Personalaufwand bei Anwendung des Umsatzkostenverfahrens	§ 285 Nr. 8b)
Bezüge tätiger Organmitglieder	§ 285 Nr. 9a)
Bezüge früherer Organmitglider	§ 285 Nr. 9b)
Kredite an Organmitglieder	§ 285 Nr. 9c)
Haftungsverhältnisse zugunsten von Organmitgliedern	§ 285 Nr. 9c)
Angaben zu Organmitgliedern	§ 285 Nr. 10
Beteiligungsliste	§ 285 Nr. 11
Erläuterung der sonstigen Rückstellungen	§ 285 Nr. 12
Gründe für die planmäßige Abschreibung des Geschäfts- oder Firmenwerts	§ 285 Nr. 13
Angaben zum Mutterunternehmen	§ 285 Nr. 14

Angabepflichten im Anhang

Form und Inhalt des Anhangs ergeben sich aus § 284 HGB. Danach sind in den Anhang diejenigen Angaben aufzunehmen, die zu den einzelnen Posten der Bilanz oder der Gewinn- und Verlustrechnung vorgeschrieben oder die im Anhang zu machen sind, weil sie in Ausübung eines Wahlrechts nicht in die Bilanz oder die Gewinn- und Verlustrechnung aufgenommen wurden. Zu unterscheiden sind Pflichtangaben im Anhang, Wahlpflichtangaben im Anhang oder Jahresabschluss und freiwillige Angaben.

Freiwillige Angaben können das Bild des »**True and Fair View**« ergänzen: So kann beispielsweise der Einblick in die Finanzlage durch eine Kapitalflussrechnung oder einen Finanzplan unterstützt werden.

Für den Anhang ist weder eine Gliederung noch die Form der Darstellung vorgeschrieben. Als Teil des Jahresabschlusses unterliegt der Anhang der Generalnorm des § 243 Abs. 2 HGB, wonach der Jahresabschluss klar und übersichtlich sein muss. Zu beachten ist, dass auch durch den Anhang ein den tatsächlichen Verhältnissen entsprechendes Bild der Vermögens-, Finanz- und Ertragslage der Kapitalgesellschaft gemäß § 264 Abs. 2 HGB vermittelt werden soll.

Eine Einschränkung der Berichtspflichten ergibt sich, wenn es für das nationale Wohl erforderlich ist oder die Gesellschaft oder die Anteilseigner Schaden durch die Veröffentlichung erleiden könnten (§ 286 HGB). Auch ergeben sich für kleine und mittlere Kapitalgesellschaften nach § 288 HGB bestimmte größenabhängige Erleichterungen.

2.2.1.1.4 Lagebericht

Nach § 289 HGB sollen im Lagebericht der Geschäftsverlauf und die Lage der Kapitalgesellschaft dargestellt werden. Die Darstellung des Geschäftsverlaufs besteht dabei nicht in einer chronologischen Aufzählung der wichtigsten Vorgänge des Geschäftsjahres; vielmehr müssen im Lagebericht die für die wirtschaftliche Situation der Gesellschaft und für das Ergebnis des abgelaufenen Geschäftsjahres entscheidenden Vorgänge im Zusammenhang **dargestellt** sowie **bewertet** und **beurteilt** werden.

Die Darstellung der Lage der Gesellschaft soll Angaben liefern, die nach vernünftiger kaufmännischer Beurteilung zur wirtschaftlichen Charakterisierung der Gesamtsituation des Unternehmens erforderlich sind. Der Lagebericht soll die wirtschaftliche Situation bewerten. Er dient damit dem Aufsichtsrat, wenn er die Feststellung des Jahresabschlusses zu beschließen hat, z. B. hinsichtlich der Einstellung von Beträgen aus dem Jahresüberschuss in die Rücklagen. Die Gesellschafterversammlung kann den Lagebericht als Grundlage nehmen, über die Gewinnverwendung zu beschließen oder der Geschäftsleitung Entlastung zu erteilen. Ebenso kann er Gläubigern und Kapitalanlegern Entscheidungshilfen für ihr Engagement liefern.

Weitere Inhalte des Lageberichts sind Nachtragsbericht, Entwicklungsprognose und Angaben zum Bereich Forschung und Entwicklung.

Nach § 289 Abs. 2 HGB soll der Lagebericht unter anderem auch eingehen auf:

- Vorgänge von besonderer Bedeutung, die nach dem Schluss des Geschäftsjahrs eingetreten sind,
- die voraussichtliche Entwicklung der Kapitalgesellschaft,
- den Bereich Forschung und Entwicklung,
- bestehende Zweigniederlassungen der Gesellschaft.

2.2.1.2 Aufgaben der Bilanz

Bilanzen werden auf der Basis der in der Inventur ermittelten Werte aufgestellt und sind daher Istbestände-Rechnungen und nicht Bestandteil der Buchführung.

Sie spiegeln die Wertverhältnisse der Unternehmung zu einem bestimmten Zeitpunkt ab, der bei ihrer Aufstellung und Veröffentlichung bereits mehr oder minder lange in der Vergangenheit liegt, und können insoweit nur bedingt Auskunft über die Situation der Unternehmung geben.

Ausgangspunkt der Untersuchung über die Aufgaben der Bilanz ist die Frage, welche allgemeinen Schutzzwecke der Gesetzgeber mit den Vorschriften über Buchführung und Bilanz verfolgt und welche Bilanzzwecke, -ziele oder -aufgaben er der Buchführung und Bilanz zu deren Erreichung zugewiesen hat. Dabei lassen sich Buchführungs- und Bilanzzwecke kaum trennen.

Wesentlicher Zweck der handelsrechtlichen Buchführungs- und Bilanzvorschriften ist die **Dokumentation**, konkret: Die Sicherung des Rechtsverkehrs durch Dokumentation der Geschäftsfälle und Bündelung der Buchführungszahlen in der Bilanz. Durch die Dokumentation erhalten die Handelsbücher **Beweiskraft**.

Ein weiterer bedeutender Zweck von Buchführung und Bilanz ist der bereits erwähnte **Gläubigerschutz**. Hieraus wird abgeleitet, dass der Jahresabschluss einen hinreichenden Einblick in die Vermögens- und Ertragslage gewähren muss. Dies beinhaltet die Ermöglichung einer Übersicht über den Erfolg einzelner Zeitabschnitte sowie über den Stand und die Veränderung des eingesetzten Kapitals. Indem der Kaufmann vor sich selbst und im öffentlichen Interesse Rechenschaft über den Stand und die Entwicklung seines Vermögens ablegt und damit seiner Verpflichtung zur Information über seine Vermögens- und Ertragslage nachkommt, handelt er gleichzeitig im Sinne des Gläubigerschutzes. Diese »Selbstinformation im Interesse seiner Gläubiger« war dem Kaufmann bereits in § 1468 des Preussischen Allgemeinen Landrechts von 1794 auferlegt.

Bei Gesellschaften muss das Bilanzrecht darüber hinaus stets auch die Interessen **der Gesellschafter** berücksichtigen. Aus der Sicht des Gesetzgebers tritt der Schutz der Gesellschafter neben den Schutz der Gläubiger. Aus der Sicht der Gesellschafter ist die Bilanz Instrument der Rechenschaftslegung und damit auch Instrument der Gewinnermittlung und Grundlage der Gewinnverteilung. So wird nach § 120 Abs. 1 HGB am Schluss jedes Geschäftsjahrs für eine OHG auf Grund der Bilanz der Gewinn oder der Verlust des Jahres ermittelt und für jeden Gesellschafter sein Anteil daran berechnet.

Darüber hinaus schreibt das Gesetz bei Kapitalgesellschaften zum Ausgleich dafür, dass die Gesellschafter den Gläubigern der Gesellschaft nicht direkt haften, im Interesse der Gläubiger eine **Vermögensbindung** vor. Sie soll bewirken, dass die Gesellschaft über einen Haftungsfonds verfügt. Die Vermögensbindung wird in der Weise vorgenommen, dass das Nennkapital auf der Passivseite der Bilanz eingestellt wird. Dadurch muss das Nennkapital der Gesellschaft zusammen mit den Verbindlichkeiten stets durch entsprechende Aktiva gedeckt sein, bevor ein Gewinn ausgewiesen und ausgeschüttet werden darf. Diese Vermögensbindung wird abgesichert durch das prinzipielle Verbot der Einlagenrückgewähr und durch spezielle Vorschriften einer **Ausschüttungssperre**. Sind in der Bilanz zulässigerweise Aktivpositionen enthalten, die nicht den Charakter eines Vermögensgegenstands haben, und deshalb die Vermögensbindung aushöhlen könnten (z. B. aktivierte Aufwendungen für die Ingangsetzung des Geschäftsbetriebs nach § 269 HGB **a. F. – alte Fassung –**), so sind entsprechend hohe Gewinnanteile von einer Ausschüttung ausgenommen.

2.2.1.3 Grundsätze ordnungsgemäßer Buchführung und Bilanzierung

Zur Beurteilung der Ordnungsmäßigkeit der Buchführung und des Jahresabschlusses berufen sich §§ 238 Abs. 1 Satz 1 und 243 Abs. 1 HGB sowie §§ 145 ff AO auf die »**Grundsätze ordnungsmäßiger Buchführung**«, in der Praxis als **GoB** (seltener als GoBuB – Grundsätze ordnungsgemäßer Buchführung und Bilanzierung) abgekürzt.

Die GoB sind allgemein anerkannte Regeln, nach denen Bücher zu führen und Bilanzen zu erstellen sind. Dabei handelt es sich nicht um eine einheitliche Rechtsvorschrift, sondern um Regeln und Methoden, die sich als gewachsenes Recht in der Kaufmannschaft etablieren konnten, inzwischen teilweise Eingang in das Handelsrecht gefunden haben und durch die ausdrückliche Bezugnahme des § 238 HGB und weiterer Rechtsquellen zu zwingendem, geltendem, wenngleich auslegungsbedürftigem Recht geworden sind. Nach wie vor gibt es aber auch Grundsätze ordnungsmäßiger Buchführung, die nicht in gesetzlichen Vorschriften ihren Niederschlag gefunden haben. Sie leiten sich aus Handelsbräuchen oder der Verkehrsanschauung ab, teilweise auch aus der Natur der Sache. Als Beispiel kann das Belegprinzip gelten. Der Grundsatz »Keine Buchung ohne Beleg!« hat auch ohne konkrete gesetzliche Regelung Geltung.

Die GoB dienen der Ergänzung von Rechtsnormen und der Ausfüllung gesetzlicher Freiräume. Sie beziehen sich zum Teil auf die Buchführung des laufenden Jahres, beinhalten aber auch Regeln, die insbesondere den Ansatz und die Bewertung von Positionen des Jahresabschlusses betreffen.

Die GoB lassen sich in einer ersten Grobeinteilung in folgende Grundsätze unterteilen:

- Grundsatz der Wahrheit,
- Grundsatz der Klarheit,
- Grundsatz der Vorsicht,
- Grundsatz der Wirtschaftlichkeit.

Die Grundsätze der Wahrheit und der Vorsicht dienen in besonderer Weise dem **Gläubigerschutz** und besagt, dass ein Kaufmann in der Bilanz kein höheres Vermögen ausweisen darf, als er tatsächlich sein eigen nennt: Ein Kaufmann darf sich nicht »reicher machen«, als er ist! Aus dem Grundsatz der Vorsicht sind im Laufe der Zeit drei abgeleitete Prinzipien entwickelt worden:

- Das Realisationsprinzip,
- das Niederstwertprinzip,
- das Imparitätsprinzip.

Das **Realisationsprinzip** besagt, dass Erträge erst nach ihrer Realisation berücksichtigt werden dürfen. Als Zeitpunkt der Ertragsrealisation wird bei Lieferungen und sonstigen Leistungen der Zeitpunkt angesehen, zu dem der Gläubiger buchmäßig eine Forderung ausweisen darf. Dies ist nach Handelsbrauch der Zeitpunkt, zu dem er selbst seine Verpflichtung aus dem Vertrag erfüllt hat.

Stehen handelsrechtlich mehrere Wertansätze zur Auswahl – z. B. die Anschaffungskosten und ein davon abweichender Marktpreis bei Vorräten –, kommt das **Niederstwertprinzip** zur Anwendung. Es besagt, dass bei mehreren möglichen Wertansätzen der niedrigste angesetzt werden muss (**strenges** Niederstwertprinzip) oder darf (**gemildertes** Niederstwertprinzip; in welchen Fällen das strenge und in welchen das gemilderte Niederstwertprinzip zum Ansatz kommt, wird in Abschn. 2.2.6.3 in einer Übersicht dargestellt). Diese Formulierung bezieht sich auf die Bewertung der Aktiva; analog wird bei Passiva vielfach vom **Höchstwertprinzip** gesprochen.

Das **Imparitätsprinzip** kombiniert das Realisations- mit dem Niederstwertprinzip und besagt, dass

- nicht realisierte Gewinne nicht ausgewiesen werden dürfen,
- nicht realisierte Verluste dagegen ausgewiesen werden müssen oder dürfen.

Imparität bedeutet »Ungleichheit«: Gewinne und Verluste werden also ungleich behandelt.

Die GoB beziehen sich zum Teil auf die Buchführung des laufenden Jahres und betreffen

- die **Handelsgebräuchlichkeit** der Buchführung,
- die **Abfassung in einer lebender Sprache** (nur bezüglich des Jahresabschlusses verlangt § 244 HGB ausdrücklich die deutsche Sprache!),

- das **Belegprinzip** (keine Buchung ohne Beleg!) und
- die **Kontenwahrheit**.

Im Folgenden wird nur auf diejenigen Regeln Bezug genommen, die den Jahresabschluss betreffen und den Bilanzansatz oder die Bewertung von Vermögensteilen und Schulden zum Gegenstand haben.

- **Bilanzwahrheit:** Eine Bilanz ist dann wahr, wenn sie objektiv nachprüfbar über die Wirklichkeit informiert (Grundsatz der **Richtigkeit**), wenn die Bilanzinformationen subjektiv wahrhaftig sind, d. h. der inneren Überzeugung des bilanzierenden Kaufmanns entsprechen (Grundsatz der **Willkürfreiheit**) und wenn sämtliche Gegenstände nach Auswertung aller zugänglichen Informationen erfasst wurden (Grundsatz der **Vollständigkeit**).
- **Identitätsprinzip:** Durch die Identität der Schlussbilanz mit der Ausgangsbilanz des Folgejahres ist der Bilanzzusammenhang zu sichern (§ 252 Abs. 1 Nr. 1 HGB).
- **Bilanzklarheit:** Der Jahresabschluss muss klar und übersichtlich sein (§ 243 Abs. 2 HGB). Ein Jahresabschluss wird dieser Anforderung gerecht, wenn die einzelnen Posten der G+V-Rechnung und der Bilanz eindeutig bezeichnet und in ihrer Gesamtheit so geordnet werden, dass sie einem sachverständigen Leser einen nachvollziehbaren Überblick bieten.
- **Going-Concern-Prinzip (Grundsatz der Unternehmensfortführung):** Es ist grundsätzlich bei Bewertungen davon auszugehen, dass das Unternehmen in der Folgeperiode weitergeführt wird, d. h. es sind, außer bei hoher Wahrscheinlichkeit der Unternehmenszerschlagung, keine Zerschlagungswerte anzusetzen (§ 252 Abs. 1 Nr. 2 HGB).
- **Grundsatz der Einzelbewertung (Kompensationsverbot):** Bilanzposten sind grundsätzlich einzeln zu bewerten (§ 252 Abs. 1 Nr. 3 HGB) und dürfen nur in den in § 246 Abs. 2 S. 2 genannten Fällen miteinander verrechnet werden. Auch darf eine bilanzmäßige Überbewertung nicht mit einer Unterbewertung ausgeglichen werden (z. B. darf die Abschreibung eines Gebäudes nicht deswegen unterlassen werden, weil das Gebäude im gleichen Maß an Wert gewonnen hat). Seine **Grenzen** findet dieses Prinzip in den Vereinfachungserfordernissen:
  - Festbewertung gem. § 240 Abs. 3 HGB,
  - Gruppenbewertung gem. § 240 Abs. 4 HGB,
  - Durchschnittsbewertungsverfahren gem. § 240 Abs. 4 HGB,
  - Verbrauchsfolgeverfahren gem. § 256 HGB.
- **Stichtagsprinzip:** Bilanzierung und Bewertung richten sich handels- und steuerrechtlich nach den Verhältnissen an einem bestimmten Stichtag. Dieser Abschlussstichtag ist der letzte Tag des Wirtschaftsjahres (§ 242 Abs. 1 i.V.m. § 252 Abs. 1 Satz 3,4 HGB). Das Stichtagsprinzip besagt, dass alle am Abschlussstichtag vorhandenen Wirtschaftsgüter, aber auch nur diese, zu bilanzieren und zu bewerten sind. Hierbei sind die Wertverhältnisse zum Abschlussstichtag zugrunde zu legen. Vorgänge, die sich nach dem Bilanzstichtag ereignen und andere Vermögens- oder Wertverhältnisse verursachen (**wertbeeinflussende** Umstände), werden nicht berücksichtigt. Dagegen müssen **werterhellende** Erkenntnisse, die nach dem Bilanzstichtag, aber vor der Bilanzerstellung über die objektiven Verhältnisse am Bilanzstichtag gewonnen werden, berücksichtigt werden (§ 252 Abs. 1 Satz 4 HGB)

  Beispiel:
  Ein Kaufmann erfährt nach dem Bilanzstichtag, aber vor Aufstellung der Bilanz, dass ein Schuldner, den er bereits mehrfach erfolglos gemahnt hat, schon im Berichtsjahr unbekannt nach Brasilien »verzogen« ist. Dieser Umstand muss bei der Bewertung der Forderungen zum Schluss des Geschäftsjahres mitberücksichtigt werden.

Zum Begriff des Wirtschaftsjahres

Bei im Handelsregister eingetragenen Gewerbetreibenden ist Wirtschaftsjahr nach § 4a Abs. 1 Nr. 2 EStG der Zeitraum, für den sie regelmäßig Abschlüsse machen. Dieser muss sich nicht mit dem Kalenderjahr decken; aber eine Umstellung auf einen vom Kalenderjahr abweichenden Abschlussstichtag ist steuerlich nur dann wirksam, wenn sie im Einvernehmen mit dem Finanzamt erfolgt. Mit dieser Vorschrift soll verhindert werden, dass die Steuerpflichtigen mit Hilfe eines Wechsels des Abschlussstichtages eine »Steuerpause« erreichen. Sprechen jedoch für eine Umstellung des Abschlussstichtags vernünftige wirtschaftliche Gründe, etwa die Verlegung der Inventur in eine arbeitsmäßig ruhige Zeit, so kann sich das Finanzamt der Umstellung nicht widersetzen. Das Einvernehmen des Finanzamtes ist in diesen Fällen nicht erforderlich, wenn

- bei Neugründung eines Gewerbebetriebes ein abweichendes Wirtschaftsjahr festgelegt wird,
- ein Wechsel von einem abweichenden zu einem dem Kalenderjahr entsprechenden Wirtschaftsjahr vorgenommen wird.

Gewerbetreibende, deren Firma nicht im Handelsregister eingetragen wird, können gemäß § 4a Abs. 1 Nr. 3 EStG mit steuerlicher Wirkung kein abweichendes Wirtschaftsjahr haben. Bei ihnen ist das Wirtschaftsjahr immer identisch mit dem Kalenderjahr.

- **Grundsatz der Vorsicht:** Vgl. hierzu die oben vorangestellten Ausführungen sowie § 252 Abs. 1 Nr. 4 HGB.
- **Grundsatz der zeitlichen Abgrenzung:** »Aufwendungen und Erträge des Geschäftsjahres sind unabhängig von den Zeitpunkten der entsprechenden Zahlungen im Jahresabschluss zu berücksichtigen« (§ 252 Abs. 1 Nr. 5 HGB).
- **Grundsatz der Bewertungsstetigkeit:** »Die auf den vorhergehenden Jahresabschluss angewandten Bewertungsmethoden sind beizubehalten« (§ 252 Abs. 1 Nr. 6 HGB n. F.). Hierdurch soll verhindert werden, dass der Bewertende seinen Bilanzgewinn durch einen willkürlichen Methodenwechsel beeinflusst. Jedoch kann dieses Prinzip in Sonderfällen, vor allem bei Wahrnehmung steuerlicher Sonderabschreibungen und vorwegzunehmender Bewertungsanpassung in der Handelsbilanz (»umgekehrte Maßgeblichkeit« bei Anwendung des HGB a. F. bis 2009; vgl. Abschn. 2.2.1.6.2) durchbrochen werden. Für Kapitalgesellschaften ergibt sich gemäß § 284 Abs. 2 Nr. 3 HGB die Pflicht, über die Änderung der Bewertungsmethoden im Anhang des Jahresabschlusses zu berichten.

Als nicht ausdrücklich im Handelsrecht kodifizierte Grundsätze sind ferner zu nennen:

- Das **Prinzip der wirtschaftlichen Betrachtungsweise:** Ansatzkriterium in der Bilanz für Vermögensgegenstände und Schulden ist danach das wirtschaftliche und nicht das zivilrechtliche Eigentum. So sind z. B. sicherungsübereignete Wirtschaftsgüter und unter Eigentumsvorbehalt gelieferte Vermögensgegenstände in der Bilanz auszuweisen (aber Achtung: **Gemietete/geleaste** Gegenstände werden in aller Regel beim Vermieter/Leasinggeber bilanziert!).
- Das **Prinzip der Greifbarkeit** von Vermögensgegenständen und Schulden. Ein selbst geschaffener Firmenwert ist nicht »greifbar«; er ist im Gegensatz zu einem erworbenen Firmenwert nicht durch den Rechtsverkehr in seinem Wert bestätigt worden und darf daher bei der Bilanzierung nicht berücksichtigt werden. Ebenso wenig darf das allgemeine Unternehmerrisiko auf der Passivseite der Bilanz berücksichtigt werden. Dieser Grundsatz darf aber nicht dahingehend missverstanden werden, dass die Bilanzierung aller immateriellen Gegenstände ausgeschlossen wäre: Richtig ist vielmehr, dass solche immateriellen Gegenstände, die entgeltlich erworben wurden (also etwa der erwähnte erworbene Firmenwert; ferner Patente, Lizenzen und sonstige Rechte), bilanzierungsfähige und überwiegend auch bilanzierungspflichtige Gegenstände darstellen.

2.2.1.4 Vorschriften zur Aufstellung der Bilanz

2.2.1.4.1 Pflichten bezüglich Aufstellung, Feststellung, Fristen und Stichtag

Die grundsätzliche Pflicht des Kaufmanns zur Aufstellung einer Bilanz wurde bereits in Abschnitt 2.2.1.1 dargelegt. Unter **Aufstellung** ist dabei der vollständige, unterschriftsreife Vorschlag der Geschäftsführung für den Jahresabschluss zu verstehen. Der aufgestellte Jahresabschluss beruht auf der Buchführung, den Inventurwerten und den Abschlussbuchungen.

Abzugrenzen ist der Begriff der Aufstellung von demjenigen der **Feststellung**. Nach § 42 a GmbHG haben die Geschäftsführer den Jahresabschluss und den Lagebericht unverzüglich nach der Aufstellung den Gesellschaftern zum Zwecke der Feststellung vorzulegen. Die Gesellschafter haben dann über die Feststellung des Jahresabschlusses und über die Ergebnisverwendung zu beschließen. Mit der Feststellung wird demnach der Jahresabschluss von der Gesellschafterversammlung angenommen. Sofern dieses Feststellungsverfahren weder gesetzlich noch gesellschaftsvertraglich vorgeschrieben ist, z. B. beim Einzelkaufmann, fallen Aufstellung und Feststellung zusammen.

Grundsätze für die Aufstellung ergeben sich aus § 243 HGB. Hiernach ist der Jahresabschluss innerhalb der einem ordnungsgemäßen Geschäftsgang entsprechenden Zeit aufzustellen. Er muss den Grundsätzen ordnungsmäßiger Buchführung entsprechen.

Der Jahresabschluss muss **klar** und **übersichtlich** sein (vgl. »Bilanzklarheit«, Abschn. 2.2.1.3). Notwendig sind daher eine eindeutige Bezeichnung der einzelnen Bilanzposten, eine sachgerechte Gliederung und das Unterlassen von Saldierungen.

Zwar gibt es eine **Gliederungsvorschrift** für Bilanz und Gewinn- und Verlustrechnung in §§ 266 und 275 HGB ausdrücklich nur für die Kapitalgesellschaften; aber auch für Einzelkaufleute und Personengesellschaften verlangt der Klarheitsgrundsatz, dass sie eine Gliederung zumindest an die Regeln für die Kapitalgesellschaften anlehnen.

Der Jahresabschluss muss nicht nur formal klar und übersichtlich sein, er muss auch **inhaltlich richtig** sein. Er darf also keine falschen oder fingierten Positionen enthalten. Legale Bilanzierungs- oder Bewertungswahlrechte dürfen jedoch ausgeübt werden, auch wenn sie zur Bildung von stillen Reserven, d. h. Unterbewertung von Aktivpositionen oder Überbewertung von Passivpositionen führen.

Die Aufstellung des Jahresabschlusses muss innerhalb einer gewissen **Frist** auf einen bestimmten Stichtag (Bilanzstichtag) erfolgen. Für Kapitalgesellschaften ergibt sich nach § 264 Abs. 1 HGB eine Aufstellungsfrist von drei Monaten. Diese kann für kleine Kapitalgesellschaften auf längstens sechs Monate nach Geschäftsjahresschluss verlängert werden, allerdings nur, wenn dies einem ordnungsgemäßen Geschäftsgang entspricht. Für Einzelkaufleute und Personengesellschaften gibt es keine konkrete Fristbestimmung; sie haben den Jahresabschluss innerhalb einer »einem ordnungsmäßigen Geschäftsgang entsprechenden Zeit« aufzustellen. Nach der Rechtsprechung kann hierunter ein Zeitraum von nicht länger als einem Jahr verstanden werden. Besonders hinzuweisen ist auf ein häufiges Missverständnis, dass eine durch das Finanzamt gewährte Fristverlängerung auch die Aufstellungsfrist verlängern würde. Das ist nicht der Fall, denn das Finanzamt kann lediglich die Frist für die Abgabe der Steuererklärung verlängern, keinesfalls aber die Aufstellungsfrist. Eine Fristüberschreitung kann im Zusammenhang mit einer Insolvenz auch strafrechtliche Folgen nach sich ziehen (§§ 283 ff StGB).

Auf die Pflicht zur Aufstellung einer Handels- und einer Steuerbilanz wird in Abschnitt 2.2.1.5 ausführlich eingegangen.

2.2.1.4.2 Zum Begriff des Vermögensgegenstands

Aus dem in § 246 Abs. 1 HGB niedergelegten Vollständigkeitsgrundsatz wird allgemein die Bilanzierungspflicht für Vermögensgegenstände und Schulden hergeleitet. Damit ist jedoch noch nichts darüber ausgesagt, was bilanzrechtlich unter Vermögensgegenstand und Schulden zu verstehen ist.

Nach § 242 Abs. 1 HGB hat der Kaufmann »sein« Vermögen und »seine« Schulden in der Bilanz auszuweisen. Auch diese Vorschrift ist bilanzrechtlich auszulegen. Die Bilanzierungsfähigkeit ist danach aus der Natur der Posten, aus ihrer wirtschaftlichen Zugehörigkeit und aus dem Zeitpunkt des Zuganges abzuleiten.

Aktivierungsfähig sind grundsätzlich nur Vermögensgegenstände. Das Gesetz hat aus Gründen der Vorsicht und der Bewertungssicherheit daran festgehalten, dass nur aktiviert oder passiviert werden darf, was sich im Gegenständlichen konkretisiert hat. Als Gegenstände werden im Bürgerlichen Recht u. a. Sachen (körperliche Gegenstände), Immaterialgüterrechte und sonstige Rechte angesehen.

Vermögensgegenstände im Sinne der §§ 242 Abs. 1 und 247 HGB können **Sachen, Rechte** und **sonstige immaterielle Güter** sein. Handelsrechtlich wird ein Gut als Vermögensgegenstand angesehen, wenn es selbstständig bewertet werden kann und wenn es selbstständig, d. h. einzeln veräußert werden kann oder verkehrsfähig ist. Dahinter steht der Gedanke, dass nur ein Wert, der so weit gegenständlich konkretisiert ist, dass er auch für einen Erwerb durch andere in Betracht kommt, ausreichend sicher erfasst, bewertet und notfalls auch verwertet werden kann. Allerdings muss hier die abstrakte Möglichkeit einer Verwertung ausreichen: das Fehlen einer konkreten Nachfrage schließt eine Aktivierung ebenso wenig aus wie ein Veräußerungsverbot.

2.2.1.4.3 Bilanzierungspflichten

Für die Bilanzierung, d. h. den Ansatz in der Bilanz **dem Grunde nach** (abzugrenzen von der Bewertung = Ansatz der Höhe nach!), sind ansatzfähige und nicht ansatzfähige Posten zu unterscheiden. Die ansatz- bzw. bilanzierungsfähigen Bilanzposten umfassen alle Aktiva und Passiva, für die eine Bilanzierungspflicht geregelt ist. Dazu können Positionen kommen, für die ein Bilanzierungswahlrecht besteht. Für nicht ansatzfähige Posten enthält das Gesetz Bilanzierungsverbote.

Grundsätzlich besteht ein **Aktivierungsgebot** für die Vermögensgegenstände und eine **Passivierungspflicht** für Schulden.

Die **Aktivierungspflicht** besteht gemäß § 240 Abs. 1 HGB für Grundstücke, Forderungen, bares Geld und sonstige Vermögensgegenstände.

Passivierungspflichtige Schulden liegen vor, wenn der Gläubiger berechtigt ist, von dem Kaufmann eine Leistung zu fordern. Diese Leistung muss grundsätzlich erzwingbar und quantifizierbar sein und den Kaufmann wirtschaftlich belasten.

Darüber hinaus bestimmt das HGB in Einzelvorschriften weitere Ansatzpflichten für Posten, die nicht Vermögensgegenstände oder Schulden sind. So leitet sich aus § 247 Abs. 1 HGB die Ansatzverpflichtung für das **Eigenkapital** ab. Diese ergibt sich eigentlich schon zwangsläufig aus der Bilanzgleichung (Aktiva = Passiva) als Unterschied von Vermögen und Schulden.

Weiterhin genannt ist der Ansatz von **Rechnungsabgrenzungsposten** auf der Aktiv- und der Passivseite, die die periodengerechte Zuordnung erfolgswirksamer Vorgänge ermöglichen und weder Vermögensgegenstand noch Schuld (sondern allenfalls Forderungen oder Schulden der Berichtsperiode gegenüber abgelaufenen oder künftigen Perioden) darstellen.

Schwebende Geschäfte werden grundsätzlich nicht bilanziert. Ein Geschäft schwebt, solange die Hauptleistung, die Gegenstand des Geschäfts ist, noch nicht erbracht ist. Dies korrespondiert mit dem Vorgehen in der Buchführung, die lediglich Erfüllungsgeschäfte, nicht aber Verpflichtungsgeschäfte erfasst (vgl. Abschn. 2.1.3.1). Lediglich »drohende Verluste aus schwebenden Geschäften« sind in Form von Rückstellungen zu berücksichtigen.

2.2.1.4.4 Bilanzierungswahlrechte

Für den Bilanzansatz (Bewertung dem Grunde nach) bestehen diverse Bilanzierungswahlrechte, von denen einige jedoch nur für Kapitalgesellschaften speziell geregelt sind. Die folgende Übersicht zeigt die wesentlichen Wahlrechte. Die Darstellung bezieht sich auf die **Neuregelung des Handelsbilanzrechts** nach Inkrafttreten des Bilanzrechtsmodernisierungsgesetzes (BilMoG) am 29.5.2009. Die neuen Vorschriften sind gem. Art. 66 des Einführungsgesetzes zum Handelsgesetzbuch (EGHGB) **ab dem Geschäftsjahr 2010 zwingend** anzuwenden, können aber freiwillig bereits 2009 angewendet werden.

Aktivierungswahlrechte	**Passivierungswahlrechte**
für alle Kaufleute	
§ 248 Abs. 2 i.V.m. § 255 Abs. 2 a HGB (sinngemäß): Als Herstellungskosten eines selbst geschaffenen immateriellen Vermögensgegenstands des Anlagevermögen dürfen dessen Entwicklungskosten angesetzt werden, sofern sie von den Kosten der Forschung verlässlich unterschieden werden können. **§ 250 Abs. 3 HGB:** Ist der Erfüllungsbetrag einer Verbindlichkeit höher als der Ausgabebetrag, so darf der Unterschiedsbetrag in den Rechnungsabgrenzungsposten auf der Aktivseite aufgenommen werden. Der Unterschiedsbetrag ist durch planmäßige jährliche Abschreibungen zu tilgen, die auf die gesamte Laufzeit verteilt werden können. **§ 255 Abs. 3 HGB:** Zinsen für Fremdkapital, das zur Finanzierung der Herstellung eines Vermögensgegenstands verwendet wird, dürfen angesetzt werden, soweit sie auf den Zeitraum der Herstellung entfallen.	Mit der Reform des HGB durch das Bilanzrechtsmodernisierungsgesetz (BilMoG) vom 25. Mai 2009 sind alle handelsrechtlichen Passivierungswahlrechte **entfallen**. Die bisherigen Wahlrechte bezüglich der Sonderposten mit Rücklageanteil (§ 247 Abs. 3 HGB alter Fassung), Rückstellungen für unterlassene Instandhaltungsaufwendungen, die nach Ablauf der Frist gem. § 249 Abs. 1 S. 1 nachgeholt werden (§ 249 Abs. 1 S. 2 alter Fassung) und bestimmte andere Aufwandsrückstellungen (§ 249 Abs. 2 HGB alter Fassung) können nur noch für das vor dem 1. Januar 2010 beginnende Geschäftsjahr ausgeübt werden.
nur für Kapitalgesellschaften	
§ 274 Abs. 1 HGB: aktiv abzugrenzende latente Steuern	

Die in der Übersicht enthaltenen Posten sollen nachfolgend erläutert werden. Auf einzelne dieser Positionen wird später noch eingegangen werden; außerdem werden manche der folgenden Ausführungen sicherlich erst klarer, wenn die nachfolgenden Ausführungen zur Maßgeblichkeit (vgl. Abschn. 2.2.1.6) durchgearbeitet wurden.

Aktivierungswahlrechte für alle Kaufleute

- **§ 248 Abs. 2 i.V.m. § 255 Abs. 2 a HGB** n. F.: Mit dem Bilanzrechtsmodernisierungsgesetz (BilMoG) vom 25. Mai 2009 wurde das bis dahin geltende strikte Aktivierungsverbot für selbst geschaffene immaterielle Vermögensgegenstände des Anlagevermögens gelockert. Nunmehr können diejenigen Aufwendungen, die auf die Entwicklung des Gegenstandes entfallen sind, angesetzt werden.

  Der Gesetzestext definiert »Entwicklung« wie folgt: »Entwicklung ist die Anwendung von Forschungsergebnissen oder von anderem Wissen für die Neuentwicklung von Gütern oder Verfahren oder die Weiterentwicklung von Gütern oder Verfahren mittels wesentlicher Änderungen« und grenzt hiervon die Forschung wie folgt ab: »Forschung ist die eigenständige und planmäßige Suche nach neuen wissenschaftlichen oder technischen Erkenntnissen oder Erfahrungen allgemeiner Art, über deren technische Verwertbarkeit und wirtschaftliche Erfolgsaussichten grundsätzlich keine Aussagen gemacht werden können.«

  Die Anerkennung der Herstellungskosten als aktivierungsfähigen Bilanzansatz ist aber daran gebunden, dass sie eindeutig Entwicklungs- und keine Forschungskosten darstellen: »Können Forschung und Entwicklung nicht verlässlich voneinander unterschieden werden, ist eine Aktivierung ausgeschlossen.«

- **§ 250 Abs. 3 HGB** n. F.: Die Differenz zwischen dem Erfüllungsbetrag einer Verbindlichkeit und dem niedrigeren Ausgabebetrag heißt **Disagio** (auch Abgeld oder Damnum). Der Schuldner erhält z. B. von einem Kredit lediglich 95 % ausgezahlt, muss aber 100 % zurückzahlen. Das Disagio, hier 5 %, stellt einen vorweggenommenen Zins dar. Der Kauf-
  mann kann im Ausgabejahr (später nicht mehr) entscheiden, ob er den Disagiobetrag ganz oder teilweise als Rechnungsabgrenzungsposten aktiviert und auf die Laufzeit des Kredites durch planmäßige Abschreibung verteilt.

- **§ 255 Abs. 3 HGB:** Grundsätzlich zählen Zinsen, die für aufgenommenes Fremdkapital gezahlt wurden, nicht zu den Herstellungskosten. Ausgenommen sind hiervon diejenigen Zinsen, die in Zusammenhang mit der Finanzierung der Herstellung zusammenhängen: Diese dürfen angesetzt werden, aber nur, soweit sie auf den Zeitraum der Herstellung entfallen.

Aktivierungswahlrecht nur für Kapitalgesellschaften – Bilanzierungshilfe

- **§ 274 Abs. 1 HGB** n. F.: Nur für Kapitalgesellschaften besteht die Wahlmöglichkeit, **latente Steuern** aktivisch abzugrenzen. Diese Posten haben den Charakter einer Bilanzierungshilfe. Latente Steuern entstehen, wenn Handelsbilanz- und Steuerbilanzgewinn unterschiedlich sind:

  Nun stellt sich die Frage, wie in der Handelsbilanz der Steueraufwand zu bemessen ist, wenn der Steuerbilanzgewinn abweicht. Die Berechnung der Steuern erfolgt immer nach dem auf der Steuerbilanz basierenden Einkommen. Nimmt man das Handelsbilanzergebnis als Grundlage zur Steuerberechnung, kommt es wegen der tatsächlich zu entrichtenden Steuer zu Differenzen.

  Als Ausweg aus diesem Dilemma behilft man sich, indem man in der Handelsbilanz die Steuer zunächst nach dem Handelsbilanzergebnis berechnet und die Differenz zur Steuer nach dem Steuerbilanzergebnis als latente Steuer abgrenzt. Soweit das Steuerbilanzergebnis über dem Handelsbilanzergebnis liegt, ergibt sich eine aktivische Abgrenzung für latente Steuern, für die ein Aktivierungswahlrecht besteht. Im umgekehrten Falle ergäbe sich eine passivische Abgrenzung, für die aber eine Passivierungspflicht gegeben ist.

Passivierungswahlrechte nach HGB alter Fassung

Bis zur Neuregelung des Handelsbilanzrechts durch Inkrafttreten des Bilanzrechtsmodernisierungsgesetzes (BilMoG) am 29.5.2009 galten verschiedene Passivierungswahlrechte für alle Kaufleute. Diese betrafen die »Sonderposten mit Rücklageanteil«, die vor allem in Zusammenhang mit Rücklagen für Ersatzbeschaffung und Rücklagen für Reinvestition zusammenhingen, sowie bestimmte Instandhaltungs- und sonstige Aufwandsrückstellungen. Da diese Vorschriften aber für ein vor dem 1. Januar 2010 beginnendes Geschäftsjahr noch (letztmals) angewendet werden können, sollen sie nachfolgend – und teilweise in späteren Abschnitten – dennoch dargestellt werden.

- **§ 249 Abs. 1, 2 HGB:** Bei Rückstellungen für unterlassene Aufwendungen für Instandhaltung sind nach § 249 HGB zwei Fälle zu unterscheiden. Werden die unterlassenen Aufwendungen für Instandhaltung im folgenden Geschäftsjahr innerhalb von drei Monaten nachgeholt, sieht § 249 HGB eine Passivierungspflicht vor. Hingegen dürfen (Wahlrecht) Rückstellungen auch gebildet werden, wenn die Instandhaltung nach Ablauf der vorstehenden Frist innerhalb des Geschäftsjahrs nachgeholt wird.
- Abschließend sei noch auf das Passivierungswahlrecht für bestimmte **Aufwandsrückstellungen** (vgl. Abschn. 2.2.11) hingewiesen: Danach können für bestimmte, genau umschriebene, einem früheren oder gegenwärtigen Geschäftsjahr zuzuordnende und mit hoher Wahrscheinlichkeit zu erwartende Aufwendungen Rückstellungen gebildet werden. Eine Nachholung bisher unterlassener Aufwandsrückstellung für frühere Geschäftsjahre ist nicht möglich, die Vorschrift (§ 249 Abs. 2 HGB a. F.) ist eng auszulegen.

Auf einige Bilanzierungshilfen wird in Abschn. 2.2.14 noch näher eingegangen.

2.2.1.4.5 Bilanzierungsverbote

Bilanzierungsverbote schließen den Ansatz bestimmter Vermögensgegenstände und Schulden sowie bestimmter Aufwendungen aus. Darunter fallen im Einzelnen:

- **§ 248 Abs. 1 HGB** a./n. F.: Aufwendungen für die **Gründung** des Unternehmens, für die Beschaffung des Eigenkapitals und für den Abschluss von Versicherungsverträgen sind keine Vermögensgegenstände und dürfen daher nicht bilanziert werden. Gründungskosten fallen z. B. an für Beratung, Verträge, Beurkundung, Prüfung bei Sacheinlagen und Veröffentlichung. Kapitalbeschaffungskosten ergeben sich aus Bankprovisionen und Prospektkosten. Abzugrenzen sind die Gründungs- und Kapitalbeschaffungskosten von den Kosten der **Ingangsetzung** des Geschäftsbetriebs nach § 269 HGB (vgl. Abschn. 2.2.14.1).
- **§ 248 Abs. 2 HGB: Immaterielle** Vermögensgegenstände des Anlagevermögens dürfen nur aktiviert werden, wenn sie entgeltlich erworben wurden oder (nach neuer Fassung) soweit bei der Selbstherstellung **Entwicklungskosten** angefallen sind. Nicht aktiviert werden dürfen selbst geschaffene Marken, Drucktitel, Verlagsrechte, Kundenlisten oder vergleichbare immaterielle Vermögensgegenstände des Anlagevermögens.
- **§ 249 Abs. 2 HGB** neue Fassung: Für andere als in § 249 Abs. 1 HGB genannte Zwecke dürfen keine Rückstellungen gebildet werden.
- **§ 250 Abs. 1, 2 HGB: Rechnungsabgrenzungsposten** dürfen nur für transitorische Positionen gebildet werden, d. h. für Zahlungsvorgänge vor dem Bilanzstichtag, die für eine bestimmte Zeit nach dem Bilanzstichtag erfolgswirksam werden. Für antizipatorische Posten ist die Bildung von Rechnungsabgrenzungsposten dagegen untersagt. Damit soll vermeiden helfen, dass unter den Rechnungsabgrenzungsposten Zahlungen bilanziert werden, denen die Vermögensgegenstands- bzw. Schuldeigenschaften fehlen und bei denen die Erfolgswirksamkeit nach dem Bilanzstichtag zweifelhaft ist. Um Missverständ-

nissen vorzubeugen, sei nochmals darauf hingewiesen, dass antizipative Vorgänge mit echtem Forderungs- oder Verbindlichkeitscharakter statt dessen als »Sonstige Forderungen« bzw. »Sonstige Verbindlichkeiten« bilanziert werden.

2.2.1.5 Zusammenhang und Unterschiede zwischen Handels- und Steuerbilanz

Die **Handelsbilanz** ist die nach den handelsrechtlichen Vorschriften gem. §§ 238 ff HGB erstellte Bilanz. Sie dient

- der Ermittlung des im abgelaufenen Wirtschaftsjahr erzielten Erfolgs,
- der wertmäßigen Darstellung von Vermögen, Schulden und investierten Eigenkapitals.

Die **Steuerbilanz** ist eine gem. §§ 4 und 5 ff. EStG aufgrund steuerrechtlicher Vorschriften korrigierte Handelsbilanz. Sie wird von Betrieben, die zur Aufstellung einer Handelsbilanz verpflichtet sind, aus dieser abgeleitet und dient der Ermittlung des steuerrechtlichen Gewinns und damit der Bemessungsgrundlage für die Ertragsbesteuerung.

Den Zusammenhang zwischen beiden Bilanzen begründet § 5 Abs. 1 Satz 1 EStG:

> »Bei Gewerbetreibenden, die auf Grund gesetzlicher Vorschriften verpflichtet sind, Bücher zu führen und regelmäßig Abschlüsse zu machen, oder die ohne eine solche Verpflichtung Bücher führen und regelmäßig Abschlüsse machen, ist für den Schluss des Wirtschaftsjahres das Betriebsvermögen anzusetzen (§ 4 Abs. 1 Satz 1), das nach den handelsrechtlichen Grundsätzen ordnungsmäßiger Buchführung auszuweisen ist...«.

2.2.1.6 Maßgeblichkeitsprinzip

2.2.1.6.1 Maßgeblichkeit nach Inkrafttreten des BilMoG

Mit dem oben zitierten Wortlaut des § 5 Abs. 1 S. 1 EStG n. F. nach BilMoG ist die Gültigkeit der in Abschnitt 2.2.1.3 behandelten GoB ins Einkommensteuerrecht ausgedehnt; die handelsrechtlichen Vorschriften sind also für die Ableitung der Steuerbilanz »maßgeblich«.

Allerdings heißt es in § 5 Abs. 1 S. 1 EStG weiter: »...es sei denn, im Rahmen der Ausübung eines steuerlichen Wahlrechts wird oder wurde ein anderer Ansatz gewählt«. Hieraus wird deutlich, dass nach Steuerrecht in Einzelfällen durchaus Wertansätze gewählt werden können, die von denjenigen der Handelsbilanz abweichen. Für derartige Fälle treffen § 5 Abs. 1 S. 2 und 3 EStG folgende Festlegungen:

> »[2]Voraussetzung für die Ausübung steuerlicher Wahlrechte ist, dass die Wirtschaftsgüter, die nicht mit dem handelsrechtlich maßgeblichen Wert in der steuerlichen Gewinnermittlung ausgewiesen werden, in besondere, laufend zu führende Verzeichnisse aufgenommen werden. [3]In den Verzeichnissen sind der Tag der Anschaffung oder Herstellung, die Anschaffungs- oder Herstellungskosten, die Vorschrift des ausgeübten steuerlichen Wahlrechts und die vorgenommenen Abschreibungen nachzuweisen.«

Seit Inkrafttreten des Bilanzrechtsmodernisierungsgesetzes (BilMog) am 29. Mai 2009, mit dem nicht nur Änderungen des Handelsgesetzbuches, sondern auch einkommensteuerlicher und weiterer Vorschriften einhergingen, sind jedoch die bis dahin sehr weit reichenden, teils komplizierten Abhängigkeiten zwischen Handels- und Steuerbilanz weitgehend entflochten. Diese Abhängigkeiten bedingten, dass in vielen Fällen bereits vor Einstellung eines Werts in die Handelsbilanz zu prüfen war, welche Bewertungsmöglichkeiten das Steuerrecht vorsah und wie diese in Übereinstimmung mit dem Handelsrecht ausgeübt werden konnten.

Dieser Sachverhalt, der als »umgekehrte Maßgeblichkeit« bezeichnet wurde, ist nunmehr entfallen. Damit wurde ein wesentliches Ziel der Bilanzrechtsreform, nämlich die Eliminierung von Einflüssen steuerlicher Wertansätze auf die Handelsbilanz, umgesetzt. Ein anderes Hauptziel, nämlich die steuerneutrale Durchführung der Reform und die Annäherung an internationale Rechnungslegungsvorschriften, wurde nach Ansicht vieler Fachleute jedoch nicht weitgehend genug umgesetzt.

2.2.1.6.2 Maßgeblichkeit und umgekehrte Maßgeblichkeit vor Inkrafttreten des BilMoG

Für die Anwendung des § 5 Abs. 1 EStG in neuer Fassung nach der Änderung durch das Bilanzrechtsmodernisierungsgesetz (BilMoG) wurden durch das BilMoG keine Übergangsvorschriften festgelegt. § 52 Abs. 1 EStG bestimmt jedoch, dass die Neufassung des Gesetzes im Wesentlichen erstmals für den Veranlagungszeitraum 2010 anzuwenden ist. Damit sind Jahresabschlüsse für Geschäftsjahre, die vor dem 1.1.2010 enden, noch nach den alten Vorschriften aufzustellen, es sei denn, dass für die Handelsbilanz gemäß Art. 66 Abs. 3 des Einführungsgesetzes zum Handelsgesetzbuch (EGHGB) die Anwendung der neuen Vorschriften bereits für nach dem 31. Dezember 2008 begonnene Wirtschaftsjahre gewählt wurde: Dann sind die neuen Vorschriften in der Steuerbilanz korrespondierend zum Handelsrecht gleichfalls ein Jahr früher anzuwenden.

Da davon auszugehen ist, dass zahlreiche Unternehmen für den Jahresabschluss 2009 noch die alten Vorschriften anwenden werden, wird nachfolgend der alte Rechtszustand wiedergegeben.

Bitte beachten Sie, dass sich die nun folgenden Darstellungen auf HGB und EStG alter Fassung – a. F. – (vor 29.5.2009) beziehen!

Aus der bisherigen Fassung ergibt sich, dass die Handelsbilanz nicht ohne Ansehen der steuerrechtlichen Vorschriften aufgestellt werden kann: Vielmehr sind bei ihrer Aufstellung bereits die Erfordernisse der Steuerbilanz zu berücksichtigen. Dabei ist zu unterscheiden zwischen der Frage, was in der Bilanz überhaupt zu erfassen ist (Bilanzierung dem Grunde nach) und der Frage, wie die zu erfassenden Bilanzpositionen zu bewerten sind (Bilanzierung der Höhe nach; Bewertung). Aus dem Wortlaut des EStG leitet die herrschende Meinung folgende Grundsätze ab:

1. Die Bilanzierung **dem Grunde nach** wird durch die GoB und damit durch das Handelsrecht beantwortet.
2. Die Bilanzierung **der Höhe nach** richtet sich vorrangig nach steuerrechtlichen Vorschriften und nur nachrangig (subsidiär) nach den GoB.

Maßgeblichkeit bei Bilanzierung der Höhe nach (Bewertung) – altes Recht

Die oben zuletzt getroffene Feststellung ist von besonderer Bedeutung; denn aus ihr folgt, dass bei jeder Bewertung zu prüfen ist, welche Bewertungsmöglichkeiten das Steuerrecht vorsieht und wie diese in Übereinstimmung mit dem Handelsrecht ausgeübt werden können. Eine Bewertung allein nach handelsrechtlichen Vorschriften kommt daher nur dann zur Anwendung, wenn das Steuerrecht eine Bewertungsfrage entweder überhaupt nicht klärt oder **Bewertungswahlrechte** lediglich einräumt.

Praktisch muss bei Bewertung einer Bilanzposition also zunächst geprüft werden, **welche Wertansätze** das Steuerrecht zulässt. Häufig werden darin Wahlrechte kodifiziert sein, die das Handelsrecht selbst gar nicht vorsieht. Hier greift § 5 Abs. 1 Satz 2 EStG a. F. ein:

> »Steuerrechtliche Wahlrechte bei der Gewinnermittlung sind in Übereinstimmung mit der handelsrechtlichen Jahresbilanz auszuüben...«

Außerdem gelten die folgenden handelsrechtlichen Regelungen:

»Passivposten, die für Zwecke der Steuern vom Einkommen und vom Ertrag zulässig sind, dürfen in der Bilanz gebildet werden. Sie sind als Sonderposten mit Rücklageanteil auszuweisen und nach Maßgabe des Steuerrechts aufzulösen. Einer Rückstellung bedarf es insoweit nicht.« (§ 247 Abs. 3 HGB a. F.)

»Abschreibungen können auch vorgenommen werden, um Vermögensgegenstände des Anlage- oder Umlaufvermögens mit dem niedrigeren Wert anzusetzen, der auf einer nur steuerrechtlich zulässigen Abschreibung beruht. § 253 Abs. 5 (a. F. – Anm. d. Verf.) ist entsprechend anzuwenden.« (§ 254 HGB a. F.)

»Der Sonderposten mit Rücklageanteil (§ 247 Abs. 3 a. F.) darf nur insoweit gebildet werden, als das Steuerrecht die Anerkennung des Wertansatzes bei der steuerrechtlichen Gewinnermittlung davon abhängig macht, daß der Sonderposten in der Bilanz gebildet wird. Er ist auf der Passivseite vor den Rückstellungen auszuweisen; die Vorschriften, nach denen er gebildet worden ist, sind in der Bilanz oder im Anhang anzugeben.« (§ 273 HGB a. F.)

»Von der Zuschreibung nach Absatz 1 kann abgesehen werden, wenn der niedrigere Wertansatz bei der steuerrechtlichen Gewinnermittlung beibehalten werden kann und wenn Voraussetzung für die Beibehaltung ist, daß der niedrigere Wertansatz auch in der Bilanz beibehalten wird.« (§ 280 Abs. 2 HGB a. F.)

Steuerliche Bewertungswahlrechte werden, um die Einheit von Handels- und Steuerbilanz zu wahren, also auch im Handelsrecht zugelassen. Die aus der Ausübung des steuerlichen Wahlrechts resultierende Bewertung muss zunächst in der Handelsbilanz angewendet werden, um danach in der Steuerbilanz anerkannt zu werden. Dieser Sachverhalt wird als **umgekehrte Maßgeblichkeit** bezeichnet und betrifft unter anderem erhöhte Abschreibungen, Sonderabschreibungen, Rücklagen usw. gem. § 6 b EStG a. F.

Beispiel:

Ein Unternehmer möchte eine neu angeschaffte Maschine in der Steuerbilanz für 2009 degressiv abschreiben, weil der damit einhergehende Abschreibungsbetrag höher – und die sofortige Steuerersparnis damit größer – ist als im Falle einer linearen Abschreibung. § 7 Abs. 2 Satz 2 EStG a. F. lässt dies auch zu, allerdings in Form einer Kann-Bestimmung und keineswegs zwingend. Damit kommt es nun entscheidend darauf an, wie die Bewertung in der bereits fertig gestellten Handelsbilanz vorgenommen wurde: Erfolgte darin eine lineare Abschreibung, muss aufgrund der Maßgeblichkeit der Handelsbilanz für die Steuerbilanz nun auch in der Steuerbilanz eine lineare Abschreibung erfolgen. Ist der Handelsabschluss dagegen noch nicht fertig, muss zunächst auch für seine Zwecke eine degressive Abschreibung vorgenommen werden.

Abweichungen zwischen Handels- und Steuerbilanz hinsichtlich der Bewertung eines Wirtschaftsgutes können sich nur in solchen Fällen ergeben, in denen das Steuerrecht **zwingend** eine bestimmte Bewertung vorschreibt, die von den handelsrechtlichen Vorschriften abweicht. Nur in diesen Fällen erfolgt ein unterschiedlicher Ansatz in Handels- und Steuerbilanz!

Maßgeblichkeit bei Bilanzierung dem Grunde nach (Bilanzansatz) – altes Recht

Grundsätzlich gilt:

- Was handelsrechtlich zu aktivieren ist, ist auch steuerrechtlich zu aktivieren;
- was handelsrechtlich zu passivieren ist, muss auch in der Steuerbilanz auf der Passivseite erscheinen.

Abweichungen zwischen Handels- und Steuerbilanz **hinsichtlich der Bilanzierung** können sich nur in solchen Fällen ergeben, in denen das Handelsrecht ein Wahlrecht hinsichtlich Aktivierung oder Passivierung vorsieht. In diesen Fällen gilt:

- Aus einem handelsrechtlichen Aktivierungswahlrecht resultiert ein steuerrechtliches Aktivierungsgebot.

  Beispiel:

  Beim Erwerb eines Unternehmens hat ein Gewerbetreibender 1 Mio. € für den Geschäftswert oder Firmenwert bezahlt. Diesen Wert braucht er in der Handelsbilanz nicht anzusetzen (§ 255 Abs. 4 HGB a. F.); es liegt also ein handelsrechtliches Aktivierungswahlrecht vor. Jedoch: Auch wenn er sich gegen den Ansatz in der Handelsbilanz entschieden hat, muss der Firmenwert in der Steuerbilanz angesetzt werden; denn steuerrechtlich besteht Aktivierungspflicht (§ 5 Abs. 2 EStG a. F.).

- Aus einem handelsrechtlichen Passivierungswahlrecht resultiert ein steuerrechtliches Passivierungsverbot.

  Nach HGB besteht für unterlassene Instandhaltungsaufwendungen, die im Folgejahr erst nach Ablauf von 3 Monaten nachgeholt werden, ein Passivierungswahlrecht. Steuerrechtlich ist diese Passivierung aber verboten. Gleiches gilt für die Passivierung von Aufwandsrückstellungen für Großreparaturen, Messen, Werbekampagnen, Betriebsverlegungen usw.

2.2.1.7 Einheitsbilanz

Als Einheitsbilanz wird eine Bilanz bezeichnet, die gleichzeitig sowohl die handelsrechtlichen als auch die steuerrechtlichen Zwecke und Anforderungen erfüllt. Das Unternehmen erstellt nur diese eine Bilanz; enthält diese Ansätze oder Beträge, die den steuerlichen Vorschriften nicht entsprechen, so sind diese Ansätze oder Beträge durch Zusätze oder Anmerkungen den steuerlichen Vorschriften anzupassen (§ 60 Abs. 2 Einkommensteuer-Durchführungsverordnung – EStDV).

Die obigen Ausführungen zur Maßgeblichkeit und umgekehrten Maßgeblichkeit nach dem für 2009 noch anzuwendenden Rechtsstand haben verdeutlicht, dass sich für Abschlüsse in diesem Zeitraum durch die unterschiedliche Ausübung von Ansatzwahlrechten Abweichungen zwischen der Handels- und der Steuerbilanz ergeben können. Insoweit liegt es an der Ausübung dieser Wahlrechte, inwieweit Handels- und Steuerbilanz übereinstimmen. Wenn die Mehrzahl der Unternehmen eine einheitliche Handels- und Steuerbilanz aufstellt, so liegt das daran, dass sie Wahlrechte dergestalt ausüben, dass Handels- und Steuerbilanz nicht auseinanderfallen.

Vor allem im Zuge des Steuerentlastungsgesetzes sind jedoch seit 1999 etliche Vorschriften zum Bilanzansatz bestimmter Positionen ergangen, die die früher von den meisten Betrieben praktizierte Aufstellung einer einzigen Bilanz als Einheitsbilanz heute unmöglich machen, weil sie Ansätze in der einen Bilanz zwingend vorschreiben und in der anderen Bilanz untersagen.

Beispiele hierfür sind

- **Rückstellungen für drohende Verluste aus schwebenden Geschäften:** Derartige Rückstellungen müssen nach dem Vorsichtsprinzip in der Handelsbilanz zwingend gebildet werden (§ 249 Abs. 1 Satz 1 HGB a. F.), während das Steuerrecht ihre Bilanzierung nicht zulässt (§ 5 Abs. 4a EStG a. F.).
- **Teilwertabschreibung bei nicht-dauerhafter Wertminderung im Umlaufvermögen:** Gegenstände des Umlaufvermögens (z. B. Rohstoffe, Handelswaren) müssen handelsrechtlich auch bei nur vorübergehender Wertminderung mit dem geringeren Wert bilanziert werden (§ 253 Abs. 1 Satz 1 HGB a. F.). Das Steuerrecht lässt den verminderten Wertansatz aber nur bei dauerhafter Wertminderung zu (§ 6 Abs. 1 Nr. 1 Satz 2 EStG).

- **Ingangsetzungsaufwendungen:** Aufwendungen für die Ingangsetzung und Erweiterung des Geschäftsbetriebs dürfen in der Handelsbilanz nach bisherigem Rechtsstand als Bilanzierungshilfe angesetzt werden, um den Ausweis einer Überschuldung zu vermeiden. In der Steuerbilanz dürfen sie dagegen nicht aktiviert werden. Damit ist das Maßgeblichkeitsprinzip (handelsrechtliches Aktivierungswahlrecht = steuerrechtliche Aktivierungspflicht) allerdings nicht durchbrochen; die Begründung ist darin zu sehen, dass Ingangsetzungsaufwendungen nicht als Wirtschaftsgut angesehen werden.

Für Unternehmen, die nach internationalen Standards (z. B. IAS/IFRS) bilanzieren, ist die Erstellung einer Einheitsbilanz nach derzeitigem Rechtsstand nicht möglich (vgl. Abschn. 2.1.2.4). Mit Inkrafttreten des BilMoG können steuerliche Wahlrechte auch unabhängig vom handelsbilanziellen Wertansatz ausgeübt werden. Auch dann ist eine Einheitsbilanz nicht mehr darstellbar.

2.2.1.8 Haftungsverhältnisse

Bei Haftungsverhältnissen handelt es sich um eingegangene Verpflichtungen, aus denen eine Inanspruchnahme nicht sicher ist: **Bürgschaften**, Haftung aus **Gewährleistungsverträgen**, aus nicht branchenüblichen **Herstellergarantien**, aus der Bestellung von **Sicherheiten für fremde Verbindlichkeiten** oder aus einem Indossament eines noch in Umlauf befindlichen Wechsels (»**Wechselobligo**«). Diese »**Eventualverbindlichkeiten**« sind nach § 251 HGB unter der Bilanz (unter dem Bilanzstrich) zu vermerken, sofern sie nicht auf der Passivseite auszuweisen sind. Sie dürfen in einem Betrag angegeben werden und sind auch dann aufzuführen, wenn ihnen gleichwertige Rückgriffsforderungen gegenüberstehen.

2.2.2 Gliederung der Bilanz und G+V

2.2.2.1 Gliederung der Bilanz

Die Aktivseite der Jahresbilanz weist das Bruttovermögen – die Vermögensgegenstände – des Unternehmens aus, die Passivseite die Schulden und das Eigenkapital. Grundsätzlich dürfen Aktivposten nicht mit Passivposten verrechnet werden.

Die einschlägige Literatur beschreibt mehrere Gliederungsprinzipien, von denen aber keines in Reinform in die gesetzlichen Gliederungsvorschriften eingegangen ist. Jedoch haben sich einzelne Elemente niedergeschlagen:

- Die Gliederung nach **Funktionen** und **Zweckbestimmung** der Vermögensgegenstände nach LE COUTRE hat zu der Unterscheidung in Anlage- und Umlaufvermögen geführt.
- Das **Liquiditätsgliederungsprinzip** ordnet die Vermögensgegenstände nach dem Grad ihrer Liquidierbarkeit, die Posten der Passivseite nach ihrer Fälligkeit.
- Die Gliederung nach **Rechtsverhältnissen** spiegelt sich in der Aufeinanderfolge von Rechten und Sachen wider (die immateriellen Vermögensgegenstände gehen dem Sachanlagevermögen voran).
- Die Einteilung nach dem **Ablaufgliederungsprinzip** ist vor allem für die Vermögenspositionen von Bedeutung. Sie stellt auf den innerbetrieblichen Wertefluss ab. Nach diesem Prinzip unterscheidet man Anlage- und Umlaufvermögen, Roh-, Hilfs- und Betriebsstoffe, unfertige und fertige Erzeugnisse.

Für alle Kaufleute, die keine Kapitalgesellschaften sind, verlangt § 247 Abs. 1 HGB lediglich, dass das Anlage- und Umlaufvermögen, das Eigenkapital, die Schulden sowie die

Rechnungsabgrenzungsposten gesondert auszuweisen und hinreichend aufzugliedern sind. Was unter hinreichend zu verstehen ist, bestimmt sich nach den allgemeinen Grundsätzen der Klarheit und Übersichtlichkeit. Einerseits kann eine feinere Untergliederung der Übersichtlichkeit dienlich sein, andererseits kann eine zu weitgehende Unterteilung Klarheit und Übersichtlichkeit auch beeinträchtigen.

Für Kapitalgesellschaften ist in § 266 HGB (hier: neue Fassung) ein Gliederung vorgegeben, die aber auch allen Kaufleuten eine Orientierungshilfe geben kann.

Aktivseite

A. Anlagevermögen:

I. Immaterielle Vermögensgegenstände:
1. Selbst geschaffene gewerbliche Schutzrechte und ähnliche Rechte und Werte;
2. entgeltlich erworbene Konzessionen, gewerbliche Schutzrechte und ähnliche Rechte und Werte sowie Lizenzen an solchen Rechten und Werten;
3. Geschäfts- oder Firmenwert;
4. geleistete Anzahlungen;

II. Sachanlagen:
1. Grundstücke, grundstücksgleiche Rechte und Bauten einschließlich der Bauten auf fremden Grundstücken;
2. technische Anlagen und Maschinen;
3. andere Anlagen, Betriebs- und Geschäftsausstattung;
4. geleistete Anzahlungen und Anlagen im Bau;

III. Finanzanlagen:
1. Anteile an verbundenen Unternehmen;
2. Ausleihungen an verbundene Unternehmen;
3. Beteiligungen;
4. Ausleihungen an Unternehmen, mit denen ein Beteiligungsverhältnis besteht;
5. Wertpapiere des Anlagevermögens;
6. sonstige Ausleihungen.

B. Umlaufvermögen:

I. Vorräte:
1. Roh-, Hilfs- und Betriebsstoffe;
2. unfertige Erzeugnisse, unfertige Leistungen;
3. fertige Erzeugnisse und Waren;
4. geleistete Anzahlungen;

II. Forderungen und sonstige Vermögensgegenstände:
1. Forderungen aus Lieferungen und Leistungen;
2. Forderungen gegen verbundene Unternehmen;
3. Forderungen gegen Unternehmen, mit denen ein Beteiligungsverhältnis besteht;
4. sonstige Vermögensgegenstände;

III. Wertpapiere:
1. Anteile an verbundenen Unternehmen;
2. sonstige Wertpapiere;

IV. Kassenbestand, Bundesbankguthaben, Guthaben bei Kreditinstituten und Schecks.

C. Rechnungsabgrenzungsposten.

D. Aktive latente Steuern.

E. Aktiver Unterschiedsbetrag aus der Vermögensverrechnung.

Passivseite

A. Eigenkapital:

I. Gezeichnetes Kapital;

II. Kapitalrücklage;

III. Gewinnrücklagen:
1. gesetzliche Rücklage;
2. Rücklage für Anteile an einem herrschenden oder mehrheitlich beteiligten Unternehmen;
3. satzungsmäßige Rücklagen;
4. andere Gewinnrücklagen;

IV. Gewinnvortrag/Verlustvortrag;

V. Jahresüberschuss/Jahresfehlbetrag.

B. Rückstellungen:

1. Rückstellungen für Pensionen und ähnliche Verpflichtungen;
2. Steuerrückstellungen;
3. sonstige Rückstellungen.

C. Verbindlichkeiten:

1. Anleihen, davon konvertibel;
2. Verbindlichkeiten gegenüber Kreditinstituten;
3. erhaltene Anzahlungen auf Bestellungen;
4. Verbindlichkeiten aus Lieferungen und Leistungen;
5. Verbindlichkeiten aus der Annahme gezogener Wechsel und der Ausstellung eigener Wechsel;
6. Verbindlichkeiten gegenüber verbundenen Unternehmen;
7. Verbindlichkeiten gegenüber Unternehmen, mit denen ein Beteiligungsverhältnis besteht;
8. sonstige Verbindlichkeiten, davon aus Steuern, davon im Rahmen der sozialen Sicherheit.

D. Rechnungsabgrenzungsposten.

E. Passive latente Steuern.

Kleine Kapitalgesellschaften brauchen nur eine verkürzte Bilanz aufzustellen, in die die mit Buchstaben und römischen Zahlen gekennzeichneten Positionen gesondert und in der vorgeschriebenen Reihenfolge aufgenommen werden müssen.

2.2.2.2 Gliederung der Gewinn- und Verlustrechnung (GuV)

Das Handelsrecht regelt in § 275 HGB, dass die Gewinn- und Verlustrechnung nach einem der beiden folgenden Systeme aufzustellen ist.

- **Gesamtkostenverfahren**: Dieses Verfahren geht davon aus, dass die Gesamtkosten der Produktion einer Periode den Umsatzerlösen der abgesetzten Leistungen und den Bestandserhöhungen durch noch nicht abgesetzte Leistungen gegenüberzustellen sind.
- **Umsatzkostenverfahren**: Ausgangspunkt beim Umsatzkostenverfahren ist die Gegenüberstellung der abgesetzten Leistung (Umsatzerlöse) mit den hierzu gehörenden Kosten. Es werden also nicht alle betrieblichen Kosten erfasst, sondern nur diejenigen, die mit der abgesetzten Leistung in Zusammenhang stehen.

Für beide Systeme schreibt § 275 HGB eine Mindestgliederung vor. Beide Gliederungen enden mit dem Jahresüberschuss und beschränken sich damit auf den Bereich der Gewinnermittlung.

Die früher ausweispflichtige Gesamtleistung lässt sich beim Gesamtkostenverfahren aus den Positionen des § 275 Abs. 2 Nrn. 1 bis 3 HGB ermitteln. Zieht man hiervon die Position 5 (Materialaufwand) ab, erhält man den Rohertrag.

Die Gewinn**verwendung** wird nicht in der Gewinn- und Verlustrechnung, sondern in der Bilanz dargestellt.

Die **Erfolgsrechnung** ist grundsätzlich in Ertrags- und Aufwandsarten untergliedert. Zudem ist eine Erfolgsspaltung, d. h. eine Trennung in ordentliche und außerordentliche Posten durch Einführung entsprechender Zwischensummen (z. B. Ergebnis der gewöhnlichen Geschäftstätigkeit; außerordentliches Ergebnis) vorzunehmen.

Die **Erfolgsquellen** sollen sichtbar gemacht werden. So lässt sich das Ergebnis der gewöhnlichen Geschäftstätigkeit zerlegen in das Betriebsergebnis (§ 275 Abs. 2 Nrn. 1 bis 8 HGB; § 275 Abs. 3 Nrn. 1 bis 7 HGB) und in das Finanzergebnis (§ 275 Abs. 2 Nrn. 9 bis 13 HGB; § 275 Abs. 3 Nrn. 8 bis 12 HGB).

Die nachfolgende Übersicht zeigt die GuV-Gliederungen für das Gesamt- und das Umsatzkostenverfahren, die hier, um einen Vergleich zu erleichtern, nebeneinander dargestellt werden.

Gesamtkostenverfahren	Umsatzkostenverfahren
1. Umsatzerlöse	1. Umsatzerlöse
2. Erhöhung oder Verminderung des Bestands an fertigen und unfertigen Erzeugnissen	2. Herstellungskosten der zur Erzielung der Umsatzerlöse erbrachten Leistungen
3. andere aktivierte Eigenleistungen	3. Bruttoergebnis vom Umsatz
4. sonstige betriebliche Erträge	4. Vertriebskosten
5. Materialaufwand a) Aufwendungen für Roh-, Hilfs- und Betriebsstoffe und für bezogene Waren b) Aufwendungen für bezogene Leistungen	5. allgemeine Verwaltungskosten
6. Personalaufwand a) Löhne und Gehälter b) soziale Abgaben und Aufwendungen, davon für Altersversorgung	6. sonstige betriebliche Erträge
7. Abschreibungen a) auf immaterielle Vermögensgegenstände des Anlagevermögens und Sachanlagen b) auf Vermögensgegenstände des Umlaufvermögens, soweit diese die in der Kapitalgesellschaft üblichen Abschreibungen überschreiten	7. sonstige betriebliche Aufwendungen
8. sonstige betriebliche Aufwendungen	8. Erträge aus Beteiligungen, davon aus verbundenen Unternehmen
9. Erträge aus Beteiligungen, davon aus verbundenen Unternehmen	9. Erträge aus anderen Wertpapieren und Ausleihungen des Finanzanlagevermögens, davon aus verbundenen Unternehmen
10. Erträge aus anderen Wertpapieren und Ausleihungen des Finanzanlagevermögens	10. sonstige Zinsen und ähnliche Erträge, davon aus verbundenen Unternehmen
11. sonstige Zinsen und ähnliche Erträge, davon aus verbundenen Unternehmen	11. Abschreibungen auf Finanzanlagen und auf Wertpapiere des Umlaufvermögens
12. Abschreibungen auf Finanzanlagen und Wertpapiere des Umlaufvermögens	12. Zinsen und ähnliche Aufwendungen, davon an verbundene Unternehmen
13. Zinsen und ähnliche Aufwendungen, davon an verbundene Unternehmen	13. Ergebnis der gewöhnlichen Geschäftstätigkeit
14. Ergebnis der gewöhnlichen Geschäftstätigkeit	14. außerordentliche Erträge
15. außerordentliche Erträge	15. außerordentliche Aufwendungen
16. außerordentliche Aufwendungen	16. außerordentliches Ergebnis
17. außerordentliches Ergebnis	17. Steuern vom Einkommen und vom Ertrag
18. Steuern vom Einkommen und vom Ertrag	18. sonstige Steuern
19. sonstige Steuern	19. Jahresüberschuss/Jahresfehlbetrag
20. Jahresüberschuss/Jahresfehlbetrag	

Nach § 276 HGB dürfen kleine und mittelgroße Kapitalgesellschaften die Posten aus § 275 Abs. 2 Nr. 1 bis 5 oder Abs. 3 Nr. 1 bis 3 und 6 HGB zu einem Posten unter der Bezeichnung »Rohergebnis« zusammenfassen. Für Nicht-Kapitalgesellschaften ist diese Gliederung zwar so nicht vorgeschrieben, nach den Grundsätzen der Klarheit und Übersichtlichkeit haben auch diese Kaufleute sich aber zumindest an dem Gliederungsschema zu orientieren.

2.2.3 Grundlegende Wertansätze

Die Werte der zu bilanzierenden Vermögensgegenstände und Schulden sind keine feststehenden Größen, sondern hängen von der jeweiligen Marktlage zum Bilanzstichtag ab. Die Höhe der anzusetzenden Werte kann unterschiedlich sein, je nachdem, ob von der Fortführung oder Zerschlagung des Unternehmens ausgegangen wird, ob einzelne Gegenstände oder Gruppen von Vermögensgegenständen zusammengefasst werden, ob vorsichtig oder optimistisch bewertet wird. Der Bilanzwert der jeweiligen Vermögensgegenstände und Schulden ist dabei unter Beachtung diverser Regeln und Vorgaben zu ermitteln, die überwiegend bereits im Rahmen der Grundsätze ordnungsgemäßer Buchführung in Abschnitt 2.2.1.3 behandelt wurden und daher hier nur kurz angerissen werden:

- Beachtung der Anschaffungs- bzw. Herstellungskosten **als Wertobergrenzen**, die nicht überschritten werden dürfen und im Falle abnutzbarer Wirtschaftsgüter fortzuschreiben (meint meistens: abzuschreiben) sind. Analog hierzu sind Verbindlichkeiten mit dem Rückzahlungsbetrag und Rückstellungen mit dem nach vernünftiger kaufmännischer Beurteilung notwendigen Betrag anzusetzen. Für Kapitalgesellschaften ist das Grund- oder Stammkapital zum Nennbetrag auszuweisen.
- Beachtung des Bilanzansatzes in der Vorjahresbilanz nach dem Grundsatz der **Bilanzidentität**;
- Beachtung der bisherigen Wertfindungsmethode (nach dem Grundsatz der **Bewertungsstetigkeit**);
- kein Ansatz von Zerschlagungswerten (**Going-Concern-Prinzip**), es sei denn, die Zerschlagung stehe tatsächlich unmittelbar bevor;
- stichtagsbezogene **Einzelbewertung** gem. § 252 Abs. 1 Nr. 3 HGB;
- **vorsichtige** Bewertung unter Beachtung des Realisations-, Imparitäts- und Niederstwertprinzips.

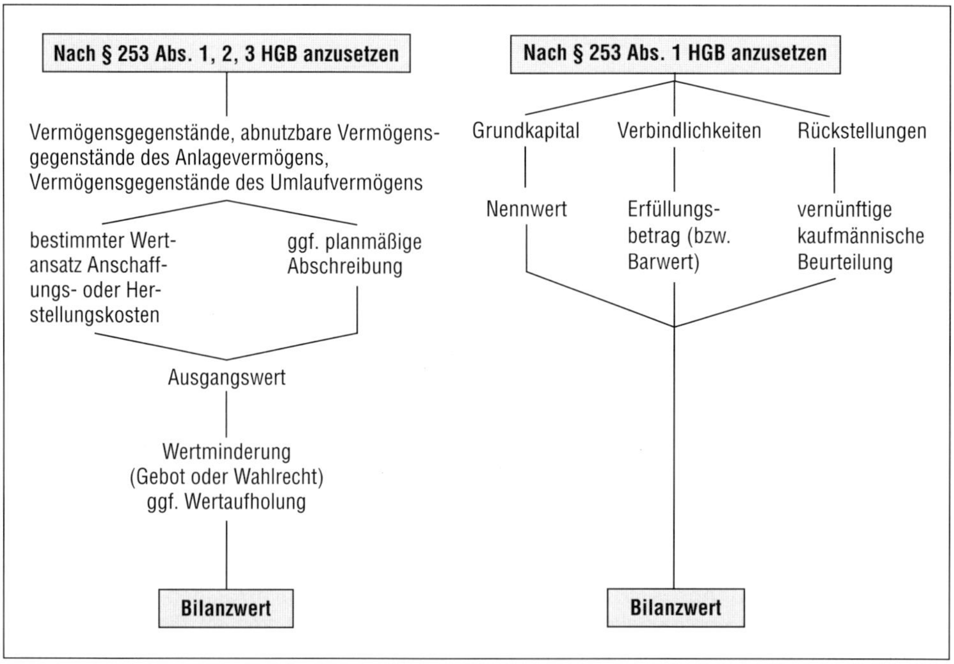

Grundkonzeption des Bewertungsrechts

Ein weiteres Grundprinzip ist die **Trennung von Rechnungslegung und Finanzierung**, wonach weder Geldwertschwankungen noch Substanzerhaltungskonzepte Eingang in die Bewertung des Jahresabschlusses finden dürfen.

Beispiel:

Die Funktion der Abschreibungen könnte darin gesehen werden, Abschreibungsbeträge aus dem Gewinn zurückzuhalten und für die Reinvestition »anzusparen«. Legt man dieser Berechnung die historischen Anschaffungskosten zugrunde, hat man nach Ablauf der Nutzungsdauer auch nur diese im »Spartopf«. Sind für das betreffende Wirtschaftsgut Preissteigerungen eingetreten, reichen diese angesammelten Abschreibungen nicht für eine Ersatzbeschaffung aus. Wollte man dies erreichen, müsste man die Abschreibungen auf die Wiederbeschaffungskosten beziehen – genau dies ist aber nicht zulässig; die Bewertungskonzeption des Handelsrechts folgt dem Nominalwertprinzip.

2.2.3.1 Prinzip der Einzelbewertung

Durch Anwendung des Grundsatzes der Einzelbewertung soll ausgeschlossen werden, dass Wertminderungen bei einem Vermögensgegenstand mit Werterhöhungen eines anderen ausgeglichen werden und in einer Gesamtbewertung – nicht mehr erkennbar – untergehen.

2.2.3.2 Wertbegriffe des Handels- und Steuerrechts

In den folgenden Abschnitten werden die verschiedenen Wertbegriffe des Handels- und Steuerrechts behandelt, die teils identisch, teils abweichend in beiden Rechtsbereichen oder aber nur in jeweils einem dieser Bereiche definiert sind.

Die Abbildung vermittelt einen Überblick zu den Wertmaßstäben des Handelsrechts und des Steuerrechts.

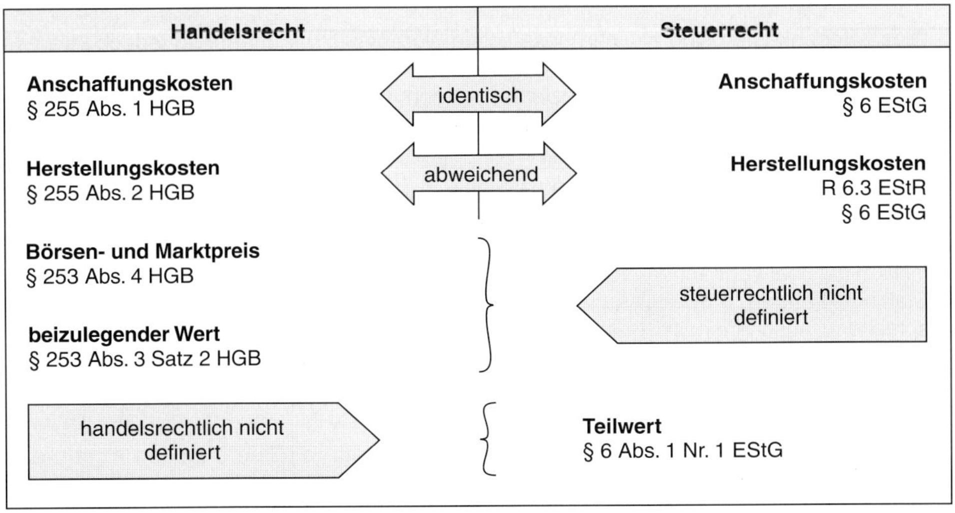

Wertmaßstäbe des Handels- und Steuerrechts im Überblick

2.2.3.2.1 Anschaffungskosten

Bei der der handels- und steuerrechtlichen Bewertung fremdbezogener Gegenstände ist grundsätzlich von den Anschaffungskosten auszugehen. Begriff und Umfang der Anschaffungskosten ergeben sich aus § 255 Abs. 1 HGB a./n. F.; danach handelt es sich um

> »...die Aufwendungen, die geleistet werden, um einen Vermögensgegenstand zu erwerben und ihn in einen betriebsbereiten Zustand zu versetzen, soweit sie dem Vermögensgegenstand einzeln zugeordnet werden können. Zu den Anschaffungskosten gehören auch die Nebenkosten sowie die nachträglichen Anschaffungskosten. Anschaffungspreisminderungen sind abzusetzen.«

Damit errechnen sich die Anschaffungskosten nach folgendem Schema:

	Anschaffungspreis
–	Anschaffungspreisminderungen
+	Anschaffungsnebenkosten, sofern einzeln zurechenbar
+	nachträgliche Anschaffungskosten
=	Anschaffungskosten

Der Ansatz **kalkulatorischer Kosten** ist nicht zulässig. Ebensowenig gehören **Finanzierungskosten** zu den Anschaffungskosten.

Die Anschaffungskosten setzen sich aus den folgenden Komponenten zusammen.

- **Anschaffungspreis:** Dieser entspricht dem Rechnungspreis. Vorsteuern sind nur dann Bestandteil des Anschaffungspreises, wenn das Unternehmen nicht zum Abzug von Vorsteuern berechtigt ist.
- **Anschaffungsnebenkosten:** Diese sind alle Aufwendungen, die anfallen, um die Betriebsbereitschaft des Vermögensgegenstandes herzustellen, z. B.
  - Kosten des Transports inkl. Transportversicherung,
  - Kosten der Aufstellung und Montage,
  - Gebühren und Provisionen,
  - Zölle, Steuern und sonstige Abgaben,
  - bei Grundstückserwerb: Notarkosten und Grunderwerbssteuer.

  Diese Nebenkosten sind aktivierungspflichtig; Voraussetzung hierfür ist jedoch ihre einzelne Zurechenbarkeit: Eine Zurechnung von Gemeinkosten ist nicht zulässig. Auf die Aktivierung kann ausnahmsweise verzichtet werden, wenn die Nebenkosten in ihrer Höhe im Verhältnis zum Anschaffungspreis unbeträchtlich sind oder nur mit unverhältnismäßig hohem Aufwand ermittelt werden können.

  Der Begriff der **Betriebsbereitschaft** bedeutet, dass der Gegenstand entsprechend seiner Zweckbestimmung genutzt werden kann. Bei einem Gebäude gehört zur Zweckbestimmung auch die Entscheidung, welchem Standard das Gebäude entsprechen soll (sehr einfach, mittel oder sehr anspruchsvoll). Baumaßnahmen, die ein Gebäude auf einen höheren Standard bringen, machen es betriebsbereit; die dafür anfallenden Kosten sind dementsprechend Anschaffungskosten. Betriebsbereitschaft setzt Funktionstüchtigkeit voraus.
- **Anschaffungspreisminderungen:** Rabatte, Skonti und Rückvergütungen mindern die Anschaffungskosten, weil sie dem einzelnen Vermögensgegenstand zweifelsfrei zugerechnet werden können. Boni, die in ihrer Höhe von der Quantität der Geschäftsbeziehung zwischen Lieferant und Abnehmer abhängig sind, erfüllen dagegen nicht die in § 255 Abs. 1 HGB festgeschriebene Erfordernis der Einzelzurechenbarkeit und können daher in aller Regel nicht als Anschaffungspreisminderung berücksichtigt werden. Sie werden vielmehr ertragswirksam verbucht. Nur wenn es im Einzelfall möglich ist, einen Bonus einzeln dem angeschafften Gegenstand zuzurechnen, ist er anschaffungspreismindernd zu berücksichtigen.

- **Nachträgliche Anschaffungskosten:** Diese liegen vor, wenn ein zweifelsfreier sachlicher und wirtschaftlicher Zusammenhang mit dem ursprünglichen Anschaffungsvorgang erkennbar ist. Auch Umbauten gehören zu den nachträglichen Anschaffungskosten, wobei jedoch die Grenze zur Schaffung eines neuen Vermögensgegenstandes fließend ist.

Der **steuerliche** Begriff der Anschaffungskosten ist inhaltsgleich zu den vorstehenden Ausführungen.

2.2.3.2.2 Herstellungskosten

Herstellungskosten kommen als Wertmaßstab immer dann zum Ansatz, wenn Wirtschaftsgüter nicht gekauft, sondern im **eigenen Betrieb** hergestellt wurden.

Sowohl das Handels- als auch das Steuerrecht kennen den Begriff der Herstellungskosten. Vor Inkrafttreten des BilMoG bestand Ansatzfähigkeit jedoch nur für materielle Wirtschaftsgüter, wobei aber erhebliche Unterschiede beim Einbezug einzelner Kostenkomponenten bestanden, die unterschiedliche Wertansätze in Handels- und Steuerbilanz zur Folge haben konnten.

Nach § 255 Abs. 2 HGB a. F. sind lediglich die Einzelkosten und ggf. variablen Gemeinkosten der Fertigung zwingend anzusetzen, also diejenigen Kosten, die dem hergestellten Gegenstand direkt (eindeutig und zweifelsfrei) zugeordnet werden können:

- **Einzelkosten** sind z. B. Kosten für das in den Gegenstand eingeflossene Material einschließlich Bezugskosten, die eingeflossene Arbeitsleistung und – als so genannte Sondereinzelkosten – angefallene Aufwendungen, die weder Material- noch Lohnkosten sind, etwa Lizenzgebühren und Gebühren für Sicherheitsüberprüfungen (TÜV, Statik).
- Als **variable Gemeinkosten** sind solche Kosten zu berücksichtigen, die klassische Gemeinkosten (z. B. Transportkosten, Energiekosten) sind, aber im gegebenen Fall dem Gegenstand eindeutig zugerechnet werden können, etwa weil hierfür ein Einzeltransport erfolgt ist oder der Stromverbrauch der Herstellung über einen gesonderten Zähler erfasst wurde.

Einzelkosten sind in aller Regel daran erkennbar, dass es sich dabei um variable Kosten handelt. Im Gegensatz dazu sind »echte« Gemeinkosten fast durchweg fixe Kosten (z. B. Raumkosten, Lohnkosten für Verwaltungs- und Leitungsstellen). Für die Berücksichtigung dieser Gemeinkosten sowie des Wertverzehrs des Anlagevermögens anteilig »in angemessener Höhe« besteht nach alter HGB-Fassung ein Wahlrecht.

Mit der Neufassung des § 255 Abs. 2 HGB wurde dieses Wahlrecht in eine Ansatzpflicht umgewandelt. Damit erfolgte eine Anpassung an die – bisher und in Zukunft geltende – steuerrechtliche Pflicht zum Gemeinkosten- und Wertverzehransatz nach R 6.3 EStR.

Wahlrechte bestehen nach neuer HGB-Fassung und nach Steuerrecht lediglich beim Ansatz angemessener Kostenanteile für die allgemeine Verwaltung, für soziale Einrichtungen des Betriebs, für freiwillige soziale Leistungen und die betriebliche Altersversorgung, soweit diese auf den Zeitraum der Herstellung entfallen (§ 255 Abs. 2 S. 3 n. F.; alte Fassung analog), sowie für Zinsen für Fremdkapital, das zur Finanzierung der Herstellung verwendet wurde, jedoch nur, soweit sie auf den Zeitraum der Herstellung entfallen. Ansonsten gehören Zinsen für Fremdkapital nicht zu den Herstellungskosten (§ 255 Abs. 3 HGB, a. F. und n. F. übereinstimmend). Der Ansatz von Vertriebskosten (§ 255 Abs. 2 a. F. und n. F.) sowie Forschungskosten (§ 255 Abs. 2 n. F.) ist ausgeschlossen.

Die folgende Übersicht verdeutlicht die Ermittlung der Herstellungskosten nach bis Ende 2009 geltendem **und** neuem Recht:

Herstellungskosten	**... nach Handelsrecht**		**... nach Steuerrecht**
Kostenanteile	**§ 255 Abs. 2 HGB alter Fassung**	**§ 255 Abs. 2 und 3 HGB neuer Fassung**	**R 6.3 EStR**
Materialkosten	Pflicht	Pflicht	Pflicht
Fertigungslöhne	Pflicht	Pflicht	Pflicht
Sondereinzelkosten der Fertigung (z. B. Lizenzgebühren)	Pflicht = Wertuntergrenze nach Handelsrecht, alte Fassung	Pflicht	Pflicht
Materialgemeinkosten	Wahlrecht	Pflicht	Pflicht
Fertigungsgemeinkosten	Wahlrecht	Pflicht	Pflicht
Wertverzehr Anlagevermögen	Wahlrecht	Pflicht = Wertuntergrenze nach Handelsrecht, neue Fassung	Pflicht = Wertuntergrenze nach Steuerrecht
Kosten der allg. Verwaltung	Wahlrecht	Wahlrecht	Wahlrecht
Fremdkapitalzinsen für Zeitraum der Herstellung	Wahlrecht	Wahlrecht	Wahlrecht
Soziale Aufwendungen	Wahlrecht = Wertobergrenze	Wahlrecht = Wertobergrenze	Wahlrecht = Wertobergrenze
Vertriebskosten	Verbot	Verbot	Verbot
Finanzierungskosten (außer s.o.)	Verbot	Verbot	Verbot
Forschungskosten	nicht ausdrücklich erwähnt	Verbot	Verbot

Herstellungskosten nach altem und neuem Recht

Die Übersicht zeigt, dass zwischen dem Herstellungskostenbegriff des Handelsrechts in neuer Fassung und des Steuerrechts nunmehr kein Unterschied mehr besteht.

Neu ist, dass Herstellungskosten auch für selbst geschaffene immaterielle Güter angesetzt werden dürfen, soweit sie **Entwicklungskosten** darstellen (vgl. Abschn. 2.2.1.4.4).

Exkurs: Die Herstellungskosten bei Gebäuden

Kosten für die Instandsetzung und Modernisierung von Gebäuden sind – unabhängig von ihrer Höhe – Herstellungskosten,

- wenn sie für eine **Erweiterung** anfallen. Eine Erweiterung kann eine Vergrößerung der nutzbaren Fläche sein, aber auch die Vermehrung der Substanz. Keine zu Herstellungsaufwendungen führende **Substanzmehrung** liegt dagegen vor, wenn der neue Gebäudebestandteil oder die neue Anlage die Funktion des bisherigen Gebäudebestandteils in vergleichbarer Weise erfüllen;

- wenn sie zu einer über den ursprünglichen Zustand hinausgehenden **wesentlichen Verbesserung** führen. Dabei ist auf den ursprünglichen Zustand zum Zeitpunkt der Anschaffung oder Herstellung abzustellen und dieser mit dem Zustand nach Instandsetzung zu vergleichen. Eine wesentliche Verbesserung i.S. v. § 255 Abs. 2 HGB liegt nicht bereits dann vor, wenn ein Gebäude generalüberholt wird, d. h. Aufwendungen, die für sich genommen als Erhaltungsaufwendungen zu beurteilen sind, in ungewöhnlicher Höhe zusammengeballt anfallen.

Eine wesentliche Verbesserung ist vielmehr erst dann gegeben, wenn die Baumaßnahmen in ihrer Gesamtheit über eine zeitgemäße substanzerhaltende Erneuerung hinausgehen, den Gebrauchswert des Gebäudes insgesamt deutlich erhöhen und damit für die Zukunft eine erweiterte Nutzungsmöglichkeit geschaffen wird. Von einer deutlichen Erhöhung des Gebrauchswertes in diesen Sinn ist auszugehen, wenn der **Gebrauchswert** des Gebäudes (Nutzungspotenzial) von einem sehr einfachen auf einen mittleren oder von einem mittleren auf einen sehr anspruchsvollen Standard gehoben wird.

Kosten für Instandsetzungs- oder Modernisierungsmaßnahmen, die lediglich eine substanzerhaltende Erneuerung darstellen, sind dagegen in der Regel keine nachträglichen Anschaffungs- und Herstellungskosten, sondern **Erhaltungsaufwand**. Eine substanzerhaltende Bestandteilerneuerung liegt vor, wenn ein Gebäude durch die Ersetzung einzelner Bestandteile oder Instandhaltungs- oder Modernisierungsmaßnahmen an dem Gebäude als Ganzem lediglich in ordnungsgemäßen Zustand entsprechend seinem ursprünglichen Zustand erhalten oder dieser in zeitgemäßer Form wiederhergestellt wird.

Dem Gebäude wird in diesem Fall nur der zeitgemäße Wohnkomfort wiedergegeben, den es ursprünglich besessen, aber durch den technischen Fortschritt und die Veränderung der Lebensgewohnheiten verloren hat.

Instandsetzungs- und Modernisierungsmaßnahmen können ausnahmsweise im Zusammenhang mit der Herstellung eines Gebäudes stehen, wenn dies voll verschlissen ist, und unter Verwendung der noch nutzbaren Teile ein neues Gebäude entsteht.

Treffen Anschaffungs-, Herstellungskosten und Erhaltungsaufwendungen zusammen, so sind die Aufwendungen aufzuteilen, es sei denn, sie bedingten einander.

2.2.3.2.3 Börsen- oder Marktpreis

Haben Gegenstände des **Umlaufvermögens** einen Börsen- oder Marktpreis, so ist dieser nach § 253 Abs. 4 Satz 1 HGB n. F. anzusetzen. Existieren beide Werte, so geht der Börsenpreis dem Marktpreis vor.

Börsenpreis ist der an einer Börse oder im geregelten Freiverkehr ermittelte Wert, wobei bei Existenz mehrerer Handelsplätze der Preis derjenigen Börse zugrunde zu legen ist, an der der Bilanzierende überwiegend seine Geschäfte tätigt. **Marktpreis** ist derjenige Preis, der an einem Handelsplatz für Waren einer bestimmten Gattung von durchschnittlicher Art und Güte zu einem bestimmten Zeitpunkt im Durchschnitt gezahlt wird.

Existiert für das betreffende Material ein Beschaffungs- und ein Absatzmarkt mit abweichenden Werten, so gilt:

- Der **Beschaffungsmarkt** ist maßgebend für Roh-, Hilfs- und Betriebsstoffe sowie für fertige und unfertige Erzeugnisse, sofern diese auch fremdbeziehbar sind. Die historischen Anschaffungskosten werden mit dem Börsen- oder Marktpreis – jeweils zuzüglich der in Zusammenhang mit der Beschaffung anfallenden Anschaffungsnebenkosten – am Abschlussstichtag verglichen. Der niedrigere Wert ist in der Bilanz anzusetzen.
- Der **Absatzmarkt** ist maßgebend für diejenigen unfertigen und fertigen Erzeugnisse, für die kein Fremdbezug möglich ist, sowie für Überbestände an Roh-, Hilfs- und Betriebsstoffen, die nicht wiederbeschafft werden sollen.

Zur Bewertung von Handelswaren sowie Überbeständen an fertigen oder unfertigen Erzeugnissen werden die folgenden Werte verglichen, wobei der niedrigste dieser Werte anzusetzen ist:

- Die Anschaffungskosten,
- die Wiederbeschaffungskosten am Stichtag und
- der absatzmarktbezogene Wert am Abschlussstichtag (= erwarteter Verkaufserlös abzüglich noch – z. B. im Zuge der Fertigstellung – anfallender Aufwendungen).

Da sowohl Preise des Beschaffungs- als auch des Absatzmarktes in den Vergleich einbezogen werden, spricht man auch von »**doppelter Maßgeblichkeit**«.

2.2.3.2.4 Beizulegender Wert

Sofern sich für einen Vermögensgegenstand des **Umlaufvermögens** weder ein Börsen- noch ein Marktpreis feststellen lässt, ist der beizulegende Wert (§ 253 Abs. 4 Satz 2 HGB n. F.) als Vergleichsmaßstab heranzuziehen. Seine Ermittlung erfolgt nach den GoB.

Auch hierbei hat für für Roh-, Hilfs- und Betriebsstoffe eine **beschaffungsmarktorientierte** Bewertung zu erfolgen: Der Ansatz entspricht dann etwa dem Wiederbeschaffungs- oder Reproduktionswert eines vergleichbaren Gegenstandes zuzüglich eventueller Anschaffungs- oder Herstellungsnebenkosten und abzüglich eventueller Wertabschläge bei eingeschränkter Verwendbarkeit des Vermögensgegenstandes.

Analog zu dem im vorangegangenen Absatz Gesagten hat bei fremdbeziehbaren fertigen und unfertigen Erzeugnissen sowie bei Überbeständen an Roh-, Hilfs- und Betriebsstoffen eine absatzmarktorientierte Bewertung zu erfolgen. Dabei wird (retrograd) (rückwärts) gerechnet, also ausgehend vom Verkaufspreis:

Geschätzter Verkaufspreis
– Erlösschmälerungen
– Verpackungskosten und Ausgangsfrachten
– Vertriebskosten
– noch anfallende Verwaltungskosten
– Kapitaldienst
– noch anfallende Herstellungskosten

= Beizulegender Wert

Die Berücksichtigung der noch anfallenden Kosten führt zu einer **verlustfreien Bewertung** (vgl. Abschn. 2.2.3.2.7).

In einigen Fällen ist weder eine beschaffungs- noch eine absatzmarktorientierte Bewertung maßgeblich, z. B. bei nicht börsennotierten Beteiligungen. Beizulegender Wert ist in solchen Fällen der Ertragswert des Vermögensgegenstandes. Dieser wird mit der Summe der geschätzten abgezinsten Erträge der Zukunft angenommen.

2.2.3.2.5 Für steuerliche Zwecke zulässiger Wert (Handelsrecht alter Fassung)

In der Darstellung der aus der vor Inkrafttreten des BilMoG bestehenden Rechtslage wurde auf die enge Verflechtung zwischen Handels- und Steuerbilanz hingewiesen. Aus der Koppelung der Ausübung rein steuerlicher Wahlrechte in der Steuerbilanz an eine vorherige Berücksichtigung in der Handelsbilanz resultierte die Notwendigkeit für eine Rechtsvorschrift, die es erlaubte, Vermögensgegenstände des Anlage- oder Umlaufvermögens mit einem niedrigeren Wert anzusetzen als demjenigen, der sich bei Anwendung der sonstigen handelsrechtlichen Vorschriften ergeben hätte. Hierzu diente § 254 HGB alter Fassung:

»Abschreibungen können auch vorgenommen werden, um Vermögensgegenstände des Anlage- oder Umlaufvermögens mit dem niedrigeren Wert anzusetzen, der auf einer nur steuerrechtlich zulässigen Abschreibung beruht.« Achtung: In der neuen Fassung behandelt § 254 HGB mit der »Bildung von Bewertungseinheiten« einen völlig anderen Gegenstand!

2.2.3.2.6 Teilwert

Der Teilwert als nur im Steuerrecht anzutreffender Wert ist in § 6 Abs 1 Nr. 1 EStG definiert als »...der Betrag, den ein Erwerber des ganzen Betriebes im Rahmen des Gesamtkaufpreises für das einzelne Wirtschaftsgut ansetzen würde; dabei ist davon auszugehen, dass der Erwerber den Betrieb fortführt«.

Diese Legaldefinition beinhaltet drei Fiktionen:

- Ein Käufer erwirbt den Betrieb als Ganzes,
- er führt den Betrieb weiter,
- aus dem Gesamtkaufpreis des Betriebs kann ein Wert für das einzelne Wirtschaftsgut abgeleitet werden.

Zur Ermittlung des Teilwerts liefert diese dreifache Fiktion allerdings keine konkrete Hilfestellung. Die häufige Deutung des Teilwerts als Marktpreis oder Verkehrswert lassen ihn als vollständig subjektiven Wert erscheinen. Deshalb hat die Rechtsprechung eine Vielzahl von Entscheidungen zur Objektivierung Operationalisierung des Teilwertbegriffs im Wege der Gesetzesauslegung getroffen. Hieraus entstanden die folgenden **Teilwertvermutungen**:

- Im Zeitpunkt der Anschaffung oder Herstellung entspricht der Teilwert den tatsächlichen Anschaffungs- oder Herstellungskosten.
- Bei Wirtschaftsgütern des nicht abnutzbaren Anlagevermögens entspricht der Teilwert auch in späteren Jahren den Anschaffungs- oder Herstellungskosten.
- Bei abnutzbaren Anlagegütern entspricht der Teilwert in späteren Jahren den fortgeschriebenen Anschaffungs- oder Herstellungskosten (also abzüglich der Absetzung für Abnutzung oder Substanzverringerung).
- Bei Wirtschaftsgütern des Umlaufvermögens entspricht der Teilwert dem Börsen- oder Marktpreis bzw. den Wiederbeschaffungskosten.

Die **obere Grenze** des Teilwerts, die jedoch nur für solche Wirtschaftsgüter gilt, die im Betrieb voll genutzt werden, stellen die Wiederbeschaffungskosten für ein Wirtschaftsgut gleicher Art und Güte im Zeitpunkt der Bewertung dar. Bei nicht nur vorübergehend ungenutzten Wirtschaftsgütern ist dagegen der Einzelveräußerungspreis maßgeblich, der die untere Grenze des Teilwertes darstellt.

Die Teilwertvermutungen können widerlegt werden, wenn einer der folgenden Nachweise erbracht werden kann:

- Die Investition war eine Fehlmaßnahme, und statt der erwarteten Gewinne werden mit dem Wirtschaftsgut tatsächlich Verluste erwirtschaftet, oder
- die Wiederbeschaffungskosten sind nachhaltig gesunken oder
- durch technische Veralterung, Modeänderungen oder ähnliche Ereignisse sind Wertminderungen eingetreten.

2.2.3.2.7 Verlustfreie Bewertung

Die Bedeutung der in Zusammenhang mit dem beizulegenden Wert erwähnten verlustfreien Bewertung zeigt das folgende Beispiel:

Ein Sportartikelhändler hat hochmodische Skianzüge zum Preis von 250 € bezogen mit der Absicht, diese zum Preis von 425 € brutto weiterzuveräußern. Infolge einer zwischenzeitlich eingetretenen Änderung des modischen Geschmacks mussten die Angebotspreise kurz vor dem Bilanzstichtag auf 357 € brutto gesenkt werden. Bis zum Verkauf werden schätzungsweise noch 90 € je Stück an Veräußerungskosten anfallen. Der durchschnittliche Unternehmensgewinn je Stück wird mit 25 € angesetzt.

Der beizulegende Wert leitet sich hieraus wie folgt ab:

Voraussichtlich erzielbarer Ladenverkaufspreis	*357 €*
– Umsatzsteuer 19 %	*– 57 €*
= voraussichtlich erzielbarer Verkaufserlös	*300 €*
– noch anfallende Veräußerungskosten	*– 90 €*
= Beizulegender Wert	*210 €*
– durchschnittlicher Unternehmensgewinn	*– 25 €*
= Teilwert	***185 €***

Nach § 253 Abs. 4 HGB n. F. muss der Sportartikelhändler die Ware auf 210 € abwerten, weil der beizulegende Wert die Anschaffungskosten unterschreitet. Nach dem Grundsatz der verlustfreien Bewertung sind noch anfallende Kosten bei der Bewertung zu berücksichtigen. Bei diesem Ansatz erleidet der Händler beim tatsächlichen Verkauf voraussichtlich keinen Verlust, jedoch auch keinen Gewinn. Ein Dritter wäre im Rahmen eines Erwerbs des gesamten Unternehmens jedoch nur bereit, für die Ware einen Preis zu zahlen, der einen angemessenen Gewinn abwerfen würde, in diesem Falle also 185 €. In der Steuerbilanz hat der Händler daher die Wahl, diesen niedrigeren Teilwert anzusetzen. Nach Handelsrecht vor Inkrafttreten des BilMoG konnte dieser Wert gemäß § 254 HGB a. F. auch in die Handelsbilanz übernommen werden.

2.2.4 Abschreibungen nach Handelsrecht und Steuerrecht im Vergleich

2.2.4.1 Planmäßige und außerplanmäßige Abschreibung

Das deutsche Handelsrecht wird vom **Vorsichtsprinzip** dominiert. Hieraus ergibt sich eine Pflicht zum niedrigeren Wertansatz, wenn ein Wirtschaftsgut durch Abnutzung, Substanzverringerung oder aus einem sonstigen Grund an Wert eingebüßt hat.

Diese Abschreibungspflicht betrifft nicht nur das abnutzbare Sachanlagevermögen, sondern auch Gegenstände des immateriellen Vermögens und des Umlaufvermögens, und beschränkt sich nicht auf die planmäßige Berücksichtigung vorhersehbarer Abnutzungen; es erstreckt sich auch auf Wertkorrekturen aufgrund außerplanmäßiger Umstände.

2.2.4.1.1 Obergrenze: Anschaffungs- oder Herstellungskosten

Die Vorschrift des § 253 HGB n. F. regelt in Absatz 1 die Bewertung der Vermögensgegenstände im Grundsatz und in Absatz 3 die Bewertung des abnutzbaren Anlagevermögens: Danach sind Vermögensgegenstände grundsätzlich höchstens mit ihren Anschaffungs- oder Herstellungskosten anzusetzen.

Eine Höherbewertung ist auch dann nicht zulässig, wenn der Wert des Gegenstandes im Zeitverlauf steigt: So wird ein unbebautes Grundstück auch bei steigenden Grudstückspreisen immer nur mit seinen historischen Anschaffungskosten aktiviert. Die Differenz zwischen diesem Bilanzwert und dem tatsächlichen Verkehrswert stellt eine **stille Reserve** dar, die erst bei Veräußerung des Grundstücks offengelegt wird.

2.2.4.1.2 Niedrigere Wertansätze

Unterschreitungen der historischen Anschaffungs- bzw. Herstellungskosten gehen auf die Anwendung des **Niederstwertprinzips** zurück, das – in Abhängigkeit von der Zuordnung des Gegenstandes zum Anlage- oder Umlaufvermögen, von der Rechtsform des bilanzierenden Unternehmens und von der Dauerhaftigkeit der Wertminderung – in strenger Form (eine Wertminderung erzwingend) oder in gemilderter Form (eine Wertminderung ermöglichend) anzuwenden ist.

Einzelheiten werden in Abschnitt 2.2.6.3 ausführlich behandelt; hier soll zunächst zwischen planmäßiger und außerplanmäßiger Abschreibung unterschieden werden.

2.2.4.1.3 Planmäßige Abschreibungen

Planmäßige Abschreibungen werden an abnutzbaren Anlagegütern vorgenommen, weil diese in ihrer Nutzung zeitlich begrenzt sind. § 253 Abs. 3 Satz 2 HGB n. F. besagt:

> »Der Plan muss die Anschaffungs- oder Herstellungskosten auf die Geschäftsjahre verteilen, in denen der Vermögensgegenstand voraussichtlich genutzt werden kann«.

Steuerrechtlich ergibt sich diese Pflicht zur Abschreibung aus § 6 EStG.

Die planmäßige Abschreibung setzt die Bestimmung einer betriebsgewöhnlichen Nutzungsdauer (vgl. Abschn. 2.2.4.2) und – bei beweglichem Vermögen – die Wahl des Abschreibungsverfahrens (vgl. Abschn. 2.2.4.3) voraus.

2.2.4.1.4 Außerplanmäßige Abschreibung

Handels- und Steuerrecht lassen neben den planmäßigen Abschreibungen auch außerplanmäßige Abschreibungen sowohl auf das abnutzbare als auch auf das nicht abnutzbare Anlagevermögen zu, wenn eine außerplanmäßige technische oder wirtschaftliche Abnutzung eingetreten ist.

Außerplanmäßige technische Abnutzungen sind im Allgemeinen schadensbedingt (Unfall, Brand, Explosion, nachträgliche Aufdeckung einer Bodenverseuchung), während außerplanmäßige wirtschaftliche Abnutzungen gleichbedeutend sind mit einer Entwertung, etwa dann, wenn wegen geänderter Marktbedingungen (z. B. Innovationen, Modewechsel) ein Preisverfall eingetreten ist.

Die außerplanmäßigen Abschreibungen treten neben die planmäßigen, sind also **zusätzlich** vorzunehmen. Praktisch wird bei einer am Ende eines Geschäftsjahres notwendig werdenden außerplanmäßigen Abschreibung wie folgt vorgegangen:

- Zunächst wird die für das Ende des Geschäftsjahres im bisherigen Abschreibungsplan vorgesehene »AfA« planmäßig vorgenommen. Wurde der Abschreibungsbetrag bisher nach dem geometrisch-degressiven Verfahren ermittelt, muss zunächst der **Methodenwechsel** zur linearen AfA erfolgen (dieses Verfahren wird in Abschnitt 2.2.4.3.1.2 näher erläutert).
- Anschließend wird eine außerplanmäßige Abschreibung in der Höhe vorgenommen, die erforderlich ist, um den Bilanzwert des Gegenstandes auf den nunmehr gültigen niedrigeren Wert (handelsrechtlich: auf den **beizulegenden Wert**) abzusenken.

– Schließlich wird auf Basis des neuen Wertes ein neuer **Abschreibungsplan** erstellt, der je nach Lage des Falles auch eine neue Restnutzungsdauer zugrunde legen kann (z. B. wenn die außerplanmäßige Abschreibung auf technische Veraltung zurückzuführen ist und der betreffende Gegenstand nur noch für einen kürzeren als ursprünglich angenommenen Restzeitraum genutzt werden kann).

Sowohl für das abnutzbare als auch für das nicht abnutzbare Anlagevermögen gilt im Handelsrecht neuer Fassung im Falle einer dauernden Wertminderung das **strenge Niederstwertprinzip**, d. h. die Abschreibung ist zwingend vorzunehmen. Das nach alter Fassung für Nicht-Kapitalgesellschaften bestehende Wahlrecht für Abschreibungen bei voraussichtlich nicht-dauerhafter Wertminderung (**gemildertes Niederstwertprinzip**) besteht nach der neuen HGB-Fassung nur noch für Finanzanlagen (§ 253 Abs. 3 S. 4).

Steuerrechtlich sind außerplanmäßige Abschreibungen bei dauerhafter Wertminderung zulässig, wobei die dem beizulegenden Wert des Handelsrechts entsprechende Größe der Teilwert darstellt. Bei nicht-dauerhafter Wertminderung ist die Teilwertabschreibung dagegen untersagt (§ 6 Abs. 1 Nr. 2 Satz 2 EStG). Kapitalgesellschaften dürfen im Falle einer vorübergehenden Wertminderung keine außerplanmäßige Abschreibung vornehmen.

2.2.4.2 Die betriebsgewöhnliche Nutzungsdauer

Die Dauer der wirtschaftlichen (nicht technischen) Nutzbarkeit des Vermögensgegenstandes ist vorsichtig zu schätzen. Die Praxis orientiert sich stark an den Tabellen für die Absetzung für Abnutzung (den so genannten **AfA-Tabellen**), die vom Bundesminister der Finanzen herausgegeben werden. Diese Tabellen gelten für das bewegliche Anlagevermögen; für unbewegliches Anlagevermögen (Gebäude) vgl. § 7 Abs. 4 und 5 EStG. Abweichungen von den in den Tabellen vorgegebenen Richtwerten sind gegenüber der Finanzverwaltung zu begründen.

Die Übersicht enthält einige Beispiele für die Nutzungsdauer häufig vorkommender Wirtschaftsgüter, die der »AfA-Tabelle für allgemein verwendbare Anlagegüter« entnommen wurden.

Anlagegüter	**Nutzungsdauer in Jahren**
Adressiermaschinen	8
Akkumulatoren	10
Aktenvernichter	8
Alarmanlagen	11
Anhänger	11
Anleimmaschinen	13
Anspitzmaschinen	13
Antennenmasten	10
Arbeitsbühnen (mobil)	11
Arbeitsbühnen (stationär)	15
Arbeitszelte	6

Der konkrete AfA-Betrag wird (bei linearer Abschreibung, vgl. Abschn. 2.2.4.3.1) ermittelt, indem der Anschaffungspreis des Wirtschaftsguts durch die in der AfA-Tabelle genannte

Nutzungsdauer geteilt wird. Das Ergebnis kann nach Auskunft des Finanzministeriums auf volle Euro aufgerundet werden.

2.2.4.3 Wahl des Abschreibungsverfahrens bei planmäßiger Abschreibung

Bei der planmäßigen Abschreibung ist zu unterscheiden zwischen

- beweglichem und
- unbeweglichem

abnutzbarem Anlagevermögen.

Zum beweglichen abnutzbaren Anlagevermögen gehören technische Anlagen und Maschinen inkl. Fuhrpark sowie die Betriebs- und Geschäftsausstattung.

Bei diesen Gegenständen kann die Absetzung für Abnutzung entweder

- in gleichen Jahresbeträgen (linear; § 7 Abs. 1 Satz 1 EStG) oder
- in fallenden Jahresbeträgen nach einem unveränderlichen Hundertsatz vom jeweiligen Buchwert (Restwert) – nur für vor dem 1.1.2008 oder nach dem 31.12.2008 und vor dem 1.1.2011 – (**degressive Abschreibung**) oder
- nach Maßgabe der Leistung (sofern wirtschaftlich begründet) erfolgen.

Da es sich bei der Entscheidung für die Abschreibungsmethode um ein steuerliches Wahlrecht handelt, ist nach altem Rechtsstand – **vor** Inkrafttreten des BilMoG – die umgekehrte Maßgeblichkeit (vgl. Abschn. 2.2.1.6.1) zu beachten. Das Beispiel in Abschnitt 2.2.4.3.1.2 verdeutlicht den Zusammenhang.

Für Abschlüsse, die den Rechtsstand **nach** Inkrafttreten des BilMoG umsetzen, ist dieser Zusammenhang aufgelöst: Die Entscheidung für die Anwendung der degressiven Abschreibung in der Steuerbilanz kann somit unabhängig von der für die Handelsbilanz gewählten Abschreibungsmethode getroffen werden.

Seit dem 1.1.2004 ist die Abschreibung im Jahr der Anschaffung **zeitanteilig (»pro rata temporis«)** monatsweise, beginnend mit Anfang des Anschaffungsmonats, vorzunehmen.

Falls von vornherein mit der Erzielung eines nennenswerten **Resterlöses** (z. B. eines Schrottwerts) am Ende der Nutzungsdauer zu rechnen ist, muss dieser bei der Berechnung des Basisbetrages für die Abschreibung von den Anschaffungskosten abgezogen werden, damit er nicht mit abgeschrieben wird. Der Restbuchwert nach Vollabschreibung entspricht dann dem Resterlös.

Änderungen des **Abschreibungsplanes** bezüglich der Methode, der Rechenbasis oder der Nutzungsdauer dürfen nur mit sachlicher Begründung und auch nur dann vorgenommen werden, wenn sie erforderlich sind, um eine drohende Überbewertung zu verhindern. Ein Verzicht auf die Abschreibung oder ihr zeitweiliges Aussetzen ist generell untersagt.

Anerkannte Gründe für eine Planänderung sind

- eine eingetretene Änderung der voraussichtlichen tatsächlichen Nutzungsdauer gegenüber der ursprünglichen Schätzung. Dabei gilt, dass eine Verkürzung der Nutzungsdauer zur Änderung zwingt und eine Verlängerung der Nutzungsdauer ein Änderungswahlrecht bedingt;
- ein vorgezogener **Methodenwechsel** (von degressiv auf linear möglich gem. § 7 Abs. 3 Satz 1 EStG, nicht jedoch umgekehrt!) zur Vermeidung von Wertverzerrungen im Jahresabschluss.

In der Praxis ist eine Änderung des Abschreibungsplanes häufig mit einer gleichzeitigen außerplanmäßigen Abschreibung verbunden. Im Anschluss an eine Zuschreibung ist eine Änderung des Abschreibungsplanes zwingend vorzunehmen.

2.2.4.3.1 Die lineare Abschreibung

Bei der linearen Abschreibung werden die Anschaffungs- oder Herstellungskosten in gleichen Jahresbeträgen auf Nutzungsdauer verteilt, d. h. der Abschreibungsbetrag errechnet sich nach der Formel

$$\textbf{Jahres-AfA} = \frac{\text{Anschaffungskosten}}{\text{betriebsgewöhnliche Nutzungsdauer}}$$

Beispiel:

Die Anschaffungskosten einer am 5.1.06 angeschafften Maschine betragen 80.000 €. Die betriebsgewöhnliche Nutzungsdauer wird auf 8 Jahre festgesetzt. Danach ergibt sich die folgende Abschreibungsverteilung:

Datum	Abschreibung in €	Buchwert in € nach Abschreibung
05.01.09		80.000
31.12.09	10.000	70.000
31.12.10	10.000	60.000
31.12.11	10.000	50.000
31.12.12	10.000	40.000
31.12.13	10.000	30.000
31.12.14	10.000	20.000
31.12.15	10.000	10.000
31.12.16	10.000	0

Lineare Abschreibung

2.2.4.3.2 Degressive Abschreibung (vor 1.1.2008/nach 31.12.2008)

Die für vor dem 1.1.2008 und nach dem 31.12.2008 angeschaffte Gegenstände zulässige degressive Abschreibung verteilt die Anschaffungs- oder Herstellungskosten in zunächst größeren, im Zeitverlauf geringer werdenden Jahresbeträgen auf die Nutzungsdauer. Zum einen führt dieses Verfahren bei vielen Wirtschaftsgütern zu einer Anpassung des Buchwerts an die Marktentwicklung des Verkehrswerts, der häufig in den Anfangsjahren stärker abnimmt als in späteren Jahren; zum anderen wird auf diese Weise eine etwa gleich bleibende Summe aus Abschreibungsbeträgen und Reparaturkosten erreicht: Etwa im selben Maße, in dem erstere fallen, nehmen letztere im Zeitverlauf zu.

Für eine degressive Abschreibung sind mehrere Berechnungsvarianten denkbar. **Steuerlich zulässig** ist jedoch nur die geometrisch-degressive Abschreibung. Dabei gilt, dass der auf den Restbuchwert anzuwendende Prozentsatz maximal das 2fache der linearen AfA, dabei aber höchstens 20 %, betragen darf. Die degressive Abschreibung für Wirtschaftsgüter, die in 2006 oder 2007 angeschafft wurden, wurde zeitlich begrenzt für 2006 und 2007 auf 30 % erhöht.

Für in 2008 angeschaffte Gegenstände ist eine degressive Abschreibung nicht zulässig. Im Rahmen des Konjunkturpakets der Bundesregierung wurde sie für den Zeitraum nach dem 31.12.2008 und vor dem 1.1.2011 wieder eingeführt, wobei die Abschreibung für in diesem Zeitraum angeschaffte oder hergestellte Gegenstände **das 2,5fache der linearen AfA, höchstens aber 25 %**, beträgt.

$$\text{Abschreibungssatz} = (2{,}5 \cdot \frac{100}{\text{Nutzungsdauer}}\ ;\ 25\ \%)\ \text{min!}$$

In den folgenden Beispielen wird der Stand von 2009 unterstellt.

Der Buchhalter der XY-GmbH hat die Anweisung erhalten, alle Bewertungen unter dem Gesichtspunkt der Ertragsteuerminimierung vorzunehmen. Daher entscheidet er sich bei einer zu Beginn des Geschäftsjahres 2009 für 80.000 € neu angeschafften Maschine, deren Nutzungsdauer auf 8 Jahre festgesetzt wurde, für die geometrisch-degressive Abschreibung.

Der Abschreibungssatz ergibt sich aus folgender Überlegung:

$$Abschreibungssatz = (2{,}5 \cdot \frac{100}{8}; 25\ \%)\ min! = (31{,}25\ \%; 25\ \%)\ min!;$$

demnach beträgt der Abschreibungssatz 25 %.

Der Abschreibungsbetrag für das erste Jahr errechnet sich aus

$$\frac{80.000 \cdot 25}{100} = 20.000\ €$$

Bei linearer Abschreibung wären es nur $\frac{80.000}{8} = 10.000\ €$ *gewesen.*

Es liegt in der Natur der geometrisch-degressiven Abschreibung, dass der Restbuchwert niemals den Wert Null erreichen kann. Da das Unternehmen aber im Allgemeinen das Ziel der Steuerbarwertminimierung verfolgt und damit daran interessiert ist, »möglichst früh möglichst viel« abzuschreiben, empfiehlt es sich, diese Methode nicht (was durchaus zulässig wäre) bis zum Ende der betriebsgewöhnlichen Nutzungsdauer zu verfolgen und an deren Ende den Restbuchwert in einer Summe abzuschreiben, sondern stattdessen einen **Methodenwechsel** vorzunehmen. Obwohl der Grundsatz der Bewertungsstetigkeit (§ 252 Abs. 1 Nr. 6 HGB) gilt, ist ein Wechsel von der geometrisch-degressiven zur linearen Abschreibung zu einem beliebigen Zeitpunkt zulässig. Vorgeschrieben ist er nur in dem zuvor beschriebenen Fall, wenn neben eine planmäßige Abschreibung eine außerplanmäßige Abschreibung tritt: Folgte die planmäßige Abschreibung bis dahin einem geometrisch-degressiven Abschreibungsplan, muss zunächst der Wechsel zur linearen AfA erfolgen und der daraus resultierende Planbetrag abgeschrieben werden, bevor die außerplanmäßige AfA vorgenommen werden kann.

Dieser Wechsel sollte im Sinne der oben erwähnten Steuerbarwertminimierung in derjenigen Periode erfolgen, in der der Abschreibungsbetrag, der sich ergibt, wenn der Restbuchwert linear auf die Restnutzungsdauer verteilt wird, den planmäßigen geometrisch-degressiven Abschreibungsbetrag übersteigt, also wenn gilt

Restbuchwert : Restnutzungsdauer > Restbuchwert · geom.-degr. AfA-Satz

Beispiel:

Es wird wiederum von einem Anschaffungswert von 80.000 € und einer betriebsgewöhnlichen Nutzungsdauer von 8 Jahren ausgegangen. Die folgende Tabelle enthält neben der Angabe des Restbuchwertes und des geometrisch-degressiven AfA-Betrages auch eine Vergleichsspalte »Restbuchwert (RBW) : Restnutzungsdauer (RND)«. Der Methodenwechsel erfolgt, sobald der in dieser Spalte enthaltene Wert den Wert der Spalte »AfA degressiv« übersteigt oder mindestens erreicht.

Nutzungs-dauer/Jahre	Restnutzungs-dauer (RND)	Restbuch-wert (RBW)	AfA 25% degr./lin	Vergleichswert RBW : RND
1	8	80.000,00	**20.000,00**	10.000,00
2	7	60.000,00	**15.000,00**	8.571,43
3	6	45.000,00	**11.250,00**	7.500,00
4	5	33.750,00	**8.437,50**	6.750,00
5	4	25.312,50	**6.328,13**	**6.328,13**
6	3	18.984,38		**6.328,13**
7	2	12.656,25		**6.328,13**
8	1	6.328,13		**6.328,13**

Geometrisch-degressive Abschreibung mit Methodenwechsel

2.2.4.3.3 Leistungsabschreibung

Eine Abschreibung nach Maßgabe der Leistung (Leistungsabschreibung) ist zulässig, wenn

- das gesamte Leistungsvermögen des Wirtschaftsgutes vorab anhand von Herstellerangaben oder aufgrund von Erfahrungen abgeschätzt werden kann und
- die Voraussetzungen für eine Messung der tatsächlichen Leistungsabgabe vorliegen.

Beispiel:

Die Gesamtfahrleistung eines neu erworbenen Lastkraftwagens wird auf 350.000 km geschätzt. Die Anschaffungskosten des Fahrzeugs betrugen 126.000 €. Auf jeden Fahrtkilometer entfallen somit 126.000 : 350.000 = 0,36 €. Wenn im ersten Nutzungsjahr lt. Kilometerzähler 28.375 km gefahren wurden, beträgt der zu verrechnende Abschreibungsbetrag 28.375 · 0,36 = 10.215 €.

2.2.4.4 Investitionsabzugsbetrag und Sonderabschreibung (nach dem 31.12.2007)

Bis 31.12.2007 bestand für kleinere und mittlere Betriebe die Möglichkeit, für Investitionen Sonderabschreibungen vorzunehmen. Diese Möglichkeit war jedoch daran gebunden, dass in Vorperioden für die geplante Investition so genannte Ansparrücklagen vorgenommen worden waren.

Mit dem Unternehmenssteuerreformgesetz gilt für Investitionen kleiner und mittlerer Unternehmen, die nach dem 31.12.2007 vorgenommen werden, eine neue Regelung: Danach kann der Steuerpflichtige für die Anschaffung oder Herstellung eines abnutzbaren und beweglichen (neuen oder gebrauchten) Anlagegutes in einem der Anschaffung/Herstellung vorgelagerten Wirtschaftsjahr bis zu 40 % der voraussichtlichen Anschaffungs- bzw. Herstellungskosten in Form eines **Investitionsabzugsbetrags** gewinnmindernd geltend machen. Diese Abzugsmöglichkeit gilt auch für **geringwertige Wirtschaftsgüter** (vgl. Abschn. 2.2.4.5).

Die Veränderungen gegenüber dem zuvor geltenden Recht zeigt die folgende Tabelle:

	Regelung bis 31.12.2007 (Sonder-/Ansparabschreibung)	**Regelung ab 1.1.2008 (Investitionsabzugsbetrag)**
Begünstigte Gegenstände	Nur neues bewegliches abnutzbares Anlagevermögen	Bewegliches abnutzbares Anlagevermögen (auch Gebrauchtgegenstände)
Höchstbetrag der Rücklage	154.000 € (für Existenzgründer: 307.000 €	200.000 €
Sonderabschreibung bei Anschaffung	20 % nur bei vorhergegangener Rücklagenbildung (Ausnahme: Existenzgründer)	20 % auf die nach Abzug der Rücklage verbleibenden Anschaffungskosten
Gewinnauswirkung im Jahr der Anschaffung	Rücklage wird gewinnerhöhend aufgelöst	Rücklage mindert die Anschaffungskosten; Gewinnauswirkung über vermindertes Abschreibungsvolumen
Besondere Vorteile für Existenzgründer	Ja: höherer Rücklagen-Höchstbetrag; Sonderabschreibung auch ohne vorherige Ansparrücklage	Nein

Der Abzug ist gem. § 7g EStG an **folgende Bedingungen** geknüpft:

- Betriebsvermögen bei bilanzierenden Gewerbebetrieben und Freiberuflern max. 235.000 €,
- Wirtschaftswert bei land- und forstwirtschaftlichen Betrieben max. 125.000 €,

- Gewinn bei Einnahmen-Überschuss-Rechnung vor Berücksichtigung des Investitionsabzugsbetrages max. 100.000 €,
- Anschaffung bzw. Herstellung des Wirtschaftsgutes in den auf das Wirtschaftsjahr des Abzugs des Investitionsabzugsbetrages folgenden drei Wirtschaftsjahren,
- ausschließlich oder fast ausschließlich betriebliche Nutzung des angeschafften/hergestellten Wirtschaftsgutes mindestens bis zum Ende des dem Jahr der Anschaffung/Herstellung folgenden Wirtschaftsjahres,
- Benennung des begünstigten Wirtschaftsgutes, dessen Anschaffung geplant ist, gegenüber dem Finanzamt unter Angabe der voraussichtlichen Anschaffung oder Herstellung. Dabei genügt die Angabe der Funktion nach; eine detailliertere Angabe ist nicht erforderlich (d. h. es genügt z. B., die Anschaffung eines betrieblich genutzten PKW anzugeben; Marke und Typ müssen nicht festgelegt werden).

Je Betrieb dürfen am Veranlagungsstichtag höchstens 200.000 € als gesamte Investitionsabzugsbeträge abgezogen sein.

Beispiel:

Ein Unternehmen zieht in 2008 für die in 2010 geplante Anschaffung eines Spezialtransportfahrzeugs (Anschaffungskosten: 210.000 €) den maximal möglichen Investitionsabzugsbetrag ab:

210.000 € · 40 % = 84.000 € = Investitionsabzugsbetrag

In 2009 soll erneut ein Investitionsabzugsbetrag geltend gemacht werden, diesmal für die in 2011 geplante Anschaffung einer Verpackungsstraße, deren Anschaffungskosten mit 400.000 € angenommen werden. Hierbei ist zu beachten, dass am Ende des Jahres 2009 nicht mehr als max. 200.000 € an Investitionsabzugsbeträgen vorhanden sein dürfen.

400.000 € · 40 % = 160.000 €

aber: 84.000 € + 160.000 € = 244.000 € > 200.000 €

Als zusätzlicher Investitionsabzugsbetrag können 2009 nur

200.000 €
– 84.000 €
= 116.000 €

eingestellt werden. Dieser Betrag entspricht 29 % der geplanten Anschaffungskosten.

Wird eine Investition, für die ein Investitionsabzugsbetrag in Anspruch genommen wurde, schließlich durchgeführt, müssen 40 % der Anschaffungs- bzw. Herstellungskosten, höchstens jedoch der in Anspruch genommene Abzugsbetrag, im Jahr der Anschaffung oder Herstellung dem Jahresergebnis außerbilanziell gewinnerhöhend hinzugerechnet werden. Zugleich können im Jahr der Anschaffung bzw. Herstellung bis zu 40 % der Anschaffungs- bzw. Herstellungskosten gewinnmindernd abgesetzt werden. Um den so abgesetzten Betrag vermindert sich die Bemessungsgrundlage für die Abschreibung der Folgejahre.

Beispiel (Fortsetzung):

Im Jahr 2010 wird das Spezialtransportfahrzeug angeschafft. Die Anschaffungskosten betragen netto, abweichend von der ursprünglichen Annahme, aber nur 180.000 €.

Zunächst sind 40 % der Anschaffungskosten, also 72.000 €, dem Gewinn außerhalb der Bilanz hinzuzurechnen. Für die nicht in Anspruch genommenen 12.000 € ist der Abzug des Investitionsabzugsbetrages rückgängig zu machen. Dafür wird die Steuerfestsetzung für das Wirtschaftsjahr 2008 geändert. Auf den daraufhin nachzuzahlende Steuerbetrag setzt das Finanzamt Zinsen fest.

Zugleich können 40 % der Anschaffungskosten – also wiederum 72.000 € – in 2010 sofort gewinnmindernd von den Anschaffungskosten des Fahrzeugs abgesetzt werden. Die Bemessungsgrundlage für die AfA des Fahrzeugs vermindert sich damit allerdings auf 108.000 €.

Kleine und mittlere Unternehmen, die die o. g. Betriebsgrößenmerkmale am Ende eines Wirtschaftsjahres, das der Anschaffung oder Herstellung eines neuen oder gebrauchten Wirtschaftsguts vorangeht, dürfen im Jahr der Anschaffung/Herstellung und in den folgenden vier Jahren neben der normalen linearen Abschreibung eine Sonderabschreibung von insgesamt höchstens 20 % vornehmen (§ 7g Abs. 5 EStG). Diese wird – wie die lineare AfA auch – von den um die Rücklage verminderten Anschaffungskosten vorgenommen.

Der Investitionsabzugsbetrag schlägt sich nicht in der Handelsbilanz nieder. Er wird außerhalb der Bilanz allein für steuerliche Zwecke berücksichtigt. Allerdings erwächst aus seiner Inanspruchnahme die Notwendigkeit für die Bildung einer Rückstellung für passive latente Steuern (vgl. Abschn. 2.2.11.3.6). Auf diese sowie auf weitere Besonderheiten – etwa die Behandlung bei Nichteinhaltung der Verbleibens- oder Nutzungsvoraussetzungen – soll hier jedoch nicht eingegangen werden.

Im Endeffekt wird mit der Inanspruchnahme des Investitionsabzugsbetrags nur eine zeitliche Steuerverlagerung (Steuerstundung) erreicht.

2.2.4.5 Abschreibungsverfahren bei geringwertigen Wirtschaftsgütern

Für geringwertige Wirtschaftsgüter (GWG) gelten besondere Abschreibungsregeln. Als GWG werden Wirtschaftsgüter bezeichnet, auf die die **folgenden Eigenschaften** zutreffen:

- Zugehörigkeit zum beweglichen abnutzbaren Sachanlagevermögen,
- Anschaffungskosten von höchstens 150 € (bei Anschaffung **nach** dem 31.12.2007) bzw. 410 € (bei Anschaffung **vor** dem 1.1.2008), jeweils ohne Umsatzsteuer,
- selbstständige Nutzbarkeit,
- Aufnahme in einem besonderen laufend zu führenden Bestandsverzeichnis unter Angabe von Anschaffungskosten.

Wirtschaftsgüter, die diese Bedingungen erfüllen, **müssen** im Jahr der Anschaffung oder Einlage vollständig abgeschrieben werden.

Ab dem 1.1.2008 sind alle Wirtschaftsgüter, die binnen eines Geschäftsjahres angeschafft wurden und bei Anschaffung mehr als 150 €, aber höchstens 1.000 € gekostet haben, in einen gemeinsamen Sammelposten (»Pool«) einzustellen und binnen 5 Jahren gemeinsam abzuschreiben.

2.2.5 Der Anlagenspiegel

Für Kapitalgesellschaften gilt die handelsrechtliche Pflicht (§ 268 Abs. 2 HGB) zur Darstellung der Entwicklung der einzelnen Posten des Anlagevermögens sowie der Aufwendungen für die Ingangsetzung und Erweiterung des Geschäftsbetriebs in der Bilanz oder im Anhang.

Dieser Ausweis erfolgt im Anlagenspiegel, auch Anlagengitter genannt, und beinhaltet

- historische Anschaffungs- bzw. Herstellungskosten (AK/HK),
- Zugänge im Abschlussjahr (Investitionen) Angaben in AK/HK,

- Abgänge im Abschlussjahr, Angabe in AK/HK,
- Umbuchungen im Abschlussjahr (z. B. bei Anlagen, die im Vorjahr noch als Anlagen im Bau geführt und mittlerweile fertig gestellt wurden) Angaben in AK/HK
- Zuschreibungen im Abschlussjahr (dabei handelt es sich um Wertaufholungen früherer Wertminderungen, die inzwischen hinfällig geworden sind),
- kumulierte Abschreibungen, in Nachspalten unterteilt in Abschreibungen der Vorjahre und Abschreibungen des Geschäftsjahres, ggf. unter Angabe der Nutzungsdauer und der AfA-Methode,
- Buchwerte in der Schlussbilanz des Abschlussjahres.

Der Anlagenspiegel ist nach der Bruttomethode aufzustellen, d. h. es ist nicht der Buchwert zu Geschäftsjahresbeginn abzüglich der jährlichen Abschreibung anzugeben, sondern es ist von den historischen Anschaffungs- oder Herstellungskosten auszugehen. Zugänge, Abgänge und Umbuchungen sind nur für das Geschäftsjahr, also nicht kumuliert, und mit den Anschaffungs- oder Herstellungskosten auszuweisen. Zuschreibungen, d. h. Wertaufholungen infolge früherer, jetzt aber hinfällig gewordener Abwertungen, sind nur für das Geschäftsjahr auszuweisen. Zu Beginn des Folgejahres erfolgt eine Saldierung dieser Zuschreibungen mit den kumulierten Abschreibungen.

Die Abbildung zeigt – auszugsweise – ein Beispiel für einen Anlagenspiegel.

Maschinen	AH/HK	Anschaffung am (Monat/Jahr)	Zugänge	Abgänge	Umbuchungen	Zuschreibungen	Abschreibungen				Buchwert am 31.12. (€)
							Nutzungsdauer in Jahren	in Vorjahren	im Abschlussjahr	Insgesamt	
Kühlanlage	650.000,00	01/96	0,00	650.000,00	–	0,00	10	0,00	0,00	0,00	0,00
Stanzwerk	820.000,00	07/04	0,00	0,00	–	50.000,00	14	79.286,00	58.571,00	137.857,00	682.143,00
Lackierautomat	480.000,00	01/05	480.000,00	0,00	–	0,00	13	0,00	73.846,00	73.846,00	406.154,00

Anlagenspiegel

2.2.6 Handels- und steuerrechtliche Bilanzierung des Anlage- und Umlaufvermögens

In den voranstehenden Abschnitten wurde bereits auf die unterschiedlichen Anliegen des Handelsrechts (Gläubigerschutz) und des Steuerrechts (Ermittlung von Bemessungsgrundlagen für die Besteuerung) hingewiesen. Aus diesem grundsätzlichen Unterschied erklärt sich, warum sich die Bewertungsansätze in der Handelsbilanz einerseits und der Steuerbilanz andererseits unterscheiden.

Die Anwendung einzelner Bewertungsprinzipien auf die Vermögensgegenstände der Aktivseite unterscheidet sich zusätzlich danach, welcher Gegenstand (Anlage- oder Umlaufvermögen) für welche Rechtsform (Personen- oder Kapitalgesellschaft – nur relevant für Zeiträume **vor** Inkrafttreten des BilMoG) zu bewerten ist und ob Wertveränderungen voraussichtlich von Dauer oder nur vorübergehender Natur sind.

In den folgenden Abschnitten wird daher von der Gliederung des Rahmenstoffplans für den »Geprüften Technischen Betriebswirt« abgewichen und eine separate Betrachtung für das Anlage- und das Umlaufvermögen vorgenommen.

2.2.6.1 Bilanzierung und Bewertung des Anlagevermögens

Zum Anlagevermögen gehören gemäß § 247 Abs. 2 HGB nur diejenigen Vermögensgegenstände, die dazu bestimmt sind, dem Geschäftsbetrieb **dauernd** zu dienen. Im Gegensatz dazu sind die Gegenstände des Umlaufvermögens durch die Einmaligkeit ihrer Nutzung (die in Verbrauch, Verkauf oder Verarbeitung bestehen kann) charakterisiert. Ob ein Vermögensgegenstand zum Anlage- oder zum Umlaufvermögen gehört, kann nur in Hinblick auf den einzelnen Betrieb beantwortet werden und ist außerdem veränderlich.

Im Steuerrecht findet sich keine ausdrückliche Definition des Anlagevermögens, weswegen über den Maßgeblichkeitsgrundsatz eine der handelsrechtlichen Regelung entsprechende Abgrenzung zwischen Anlage- und Umlaufvermögen angenommen werden kann. Allgemein gilt, dass sich die Zuordnung eines Wirtschaftsgutes zum Anlagevermögen aus seiner **Zweckbestimmung** und nicht aus seiner Bilanzierung ergibt; im Zweifelsfall begründet jedoch die Zuordnung des Gegenstandes zu einer bestimmten Bilanzposition eine **Vermutung** der Zweckbestimmung. Wirtschaftsgüter, die dem Betriebsvermögen bereits seit sechs Jahren angehören, werden als Anlagevermögen angesehen, wenn dieser Betrachtung nicht besondere Gründe entgegenstehen.

Eine wichtige Unterscheidung innerhalb der Gegenstände des Anlagevermögens betrifft ihre **Abnutzbarkeit**. Zu den nicht abnutzbaren Anlagegütern zählen Grundstücke, Finanzanlagen und Teile des immateriellen Anlagevermögens. Gehören sie zum Vermögen eines Einzelunternehmens oder einer Personengesellschaft, gilt für sie nach bisherigem Recht (**vor** Inkrafttreten des BilMoG) das gemilderte Niederstwertprinzip, d. h. bei nicht dauerhafter Wertminderung kann in der Handelsbilanz auf den niedrigeren Wert am Stichtag abgeschrieben werden. Kapitalgesellschaften haben dieses Wahrecht nur für Gegenstände des Finanzanlagevermögens.

Mit dem Inkrafttreten des BilMoG wurde das Wahlrecht auch für die Nicht-Kapitalgesellschaften auf das Finanzanlagevermögen beschränkt. In der Steuerbilanz dürfen bei nichtdauerhafter Wertminderung keinerlei Teilwertabschreibungen vorgenommen werden; diese sind nur bei dauerhafter Wertminderung zulässig (steuerrechtliches Wahlrecht). Während für die Handelsbilanz der Nicht-Kapitalgesellschaften nach altem Rechtsstand noch ein Beibehaltungsrecht bei späterem Wegfall des Grundes für die Wertminderung bestand, gilt seit Inkrafttreten des BilMoG für alle Vermögensteile (mit Ausnahme des entgeltlich erworbenen Geschäfts- und Firmenwerts) und Rechtsformen ein striktes Wertaufholungsgebot.

Das Anlagevermögen setzt sich zusammen aus

- immateriellen Vermögensgegenständen,
- Sachanlagen und
- Finanzanlagen.

2.2.6.1.1 Immaterielle Vermögensgegenstände

Sowohl im Handels- als auch im Steuerrecht sind immaterielle Vermögensgegenstände nicht besonders definiert. Die Praxis versteht hierunter nichtkörperliche Güter, also Rechte, rechtsähnliche Werte und sonstige Vorteile. Beispiele sind Patente, Gebrauchs- und Geschmacksmuster, Handelsmarken, Sachkonzessionen, Lizenzen, Rezepte usw. Auch Software kann als immaterieller Vermögensgegenstand angesehen werden.

Der Unterschied zu Guthaben, Beteiligungen und Forderungen, die ebenfalls nichtstofflicher Natur sind, besteht darin, dass bei letzteren der materielle Wert im Zeitpunkt der Entstehung bestimmbar ist, während die »im engeren Sinne« immateriellen Vermögensgegenstände als »erschwert konkretisierbar« gelten müssen.

Die Schwierigkeit bei der Bilanzierung immaterieller Vermögensgegenstände besteht in der Feststellung, ob ein in Frage stehender immaterieller Gegenstand **überhaupt** einen Vermögensgegenstand darstellt. Wäre dies nicht der Fall und die Bilanzierung des betreffenden Gegenstandes auch nicht ausdrücklich in einer Rechtsnorm geregelt, käme eine Bilanzierung nicht in Betracht.

Nach Handelsrecht muss ein Vermögensgegenstand selbstständig **verkehrsfähig** (und damit selbstständig veräußerbar) sein, während das Steuerrecht nur die selbstständige Bewertbarkeit verlangt. Letztere ist bei immateriellen Gütern häufig gegeben; aber an der selbstständigen Veräußerbarkeit mangelt es oft, woraus ein handelsrechtliches Bilanzierungsverbot resultiert.

Generell müssen aktivierungsfähige und -pflichtige Vermögensgegenstände des Anlagevermögens folgende Anforderungen erfüllen:

- Ihr Erwerb muss gegen ein Entgelt erfolgt sein, also durch Kauf oder Herstellung und Einbringung.
- Der Erwerb muss von einem Dritten erfolgt sein. Selbstgeschaffene immaterielle Vermögensgegenstände dürfen erst seit Inkrafttreten des BilMoG – allerdings nur mit den für ihre Entwicklung angefallenen Aufwendungen – aktiviert werden.
- Das erworbene Gut muss einen Vermögensgegenstand/ein Wirtschaftsgut darstellen.

Nur wenn alle drei Bedingungen erfüllt sind, besteht sowohl handels- als auch steuerrechtlich eine Aktivierungspflicht. Diese ergibt sich für die Handelsbilanz aus dem Vollständigkeitsgebot des § 246 Abs. 1 HGB und – für bisheriges Recht – im Umkehrschluss aus § 248 Abs. 2 HGB, für die Steuerbilanz aus § 5 Abs. 2 EStG.

Die immateriellen Vermögensgegenstände des Anlagevermögens sind im Einzelnen:

- Konzessionen, gewerbliche Schutzrechte und ähnliche Rechte und Werte, Lizenzen an gewerblichen Schutzrechten und ähnlichen Rechten und Werten, d. h.
  - **Konzessionen** sind Betriebserlaubnisse, die sich auf den ganzen Betrieb erstrecken, etwa Schank-, Apotheken- und Güterfernverkehrskonzessionen. Konzessionen, die sich nur auf den Betrieb einzelner Anlagen beziehen, werden nicht selbstständig aktiviert, sondern als Anschaffungskosten dieser Anlagen;
  - **gewerbliche Schutzrechte** sind Patente, Marken- oder Urheberrechte, Gebrauchs- und Geschmacksmuster;
  - ähnliche Rechte sind z. B. Nutzungs- oder Baurechte, Erfindungen und Rezepte.
- Der **Geschäfts- oder Firmenwert** ist nach § 246 Abs. 1 S. 4 HGB n. F. (zuvor sinngemäß § 255 Abs. 4 HGB a. F.) »Der Unterschiedsbetrag, um den die für die Übernahme eines Unternehmens bewirkte Gegenleistung den Wert der einzelnen Vermögensgegenstände des Unternehmens abzüglich der Schulden im Zeitpunkt der Übernahme übersteigt (entgeltlich erworbener Geschäfts- oder Firmenwert)«. Seit Inkrafttreten des BilMoG ist dieser derivative (abgeleitete) Firmenwert, der als zeitlich begrenzt nutzbarer Vermögensgegenstand gilt, zu aktivieren und gem. § 253 Abs. 3 n. F. planmäßig abzuschreiben. Zuvor galt ein Aktivierungswahlrecht.
- **Geleistete Anzahlungen** auf immaterielle Vermögensgegenstände sind Vorleistungen auf schwebende Geschäfte.

Die entgeltlich erworbenen immateriellen Vermögensgegenstände des Anlagevermögens sind mit ihren Anschaffungskosten zu bewerten und, sofern sie abnutzbar sind, gem. § 253 Abs. 3 HGB planmäßig – in der Regel linear – abzuschreiben. Die Fälle, in denen eine Abschreibung möglich ist, sind meistens sowohl im Handels- als auch im Steuerrecht ausdrücklich geregelt.

Beispiel (nach bisherigem Rechtsstand, ***vor*** *BilMoG):*

Der derivative Firmenwert muss gem. § 255 Abs. 4 Satz 2 HGB a. F. in jedem Jahr zu mindestens einem Viertel abgeschrieben werden; allerdings ist hierfür keine Abschreibungsmethode vorgeschrieben. Die Abschreibung kann im Jahr des Erwerbs oder im Folgejahr beginnen. Alternativ darf die Abschreibung auch auf die Geschäftsjahre verteilt werden, während derer er voraussichtlich genutzt wird. Auf diese Weise wird eine Gleichschaltung mit der Steuerbilanz ermöglicht, für die gem. § 7 Abs. 1 Satz 3 EStG eine betriebsgewöhnliche Nutzungs- und damit Abschreibungsdauer von 15 Jahren bei ausschließlich linearer Abschreibung vorgeschrieben ist. Auch handelsrechtlich stellen diese 15 Jahre die faktische Obergrenze dar. Kapitalgesellschaften müssen, wenn sie von der Möglichkeit der Ausdehnung der Abschreibungsdauer über 4 Jahre hinaus Gebrauch machen, dies gem. § 285 Nr. 13 a. F. im Anhang angeben und begründen.

Für nicht abnutzbare immaterielle Vermögensgegenstände des Anlagevermögens kommt lediglich eine außerplanmäßige AfA (§ 253 Abs. 3 Satz 3 HGB n. F.) bzw. eine Teilwertabschreibung in Betracht.

2.2.6.1.2 Sachanlagen

§ 266 Abs. 2 HGB gliedert das Sachanlagevermögen in folgende Gruppen:

- **Grundstücke, grundstücksgleiche Rechte, Bauten:**
  - **Grundstücke** sind sämtliche Arten von Grundvermögen; grundstücksgleiche Rechte sind dingliche Rechte, die zivilrechtlich wie Grundstücke behandelt werden, also z. B. Erbbaurechte und Wohnungseigentum.
  - **Gebäude**: Entscheidend für die Anerkennung eines Bauwerkes als Gebäude ist dessen Zweck. Ist eine Bauwerk Bestandteil einer Maschine (z. B. Transformatorenhäuschen), so gilt es als Teil der Anlage ist und bei dieser zu aktivieren. Einbauten in fremde Gebäude gelten nicht als Bauten im Sinne dieser Bilanzposition.

    Die Abschreibung der Gebäude richtet sich nach den Vorschriften von § 7 Abs. 4 (linear) bzw. Abs. 5 EStG (fallende Staffelsätze), wobei je nach Zugehörigkeit des Gebäudes zum Privat- oder Geschäftsvermögen, nach Baujahr bzw. Jahr der Baugenehmigung und nach Art der Nutzung unterschiedliche Staffelungen zur Anwendung gelangen. Hinsichtlich der Bewertung insbesondere von Familien-Wohngebäuden enthält das Steuerrecht diverse Sondervorschriften, auf die an dieser Stelle nicht eingegangen werden soll.
- **Technische Anlagen und Maschinen:**

  Diese dienen unmittelbar der Leistungserstellung des Unternehmens und unterscheiden sich hierin von der
- **Betriebs- und Geschäftsausstattung**, die der Leistungserstellung nur mittelbar dient. Bisweilen erscheinen die Grenzen zwischen den Bilanzpositionen fließend. Generell gilt, dass die mit der erstmaligen Bilanzierung vorgenommene Zuordnung eines Gegenstandes zu einer bestimmten Bilanzposition zukunftsbindende Wirkung hat.
- **Geleistete Anzahlungen und Anlagen im Bau:**

  Hierunter fallen Anzahlungen auf Sachanlagen sowie Aufwendungen für Investitionen, die am Bilanzstichtag noch nicht fertig gestellt waren.

Die handelsrechtliche Zuordnung eines Vermögensgegenstandes zu einer bestimmten Bilanzposition ist in aller Regel auch für die Steuerbilanz bindend.

2.2.6.1.3 Finanzanlagen

Finanzanlagen sind Anteile an anderen Unternehmen, Wertpapiere und Ausleihungen, an denen das bilanzierende Unternehmens **dauerhaft** festhalten will. Diese Beurteilung ist allein dem bilanzierenden Kaufmann überlassen, der seine Absicht mit der Zuordnung der entsprechenden Vermögensgegenstände zu einer der genannten Bilanzpositionen zum Ausdruck bringt. Besteht allerdings keine Absicht einer dauerhaften Bindung, muss die Aktivierung im Umlaufvermögen (Wertpapiere oder Forderungen) erfolgen.

Für mittelgroße und große Kapitalgesellschaften gilt die folgende Untergliederung nach § 266 Abs. 2 HGB:

- Anteile an verbundenen Unternehmen,
- Ausleihungen an verbundene Unternehmen,
- Beteiligungen (Anlagen zum Zweck der Herstellung einer dauerhaften Verbindung),
- Ausleihungen an Unternehmen, mit denen ein Beteiligungsverhältnis besteht,
- Wertpapiere des Anlagevermögens,
- Sonstige Ausleihungen.

Wertpapiere des Anlagevermögens sind alle **langfristig** gehaltenen Wertpapiere (festverzinsliche sowie Dividendenpapiere), die weder Anteile an verbundenen Unternehmen noch Beteiligungen darstellen. Sie sind grundsätzlich mit ihren Anschaffungskosten zu bewerten, die auch die Erwerbskosten einschließen; es gilt jedoch das gemilderte Niederstwertprinzip (im Gegensatz zu den Wertpapieren des Umlaufvermögens: diese unterliegen dem strengen Niederstwertprinzip!).

2.2.6.2 Bilanzierung und Bewertung des Umlaufvermögens

Das Umlaufvermögen umfasst diejenigen Vermögensteile, die für den Umsatz im Leistungserstellungsprozess und damit lediglich zum kurzfristigen Verbleib im Unternehmen bestimmt sind.

Hierzu gehören

- Vorräte,
- Forderungen und sonstige Vermögensgegenstände,
- Wertpapiere,
- Zahlungsmittelbestände.

Für den Wertansatz aller Gegenstände des Umlaufvermögens in der Handelsbilanz gilt das strenge Niederstwertprinzip:

- Bewertungsobergrenze sind die Anschaffungs- bzw. Herstellungskosten;
- ein niedriger Tageswert muss in Inventar und Schlussbilanz eingesetzt werden (vgl. § 253 Abs. 4 HGB n. F., auch bei nicht dauerhafter Wertminderung!).

In der Steuerbilanz ist beim Umlaufvermögen – wie schon beim Anlagevermögen – eine Teilwertabschreibung bei nicht-dauerhafter Wertminderung untersagt (§ 6 Abs. 1 Nr. 2 Satz 2). Aus diesem Dilemma – das Handelsrecht schreibt die Abschreibung vor, das Steuerrecht verbietet sie – resultiert die bereits erwähnte zwangsläufige Abweichung zwischen Handels- und Steuerbilanz.

Unter diesen Voraussetzungen ist es nicht mehr möglich, eine **Einheitsbilanz** aufzustellen (die zugleich Handels- und Steuerbilanz ist).

Bei einer späteren Werterholung dürfen Nicht-Kapitalgesellschaften nach altem Recht (vor BilMoG) den niedrigeren Wertansatz beibehalten. Hierdurch entsteht eine »stille Reserve«.

Mit Inkrafttreten des BilMoG wurde diese Möglichkeit aufgehoben und eine Anpassung an das für Kapitalgesellschaften schon zuvor anwendbare Wertaufholungsgebot vorgenommen. Dies ergibt sich nunmehr zwingend für alle Rechtsformen aus § 253 Abs. 5 HGB n. F. bzw. § 6 Abs. 1 Nr. 2 S. 3 EStG i.V.m. Nr. 1 S. 4.

In Abschnitt 2.2.6.3 finden sich zwei Übersichten zu den Bewertungen nach dem Niederstwertprinzip.

2.2.6.2.1 Vorräte

Das Vorratsvermögen von Industriebetrieben beinhaltet die folgenden Positionen:

- **Roh-, Hilfs- und Betriebsstoffe:**
  - Rohstoffe sind diejenigen Grundstoffe der Produktion, die als Hauptbestandteil in das erzeugte Produkt eingehen;
  - Hilfsstoffe gehen ebenfalls mit ihrer Substanz in das Erzeugnis ein, sind dabei aber von nur untergeordneter Bedeutung;
  - Betriebsstoffe gehen dagegen nicht stofflich in das Produkt ein, sondern ermöglichen die Herstellung z. B. als Antriebs- und Schmiermittel.
- **Unfertige** Erzeugnisse sind die am Stichtag im Lager vorhandenen erst teilweise fertiggestellten Erzeugnisse.
- **Fertige** Erzeugnisse sind noch nicht abgesetzte Produkte am Lager.
- **Handelswaren** sind fremdbezogene Erzeugnisse im Ausgangslager.

Alle Gegenstände des Vorratsvermögens sind am Bilanzstichtag durch Inventur körperlich zu erfassen und zu bewerten. Die grundsätzlich auch hier geltende Pflicht zur Einzelbewertung gem. § 252 Abs. 1 Nr. 3 HGB wird durch die Möglichkeit der Bewertungsvereinfachung durchbrochen; die hier zulässigen Verfahren und ihre Anwendung werden in Abschnitt 2.2.6.6 ausführlich behandelt.

2.2.6.2.2 Forderungen und sonstige Vermögensgegenstände

2.2.6.2.2.1 Gliederung in der Bilanz

Die Forderungen im Umlaufvermögen gliedert das Bilanzschema von § 266 Abs. 2 HGB in:

- **Forderungen aus Lieferungen und Leistungen:** Diese entstehen durch **Zielverkäufe** (Lieferung jetzt, Zahlung nach Ablauf einer vereinbarten Frist) von Erzeugnissen an Kunden und stellen somit kurzfristig gewährte Kredite dar. Ihre Laufzeit beträgt im Allgemeinen wenige Tage bis einige Monate. Ihre Erfassung erfolgt in der Kontokorrentbuchhaltung (Debitorenbuchhaltung). Dieser Bilanzposition werden auch die **Besitzwechsel** (auf Dritte gezogene Wechsel, die zahlungshalber entgegengenommen wurden) und **Protestwechsel** (zu Protest gegangene Wechsel, für die das Unternehmen aufgrund einer Weitergabe zu einem früheren Zeitpunkt haftet und die es am Stichtag im eigenen Bestand hält) zugerechnet;
- **Forderungen gegen verbundene Unternehmen**;
- **Forderungen** gegen Unternehmen, mit denen ein Beteiligungsverhältnis besteht;
- **sonstige Vermögensgegenstände:** Hierzu gehören Forderungen aus Vorsteuer, sonstige Forderungen an Finanzbehörden, Forderungen an Mitarbeiter und die »übrigen sonstigen Forderungen«, insbesondere die Forderungen aus der zeitlichen Abgrenzung von Erträgen, die erst in einer späteren Periode zu Einnahmen führen.

Für die Kapitalgesellschaften bestimmt § 268 Abs. 4 HGB:

»Der Betrag der Forderungen mit einer Restlaufzeit von mehr als einem Jahr ist bei jedem gesondert ausgewiesenen Posten zu vermerken. Werden unter dem Posten ‚sonstige Vermögensgegenstände' Beträge für Vermögensgegenstände ausgewiesen, die erst nach dem Abschlussstichtag rechtlich entstehen, so müssen Beträge, die einen größeren Umfang haben, im Anhang erläutert werden.«

Analog zur Erstellung eines Verbindlichkeitenspiegels (vgl. Abschn. 2.2.12.2) kann ein Forderungsspiegel erstellt werden.

2.2.6.2.2.2 Bewertung der Forderungen

HGB und EStG enthalten keine besonderen Vorschriften für die Bewertung der Forderungen. Gemäß § 253 Abs. 1 HGB sind sie somit mit den Anschaffungskosten und im Falle einer Wertminderung gem. § 253 Abs. 4 HGB mit dem entsprechenden niedrigeren Wert anzusetzen. § 6 Abs. 1 Nr. 2 EStG erlaubt bei dauerhafter Wertminderung den Ansatz des niedrigeren Teilwerts.

Unverzinsliche oder niedrig verzinsliche Forderungen mit Ausnahme der Forderungen aus Lieferungen und Leistungen und ähnlich kurzfristiger Forderungen müssen mit ihrem **Barwert**, also nach Abzinsung auf den Bilanzstichtag unter Anwendung des Kreditzinsfußes, angesetzt werden. Forderungen in Fremdwährung werden zum **Devisen-Geldkurs** (= der Kurs, den die Banken beim Wechsel von Fremdwährung in einheimische Währung verrechnen) angesetzt.

Die auf dem Konto »Forderungen aus Lieferungen und Leistungen« (Forderungen »LuL«) zusammengefassten Kundenkredite müssen am Schluss eines Geschäftsjahres auf ihre Einbringlichkeit untersucht und entsprechend bewertet werden. Hierzu werden die Forderungen zunächst in folgende Gruppen **aufgeteilt**:

- Einwandfreie Forderungen, deren Zahlungseingang nicht in Zweifel steht und in voller Höhe erwartet wird,
- zweifelhafte Forderungen, deren teilweiser oder kompletter Ausfall zu befürchten ist, etwa weil ein Insolvenzverfahren eröffnet oder trotz Mahnung nicht gezahlt wurde,
- uneinbringliche Forderungen, deren Ausfall bereits endgültig feststeht.

Die Forderungen in diesen verschiedenen Gruppen werden wie folgt **bewertet**:

- **Einwandfreie Forderungen** werden (bzw. bleiben) mit ihrem Nennwert angesetzt.
- **Zweifelhafte Forderungen** werden schon im laufenden Geschäftsjahr, sobald Zweifel an ihrer Einbringlichkeit auftauchen, auf ein Konto »Zweifelhafte Forderungen« umgebucht, und zwar mit ihrem Bruttobetrag (d. h. einschließlich der Umsatzsteuer). Die **Buchung** lautet

  »Zweifelhafte Forderungen«
  an »Forderungen LuL«

  Zum Bilanzstichtag muss jede einzelne »Zweifelhafte Forderung« **wertberichtigt** werden, wobei die in ihr enthaltene Umsatzsteuer unangetastet bleiben muss. (Ausnahme: Wenn die Forderung berichtigt wird, weil über das Vermögen des Schuldners das Insolvenzverfahren eröffnet wurde – in diesem Falle wird die Umsatzsteuer sofort berichtigt).

  Die Berichtigung in Höhe des wahrscheinlichen Ausfallbetrages wird **gebucht**

  »Einstellung in EWB«
  an »Einzelwertberichtigungen (EWB) zu Forderungen«

  Sobald das Schicksal der Forderung im folgenden Geschäftsjahr geklärt ist – dies ist der Fall, wenn auf die Gesamtforderung oder, nach Eingang eines Teils der Forderung, auf den Rest verzichtet wird –, erfolgt eine direkte Abschreibung des uneinbringlich gewordenen Betrages. Erst jetzt darf die darauf entfallende Umsatzsteuer berichtigt werden. Die **Buchung** lautet

»Bank«
»Abschreibungen auf Forderungen«
»Umsatzsteuer«
an »Zweifelhafte Forderungen«

Auf diese Weise scheint der Forderungsausfall zunächst doppelt aufwandswirksam berücksichtigt worden zu sein: im alten Jahr durch Einstellung zur EWB, im neuen Jahr durch Abschreibung. Das ist selbstverständlich nicht zulässig. »Eigentlich« müsste die im alten Jahr passivierte Einzelwertberichtigung deswegen nun gewinnerhöhend aufgelöst werden. In der Praxis wird aber anstelle einer direkt auf die einzelne Forderung bezogenen Buchung am Jahresende eine Anpassung des Bestandes an Einzelwertberichtigungen an die zu diesem Zeitpunkt aktuelle Höhe der dann zweifelhaften Forderungen vorgenommen. Nur wenn der Bedarf an Einzelwertberichtigungen gesunken ist, erfolgt eine Teil-Auflösung über die **Buchung**

»EWB zu Forderungen«
an »Erträge aus der Herabsetzung von Wertberichtigungen auf Forderungen«

Ist der Bedarf an EWB dagegen gestiegen, wird **gebucht**

»Einstellung in EWB«
an »EWB zu Forderungen«

– **Uneinbringliche Forderungen** werden direkt abgeschrieben, wobei die in ihnen enthaltene Umsatzsteuer berichtigt wird. Die entsprechende **Buchung** lautet

»Abschreibungen auf Forderungen«
»Umsatzsteuer«
an »Forderungen LuL« (bzw. »Zweifelhafte Forderungen«, wenn zuvor eine Umbuchung – s. o. – erfolgt ist)

Neben der geschilderten Einzelbewertung wird in vielen Betrieben zusätzlich eine pauschale Wertberichtigung auf die einwandfreien Forderungen vorgenommen und damit dem Umstand Rechnung getragen, dass auch aus deren Bestand erfahrungsgemäß ein Ausfall in Höhe von bis zu 5 % eintritt. Diese **Pauschalwertberichtigung** (PWB) wird auf den Nettowert der um die zweifelhaften Forderungen bereinigten Forderungen »LuL« gebildet, also auf diejenigen Forderungen, deren Einbringlichkeit derzeit nicht in Zweifel gezogen wird. Fallen im laufenden Jahr tatsächlich Forderungen aus, wird aber nicht auf den gebildeten Bestand an Pauschalwertberichtigungen zurückgegriffen, sondern die Forderungen werden direkt abgeschrieben. Als Ausgleich erfolgt am Jahresende – ebenso wie bei den EWB – eine Anpassung der Betragshöhe an den aktuellen Forderungsbestand.

Bei einer Wertberichtigung handelt es sich um eine indirekte Abschreibung, die nicht den Wert der Forderung auf dem Bestandskonto selbst verringert, sondern diesem Wert eine berichtigende Position gegenüberstellt. Bei Nicht-Kapitalgesellschaften stehen sich infolgedessen die »Zweifelhafte Forderung« auf der Aktivseite der Bilanz und die Wertberichtigung auf der Passivseite gegenüber. Nur die veröffentlichungspflichtigen Bilanzen von Kapitalgesellschaften dürfen keine indirekten Abschreibungen (weder Einzel- noch Pauschal-Wertberichtigungen) und auch keinen Posten »zweifelhaften Forderungen« enthalten: In ihnen müssen die zweifelhaften Forderungen und die Wertberichtigungen »aktivisch« abgesetzt, d. h. saldiert und den Forderungen aus Lieferungen und Leistungen wieder zugerechnet werden.

2.2.6.2.3 Wertpapiere des Umlaufvermögens

Wertpapiere, die im Umlaufvermögen bilanziert werden, sollen nach dem Willen des bilanzierenden Kaufmanns nicht dauerhaft im Bestand des Unternehmens verbleiben, sondern dienen der vorübergehenden Geldanlage: Meistens zur Überbrückung von Fristeninkongruenzen (wenn z. B. Geldmittel aus bezahlten Forderungen bereits eingegangen sind, die Verbindlichkeiten, die mit den eingegangenen Mitteln beglichen werden sollen, aber noch nicht fällig sind) oder zur Spekulation.

Bei der Ermittlung der Anschaffungskosten von Wertpapieren müssen die angefallenen Nebenkosten der Beschaffung (Maklergebühren – die so genannte »Courtage« – und Bankprovisionen, nicht aber laufende Kosten wie z. B. Depotgebühren – die Börsenumsatzsteuer, früher hier ebenfalls einzurechnen, wurde 1991 in Deutschland abgeschafft) eingerechnet werden. Die Bewertung der Wertpapiere des Umlaufvermögens hat gemäß den allgemeinen Regeln für das Umlaufvermögen generell nach dem strengen Niederstwertprinzip zu erfolgen. Bei einer Wertherabsetzung sind die in den Anschaffungskosten enthaltenen Nebenkosten anteilig zu reduzieren.

2.2.6.2.4 Zahlungsmittelbestände

Zu den Zahlungsmittelbeständen gehören Schecks, Guthaben auf Konten und Skontren (Konten, die auf ausländische Währung lauten) sowie Barbestände in inländischer und ausländischer Währung (Sorten). Auch Briefmarken und Freistemplerguthaben gehören bilanziell zu den Zahlungsmitteln.

Guthaben, Schecks und Kassenbestände werden mit dem Nominalwert angesetzt. Fremdwährungen sind zum Sorten-Geldkurs am Stichtag zu bewerten.

2.2.6.3 Niederstwertprinzip/Höchstwertprinzip

Das Niederstwertprinzip ist, ebenso wie das Realisationsprinzip und das Imparitätsprinzip, Ausfluss des **Vorsichtsprinzips**. Es besagt, dass bei mehreren möglichen Wertansätzen der niedrigste angesetzt werden muss (strenges Niederstwertprinzip) oder darf (gemildertes Niederstwertprinzip).

In den voranstehenden Abschnitten wurde stets in Zusammenhang mit einzelnen Vermögensgegenständen auf die jeweils anzuwendende Ausprägung des Niederstwertprinzips hingewiesen. Im Folgenden werden diese Ausführungen noch einmal zusammengefasst. Dabei wird zwischen altem Rechtsstand vor und neuem Rechtsstand nach Inkrafttreten des BilMoG unterschieden. Da nach altem Rechtsstand Unterschiede nach Rechtsform und Handels-/Steuerbilanz zu berücksichtigen sind, wird in der Gliederung der folgenden Übersichten

- auf erster Ebene zwischen nicht-dauerhafter und dauerhafter Wertminderung,
- auf zweiter Ebene zwischen nicht abnutzbarem Anlagevermögen, abnutzbarem Anlagevermögen und Umlaufvermögen,
- auf dritter Ebene nach der Rechtsformkategorie – Einzelunternehmen/Personengesellschaft oder Kapitalgesellschaft – und
- auf vierter Ebene nach Handelsbilanz und Steuerbilanz

unterschieden.

Anwendung des Niederstwertprinzips bei **nicht-dauerhafter** Wertminderung
(Stand vor und nach Inkrafttreten des BilMoG am 29. Mai 2009)

I. Nicht abnutzbares Anlagevermögen

Einzelunternehmer/Personengesellschaften

	alt	**neu**
Handelsbilanz:	Abschreibungswahlrecht* § 253 Abs. 2 S. 3 HGB	Abschreibungswahlrecht nur bei Finanzanlagevermögen, sonst: Abschreibungsverbot! § 253 Abs. 3 S. 4 HGB
	Beibehaltungswahlrecht § 253 Abs. 5 HGB	Wertaufholungsgebot § 253 Abs. 5 Beibehaltungspflicht beim entgeltlich erworbenen Firmenwert
Steuerbilanz:	Abschreibungsverbot* § 6 Abs. 1 Nr. 2 S. 2 EStG	unverändert § 6 Abs. 1 Nr. 2 S. 2 EStG

Kapitalgesellschaften

Handelsbilanz:	Abschreibungswahlrecht nur bei Finanzanlagevermögen, sonst: Abschreibungsverbot! § 279 Abs. 1 HGB	unverändert, jedoch jetzt nach § 253 Abs. 3 S. 4 HGB (§ 279 HGB gestrichen)
	Wertaufholungsgebot § 280 Abs. 1 HGB	unverändert, jedoch jetzt nach § 253 Abs. 5 HGB (§ 280 HGB gestrichen)
Steuerbilanz:	Abschreibungsverbot, s.o.* § 6 Abs. 1 Nr. 2 S. 2 EStG	unverändert § 6 Abs. 1 Nr. 2 S. 2 EStG

II. Abnutzbares Anlagevermögen (bzgl. **außerplanmäßiger** Abschreibung bzw. **Teilwert**abschreibung)

Einzelunternehmer/Personengesellschaften

Handelsbilanz:	Abschreibungswahlrecht*,** § 253 Abs. 2 S. 3 HGB	Abschreibungsverbot! § 253 Abs. 3 S. 3 HGB
	Beibehaltungswahlrecht § 253 Abs. 5 HGB	Wertaufholungsgebot § 253 Abs. 5 HGB
Steuerbilanz:	Abschreibungsverbot! s.o.*,** § 6 Abs. 1 Nr. 1 S. 2 EStG	unverändert § 6 Abs. 1 Nr. 2 S. 2 EStG

Kapitalgesellschaften

Handelsbilanz:	Abschreibungsverbot!*,** § 279 Abs. 1 HGB	unverändert, jedoch jetzt nach § 253 Abs. 3 S. 4 HGB (§ 279 HGB gestrichen)
	Wertaufholungsgebot § 280 Abs. 1 HGB	unverändert, jedoch jetzt nach § 253 Abs. 5 HGB (§ 280 HGB gestrichen)
Steuerbilanz:	Abschreibungsverbot! s.o.*,** § 6 Abs. 1 Nr. 1 S. 2 EStG	unverändert § 6 Abs. 1 Nr. 2 S. 2 EStG

* Fazit für alten Rechtsstand: Wenn in der HB abgeschrieben wird, darf dem in der SB nicht gefolgt werden: Hieraus resultieren abweichende Ansätze!
** bezogen auf außerplanmäßige Abschreibung bzw. Teilwertabschreibung; die planmäßige Abschreibung hat gem. § 253 Abs. 3 S. 1, 2 zu erfolgen!

III. Umlaufvermögen

Einzelunternehmer/Personengesellschaften

Handelsbilanz:	Abschreibungspflicht* § 253 Abs. 3 S. 1 HGB	unverändert, jedoch jetzt nach § 253 Abs. 4 HGB
	Beibehaltungswahlrecht § 253 Abs. 5 HGB	Wertaufholungsgebot § 253 Abs. 5 HGB
Steuerbilanz:	Abschreibungsverbot!* § 6 Abs. 1 Nr. 2 S. 2 EStG	unverändert § 6 Abs. 1 Nr. 2 S. 2 EStG

Kapitalgesellschaften

Handelsbilanz:	Abschreibungspflicht § 253 Abs. 3 S. 1 HGB	unverändert, jedoch jetzt nach § 253 Abs. 4 HGB
	Wertaufholungsgebot § 280 Abs. 1 HGB	unverändert, jedoch jetzt nach § 253 Abs. 5 HGB (§ 280 HGB gestrichen)
Steuerbilanz:	Abschreibungsverbot!* § 6 Abs. 1 Nr. 2 S. 2 EStG	unverändert § 6 Abs. 1 Nr. 2 S. 2 EStG

* abweichende Ansätze in HB und SB!

Anwendung des Niederstwertprinzips bei **dauerhafter** Wertminderung
(Stand vor und nach Inkrafttreten des BilMoG am 29. Mai 2009)

I. Nicht abnutzbares Anlagevermögen

Einzelunternehmer/Personengesellschaften

	alt	neu
Handelsbilanz:	Abschreibungspflicht § 253 Abs. 2 S. 3 HGB	unverändert, jedoch jetzt nach § 253 Abs. 3 S. 3 HGB
	Beibehaltungswahlrecht § 253 Abs. 5 HGB	Wertaufholungsgebot § 253 Abs. 5
Steuerbilanz:	Abschreibungswahlrecht* § 6 Abs. 1 Nr. 2 S. 2 EStG	unverändert § 6 Abs. 1 Nr. 2 S. 2 EStG
	Wertaufholungsgebot § 6 Abs. 1 Nr. 2 S. 3, Nr. 1 S. 4 EStG	unverändert § 6 Abs. 1 Nr. 2 S. 3, Nr. 1 S. 4 EStG

Kapitalgesellschaften

Handelsbilanz:	Abschreibungspflicht § 253 Abs. 2 S. 3 HGB	unverändert, jedoch jetzt nach § 253 Abs. 3 S. 3 HGB
	Wertaufholungsgebot § 280 Abs. 1 HGB	unverändert, jedoch jetzt nach § 253 Abs. 5 HGB (§ 280 HGB gestrichen)
Steuerbilanz:	Abschreibungswahlrecht* § 6 Abs. 1 Nr. 2 S. 2 EStG	unverändert § 6 Abs. 1 Nr. 2 S. 2 EStG
	Wertaufholungsgebot § 6 Abs. 1 Nr. 2 S. 3, Nr. 1 S. 4 EStG	unverändert § 6 Abs. 1 Nr. 2 S. 3, Nr. 1 S. 4 EStG

II. Abnutzbares Anlagevermögen (bzgl. **außerplanmäßiger** Abschreibung bzw. **Teilwert**abschreibung)

Einzelunternehmer/Personengesellschaften

Handelsbilanz:	Abschreibungspflicht § 253 Abs. 2 S. 3 HGB	unverändert, jedoch jetzt nach § 253 Abs. 3 S. 3 HGB
	Beibehaltungswahlrecht § 253 Abs. 5 HGB	Wertaufholungsgebot § 253 Abs. 5
Steuerbilanz:	Abschreibungswahlrecht* § 6 Abs. 1 Nr. 1 S. 2 EStG	unverändert § 6 Abs. 1 Nr. 1 S. 2 EStG
	Wertaufholungsgebot § 6 Abs. 1 Nr. 2 S. 3	unverändert § 6 Abs. 1 Nr. 2 S. 3

Kapitalgesellschaften

Handelsbilanz:	Abschreibungspflicht § 253 Abs. 2 S. 3 HGB	unverändert, jedoch jetzt nach § 253 Abs. 3 S. 3 HGB
	Wertaufholungsgebot § 280 Abs. 1 HGB	unverändert, jedoch jetzt nach § 253 Abs. 5 HGB (§ 280 HGB gestrichen)
Steuerbilanz:	Abschreibungswahlrecht* § 6 Abs. 1 Nr. 1 S. 2 EStG	unverändert § 6 Abs. 1 Nr. 1 S. 2 EStG
	Wertaufholungsgebot § 6 Abs. 1 Nr. 2 S. 3, Nr. 1 S. 4 EStG	unverändert § 6 Abs. 1 Nr. 2 S. 3, Nr. 1 S. 4 EStG

III. Umlaufvermögen

Einzelunternehmer/Personengesellschaften

Handelsbilanz:	Abschreibungspflicht* § 253 Abs. 3 S. 1 HGB	unverändert, jedoch jetzt nach § 253 Abs. 4 HGB
	Beibehaltungswahlrecht § 253 Abs. 5 HGB	Wertaufholungsgebot § 253 Abs. 5 HGB
Steuerbilanz:	Abschreibungswahlrecht* § 6 Abs. 1 Nr. 2 S. 2 EStG	unverändert § 6 Abs. 1 Nr. 2 S. 2 EStG
	Wertaufholungsgebot § 6 Abs. 1 Nr. 2 S. 3, Nr. 1 S. 4 EStG	unverändert § 6 Abs. 1 Nr. 2 S. 3, Nr. 1 S. 4 EStG

Kapitalgesellschaften

Handelsbilanz:	Abschreibungspflicht § 253 Abs. 3 S. 1 HGB	unverändert, jedoch jetzt nach § 253 Abs. 4 HGB
	Wertaufholungsgebot § 280 Abs. 1 HGB	unverändert, jedoch jetzt nach § 253 Abs. 5 HGB (§ 280 HGB gestrichen)
Steuerbilanz:	Abschreibungswahlrecht* § 6 Abs. 1 Nr. 2 S. 2 EStG	unverändert § 6 Abs. 1 Nr. 2 S. 2 EStG
	Wertaufholungsgebot § 6 Abs. 1 Nr. 2 S. 3, Nr. 1 S. 4 EStG	unverändert § 6 Abs. 1 Nr. 2 S. 3, Nr. 1 S. 4 EStG

* Bei Gewinnermittlung nach § 5 EStG (Anwendung der GoB) ist der Ansatz des niedrigeren Teilwertes zwingend!

2.2.6.4 Imparitätsprinzip

Das Imparitätsprinzip schreibt die ungleiche Behandlung von Gewinnen und Verlusten in Buchhaltung und Bilanz fest. Dabei gilt, dass

- Gewinne, die noch nicht eingetreten sind, nicht ausgewiesen werden dürfen,
- nicht realisierte Verluste dagegen ausgewiesen werden müssen oder dürfen.

Zur Anwendung kommt dieses Prinzip z. B. im Falle drohender Verluste aus schwebenden Geschäften, für die in der Handelsbilanz Rückstellungen gebildet werden müssen (vgl. Abschn. 2.2.11), während Gewinne erst dann buchmäßig erfasst werden dürfen, wenn sie realisiert wurden. »Realisiert« bedeutet dabei nicht, dass ein Geldbetrag geflossen sein muss: Voraussetzung für die Buchung eines Ertrages ist aber, dass durch Bewirkung einer eigenen Leistung ein Rechtsanspruch auf den Ertrag als Gegenleistung erworben wurde.

Beispiel:

Für ein vermietetes Lagerhaus wird die Dezembermiete erst im Januar gezahlt. Zum Bilanzstichtag am 31.12. ist dieser Mietertrag trotzdem zu erfassen: Denn durch die Zurverfügungstellung der Mietsache in der Abrechnungsperiode wurde ein Anspruch auf die Mietzahlung erworben.

Reine Verpflichtungsgeschäfte (vgl. Abschn. 2.1.3.1) berechtigen dagegen nicht zur Ertragsbuchung.

2.2.6.5 Beibehaltungswahlrecht und Wertaufholung

Im Falle einer vorgenommenen Abwertung stellt sich die Frage, wie zu verfahren ist, wenn zu einem späteren Bilanzstichtag der Wert wieder gestiegen ist: Nach § 253 Abs. 5 HGB a. F. darf ein niedrigerer Wertansatz beibehalten werden, sofern der Rechtsstand vor Inkrafttreten des BilMoG anzuwenden ist und es sich bei dem bilanzierenden Unternehmen nicht um eine Kapitalgesellschaft handelt.

Die in Zusammenhang mit dem Umlaufvermögen bereits beschriebene Aufhebung dieser Möglichkeit zur Bildung stiller Reserven mit Inkrafttreten des BilMoG erstreckt sich auf alle Vermögensgegenstände mit Ausnahme des entgeltlich erworbenen Firmen- oder Geschäftswerts, für den eine Wertaufholung nach erfolgter Wertminderung nicht zulässig ist. Nach neuem Recht werden also Einzelunternehmen, Personengesellschaften und Kapitalgesellschaften in dieser Hinsicht gleich behandelt.

2.2.6.6 Bewertungsvereinfachungsverfahren

Aus § 252 Abs. 1 Nr. 3 HGB ergibt sich die Pflicht, alle Vermögensteile und Schulden am Bilanzstichtag grundsätzlich einzeln zu bewerten. Insbesondere bezüglich des Vorratsvermögens (aber auch für andere gleichartige oder annähernd gleichwertige bewegliche Vermögensgegenstände und Schulden) gestattet das Handelsrecht jedoch eine **Sammel-** oder **Gruppenbewertung** (§ 240 Abs. 4 HGB). Damit soll die Bewertung solcher Roh-, Hilfs-, Betriebsstoffe und Handelswaren erleichtert werden,

- die zu unterschiedlichen Zeitpunkten und
- zu unterschiedlichen Preisen angeschafft wurden und
- für die nicht mit vertretbarem Aufwand festgestellt werden kann, welcher Lieferung sie entstammen.

Gegenstände des Vorratsvermögens, die zu einer Gruppe zusammengefasst werden, müssen jeweils gleich**artig** sein. Für andere Gegenstände, die nicht zum Vorratsvermögen gehören (bewegliche Vermögensgegenstände und Schulden) verlangt § 240 Abs. 4 HGB Gleich**artigkeit** oder annähernde Gleich**wertigkeit**. Diese ist nach geltender Rechtsauffassung anzunehmen, wenn die Wertdifferenz zwischen dem höchsten und dem niedrigstem Wert eines Gegenstandes der betreffenden Gruppe nicht mehr als 20 % beträgt.

Das Ergebnis dieses Bewertungsvorgangs, der als **Durchschnittsbewertung** (§ 240 Abs. 4 HGB) oder **Verbrauchsfolgebewertung** (§ 256 HGB, nur beim Vorratsvermögen zulässig) erfolgt, stellt die Anschaffungs- oder Herstellungskosten für den Lagerendbestand dar. Diese müssen mit dem Tageswert am Stichtag verglichen werden. Entsprechend dem strengen Niederstwertprinzip muss der niedrigere von beiden Werten angesetzt werden.

Um einem häufigen Missverständnis vorzubeugen, sei hier ausdrücklich darauf hingewiesen, dass nach dem Grundsatz der Bewertungsstetigkeit die einmal gewählte Methode beizubehalten ist, sofern kein nachvollziehbarer Grund für einen Methodenwechsel besteht. Eine solche Begründung wäre z. B. eine tatsächliche Veränderung in der Art der Lagerhaltung, die eine andere als die bisher praktizierte Verbrauchsfolge bedingt. Es ist also nicht notwendig und auch nicht zulässig, in jedem Jahr die Wertermittlungen nach den verschiedenen Methoden »durchzuspielen«, um den geringsten Wert zu ermitteln.

2.2.6.6.1 Die Durchschnittsbewertung

Die Durchschnittsbewertung kann auf zwei Arten durchgeführt werden:

- Die Berechnung stützt sich ausschließlicher auf den Anfangsbestand und die in der Periode erfolgten Zukäufe **(jährliche Durchschnittswertermittlung)**. Dabei werden die vorhandenen bzw. eingekauften Mengen mit ihren jeweiligen Einkaufspreisen bewertet und die Ergebnisse addiert. Die Division des Gesamtwertes durch die Gesamtmenge ergibt die durchschnittlichen Anschaffungskosten je Stück.
- Die Berechnung bezieht neben dem Anfangsbestand und den Zugängen auch die Abgänge der Periode ein. Die Bewertung der Zugänge erfolgt wie oben beschrieben, die der Abgänge zum Lagerbestandsdurchschnittswert im Zeitpunkt des Abgangs. Dieses Verfahren wird **permanente Durchschnittswertermittlung** genannt.

In jedem Falle wird ein **gewogener Durchschnitt** ermittelt, also jede zugekaufte Menge mit dem jeweiligen Einkaufspreis und – bei Ermittlung des permanenten Durchschnittswerts – jede dem Lager entnommene Menge mit dem aktuellen Durchschnittswert bewertet.

Beispiel:

Zum Vorratsvermögen der Schmitz & Schnulz Computerzubehör KG gehört ein bestimmtes Modell unifarbiger Mousepads, die aus China bezogen werden und aufgrund von Wechselkursschwankungen unterschiedliche Einkaufspreise aufweisen. Der Anfangsbestand am 1.1.08 betrug 11.200 Stück zu je 0,55 €.

Im Laufe des Jahres 08 wurden folgende Zu- und Abgänge verzeichnet:

10.03.08:	*Abgang*	*11.000 Stück*	
15.03.08:	*Zugang*	*4.000 Stück*	*zu je 0,62 €*
15.05.08:	*Abgang*	*2.000 Stück*	
01.06.08:	*Zugang*	*15.000 Stück*	*zu je 0,69 €*
01.08.08:	*Abgang*	*14.000 Stück*	
15.09.08:	*Zugang*	*10.000 Stück*	*zu je 0,72 €*
01.11.08:	*Abgang*	*8.500 Stück*	
30.11.08:	*Zugang*	*12.000 Stück*	*zu je 0,76 €*
15.12.08:	*Abgang*	*9.300 Stück*	

Am 31.12.08 liegen die Beschaffungskosten je Stück bei 0,65 €.

Jährliche Durchschnittswertermittlung:

Datum	Anfangsbestand/ Zugang in Stück	Einzelpreis (€)	Gesamtpreis (€)
01.01.08	11200	0,55	6.160,00
15.03.08	4000	0,62	2.480,00
01.06.08	15000	0,69	10.350,00
15.09.08	10000	0,72	7.200,00
30.11.08	12000	0,76	9.120,00
	52200		35.310,00

Der Ermittlung des Durchschnittswerts auf Basis der Einkaufsmengen und -preise errechnet sich mit

35310 : 52200 = 0,6764 €

Für den rechnerischen Endbestand von 7.400 Stück (der durch Inventur bestätigt werden muss) ergeben sich damit Anschaffungskosten von

7400 · 0,6764 = 5005,63 €

Da für das Umlaufvermögen das strenge Niederstwertprinzip zu beachten ist, darf der Bilanzansatz jedoch nur mit

7400 · 0,65 = 4.810,00 € erfolgen.

Permanente Durchschnittswertermittlung:

Datum	Vorgang	Menge/Stück	Einzelpreis (€)	Gesamtpreis (€)
01.01.08	Anfangsbestand	11.200	0,55	6.160,00
10.03.08	Abgang	11.000	0,55	6.050,00
	Bestand	200	0,55	110,00
15.03.08	Zugang	4.000	0,62	2.480,00
	Bestand	4.200	0,62	2.590,00
15.05.08	Abgang	2.000	0,62	1.240,00
	Bestand	2.200	0,61	1.350,00
01.06.08	Zugang	15.000	0,69	10.350,00
	Bestand	17.200	0,68	11.700,00
01.08.08	Abgang	14.000	0,68	9.520,00
	Bestand	3.200	0,68	2.180,00
15.09.08	Zugang	10.000	0,72	7.200,00
	Bestand	13.200	0,71	9.380,00
01.11.08	Abgang	8.500	0,71	6.035,00
	Bestand	4.700	0,71	3.345,00
30.11.08	Zugang	12.000	0,76	9.120,00
	Bestand	16.700	0,75	12.465,00
15.12.08	Abgang	9.300	0,75	6.975,00
31.12.08	Endbestand	7.400	0,74	5.490,00

Die Anschaffungskosten errechnen sich bei permanentem Einbezug der Zugangs- und Abgangsmengen für den Endbestand auf 5.490,00 €.

Unabhängig von der Wertermittlungsmethode ist auch hier der Bilanzansatz auf 4.810,00 € beschränkt.

2.2.6.6.2 Verbrauchsfolgeverfahren

Bei Anwendung eines Verbrauchsfolgeverfahrens wird ein bestimmtes Procedere bei der Lagerbefüllung und -entnahme unterstellt:

- **Fifo (»First in – first out«)** unterstellt, dass diejenigen Gegenstände, die als erste ins Lager genommen wurden, auch als erste wieder entnommen werden. Ein derartiges Vorgehen ist in der Praxis bei verderblichen Waren zwingend und für bestimmte Formen der Lagerung (z. B. in Silos, die von oben befüllt und von unten entleert werden) technisch vorgegeben.

  Das Fifo-Verfahren ist handelsrechtlich (vgl. § 256 HGB), nicht jedoch steuerrechtlich zulässig.

  Im obigen Zahlenbeispiel entstammt der Endbestand vollständig der letzten Lieferung, für die ein Stückpreis von 0,76 € zu zahlen war:

  7400 · 0,76 = 5.624,00

  Bilanzansatz auch hier: 4.810,00 €.

- **Lifo (»Last in – first out«)** unterstellt, dass die zuletzt dem Lager hinzugefügten Güter als erste entnommen werden: Dies ist das »Wäscheschrank-Prinzip« (frisch gewaschene Wäsche wird oben auf den Wäschestapel gelegt; folglich wird das obenauf liegende Stück auch zuerst wieder entnommen), das nur für nicht-verderbliche Gegenstände in Frage kommt.

  Dieses Verfahren ist handels- und steuerrechtlich zulässig (§ 256 HGB; § 6 Abs. 1 EStG). Zum 1.1.2007 soll die Lifo-Methode abgeschafft werden.

  Im obigen Zahlenbeispiel entstammt der Endbestand dem Anfangsbestand:

  7400 · 0,55 = 4.070,00

  Der Bilanzansatz ist in diesem Falle auf 4.070,00 € beschränkt.

2.2.6.6.3 Der Festwert

Der Anwendung des Festwertes ist nicht auf das Umlaufvermögen beschränkt, denn:

> »Vermögensgegenstände des Sachanlagevermögens sowie Roh-, Hilfs- und Betriebsstoffe können, wenn sie regelmäßig ersetzt werden und ihr Gesamtwert für das Unternehmen von nachrangiger Bedeutung ist, mit einer gleichbleibenden Menge und einem gleichbleibenden Wert angesetzt werden, sofern ihr Bestand in seiner Größe, seinem Wert und seiner Zusammensetzung nur geringen Veränderungen unterliegt. Jedoch ist in der Regel alle drei Jahre eine körperliche Bestandsaufnahme durchzuführen.« (§ 240 Abs. 3 HGB)

Praktisch angewendet wird der Festwert z. B.

- auf die Bestände an Biergläsern in einer Kneipe,
- auf Geschirr, Besteck und Tischwäsche in einem Kantinenbetrieb,
- auf Werkzeuge und Kleinmaschinen im Industrie- oder Handwerksbetrieb.

Eine nachrangige Bedeutung wird angenommen, wenn der für die betreffende Gruppe ermittelte Festwert nicht mehr als 5 % der Bilanzsumme (die ggf. um den Posten »nicht durch Eigenkapital gedeckter Fehlbetrag« zu kürzen ist) ausmacht. **Wertveränderungen** gelten als gering, wenn sie 10 % nicht übersteigen. Hierzu besagt R 5.4 Abs. 4 EStR:

> »Übersteigt der für diesen Bilanzstichtag ermittelte Wert den bisherigen Festwert um mehr als 10 %, so ist der ermittelte Wert als neuer Festwert maßgebend. Der bisherige Festwert ist so lange um die Anschaffungs- und Herstellungskosten der im Festwert erfassten und nach dem Bilanzstichtag des vorangegangenen Wirtschaftsjahres angeschafften oder hergestellten Wirtschaftsgüter aufzustocken, bis der neue Festwert erreicht ist. Ist der ermittelte Wert niedriger als der bisherige Festwert, kann der Steuerpflichtige den ermittelten Wert als neuen Festwert ansetzen. Übersteigt der ermittelte Wert den bisherigen Festwert um nicht mehr als 10 %, so kann der bisherige Festwert beibehalten werden.«

Zukäufe zur Gesamtmenge, die wegen Zerstörung, Verlusts oder Diebstahls erforderlich werden, werden direkt aufwandswirksam verbucht; dafür erfolgt keine Abschreibung auf den aktivierten Gesamtwert.

2.2.7 Aktive Rechnungsabgrenzung

Die Pflicht zur Bildung von Rechnungsabgrenzungsposten resultiert aus dem Grundsatz der periodengerechten Erfassung von Aufwendungen und Erträgen und ist in § 250 HGB sowie § 5 Abs. 5 EStG ausdrücklich verankert. Sie erfolgt in Zusammenhang mit den **transitorischen Posten**, d. h. Geldbewegungen im alten Jahr für Aufwendungen (aktive Rechnungsabgrenzung) bzw. Erträge (passive Rechnungsabgrenzung) des neuen Jahres. Liegt der Sachverhalt andersherum, also »Geldbewegung im neuen Jahr, Aufwand/Ertrag im alten Jahr« (so genannte **antizipative** Posten), erfolgt die Verbuchung jedoch nicht als Rechnungsabgrenzungsposten, sondern als »sonstige Verbindlichkeit« bzw. »sonstige Forderung«.

Auf die als Bilanzierungshilfe zulässige Bildung einer aktivischen Abgrenzung latenter Steuern wird in Abschnitt 2.2.14 noch ausführlicher eingegangen.

2.2.8 Bilanzierung des Eigenkapitals

Welche Eigenkapitalpositionen in einer Bilanz erscheinen, hängt vorrangig von der Rechtsform des bilanzierenden Unternehmens ab. Grundsätzlich können die Eigenkapitalkonten in zwei Gruppen unterteilt werden:

- **Konstante** Eigenkapitalkonten enthalten das im Gesellschaftsvertrag vereinbarte Haftungskapital,
- **variable** Eigenkapitalkonten sind Gesellschafterverrechnungskonten mit veränderlicher Betragshöhe, wobei die Veränderungen auf Entnahmen, Einlagen, Gewinngutschriften und Verlustzuweisungen beruhen können.

Für die verschiedenen Rechtsformen gilt:

Einzelunternehmungen kennen kein garantiertes Kapital, weil der Einzelunternehmer ohnehin mit seinem gesamten Vermögen haftet, und kennen damit auch kein konstantes Eigenkapitalkonto.

Für Gesellschafter in **offenen Handelsgesellschaften** kann, wenn dies im Gesellschaftsvertrag vereinbart ist, ein konstantes Eigenkapitalkonto geführt werden, das die vertraglich bestimmte Kapitaleinlage aufnimmt. In diesem Falle muss parallel ein variables Eigenkapitalkonto je Gesellschafter geführt werden, auf dem Gewinne, Verluste, Einlagen und Entnahmen gebucht werden.

Kommanditgesellschaften benötigen in der Regel beide Kontenformen: Da die Einlagen der **Kommanditisten** (Teilhafter) festliegen und nicht durch Entnahmen, Einlagen usw. verändert werden können, sind hierfür konstante Konten erforderlich. Noch nicht ausgezahlte Gewinne der Kommanditisten stellen für die Gesellschaft kein Eigenkapital, sondern Verbindlichkeiten dar! Die Gewinn- und Verlustzuweisungen an **Komplementäre** (Vollhafter) werden dagegen auf einem variablen Kapitalkonto gebucht, das auch deren Einlagen aufnimmt.

Kapitalgesellschaften führen grundsätzlich ebenfalls variable und konstante Kapitalkonten. Die konstanten Konten weisen das **gezeichnete Kapital** (haftendes Kapital; bei Aktiengesellschaften als **Grundkapital**, bei GmbH als **Stammkapital** bezeichnet) in Nennwerten aus. Variable Positionen sind die verschiedenen (nicht-haftenden) Rücklagen, auf die später noch ausführlich eingegangen wird.

Nachfolgend wird die handelsrechtliche Bilanzierung des Eigenkapitals getrennt zunächst für Nicht-Kapitalgesellschaften und anschließend für Kapitalgesellschaften betrachtet.

2.2.8.1 Handelsrechtliche Bilanzierung des Eigenkapitals von Nicht-Kapitalgesellschaften

Für die Eigenkapitalbilanzierung von Nicht-Kapitalgesellschaften gelten die Gliederungsvorschriften des § 266 HGB bekanntlich nicht. Die zu beachtenden Anforderungen ergeben sich daher ausschließlich aus den GoB. Wesentliche Mindestanforderungen sind

- die Unterscheidung des Eigenkapitals vom Fremdkapital;
- das Verbot, Forderungen an Gesellschafter mit deren Kapitalanteilen zu verrechnen, verbunden mit der Pflicht, Forderungen und Verbindlichkeiten gegenüber Gesellschaftern ausdrücklich kenntlich zu machen (negative Kapitalanteile und Verlustvorträge stellen keine Forderungen gegen Gesellschafter dar!);
- die Kenntlichmachung ausstehender Kommanditeinlagen (i.d.R. auf der Aktivseite vor dem Anlagevermögen).

Exkurs: Die Bewertung von Entnahmen und Einlagen

Der Unternehmer kann seinem Betrieb Sachen (z. B. Grundstücke, Fahrzeuge, Waren, Geld) oder Nutzungen und Leistungen für sich, für seinen Haushalt oder für andere betriebsfremde Zwecke entnehmen (§ 4 Abs. 1 Satz 2 EStG) oder auch Sachen aus seinem privaten Vermögen in den Betrieb einlegen (§ 4 Abs. 1 Satz 5 EStG). Leistungen, die er für den Betrieb erbringt (etwa seine Arbeitskraft) sind dabei nicht als Einlage anzusehen.

Nach § 6 Abs. 1 Nr. 4 EStG sind Entnahmen mit dem **Teilwert** und nicht mit dem Buchwert anzusetzen: Anderenfalls wäre es möglich, dass der Unternehmer dem Betrieb voll abgeschriebene Gegenstände zum Buchwert von 0 entnimmt, obwohl sie noch einen Marktwert besitzen. Durch die Entnahme zum Teilwert wird die Offenlegung und Besteuerung der dem entnommenen Gegenstand im Zeitpunkt der Entnahme noch innewohnenden stillen Reserve sichergestellt.

Einlagen müssen nach § 6 Abs. 1 Nr. 5 EStG grundsätzlich ebenfalls mit dem Teilwert bewertet werden, auch wenn dieser – etwa im Fall der Einbringung eines Grundstücks, das sich seit langem im Familienbesitz befindet – die historischen Anschaffungskosten überschreitet. Ausnahmen: Wenn der eingelegte Gegenstand innerhalb der letzten drei Jahre vor der Zuführung zum Betriebsvermögen angeschafft bzw. hergestellt wurde, bilden die damals angefallenen Anschaffungs- bzw. Herstellungskosten die Bewertungsobergrenze. Gleiches gilt, wenn es sich bei der Einlage um eine wesentliche Beteiligung an einer Kapitalgesellschaft nach § 17 Abs. 1 EStG handelt.

Die Anschaffungs- und Herstellungskosten eingelegter abnutzbarer Wirtschaftgüter müssen um fiktive Abschreibungen gekürzt werden.

Wird ein Gegenstand eingelegt, der zu einem früheren Zeitpunkt aus dem Betriebsvermögen entnommen worden ist, treten der damalige Entnahmezeitpunkt und Entnahmewert an die Stelle des Anschaffungs- bzw. Herstellungszeitpunkts und -werts.

2.2.8.2 Handelsrechtliche Bilanzierung des Eigenkapitals von Kapitalgesellschaften

Nach § 266 Abs. 1 S. 2 i.V.m. § 272 HGB müssen große und mittelgroße Kapitalgesellschaften ihr Eigenkapital wie folgt gliedern:

I. Gezeichnetes Kapital
II. Kapitalrücklage
III. Gewinnrücklage
  1. Gesetzliche Rücklage
  2. Rücklage für Anteile an einem herrschenden oder mehrheitlich beteiligten Unternehmen
  3. Satzungsmäßige Rücklage
  4. Andere Gewinnrücklagen
IV. Gewinn-/Verlustvortrag
V. Jahresüberschuss/Jahresfehlbetrag

Kleine Kapitalgesellschaften dürfen sich gem. § 266 Abs. 1 S. 3 HGB auf die mit römischen Ziffern bezeichneten Positionen beschränken.

2.2.8.2.1 Gezeichnetes Kapital

Das gezeichnete Kapital

> »...ist dasjenige Kapital, auf das die Haftung der Gesellschafter für die Verbindlichkeiten der Kapitalgesellschaft gegenüber den Gläubigern beschränkt ist.« (§ 272 Abs. 1 HGB)

An dieser Stelle ist zu erwähnen, dass die **Haftungsmasse** des Unternehmens gegenüber den Gläubigern nicht auf das gezeichnete Kapital beschränkt ist, sondern – unabhängig von dessen Höhe – in der Substanz des Unternehmens besteht.

Das gezeichnete Kapital entspricht dem **Grundkapital** der Aktiengesellschaft (= Summe der Nennwerte der ausgegebenen Aktien) bzw. dem **Stammkapital** der GmbH.

Nach neuem Rechtsstand (**nach** BilMoG) sind ausstehende, nicht eingeforderte Einlagen auf das gezeichnete Kapital vor dem Posten »Gezeichnetes Kapital« offen abzusetzen, der verbleibende Betrag ist als Posten »Eingefordertes Kapital« in der Hauptspalte der Passivseite auszuweisen. Der eingeforderte, aber noch nicht gezahlte Betrag ist unter den Forderungen gesondert auszuweisen und entsprechend zu bezeichnen (§ 272 Abs. 1 S. 3 HGB a./n. F.).

Die **vor** Inkrafttreten des BilMoG geltende Regelung bot zwei Alternativen für den Ausweis der ausstehenden eingeforderten und nicht eingeforderten Einlagen. Dabei konnten die insgesamt ausstehenden und davon eingeforderten Einlagen auf der Aktivseite vor dem Anlagevermögen offen ausgewiesen werden (Bruttoausweis), oder die eingeforderten Einlagen wurden unter den Forderungen aufgeführt und die nicht eingeforderten Einlagen in der Hauptspalte der Passivseite abgesetzt (Nettoausweis). Das folgende Beispiel zeigt **beide** Alternativen.

*Beispiel (bisheriger Rechtsstand **vor** BilMoG):*
Das gezeichnete Kapital einer Kapitalgesellschaft beläuft sich auf 500 Mio €. Hiervon sind 70 % eingezahlt und 10 % eingefordert, aber noch nicht eingezahlt.

Bruttoausweis:

Aktiva		*Passiva*	
Ausstehende Einlagen auf das		*A. Eigenkapital*	
gezeichnete Kapital	*150.000.000,00*	*I. Gezeichnetes Kapital*	*500.000.000,00*
davon eingefordert	*50.000.000,00*		
A. Anlagevermögen			
...			

Nettoausweis:

Aktiva		*Passiva*	
...		*A. Eigenkapital*	
B. Umlaufvermögen		*I. Eingefordertes Kapital*	*400.000.000,00*
...		*[Gezeichnetes Kapital*	*500.000.000,00*
II. Forderungen und sonstige Vermögensgegenstände		*– nicht eingeforderte ausstehende Einlagen*	*100.000.000,00]*
...			
4. Sonstige Vermögensgegenstände eingefordertes, noch nicht eingezahltes Kapital	*50.000.000,00*		

2.2.8.2.2 Rücklagen

Rücklagen stellen das variable Eigenkapital der Kapitalgesellschaften dar. Sie werden vor allem gebildet, um die Eigenkapitalbasis und damit die Unabhängigkeit und Stabilität des Unternehmens zu stärken und seine Bonität (Kreditwürdigkeit) zu verbessern.

Eine wesentliche Unterscheidung ist diejenige in Kapitalrücklagen und Gewinnrücklagen.

Zur Abgrenzung:

- **Kapitalrücklagen** fließen der Gesellschaft stets von außen zu, während Gewinnrücklagen einbehaltene (»thesaurierte«) eigene Mittel darstellen!
- **Gewinnrücklagen** werden aus dem versteuerten Gewinn gebildet. Bei ihrer späteren Auflösung fällt daher auch keine Steuer an. Eine Ausnahme sind die steuerfreien Rücklagen im Rahmen der Sonderposten mit Rücklageanteil, die in den im Einkommensteuergesetz geregelten Fällen (z. B. Reinvestitionsrücklage, Ersatzbeschaffungsrücklage) aus dem unversteuerten Gewinn gebildet werden können: Ihre Auflösung hat eine Besteuerung zur Folge.

2.2.8.2.2.1 Kapitalrücklagen

Kapitalrücklagen sind Eigenkapitel, das dem Unternehmen von den Eigentümern über das gezeichnete Kapital hinaus zugeführt wurde.

Diese entstehen durch

- **Zuzahlungen** von Gesellschaftern gegen Gewährung eines Vorzuges für ihre Aktien;
- **andere** Zuzahlungen von Gesellschaftern;

- **Aufgeld-Zuflüsse** im Zuge der Ausgabe (Emission) von Anteilen oder Bezugsrechten. Aufgeld (Agio) ist der Betrag, um den der Kaufpreis eines Anteils seinen Nennbetrag übersteigt. Es ist in voller Höhe, also ohne Abzug der Emissionskosten (die als Aufwendungen behandelt werden), in die Kapitalrücklagen einzustellen;
- **Zuflüsse** durch die Ausgabe von Wandelschuldverschreibungen und Optionsrechten.

In Abschnitt 3.5.4.1 (Eigenfinanzierung) wird auf diese Zusammenhänge noch ausführlicher eingegangen.

2.2.8.2.2.2 Gewinnrücklagen

- **Gesetzliche Rücklagen**: Aktiengesellschaften und Kommanditgesellschaft auf Aktien (KgaA) müssen so lange 5 % ihres um einen eventuellen Verlustvortrag gekürzten Jahresüberschusses in die gesetzliche Rücklage einstellen, bis die Summe aus gesetzlicher Rücklage und Kapitalrücklage 10 % des Grundkapitals oder einen von der Satzung bestimmten höheren Prozentsatz ausmacht. Dieser Prozentsatz bezieht sich auf den Nominalwert des gesamten gezeichneten Kapitals.
- **Rücklagen für eigene Anteile** (§ 266 Abs. 3 HGB a. F.; neu: »...für Anteile an einem herrschender oder mehrheitlich beteiligten Unternehmen...«): Der Sonderfall »eigene Anteile« soll hier als **Exkurs** behandelt werden.

  Der Erwerb eigener Anteile ist an die Bedingung geknüpft, dass die selbst gehaltenen Anteile nicht der kontinuierlichen Kurspflege und nicht dem Handel mit eigenen Aktien dienen dürfen. Außerdem ist der Anteil der selbst gehaltenen Aktien in den meisten Fällen, in denen der Eigenerwerb überhaupt möglich ist, auf 10 % des Grundkapitals beschränkt.

  Eigene Aktien können zum Zweck der Einziehung (Kapitalherabsetzung) erworben werden. In diesem Falle stellen sie einen Korrekturposten zum Eigenkapital dar und müssen in Höhe ihres Nennbetrages bzw. rechnerischen Wertes (bei nennwertlosen Aktien) offen in der Vorspalte vom gezeichneten Kapital abgesetzt werden.

  Ohne Zweckbestimmung erworbene eigene Aktien stellen dagegen einen Vermögensgegenstand dar, der nach Bechtsstand **vor** BilMog als gesonderter Posten unter den Wertpapieren des Umlaufvermögens angesetzt werden muss. In Höhe des aktivierten Betrages ist (gleichfalls **vor** BilMog) unter den Gewinnrücklagen ein gesonderter Posten als Rücklage für eigene Anteile einzustellen. Ohne diese Rücklage (gleichfalls **vor** BilMog) würde die Aktivseite der Bilanz durch die Aktivierung eigener Anteile verlängert und der ausschüttungsfähige Betrag auf der Passivseite entsprechend vergrößert. Durch die Rücklage wird eine Mehrausschüttung aufgrund der (an sich unmöglichen) Beteiligung der AG »an sich selbst« verhindert. Damit hat diese Rücklage eine Ausschüttungssperrfunktion. Nach BilMogG ist der Posten »Eigene Anteile« im Umlaufvermögen abgeschafft. Nunmehr werden alle eigenen Anteile vom gezeichneten Kapital abgesetzt.
- **Satzungsmäßige Rücklagen**: Die Satzung der AG kann die Bildung weiterer Rücklagen verfügen, zu denen ggf. lt. Satzung ebenfalls regelmäßig Teile des um einen eventuellen Verlustvortrag gekürzten Jahresüberschusses zugeführt werden müssen.
- **Andere (freie) Rücklagen**: Der Aufsichtsrat kann auf Vorschlag des Vorstandes die Einstellung weiterer Teile des Jahresüberschusses in freie Rücklagen beschließen. Jedoch dürfen höchstens 50 % des Restgewinns (Restgewinn = Jahresüberschuss abzgl. Verlustvortrag abzgl. Zuführung zur gesetzlichen Rücklage) für satzungsmäßige und andere Rücklagen verwendet werden. Damit ist sichergestellt, dass die Hauptversammlung der Gesellschafter wenigstens über die Verwendung der Hälfte des Restgewinns entscheiden kann. Es steht ihr frei, die Ausschüttung dieses Betrages zu beschließen oder auf eine Ausschüttung ganz oder teilweise zu verzichten und andere (freien) Rücklagen zu bilden.

2.2.8.2.3 Der Ausweis des Bilanzergebnisses

Das Gliederungsschema des § 266 Abs. 3 HGB sieht den gesonderten Ausweis des Jahresüberschusses bzw. Jahresfehlbetrages sowie der Gewinn- bzw. Verlustvorträge vor. Damit unterstellt es einen **Ergebnisausweis vor Gewinnverwendung**.

Die Kapitalgesellschaften dürfen den Ergebnisausweis jedoch auch nach teilweiser Gewinnverwendung oder nach vollständiger Gewinnverwendung vornehmen.

Wird der **Ergebnisausweis nach teilweiser Gewinnverwendung** vorgenommen, so wird nicht Jahresüberschuss oder Jahresfehlbetrag bilanziert, sondern der Bilanzgewinn oder Bilanzverlust, der sich wie folgt herleitet:

	Jahresüberschuss (+) bzw. Jahresfehlbetrag (–)
+	Gewinnvortrag aus dem Vorjahr oder
–	Verlustvortrag aus dem Vorjahr
+	Entnahme aus Rücklagen
–	Einstellungen in Rücklagen
=	Bilanzgewinn (+) bzw. Bilanzverlust (–)

Ein Ausweis der Position »Gewinnvortrag/Verlustvortrag« entfällt damit.

Beim **Ergebnisausweis nach vollständiger Gewinnverwendung** (d. h. bei Aufstellung der Bilanz nach der Hauptversammlung, in der über die Verwendung des Gewinns abschließend beschlossen wurde) werden weder ein Bilanzgewinn/Bilanzverlust noch ein Jahresüberschuss/Jahresfehlbetrag ausgewiesen; auch die Position Gewinnvortrag/Verlustvertrag entfällt. Die Gewinnverwendung wird erkennbar

- im Vergleich der Rücklagen am Ende des Berichtsjahres mit denjenigen des Vorjahres,
- durch den Ausweis der zur Ausschüttung bestimmte Teil des Jahresergebnisses als Verbindlichkeit gegenüber den Gesellschaftern in der Position »Sonstige Verbindlichkeiten«.

2.2.9 Inhalte und Bilanzierung von Mezzanine-Kapital

»Mezzanine« bedeutet Zwischengeschoss. Auf der Passivseite der Bilanz wird das »Zwischengeschoss« zwischen Eigen- und Fremdkapital von Finanzierungsarten eingenommen, die Mischformen aus Eigen- und Fremdfinanzierungsinstrumenten darstellen. Sie werden auch als **»hybride Finanzierungen«** bezeichnet. In der Bilanzanalyse werden sie in der Regel dem wirtschaftlichen Eigenkapital zugerechnet. Genussrechte und stille Beteiligungen werden in den **Basel-II-Richtlinien** ausdrücklich zum Eigenkapital gezählt. Handels- und steuerrechtlich werden die Aufwendungen, die durch die Kapitalüberlassung entstehen, dagegen als betrieblicher Aufwand behandelt.

Die Zurechnung zum Eigenkapital ist der wesentliche Vorteil mezzaniner Finanzierungen. Zwar sind die Ansprüche der Geber von mezzaninem Kapital vorrangig gegenüber den Anteilseignern; jedoch ergibt sich im Insolvenzfall ein **Rangrücktritt** der Finanzierungsgeber hinter die Fremdkapitalgeber. Dementsprechend verlangen die Geber mezzaniner Finanzierungen eine erhöhte Risikoprämie in Gestalt höherer Zinsen oder eines **»Equity Kicker«**. Hierunter ist eine Beteiligung am Jahresüberschuss oder auch ein später – etwa im Falle eines Börsengangs des Finanzierungsnehmers – einzulösender Anspruch auf Wandlung in Eigenkapital zu verstehen.

Wesentliche Ausgestaltungsformen neben den schon erwähnten Genussrechten und stillen Beteiligung von Mezzanine-Finanzierungen sind **nachrangige Darlehen** und **partiarische Darlehen**, **Gesellschafterdarlehen** und **Wandelschuldverschreibungen**. Da diese Finanzierungsformen allesamt in Kapitel 3 behandelt werden, soll an dieser Stelle keine Vertiefung erfolgen.

Mezzanine-Kapital wird bilanziell in der Regel zwischen dem Eigenkapital und den Rückstellungen oder bei den Verbindlichkeiten ausgewiesen. Ein Ausweis beim Eigenkapital ist an eine Reihe von Voraussetzungen geknüpft; insbesondere darf in diesen Fällen eine Verlustbeteiligung nicht ausgeschlossen oder beschränkt sein und eine Gewinnbeteiligung oder zinsartige Zahlung nur aus tatsächlich erzieltem Gewinn erfolgen.

2.2.10 Sonderposten mit Rücklagenanteil (vor BilMoG)

Achtung: Mit Inkrafttreten des Bilanzrechtsmodernisierungsgesetzes am 29. Mail 2009 ist die Möglichkeit zum bilanziellen Ausweis von Sonderposten mit Rücklageanteil entfallen. Der nachfolgend dargestellte Rechtsstand kann also letztmals auf das vor dem 1.1.2010 beginnende Geschäftsjahr angewendet werden!

2.2.10.1 Zielsetzung

Ebenfalls zwischen Eigen- und Fremdkapital stehen die Sonderposten mit Rücklageanteil. Sie entstehen in Zusammenhang mit bestimmten **steuerfreien Rücklagen**, die das Steuerrecht aus wirtschafts- und sozialpolitischen Gründen zulässt, vor allem um dadurch Investitionen anzuregen.

Dabei handelt es sich um Rücklagen, die nicht aus Zuflüssen von außen oder aus versteuertem Gewinn, sondern aufwandswirksam gebildet werden und damit den steuerpflichtigen Gewinn mindern. Diese Steuerfreiheit ist jedoch zeitlich befristet: Ist der Grund für die Bildung des Sonderpostens entfallen, muss seine Auflösung ertragswirksam erfolgen. Die Besteuerung wird insoweit nur zeitlich verlagert.

Steuerfreie Rücklagen können z. B. zur Übertragung **stiller Reserven** bei der Veräußerung bestimmter Anlagegüter (sog. Reinvestitionsrücklagen; §§ 6b, 6c EStG) und als Rücklagen für Ersatzbeschaffung (R 6.6 EStR) gebildet werden.

2.2.10.2 Bedeutung für das Unternehmen

Für das Unternehmen stellen die Sonderposten mit Rücklageanteil eine bedeutende wirtschaftliche Erleichterung dar, da sie die Besteuerung »unfreiwillig« freigesetzter stiller Reserven verhindert. Funktion und Nutzen einer solchen Rücklage sollen am Beispiel der **Rücklage für Ersatzbeschaffung** dargestellt werden:

Für eine durch einen Brand zerstörte Maschine, die zum Zeitpunkt des Untergangs noch mit 60.000 € in den Büchern stand, erhält die XY-GmbH eine Versicherungsentschädigung in Höhe von 75.000 €. Damit wird eine »stille Reserve« in Höhe von 15.000 € aufgedeckt. Da jedoch eine vergleichbare Maschine angeschafft werden muss und die Entschädigung dafür voraussichtlich in voller Höhe ausgegeben werden wird, darf die GmbH die erhaltene Entschädigungszahlung, soweit sie den Buchwert der alten Maschine übersteigt, als Rücklage für Ersatzbeschaffung (in der Steuerbilanz) bzw. als Sonderposten mit Rücklageanteil (in der Handelsbilanz) verbuchen:

Buchung nach dem Schadensfall und Entschädigung:

»Abschreibung« (planmäßig und außerplanmäßig)	*60.000,00*	
an »Maschinen«		*60.000,00*
»Bank«	*75.000,00*	
an »Sonstige betriebliche Erträge«		*75.000,00*
»Sonstige betriebliche Aufwendungen«	*15.000,00*	
an »Sonderposten mit Rücklageanteil«		*15.000,00*

Im Folgejahr wird eine neue Maschine gekauft; Anschaffungskosten: 67.500,00 € netto (= 80.325 € einschl. 19 % MWSt). Buchung:

»Maschinen«	*67.500,00*	
»Vorsteuer«	*12.825,00*	
an »Bank«		*80.325,00*
»Sonderposten mit Rücklageanteil«	*15.000,00*	
an »Sonstige betriebliche Erträge«		*15.000,00*
»Außerplanmäßige Abschreibung«	*13.500,00*	
an »Maschinen«		*13.500,00*

Da nur 90 % der erhaltenen Entschädigung für den Neukauf benötigt wurden, darf der gebildete Sonderposten auch nur zu 90 % steuerfrei aufgelöst werden. Die Auflösung erfolgt buchungstechnisch, indem der gesamte Sonderposten ertragswirksam aufgelöst und im Gegenzug eine Sonderabschreibung in Höhe von 90 % des Sonderpostens auf die neue Maschine vorgenommen wird. Deren Buchwert mindert sich dadurch sofort um 13.500 €, wodurch sogleich wieder eine »stille Reserve« entsteht. Bei einer späteren Veräußerung der Maschine würde diese »stille Reserve« ertragswirksam aufgedeckt.

Die handelsbilanzielle Bezeichnung als »Sonderposten mit Rücklageanteil« drückt aus, dass es sich um einen aus handelsrechtlicher Sicht nicht begründbaren Posten handelt, der zum Teil aus Eigenkapital (= Rücklageanteil) und zum anderen Teil aus Fremdkapital besteht. Ihre Bildung in der Handelsbilanz wird aufgrund der Regelungen von §§ 247, 273 HGB a. F. möglich:

»Passivposten, die für Zwecke der Steuern vom Einkommen und vom Ertrag zulässig sind, dürfen in der Bilanz gebildet werden. Sie sind als Sonderposten mit Rücklageanteil auszuweisen und nach Maßgabe des Steuerrechts aufzulösen. Einer Rückstellung bedarf es insoweit nicht.« (§ 247 Abs. 3 HGB a. F.)

»Der Sonderposten mit Rücklageanteil (§ 247 Abs. 3) darf nur insoweit gebildet werden, als das Steuerrecht die Anerkennung des Wertansatzes bei der steuerrechtlichen Gewinnermittlung davon abhängig macht, daß der Sonderposten in der Bilanz gebildet wird. Er ist auf der Passivseite vor den Rückstellungen auszuweisen; die Vorschriften, nach denen er gebildet worden ist, sind in der Bilanz oder im Anhang anzugeben.« (§ 273 HGB a. F.)

In der Bilanzanalyse werden die Sonderposten mit Rücklageanteil nach allgemeiner Auffassung mindestens zur Hälfte dem Eigenkapital zugerechnet.

2.2.11 Bilanzierung von Rückstellungen

Rückstellungen sind von ihrer Natur her Verbindlichkeiten, die wirtschaftlich zwar dem Abschlussjahr zuzurechnen sind, aber erst in einer späteren Periode zu Auszahlungen führen. Sie sind vom Grunde her bekannt, aber in mindestens einer anderen Hinsicht mit Unsicherheit behaftet: Ihre Höhe und/oder ihre Fälligkeit (ob überhaupt) steht zum Zeitpunkt ihrer Bildung noch nicht fest.

2.2.11.1 Rückstellungspflichten und -wahlrechte

Für eine Reihe von Rückstellungsgründen schreibt das Handelsrecht die Passivierung vor, woraus in Anwendung der Maßgeblichkeitsregeln (vgl. Abschn. 2.2.1.6) in der Regel (d. h. außer wenn das Steuerrecht ausdrücklich eine andere Regelung vorsieht) eine Passivierungspflicht auch für die Steuerbilanz resultiert. Für einige Rückstellungen besteht ein handelsrechtliches Wahlrecht, aus dem in der Regel ein steuerliches Ansatzverbot folgt.

Eine **Pflicht zur Rückstellung** besteht gem. § 249 HGB für

- **ungewisse Verbindlichkeiten**; hierunter fallen
  - erwartete zu leistende Steuernachzahlungen,
  - Pensionszusagen,
  - Garantieverpflichtungen,
  - Prozesskosten,
  - Patentrechtsverletzungen,
  - Gratifikationen, Tantiemen, Provisionen...,
  - Kundenboni,
  - Kosten des Jahresabschlusses.

  In der Steuerbilanz dürfen »Rückstellungen wegen Verletzung fremder Patent-, Urheber- oder ähnlicher Schutzrechte erst gebildet werden, wenn der Rechtsinhaber 1. Ansprüche wegen der Rechtsverletzung geltend gemacht hat oder 2. mit einer Inanspruchnahme wegen der Rechtsverletzung ernsthaft zu rechnen ist.« (§ 5 Abs. 3 EStG) Ferner gelten Einschränkungen für Rückstellungen für die Verpflichtung zu einer Zuwendung anlässlich eines Dienstjubiläums (§ 5 Abs. 4 EstG);
- **unterlassene Instandhaltungsaufwendungen**, die im folgenden Geschäftsjahr innerhalb von drei Monaten, oder für Abraumbeseitigung, die im folgenden Geschäftsjahr nachgeholt werden;
- **Gewährleistungen**, die ohne rechtliche Verpflichtung erbracht werden (»Kulanzfälle«);
- **drohende Verluste aus schwebenden Geschäften** (jedoch: steuerliches Ansatzverbot gem. § 5 Abs. 4a EStG).

Vor Inkrafttreten des BilMoG enthielt das HGB in § 249 ferner Passivierungswahlrechte für folgende Fälle:

- **Unterlassene Instandhaltungen**, die innerhalb des folgenden Geschäftsjahrs nach Ablauf von drei Monaten nachgeholt werden;
- verschiedene **Aufwandsrückstellungen** (vgl. Abschn. 2.2.11.3.2).

Gemäß § 266 Abs. 3 HGB sind die Rückstellungen in der Bilanz großer und mittelgroßer Kapitalgesellschaften aufzugliedern in

- Rückstellungen für Pensionen und ähnliche Verpflichtungen,
- Steuerrückstellungen,
- sonstige Rückstellungen.

2.2.11.2 Bewertung von Rückstellungen

Die Höhe einer zu bildenden Rückstellungen muss fast immer geschätzt werden. Ausnahmen bilden Fälle, in denen die Fälligkeit als solche in Frage steht, die Betragshöhe aber für den Fall, dass es zur Zahlung kommt, feststeht, sowie bestimmte gesetzlich geregelte Fälle: Z. B. ist die Höhe der Pensionsrückstellungen in der Steuerbilanz in § 6a Abs. 3 EStG konkret geregelt.

In denjenigen Fällen, in denen die Höhe nicht von vornherein oder durch Gesetz bestimmt wird, ist grundsätzlich die Schätzung des Bilanzierenden maßgeblich. Insoweit können Rückstellungen **stille Reserven** enthalten. Nach einer Entscheidung des Bundesfinanzhofs muss diese Schätzung jedoch objektiv durch die Verhältnisse des Betriebes gestützt sein; praktisch wird sie sich, wann immer möglich, auf Kostenvoranschläge, Sachverständigenaussagen oder Erfahrungen beziehen. § 6 Abs. 1 Nr. 3a EStG enthält ausführliche Vorgaben für die Rückstellungsbewertung.

Die Bildung von Rückstellungen dem Grunde und der Höhe nach ist zu jedem Bilanzstichtag erneut zu prüfen. Ist die zurückgestellte ungewisse Verbindlichkeit in der Folge zur gewissen Verbindlichkeit geworden, wird diese in die Buchführung aufgenommen und wirkt sich durch die Gegenbuchung auf einem Aufwandskonto gewinnmindernd aus. Für die Rückstellung ergibt sich nun kein Bedarf mehr: Sie ist für diesen Teil gewinnerhöhend aufzulösen.

Einige Rückstellungsarten und ihre Bewertung sollen nachfolgend etwas näher beleuchtet werden.

2.2.11.3 Darstellung ausgewählter Rückstellungsarten

2.2.11.3.1 Pensionsrückstellungen

Für Pensionszusagen besteht seit dem 31.12.1986 eine handelsrechtliche Ansatzpflicht (§ 249 Abs. 1 Satz 1 HGB, Art. 28 EGHGB »Einführungsgesetz zum Handelsgesetzbuch«). Für Zusagen, die vor diesem Stichtag gegeben wurden, bleibt das bis dahin gültige Passivierungswahlrecht bestehen.

Aufgrund des Maßgeblichkeitsprinzips gilt die Rückstellungspflicht auch für die Steuerbilanz. Während aber das Handelsrecht keine konkrete Bewertung vorschreibt, darf die Pensionsrückstellung steuerlich höchstens mit ihrem **Teilwert** angesetzt werden, dessen Herleitung sich aus § 6a Abs. 3 EStG ergibt.

Mit Inkrafttreten des BilMoG, das in Bezug auf die Pensionsrückstellungen auf eine realitätsnähere Bewertung abzielt, haben sich die – schon zuvor durchaus komplizierten – Vorschriften zur Berechnung der zu passivierenden Beträge erheblich verändert. Eine wesentliche Änderung betrifft den bei der Abzinsung heranzuziehenden Zinsfuß, der steuerlich auf 6 % festgeschrieben ist (§ 6a Abs. 3 Nr. 2 S. 3 EStG), handelsrechtlich nach herrschender Auffassung jedoch zwischen 3 % und 6 % anzusetzen war. Nunmehr wird der handelsrechtlichen Wertermittlung ein über sieben Geschäftsjahre gebildeter Durchschnittszinssatz zugrunde gelegt (§ 253 Abs. 2 HGB n. F.), der von der Deutschen Bundesbank monatlich ermittelt und bekannt gegeben wird. Auf Einzelheiten der Berechnung soll hier nicht eingegangen werden.

2.2.11.3.2 Aufwandsrückstellungen (vor BilMoG)

Für Jahresabschlüsse nach Inkrafttreten des BilMoG ist die Bildung von Aufwandsrückstellungen unzulässig. Die folgenden Ausführungen behandeln den alten Rechtsstand, der letztmals auf Jahresabschlüsse für das vor dem 1. Januar 2010 beginnende Geschäftsjahr angewendet werden darf. Nach § 249 Abs. 2 HGB a. F. können Rückstellungen auch gebildet werden, ohne dass am Bilanzstichtag bereits eine rechtliche oder tatsächliche Verbindlichkeit besteht. Ermöglicht wird damit (jedoch, da es sich um ein Passivierungswahlrecht handelt, dem in der Steuerbilanz nicht gefolgt wird, **nur handelsrechtlich**) eine Verteilung zukünftiger großer Aufwendungen auf die verursachenden Jahre.

Als derartige Aufwandsrückstellung dürfen gebildet werden für

- »...ihrer Eigenart nach genau umschriebene, dem Geschäftsjahr oder einem früheren Geschäftsjahr zuzuordnende Aufwendungen ..., die am Abschlussstichtag wahrscheinlich oder sicher, aber hinsichtlich ihrer Höhe oder des Zeitpunkts ihres Eintritts unbestimmt sind«. (§ 249 Abs. 2 HGB a. F.)

Beispiele:

- *Großreparaturen infolge jahrelanger vorangegangener Nutzung großer, wertvoller Anlagegüter wie Schiffe, Flugzeuge und Maschinen;*
- *große Wartungsarbeiten, die – etwa bei großen Werksanlagen – in mehrjährigem Turnus vorgenommen werden;*
- *Aufwendungen für Werbekampagnen, Umweltschutzmaßnahmen und Rückbauten (etwa Abriss von Kernkraftwerken).*

2.2.11.3.3 Steuerrückstellungen (vor dem 1.1.2008)

Rückstellungen für erwartete Steuernachzahlungen dürfen nur für diejenigen Steuerarten gebildet werden, die als Betriebsausgaben abzugsfähig sind. Häufigster Fall war bisher die Rückstellung für eine aus dem Geschäftsjahr zu leistende Abschlusszahlung der Gewerbesteuer, die aber mit Inkrafttreten der Unternehmenssteuerreform 2008 nicht mehr abzugsfähig ist. Damit ist die Möglichkeit der Bildung einer Rückstellung ebenfalls entfallen.

Für Zeiträume vor dem 1.1.2008 galt: Da die Gewerbesteuer als Betriebsausgabe bei der Gewinnermittlung abzugsfähig war, konnten Gewerbetreibende, die einen Vermögensvergleich durchführen, nicht nur bereits gezahlte Gewerbesteuervorauszahlungen als Betriebsausgabe abziehen oder rückständige Vorauszahlungen als Schuld ansetzen, sondern mussten auch eine zu erwartende Abschlusszahlung in der Schlussbilanz berücksichtigen. Gemäß den Grundsätzen ordnungsmäßiger Buchführung bestand hierfür in der Regel Passivierungspflicht. Die Berechnung der Gewerbesteuerrückstellung war insofern schwierig, als von einem vorläufigen Gewinn auszugehen war, dem die bereits getätigten Gewerbesteuervorauszahlungen hinzugerechnet wurden, und eine Gewerbesteuerberechnung im Voraus vorgenommen wurde. Hierbei ergaben sich komplizierte und wenig genaue In-Sich-Rechnungen. Aus Vereinfachungsgründen konnten $^5/_6$ der vorläufigen Gewerbesteuerschuld angesetzt werden, wobei die Gewerbesteuer noch nicht als Betriebsausgabe behandelt wurde.

2.2.11.3.4 Rückstellungen für Gewährleistungen

Rückstellungen für Gewährleistungen, die zu bilden sind, wenn am Bilanzstichtag bereits ein Gewährleistungsfall eingetreten oder der Eintritt wahrscheinlich ist, werden nach den **Selbstkosten** bemessen. Zwar steht die Rückstellungshöhe im Ermessen des Kaufmanns, seine Schätzung muss aber angemessen sein, d. h. sie darf einen den betrieblichen Verhältnissen entsprechenden Umfang nicht überschreiten. Die abstrakte Möglichkeit der Inanspruchnahme reicht nicht aus; eine gewisse Wahrscheinlichkeit des Eintretens muss nachvollziehbar dargelegt werden können.

Die Gewährleistungspflicht beginnt grundsätzlich mit der Auslieferung bzw. Abnahme, ggf. mit einer Teilabnahme. Erst ab diesem Zeitpunkt kann eine Rückstellung gebildet werden. Bis zu diesem Zeitpunkt gehört der auszuliefernde Gegenstand zu den unfertigen oder fertigen Gegenständen des Vorratsvermögens. Etwaige Wertminderungen wären dann durch Ansatz eines niedrigeren Bestandswertes zu berücksichtigen.

Maßgeblich für die Bildung der Rückstellung für Gewährleistungsverpflichtungen ist der bis zum Bilanzstichtag realisierte gewährleistungsverpflichtete Umsatz, auf den ein gleich bleibender Prozentsatz angewendet wird, der sich aus der betrieblichen Erfahrung herausgebildet hat.

Hierzu folgt ein Rechenbeispiel.

Die Gewährleistungsfrist beträgt zwei Jahre. Nach der betrieblichen Erfahrung wird eine Rückstellung von 1 % des gewährleistungsbehafteten Umsatzes als angemessen angesehen. Die Aufträge werden gleichmäßig über das Wirtschaftsjahr ausgeliefert. Die Rückstellung ist für den 31.12. des Jahres 08 zu bilden:

Jahr	***07***	***08***
gewährleistungsbehafteter Soll-Umsatz	*1.000.000*	*1.200.000*
Gewährleistungsaufwand 1 % pauschal	*10.000*	*12.000*

Rückstellung per 31.12.08: 50 % 03 + 100 % 04 = 5.000 + 12.000 = 17.000 €

Der Soll-Umsatz 07 setzt sich aus ausgelieferten Leistungen zusammen, für die zum 31.12.07 noch eine Gewährleistungspflicht bestand. Deshalb ist zu beachten, dass am 31.12.08 bereits ein Teil der Gewährleistungsfrist aus den Sollumsätzen abgelaufen ist. Von dem pauschalierten Gewährleistungsaufwand des Jahres 07 kommt in 08 nur noch die Hälfte zum Ansatz.

2.2.11.3.5 Rückstellungen für drohende Verluste aus schwebenden Geschäften

Ein schwebendes Geschäft liegt vor, wenn sich beide Vertragsparteien bereits verpflichtet haben, aber noch keine Seite ihren Vertragspart erfüllt hat (z. B. wurde die Lieferung einer Maschine vertraglich vereinbart, aber weder Lieferung noch Bezahlung sind bisher erfolgt).

Schwebende Geschäfte sind regelmäßig nicht in der Buchführung enthalten. Dennoch können sich auch aus schwebenden Geschäften Risiken ergeben, wenn die Leistung als eigene (ungewisse) Verbindlichkeit die Gegenleistung wertmäßig übersteigt. Soweit ein Verlust droht, ist dieser nach den Grundsätzen ordnungsmäßiger Buchführung im Jahresabschluss zu berücksichtigen.

Abgeschlossene, aber noch nicht erfüllte **Verkaufsverträge** sind von Verlusten bedroht, wenn nach den Verhältnissen des Bilanzstichtags die Selbstkosten auf Basis der Vollkosten den vereinbarten Kaufpreis übersteigen. Dabei bleiben kalkulatorische Kosten und ein angemessener Unternehmensgewinn außer Ansatz. Zu beachten ist, dass bereits angefangene (halbfertige) Arbeiten im Vorratsvermögen aktiviert werden müssen und gegebenenfalls dort abzuwerten sind. Die Rückstellung für drohende Verluste aus schwebenden Geschäften gilt jeweils für die noch nicht erbrachten Leistungen, zu denen sich der Kaufmann verpflichtet hat.

Bei schwebenden **Einkaufsverträgen** kann sich ein Verlustrisiko ergeben, wenn der Preis der beschafften Waren am Bilanzstichtag gegenüber dem Tag des Vertragsabschlusses gefallen ist. Die Differenz der gesunkenen Wiederbeschaffungskosten zu dem vertraglich vereinbarten Preis rechtfertigt eine Rückstellung für drohende Verluste aus schwebenden Geschäften, soweit die Ware noch nicht geliefert ist. Damit soll eine Bestandsabwertung, die nach der Lieferung unabdingbar wäre, vorweggenommen werden.

Auch hierzu folgt ein Beispiel:

Beispiel:

Im Dezember 08 wurde ein Kaufvertrag über den Bezug von 500 Kreiselpumpen für Aquarien zum Stückpreis von 34 € netto abgeschlossen. Vereinbarter Liefertermin ist der 15.01.09; Bezahlung erfolgt nach Lieferung. Am Bilanzstichtag ist der Wiederbeschaffungswert der Pumpen nachhaltig auf 28 € netto gesunken. Damit droht ein Verlust in Höhe von insgesamt 3.000 €, der am Stichtag berücksichtigt werden muss. (Hinweis: Die Verbuchung von Materialeingängen erfolgt im fraglichen Betrieb aufwandsorientiert, d. h. der Einstandswert des eingehenden Materials wird sofort als Aufwand verbucht.)

Die Buchung des Drohverlusts lautet

»Aufwendungen für Fremdbauteile«	*3.000,00*	
an »Sonstige Rückstellungen«		*3.000,00*

Im Januar 09 wird bei Rechnungseingang gebucht:

»Aufwendungen für Fremdbauteile«	*14.000,00*	
»Sonstige Rückstellungen«	*3.000,00*	
»Vorsteuer«	*3.230,00*	
an »Verbindlichkeiten aus Lieferungen und Leistungen«		*20.230,00*

Im Steuerrecht sind Rückstellungen für drohende Verluste gem. § 5 Abs. 4a EStG unzulässig!

Das HGB schreibt die Bildung von Rückstellungen für Drohverluste in § 249 Abs. 1 S. 1 aber zwingend vor. Auch diese Ungleichheit steht der Erstellung einer Einheitsbilanz entgegen.

2.2.11.3.6 Passive latente Steuern

Wenn der in der Steuerbilanz ausgewiesene Gewinn niedriger ist als der in der Handelsbilanz ausgewiesene und wenn abzusehen ist, dass sich der daraus resultierende zu niedrige Steueraufwand in späteren Geschäftsjahren ausgleichen wird, muss in Höhe der voraussichtlichen Steuerbelastung nachfolgender Geschäftsjahre eine Rückstellung in der Handelsbilanz gebildet (§ 274 i.V.m. § 249 Abs. 1 HGB a. F.) bzw. eine Position »passive latente Steuern« (§ 274 Abs. 1 HGB n. F.) in der Bilanz angesetzt werden. Sie ist mit Eintreten der höheren Steuerbelastung aufzulösen.

Mit Inkrafttreten des BilMoG sind eine Reihe von Veränderungen bei der Ermittlung und Bilanzierung latenter Steuern eingetreten. Passive latente Steuern können, insbesondere wenn sie mit der Bilanzierung selbst geschaffener immaterieller Vermögensgegenstände des Anlagevermögens in Verbindung stehen, ursächlich für eine begrenzte Gewinnausschüttung sein (§ 268 Abs. 8 HGB n. F.).

Weitere Einzelheiten sollen an dieser Stelle jedoch nicht folgen.

2.2.11.4 Verwendung und Auflösung von Rückstellungen

Rückstellungen werden eingesetzt, sobald das Ereignis, für das sie gebildet wurden, eintritt. In diesem Falle werden die dann fälligen Beträge durch Auflösung der Rückstellung beglichen und führen nicht zu weiteren Aufwendungen.

War der Rückstellungsbetrag zu hoch angesetzt oder ist der Grund für die Rückstellung entfallen, ist der überschüssige Betrag gewinnerhöhend zu verbuchen.

2.2.12 Verbindlichkeiten

2.2.12.1 Gliederung in der Bilanz

§ 266 Abs. 2 HGB gliedert die Verbindlichkeiten wie folgt:

1. Anleihen,
   davon konvertibel (der Anteil der Anleihen, die zu späteren Zeitpunkten in gezeichnetes Kapital umgewandelt werden können, ist gesondert auszuweisen);
2. Verbindlichkeiten gegenüber Kreditinstituten: Hierunter fallen Realkredite (Hypotheken und Grundschulden), Schuldscheindarlehen und sonstige Kredite von Geschäftsbanken;
3. erhaltene Anzahlungen auf Bestellungen;
4. Verbindlichkeiten aus Lieferungen und Leistungen;
5. Verbindlichkeiten aus der Annahme gezogener Wechsel und der Ausstellung eigener Wechsel: Hierunter sind alle Wechsel zu bilanzieren, die den Bilanzierenden als Schuldner ausweisen (Schuldwechsel);
6. Verbindlichkeiten gegenüber verbundenen Unternehmen;
7. Verbindlichkeiten gegenüber Unternehmen, mit denen ein Beteiligungsverhältnis besteht;
8. sonstige Verbindlichkeiten,
   - davon aus Steuern,
   - davon im Rahmen der sozialen Sicherheit.

2.2.12.2 Die Bewertung der Verbindlichkeiten

Wie die Vermögensgegenstände der Aktivseite, sind auch Verbindlichkeiten grundsätzlich zu ihren **Anschaffungskosten** zu bewerten. Hierunter ist der Rückzahlungsbetrag zu verstehen.

Für **Abschlagsbeträge** (»Damnum«), die bei einer Darlehensgewährung direkt einbehalten wurden, wie z. B. Abgelder (Disagio), Bearbeitungs- und sonstige Verwaltungsgebühren, besteht handelsrechtlich ein Wahlrecht zwischen der sofortigen Aufwandsverbuchung oder dem Ansatz als aktiver Rechnungsabgrenzungsposten bei anschließender Verteilung auf die Darlehenslaufzeit. Aus diesem handelsrechtlichen Aktivierungswahlrecht folgt gemäß den Maßgeblichkeitsregeln eine steuerliche Aktivierungspflicht: Für die Steuerbilanz besteht eine Pflicht zum Ausweis der aktiven Rechnungsabgrenzung. Ebenso ist mit den Unterschiedsbeträgen bei der Ausgabe von Anleihen »unter pari« (= Differenz zwischen geringerem Ausgabe- und höherem Nominal-/Rückzahlungswert) zu verfahren.

Bei **Passivposten** ist in Analogie zum Niederstwertprinzip das strenge Höchstwertprinzip anzuwenden. Steigt der Teilwert der Verbindlichkeit (z. B. bei Verbindlichkeiten in Fremdwährung), muss zwingend der gestiegene Wert angesetzt werden. Auch das Wertaufholungsgebot findet seine Entsprechung auf der Passivseite.

Verbindlichkeiten sind nach § 6 Abs. 1 Nr. 3 EStG in der Steuerbilanz mit 5,5 % abzuzinsen. Ausgenommen sind Verbindlichkeiten mit einer Restlaufzeit von weniger als zwölf Monaten am Bilanzstichtag, verzinsliche Verbindlichkeiten (ohne dass ein Mindestzinssatz vorgeschrieben wäre!) sowie Verbindlichkeiten, die auf einer Anzahlung oder Vorausleistung beruhen.

2.2.12.3 Verbindlichkeitenspiegel

§ 268 Abs. 5 HGB bestimmt für die Kapitalgesellschaften:

> »Der Betrag der Verbindlichkeiten mit einer Restlaufzeit bis zu einem Jahr ist bei jedem gesondert ausgewiesenen Posten zu vermerken. Erhaltene Anzahlungen auf Bestellungen sind, soweit Anzahlungen auf Vorräte nicht von dem Posten »Vorräte« offen abgesetzt werden, unter den Verbindlichkeiten gesondert auszuweisen. Sind unter dem Posten »Verbindlichkeiten« Beträge für Verbindlichkeiten ausgewiesen, die erst nach dem Abschlussstichtag rechtlich entstehen, so müssen Beträge, die einen größeren Umfang haben, im Anhang erläutert werden.«

Dieser Verpflichtung kann zweckmäßigerweise durch die Aufstellung eines **Verbindlichkeitenspiegels** entsprochen werden (vorgeschrieben ist dieser jedoch nicht).

Art der Verbindlichkeit	Gesamtbetrag		Davon mit Restlaufzeit			Davon gesichert	Art der Sicherheit
	Vorjahr	Geschäftsjahr	≦ 1 Jahr	>1 Jahr und ≦ 5 Jahre	> 5 Jahre		
	€	€	€	€	€	€	
1. Anleihen, davon konvertibel							
2. Verbindlichkeiten gegenüber Kreditinstituten							
3. Erhaltene Anzahlungen auf Bestellungen							
4. Verbindlichkeiten aus Lieferungen und Leistungen							
5. Verbindlichkeiten aus der Annahme gezogener Wechsel und der Ausstellung eigener Wechsel							
6. Verbindlichkeiten gegenüber verbundenen Unternehmen							
7. Verbindlichkeiten gegenüber Unternehmen, mit denen ein Beteiligungsverhältnis besteht							
8. sonstige Verbindlichkeiten – davon aus Steuern, – davon im Rahmen der sozialen Sicherheit							
Angaben gemäß § 266 Abs. 1 i.V.m. Abs. 3C	§ 265 Abs. 2		§ 268 Abs. 5 Satz 1	freiwillig	§ 285 Nr. 1a i.V.m. Nr. 2	§ 285 Nr. 1b i.V.m. Nr. 2	

Verbindlichkeitenspiegel

2.2.13 Passive Rechnungsabgrenzung

In Analogie zur aktiven Rechnungsabgrenzung, die in Abschnitt 2.2.7 behandelt wurde, sind Rechnungsabgrenzungen auf der Passivseite der Bilanz vorzunehmen, um **transitorische Vorgänge** (Einzahlung im alten Jahr, Ertrag jedoch erst im neuen Jahr) periodengerecht zu berücksichtigen. Diese Pflicht resultiert aus § 250 HGB und § 5 Abs. 5 EStG.

2.2.14 Bilanzierungshilfen (vor BilMoG)

Wie bereits erwähnt, galten bis zur Neuregelung des Handelsbilanzrechts durch Inkrafttreten des Bilanzrechtsmodernisierungsgesetzes (BilMoG) am 29.5.2009 verschiedene Passivierungswahlrechte. Diejenigen Wahlrechte, die alle Kaufleute, unabhängig von ihrer Rechtsform, betrafen, wurden bereits in Abschnitt 2.2.1.4.4 nach bisherigem Rechtsstand beschrieben. Weitere Wahlrechte ausschließlich für Kapitalgesellschaften (»Bilanzierungshilfen«) werden nachfolgend dargestellt.

Das Wahlrecht, Aufwendungen für die Erweiterung und Ingangsetzung des Geschäftsbetriebs nach § 269 HGB a.F. zu aktivieren, besteht nach Neufassung des HGB durch das BilMoG nicht mehr. Er soll hier dennoch ausführlicher behandelt werden, da es für ein vor dem 1. Januar 2010 beginnendes Geschäftsjahr noch (letztmals) angewendet werden kann.

Die Aktivierung von Bilanzierungshilfen ist mit einer Ausschüttungssperre gekoppelt, d. h. die Gewinnerhöhung durch Ausübung der Wahlrechte darf nicht für Ausschüttungen verwendet werden, sondern ist im Unternehmen zu belassen.

2.2.14.1 Aufwendungen für die Erweiterung und Ingangsetzung des Geschäftsbetriebes (vor BilMoG)

Aufwendungen für die Ingangsetzung und Erweiterung eines Geschäftsbetriebes werden im Normalfall wie alle anderen Aufwendungen behandelt und sofort gewinnmindernd verbucht. Ausnahmsweise dürfen sie jedoch zu einem Posten zusammengefasst und aktiviert werden, wenn eine »Unterbilanz« (und damit der Ausweis einer Überschuldung) anders nicht vermieden werden kann. Zu den Ingangsetzungskosten, die hier einbezogen werden dürfen, gehören Kosten der Personalbeschaffung und -schulung, Beratungskosten und Kosten der einführenden Werbung. Laufende Kosten wie Löhne und Gehälter, Mieten oder Materialaufwendungen dürfen dagegen nicht in die Aktivierung einbezogen werden. Der aktivierte Betrag ist innerhalb der folgenden vier Jahre mit jährlich mindestens 25 % abzuschreiben (höhere/schnellere Abschreibung ist zulässig).

Beispiel:

Einer im Jahr 05 mit einer Bareinlage von 100.000 € gegründeten GmbH sind im Gründungsjahr etliche Aufwendungen entstanden. Die Umsatzerlöse bis zum Stichtag waren zu gering, um diese Aufwendungen zu kompensieren. Dem entsprechend sieht die Bilanz zum 31.12.05 wie folgt aus:

Aktiva				*Passiva*
A. Anlagevermögen	*30.000,00*	*A. I Gez. Kapital*	*100.000,00*	
B. I Vorräte	*20.000,00*	*...*		
II Forderungen aus L+L	*50.000,00*	*V Jahresfehlbetrag*	*125.000,00*	*0,00*
nicht durch EK gedeckter		*B. ...*	*...*	
Fehlbetrag	*25.000,00*	*C....*		
		2 Verbindlichkeiten gg. KI		*85.000,00*
		4 Verbindlichkeiten L+L		*40.000,00*
	125.000,00			*125.000,00*

Die GmbH erscheint überschuldet und von Insolvenz bedroht, obwohl sie, wie die Forderungen belegen, durchaus gut ins Geschäft gekommen ist. Ursächlich für das schlechte Bild am Ende des ersten Geschäftsjahres sind dessen Aufwendungen. Diese bestanden in folgenden Einzelposten:

Kosten einer von einem externen Institut durchgeführten Marktanalyse	*22.000,00 €*
Kosten für externes Consulting	*35.000,00 €*
Personalbeschaffung und -schulung	*30.000,00 €*

Miete der Geschäftsräume	*5.000,00 €*
Löhne und Gehälter	*30.000,00 €*
Kosten einer Werbung zur Markteinführung	*46.000,00 €*
Gesamt	*168.000,00 €*

Als Ingangsetzungskosten können davon 133.000 € anerkannt werden (Gehälter und Mieten stellen laufende Aufwendungen dar und dürfen daher nicht berücksichtigt werden). Werden die entsprechenden Aufwendungen nicht als solche gewinnmindernd gebucht, sondern als Bilanzierungshilfe aktiviert, muss kein Jahresfehlbetrag ausgewiesen werden; es entsteht sogar ein kleiner Jahresüberschuss. Die Bilanz stellt sich nun wie folgt dar:

Aktiva				*Passiva*
Aufwendungen für die Ingangsetzung des Geschäftsbetriebs	*133.000,00*	*A. I Gez. Kapital*	*100.000,00*	
		...		
A. Anlagevermögen	*30.000,00*	*V Jahresüberschuss*	*8.000,00*	*108.000,00*
B. I Vorräte	*20.000,00*	*B. ...*		
II Forderungen aus L+L	*50.000,00*	*C....*		
		2 Verbindlichkeiten gg. KI		*85.000,00*
		4 Verbindlichkeiten L+L		*40.000,00*
	233.000,00			*233.000,00*

Der jetzt ausgewiesene Jahresüberschuss in Höhe von 8.000 € darf jedoch nicht ausgeschüttet werden. Die aktivierten Ingangsetzungsaufwendungen sind in den folgenden vier Jahren mit mindestens 33.250 € jährlich aufzulösen.

Ingangsetzungsaufwendungen dürfen nur in der Handelsbilanz angesetzt werden. Für die Steuerbilanz gilt das bereits erwähnte **Ansatzverbot.**

2.2.14.2 Aktivisch abzugrenzende latente Steuern

Wie in den voranstehenden Abschnitten gezeigt wurde, kann es zu unterschiedlichen Wertansätzen in der Handels- und der Steuerbilanz kommen, z. B. in Zusammenhang mit dem derivativen Firmenwert, abweichend bilanzierten Herstellungskosten, unterschiedlicher Verzinsung der Pensionsrückstellungen oder der Vornahme von Aufwandsrückstellungen in der Handelsbilanz, deren Ansatz in der Steuerbilanz verboten ist. Aus all diesen Fällen resultiert ein abweichender Gewinnausweis in beiden Bilanzen: Der Handelsbilanzgewinn ist geringer als der Steuerbilanzgewinn. Langfristig gleicht sich dieser Gewinnunterschied wieder aus. Da aber die Grundlage für die gewinnabhängigen Steuern auch aus der Handelsbilanz heraus nachvollziehbar sein soll, dürfen Kapitalgesellschaften aktive latente Steuern in einer Höhe ausweisen, die den Unterschied zwischen dem handels- und steuerbilanziellen Jahresüberschuss nach Steuern ausgleicht.

Beispiel:

Zu Beginn des laufenden Geschäftsjahrs wurde ein Darlehen mit einer Laufzeit von fünf Jahren aufgenommen, auf das ein Disagio in Höhe von 20.000 € zu zahlen war. Dieses Disagio musste für die Steuerbilanz abgegrenzt werden, während in der Handelsbilanz kein Ansatz erfolgte: hier wurde das Disagio im laufenden Jahr in voller Höhe als Aufwand verbucht. Dementsprechend beträgt der Jahresüberschuss vor Steuern in der Handelsbilanz 880.000 €, in der Steuerbilanz dagegen 896.000 € (für das laufende Geschäftsjahr durfte bereits $^{1}/_{5}$ des Disagiobetrages aufwandswirksam behandelt werden). Die Ertragsteuerbelastung, die sich aus Körperschaft-, Gewerbeertrag-, Solidaritätssteuer ergibt, wird für das betrachtete Jahr 40 % betragen. Nach Steuern weist die Handelsbilanz einen Jahresüberschuss von 528.000 €, die Steuerbilanz aber von 537.600 € aus. Zum Ausgleich kann das Unternehmen aktivisch abgegrenzte Steuern in Höhe von 9.600 € ausweisen. Diese sind im selben Zeitraum wie das abgegrenzte Darlehens-Disagio aufzulösen.

2.3 Interpretieren von Jahresabschlüssen

2.3.1 Analyseziele und -instrumente

Bei entsprechender Aufbereitung kann der Jahresabschluss eines Unternehmens wertvolle Erkenntnisse über die Situation der Unternehmung liefern:

- Das In-Beziehung-Setzen bestimmter Werte aus Bilanz und GuV-Rechnung zueinander liefert Informationen über die Finanzlage, den Erfolg und die Vermögensstruktur des Unternehmens am Bilanzstichtag. Diese wiederum ermöglichen einen **Soll-Ist-Abgleich** zwischen den angestrebten und den erzielten Ergebnissen und die Definition von **Zielvorgaben** für zukünftige Perioden.
- Der Vergleich der aktuellen Bilanzwerte mit Werten aus früheren Perioden (**Zeitvergleich**) zeigt Entwicklungen und Tendenzen auf.
- Der Vergleich mit Abschlüssen anderer Betriebe derselben Branche (**Betriebsvergleich**) ermöglicht eine Einschätzung der eigenen Leistung.

Unter der Analyse von Jahresabschlüssen wird häufig die Aufbereitung von Bilanzen und GuV-Rechnungen, die Bildung bestimmter Kennzahlen und die Erstellung von Kapitalflussrechnungen verstanden. Dabei handelt es sich um **quantitative** Analysen. Ihre Interpretation wird als **Bilanzkritik** bezeichnet. **Qualitative** Analysen untersuchen den Anhang und Lagebericht zum einen auf ihren wörtlich-sprachlichen Gehalt (»semiotische Bilanzanalyse)«) und zum anderen daraufhin, wie die die bilanzpolitischen Instrumente von den Entscheidungsträgern eingesetzt wurden. Stützt sich die Analyse allein auf Informationen, die aus externen/öffentlichen Quellen, vor allem dem Handelsregister, zugänglich sind, spricht man von **externer** Analyse. Können dagegen interne Informationen mit in die Analyse einbezogen werden – was meist nur eigenen Mitarbeitern oder Beauftragten des Unternehmens möglich ist –, liegt eine **interne** Analyse vor.

In den folgenden Abschnitten wird vorrangig die »traditionelle« Form der quantitativen Bilanzanalyse in Bezug auf die Handelsbilanz nach HGB vorgestellt. Abschließend werden wesentliche Unterschiede zur Bilanzierung nach internationalen Rechnungslegungssystemen (IAS/IFRS, GAAP) behandelt.

Vorab muss erwähnt werden, dass es zwar eine große Anzahl von Kennzahlen gibt, für die die einschlägige Literatur mehr oder weniger zuverlässig einheitliche Begriffe verwendet. Viele dieser Begriffe werden aber außerhalb der Literatur zur Betriebswirtschaftslehre auch »umgangssprachlich« verwendet und, wie durch Internetrecherchen problemlos nachgeprüft werden kann, zur Kennzeichnung der unterschiedlichsten Sachverhalte verwendet. Dies gilt vor allem für Kennzahlen, die auf »-quote« enden: Wann immer z. B. Investitionsausgaben ins Verhältnis zu irgendeiner anderen Größenordnung gesetzt werden, wird das Ergebnis als »Investitionsquote« bezeichnet. Im Folgenden werden nach bestem Wissen die in der anerkannten Fachliteratur verbreiteten Definitionen verwendet.

Vor allem bei der Zusammenfassung von Kennzahlen zu Systemen und Gruppen ist eine Einheitlichkeit häufig nicht mehr gegeben: Auch die im Rahmenstoffplan des »Geprüften Technischen Betriebswirts« verwendete Gliederung in Investitionsanalyse, Finanzierungsanalyse und Ergebnisanalyse wird von weiten Teilen der Literatur so nicht mitgetragen. Zum einen wird allgemein auch die Liquidationsanalyse einbezogen; zum anderen werden häufig andere (mehr oder weniger ähnliche), nicht vollständig mit den genannten Begriffen deckungsgleiche Bezeichnungen verwendet. Daher sei noch einmal daran erinnert, dass es »das« Instrumentarium schlichtweg nicht gibt, auch wenn manche Quellen (und leider auch manche Prüfungsaufgaben) dies gern suggerieren. Die folgenden Ausführungen wurden im Bemühen um enge Anlehnung an den Rahmenstoffplan verfasst; an einigen Stellen waren Abweichungen aber nicht zu vermeiden.

2.3.1.1 Finanzielle Stabilität

Gläubiger (Banken, Lieferanten, aber auch Arbeitnehmer als Gläubiger von Lohnansprüchen) sind an Erkenntnissen über die finanzielle Stabilität des Unternehmens interessiert, die sich darin ausdrückt, dass das Unternehmen in der Lage ist, fällige Zahlungsanforderungen jederzeit zu erfüllen.

Dies setzt voraus, dass zu den Fälligkeitszeitpunkten von Verbindlichkeiten jeweils hinreichende liquide Mittel zur Verfügung stehen – aus vorhandenen und verfügbaren Guthaben, aus spätestens zeitgleich fälligen und beglichenen Forderungen und aus spätestens zeitgleichen Barverkäufen und sonstigen Barzuflüssen.

Die Bilanzanalyse kennt und unterscheidet verschiedene Liquiditätskennzahlen, deren Aussagewert aber nur als gering einzuschätzen ist, da sie lediglich Auskunft über den Zustand am Bilanzstichtag geben können. Informationen, die für die Beurteilung der Liquidität wesentlich sind, sind dagegen aus dem Jahresabschluss nicht abzulesen: Nämlich Fälligkeiten von Forderungen und Verbindlichkeiten, fällige sonstige Abflüsse (z. B. Lohn- und Gehaltszahlungen, Steuervorauszahlungen, fällige zu leistende Anzahlungen), Zahlungseingänge aus zugesagten Krediten usw.

Eine statische, auf den Stichtag der Bilanzierung fixierte Betrachtung der Liquidität darf daher keinesfalls einziger Kontrollmechanismus der Zahlungsfähigkeit sein: Eine **dynamische**, die erwarteten Ein- und Auszahlungsströme mit ihren jeweiligen Zu- und Abflusszeitpunkten erfassende Finanzplanung ist unverzichtbar.

Die Finanzierungsanalyse wird in Abschnitt 3.1.2 eingehend behandelt.

2.3.1.2 Substanzerhaltung

Die Erhaltung der eigenen Substanz ist nicht nur Ziel, sondern Existenzbedingung eines jeden Unternehmens: Bleibt der Erfolg über längere Zeit aus und können laufende Verpflichtungen einschließlich der Lebensunterhaltssicherung des Unternehmers nur aus der Substanz beglichen werden, »verzehrt« sich das Unternehmen selbst und vereitelt damit den eigenen Weiterbestand. Unabdingbares Ziel der Unternehmensführung ist daher die Sicherstellung einer **Mindest-Rentabilität**, die zum einen den Rückgriff auf die Substanz zur Einlösung fälliger Verpflichtungen überflüssig macht und darüber hinaus diejenigen Mittel bereitstellt, die erforderlich sind, um die vorhandene Substanz, insbesondere das abnutzbare Sachvermögen, angemessen zu pflegen, warten und bei Bedarf zu ersetzen.

Langfristiges Ziel wird die Erreichung einer möglichst hohen Eigenkapitalquote sein: Je höher diese ist (und je geringer folgerichtig das Fremdkapital), desto größer ist die Unabhängigkeit und Krisenresistenz des Unternehmens.

2.3.1.3 Ertragskraft

Wie oben gezeigt wurde, ist ein Mindestertrag erforderlich, um den Status Quo der Unternehmung zu erhalten. Dies allein wird aber auf Dauer nicht ausreichen, um den Markterfolg und damit das langfristige Überleben zu sichern: In expandierenden Märkten ist ein mindestens proportionales Wachstum unverzichtbar. Dies ist nur erzielbar, wenn dauerhaft hinreichende Mittel für Investitionen – in Sachvermögen ebenso wie in bilanziell nicht erfasste immaterielle und ideelle Werte wie Personalentwicklung und Unternehmenskultur – zur Verfügung stehen. Darüber hinaus müssen Renditen erwirtschaftet werden, die das eingesetzte Kapital gemäß den Erwartungen der Investoren verzinsen: Anderenfalls droht der Entzug der finanziellen Mittel und damit der Existenzbasis.

2.3.1.4 Interessenten

Welche Informationen aus dem Jahresabschluss herausgefiltert werden sollen, hängt vorrangig vom Analysezweck ab, der sich wiederum aus der Beziehung des Analysierenden zu dem Unternehmen ergibt.

Systematische Jahresabschlussanalysen werden vor allem von Großgläubigern, Unternehmern bzw. Unternehmensleitungen sowie Investoren/Interessenten durchgeführt.

- **Gläubiger** werden ihr Augenmerk vor allem auf die finanzielle Stabilität, ausgedrückt durch Zahlungsfähigkeit und Kapitalausstattung, richten. **Kreditinstitute** interessieren sich bei der Beurteilung der Bonität eines kreditnachfragenden Unternehmens jedoch nicht nur für Bilanzzahlen und die bisherige Kontoführung, sondern – gegründet auf die Vorschriften des Ausschusses für Bankenaufsicht (»Basel II«, ausführlich erläutert in Abschn. 3.5.7) – für die Markt- und Wettbewerbssituation, das Produkt- und Leistungsangebot, die Führungs- und Steuerungsqualität, die Zukunftsperspektiven, die Zusammensetzung und Qualifikation der Belegschaft usw. Hierüber erhalten sie mittels der Jahresabschlussanalyse allerdings kaum Aufschluss.
- Die **Unternehmensleitungen** sind daran interessiert, das Unternehmen bestmöglich zu entwickeln, seine Marktstellung zu festigen und auszubauen. Wesentliche Voraussetzungen sind eine marktgerechte Produktpalette, die entsprechende Umsatzerlöse generiert, und eine dem Stand der Technik entsprechende Ausstattung, die eine kostenminimale Leistungserstellung ermöglicht. Im Fokus des Interesses der Unternehmen stehen die für Reinvestitionen verfügbaren Mittel und damit diejenigen Kennzahlen, die hierüber Auskunft geben, wie z. B. der Return on Investment oder der Cash Flow (die später erläutert werden).
- Die Interessen der Unternehmensleitungen, soweit sie auf die Reinvestition gewonnener Mittel ausgerichtet sind, laufen häufig denjenigen der **Investoren** zuwider, die – auf der Suche nach lukrativen Anlagemöglichkeiten – vor allem die Ertragskraft der Unternehmung, namentlich der durch ihr finanzielles Engagement erzielbare Gewinn und das damit verbundene Risiko interessiert. Neben privaten und institutionellen Investoren mit Einzelengagements in bestimmte Unternehmen sind heute auf dem Kapitalmarkt vor allem **Kapitalanlagegesellschaften** aktiv, die Gelder vieler Anleger in Fonds-Sondervermögen verwalten. Langfristig erzielbare Renditen sind dabei überwiegend wenig gefragt; Anlagen erfolgen heute typischerweise nur kurzzeitig. Hohe Renditen und schnelle Amortisation, d. h. schnelle Rückgewinnung des eingesetzten Geldes, vor allem aber hohe Kurszuwächse in kurzer Zeit stehen dabei im Mittelpunkt. Letzteres Motiv begründet das Interesse von Investmentgesellschaften an der analysegestützten Identifizierung »unterbewerteter« Unternehmen mit Chancen auf rasche und überproportionale Entwicklung.

Als weitere Interessenten kommen Arbeitnehmervertretungen (Gewerkschaften), Kunden (als an stabilen und langfristigen Geschäftsbeziehungen Interessierte) sowie Staat und Öffentlichkeit in Betracht.

2.3.1.5 Wettbewerber

Auch Konkurrenzanalysen beziehen Ergebnisse von Jahresabschlussanalysen ein, sofern sie diese erlangen können:

Die finanzielle Stabilität und der wirtschaftliche Erfolg von Mitbewerbern sind zum einen für eigene strategische Entscheidungen, etwa in Hinblick auf die Ausweitung des eigenen Engagements auf neue geografische Regionen und neue Produkte oder auf den Erfolg des Einsatzes bestimmter Marketinginstrumente von Interesse. Zum anderen kann der Vergleich mit Mitbewerbern, die der eigenen Branche angehören und ggf. auch größenmäßig mit dem eigenen Unternehmen vergleichbar sind, der Standortbestimmung dienen und helfen, die eigenen Unternehmenszahlen zu beurteilen.

Strategische Markt- und Wettbewerbsbeobachtung, in deren Rahmen vergleichende Abschlussanalysen, Stärken-Schwächen-Analysen, Portfolios usw. für nahezu alle Branchen in Industrie, Handel und Dienstleistungsgewerbe erstellt werden, ist heute eine Dienstleistung, die von externen Informationsdienstleistern wie Auskunfteien und Beratungsunternehmen angeboten wird. Diese stützen ihre Analysen teils auf veröffentlichungspflichtige Daten insbesondere aus dem Handelsregister und teils auf Daten, die von an Vergleichen interessierten Unternehmen im Rahmen eines **»Benchmarking«** freiwillig weitergegeben wurden. Für systematische und legale Sammlungen und Auswertungen von Unternehmens-, Branchen- und Marktdaten hat sich der Begriff der **»Competitive Intelligence (CI)«** etabliert.

2.3.2 Analyse des Vermögensaufbaus und der Investierung

Die Analyse des Vermögensaufbaus (der »Konstitution«) untersucht die Struktur des auf der Aktivseite der Bilanz vermerkten Vermögens. Vorrangig konzentriert sie sich dabei auf »vertikale« Betrachtungen, d. h. auf das Ins-Verhältnis-Setzen der untereinander stehenden Bilanzpositionen und bezieht nur ausnahmsweise (in Gestalt der Abschreibungen auf das Sachanlagevermögen) Werte der GuV-Rechnung ein. Erweitert wird sie um die Investitionsanalyse. Diese untersucht die Investierung, d. h. die Ausstattung des Unternehmens mit Sach- Finanz- und immateriellem Vermögen. Damit gibt sie Antwort auf die Frage, wie das dem Unternehmen zur Verfügung gestellte Eigen- und Fremdkapital verwendet – »investiert« – wurde, und bezieht dabei auch »horizontale«, also bilanzseitenübergreifende, Kennzahlen ein. Viele Quellen fassen insbesondere die Deckungsgrade als Kennzahlen der Investierung auf, weswegen diese (abweichend vom Rahmenstoffplan, der ihre Darstellung erst in Abschn. 3.1.2 vorsieht) bereits hier behandelt werden. Die folgenden Ausführungen – auch diejenigen in den Abschnitten zur Finanzierungs- und Ergebnisanalyse – beziehen sich auf die Beispielbilanz einer GmbH:

Aktiva

	Berichtsjahr €	Vorjahr €	Veränderung €
Sachanlagen	1.500.000	1.350.000	150.000
Finanzanlagen	650.000	420.000	230.000
Anlagevermögen gesamt	2.150.000	1.770.000	380.000
Vorräte (RHB, Waren)	475.000	610.000	–135.000
Forderungen LuL.	535.000	320.000	215.000
Flüssige Mittel (Bank, Kasse)	110.000	85.000	25.000
Umlaufvermögen gesamt	1.120.000	1.015.000	105.000
Bilanzsumme/Gesamtvermögen	3.270.000	2.785.000	485.000

Passiva

	Berichtsjahr €	Vorjahr €	Veränderung €
Stammkapital	1.200.000	800.000	400.000
Gewinnrücklagen	450.000	850.000	–400.000
Eigenkapital gesamt	1.650.000	1.650.000	0
Pensionsrückstellungen	270.000	240.000	30.000
Darlehensverbindlichkeiten	950.000	800.000	150.000
Langfr. Fremdkap. gesamt	1.220.000	1.040.000	180.000
Kurzfristige Rückstellungen	60.000	0	60.000
Kurzfristige Verbindlichkeiten	340.000	95.000	245.000
Kurzfristiges Fremdkap. gesamt	400.000	95.000	305.000
Bilanzsumme/Gesamtkapital	3.270.000	2.785.000	485.000

Zusätzlich sind die folgenden Werte aus der GuV-Rechnung und dem Anlagespiegel bekannt:

		Berichtsjahr €	Vorjahr €	Veränderung €
Gesamtleistung	= Umsatzerlöse + Bestandsveränderungen + aktivierte Eigenleistungen	6.640.000	5.200.000	1.440.000
Umsatzerlöse		6.410.000	5.040.000	1.370.000
Bilanzgewinn	wird vollständig ausgeschüttet; in den kurzfristigen Verbindlichkeiten enthalten	250.000	0	250.000
Neuzugänge bei Sachanlagen	= Bruttoinvestition	500.000	200.000	300.000
Abgänge bei Sachanlagen	zu historischen Anschaffungs- bzw. herstellungskosten	–200.000	–100.000	–100.000
Abgänge bei Sachanlagen	zum Buchwert	–50.000	–20.000	–30.000
Nettoinvestitionen Sachanlagen	= Neuinvestitionen – Abgänge bei Sachanlagen zu Buchwerten	450.000	180.000	270.000
Bestand Sachanlagen 31.12.	zu historischen Anschaffungs- bzw. Herstellungskosten	5.400.000	5.100.000	300.000
Durchschnittliche Nutzugnsdauer der im Betrieb eingesetzten maschinellen Anlagen; 9,5 Jahre				
Abschreibungen der Periode		300.000	280.000	20.000
Kumulierte AfA lt. Anlagespiegel	bezogen auf das am Jahresende vorhandene Sachanlagevermögen	3.950.000	3.800.000	150.000

2.3.2.1 Kennzahlen der Vermögenszusammensetzung

Das **Verhältnis von Anlage- zu Umlaufvermögen** wird maßgeblich von der Branche des betrachteten Unternehmens bestimmt: Während Unternehmen der Schwerindustrie und Transportbetriebe ein hohes Anlagevermögen benötigen, kommen Dienstleistungsunternehmen und viele Handwerksbetriebe mit einem geringen Anlagevermögen aus. Ein »ideales Verhältnis« des Anlagevermögens zum Umlaufvermögen kann es daher nicht geben.

Ein vergleichsweise hohes Anlagevermögen signalisiert eine geringe Anpassungsfähigkeit an strukturelle Änderungen des Unternehmensumfeldes und weist zugleich auf hohe Fixkosten hin. Bei kleineren Anlagevermögen ist die Kapazitätsauslastung einfacher und sichert dadurch die Ertragslage. Kennzahlen der Vermögenszusammensetzung sind folgende:

Bezeichnung	Kennzahl allgemein	Beispielswert Berichtsjahr	Beispielswert Vorjahr
Anlagenintensität	$\frac{\text{Anlagevermögen} \cdot 100}{\text{Gesamtvermögen}}$	$\frac{2.150.000 \cdot 100}{3.270.000} = 65,75\ \%$	$\frac{1.770.000 \cdot 100}{2.785.000} = 63,55\ \%$
Umlaufintensität (Arbeitsintensität)	$\frac{\text{Umlaufvermögen} \cdot 100}{\text{Gesamtvermögen}}$	$\frac{1.120.000 \cdot 100}{3.270.000} = 34,25\ \%$	$\frac{1.015.000 \cdot 100}{2.785.000} = 36,45\ \%$
Vermögens-konstitution	$\frac{\text{Anlagevermögen} \cdot 100}{\text{Umlaufvermögen}}$	$\frac{2.150.000 \cdot 100}{1.120.000} = 191,96\ \%$	$\frac{1.770.000 \cdot 100}{1.015.000} = 174,38\ \%$
Investitionsquote, bezogen auf Buchwert der Sachanlagen	$\frac{\text{Nettoinvestitionen in Sachanlagen} \cdot 100}{\text{Anfangsbestand der Sachanlg. (Buchwert)}}$	$\frac{450.000 \cdot 100}{1.350.000} = 33,33\ \%$	
Investitionsquote, bezogen auf historischen Wert der Sachanlagen	$\frac{\text{Nettoinvestitionen in Sachanlagen} \cdot 100}{\text{Anfangsbestand der Sachanlg. (AK/HK)}}$	$\frac{450.000 \cdot 100}{5.100.000} = 8,82\ \%$	
Investitionsquote, bezogen auf Umsatzerlöse	$\frac{\text{Nettoinvestitionen in Sachanlagen} \cdot 100}{\text{Umsatzerlöse}}$	$\frac{450.000 \cdot 100}{6.410.000} = 7,02\ \%$	$\frac{180.000 \cdot 100}{5.040.000} = 3,57\ \%$

Anlagenintensität, Umlaufintensität und Vermögenskonstitution sind, soweit die Aktivseite keine Sonder- und Rechnungsabgrenzungsposten aufweist, redundant: Ist eine dieser Kennzahlen bekannt, sind auch die anderen beiden bekannt. Hier interessieren sie nur insoweit, als erkennbar wird, dass die für einen rohstoffverarbeitenden Betrieb anzunehmende relativ große Anlagenintensität tatsächlich gegeben ist. Wie die absoluten Zahlen unschwer offenbaren, geht die leichte Zunahme seit dem Vorjahr auf ein Anwachsen des Finanzanlagevermögens zurück: Wird das Sachanlagevermögen allein in Beziehung zum Gesamtvermögen gesetzt, ergibt sich ein Rückgang gegenüber dem Vorjahr (Berichtsjahr: 45,87 %; Vorjahr: 48,47 %).

Seit dem Vorjahr betrug der absolute Zuwachs des Sachanlagevermögens 150.000 € (Zugang in der Berichtsperiode: 500.000, Abschreibungen 300.000, Anlagenabgang zum Buchwert von 50.000); bezogen auf den Buchwert des Vorjahrs ist dies ein Zuwachs von 11,1 %. Werden die Nettoinvestitionen (Neuinvestitionen abzüglich der Abgänge zu Buchwerten, jedoch ohne Abzug der Abschreibungen) in Beziehung zum Buchwert des Sachanlagevermögens am Jahresanfang (= Schlussbestand des Vorjahres) gesetzt, beträgt die so errechnete Investitionsquote jedoch stolze 33,33 %. Da diese Zahl aber naturgemäß umso größer ausfallen muss, je älter das vorhandene Sachanlagevermögen (und damit dessen Buchwert) ist, sagt sie praktisch nichts aus: Im Falle eines voll abgeschriebenen Sachanlagevermögens am Jahresanfang würde diese Kennzahl für jede noch so kleine Investition gegen unendlich gehen. Bezieht man die Nettoinvestitionen allerdings nicht auf den Buchwert der Sachanlagen, sondern auf deren historische Anschaffungs- und Herstellungskosten am Vorjahresende, um den Zuwachs der Substanz beurteilen zu können, wäre das Ergebnis nur 8,82 %. Ob dies zum Substanzerhalt des Anlagevermögens ausreicht, wird mittels der in Abschnitt 2.3.2.2 beschriebenen Kennzahlen noch näher untersucht.

Häufig wird der Wert der Nettoinvestitionen auf die Umsatzerlöse bezogen. Achtung: Auch diese Kennzahl wird meist ohne jeden Zusatz als Investitionsquote bezeichnet! Im Beispiel wird dadurch die – schon in den absoluten Zahlen der Bruttoinvestitionen erkennbare – erhebliche Steigerung der Investitionstätigkeit deutlich.

Die Steigerung der Umsatzerlöse gegenüber dem Vorjahr um 27,2 % und der Gesamtleistung um 27,7 % kann auf die Ausweitung der Produktionskapazität aufgrund der Neuinvestitionen und/oder auf eine höhere Auslastung der Anlagen im Berichtsjahr zurückzuführen sein.

Die Entwicklung der Anlagenauslastung kann durch Ermittlung des **Ausnutzungsgrades** der Sachanlagen überprüft werden:

Bezeichnung	Kennzahl allgemein	Beispielswert Berichtsjahr	Beispielswert Vorjahr
Ausnutzungsgrad der Sachanlagen	$\frac{\text{Gesamtleistung}}{\text{Sachanlagen}}$	$\frac{6.640.000}{1.500.000} = 4{,}47$	$\frac{5.200.000}{1.350.000} = 3{,}85$

Diese Kennzahl bedeutet, dass im Vorjahr mit dem Einsatz von 1 € ein Sachanlagen-Buchwert von 3,85 € Gesamtleistung erwirtschaftet wurden. Im Berichtsjahr hat sich dieser Ausnutzungsgrad auf 4,47 € und damit um 16,1 % verbessert. Dieser Befund deutet auf eine bessere Auslastung auch der Altanlagen hin.

2.3.2.2 Kennzahlen zur Untersuchung der Abschreibungspolitik

Abschreibungspolitik ist gekennzeichnet durch

- die Ausnutzung von Spielräumen bei der Abschreibungsdauer von Gegenständen des Sachanlagevermögens,
- die Wahl der Abschreibungsmethode innerhalb der durch das Steuerrecht gewährten Möglichkeiten und

– im weiteren Sinne auch durch die Zyklen, innerhalb derer Sachanlagegüter ersetzt werden (denn natürlich ist kein Unternehmen gezwungen, bis zum Ende einer im AfA-Plan ursprünglich zugrunde gelegten Nutzungsdauer an einem Anlagegut festzuhalten).

Mit der Investitionsquote wurde oben bereits eine wichtige Kennzahl der Abschreibungspolitik behandelt. Sie belegt im Beispiel die gestiegene Investitionsneigung des Unternehmens; ob sie jedoch ausreicht, kann mit Hilfe der folgenden Kennzahlen näher untersucht werden:

Bezeichnung	Kennzahl allgemein	Beispielswert Berichtsjahr	Beispielswert Vorjahr
Investitionsdeckung	$\frac{\text{Abschreibungen} \cdot 100}{\text{Nettoinvestitionen}}$	$\frac{300.000 \cdot 100}{450.000} = 66{,}67\ \%$	$\frac{280.000 \cdot 100}{180.000} = 155{,}55\ \%$
Wachstumsrate (Investitionsüberschuss)	$\frac{\text{Nettoinvestitionen} \cdot 100}{\text{Abschreibungen}}$	$\frac{450.000 \cdot 100}{300.000} = 150\ \%$	$\frac{180.000 \cdot 100}{280.000} = 64{,}29\ \%$
Abschreibungsquote bezogen auf Buchwert der Sachanlagen	$\frac{\text{Abschreibungen} \cdot 100}{\text{Endbuchwert Sachanlagen}}$	$\frac{300.000 \cdot 100}{1.500.000} = 20{,}0\ \%$	$\frac{280.000 \cdot 100}{1.350.000} = 20{,}74\ \%$
Abschreibungsquote bezogen auf hist. Wert der Sachanlagen	$\frac{\text{Abschreibungen} \cdot 100}{\text{Hist. AK/HK Sachanlagen}}$	$\frac{300.000 \cdot 100}{5.400.000} = 5{,}55\ \%$	$\frac{280.000 \cdot 100}{5.100.000} = 5{,}49\ \%$
Anlagenabnutzungsgrad	$\frac{\text{Kumulierte AfA} \cdot 100}{\text{Hist. AK/HK Sachanlg.}}$	$\frac{3.950.000 \cdot 100}{5.400.000} = 73{,}15\ \%$	$\frac{3.800.000 \cdot 100}{5.100.000} = 74{,}51\ \%$

Die **Investitionsdeckung** gibt an, in welchem Ausmaß die Abschreibungen die Nettoinvestitionen übersteigen. Ihr Kehrwert ist die **Wachstumsrate**. Eine Investitionsdeckung > 100 % bzw. eine Wachstumsrate < 100 %, wie sie im Beispiel für das Vorjahr festgestellt wurde, zeigt auf, dass der Substanzverlust durch Abnutzung oder Ausbeutung, der in den Abschreibungen dokumentiert ist, nicht vollständig durch Neuinvestitionen kompensiert wurde, und ist folglich bedenklich. Für das Berichtsjahr zeigt sich auch hier die bereits oben festgestellte positive Entwicklung.

Die Literatur beschreibt mehrere Möglichkeiten zur Berechnung von **Abschreibungsquoten**. Die Quote der Abschreibungen in Bezug auf die historischen Anschaffungs- bzw. Herstellungskosten gibt den Anlagenabnutzungsgrad für das betrachtete Jahr an und ist insoweit die aussagenstärkste Variante. Eine Abschreibungsquote wird häufig auch in Bezug auf das gesamte Vermögen (= die Bilanzsumme) oder auf die Gesamtleistung errechnet.

Der **Anlagenabnutzungsgrad** lässt Rückschlüsse auf das Alter der Anlagen zu: Je kleiner dieser Wert ist, desto neuer und zeitgemäßer sind die eingesetzten Anlagen. Im Beispiel hat der durch die Neuinvestition bewirkte Zuwachs beim Sachanlagevermögen eine – allerdings geringe – positive Veränderung bewirkt.

2.3.2.3 Vorrats- und Forderungsquote

Die Entwicklung des Anteils der Vorräte und der Forderungen am Gesamtvermögen lässt Rückschlüsse auf die Absatzlage des Unternehmens zu:

Bezeichnung	Kennzahl allgemein	Beispielswert Berichtsjahr	Beispielswert Vorjahr
Vorratsquote	$\frac{\text{Vorräte} \cdot 100}{\text{Gesamtvermögen}}$	$\frac{475.000 \cdot 100}{3.270.000} = 14{,}53\ \%$	$\frac{610.000 \cdot 100}{2.785.000} = 21{,}90\ \%$
Forderungsquote	$\frac{\text{Forderungen} \cdot 100}{\text{Gesamtvermögen}}$	$\frac{535.000 \cdot 100}{3.270.000} = 16{,}36\ \%$	$\frac{320.000 \cdot 100}{2.785.000} = 11{,}49\ \%$

Die **Vorratsquote** ist im Beispiel seit dem Vorjahr deutlich zurückgegangen, was in Anbetracht der ebenfalls deutlich gestiegenen Umsatzerlöse auf Absatzsteigerungen schließen lässt.

Die **Forderungsquote** bestärkt den Eindruck, dass sich die Absatzlage sehr erfreulich entwickelt hat.

2.3.3 Finanzierungsanalyse

In der Finanzierungsanalyse wird die Kapitalausstattung des Unternehmens untersucht. Dabei geht es vor allem um die

- finanzielle Unabhängigkeit,
- finanzielle Stabilität und
- Liquidität.

2.3.3.1 Beurteilung der finanziellen Unabhängigkeit: Kennzahlen der Kapitalstruktur

Die finanzielle Unabhängigkeit des Unternehmens ist um so größer, je größer der Anteil des Eigenkapitals am eingesetzten Gesamtkapital ist, und zeigt sich außerdem in der Entwicklung der Gewinnrücklagen; denn diese spiegelt den Grad der Selbstfinanzierung des Unternehmens wider.

Bezeichnung	Kennzahl allgemein	Beispielswert Berichtsjahr	Beispielswert Vorjahr
Eigenkapitalquote (Grad der fin. Unabhängigkeit)	$\frac{\text{Eigenkapital} \cdot 100}{\text{Gesamtkapital}}$	$\frac{1.650.000 \cdot 100}{3.270.000} = 50{,}46\ \%$	$\frac{1.650.000 \cdot 100}{2.785.000} = 59{,}25\ \%$
Fremdkapitalquote (Anspannungsgrad, Verschuldungsgrad*)	$\frac{\text{Fremdkapital} \cdot 100}{\text{Gesamtkapital}}$	$\frac{1.620.000 \cdot 100}{3.270.000} = 49{,}54\ \%$	$\frac{1.135.000 \cdot 100}{2.785.000} = 40{,}75\ \%$
Grad der Selbstfinanzierung	$\frac{\text{Gewinnrücklagen} \cdot 100}{\text{Gesamtkapital}}$	$\frac{450.000 \cdot 100}{3.270.000} = 13{,}76\ \%$	$\frac{850.000 \cdot 100}{2.785.000} = 30{,}52\ \%$

* Einige Quellen geben als Verschuldungsgrad oder als Fremdkapitalquote auch das Verhältnis von Fremdkapital zu Eigenkapital an

Eigenkapitalquote und Verschuldungsgrad ergeben zusammen logischerweise 100 %; insofern ist die Berechnung eines der beiden Werte ausreichend zur Beurteilung. Im Beispiel hat die Eigenkapitalquote deutlich abgenommen, was als Verlust an finanzieller Unabhängigkeit gedeutet werden muss. Bei der Beurteilung muss aber berücksichtigt werden, dass die Verbindlichkeiten noch den Bilanzgewinn enthalten, der noch nicht an die Gesellschafter ausgeschüttet wurde. Seine Ausschüttung wird die (noch – z. B. durch Forderungseingänge – zu schaffende) Liquidität belasten, aber auch eine Bilanzverkürzung (= Verringerung der Bilanzsumme) bedingen und die obigen Quoten für das Berichtsjahr positiv verändern (Eigenkapitalquote dann: 54,63 %; Verschuldungsgrad 45,36 %).

Die absoluten Zahlen zeigen, dass sich das Eigenkapital der GmbH seit dem Vorjahr in der Summe nicht verändert hat, was zugleich bedeutet, dass der Jahresgewinn dem Bilanzgewinn entspricht, der zur Ausschüttung vorgesehen ist. Jedoch wurden im Berichtsjahr Gewinnrücklagen in Stammkapital umgewandelt.

Der Bilanzgewinn ist, da er vollständig ausgeschüttet werden soll, in den kurzfristigen Verbindlichkeiten enthalten. Der Grad der Selbstfinanzierung wird hierdurch stark beeinflusst und könnte fehlinterpretiert werden: Denn durch die Umwidmung des Kapitals ist dieses jetzt im Unternehmen gebunden, während es vorher durch Gesellschafterbeschluss zur Ausschüttung hätte kommen können; die Finanzierung ist durch diese Maßnahme deutlich solider geworden.

2.3.3.2 Beurteilung der finanziellen Stabilität: Anlagenfinanzierung

Zur Beurteilung der Anlagenfinanzierung werden horizontale Kennzahlen gebildet, also solche Kennzahlen, die Einzelwerte beider Bilanzseiten zueinander in Beziehung setzen.

Die hier ermittelten Deckungsgrade geben an, in welchem Maße das Anlagevermögen **stabil**, d. h. ohne die Gefahr einer gläubigerveranlassten Zwangsliquidation zum Zwecke der Schuldendeckung, finanziert ist.

Das Anlagevermögen muss dem Unternehmen langfristig zur Verfügung stehen, denn es stellt die Grundlage des Geschäftsbetriebs dar. Entsprechend langfristig ist die durch das Anlagevermögen bedingte Kapitalbindung. Würde Anlagevermögen durch kurzfristig fälliges Kapital finanziert (z. B. durch einen Kontokorrentkredit), liefe das Unternehmen ständig Gefahr, sein Anlagevermögen veräußern zu müssen, um seinen Zahlungsverpflichtungen nachkommen zu können.

Ein solcherart instabiler Zustand tritt nicht ein, wenn das Unternehmen die »**Goldene Bilanzregel**« beachtet:

Langfristiges Vermögen muss langfristig finanziert werden!

Insgesamt ist das Unternehmen gehalten, auf die Übereinstimmung der Fälligkeiten von Verbindlichkeiten und den Zufluss liquider Mittel zu achten (Grundsatz der **Fristenkongruenz**). Dieser Grundsatz wird auch als »**Goldene Bankregel**« bezeichnet.

Die sicherste, weil unbefristete Finanzierung ist diejenige aus Eigenkapital. Der Idealfall, nämlich die vollständige Finanzierung des Anlagevermögens aus Eigenmitteln, ist aber im industriellen Bereich die Ausnahme. Inwieweit dieser Idealfall gegeben ist, misst der **Deckungsgrad I**.

Reicht das Eigenkapital zur Anlagendeckung nicht aus, wird das langfristige Fremdkapital in die Berechnung einbezogen. Der hieraus resultierende **Deckungsgrad II** muss mindestens 100 % betragen.

Bezeichnung	Kennzahl allgemein	Beispielswert Berichtsjahr	Beispielswert Vorjahr
Deckungsgrad I	$\frac{\text{Eigenkapital} \cdot 100}{\text{Anlagevermögen}}$	$\frac{1.650.000 \cdot 100}{2.150.000} = 76{,}74\ \%$	$\frac{1.650.000 \cdot 100}{1.770.000} = 93{,}22\ \%$
Deckungsgrad II	$\frac{\text{Langfr. Kapital} \cdot 100}{\text{Anlagevermögen}}$	$\frac{2.870.000 \cdot 100}{2.150.000} = 133{,}49\ \%$	$\frac{2.690.000 \cdot 100}{1.770.000} = 151{,}98\ \%$

Die Deckung hat sich im Berichtsjahr verschlechtert, weil das Eigenkapital und auch das langfristige Vermögen in Summe nicht im gleichen Maße gewachsen sind wie das Anlagevermögen, dessen Zunahme aber vor allem im Finanzanlagevermögen erfolgte. Das Sachanlagevermögen ist dagegen allein durch Eigenkapital gedeckt:

Die finanzielle Stabilität kann daher als sehr gut beurteilt werden.

2.3.3.3 Beurteilung der Zahlungsfähigkeit (Liquidität)

2.3.3.3.1 Liquiditätsanalyse mit Bestandsgrößen

Die Liquidität gibt an, inwieweit die verfügbaren flüssigen Mittel ausreichen, um die in kurzer Frist fälligen Verpflichtungen (= kurzfristiges Fremdkapital) zu begleichen. Ideal ist, wenn die vorhandenen liquiden Mittel dazu ausreichen. Inwieweit dies zum Bilanzstichtag der Fall war, wird in der statischen, d. h. auf einen einzigen Zeitpunkt bezogenen, Liquiditätsanalyse mit der **Liquidität I (Barliquidität)** ausgedrückt.

Werden den liquiden Mitteln die kurzfristigen Forderungen hinzugerechnet und wird die Summe dem kurzfristigen Fremdkapital gegenübergestellt, ergibt sich **Liquidität II (einzugsbedingte Liquidität)**. Diese sollte 100 % nicht unterschreiten.

Die **Liquidität III (umsatzbedingte Liquidität)** bezieht das gesamte Umlaufvermögen, also auch alle Vorräte, in den Zähler ein. Dieser Einbezug ist mit größerer Unsicherheit behaftet, wenn der Abverkauf der Endprodukte und Handelswaren nicht überwiegend aufgrund bereits geschlossener Kaufverträge feststeht; Rohstoffe können in der Regel erst nach ihrer Verarbeitung zu Endprodukten in flüssige Mittel verwandelt werden. Daher wird für die Liquidität III ein Wert von mindestens 200 % gefordert.

Bezeichnung	Kennzahl allgemein	Beispielswert Berichtsjahr	Beispielswert Vorjahr
Liquidität I	$\frac{\text{Flüssige Mittel} \cdot 100}{\text{Kurzfrist. Fremdkapital}}$	$\frac{110.000 \cdot 100}{400.000} = 27{,}5\ \%$	$\frac{85.000 \cdot 100}{95.000} = 89{,}47\ \%$
Liquidität II	$\frac{(\text{Flüssige M.} + \text{Ford.}) \cdot 100}{\text{Kurzfrist. Fremdkapital}}$	$\frac{645.000 \cdot 100}{400.000} = 161{,}25\ \%$	$\frac{405.000 \cdot 100}{95.000} = 426{,}32\ \%$
Liquidität III	$\frac{\text{Umlaufvermögen} \cdot 100}{\text{Kurzfrist. Fremdkapital}}$	$\frac{1.120.000 \cdot 100}{400.000} = 280\ \%$	$\frac{1.015.000 \cdot 100}{95.000} = 1.068{,}4\ \%$

Für das Berichtsjahr ergibt sich eine in Bezug auf Liquidität I zwar schwache, ansonsten aber sehr zufrieden stellende Liquidität, während am Vorjahresstichtag eine unwirtschaftliche Überliquidität bestand, die durch geeignete Maßnahmen wie Schuldenabbau oder kurzfristige Geldanlage zu vermeiden gewesen wäre.

2.3.3.3.2 Liquiditätsanalyse mit Stromgrößen

Die Zahlungsfähigkeit des Unternehmens allein auf Basis der Bilanz beurteilen zu wollen, wäre für das Unternehmen allerdings fahrlässig: Die Bilanz stellt lediglich den Zustand am – im Analysezeitpunkt lange vergangenen – Stichtag dar; gerade der Bestand an liquiden Mitteln ändert sich aber kurzfristig (meist mehrmals täglich). Zur Sicherstellung der allzeitigen Liquidität, die unbedingt notwendig ist (Zahlungsunfähigkeit ist ein Insolvenzgrund!), ist eine **zukunftsbezogene dynamische Liquiditätsplanung** anhand eines **Finanzplans** oder **Liquiditätsplans** unerlässlich. Eine dynamische Liquiditätsbetrachtung kann folgende Kennzahlen einbeziehen:

Bezeichnung	Kennzahl allgemein
Kreditorenlaufzeit (in Tagen)	$\frac{\varnothing\ \text{Verbindlichkeiten LL} \cdot 360}{\text{Materialaufwand}}$
Debitorenlaufzeit (in Tagen)	$\frac{\varnothing\ \text{Warenforderungen} \cdot 360}{\text{Umsatzerlöse}}$
Lagerdauer (in Tagen)	$\frac{\varnothing\ \text{Vorräte} \cdot 360}{\text{Materialaufwand}}$

Die Kreditorenlaufzeit ist der Zeitraum zwischen dem Eingang einer Lieferantenrechnung und ihrer Bezahlung. Er sollte länger sein als die Debitorenlaufzeit (Zeitraum zwischen Kundenrechnungsstellung und Zahlungseingang), aber nicht so lang, dass Skontofristen verstreichen; denn der Verzicht auf Skontoziehung ist in der Regel der denkbar teuerste Kredit.

Eine wesentliche Größe der Liquiditätsbetrachtung ist der **Umsatzüberschuss**, d. h. der Überschuss der Einnahmen aus Umsätzen über die Betriebsausgaben. Er steht für Investitionen zur Verfügung. Eine Ausprägungsform der Ermittlung des Umsatzüberschusses ist der Cash-Flow, der in Abschnitt 2.3.4.4 eingehender behandelt wird.

2.3.4 Ergebnisanalyse

2.3.4.1 Aufbereitung der Erfolgsrechnung: Ergebnisse und »Earnings«

Auch die Gewinn- und Verlustrechnung muss für Analysezwecke aufbereitet werden.

Für die Beispiel-GmbH ergibt sich die folgende Erfolgsrechnung (nach dem Gesamtkostenverfahren):

Erfolgsrechnung	**Berichtsjahr**		**Vorjahr**	
	€	**€**	**€**	**€**
Umsatzerlöse		6.410.000		5.040.000
± Bestandsveränderung Erzeugnisse		62.000		118.000
+ aktivierte Eigenleistungen		101.000		0
+ sonstige betriebliche Erträge		**67.000**		**42.000**
= Gesamtleistung		**6.640.000**		**5.200.000**
– Materialaufwand		4.275.000		3.105.000
= Rohergebnis		**2.365.000**		**2.095.000**
– Personalaufwand	1.184.875		1.255.175	
– sonstige betriebl. Aufwendungen	543.710		385.400	
= ordentliches Betriebsergebnis vor Abschreibung (EBITDA)		**636.415**		**454.425**
– Abschreibungen		300.000		280.000
= Ordentliches Betriebsergebnis (EBIT)		**336.415**		**174.425**
+ Zins- und zinsähnliche Erträge	2.700		1.200	
– Zins- und zinsähnliche Aufwendungen	45.000		43.000	
= Finanzergebnis	**–42.300**	**–42.300**	**–41.800**	**–41.800**
= Ergebnis der gewöhnl. Geschäftstätigkeit		**294.115**		**132.625**
+ außerordentliche Erträge	0		0	
– außerordentliche Aufwendungen	0		0	
= außerordentliches Ergebnis	**0**		**0**	
= Ergebnis vor Steuern (EBT)		**294.115**		**132.625**
– Steuern		44.115		18.625
= Jahresüberschuss/Jahresfehlbetrag		**250.000**		**114.000**

Ergebnisse

- Das Ergebnis **der gewöhnlichen Geschäftstätigkeit** beinhaltet diejenigen Aufwendungen und Erträge, die aus der üblichen, regulären Betätigung des Unternehmens resultieren.
- Das **außerordentliche** Ergebnis besteht dagegen aus denjenigen Geschäftsfällen, die auf außerhalb des normalen Geschäftsbetriebs angesiedelte Betätigungen und Ereignisse (etwa Gewinne aus Anlagenverkauf oder aus der Auflösung ganzer Geschäftsbereiche; Erträge aus der Auflösung von Rückstellungen; Kosten eines Börsenganges; Aufwendungen aus einem Schadensfall) zurückzuführen sind.
- Beide Ergebnisse zusammen ergeben das Ergebnis **vor Steuern**. Hiervon werden die Steuern vom Einkommen und Ertrag abgezogen, wobei berücksichtigt wird, dass die Gewerbesteuer als Betriebsausgabe gebucht werden kann und damit ihre eigene Bemessungsgrundlage sowie diejenige der Körperschaftstuer mindert.
- Endergebnis ist das Ergebnis **nach Steuern**, das den Jahresüberschuss oder Jahresfehlbetrag darstellt.

Earnings

Die in der Ergebnisanalyse mittlerweile verbreiteten »**Earnings**«-Kennziffern, deren wichtigste in das obige Schema eingearbeitet sind, sind den oben dargestellten »Ergebnissen« ähnlich, aber nicht mit ihnen identisch. Leider gilt auch für sie eine uneinheitliche Auffassung in Literatur und Praxis: Was z. B. unter dem EBIT verstanden wird, kann von Unternehmen zu Unternehmen differieren. Es bedeuten normalerweise

EBT = Earnings before Taxes; Ergebnis vor Steuern

EBIT = Earnings before Interest and Taxes; Ergebnis vor Zinsen und Steuern

EBITDA = Earnings before Interest, Taxes, Depreciation and Amortization; Ergebnis vor Zinsen, Steuern, Abschreibungen auf Sachanlagen und Abschreibungen auf immaterielle Vermögenswerte. Sind Abschreibungen auf immaterielle Vermögenswerte, z. B. den Firmenwert, vorgenommen worden, kann hier noch eine Zwischenkennzahl gebildet werden, die nur die Abschreibungen auf das immaterielle Anlagevermögen beinhaltet, nämlich der **EBITA** (Earnings before Interest, Taxes and Amortization).

2.3.4.2 Rentabilitätsrechnung

Mittels der Rentabilitätsrechnung kann ermittelt werden, in welchem Maße sich der Einsatz von Kapital gelohnt hat. Unterschieden wird nach

- Rentabilität des Eigenkapitals **(Unternehmerrentabilität)**,
- Rentabilität des Gesamtkapitals **(Unternehmungsrentabilität)**,
- Umsatzrentabilität **(Umsatzverdienstrate)**.

Zur Berechnung der Rentabilitäten wird der »bereinigte Jahresgewinn« benötigt. Dieser ergibt sich durch Herausrechnung des außerordentlichen Ergebnisses aus dem GuV-Jahresüberschuss:

  Jahresüberschuss gem. GuV
– außerordentliche Erträge
+ außerordentliche Aufwendungen
= bereinigter Jahresgewinn

Bei Einzelunternehmen und Personengesellschaften muss der so ermittelte Jahresgewinn außerdem um den Unternehmerlohn für die mitarbeitenden Inhaber gekürzt werden, da nur so ein Vergleich mit Kapitalgesellschaften möglich ist, die die Gehälter der geschäftsführenden Gesellschafter aufwandswirksam gebucht haben.

Eigenkapital und Gesamtkapital werden nicht als Jahresendwerte, sondern als Durchschnittswerte der jeweiligen Periode berücksichtigt. Hierzu wird das arithmetische Mittel aus Jahresanfangs- und Jahresendbestand gebildet. Für ein mit dem Kalenderjahr übereinstimmendes Geschäftsjahr gilt:

$$\varnothing \text{ Eigenkapital} = \frac{\text{Eigenkapital am 1.1.} + \text{Eigenkapital am 31.12.}}{2}$$

$$\varnothing \text{ Gesamtkapitel} = \frac{\text{Gesamtkapital am 1.1.} + \text{Gesamtkapital am 31.12.}}{2}$$

Bezeichnung	Kennzahl allgemein	Beispielswert Berichtsjahr	Beispielswert Vorjahr*
Eigenkapitalrentabilität	$\frac{\text{Bereinigter Jahresgewinn} \cdot 100}{\varnothing \text{ Eigenkapital}}$	$\frac{250.000 \cdot 100}{1.650.000} = 15{,}15\ \%$	$\frac{114.000 \cdot 100}{1.650.000} = 6{,}91\ \%$
Gesamtkapitalrentabilität	$\frac{(\text{Bereinigter Jahresgewinn} + \text{Zinsaufwd.}) \cdot 100}{\varnothing \text{ Gesamtkapital}}$	$\frac{295.000 \cdot 100}{3.027.500} = 9{,}74\ \%$	$\frac{157.000 \cdot 100}{2.645.000} = 5{,}94\ \%$
Umsatzrentabilität	$\frac{\text{Bereinigter Jahresgewinn} \cdot 100}{\text{Umsatzerlöse}}$	$\frac{250.000 \cdot 100}{6.410.000} = 3{,}9\ \%$	$\frac{114.000 \cdot 100}{5.040.000} = 2{,}26\ \%$

* unter folgenden Annahmen: Eigenkapital am 1.1. des Vorjahres: 1.650.000 €;
Gesamtkapital am 1.1. des Vorjahres: 2.505.000 €

Waren die Eigenkapital- und die Gesamtkapitalrentabilität im Vorjahr noch schwach, sind die Werte im Berichtsjahr angesichts einer angenommenen landesüblichen Geldanlagenverzinsung von 5,0 % akzeptabel. Die Differenz zwischen Eigenkapitalrentabilität und Marktverzinsung von hier 10,15 % stellt die **Risikoprämie** dar, die das Unternehmen als Lohn für das eingegangene **Unternehmerwagnis** erhalten hat.

Die Gesamtkapitalrentabilität liegt im Berichtsjahr über dem marktüblichen Zins für Fremdkapital, der mit 8 % angenommen wird. Die Aufnahme weiteren Fremdkapitals für Investitionen würde – eine anschließend unveränderte Gesamtkapitalrentabilität vorausgesetzt – daher zu einer Erhöhung der Eigenkapitalverzinsung führen. Diese als **Leverage Effect** bekannte Hebelwirkung wird in Abschnitt 3.1.2 näher beschrieben.

2.3.4.3 Umschlagskennzahlen

Aus der Erfolgsrechnung können – teilweise unter Hinzuziehung der Werte aus der aufbereiteten Bilanz – eine Reihe von Kennzahlen abgeleitet werden, die Aussagen über die Wirtschaftlichkeit des betrieblichen Leistungserstellungsprozesses ermöglichen, nämlich

- Kennzahlen des Lagerumschlags,
- Kennzahlen des Forderungsumschlags und
- Kennzahlen des Kapitalumschlags.

Die Kennzahlen des Lagerumschlags werden in Abschnitt 4.3 behandelt. Die wichtigsten Kennzahlen des Forderungs- und des Kapitalumschlags – hier nur für das Berichtsjahr errechnet – enthält die folgende Tabelle.

Bezeichnung	Kennzahl allgemein	Beispielswert Berichtsjahr
∅ Forderungsbestand	$\frac{\text{Forderungen 31.12.} + \text{Forderungen 01.01.}}{2}$	$\frac{535.000 + 320.000}{2} = 427.500$
Umschlagshäufigkeit der Forderungen	$\frac{\text{Umsatzerlöse}}{\varnothing \text{ Forderungsbestand}}$	$\frac{6.410.000}{427.500} = 14{,}99\ (\approx 15\text{-mal})$
Durchschnittliche Kreditdauer	$\frac{360}{\text{Umschlagshäufigkeit d. Ford.}}$	$\frac{360}{15} = 24\ (\text{Tage})$
∅ Eigenkapital (EK)	$\frac{\text{EK 31.12.} + \text{EK 01.01.}}{2}$	$\frac{1.650.000 + 1.650.000}{2} = 1.650.000$
Umschlagshäufigkeit des Eigenkapitals	$\frac{\text{Umsatzerlöse}}{\varnothing \text{ Eigenkapital}}$	$\frac{6.410.000}{1.650.000} = 3{,}89\ (\approx 3{,}9\text{-mal})$
Umschlagsdauer des Eigenkapitals	$\frac{360}{\text{Umschlagshäufigkeit des EK}}$	$\frac{360}{3{,}9} = 92{,}3\ (\text{Tage})$

Die **durchschnittliche Kreditdauer** gibt an, dass die Kunden der GmbH ihre Rechnungen im Durchschnitt nach 24 Tagen bezahlt haben. Bei unterstellten Zahlungsbedingungen »binnen 7 Tagen abzüglich 2 % Skonto, binnen 30 Tagen ohne Abzug« erfolgte die Zahlung also im Schnitt jenseits der Skontofrist, aber ohne die Kreditdauer voll auszuschöpfen.

Eine raschere Bezahlung wäre wünschenswert, wenn dadurch die Ausschöpfung von Skonto bei eigenen Lieferantenrechnungen möglich wird.

Die **durchschnittliche Kapitalumschlagshäufigkeit und -dauer** kann in gleicher Weise, wie hier für das Eigenkapital gezeigt, auch für das Gesamtkapital berechnet werden. Je höher die Umschlagshäufigkeit (und je geringer dementsprechend die Umschlagsdauer), desto geringer muss das eingesetzte Kapital sein. Durch eine Verringerung des Kapitaleinsatzes bei gleich bleibendem Gewinn würde die Rentabilität gesteigert.

Für die Höhe des Wertes als solchem kann keine Empfehlung abgegeben werden; hier ist vielmehr die Entwicklung über mehrere Perioden zu beobachten.

2.3.4.4 Cash-Flow

Von besonderem Interesse für jedes Unternehmen ist die Selbstfinanzierungskraft, also die Fähigkeit, aus der eigenen Betätigung heraus Mittel für Investitionen, Schuldentilgung und Ausschüttungen an Anteilseigner zu erwirtschaften. Die Kennzahl, die den für diese Zwecke verfügbaren Betrag angibt, ist der Cash-Flow (auch in der Schreibweise Cashflow).

Zur **direkten Ermittlung** des Cash-Flow werden alle im laufenden Geschäftsbetrieb anfallenden zahlungswirksamen Eingänge um die Betriebsausgaben vermindert (Umsatzüberschuss, vgl. Abschn. 2.3.3.3.2). Diese Ermittlung ist jedoch relativ aufwändig, weswegen meist eine indirekte Ermittlung erfolgt.

Bei der **indirekten Berechnung** geht man von der Annahme aus, dass der Bilanzgewinn im Wesentlichen in barer Form vorliegt. Ihm werden alle unbaren Erträge (z. B. Erträge aus der Auflösung von Wertberichtigungen) abgezogen und alle unbaren Aufwendungen hinzugezählt; denn letztere haben zwar den Gewinn buchhalterisch, aber nicht durch einen Zahlungsmittelabfluss gemindert (z. B. die Abschreibungen oder die Zuführung zu Rückstellungen).

Eine häufige Form der Berechnung ist die folgende:

Jahresüberschuss
\+ Abschreibungen
\- Zuschreibungen
\+ Zuführung zu Rückstellungen
\- Auflösung von Rückstellungen

= **Cash-Flow**

Der so definierte Cash Flow gibt die zugeflossenen Finanzmittel aus dem Betriebsprozess eines Jahres wider. Wurde er aus dem Ergebnis vor Steuern oder aus dem Ergebnis vor Steuern und Zinsen ermittelt, wird er als **Brutto-Cash-Flow** bezeichnet, da er für die Verwendung für Schuldentilgung, Ausschüttung oder Rücklagenbildung für Investitionen noch nicht vollständig zur Verfügung steht. Seine Bereinigung errechnet sich wie folgt:

Brutto-Cash-Flow
\- Steuerzahlungen (falls aus dem Ergebnis vor Steuern ermittelt)
\- Zinszahlungen (falls aus dem Ergebnis vor Zinsen ermittelt)
\- Privatentnahmen (nur bei Kapitalgesellschaften)
± Zuführung zu / Auflösung von Rücklagen

= **Netto-Cash-Flow**
± Investitionen / Desinvestitionen

= **Free Cash-Flow**

Der Free Cash-Flow steht für Ausschüttungen an die Gesellschafter frei zur Verfügung. Als **operativer Cash-Flow** (Cash-Flow aus laufender Geschäftstätigkeit) wird ein um kurzfristig erwirtschaftete bzw. kurzfristig verbrauchte Finanzmittel (»**Working Capital**«, vgl. Abschn. 3.1.2.3; 3.2.7) bereinigter Brutto-Cash-Flow bezeichnet. Die Literatur kennt zahlreiche weitere, in Nuancen abweichende Berechnungen des Cash-Flow.

2.3.4.5 Bewegungsbilanz

Die Schlussbilanz als stichtagsbezogene Rechnung kann nichts über die Mittelbewegungen im laufenden Jahr aussagen. Die Veränderungen von Bestandspositionen, die Rückschlüsse auf Mittelherkunft und Mittelverwendung zulassen, werden erst im Vergleich zweier aufeinander folgender Bilanzen ersichtlich. Zur Darstellung der Mittelflüsse während einer Berichtsperiode bedarf es daher einer Bewegungsbilanz. Die folgende Darstellung zeigt die Bewegungsbilanz für die Beispiel-GmbH im Berichtsjahr, die aus der aufbereiteten Bilanz des Berichts- und des Vorjahrs leicht abgeleitet werden kann:

Bewegungsbilanz

Mittelverwendung			**Mittelherkunft**		
I. Zunahme der Aktiva			**I. Zunahme der Passiva**		
1. Investition im AV			1. Eigenkapital		
Sachanlagen	150.000		Stammkapital		400.000
Finanzanlagen	230.000	380.000	2. Fremdkapital		
2. Zugänge im UV			Langfristiges Fremdkapital		
Forderungen LL	215.000		Pensionsrückstellungen	30.000	
Flüsse Mittel	25.000	240.000	Darlehensverbindlichk.	150.000	180.000
			Kurzfristiges Fremdkapital		
II. Abnahme der Passiva			Kurzfristige Rückstellungen	60.000	
Auflösung von Rücklagen		400.000	Kurzfristige Verbindlichkeiten	245.000	305.000
			II. Abnahme der Aktiva		
			Abnahme der Vorräte		135.000
		1.020.000			**1.020.000**

Die Bewegungsbilanz verdeutlicht, dass insgesamt 1.020.000 € als verfügbare Finanzierungsmittel bewegt wurden. Zwar geht die Bewegung innerhalb des Eigenkapitals »nur« auf eine Umwidmung von Gewinnrücklagen in Stammkapital zurück; aber es wurde auch erhebliches Fremdkapital neu zur Verfügung gestellt, und der Abbau der Vorräte führte zu nennenswerten Umsatzerlösen. Auf der Vermögensseite haben sich diese Zuflüsse vorrangig in langfristigen Anlagen niedergeschlagen.

Von besonderem Interesse ist die Untersuchung, in welchem Maße Abschreibungen zur Finanzierung des Anlagevermögens beigetragen haben. Dabei handelt es sich um eine Rückflussfinanzierung, denn Abschreibungen werden in die Verkaufspreise einkalkuliert und fließen mit den Erlösen an das Unternehmen zurück.

Aus dem Anlagenspiegel der GmbH ist die folgende Anlagenentwicklung ablesbar:

Auszug aus dem Anlagenspiegel

	Zugänge	Abgänge zu AK/HK	Korrektur der kumulierten Abschreibungen*	Finanzierung aus Abgängen	Abschreibungen der Periode
Sachanlagen	500.000	200.000	150.000	50.000	300.000
Finanzanlagen	230.000	–	–	–	–
Gesamt	**730.000**	**200.000**	**150.000**	**50.000**	**300.000**

* Wenn die Abgänge zu Anschaffungs- bzw. Herstellungskosten bewertet werden, müssen die für die abgehenden Vermögensteile zuvor gebildeten kumulierten Abschreibungen aus der Position »kumulierte Abschreibungen« wieder herausgerechnet werden!

Mit dem Einbezug der Zugänge und Abgänge im Anlagevermögen und der Abschreibungen wird die Bewegungsbilanz noch aussagefähiger:

Bewegungsbilanz

Mittelverwendung			Mittelherkunft		
I. Zunahme der Aktiva			**I. Zunahme der Passiva**		
1. Investition im AV			1. Eigenkapital		
Sachanlagen	500.000		Stammkapital		400.000
Finanzanlagen	230.000	730.000	2. Fremdkapital		
2. Zugänge im UV			Langfristiges Fremdkapital		
Forderungen LL	215.000		Pensionsrückstellungen	30.000	
Flüssige Mittel	25.000	240.000	Darlehensverbindlichk.	150.000	180.000
			Kurzfristiges Fremdkapital		
II. Abnahme der Passiva			Kurzfristige Rückstellungen	60.000	
Auflösung von Rücklagen		400.000	Kurzfristige Verbindlichkeiten	245.000	305.000
			II. Abnahme der Aktiva		
			Abnahme der Vorräte		135.000
			III. Finanzierung		
			aus Abgängen	50.000	
			aus Abschreibungen	300.000	350.000
		1.370.000			**1.370.000**

Setzt man die Zugänge im Anlagevermögen zur Finanzierung aus Abgängen und Abschreibungen ins Verhältnis, zeigt sich, dass die Neuinvestitionen zu knapp 48 % aus Abschreibungen und Anlagen finanziert wurden. Wird die Berechnung allein auf die Netto-Investitionen (730.000 € – 50.000 €) und die Abschreibungen (300.000 €) bezogen, ergibt sich immer noch ein Anteil von 44 %.

2.3.5 Grenzen der Aussage der Bilanz

Die Grenzen der Bilanzanalyse ergeben sich aus dem Umfang und der Qualität der Informationen, die der Analyse zugrunde gelegt werden:

- Zum einen sind die Bilanzdaten reine **Vergangenheitswerte**; aus der Analyse sollen aber Schlüsse für die Zukunft gezogen werden.
- Weiterhin enthält der Jahresabschluss nur Daten in **Geld** oder **Geldeswert**. Für ein Gesamtbild des Unternehmens reicht dieses Datenmaterial nicht aus: Beispielsweise wäre hierfür auch eine Aussage über die Qualität des Managements zu treffen.
- Die Daten, mit denen die Analyse dann durchgeführt wird, sind nicht nur veraltet und unvollständig, sondern, auch infolge bilanzpolitischer Wahlrechtsausübungen, die den Ansatz unterschiedlicher Bewertungsverfahren und -methoden zur Folge haben, nur bedingt vergleichbar.

2.3.6 Jahresabschluss nach US-GAAP und IAS/IFRS: Unterschiede zum HGB

Auf die Hintergründe und Grundsätze des internationalen Rechnungslegungsstandards IAS/IFRS und des US-amerikanischen Standards US-GAAP wurde bereits in Abschnitt 2.1.2.4 eingegangen.

An dieser Stelle folgen ergänzende Ausführungen zur Gestaltung des Jahresabschlusses nach diesen Standards.

2.3.6.1 Jahresabschluss nach US-GAAP: Gliederung von Bilanz und GuV

Während die Bilanz im Jahresabschluss nach HGB eine herausragende Stellung einnimmt, kommt ihr in den USA im Vergleich zur Gewinn- und Verlustrechnung eine geringere Bedeutung zu:

Sie dient dazu, Anlegern und Anlageinteressierten Informationen zu liefern, die eine Einschätzung des Anlagerisikos ermöglichen und zur Entscheidungsfindung herangezogen werden können (»Decision Usefulness«).

Die für die Regelungen der US-GAAP zuständige »U.S. Securities and Exchange Commission« (SEC) schreibt keine bestimmte Gliederung für die Bilanz vor, empfiehlt für börsennotierte Unternehmen jedoch ein Schema, das eine Gliederung nach abnehmender (!) Liquidität vorsieht:

Folglich steht auf der Aktivseite (»Assets«) das Umlaufvermögen vor dem Anlagevermögen; die Auflistung der Passivseite beginnt mit den kurzfristigen Verbindlichkeiten.

Das folgende Beispiel einer Bilanzgliederung wurde bewusst in der Originalsprache belassen, da eine Namensgleichheit mit Bilanzpositionen des HGB ansonsten als auch inhaltliche Gleichheit missverstanden werden könnte:

Diese ist aber in den einzelnen Ausgestaltungen durchweg **nicht** gegeben!

Assets

- Current assets
  - Cash and cash equivalents
  - Marketable securities
  - Accounts receivable and notes
  - Inventories
  - Deffered income tax asset
  - Prepaid expenses

- Non-current assets
  - Property, plant and equipment
  - Land and land improvements
  - Buildings
  - Machinery and equipment
  - Intangible assets
  - Long term investments
  - Other assets

Liabilities and Stockholder´s Equity

- Current liabilities
  - Short term borrowings
  - Current portion of long-term debt
  - Accounts payable and notes
  - Income taxes
  - Other accrued liabilities

- Non-current liabilities
  - Long-term debt (less current portion)
  - Deffered income taxes
  - Postretirement benefits other than pensions
  - Other liabilities

- Stockholders' equity
  - Preffered stock
  - Commom stock
  - Additional paid-in capital
  - Retained earnings

Die Gewinn- und Verlustrechnung (»Income Statement«) nach US-GAAP muss nach SEC nach dem Umsatzkostenverfahren aufgestellt werden.

1. Net Sales (Operating Revenues)
2. Cost of Sales (Cost of Goods Sold)
3. Gross Profit (Gross Margin)
4. Selling, General and Administrative Expenses
5. Operating Income/Loss (Income/Loss from Operations)
6. Interest Income
7. Interest Expenses
8. Other Income
9. Other Expenses
10. Income/Loss from Continuing Operations before Income Taxes
11. Provision for Income Taxes (Income Taxes)
12. Income/Loss from Continuing Operations

13. Noncontinuing Items (all items net of tax)
    - Discontinued Operations (less applicable income taxes of $ ...)
    - Extraordinary items (less applicable income taxes of $ ...)
    - Cumulative effect of changes in accounting principles (less applicable income taxes of $ ...)
14. Net Income/Loss (Net Earnings)

2.3.6.2 Jahresabschluss nach IAS/IFRS: Gliederung von Bilanz und GuV

Der Jahresabschluss nach IAS/IFRS besteht aus folgenden Bestandteilen:

- Bilanz,
- Gewinn- und Verlustrechnung (Income Statement),
- Eigenkapitalveränderungsrechnung (Changes in Equity),
- Cash-Flow-Rechnung (Cash Flow Statement),
- Anhang (Notes to Financial Statement),
- Erklärung über den allen Standards entsprechenden Abschluss.

Die Gliederung der Bilanz ist nicht ausdrücklich vorgeschrieben. Eine einmal gewählte Gliederung soll aber beibehalten werden. Mindestens darzustellen sind

Vermögenswerte	**Schulden und Eigenkapital**
Sachanlagen	Kapital und Rücklagen
Immaterielle Vermögenswerte	Minderheitenanteile
Finanzielle Vermögenswerte	Langfristige Verbindlichkeiten
Equity-Beteiligungen	Steuerverbindlichkeiten
Steuerliche Vermögenswerte	Kurzfristige Verbindlichkeiten
Vorräte	Rückstellungen
Forderungen	
Liquide Mittel	

Die folgende Darstellung zeigt ein Bilanzierungsbeispiel:

Assets (Vermögen)

Non-current assets (langfristiges Vermögen)
- Property plant and equipment (Sachanlagevermögen)
- Goodwill (positiver Firmenwert)
- Manufacting licences (Lizenzen)
- Investments in associates (Finanzanlagen in assoziierte Unternehmen)
- Other financial assets (sonstiges finanzielles Vermögen)

Current assets (kurzfristiges Vermögen)
- Inventories (Vorräte)
- Trade and other receivables (Forderungen aus Lieferungen und Leistungen und sonstige Forderungen)
- Prepayments (geleistete Anzahlungen)
- Cash and cash equivalents (liquide Mittel)

Equity and liabilities (Eigenkapital und Schulden)

Capital and reserves (gezeichnetes Kapital und Rücklagen)
- Issued Capital (gezeichnetes Kapital)
- Reserves (Rücklagen)
- Accumulated profits/losses (Gewinn- oder Verlustvortrag)

Minority Interest (Minderheitenanteile)

Non-current liabilities (langfristige Verbindlichkeiten)
- Interest bearing borrowing (verzinsliche Verbindlichkeiten)
- Deferred tax (latente Steuern)
- Retirement benefit obligation (aufgelaufene Rentenverpflichtungen)

Current liabilities (kurzfristige Verbindlichkeiten)
- Trade and other payables (Verbindlichkeiten aus Lieferungen und Leistungen und sonstige Verbindlichkeiten)
- Short-term borrowings (kurzfristige Verbindlichkeiten)
- Current portion of interest-bearing borrowings (Anteil der verzinslichen Verbindlichkeiten)
- Warranty provision (Garantierückstellungen)

An die **GuV** stellen die IAS/IFRS nur wenige formale Anforderungen: Sofern die geforderte »Fair Presentation« der Ertragslage erfolgt, darf die Gliederung entweder nach dem Gesamtkostenverfahren (Nature of Expense Method) oder dem Umsatzkostenverfahren (Function of Expense Method) erfolgen.

2.3.6.3 Bewertungsunterschiede IAS/IFRS und HGB

Die wesentlichen Unterschiede (auch in der Bewertung von Anlagen und Rückstellungen) zwischen dem Abschluss nach HGB und IAS/IFRS sind in der Tabelle in Abschnitt 2.1.2.4 enthalten. Auf einige wesentliche Aspekte, die aus der grundsätzlich unterschiedlichen Ausrichtung der beiden Rechnungslegungssysteme – Gläubigerschutz als Hauptanliegen des deutschen Handelsrechts, »Fair Presentation« gegenüber Aktionären und Anleihegläubigern als Ziel der IAS/IFRS – soll hier noch einmal hingewiesen werden:

- **Selbst erstellte immaterielle Wirtschaftsgüter** des Anlagevermögens dürfen nach HGB nicht aktiviert werden. Nach IFRS besteht unter bestimmten Voraussetzungen eine Ansatzpflicht, z. B. für Entwicklungskosten.
- Der beim Erwerb des Unternehmens entgeltlich erworbene (»derivative«) **Firmenwert** muss nach IFRS zwingend aktiviert werden und bleibt auch in der Folgezeit unverändert in der Bilanz, es sei denn, dass eine Wertminderung eintritt. Das HGB schreibt dagegen eine planmäßige Abschreibung vor.
- Das deutsche Handelsrecht legt die **Anschaffungs- bzw. Herstellungskosten** als absolute Obergrenze der Bewertung fest. Nach IFRS führt die Bewertung zum beizulegenden Zeitwert (Fair Value) in späteren Perioden häufig zu einem höheren Wertansatz.
- **Nicht realisierte Gewinne** dürfen nach HGB nicht ausgewiesen werden (»Realisationsprinzip«). Die IFRS lassen dies dagegen zu, wenn bestimmte Voraussetzungen erfüllt sind, oder schreiben den vorzeitigen Gewinnausweis sogar vor.
- **Aktive latente Steuern** müssen nach IFRS angesetzt werden; nach HGB besteht ein Aktivierungswahlrecht.
- Das HGB sieht bestimmte **Aufwandsrückstellungen** teilweise zwingend, teilweise als Wahlrecht vor. Nach IFRS sind Aufwandsrückstellungen ausnahmslos verboten.

2.4 Analyse der betrieblichen Leistungserstellung unter Nutzung der Kosten- und Leistungsrechnung

2.4.1 Unterscheidung zwischen Finanzbuchhaltung und Kosten- und Leistungsrechnung

Im Rahmen des betrieblichen Rechnungswesens ist die Kosten- und Leistungsrechnung von der Finanzbuchhaltung abzugrenzen.

Die **Finanzbuchhaltung** hat im Schwerpunkt die Ermittlung des Jahreserfolges durch Aufstellung der Gewinn- und Verlustrechnung und die Ermittlung der Vermögens- und Schuldbestände durch Aufstellung der Bilanz zur Aufgabe. Sie erfüllt ihre Aufgaben durch eine belegmäßige Erfassung aller wirtschaftlich bedeutsamen Geschäftsfälle, die chronologisch aufgezeichnet und im Rahmen der doppelten Buchführung auf Bestands- und Erfolgskonten verbucht werden. Wirtschaftlich bedeutsam sind Geschäftsfälle dann, wenn sie zur Änderung der Höhe und/oder Zusammensetzung des Vermögens und des Kapitals eines Unternehmens führen.

Der Jahresabschluss, der sich aus der Aufstellung der Bilanz und der Gewinn- und Verlustrechnung unter Beachtung gesetzlicher Vorschriften ergibt, dient der Darstellung des Jahreserfolges und der Vermögenslage eines Unternehmens. Er ist somit Bemessensgrundlage für die Verwendung eines eventuell erwirtschafteten Gewinnes und für die Besteuerung.

Im Ergebnis ist festzuhalten, dass sich die Finanzbuchhaltung überwiegend an Außenstehende richtet und somit **externe Informationszwecke** erfüllt.

Die **Kosten- und Leistungsrechnung** verfolgt, i. d. R. als kurzfristige Erfolgsrechnung eingerichtet, den Weg der Produktionsfaktoren im betrieblichen Prozess der Leistungserstellung und beschränkt sich dabei auf die rechnerische Erfassung jenes Werteverzehrs, der durch die unmittelbare Leistungserstellung und Leistungsverwertung verursacht wird, nämlich der Kosten. Sie wird durch keinerlei gesetzliche Vorschriften in ihrer Ausgestaltung eingeschränkt und lässt sich somit optimal den betrieblichen Erfordernissen anpassen.

Die Kosten- und Leistungsrechnung gliedert sich in drei Teilbereiche

- Kostenartenrechnung,
- Kostenstellenrechnung,
- Kostenträgerrechnung.

Die **Kostenartenrechnung** steht am Anfang jeder Kosten- und Leistungsrechnung und dient der Erfassung und Gliederung aller im Verlauf der jeweiligen Abrechnungsperiode angefallenen Kostenarten. Ihre Fragestellung lautet:

Welche Kosten sind insgesamt in welcher Höhe angefallen?

In der **Kostenstellenrechnung** werden im zweiten Schritt die Kosten auf die Betriebsbereiche/Kostenstellen verteilt, in denen sie angefallen sind. Die Verteilung erfolgt mit Hilfe eines Betriebsabrechnungsbogens (BAB) unter Zuhilfenahme von IT. Mit dieser Verteilung werden zwei Zwecke verfolgt: Zum einen ist es für die Wahrnehmung der Kontrollfunktion von elementarer Bedeutung, den Ort der Kostenentstehung zu kennen; zum anderen setzt eine genaue Stückkostenberechnung voraus, dass die betrieblichen Leistungen mit den entsprechenden Kosten der betrieblichen Stellen/Abteilungen belastet werden, die diese Leistungen erbringen. Ihre Fragestellung lautet:

Wo sind welche Kosten in welcher Höhe angefallen?

Die **Kostenträgerrechnung** hat im dritten Schritt die Aufgabe, für alle betrieblich erstellten Güter und Dienstleistungen die Stückkosten zu ermitteln. Ihre Fragestellung lautet:

Wofür sind welche Kosten in welcher Höhe pro Stück angefallen?

Es zeigt sich, dass die Kosten- und Leistungsrechnung sich überwiegend an Prozessbeteiligte richtet und daher **interne Informationszwecke** erfüllt.

In den einzelnen Teilgebieten des betrieblichen Rechnungswesens wird mit unterschiedlichen ökonomischen Begriffen gearbeitet. Sie haben sich herausgebildet, um den jeweiligen Anforderungen optimal gerecht zu werden.

Im Gegensatz zur Finanzbuchhaltung, die mit den ökonomischen Begriffspaaren

- »Einzahlungen/Auszahlungen«,
- »Einnahmen/Ausgaben«,
- »Ertrag/Aufwand«

arbeitet,

beschränkt sich die Kosten- und Leistungsrechnung im Grundsatz auf das Begriffspaar »Kosten/Leistung«.

Dabei werden im Rahmen der internen Erfolgsermittlung eines Unternehmens die Kosten als bewerteter Verzehr von Gütern und Dienstleistungen den erbrachten Leistungen als bewertete Erbringung von Gütern und Dienstleistungen **gegenübergestellt**.

Zum weiteren Verständnis ist von wesentlicher Bedeutung, dass der ermittelte Aufwand der Finanzbuchhaltung nur zum Teil mit den ermittelten Kosten der Kosten- und Leistungsrechnung übereinstimmt. Gleiches gilt für die ermittelten Erträge der Finanzbuchhaltung und den ermittelten Leistungen der Kosten- und Leistungsrechnung. Der Grund hierfür findet sich in der Natur mancher Aufwands- und Ertragsarten, die nichts mit der regelmäßigen Erstellung von betrieblichen Leistungen zu tun haben.

2.4.1.1 Kosten

Die Definition der Kosten ist durch drei Merkmale gekennzeichnet:

- Es muss ein **Verbrauch** von Gütern und/oder Dienstleistungen vorliegen.
- Der Verbrauch muss in Geldeinheiten zu **bewerten** sein.
- Der Verbrauch muss **betriebsbedingt** sein.

Da diese Definition auf den Begriff des Aufwandes nicht im vollen Umfang zutrifft, unterscheiden sich Aufwand und Kosten voneinander.

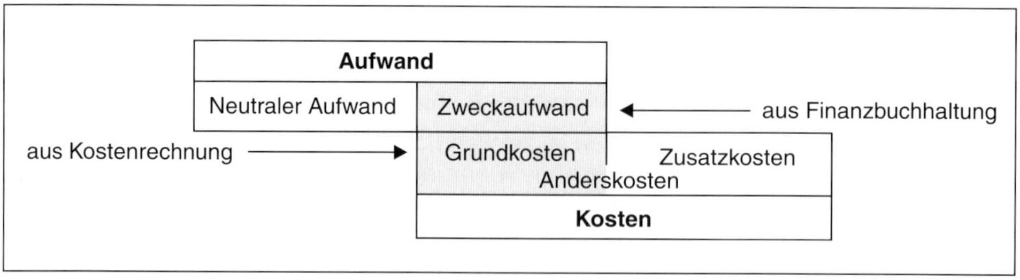

Die Beziehungen zwischen Aufwand und Kosten

Soweit sich Aufwand und Kosten decken, d. h. im gleichen Umfang sowohl in der Finanzbuchhaltung als auch in der Kosten- und Leistungsrechnung verrechnet werden, spricht man von **Zweckaufwand** und **Grundkosten**. Hierzu gehören beispielsweise verarbeitete Roh-, Hilfs- und Betriebsstoffe, Löhne, Gehälter und Versicherungen.

Bei dem **neutralen Aufwand** handelt es sich um Aufwand in der Finanzbuchhaltung, dem keine entsprechenden Kosten gegenüberstehen. Er lässt sich in vier Kategorien unterteilen:

- **Betriebsfremder Aufwand:** Betriebsfremd ist ein Aufwand dann, wenn ein Wertverzehr überhaupt keine Beziehung zur betrieblichen Leistungserstellung hat. Als Beispiel sei die Spende an das Deutsche Rote Kreuz genannt.
- **Periodenfremder Aufwand:** Wenn ein Aufwand nicht in der betrachteten Periode entstanden ist, in der im Rahmen des betrieblichen Verbrauches von Gütern und/oder Dienstleistungen auch die entsprechenden Kosten angefallen sind, spricht man von einem periodenfremden Aufwand. Hierzu gehört eine Steuernachzahlung für eine vergangene Periode.
- **Außerordentlicher Aufwand:** Dieser liegt dann vor, wenn er zwar durch die Erstellung betrieblicher Leistungen entstanden ist, jedoch so außergewöhnlich ist, dass er nicht in die interne Kostenermittlung einbezogen werden kann. Dieser Fall liegt vor bei Feuer-, Sturm- und Diebstahlschäden sowie Verlusten aus eingegangenen Bürgschaften.
- **Bewertungsbedingter Aufwand:** Bewertungsbedingt ist ein Aufwand dann, wenn er vom Wesen her zwar den Kosten entspricht, jedoch nicht in der Höhe. Zwei gute Beispiele liefert die Erfassung von Wertminderungen in Form von Abschreibungen:

  Im ersten Beispiel wird in der Finanzbuchhaltung aufgrund von steuerlichen Vorschriften eine Abschreibungsdauer (z. B. linear über 10 Jahre) gewählt, die nicht der betrieblichen Nutzungsdauer entspricht, da dieses Wirtschaftsgut im Betrieb länger genutzt wird (z. B. linear über 15 Jahre).

  Im zweiten Beispiel werden in der Finanzbuchhaltung Abschreibungen aufgrund von handelsrechtlichen Vorschriften von den historischen Anschaffungskosten vorgenommen (z. B. IT-Anlage über 5 Jahre), in der Kosten- und Leistungsrechnung dagegen von den zwischenzeitlich geringeren Wiederbeschaffungskosten. Diese Methode entspricht am ehesten der Realität, denn kaum ein Wirtschaftgut kann zu den historischen Anschaffungskosten wiederbeschafft werden. In beiden Fällen ist der Aufwand höher als die Kosten; die Differenz ist dabei bewertungsbedingt.

Bei den **Zusatzkosten** handelt es sich um Kosten, denen in der Finanzbuchhaltung kein Aufwand (kalkulatorische Kosten) oder Aufwand in anderer Höhe (Anderskosten) gegenübersteht. Hierzu gehören:

- **Kalkulatorischer Unternehmerlohn:** In Einzelunternehmen und Personengesellschaften erhalten Unternehmer und deren Familienmitglieder keine Gehaltszahlungen im eigentlichen Sinn, die dann problemlos als Personalaufwand in der Gewinn- und Verlustrechnung zu finden sind, sondern Entnahmen als vorgezogene Gewinnverwendung. In der Kostenrechnung müssen jedoch für die Mitarbeit des Unternehmers und dessen Familienangehörige kalkulatorische Unternehmerlöhne Beachtung finden.
- **Kalkulatorische Miete:** In Einzelunternehmen und Personengesellschaften werden oftmals die Privaträume des Unternehmers geschäftlich genutzt. Da auch hier Mietzahlungen im eigentlichen Sinne in der Finanzbuchhaltung keine Berücksichtigung finden, muss jedoch der Mietwert dieser Räume kalkulatorisch in der Kostenrechnung in Form einer kalkulatorischen Miete berücksichtigt werden.
- **Kalkulatorische Eigenkapitalzinsen:** Für den betrieblichen Einsatz des Eigenkapitals des Unternehmers müssen in der Kostenrechnung kalkulatorische Eigenkapitalzinsen berücksichtigt werden. Als Ansatzpunkt zur Zinssatzbestimmung ist von der Überlegung auszugehen, dass der Unternehmer sein Kapital nicht im eigenen Betrieb einsetzt, sondern als Guthaben bei einem Kreditinstitut verzinslich anlegt.

Bei diesen bisher genannten kalkulatorischen Kosten muss von dem Grundgedanken von **Alternativkosten** ausgegangen werden, also von Kosten im Sinne von entgangenem Nutzen (entgangenes Gehalt, entgangene Mieterträgen und entgangene Zinserträge). Sie müssen aus geeigneten Vergleichsmaßstäben abgeleitet werden, wie beispielsweise veröffentlichte Gehaltsvergleiche von Personalberatungsunternehmen, Mietenspiegeln und Monatsberichten der Deutschen Bundesbank.

– **Kalkulatorische Wagnisse:** Bei der Erstellung von betrieblichen Leistungen ist es unvermeidbar, dass von Zeit zu Zeit Wagnisverluste auftreten, die dann aperiodisch als Aufwand in der Finanzbuchhaltung berücksichtigt werden. Tritt in einer Periode kein Wagnisverlust ein, entsteht auch kein Aufwand. Mit der kalkulatorischen Berücksichtigung von Wagnisverlusten in der Kostenrechnung werden diese periodisiert und somit gleichmäßig berücksichtigt.

Risiken	**Beispiele**
Beständewagnis:	Verderb, Veralterung, Preisverfall, Schwund
Anlagenwagnis:	Schätzungsfehler bei Nutzungsdauer, technische Mängel
Fertigungswagnis:	Vorgabeüberschreitung
Entwicklungswagnis:	erfolglose Entwicklung eines neuen Produktes
Vertriebswagnis:	Transportrisiken, Währungsrisiken
Sonstige Wagnisse:	höhere Gewalt, menschliches Versagen

Bei den **Anderskosten** stehen dem Aufwand der Finanzbuchhaltung Kosten der Kosten- und Leistungsrechnung in anderer Höhe gegenüber. Wie aus der letzten Abbildung deutlich wird, sind sie zwischen den Grund- und Zusatzkosten anzusiedeln. Als einziges Beispiel für Anderskosten sind kalkulatorische Abschreibungen zu nennen; denn neben den betriebsgewöhnlichen Abschreibungen, die den Grundkosten zuzurechnen sind, sind zusätzliche Abschreibungen in Form von kalkulatorischen Abschreibungen (z. B. kürzere betriebliche Nutzungsdauer aufgrund höheren Verschleißes als steuerlich zulässig) zu berücksichtigen. Da diesem Abschreibungsanteil kein Aufwand gegenübersteht, gehört dieser zu den Zusatzkosten.

2.4.1.2 Leistung

Auch die Definition der Leistung ist durch drei Merkmale gekennzeichnet:

– Es müssen Güter und/oder Dienstleistungen **erstellt** werden.

– Die Leistungserstellung muss in Geldeinheiten zu **bewerten** sein.

– Die Leistungserstellung muss **betriebsbedingt** sein.

Da diese Definition auf den Begriff des Ertrages nicht im vollen Umfang zutrifft, unterscheiden sich Ertrag und Leistung voneinander.

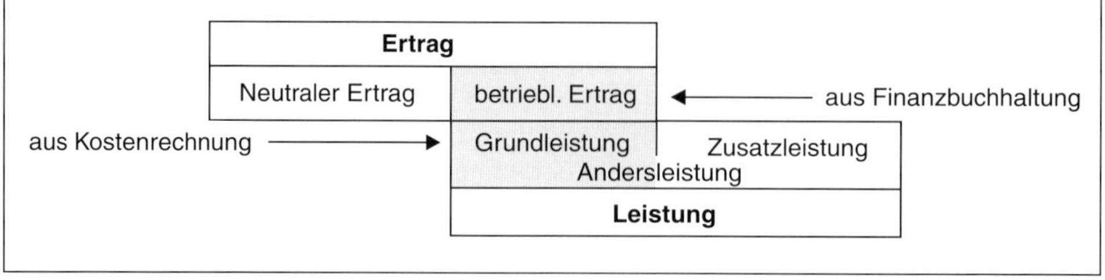

Die Beziehungen zwischen Ertrag und Leistung

Soweit sich Ertrag und Leistung **decken**, d. h. im gleichen Umfang sowohl in der Finanzbuchhaltung als auch in der Kosten- und Leistungsrechnung verrechnet werden, spricht man von **betrieblichem Ertrag** und **Grundleistung**. Hierzu gehören Erträge aus betriebsbedingter Tätigkeit, wie beispielsweise der Verkauf von Fertigerzeugnissen bzw. Dienstleistungen.

Bei dem **neutralen Ertrag** handelt es sich um einen Ertrag in der Finanzbuchhaltung, dem keine entsprechende Leistung gegenübersteht. Er ist in vier Kategorien zu unterteilen:

- **Betriebsfremder Ertrag:** Der betriebsfremde Ertrag zeichnet sich dadurch aus, dass er nicht aus dem betrieblichen Produktionsprozess hervorgegangen ist. Als typische betriebsfremde Erträge sind beispielsweise Mieterträge und Erträge aus dem Verkauf von Wertpapieren zu nennen.
- **Außerordentlicher Ertrag:** Ein Ertrag wird dann als außerordentlich bezeichnet, wenn er zwar aus dem betrieblichen Produktionsprozess hervorgegangen ist, jedoch nicht im Rahmen der üblichen betrieblichen Tätigkeit zu erwarten war. Hierzu gehören nicht mehr erwartete Eingänge von bereits abgeschriebenen Forderungen oder auch Erträge aus dem Verkauf von Maschinen (d. h. der erzielte Verkaufspreis lag über dem Restbuchwert der Maschine gemäß Finanzbuchhaltung).
- **Periodenfremder Ertrag:** Wenn einem Ertrag keine Leistung gegenübersteht, weil dieser nicht in der betrachteten Periode entstanden ist, in der im Rahmen der betrieblichen Erstellung von Gütern und/oder Dienstleistungen auch die entsprechenden Leistungen entstanden sind, spricht man von einem periodenfremden Ertrag. Ein Beispiel ist eine Steuererstattung aufgrund einer Überzahlung aus einer vergangenen Periode.
- **Bewertungsbedingter Ertrag:** In Analogie zu den Ausführungen zum bewertungsbedingten Aufwand spricht man dann von einem bewertungsbedingten Ertrag, wenn er vom Wesen her zwar den Leistungen entspricht, jedoch nicht der Höhe nach. Ein denkbares Beispiel liefert die Bewertung von Beständen an Halb- und Fertigfabrikaten. Unter seltenen Umständen kann die Bewertung dieser Bestände in der Finanzbuchhaltung höher ausfallen als in der Kosten- und Leistungsrechnung. In diesem Fall wäre der Ertrag höher als die Leistung; die Differenz wäre dabei bewertungsbedingt.

Bei der **Zusatzleistung** handelt es sich um eine solche, der in der Finanzbuchhaltung kein Ertrag oder eine Leistung in anderer Höhe gegenübersteht. KOSIOL spricht daher auch von ertraglosen Leistungen, welche die Grundleistungen ergänzen. Ein gutes Beispiel stellen die betrieblich selbsterstellten Patente dar, die im Unternehmen eingesetzt werden. Sie finden in der Kosten- und Leistungsrechnung Berücksichtigung; die Finanzbuchhaltung darf diese aufgrund von bilanziellen Vorschriften nicht als Ertrag bewerten.

Bei **Andersleistungen** stehen dem Ertrag der Finanzbuchhaltung Leistungen der Kosten- und Leistungsrechnung in anderer Höhe gegenüber. Wie aus der letzten Abbildung deutlich wird, sind sie zwischen den Grund- und Zusatzleistungen anzusiedeln. Als Beispiel für eine Andersleistung sind fertige und halbfertige Produkte zu nennen, solange sie auf Lager liegen und als solche zu bewerten sind. In der Finanzbuchhaltung sind diese maximal zu ihren historischen Anschaffungs- bzw. Herstellungskosten zu bewerten, wobei unter Beachtung des Vorsichtigkeitsprinzips weitere Wertminderungen durch niedrigere Börsenkurse oder Marktpreise zwingend zu beachten sind. Die Kosten- und Leistungsrechnung kann im Gegensatz hierzu im Rahmen der Bewertung der betrieblichen Leistung durchaus fertige und halbfertige Produkte zu (höheren) Marktpreisen bewerten. Diese Differenz entspricht dann der Andersleistung.

2.4.2 Anforderungen an das interne Rechnungswesen

Das interne Rechnungswesen hat die Aufgabe, sämtliche auftretenden Geld- und Leistungsströme des gesamten Unternehmens, die der betriebliche Leistungserstellungsprozess (Produktion) und Leistungsverwertungsprozess (Absatz) auslöst, mengen- und wertmäßig zu erfassen, auszuwerten und zu überwachen.

Zum besseren Verständnis lässt sich das Rechnungswesen in seine Teilbereiche

- Finanzbuchhaltung,
- Kosten- und Leistungsrechnung,
- Statistik und Vergleichsrechnung,
- Planungsrechnung

aufgliedern, wobei die Teilbereiche Finanzbuchhaltung sowie die Kosten- und Leistungsrechnung den überwiegenden Teil ausmachen.

Im Rahmen des **internen** Rechnungswesens hat die Kosten- und Leistungsrechnung die Aufgabe der **Erfassung, Verteilung** und **Zurechnung** der Kosten, die bei der betrieblichen Leistungserstellung und -verwertung entstehen. Erreicht werden soll hiermit sowohl

- durch Ermittlung der **voraussichtlich** anfallenden Kosten eine Grundlage für betriebliche Entscheidungen zu schaffen (zukunftsorientiert) als auch
- durch Vergleich der **tatsächlich** angefallenen Kosten mit den zuvor geplanten Kosten Abweichungen festzustellen und damit die Möglichkeit zu schaffen, Fehlleistungen im Planungs- oder im Produktionsbereich aufzudecken (vergangenheitsorientiert).

Die Kosten- und Leistungsrechnung ist ein Informationsinstrument der Unternehmensführung. Sie hat zahlenmäßige Angaben über den Unternehmensprozess bereitzustellen. Es wird dabei nicht der gesamte Unternehmensprozess abgebildet, sondern es werden nur Teilbereiche rechnerisch dargestellt.

Im Rahmen der Bereitstellung entscheidungsrelevanter Informationen erfüllt die Kosten- und Leistungsrechnung eine Reihe von wesentlichen **Funktionen**. Diese sind die

- Ermittlungsfunktion,
- Prognose- und Vorgabefunktion,
- Kontrollfunktion,
- Analysefunktion.

2.4.2.1 Ermittlungsfunktion

Im Rahmen der Ermittlungsfunktion sind **fünf Teilbereiche** von Bedeutung:

- Die Kosten- und Leistungsrechnung hat die Kalkulation der betrieblichen Leistung zu ermöglichen, d. h. sie hat Informationen darüber zu liefern, ob der für das zu verkaufende Produkt erzielbare Marktpreis ausreichend ist und zu welchem Preis das Produkt kurzfristig (kurzfristige Preisuntergrenze) und langfristig (langfristige Preisuntergrenze) gerade noch verkauft werden kann.
- Als Grundlage für betriebliche Entscheidungen hat die Kosten- und Leistungsrechnung Zahlenmaterial bereitzustellen; denn in einem Unternehmen sind ständig Entscheidungen zu treffen, die sich im Wesentlichen auf folgende Bereiche beziehen:
  - Optimierung des Produktionsprogramms durch die Aufnahme neuer Produkte und das Ausscheiden alter Produkte;
  - Optimierung der Kosten für die Produktionsfaktoren durch die Entscheidung über Selbsterstellung oder Fremdbezug von Leistungen;

- Wirtschaftlichkeitsmaximierung der Leistungserstellung durch die Entscheidung über die Wahl des Produktionsverfahrens in kurz- und langfristiger Sicht.

- Die Kosten- und Leistungsrechnung hat den internen Betriebserfolg, je nach Bedarf einmalig oder mehrmals im Geschäftsjahr zu ermitteln, um laufend über den Grad der Zielerfüllung zu informieren.
- Im Rahmen der zum Bilanzstichtag aufgrund von gesetzlichen Vorschriften notwendig werdende Bewertung von halbfertigen und fertigen Erzeugnissen sowohl in der Handels- als auch in der Steuerbilanz hat die Kosten- und Leistungsrechnung Wertansätze bereitzustellen.
- Mit Hilfe der ermittelten Kosten versetzt die Kosten- und Leistungsrechnung ein Unternehmen in die Lage, die Kosten einer Periode mit denen einer anderen Periode oder die Kosten des eigenen Betriebes mit denen eines anderen Betriebes zu vergleichen und somit einen Perioden- oder Betriebsvergleich zu ermöglichen.

2.4.2.2 Prognose- und Vorgabefunktion

Während es bei der Ermittlung realisierter Kosten um die Messung und Verteilung eben dieser bei der Durchführung von wirtschaftlichen Maßnahmen bereits entstandener Kosten geht, umschreibt die Prognose- und Vorgabefunktion die Bestimmung der für **zukünftige** wirtschaftliche Maßnahmen anfallenden Kosten. Abgebildet wird dabei der zukünftige Unternehmensprozess. Voraussetzung für eine globale Prognose der Kosten eines zukünftigen Produktionsprogramms ist eine detaillierte Prognose der nach Arten gegliederten Kosten, die in der Produktion anfallen.

Um eine fundierte Kostenprognose vornehmen zu können, müssen sowohl

- die gesetzmäßigen Beziehungen zwischen Kostenhöhe und Ausbringungsmenge (Kostenfunktion) als auch
- die Art und Menge der zu produzierenden Güter bekannt sein.

Überwiegend sind Unternehmen den so genannten Mehrproduktunternehmen zuzurechnen, d. h. sie produzieren unterschiedliche Güter in einem meist mehrstufigen Prozess. Diese komplexe Struktur lässt erwarten, dass eine umfassende Kostenfunktion kaum aufgestellt werden kann, vielmehr sind daher eine Reihe von einzelnen Kostenfunktionen für Teilproduktionsprozesse zu formulieren. Werden die prognostizierten Kosten zukünftiger Perioden als Ziele für die Verantwortlichen formuliert, nimmt die Kosten- und Leistungsrechnung in diesem Zusammenhang eine **Vorgabefunktion** wahr.

2.4.2.3 Kontrollfunktion

Zur Erfüllung ihrer Kontrollfunktion bedient sich die Kosten- und Leistungsrechnung wiederum der bereits festgestellten Kosten eines Unternehmens und nimmt deren Auswertung in Form eines Vergleiches vor. Generell lassen sich **drei Arten** des Kostenvergleiches unterscheiden:

- Zeitvergleich,
- Soll-Ist-Vergleich,
- Betriebsvergleich.

Beim Zeitvergleich werden gleiche Kostengrößen zu verschiedenen Zeitpunkten gegenübergestellt, um somit eine Kostenentwicklung zu erkennen und als Folge eine Kostenüberwachung zu ermöglichen. Im Rahmen eines Soll-Ist-Vergleiches werden die geplanten Kosten mit den tatsächlich erzielten Kosten zu einem Zeitpunkt gegenübergestellt, um mögliche Kostenabweichungen feststellen und mögliche Ursachen eingrenzen zu können. Neben des innerbetrieblichen Kostenvergleiches werden in einem Betriebsvergleich auf überbetrieblicher Ebene die erreichten Ist-Kosten des eigenen Unternehmens mit denen eines fremden Unternehmens zum gleichen Zeitpunkt verglichen. Man erhält auf diesem Wege die Möglichkeit, eine Beurteilung der eigenen wirtschaftlichen Lage im Vergleich zu anderen Unternehmen vorzunehmen. Ferner kann dieser Vergleich Rückschlüsse auf eine Verbesserung der eigenen Kostensituation erlauben, wenn beispielsweise aufgrund eines relativ schlechten Abschneidens im Vergleich zu anderen Unternehmen nach den Ursachen und entsprechenden Gegenmaßnahmen gesucht wird.

2.4.2.4 Analysefunktion

Im Rahmen der Auswertung von Soll-Ist-Vergleichen nimmt die Kosten- und Leistungsrechnung eine wichtige Analysefunktion wahr. Mit Hilfe von Abweichungsanalysen werden betriebliche Schwachstellen sichtbar, durch deren Beseitigung eine Verbesserung der Wirtschaftlichkeit des Unternehmens erreicht werden kann. Darüber hinaus steht eine Abweichungsanalyse in enger Beziehung zur Kostenplanung, weil sie durch das Aufzeigen von Fehlern in der jetzigen Kostenplanung zur Verbesserung von zukünftigen Kostenplanungen beitragen kann.

2.4.3 Konzeption eines geeigneten Kostenrechnungssystems

2.4.3.1 Kostenrechnung und Unternehmensführung

Bereits festgestellt wurde, dass die Kostenrechnung ein Instrument zur Führung eines Unternehmens ist. Das bedeutet, dass Kostenrechnung nicht als Selbstzweck betrieben werden darf, sondern immer im Hinblick auf den Nutzen für das Unternehmen. Dieser Nutzen muss größer sein als die Kosten, welche durch das Erstellen der Kostenrechnung verursacht werden.

Es gilt also, auch für eine Kostenrechnung eine eigentliche **Kosten-Nutzen-Analyse** vorzunehmen. Sowohl die Kosten als auch der Nutzen enthalten jedoch Elemente, die schwierig zu schätzen sind. Sie müssen allenfalls als qualitative Bestandteile bei der Entscheidung über die Art der Kostenrechnung einfließen. Oft stellen die Kosten des laufenden Betriebes der Kostenrechnung die einzige klar zu qualifizierende Größe dar.

- **Kosten**
  einmalig: – Einführung der Kostenrechnung

  laufend: – Erfassung der Kosten
  – Auswertung der Kostenrechnung
  – Überarbeitung des Kostenrechnungssystems

- **Nutzen**
  laufend: – Zeigen von Kostensenkungspotenzialen
  – Zeigen von Ertragssteigerungspotenzialen
  – Motivation von Mitarbeitern
  – Steigerung der Kreditwürdigkeit

2.4.3.2 Hauptfunktionen der Kostenrechnung

Grundsätzlich ordnet man der Kostenrechnung folgende Hauptfunktionen zu:

- Kontrollinstrument,
- Planungsinstrument,
- Motivationsinstrument.

2.4.3.2.1 Kontrollinstrument

Zu oft erscheint die Kostenrechnung als reines Kontrollinstrument. Dies ist begreiflich, wenn man in Betracht zieht, dass in sehr vielen Betrieben eine Ist-Kostenrechnung (Kostenrechnung mit Vergangenheitszahlen) verwendet wird, um die abgeschlossene Rechnungsperiode zu überprüfen. Ein Unternehmen führen bedeutet seine Zukunft zu gestalten. Selbst wenn nur Istkosten bekannt sind, können diese als Entscheidungsgrundlage dienen.

2.4.3.2.2 Planungsinstrument

Bereits die Ist-Kostenrechnung kann somit ein Planungsinstrument darstellen. Kontrolle und Planung sind in einen unendlichen Kreislauf eingebettet; das eine bedingt das andere und umgekehrt. Die Planung bietet die Grundlage für eine Entscheidung. Nach der Durchführung wird kontrolliert, ob Planung und Durchführung richtig waren oder nicht. Aufgrund einer Analyse von Abweichungen werden Maßnahmen beschlossen, welche Ihrerseits wieder als Basis für die nächste Planung dienen. Die Kostenrechnung als Planungs- und Kontrollinstrument hat die Aufgabe, den Entscheidungsträgern im Unternehmen diejenigen Informationen zu liefern, die zur Entscheidungsfindung notwendig sind. Dazu braucht es einerseits laufende Auswertungen, andererseits müssen in einzelnen Fällen auch Spezialauswertungen vorgenommen werden.

2.4.3.2.3 Motivationsinstrument

Neben der Unterstützung der Entscheidungsfindung darf die Funktion der Kostenrechnung als Motivationsinstrument nicht vernachlässigt werden. Ein Unternehmen ist ein soziales System, das aus vielen Individuen besteht. Diese müssen motiviert werden, gemeinsam für das Ziel des Unternehmens zu arbeiten. Die Kostenrechnung bietet verschiedene Möglichkeiten, die Mitarbeiter zu motivieren. Wird die Motivation vernachlässigt, kann sich die Kostenrechnung auch als **Demotivator** auswirken.

Folgende **Grundsätze** sind deshalb zu berücksichtigen:

- Die Unternehmensleitung muss voll hinter dem Kostenrechnungssystem stehen.
- Das Kostenrechnungssystem muss in seiner Konzeption für alle Beteiligten verständlich sein.
- Die verschiedenen Stellen müssen bei der Planung und bei der Analyse möglichst eng miteinbezogen werden.
- Die Berichterstattung muss empfängergerecht ausgestattet sein:
  - Personen dürfen nur für die von ihnen beeinflussbaren Kosten verantwortlich gemacht werden;
  - weniger ist oft mehr.

2.4.4 Betriebsergebnisrechnung

Die Finanzbuchhaltung als überwiegend extern ausgerichteter Teilbereich des betrieblichen Rechnungswesens hat folgende Aufgaben:

- Ermittlung der Vermögens- und Schuldbestände durch Aufstellung der **Bilanz;**
- Ermittlung des Jahreserfolges durch Aufstellung der **Gewinn- und Verlustrechnung.**

Sie erfüllt diese Aufgaben durch eine belegmäßige Erfassung aller wirtschaftlich bedeutsamen Geschäftsfälle, die chronologisch und im System der doppelten Buchführung auf Bestands- und Erfolgskonten verbucht werden. Wirtschaftlich bedeutsam sind Geschäftsfälle im Sinne der Finanzbuchhaltung dann, wenn sie eine Änderung der Höhe und/oder Zusammensetzung des Vermögens und des Kapitals eines Unternehmens herbeiführen.

Der **Jahresabschluss** als Zusammenfassung von Bilanz und Gewinn- sowie Verlustrechnung dient der Darstellung über die Vermögens- und Erfolgslage des Unternehmen sowie der Ermittlung des ausschüttbaren Gewinnes. Darüber hinaus stellt der Jahresabschluss die Bemessensgrundlagen für die Unternehmensbesteuerung bereit.

Der Kerngedanke der doppelten Buchführung, nämlich die Verbuchung von Geschäftsfällen auf Bestands- und Erfolgskonten, erlaubt eine Gewinnermittlung sowohl durch den Vermögensvergleich in der Bilanz als auch durch den Erfolgsvergleich in der Gewinn- und Verlustrechnung.

Aufgrund dieser Verfahrensweise wird der ermittelte Gewinn auf einfache Weise kontrolliert; denn das ermittelte Ergebnis der Bilanzierung aus der Gegenüberstellung von Aktiva und Passiva in der Bilanz hat dem ermittelten Betriebsergebnis aus der Gegenüberstellung von Aufwendungen und Erträgen in der Gewinn- und Verlustrechnung zu entsprechen.

Im Rahmen der Gewinnermittlung in der Gewinn- und Verlustrechnung sind die Begriffe

- Betriebsergebnis,
- neutrales Ergebnis und
- Unternehmensergebnis

zu unterscheiden.

2.4.4.1 Betriebsergebnis

Das Betriebsergebnis als ermittelter Gewinn i. e. S. ergibt sich als Saldo aus Betriebserträgen und Betriebsaufwendungen.

Zu den **Betriebserträgen** gehören:

- **Umsatzerlöse:** Hierzu gehören die Erlöse aus dem Verkauf und der Vermietung/Verpachtung von Fertigfabrikaten und Waren sowie Vergütungen für Dienstleistungen. Von den Umsatzerlösen sind Erlösschmälerungen wie Boni, Skonti und Rabatte abzuziehen.
- **Bestandsveränderungen:** Hierbei handelt es sich um eine Erhöhung/Verminderung des Bestandes an fertigen und unfertigen Erzeugnissen sowie Waren.
- **Andere aktivierte Leistungen:** Dies sind innerbetriebliche Leistungen wie beispielsweise selbsterstellte Anlagen und Werkzeuge. Sie stellen ebenfalls einen betrieblichen Ertrag dar, auch wenn dabei kein Gewinn entsteht.
- **Sonstige betriebliche Erträge:** In diesem Sammelposten werden alle Betriebserträge verbucht, die nicht unter den bisher genannten Erträgen auszuweisen sind, aber auch nicht den betriebsfremden Erträgen zuzurechnen sind, da sie noch nicht außerhalb der gewöhnlichen Geschäftstätigkeit angefallen sind. Hierzu gehören Mieten aus Werkswohnungen, Kursgewinne aus Währungen, Steuererstattungen und Subventionen.

Zu den **Betriebsaufwendungen** gehören:

- **Materialaufwand:** Hierzu gehören Aufwendungen für Roh-, Hilfs- und Betriebsstoffe und für bezogene Waren. Diese Materialaufwendungen im engeren Sinne beinhalten beispielsweise Bleche für die Autoproduktion (Rohstoffe), Nieten für die Flugzeugproduktion (Hilfsstoffe), Heizöl zur Beheizung der Werkshallen (Betriebsstoffe) und Passagiersitze, die bereits vormontiert von Zulieferern angeliefert werden (bezogene Waren). Darüber hinaus werden Aufwendungen für bezogene Leistungen dieser Gruppe ebenfalls zugerechnet (Materialaufwendungen im weiteren Sinne). Sie stellen Fremdleistungen dar, die dem Materialaufwand gleichzusetzen sind. Beispielhaft seien die Kosten für eine Fremdverzinkung von Metallteilen genannt.
- **Personalaufwand:** Dieser Posten unterteilt sich in Löhne und Gehälter sowie soziale Abgaben und Aufwendungen für Altersversorgung und Unterstützung. Zur ersten Gruppe gehören alle Löhne und Gehälter für Mitarbeiter des Unternehmens und Mitglieder des Vorstandes/Geschäftsführung, soweit sie dem Geschäftsjahr zuzuordnen sind. Auszuweisen ist das Bruttogehalt vor Abzug von Steuern und Sozialabgaben. Beispiele hierfür finden sich in den Vergütungen für sämtliche Betriebszugehörigen, Nebenbezüge wie Trennungsgeld und Prämien, Sachbezüge (Dienstwagen) und Abfindungen. Zur zweiten Gruppe zählen soziale Abgaben (Arbeitgeberanteile zur Sozialversicherung und Pflichtbeiträge zur Berufsgenossenschaft), Aufwendungen für Altersversorgung (Pensionen, Betriebsrenten und Zuführungen zu Pensionsrückstellungen) und Aufwendungen für Unterstützungen (Heiratsbeihilfe, Krankheitsunterstützung und Kosten für betriebliche Sozialeinrichtungen).
- **Abschreibungen:** Hierzu gehören Wertminderungen auf das Anlagevermögen eines Unternehmens (d. h. auf immaterielle Vermögensgegenstände des Anlagevermögens und Sachanlagen sowie aktivierte Aufwendungen für die Ingangsetzung und Erweiterung des Geschäftsbetriebes) sowie unübliche (selten, erhöht oder ungewöhnlich) Wertminderungen auf das Umlaufvermögen (Verluste aus Börsencrash). Merke: Die üblichen Wertminderungen werden in anderen Positionen der Gewinn- und Verlustrechnung berücksichtigt.
- **Sonstige betriebliche Aufwendungen:** Dies ist ein Sammelposten für alle betrieblichen Aufwendungen, die nicht unter anderen Aufwandsposten auszuweisen sind. Hierzu zählen Leasingraten, Versicherungsprämien, Telefongebühren und Anwalts-/Gerichtskosten.

Die Kosten- und Leistungsrechnung bedient sich des Betriebsergebnisses, da sie, auf interne Informationszwecke ausgerichtet, nur den durch die eigentliche betriebliche Tätigkeit (Beschaffung, Produktion, Absatz) verursachten Werteverzehr den erzielten Erträgen (Leistungen) gegenüberstellt. Genau diese Größen werden im Betriebsergebnis berücksichtigt.

2.4.4.2 Neutrales Ergebnis

Vom Betriebsergebnis ist das neutrale Ergebnis zu unterscheiden. Es beinhaltet den Saldo aus dem betriebsfremden Ergebnis und dem außerordentlichen Ergebnis.

Das **betriebsfremde Ergebnis** ergibt sich **als Saldo** aus

1.) betriebsfremden Erträgen:

- Erträge aus Beteiligungen: Unter diesem Posten sind laufende Erträge aus dauernden Beteiligungen an Personen- und Kapitalgesellschaften auszuweisen. Als Beteiligung gelten im Zweifel Anteile an einer Kapitalgesellschaft von mehr als 20 % (§ 271 Abs. 1 HGB). Als Beispiele sind Dividenden von Kapitalgesellschaften und Genossenschaften sowie Gewinnanteile von Personengesellschaften, an denen eine Beteiligung besteht, zu nennen;

- Erträge aus Wertpapieren und Ausleihungen des Finanzanlagevermögens: Dieser Sammelposten umfasst alle laufenden Erträge aus Vermögensgegenständen des Finanzanlagevermögens, sofern es sich nicht um Beteiligungen handelt (Beteiligungsquote ≦20 %). Hierzu gehören Zinsen und Dividenden entsprechender Finanzanlagen sowie die Abzinsungsbeträge langfristiger Ausleihungen;
- sonstige Zinsen und ähnliche Erträge: Unter diesen weiteren Sammelposten fallen alle Erträge, die weder den Erträgen aus Beteiligungen noch den Erträgen aus Wertpapieren und Ausleihungen des Finanzanlagevermögens zuzurechnen sind. Hierzu gehören Zinsen für Guthaben bei Kreditinstituten, Zinsen für Darlehen an Kunden, Erträge aus Agio und erhaltene Kreditprovisionen

und

2.) betriebsfremden Aufwendungen:

- Abschreibungen auf Finanzanlagen und Wertpapiere des Umlaufvermögens: Unter diesem Posten sind alle Wertminderungen des Anlage- und Umlaufvermögens aufzuführen, die (im Gegensatz zu den Abschreibungen in den Betriebsaufwendungen) die Finanzanlagen betreffen. Hierzu gehören demzufolge erforderliche Abschreibungen auf Beteiligungen, Anteile an verbundenen Unternehmen (Beteiligungsquote >50 %) und auf Wertpapiere des Anlage- und Umlaufvermögens.
- Zinsen und ähnliche Aufwendungen: Da Zinsaufwendungen und Zinserträge nicht saldiert werden dürfen, sind in Analogie zu den sonstigen Zinsen und ähnlichen Erträgen in diesem Sammelposten beispielsweise Zinsen für aufgenommene Kredite, Wechseldiskontbeträge, gezahlte Überziehungs- und Kreditprovisionen sowie Aufwendungen aus Disagio auszuweisen.

Das **außerordentliche Ergebnis** als Niederschlag der außerhalb der gewöhnlichen Aktivität liegenden Geschäftstätigkeiten eines Unternehmens ergibt sich **als Saldo** aus

1.) außerordentlichen Erträgen: Hierunter sind alle Ertragskomponenten eines Unternehmens zu erfassen, die außerhalb der gewöhnlichen Geschäftstätigkeit entstanden sind. Dazu zählen Bundeszuschüsse für Umstrukturierungsmaßnahmen, Gewinne aus einem gerichtlichen Vergleich und Veräußerungsgewinne aus dem Verkauf ganzer Betriebe oder bedeutender Beteiligungen

und

2.) außerordentlichen Aufwendungen: In Analogie zu den außerordentlichen Erträgen fallen hierunter alle Aufwandskomponenten eines Unternehmens, die außerhalb der gewöhnlichen Geschäftstätigkeit entstanden sind. Darunter fallen Aufwendungen für Sozialpläne bei Massenentlassungen, Verluste aus einem gerichtlichen Vergleich und Veräußerungsverluste aus dem Verkauf ganzer Betriebe oder bedeutender Beteiligungen.

2.4.4.3 Unternehmensergebnis

Da die Finanzbuchhaltung überwiegend externe Informationszwecke wahrnimmt und somit einen Überblick über den Gesamterfolg eines Unternehmens zu schaffen hat, bedient sie sich des Unternehmerergebnisses, weil dieses neben der eigentlichen betrieblichen Tätigkeit (Betriebsergebnis) auch die betriebsfremden Einflussfaktoren (betriebsfremdes Ergebnis) und außerordentlichen Einflussfaktoren (außerordentliches Ergebnis) in Form des neutralen Ergebnisses berücksichtigt.

Es folgt ein Überblick zu betriebswirtschaftlichen Ergebnisgrößen.

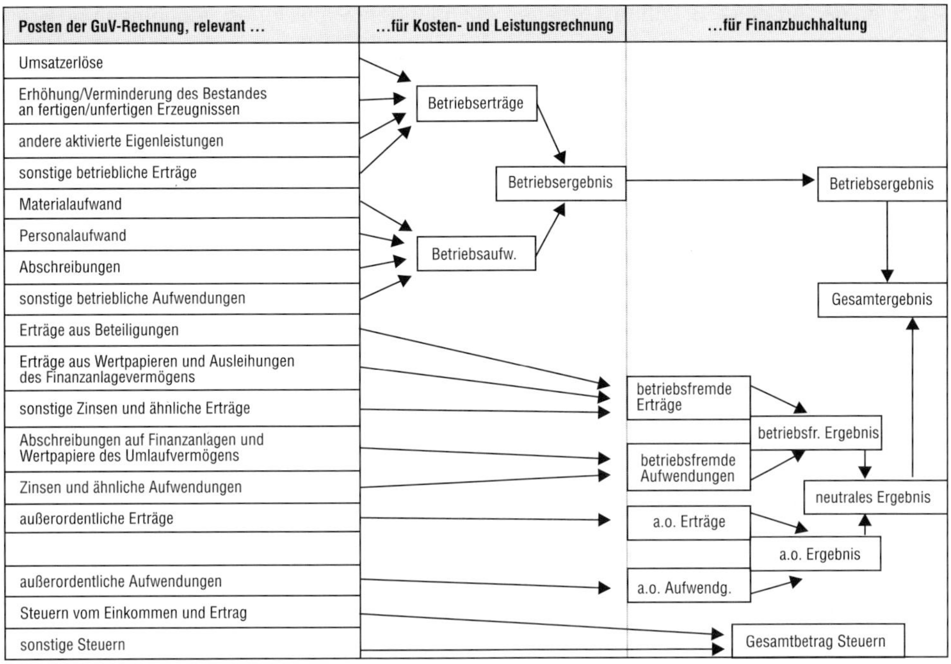

Betriebswirtschaftliche Ergebnisgrößen im Überblick

2.4.5 Kostenartenrechnung

Die Kostenartenrechnung dient der systematischen Erfassung sämtlicher Kosten, die bei der Erstellung und Verwertung der betrieblichen Leistung entstehen. So gehören beispielsweise Löhne, Gehälter und Abfindungen zu der Kostenart Personalkosten, Materialkosten zu der Kostenart der Fertigungskosten und kalkulatorische Zinsen zu den kalkulatorischen Kostenarten.

2.4.5.1 Systematisierung der Kostenarten

Die gesamten Kostenarten innerhalb einer Abrechnungsperiode lassen sich nach verschiedenen Kriterien systematisieren, nämlich als

- produktionsfaktorbezogene,
- funktionsbezogene,
- verrechnungsbezogene,
- beschäftigungsbezogene,
- erfassungsbezogene.

2.4.5.1.1 Produktionsfaktorbezogene Kostenartenbildung

Werden die Kostenarten nach der **Art der verbrauchten Produktionsfaktoren** eingeteilt, so erhält man folgende Gliederung:

- Kosten für Werkstoffe (z. B. Roh-, Hilfs- und Betriebsstoffe),

- Kosten der Arbeit (z. B. Löhne, Gehälter, Abfindungen, Provisionen, Tantiemen und Sozialabgaben),
- Kosten der Betriebsmittel (z. B. Maschinen, Werkzeuge und Geschäftseinrichtungen),
- Kosten für Fremdleistungen (z. B. Beratungskosten, Transportkosten, Telefon- und Versicherungskosten),
- Kapitalkosten (z. B. Fremdkapitalzinsen, Disagio und kalkulatorische Eigenkapitalzinsen).

Bei einem entsprechenden betrieblichen Bedarf kann diese Gliederung verfeinert werden.

2.4.5.1.2 Funktionsbezogene Kostenartenbildung

Ferner lassen sich die Kostenarten nach den wichtigsten **betrieblichen Funktionen** gliedern:

- Beschaffungskosten,
- Fertigungskosten,
- Lagerhaltungskosten,
- Verwaltungskosten,
- Vertriebskosten.

2.4.5.1.3 Verrechnungsbezogene Kostenartenbildung

Werden die Kostenarten nach der **Art der Verrechnung** gegliedert, ergibt sich eine Unterscheidung in

- Einzelkosten (z. B. Klinker für den Hausbau, Alubleche im Flugzeugbau) und
- Gemeinkosten (Gehälter Geschäftsführung, Treibstoffkosten für den Fuhrpark).

Einzelkosten, auch direkte Kosten genannt, lassen sich direkt ohne Umweg über die Kostenstelle der betrieblichen Leistung zurechnen. Sie müssen hierfür jedoch dem Verursachungsprinzip in hohem Maße genügen. Können Einzelkosten nicht dem einzelnen Stück (Kostenträger), jedoch dem Auftrag zugeordnet werden, können diese dann auch als Sondereinzelkosten der Fertigung (z. B. ein Werkzeug, das nur für ein bestimmtes Werkstück verwendet wird) oder als Sondereinzelkosten des Vertriebs (z. B. Vertreterprovision) behandelt werden.

Bei **Gemeinkosten**, auch indirekte Kosten genannt, ist das Verursachungsprinzip nur schwer oder gar nicht einzuhalten, da sie für mehrere oder alle betrieblichen Leistungen entstanden sind. Die Verrechnung erfolgt indirekt in der Kostenstellenrechnung mit Hilfe von Verteilungsschlüsseln. Werden aus Vereinfachungsgründen Einzelkosten als Gemeinkosten behandelt, wie es z. B. der Fall ist bei Nägeln in einer Zimmerei oder Holzleim in der Möbelherstellung, spricht man von unechten Gemeinkosten.

2.4.5.1.4 Beschäftigungsbezogene Kostenartenbildung

Werden Kosten nach ihrem **Verhalten bei Beschäftigungsänderungen** (Änderung der Ausbringungsmenge) unterschieden, lassen sich die Kostenarten gliedern in

- **fixe Kosten**, die unabhängig von der Höhe der Ausbringungsmenge in gleicher Höhe anfallen (z. B. lineare Abschreibungen, Hallenmieten oder Telefongrundgebühren) und
- **variable Kosten**, die sich mit Änderung der Ausbringungsmenge entweder im gleichen Verhältnis (proportional), schneller (progressiv) oder langsamer (degressiv) ebenfalls ändern (z. B. Roh-, Hilfs- und Betriebsstoffe, Transportkosten oder Energiekosten einer Maschine).

2.4.5.1.5 Erfassungsbezogene Kostenartenbidung

Des weiteren lassen sich Kostenarten nach der **Art ihrer Kostenerfassung** gliedern in

- aufwandsgleiche Kosten und
- kalkulatorische Kosten.

Aufwandsgleiche Kosten sind für Zwecke der Kosten- und Leistungsrechnung direkt der Finanzbuchhaltung zu entnehmen und machen den größten Teil aller Kostenarten aus. Hierzu gehören beispielsweise Mitarbeiterlöhne sowie Material- und Energiekosten. Werden Kosten als Nachweis für einen Werteverzehr überhaupt nicht oder in anderer Höhe in der Finanzbuchhaltung erfasst, spricht man von **kalkulatorischen Kosten**. Hierzu gehören der kalkulatorische Unternehmerlohn, kalkulatorische Zinsen, kalkulatorische Wagnisse sowie kalkulatorische Abschreibungen.

2.4.5.1.6 Herkunftsbezogene Kostenartenbildung

Werden Kosten **nach der Herkunft ihrer Kostengüter** unterschieden, lassen sich die Kostenarten gliedern in

- primäre Kosten und
- sekundäre Kosten.

Primäre Kosten erfassen den Verbrauch von Gütern, Arbeits- und Dienstleistungen, die das Unternehmen von außen bezogen, d. h. von externen Beschaffungsmärkten bezogen hat. Diese werden, wenn es sich um Einzelkosten handelt, direkt auf Kostenträger umgelegt. Gemeinkosten werden mit Hilfe von Schlüsseln auf Kostenstellen verteilt.

Sekundäre Kosten bilden den Güterverzehr von innerbetrieblichen Leistungen ab, denn ein Betrieb erstellt neben den betrieblichen Leistungen, die am (externen) Markt abgesetzt werden sollen, auch solche für den Eigenverbrauch her. Diese werden als innerbetriebliche Leistungen bezeichnet. Als Beispiele sind ein Unternehmen für Feinwerktechnik zu nennen, das Spiralbohrer für den Eigenverbrauch herstellt oder eine Tischlerei, die Holzspäne zur eigenen Stromerzeugung aufbereitet.

2.4.5.2 Kostenermittlung

2.4.5.2.1 Werterfassung

Grundsätzlich ist bei der Kostenerfassung die differenzierte Werterfassung von der undifferenzierten Werterfassung zu unterscheiden.

- Bei der **differenzierten Werterfassung** wird im Rahmen der Erfassung eine Trennung nach den Kostenkomponenten Menge und Preis vorgenommen. Mit diesem Verfahren wird die Entwicklung von Verbrauchsmengen deutlich und lässt zugleich erkennen, welche Preisansätze zugrunde liegen. Somit ist der Informationsgehalt der differenzierten Werterfassung außerordentlich hoch. Voraussetzung ist jedoch, dass eine genaue Erfassung der jeweiligen Verbrauchsmenge überhaupt möglich ist. Anwendbar ist diese Methode beispielsweise bei Personal- und Material- und Beratungskosten sowie einzelnen kalkulatorischen Kosten wie kalkulatorischen Zinsen und kalkulatorischen Mieten.
- Bei bestimmten Kosten, wo eine getrennte Erfassung der Kostenkomponenten Menge und Preis nicht oder nur schwer möglich ist, findet die **undifferenzierte Werterfassung** Anwendung. Hier wird der gesamte Kostenblock erfasst, ohne auf die einzelnen Komponenten zurückzugreifen. Anwendung findet dieses Verfahren bei kalkulatorischen Abschreibungen sowie kalkulatorischen Wagnissen.

Für die folgenden Kostenarten werden jeweils die Erfassung und Bewertung in den nächsten Abschnitten näher erläutert:

- Personalkosten,
- Materialkosten,
- kalkulatorische Abschreibungen,
- kalkulatorische Zinsen,
- kalkulatorische Wagnisse,
- kalkulatorische Mieten,
- kalkulatorischer Unternehmerlohn.

2.4.5.2.2 Personalkosten

Zu den Personalkosten zählen alle Kosten, die durch die Inanspruchnahme von menschlicher Arbeitskraft unmittelbar oder mittelbar entstanden sind.

Die Erfassung dieser Kosten erfolgt nach Menge und Preis getrennt (differenzierte Werterfassung) in der Lohn- und Gehaltsbuchhaltung als ausgegliederter Teil der Finanzbuchhaltung. Die wichtigsten Kategorien der Personalkosten sind:

Personalkostenkategorie	**Erfassung/Bewertung**
Löhne/Gehälter	Zeitlohnscheine, Akkordlohnscheine, Prämienzusagen, Gehaltslisten, Stempelkarten
gesetzliche Sozialabgaben	Arbeitgeberanteile zur Renten-, Kranken-, Arbeitslosen-, Unfall- und Pflegeversicherung
freiwillige Sozialleistungen (primär)	Pensionszusagen, Unterlagen für Beihilfen für Fahrten, Verpflegungen und Ausbildung
freiwillige Sozialleistungen (sekundär)	Kosten für Sportanlagen, Kantinen, ärztliche Versorgung und Bibliothek
sonstige Personalkosten	weitere vertragliche Vereinbarungen

Probleme können bei der Erfassung und Bewertung auftreten, wenn Zahlungstermine nicht mit dem jeweiligen Abrechnungszeitraum übereinstimmen und daher Periodenabgrenzungen notwendig werden. Bei freiwilligen Sozialleistungen ist der Gemeinkostencharakter zu beachten, sodass eine indirekte Verrechnung in der Kostenstellenrechnung mit Hilfe von Verteilungsschlüsseln zu erfolgen hat.

2.4.5.2.3 Materialkosten

Die Materialkosten ergeben sich aus der Bewertung des mengenmäßigen Verbrauches an Roh-, Hilfs- und Betriebsstoffen zu den jeweiligen Preisen. Vor der Bewertung der Kosten hat daher im Vorwege eine Erfassung der Verbrauchsmengen stattzufinden (differenzierte Werterfassung). Die Verbrauchsmengenerfassung gehört dabei in das Aufgabengebiet der betrieblichen Materialabrechnung, die Bewertung der Kosten in die Betriebsabrechnung.

Bei der Erfassung der Verbrauchsmengen haben sich im Wesentlichen drei Methoden herausgebildet.

Die **Inventurmethode** errechnet den gesamten Verbrauch am Ende der jeweiligen Abrechnungsperiode aus der Differenz zwischen Anfangsbestand unter Berücksichtigung von Zugängen und dem Endbestand laut Inventur:

Verbrauch = Anfangsbestand + Zugänge – Endbestand

Für Zwecke der Kosten- und Leistungsrechnung weist diese Methode eine Reihe von Nachteilen auf; denn zum einen lässt die Saldierungsmethode keinen Rückschluss auf den Verbraucher/Kostenträger zu, zum anderen sind Bestandsminderungen durch Schwund, Verderb und Diebstahl nicht feststellbar und daher weder beeinfluss- noch analysierbar. Da in der Kosten- und Leistungsrechnung gewöhnlich monatlich abgerechnet wird, ist die monatlich notwendige Inventur zudem sehr arbeits-, zeit- und kostenintensiv. Im Ergebnis zeigt sich, dass die Inventurmethode, obwohl für die Finanzbuchhaltung unerlässlich, für die hier genannten Zwecke wenig brauchbar ist.

Als Verbesserung zur Inventurmethode ist die **Skontraktionsmethode** zu nennen, bei der sämtliche Lagerabgänge mit Hilfe von Materialentnahmescheinen erfasst werden. Der Verbrauch ergibt sich hier aus der Addition der auf den Materialentnahmescheinen festgehaltenen Mengen:

Verbrauch = Summe der Entnahmemengen laut Materialentnahmeschein

Die Vorteile dieser Methode liegen zum einen in der Möglichkeit, aufgrund der weiteren Informationen auf dem Materialentnahmeschein den Verbraucher/Kostenträger genau zu bestimmen; darüber hinaus sind Bestandsminderungen durch Schwund, Verderb und Diebstahl durch Abgleich des buchmäßigen Endbestandes mit dem Endbestand laut Inventur feststellbar und daher auch beeinfluss- und analysierbar.

Als dritte Möglichkeit zur Erfassung der Verbrauchsmenge ist die **retrograde Methode** zu nennen. Sie ermittelt die Verbrauchsmenge unter der Berücksichtigung von unvermeidbaren Abfällen aus den vorgegebenen Verbrauchsmengen der hergestellten Werkstücke:

Verbrauch = Produzierte Stückzahl · Sollverbrauchsmenge pro Stück

Da bei der retrograden Methode lediglich Sollverbrauchsmengen berücksichtigt werden, können sonstige Bestandsminderungen durch Schwund, Verderb und Diebstahl nur durch zusätzliche Maßnahmen wie Verwendung von Materialentnahmescheinen oder häufigere Inventuren ermittelt werden.

Die Bewertung des festgestellten Materialverbrauches kann entweder zu effektiven Anschaffungskosten erfolgen, wenn die Materialbeschaffung zu einem festen Zeitpunkt stattfand, oder zu durchschnittlichen Anschaffungskosten erfolgen, wenn die Materialbeschaffung zu verschiedenen Zeitpunkten zu jeweils unterschiedlichen Preisen stattfand. Eine Bewertung zu (meist schwankenden) Anschaffungskosten hat den Nachteil, dass sie weder zum Zeitpunkt des Materialverbrauches noch zum Zeitpunkt der Umsatzrealisierung den korrekten Materialwert darstellen. Als weitere Möglichkeit bietet sich daher die Bewertung zu internen Verrechnungspreisen an; sie berücksichtigen sowohl die Preisschwankungen der Vergangenheit als auch die Preiserwartungen der Zukunft.

2.4.5.2.4 Kalkulatorische Abschreibungen

Die kalkulatorischen Abschreibungen haben die Aufgabe, die tatsächliche Wertminderung des Anlagevermögens zu erfassen und als Kosten zu verrechnen.

Im Gegensatz dazu verteilen die bilanziellen Abschreibungen, die handels- und steuerrechtlichen Anforderungen zu genügen haben, die historischen Anschaffungskosten (überwiegend) auf die Jahre der im Voraus festgelegten Nutzungsdauer. Diese Zielsetzung einer nominellen Kapitalerhaltung setzt voraus, dass zum Zeitpunkt der Ersatzbeschaffung die Wiederbeschaffungskosten genau den historischen Anschaffungskosten entsprechen – ein in der Praxis aber nur selten anzutreffender Umstand.

Die kalkulatorischen Abschreibungen haben demgegenüber eine substanzielle Kapitalerhaltung zur Zielsetzung. Daher werden im Rahmen der Bewertung die Abschreibungen der jeweiligen Abrechnungsperiode anhand der Wiederbeschaffungskosten der jeweiligen Periode festgelegt. Da bei Abschreibungen eine getrennte Erfassung der Kostenkomponenten Menge und Preis nicht sinnvoll ist, findet bei der Kostenerfassung die undifferenzierte Werterfassung Anwendung.

2.4.5.2.5 Kalkulatorische Zinsen

Im Gegensatz zur Gewinn- und Verlustrechnung eines Betriebes, die nur die gezahlten Zinsen für Fremdkapital als Aufwand verrechnet, berücksichtigt die Kosten- und Leistungsrechnung die Verzinsung des gesamten betriebsnotwendigen Kapitals, also auch des Eigenkapitals, durch Verrechnung von kalkulatorischen Zinsen. Würde man eine Kapitalverzinsung vernachlässigen, müsste unter der Prämisse einer wirtschaftlichen Verhaltensweise davon ausgegangen werden, dass dieses Kapital am Kapitalmarkt einer verzinslichen Verwendungsalternative zugeführt wird.

Im Rahmen der **Erfassung** der kalkulatorischen Zinsen ist im Vorwege das betriebsnotwendige Kapital zu ermitteln. Es ergibt sich aus dem betriebsnotwendigen Vermögen. Zu dessen Ermittlung sind von den gesamten Vermögenswerten eines Betriebes alle nicht betriebsnotwendigen Teile auszuklammern, wie beispielsweise

- landwirtschaftlich genutzte Grundstücke,
- stillgelegte Anlagen,
- Wertpapiere und Beteiligungen, die nicht mit der Leistungserstellung zusammenhängen.

Übrig bleiben die betriebsnotwendigen Teile des abnutzbaren und nicht abnutzbaren Anlagevermögens sowie das betriebsnotwendige Umlaufvermögen.

Im zweiten Schritt, der **Bewertung/Berechnung** der kalkulatorischen Zinsen, sind zwei Methoden zu unterscheiden:

- Bei der **Restwertverzinsung** werden die kalkulatorischen Zinsen vom kalkulatorischen Restwert des betriebsnotwendigen Kapitals am Ende der jeweiligen Abrechnungsperiode berechnet. Die Zinsen nehmen also im Verlauf der Zeit mit den Restwerten ab.
- Bei der **Durchschnittswertverzinsung** berechnet man die kalkulatorischen Zinsen vom halben Ausgangswert des betriebsnotwendigen Kapitals; denn bei linearer Abschreibung kann davon ausgegangen werden, dass dieser Betrag durchschnittlich im Betrieb gebunden ist. Bei dieser Methode bleiben die Zinsen im Verlauf der Zeit konstant.

Die nachfolgende Abbildung verdeutlicht den Unterschied beider Methoden:

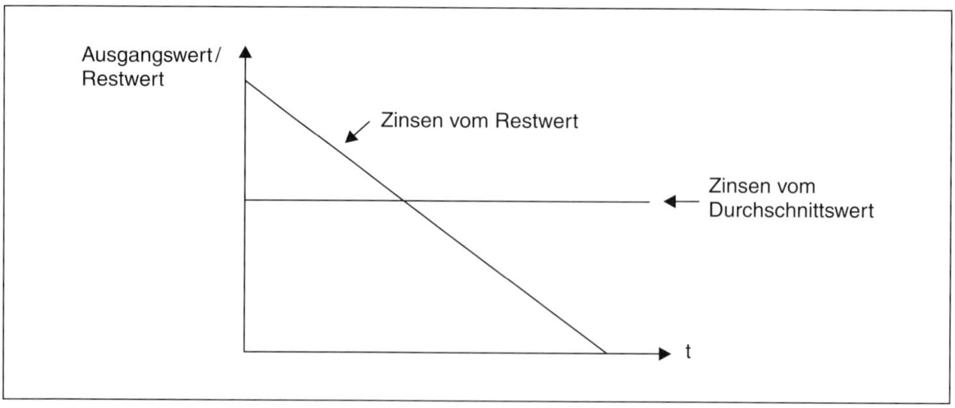

Verlauf von kalkulatorischen Zinsen bei Anwendung der Restwertverzinsung und Durchschnittswertverzinsung

Bei der Festlegung der Höhe des anzuwendenden Zinssatzes ist eine Kopplung an den langfristigen Kapitalmarktzins im Regelfall sinnvoll:

Betriebsnotwendiges Kapital · Zinssatz = **kalk. Zinsen**

2.4.5.2.6 Kalkulatorische Wagnisse

Die Kosten- und Leistungsrechnung versucht, mit der Verrechnung von kalkulatorischen Wagnissen die speziellen Einzelwagnisse im Rahmen der betrieblichen Leistungserstellung zu berücksichtigen.

Generell muss beachtet werden, dass die unternehmerische Tätigkeit mit bestimmten Risiken verbunden ist, die zu einem unvorhersehbaren Werteverzehr führen können. Bei den Risiken unterscheidet man das allgemeine Unternehmerwagnis und die speziellen Einzelwagnisse.

- Das **allgemeine Unternehmerwagnis** betrifft das Unternehmen als Ganzes. Es ist auf lange Sicht nicht kalkulierbar und wird daher vollständig aus dem erwirtschafteten Gewinn abgegolten. Zum allgemeinen Unternehmerwagnis gehören beispielsweise Konjunkturrückgänge, Inflationen, Nachfrageverschiebungen und technische Fortschritte.
- Die **speziellen Einzelwagnisse** sind direkt mit der betrieblichen Leistungserstellung verbunden. Sie lassen sich auf einzelne Tätigkeiten, Abteilungen oder Produkte beziehen und sind aufgrund von Erfahrungszahlen und versicherungstechnischen Überlegungen näher bestimmbar. Zu den speziellen Einzelwagnissen gehören das Beständewagnis (z. B. Lagerverluste bei Rohstoffen), das Fertigungswagnis (z. B. Konstruktionsfehler), das Entwicklungswagnis (z. B. fehlgeschlagene Forschung), das Vertriebswagnis (z. B. Forderungsausfälle) sowie sonstige Wagnisse. Es können jedoch nur diejenigen Einzelwagnisse als kalkulatorische Wagnisse in der Kosten- und Leistungsrechnung berücksichtigt werden, die nicht bereits durch Fremdversicherungen abgedeckt werden; denn diese sind bereits über die Versicherungsprämien in den Kosten berücksichtigt.

Die Berücksichtigung von speziellen Einzelwagnissen durch Verrechnung von kalkulatorischen Wagniskosten in der Kosten- und Leistungsrechnung stellt somit eine Art Selbstversicherung dar.

Für die Bewertung der kalkulatorischen Wagnisse (undifferenzierte Werterfassung) wird ein Wagnissatz ermittelt. Er ergibt sich als Relation aus den in der Vergangenheit (in der Regel fünf Jahre) tatsächlich eingetretenen Wagnisverlusten und einer Bezugsgröße, die unmittelbar mit den Wagnisverlusten in Beziehung steht. Ein Beispiel soll dies verdeutlichen:

In den letzten fünf Jahren betrug der Verlust an Rohstoffen (Beständewagnis) 5.000 €. Im gleichen Zeitraum wurden Rohstoffe in Höhe von 125.000 € verarbeitet. Somit beträgt der Wagnissatz 4 %.

In der laufenden Abrechnungsperiode werden nun die kalkulatorischen Wagnisse aus der Multiplikation des Wagnissatzes mit der Plan-/ Ist-Bezugsgröße ermittelt:

Plan-/ Ist-Bezugsgröße · Wagnissatz = **kalk. Wagnis**

2.4.5.2.7 Kalkulatorische Miete

Wenn einem Einzelunternehmen oder einer Personengesellschaft Privaträume des Inhabers für betriebliche Zwecke zur Verfügung stehen, muss eine kalkulatorische Miete in der Kosten- und Leistungsrechnung berücksichtigt werden, denn der Unternehmer zahlt sich selbst keine Miete für die Nutzung.

Die Bewertung der kalkulatorischen Miete orientiert sich an der Höhe des Mietaufwandes, der für die Nutzung vergleichbarer Räume, die von Dritten mietweise überlassen werden, entstehen würde. In diesem Zusammenhang wird auch von Opportunitätskosten gesprochen; denn die Miete, die man an anderer Stelle für diese Räume erhalten würde, wird in der Kosten- und Leistungsrechnung erfasst und bewertet.

Im Rahmen einer differenzierten Werterfassung (Menge · Preis) wird die marktübliche Miete je qm für die Fläche der betrieblich genutzten Privaträume angesetzt.

betriebl. genutzte Privaträume (in qm) · marktübliche Miete (je qm) = **kalk. Miete**

2.4.5.2.8 Kalkulatorischer Unternehmerlohn

Mit Berücksichtigung eines kalkulatorischen Unternehmerlohnes wird in der Kosten- und Leistungsrechnung dem Umstand Rechnung getragen, dass der Gegenwert für die Arbeitsleistung der Betriebsführung (Einzelunternehmer oder geschäftsführende Gesellschafter einer Personengesellschaft) nicht wie bei Kapitalgesellschaften in Form von Gehaltskosten in der Gewinn- und Verlustrechnung Berücksichtigung findet, wo die Leitenden Organe der Gesellschaft und somit Gehaltsempfänger sind, sondern aus dem Gewinn zum Ende eines Geschäftsjahres zu decken ist. Monatliche Privatentnahmen sind dabei als Vorgriff auf den erwarteten Gewinn anzusehen (in Anlehnung an die Ausführungen in Abschn. 2.4.1.1 stellen kalkulatorische Unternehmerlöhne Zusatzkosten dar).

Bei der Bewertung der kalkulatorischen Unternehmerlöhne richtet man sich regelmäßig nach dem durchschnittlichen Gehalt eines leitenden Angestellten in einer vergleichbaren Position in einem vergleichbaren Betrieb (Opportunitätskostengedanke).

vergleichbares Gehalt leitender Angestellter = **kalk. Unternehmerlohn**

2.4.5.3 Kostendiagramme

Zum besseren Verständnis der verschiedenen Kostendiagramme und deren Aussagekraft ist ein kleiner Exkurs in die theoretischen Grundlagen der Kosten- und Leistungsrechnung unumgänglich.

Innerhalb der betriebswirtschaftlichen Theorie bildet die Produktions- und Kostentheorie die geistige Grundlage für die Kosten- und Leistungsrechnung. Während die Produktionstheorie sich im Schwerpunkt mit den mengenmäßigen Beziehungen der Leistungserstellung und -verwertung befasst, beschäftigt sich die Kostentheorie mit den wertmäßigen Relationen.

Im Mittelpunkt der Kostentheorie steht die **Kostenfunktion** als funktionale Beziehung (f) zwischen

- Ausbringungsmenge (x) und
- Gesamtkosten (K).

Die Kostenfunktion lautet:

$$K = f(x)$$

Sie besagt, dass die Gesamtkosten von der Ausbringungsmenge abhängig sind. Es kommt nun auf den Einzelfall an, wie sich die Kostenhöhe bei Änderung der Ausbringungsmenge verändert.

Diese Veränderungen zeigen Kostendiagramme, deren verschiedene Ausprägungen in den folgenden Abschnitten dargestellt werden.

2.4.5.3.1 Kostenverläufe zur allgemeinen Kostenanalyse

Für allgemeine Zwecke der Kostenanalyse lassen sich Kostenverläufe für

- Gesamtkosten (K),
- Durchschnittskosten (k),
- Grenzkosten (K')

unterscheiden.

2.4.5.3.1.1 Gesamtkostenverläufe

Für Gesamtkosten (K) mit der Kostenfunktion K = f (x) ergeben sich folgende Kostenverläufe bei Änderung der Ausbringungsmenge (x):

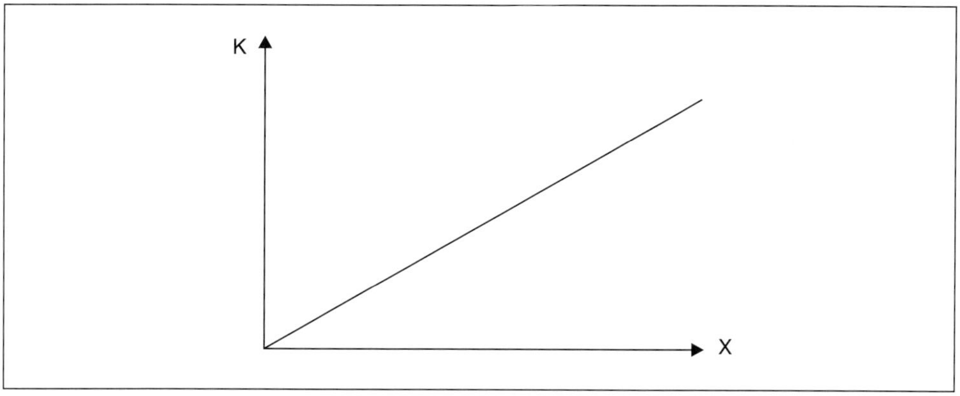

Gesamtkosten – proportionaler Kostenverlauf

Beispiel:

Die Lackierwerkstatt einer Flugzeugwerft benötigt für jeden qm zu lackierender Fläche genau 250 ml an Grundierung und Decklack. Mit jeder Veränderung der Ausbringungsmenge x (hier lackierte Flächen) verändern sich die Gesamtkosten K (hier für Grundierung und Decklack) im gleichen Verhältnis. Der Kostenverlauf ist ***proportional.***

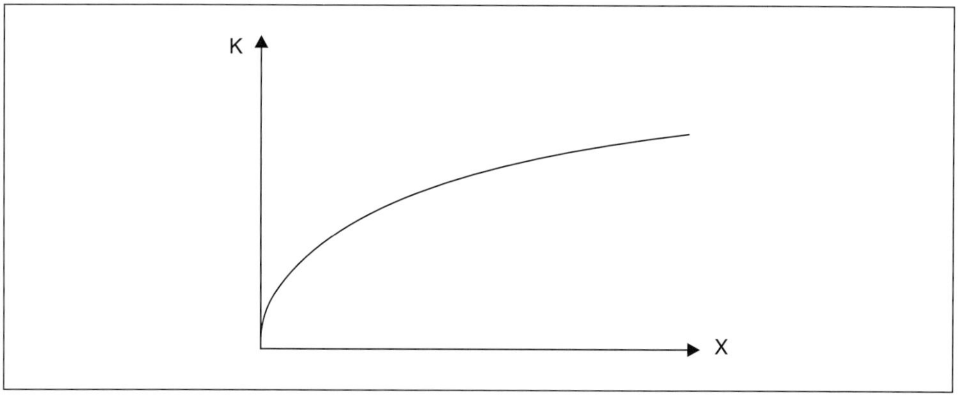

Gesamtkosten – degressiver Kostenverlauf

Beispiel:

Einem Unternehmen für Feinwerktechnik werden von einem Aluminiumhersteller Sonderrabatte angeboten für den Fall einer erhöhten Abnahme von hochwertigem Alumini-

um. Mit jeder Erhöhung der Ausbringungsmenge x, die in diesem Beispiel zu einer erhöhten Abnahme des hochwertigen Aluminiums führt, steigen die Gesamtkosten K zunehmend langsamer als die Ausbringungsmenge. Der Kostenverlauf ist ***degressiv.***

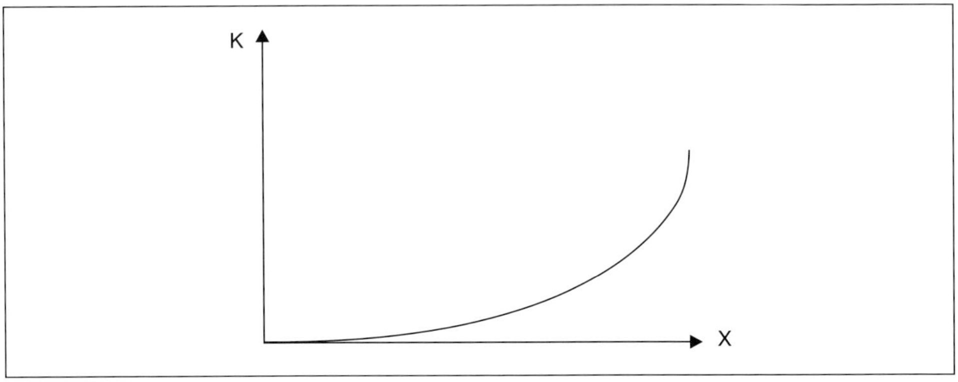

Gesamtkosten – progressiver Kostenverlauf

Beispiel:

Ein Werbemittelversender hat in der Vorweihnachtszeit ein stark erhöhtes Volumen an Auftragseingängen zu bewältigen, welches einen erhöhten Personalbedarf in den Unternehmensbereichen Auftragserfassung und Versand mit sich zieht. Damit dieses Personal auch zu einer wenig attraktiven Wochenendarbeit bereit ist, müssen Aufschläge auf den regulären Stundenlohn von 50 % gezahlt werden. Mit jeder Steigerung der Ausbringungsmenge x (hier Erfassung der Aufträge und Kommissionierung der Ware) steigen die Gesamtkosten K (hier für Personalkosten) zunehmend schneller als die Ausbringungsmenge. Der Kostenverlauf ist ***progressiv.***

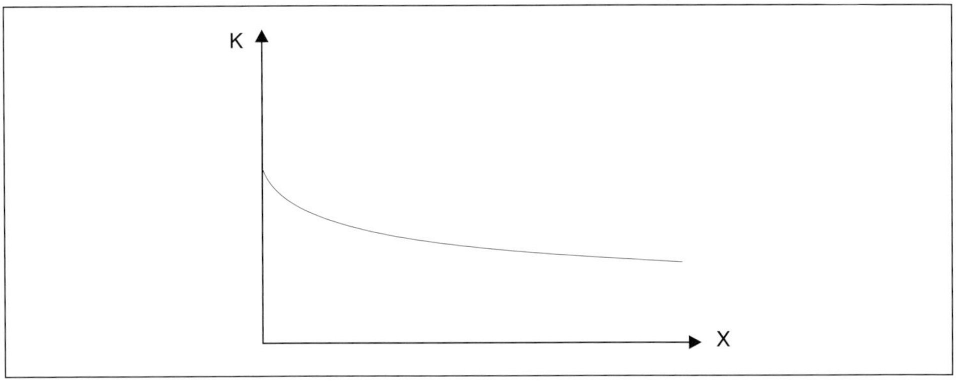

Gesamtkosten – regressiver Kostenverlauf

Beispiel:

Ein Kinobetrieb hat während der Wintermonate bei normaler Auslastung das Kino auf 20° C vorzuheizen, damit die Besucher ein behagliches Klima vorfinden. Der Besitzer hat im Laufe der Jahre die Erfahrung gemacht, dass bei einem Bundesstart mit entsprechender Vollauslastung eine Vorheizung auf 18° C für die Erreichung eines behaglichen Klimas ausreichend ist, da die Wärmeabstrahlung der Besucher in diesem Fall nicht unerheblich ist. Mit jeder Steigerung der Ausbringungsmenge x (hier Kinobesucher) sinken die Gesamtkosten K (hier für Heizkosten) im Verhältnis zur Ausbringungsmenge, jedoch ist die Kostensenkung im Verhältnis abnehmend geringer als die Steigerung der Ausbringungsmenge. Der Kostenverlauf ist ***regressiv.***

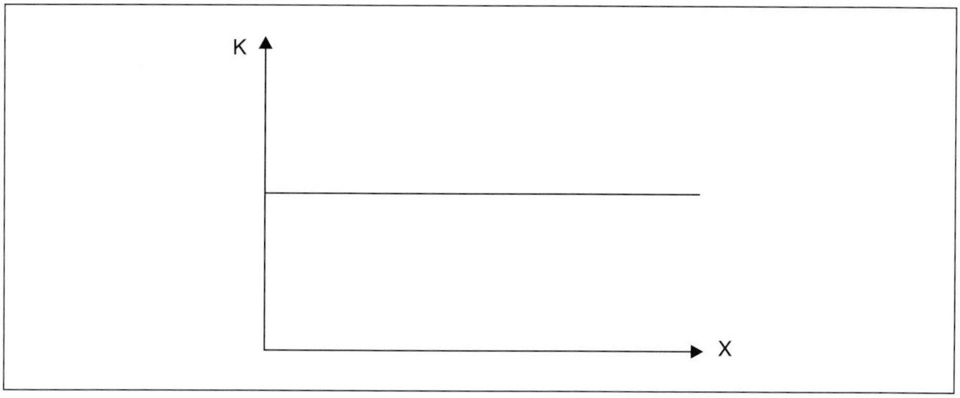

Gesamtkosten – fixer Kostenverlauf

Beispiel:

*Das Firmengebäude eines bedeutenden Schuhherstellers wird linear über 25 Jahre abgeschrieben, d. h. mit jährlich 4 % der historischen Anschaffungs-/Herstellungskosten. Obwohl in guten Jahren bis zu 250.000 Schuhpaare, in schlechten Jahren jedoch nur 175.000 Schuhpaare in diesen Räumen gefertigt wurden, ändert sich der Abschreibungssatz nicht. Eine Veränderung der Ausbringungsmenge x (hier Schuhproduktion) ändert die Gesamtkosten K (hier Abschreibungen) nicht. Der Kostenverlauf ist **fix.***

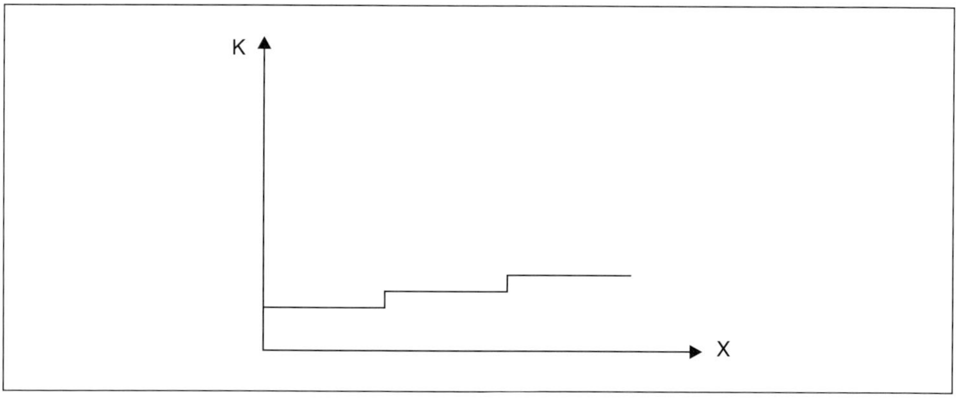

Gesamtkosten – sprungfixer Kostenverlauf

Beispiel:

*Der Maschinenpark eines Unternehmens für Feinwerktechnik wird linear über 10 Jahre abgeschrieben. Zeitweilige Auslastungen oberhalb der normalen Auslastung lassen sich in engen Grenzen durchaus bewältigen. In diesem Bereich sind die Kosten auslastungsunabhängig und somit fix. Da absehbar wird, dass die kommende Auslastung dauerhaft über der normalen Auslastung liegt, entschließt sich die Geschäftsleitung zum Kauf einer weiteren Maschine. Bei einer Erhöhung der Ausbringungsmenge x (hier Produktion von Feinwerkteilen) über bestimmte Beschäftigungsgrenzen hinaus steigen die Gesamtkosten K (hier Abschreibungen) sprunghaft an, um sich dann innerhalb der nächsten Beschäftigungsgrenze wieder fix zu verhalten. Der Kostenverlauf ist **sprungfix.***

2.4.5.3.1.2 Durchschnittskostenverläufe

Die Durchschnittskosten (k) sind die durchschnittlichen Kosten der einzelnen Produkteinheit; sie werden auch als durchschnittliche Stückkosten bezeichnet. Sie errechnen sich durch Division der Gesamtkosten durch die Ausbringungsmenge.

Ihre Kostenfunktion lautet:

$$k = \frac{K}{x}$$

In Ergänzung zu den einzelnen Kostenverläufen der Gesamtkosten ergeben sich folgende Kostenverläufe der Durchschnittskosten:

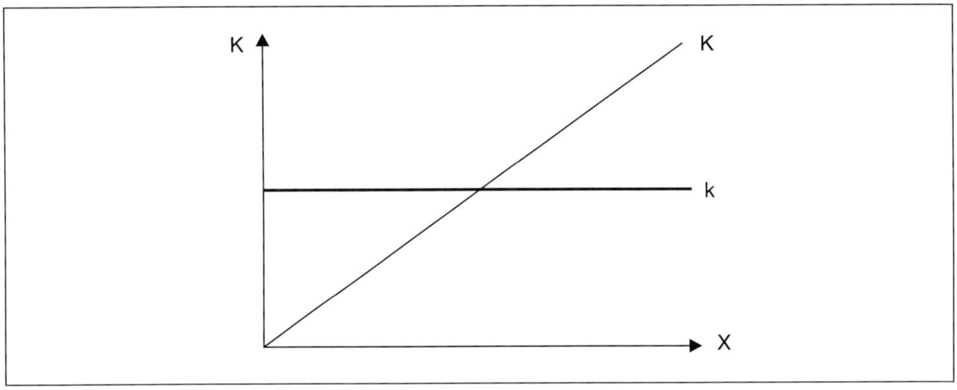

Konstante Durchschnittskosten (k) bei proportionalen Gesamtkosten (K)

Beispiel:
Die Durchschnittskosten der Lackierwerkstatt für Grundierung und Decklack sind für jeden qm lackierter Fläche gleich. Der Kostenverlauf ist ***konstant.***

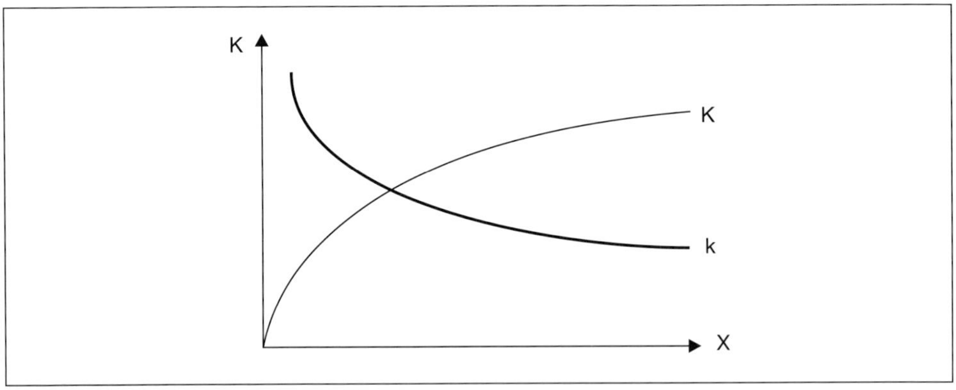

Regressiv fallende Durchschnittskosten (k) bei degressiven Gesamtkosten (K)

Beispiel:
Mit degressiven Gesamtkosten des Feinwerkunternehmens durch Mengenrabatte bei dem Bezug von Aluminium sinken die Stückkosten bei Mengenzuwachs ***zunehmend langsamer.***

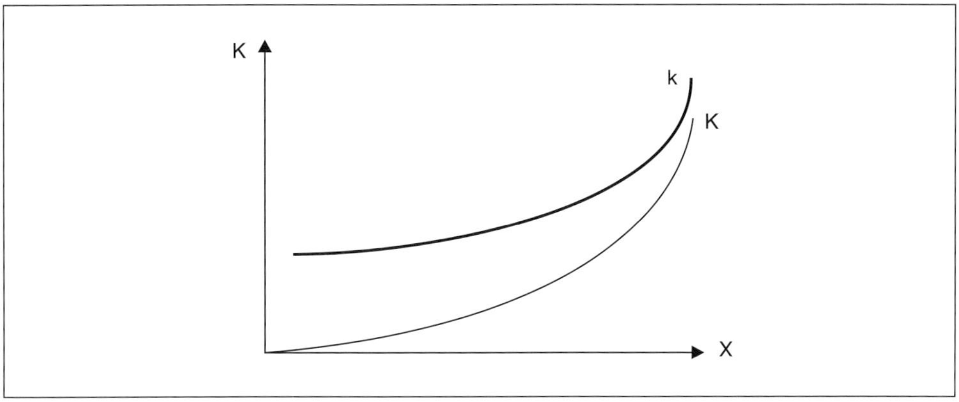

Progressiv steigende Durchschnittskosten (k) bei progressiven Gesamtkosten (K)

Beispiel:

Mit zunehmender Anzahl abzuleistender Arbeitsstunden in der Vorweihnachtszeit steigen aufgrund zu zahlender Zuschläge auch die Durchschnittskosten des Werbemittelversenders ***zunehmend schneller*** *als die Ausbringungsmenge.*

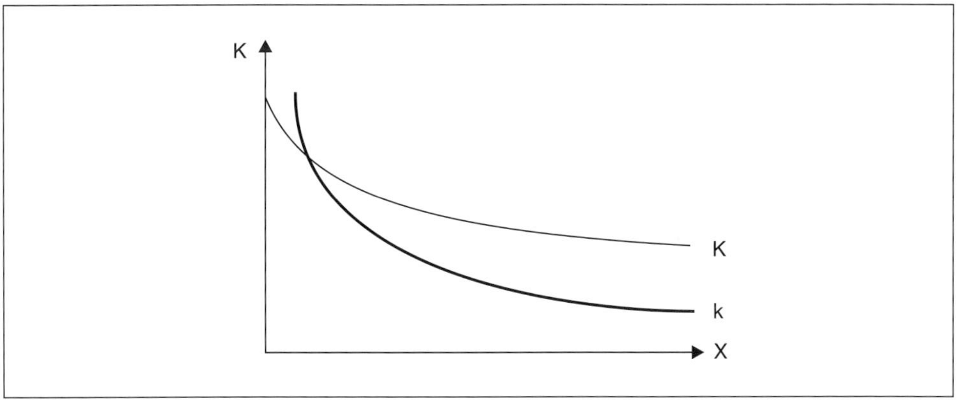

Regressive Durchschnittskosten (k) bei regressiven Gesamtkosten (K)

Beispiel:

Mit jedem Besucher, den der Kinobetreiber aus unserem vierten Beispiel begrüßen kann, sinken seine Heizkosten. Da jedoch seine Heizkosten langsamer sinken als die Zunahme der Kinobesucher, sinken auch die Heizkosten, die auf jeden Kinobesucher entfallen (Durchschnittskosten), ***zunehmend langsamer*** *im Vergleich zum Anwachsen der Kinobesucher.*

Zum besseren Verständnis:

- Bei **progressiven** Kostenverläufen steigen die Kosten bei Mengenausweitung schneller als die Ausbringungsmenge und umgekehrt.
- Bei **degressiven** Kostenverläufen steigen die Kosten bei Mengenausweitung langsamer als die Ausbringungsmenge und umgekehrt.
- Bei **regressiven** Kostenverläufen sinken die Kosten bei Mengenausweitung.

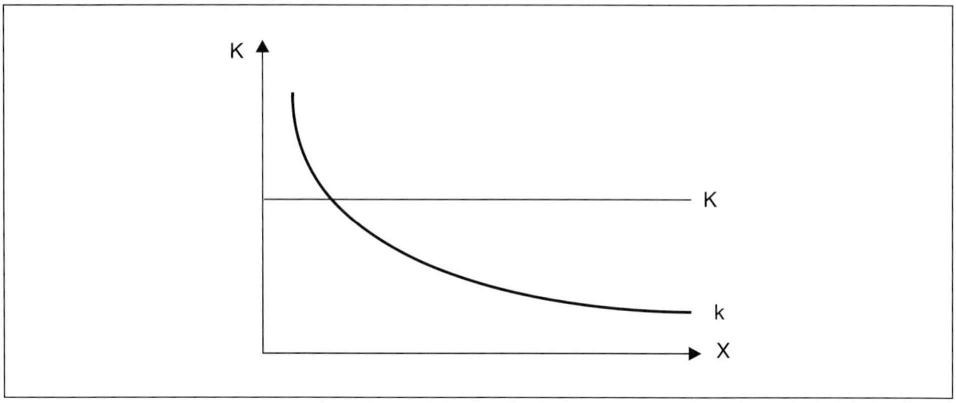

Regressive Durchschnittskosten (k) bei fixen Gesamtkosten (K)

Beispiel:

*Würde man den fixen Kostenblock der jährlichen Abschreibungen auf das Firmengebäude unseres Schuhherstellers auf eine zunehmende Anzahl von gefertigten Schuhpaaren verteilen, so würde dieser Anteil und damit auch die Durchschnittskosten **abnehmen.***

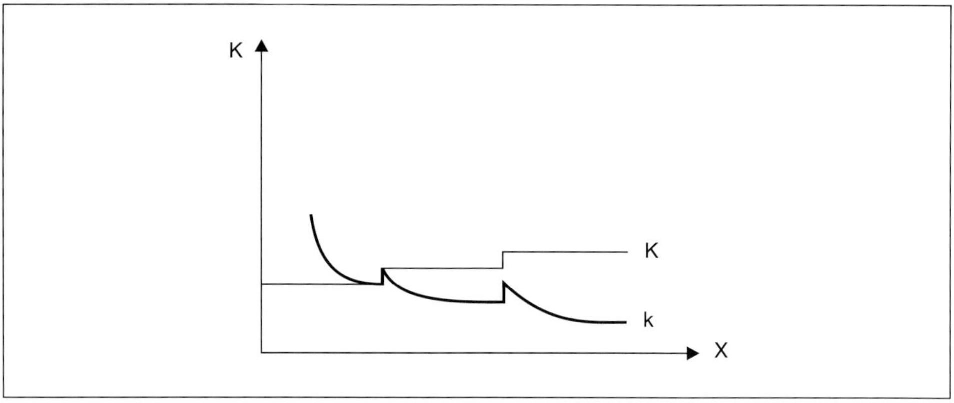

Sprungregressive Durchschnittskosten (k) bei intervallfixen Gesamtkosten (K)

Beispiel:

*Analog den Durchschnittskosten bei fixen Gesamtkosten entwickeln sich die Abschreibungen für den Maschinenpark des Unternehmens für Feinwerktechnik bei Erhöhung der Ausbringungsmenge so lange regressiv, bis die Abschreibungen für eine zusätzliche Maschine hinzukommen und somit die Durchschnittskosten insgesamt auf eine höhere Stufe heben (Treppe), um sich dann in diesem neuen Intervall **wiederum regressiv** zu entwickeln.*

2.4.5.3.1.3 Grenzkostenverläufe

Die Grenzkosten K' spiegeln den Gesamtkostenzuwachs bei der jeweiligen Produktion einer weiteren Ausbringungseinheit wider. Sie errechnen sich aus der Division des Kostenzuwachses für eine weitere Einheit (dK) durch den Zuwachs dieser Einheit (dx).

Ihre Kostenfunktion lautet:

$$K' = \frac{dK}{dx}$$

Beispiel:

Ein Schlachter produziert pro Tag 8.000 Würste. Um die 8.001. Wurst (dx = 1) zu produzieren, entstehen ihm zusätzliche Kosten von 0,38 € (dK = 0,38): Diese stellen die Grenzkosten beim Übergang von 8.000 auf 8.001 Stück dar.

In Ergänzung zu den einzelnen Kostenverläufen der Gesamtkosten ergeben sich folgende Kostenverläufe der Grenzkosten:

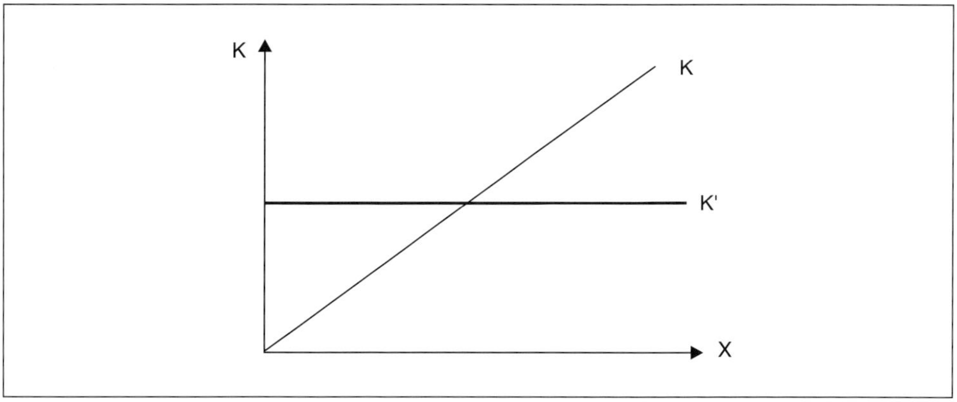

Konstante Grenzkosten (K') bei proportionalen Gesamtkosten (K)

Beispiel:

Für die Lackierung jedes weiteren qm der Aluminiumhaut eines Flugzeuges bleiben für die Lackierwerkstatt der Flugzeugwerft die Zuwächse der Gesamtkosten für den einzelnen qm gleich. Die Grenzkosten entwickeln sich ***konstant.***

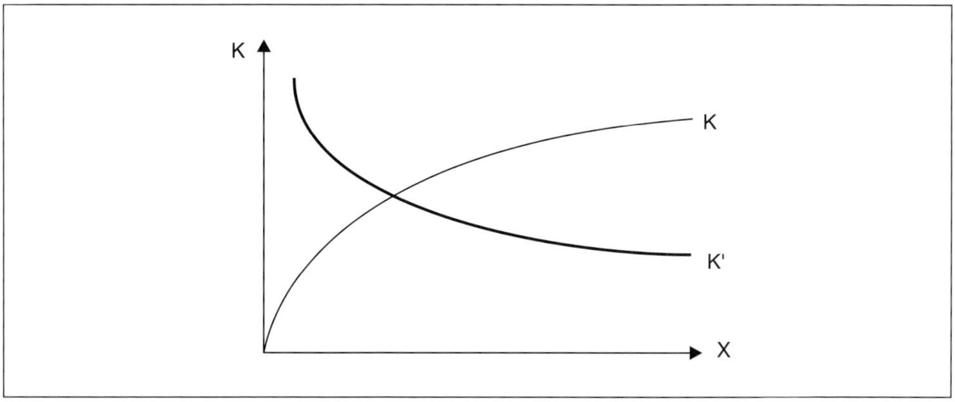

Regressiv sinkende Grenzkosten (K') bei degressiv steigenden Gesamtkosten (K)

Beispiel:

*Mit der Fertigung jedes weiteren Stückes aus dem hochwertigen Aluminiums fallen die Gesamtkosten des Unternehmens für Feinwerktechnik zunehmend langsamer, denn eine zunehmend langsamere Steigerung der Gesamtkosten kann für das zusätzlich gefertigte Stück nur eine Stückkostenreduzierung zur Folge haben. Die Grenzkosten sinken **regressiv.***

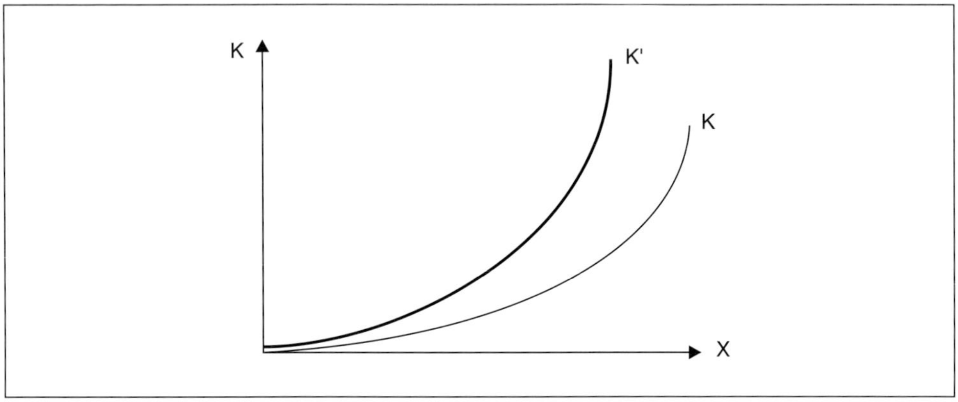

Progressiv steigende Grenzkosten (K') bei progressiv steigenden Gesamtkosten (K)

Beispiel:

*Für den Werbemittelversender steigen die Personalkosten, die durch jeden zusätzlich erfassten Auftrag und jedes zusätzlich gepackte Paket entstehen, zunehmend steigend an. Die Grenzkosten steigen **progressiv.***

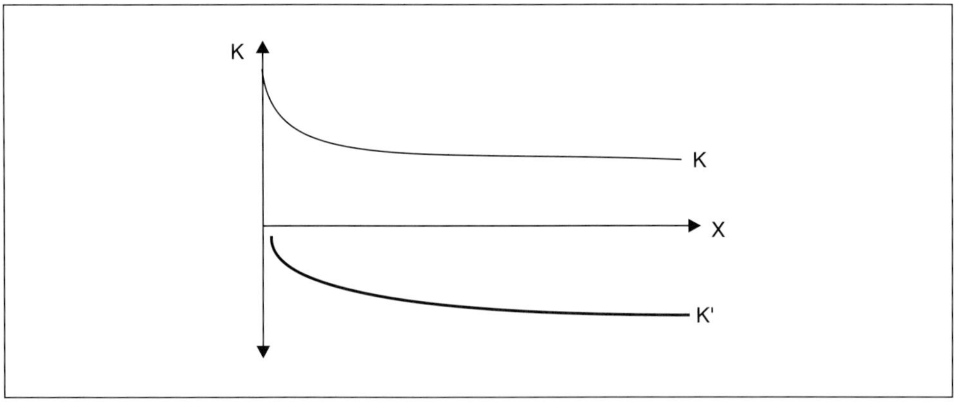

Regressiv sinkende Grenzkosten (K') bei regressiv sinkenden Gesamtkosten (K)

Beispiel:

*Der Kinobesitzer hat bei normaler Auslastung seines Kinos eine Heizkostenbelastung von 0,15 € je Kinobesucher und Vorstellung. Mit jedem zusätzlichen Besucher, so hat er ermittelt, sinken seine »Pro-Kopf-Heizkosten« auf 0,14 €. Seine zusätzlichen Heizkosten (Grenzkosten) betragen –0,01 € und **entwickeln sich somit negativ.***

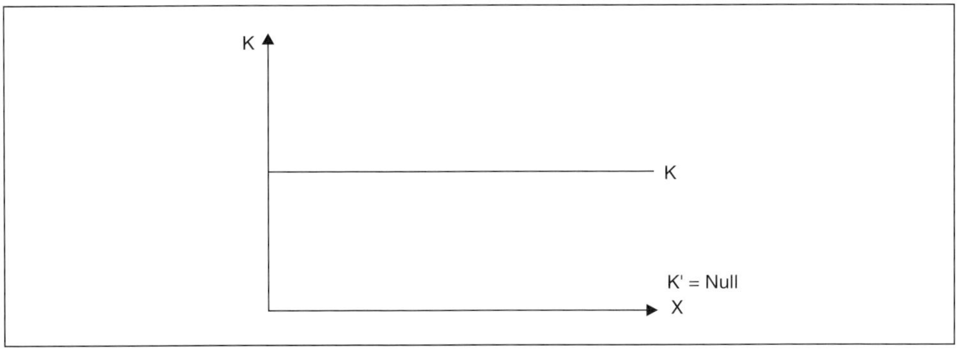

Grenzkosten (K') von Null bei fixen Gesamtkosten (K)

Beispiel:

Wesentliches Merkmal für einen fixen Kostenverlauf ist die Unabhängigkeit von der Ausbringungsmenge. Die lineare Abschreibung des Firmengebäudes des Schuhherstellers verändert sich auch nicht, wenn anstatt 250.000 Schuhpaaren nun 300.000 gefertigt werden. Somit ist der ***Gesamtkostenzuwachs (Grenzkosten) Null.***

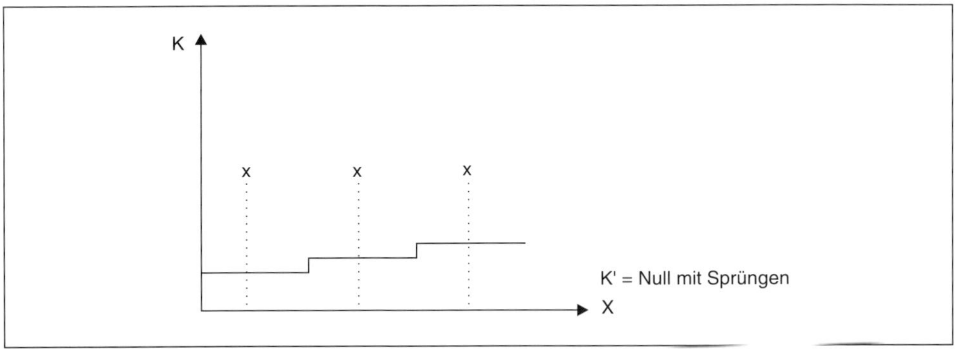

Grenzkosten (K') von Null mit Sprüngen bei sprungfixen Gesamtkosten (K)

Beispiel:

Für den Maschinenpark des Unternehmens für Feinwerktechnik ergibt sich innerhalb der genannten Beschäftigungsgrenzen ein fixer Gesamtkostenverlauf (hier Abschreibungen) mit entsprechenden Grenzkosten von Null. Mit jeder Anpassung des Maschinenparks an eine Erhöhung der Ausbringungsmenge werden die Beschäftigungsgrenzen, in denen ein fixer Gesamtkostenverlauf vorherrscht, auf ein höheres Niveau gehoben – sie machen einen Sprung. Somit sind die ***Grenzkosten Null mit Sprüngen.***

2.4.5.3.2 Kostenverläufe nach Abhängigkeit von Beschäftigungsgraden

Neben den allgemeinen Zwecken der Kostenanalyse lassen sich Kostenverläufe nach deren Abhängigkeit von Beschäftigungsgraden in

- fixe Kosten (K_f),
- intervallfixe Kosten (k_{fi}),
- variable Kosten (K_v),
- Nutzkosten und
- Leerkosten

unterscheiden.

2.4.5.3.2.1 Fixe Kosten

Fixe Kosten (K_f) sind dadurch gekennzeichnet, dass sie sich innerhalb eines festen Entscheidungszeitraumes bei Veränderungen des Beschäftigungsgrades/Ausbringungsmenge nicht verändern – sie sind fix. Die Höhe dieser Kosten wird **nicht** von der Ausbringungsmenge bestimmt.

Als Beispiele für fixe Kosten sind Gehälter der Geschäftsführung, Hallenmieten und lineare Abschreibungen auf die Bürogebäude zu nennen.

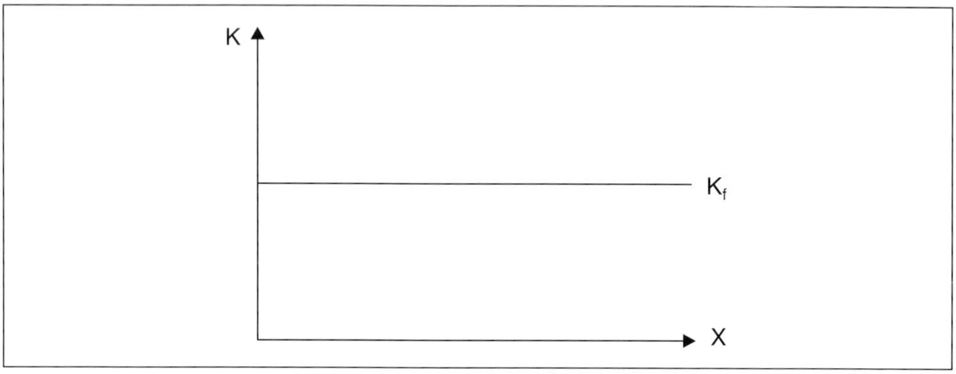

Fixe Kosten sind unabhängig von der Ausbringungsmenge und entscheidungsirrelevant

2.4.5.3.2.2 Variable Kosten

Variable Kosten (K_v = variable Gesamtkosten, k_v = variable Stückkosten) verändern sich bei Veränderung des Beschäftigungsgrades/Ausbringungsmenge ebenfalls – sie sind variabel. Die jeweilige Höhe dieser Kosten ist **direkt abhängig** von der Ausbringungsmenge.

Ob eine Ausbringungsmenge nun erhöht oder gesenkt wird, wird wesentlich von der jeweiligen Veränderung der variablen Kosten innerhalb eines Entscheidungszeitraumes bestimmt. Somit lassen sich variable Kosten durch Entscheidungen beeinflussen; sie werden als entscheidungsrelevant oder dispositionsabhängig bezeichnet.

Klassische Beispiele für variable Kosten sind Roh-, Hilfs- und Betriebsstoffe, Transportkosten, Energiekosten einer Maschine sowie Personalkosten auf Stundenbasis.

Bei variablen Kosten sind im Gegensatz zu fixen Kosten verschiedene Kostenverläufe möglich. Die Abbildung macht dies deutlich.

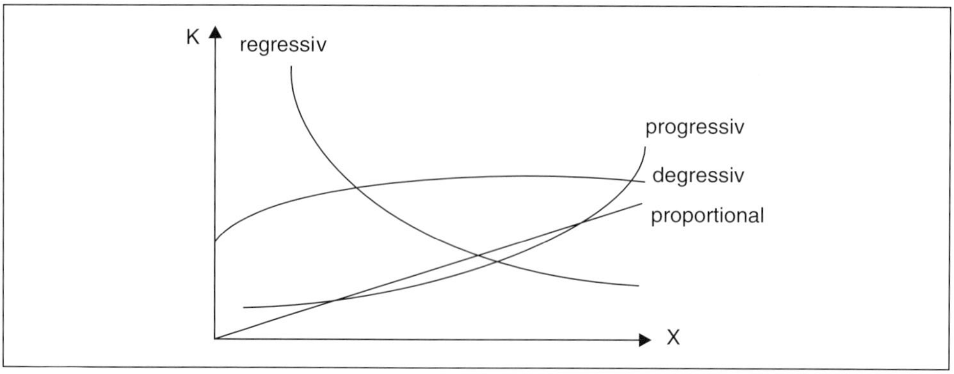

Variable Kosten verschiedener Ausprägung sind abhängig von der Ausbringungsmenge und entscheidungsrelevant

2.4.5.3.2.3 Intervallfixe Kosten, Nutz- und Leerkosten

Eine Sonderform der fixen Kosten stellen die intervallfixen Kosten (K_{fi}) dar. Sie passen sich in Sprüngen den Veränderungen des Beschäftigungsgrades/Ausbringungsmenge an. Innerhalb dieser Beschäftigungsgrenzen entsprechen sie dann dem Charakter der fixen Kosten, d. h. ihre Höhe wird nicht von der Ausbringungsmenge bestimmt und kann innerhalb eines Entscheidungszeitraumes nicht durch Entscheidungen beeinflusst werden; somit sind auch sie (innerhalb einer Beschäftigungsgrenze) **entscheidungsirrelevant** oder **dispositionsunabhängig**. Je kleiner die Beschäftigungsintervalle werden und je häufiger dementsprechend die Sprünge im Kostenverlauf auftreten, desto mehr nähern sich die Kosten den variablen Kosten. Zu den intervallfixen Kosten gehören die linearen Abschreibungen von Maschinen bei Aufstockung des Maschinenparks.

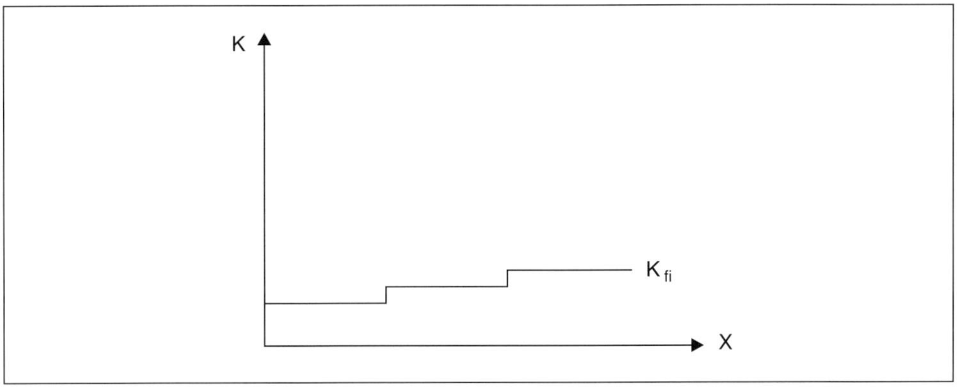

Intervallfixe Kosten: innerhalb einer Beschäftigungsgrenze entsprechen sie fixen Kosten

Anhand des sprungfixen Kostenverlaufes der linearen Abschreibungen bei Aufstockung des Maschinenparks lassen sich sehr anschaulich der Inhalt von **Nutzkosten** und **Leerkosten** darstellen.

Ein Maschinenpark wird in der Regel dann aufgestockt, wenn die vorhandenen Kapazitäten nicht mehr ausreichen, die anstehenden Aufträge vereinbarungsgemäß abzuarbeiten. In diesem Beispiel ist die neu angeschaffte Maschine in der Lage, monatlich 10.000 Stück eines Ersatzteiles zu produzieren. Der Auftragsüberhang macht jedoch nur 6.000 Stück aus, sodass die neue Maschine nur zu 60 % ausgelastet ist. Den ungenutzten Teil dieser Kapazität, die Fixkosten in Form von Abschreibungen produziert, bezeichnet man als Leerkosten, den genutzten Teil als ***Nutzkosten.***

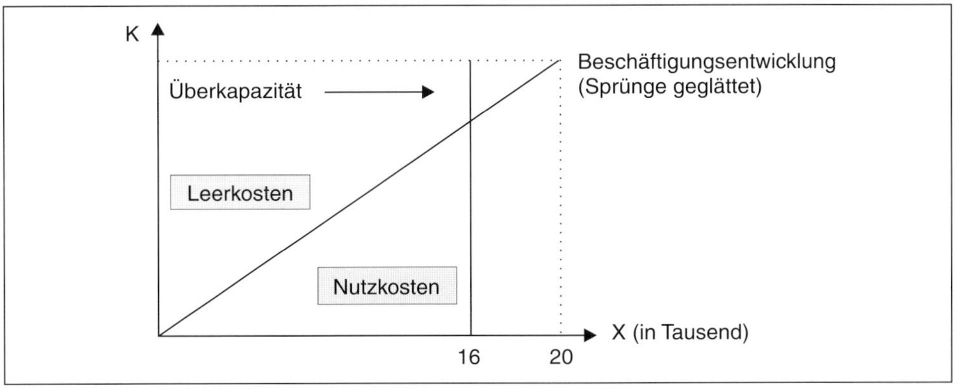

Nutzkosten und Leerkosten im Zusammenhang mit Beschäftigungsentwicklungen

2.4.6 Kostenstellenrechnung

Nachdem sämtliche Kosten im Rahmen der Kostenartenrechnung erfasst und gegliedert worden sind, erfolgt in einem zweiten Schritt in der Kostenstellenrechnung eine Verteilung mit Hilfe eines Betriebsabrechnungsbogens (BAB) unter Zuhilfenahme von IT auf diejenigen Betriebsbereiche/Kostenstellen, in denen sie angefallen sind.

Dieser Schritt der Feststellung des Ortes der Kostenentstehung ist von elementarer Bedeutung für betriebliche Entscheidungen, zur Wahrnehmung der Kontrollfunktion und Grundvoraussetzung für eine funktionierende Stückkostenberechnung.

2.4.6.1 Bildung von Kostenstellen

Nach KILGER ist eine Kostenstelle ein betrieblicher Teilbereich, der kostenrechnerisch selbstständig abgerechnet wird.

Für die Einteilung eines Betriebes in Kostenstellen sind drei Grundsätze zu beachten:

- Um eine wirksame Kostenkontrolle zu ermöglichen, muss die Kostenstelle ein **selbstständiger Verantwortungsbereich** sein. Nur so ist eine wirksame Kontrolle der Entscheidungsträger (z. B. Meister, Abteilungsleiter) möglich.
- Für jede Kostenstelle sind **genaue Maßstäbe/Bezugsgrößen** festzulegen. Geschieht dies nicht, besteht die Gefahr falscher Kalkulationen mit der Folge falscher Entscheidungen (z. B. Maschinenstunden, Stückzahlen, Stellen Vertriebsbereich).
- Um dem übergeordneten Wirtschaftlichkeitsprinzip der Betriebswirtschaftslehre gerecht zu werden, sind die Kostenstellen so zu bilden, dass sich **Kostenbelege genau und gleichzeitig** auch ohne großen Arbeitsaufwand **verbuchen/kontieren** lassen.

Wie weit ein Betrieb in einzelne Kostenstellen untergliedert wird, hängt von der Betriebsgröße, dem Wirtschaftszweig, dem Fertigungsprogramm und von dem angestrebten Möglichkeiten der Kostenermittlung ab. Man befindet sich in dieser Fragestellung jedoch in einem Zwiespalt, denn umso feiner die Einteilung in Kostenstellen durchgeführt wird, desto genauer werden die Kostenkontrolle, betriebliche Entscheidungen und die Stückkostenberechnung ausfallen.

Im Gegenzug jedoch entstehen höhere innerbetriebliche Abrechnungskosten und die Verbuchung/Kontierung der Belege wird aufwändiger. Als Faustregel kann festgehalten werden, dass eine Einteilung des Betriebes in Kostenstellen dort ihre Grenze findet, wo sie unwirtschaftlich wird.

2.4.6.1.1 Kriterien für die Kostenstellenbildung

Die Bildung von Kostenstellen kann nach unterschiedlichen Kriterien erfolgen. Im einzelnen sind dies eine Bildung nach

- funktionellen, räumlichen und organisatorischen sowie
- abrechnungstechnischen

Gesichtspunkten.

Die Bildung von Kostenstellen nach generell **funktionellen Gesichtspunkten** orientiert sich an den Tätigkeitsbereichen eines Unternehmens. Unter diesem Gesichtspunkt sind folgende Hauptgruppen von Kostenstellen zu unterscheiden:

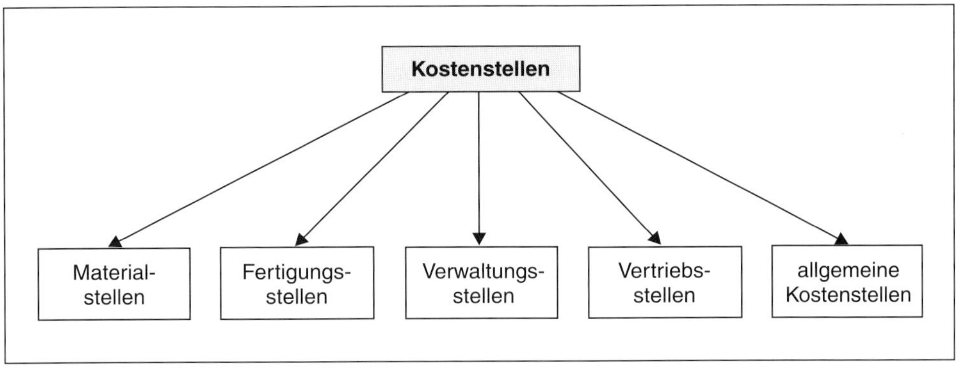

Bildung von Kostenstellen nach funktionellen Gesichtspunkten

- Die **Materialstellen** sind für die Beschaffung, Annahme, Prüfung, Lagerung und Ausgabe der Roh-, Hilfs- und teilweise auch der Betriebsstoffe verantwortlich.
- Die **Fertigungsstellen** beschäftigen sich mit der eigentlichen betrieblichen Leistungserstellung. In diesem Rahmen übernehmen sie sowohl mittelbare Aufgaben (z. B. Arbeitsvorbereitung Qualitätskontrolle und Meisterbüro) als auch unmittelbare Aufgaben (z. B. Dreherei, Schlosserei und Lackierung).
- Die **Verwaltungsstellen** sind für die Geschäftsführung, das betriebliche Rechnungswesen mit sämtlichen Teilbereichen sowie für sämtliche sonstigen Verwaltungsarbeiten verantwortlich.
- Über die **Vertriebsstellen** wird die Lagerung, der Verkauf und der Versand der Produkte abgewickelt.
- Die **allgemeinen Kostenstellen** üben Tätigkeiten aus, die dem gesamten Betrieb dienlich sind. Hierzu gehören beispielsweise die Forschung und Entwicklung (teilweise auch eine eigene Kostenstelle), die Energieversorgung, die Sanitätsstation, die Betriebsfeuerwehr sowie die Gebäudereinigung.

Eine Gliederung nach funktionellen Gesichtspunkten kann um **räumliche** Gesichtspunkte (beispielsweise ist die Werkstatt in einem Nebengebäude untergebracht und bildet daher eine eigene Kostenstelle oder die Fertigung des Produktes A ist aufgeteilt auf die Werke I und II mit der Folge, dass jedes Werk eine eigene Kostenstelle darstellt) und um **organisatorische** Gesichtspunkte (der Meister xy ist sowohl für die Fertigung als auch für den Vertrieb zuständig und bildet daher gemäß seiner Verantwortung eine gesamte Kostenstelle) **erweitert** werden.

2.4.6.1.2 Haupt- und Hilfskostenstellen

Werden Kostenstellen nach **abrechnungstechnischen** Gesichtspunkten gebildet, orientiert sich die Gliederung an der Problemstellung einer direkten oder indirekten Verrechenbarkeit von Kosten. Somit sind folgende Hauptgruppen zu unterscheiden:

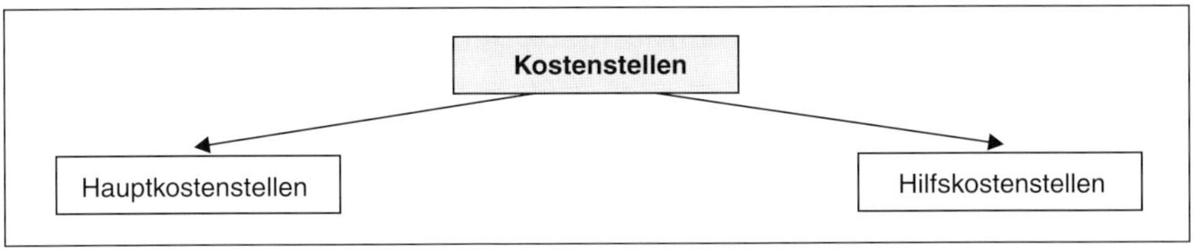

Bildung von Kostenstellen nach abrechnungstechnischen Gesichtspunkten

- Als **Hauptkostenstellen** werden die Kostenstellen bezeichnet, deren Kosten nicht auf andere Kostenstellen weiterverrechnet werden, sondern **direkt** mit dem Kostenträger verrechnet werden (Endkostenstelle). Dies hat zur Folge, dass Hauptkostenstellen mit Hilfe von Kalkulationssätzen für die Absatzleistungen des Betriebes mit dem Kostenträger abrechnen. Als ein geradezu ideales Beispiel für eine Hauptkostenstelle ist die Fertigungsstelle eines Betriebes zu nennen.
- Als **Hilfskostenstellen** werden die Kostenstellen bezeichnet, deren Kosten nicht direkt mit den Kostenträgern verrechnet werden, sondern **indirekt** auf andere Haupt- oder Nebenkostenstellen weiterverrechnet werden (Vorkostenstelle). Als Folge können Hilfskostenstellen nur mit Hilfe von internen Verrechnungssätzen für innerbetriebliche Leistungen mit den nachgeschalteten Kostenstellen abrechnen. Als ein Beispiel für eine Hilfskostenstelle ist die allgemeine Kostenstelle zu nennen, die innerbetriebliche Leistungen für sämtliche Betriebsbereiche in unterschiedlicher Intensität erbringt.

2.4.6.1.3 Kostenstellenplan

Das nachfolgende Beispiel eines Kostenstellenplanes soll der Verdeutlichung dienen. Die Kostenstellen des allgemeinen Bereiches und der Fertigungsbereich 31 sind dabei als Hilfskostenstellen ausgelegt; denn sie geben ihre Leistungen als innerbetriebliche Leistungen an andere Kostenstellen weiter. Alle weiteren Kostenstellen sind als Hauptkostenstellen ausgelegt. Spätestens im Verwaltungsbereich wird jedoch deutlich, dass die Grenze zwischen Haupt- und Hilfskostenstelle fließend sein kann.

1. Allgemeiner Bereich	**2. Materialbereich**	**4. Vertriebsbereich**
11 Immobilien	21 Einkauf	41 Verkauf
111 Heizung	211 Einkaufsabteilung	411 Verkauf Inland
112 Reinigung	212 Prüflabor	412 Verkauf Ausland
113 Bewachung	22 Lager	42 Werbung
114 Grundstück	221 Werkstofflager	43 Versandlager
12 Sozialdienste	222 Warenannahme	44 Kundendienst
121 Kantine	223 Lagerbuchhaltung	45 Expedition
122 Sanitätsstelle		
123 Werksbibliothek	**3. Fertigungsbereich**	**5. Verwaltungsbereich**
13 Energie	31 Fertigungshilfsstelle	51 Geschäftsleitung
131 Wasserversorgung	312 Werkzeugmacherei	52 Interne Revision
132 Stromerzeugung	313 Arbeitsvorbereitung	53 Rechtsabteilung
133 Gaserzeugung	32 Fertigungshauptstellen	54 Rechnungswesen
134 Dampferzeugung	321 Dreherei	55 Personalabteilung
14 Instandhaltung	322 Fräserei	56 Registratur
141 Schlosserei	323 galvanische Abteilung	57 Rechenzentrum
142 Tischlerei		
143 Elektrowerkstatt		

Beispiel eines Kostenstellenplanes

2.4.6.2 Der Betriebsabrechnungsbogen I (BAB I)

2.4.6.2.1 Aufbau des Betriebsabrechnungsbogens I (BAB I)

Der BAB I führt die Kostenstellenrechnung in tabellarischer Form durch. Dabei werden vertikal die Kostenarten und horizontal die Kostenstellen aufgeführt. Auch wenn der Betriebsabrechnungsbogen heutzutage überwiegend mit Hilfe von IT erstellt wird, so ist sein Aufbau für das Grundverständnis der Kostenstellenrechnung von wesentlicher Bedeutung.

Der Betriebsabrechnungsbogen I erfüllt folgende Aufgaben:

- Verteilung der Gemeinkosten auf die Kostenstellen,
- Durchführung der innerbetrieblichen Leistungsverrechnung,
- Bildung von Kalkulationssätzen.

Merke: In einem Betriebsabrechnungsbogen werden generell nur Gemeinkosten verrechnet, denn Einzelkosten lassen sich direkt ohne Umweg über die Kostenstelle den Kostenträgern zurechnen. Sollten doch einmal Einzelkosten in einem BAB I auftauchen, so dienen sie der Ermittlung bestimmter Kalkulationssätze und werden nur aus Vereinfachungsgründen aufgeführt (siehe nachfolgende Gliederungspunkte).

Kostenstellen / Kostenarten	Summe	Energie	Instandhaltung	Materialstelle	Fertigungsstellen I.	II.	III.	Meisterbüro	Verwaltung	Vertrieb
1. Einzellöhne	18.850				6.250	3.800	8.800			
2. Einzelmaterial	28.000									
3. Hilfslöhne	6.200	100	300	300	1.700	1.100	1.700	40	150	810
4. Überstunden-Zuschläge	500	10		60	250		90			90
5. Gehälter	3.300	200	200	400				350	1.250	900
6. Sozialkosten	4.100	120	180	250	800	620	1.140	160	300	530
7. Reparaturen/Wartung	1.100		310	80	120	40	230		60	260
8. Betriebsstoffe	600	260	40	20	50	80	60		30	60
9. kalk. Abschreibungen	4.200	140	550	80	800	1.300	800	10	120	400
10. kalk. Zinsen	900	30	140	20	150	280	150	2	40	88
11. Summe Gemeinkosten	**20.900**	**860**	**1.720**	**1.210**	**3.870**	**3.420**	**4.170**	**562**	**1.950**	**3.138**
12. Umlage Energie			120	80	150	220	200			90
13. Umlage Instandhaltung				350	520	180	130	20	230	410
14. Umlage Meisterbüro					146	145	291			
15. Summe Gemeinkosten	**20.900**			**1.640**	**4.686**	**3.965**	**4.791**		**2.180**	**3.638**
16. Zuschlagsbasis				28.000	6.250	3.800	8.800		61.932	
17. Ist-Zuschlag in %				5,9%	75,0%	104,3%	54,4%		9,4 %	
18. Normal-Zuschlag in %				5,1%	120,0%	339.0%	84,2%		9,2 %	
19. verrechn. Gemeinkosten				1.428	7.500	12.882	7.410		5.710	
20. Über-/Unterdeckung abs.				-212	2.814	8.917	2.619		-108	
21. Über-/Unterdeckung %				-14,8%	37.5%	69,2%	35,3%		-1,9 %	

Zahlenbeispiel eines Betriebsabrechnungsbogens I (BAB I)

2.4.6.2.2 Kostenverrechnung im BAB I

Bei der Erstellung eines BAB I sind folgende Arbeitsschritte durchzuführen:

- Im **ersten Schritt** sind die (primären) Gemeinkosten (evtl. nach den Einzelkosten) in die linke Spalte des BAB I einzutragen und dann auf die einzelnen Haupt- und Hilfskostenstellen zu verteilen, die diese Kosten verursacht haben. Als Ergebnis stehen die (primären) Gemeinkosten je Kostenstelle fest.
- Im **zweiten Schritt** ist die innerbetriebliche Leistungsverrechnung durchzuführen. Konkret erfolgt eine Umlage der (primären) Gemeinkosten der Hilfskostenstellen auf die Hauptkostenstellen, die die entsprechenden Leistungen empfangen haben (siehe Pfeile). Als Ergebnis stehen mit den primären und sekundären Gemeinkosten somit die gesamten Gemeinkosten je Hauptkostenstelle fest.
- Im **dritten Schritt** werden die gesamten Gemeinkosten der Hauptkostenstellen verursachungsgerecht auf diejenigen Kostenstellen verteilt, die die Leistungen beansprucht haben. Dies erfolgt mit Hilfe von Kalkulationssätzen, die innerhalb des BAB I in diesem Zahlenbeispiel in den Gliederungspunkten 16 – 18 ermittelt werden.

Da bei der Kalkulation in aller Regel mit jährlich konstanten Zuschlagsätzen gerechnet wird, stimmen bei Kostenschwankungen meist die Kosten, die auf die Kostenträger verrechnet wurden, nicht mit den tatsächlich anfallenden Kosten (**Istkosten**) überein. Ein Vergleich von Istkosten und verrechneten Kosten zeigt, ob es eine Unterdeckung (zu hohe Kosten sind entstanden) oder eine Überdeckung gegeben hat.

	Januar	**Februar**	**März**
Produktionsmenge	160.000 kWh	145.000 kWh	120.000 kWh
Verrechnungssatz	0,36 €/kWh	0,36 €/kWh	0,36 €/kWh
Verrechnete Kosten	57.600 €	52.200 €	43.200 €
Angefallene Kosten	52.500 €	51.200 €	48.400 €
Kostendeckung	+5.100 €	+1.000 €	–5.200 €

Ermittlung von Über- und Unterdeckungen

Um diese Schwankungen bei der Kalkulation zu vermeiden, bildet man durchschnittliche Kosten (**Normalkosten**). Für die Ermittlung der Normalkosten wird aus Istkosten vergangener Abrechnungsperioden der Mittelwert gebildet.

Es gilt:

Unterdeckung: Istkosten > Normalkosten

Überdeckung: Istkosten < Normalkosten

2.4.6.3 Bezugsgrößen der innerbetrieblichen Leistungsverrechnung

Sowohl bei der Bildung von Kalkulationssätzen innerhalb des Betriebsabrechnungsbogens als auch bei Durchführung der innerbetrieblichen Leistungsverrechnung stellt sich das Problem der »richtigen« Bezugsgröße.

2.4.6.3.1 Grundprinzipien der Kostenverrechnung

Bei der Findung der »richtigen« Bezugsgröße ist zunächst das Verständnis für die Grundprinzipien der Kostenverrechnung, die sich im Laufe der Zeit herausgebildet haben, von elementarer Bedeutung.

- Das **Verursachungsprinzip** stellt die dominierende Regel der Kostenverrechnung dar und besagt, dass dem einzelnen Kostenträger nur die Kosten zugerechnet werden dürfen, die dieser auch verursacht hat. Somit sind die Kosten gemeint, die bei der Erstellung einer zusätzlichen Kostenträgereinheit anfallen. Dies schließt als Folge die Verrechnung von Fixkosten aus, denn sie sind den Kostenträgern nicht ohne weiteres zurechenbar. Will man trotzdem für eine betriebliche Leistung die Vollkosten ermitteln, die sowohl die variablen als auch die fixen Kosten beinhalten, so muss das Verursachungsprinzip durch das Tragfähigkeitsprinzip ersetzt oder ergänzt werden.
- Das **Durchschnittsprinzip** verteilt die Kosten, die auf Grundlage eines bestimmten Beschäftigungsgrades durchschnittlich anfallen, auf die einzelnen Kostenträger. Es sollte jedoch aufgrund ihrer einfachen Struktur nur bei Versagen des Verursachungsprinzips Anwendung finden.

– Das **Tragfähigkeitsprinzip** stellt eine Verfeinerung des Durchschnittsprinzips dar. Es verteilt die Fixkosten nicht nach dem Prinzip der Durchschnittsbildung auf die Kostenträger, sondern im proportionalen Verhältnis zu den Deckungsbeiträgen der einzelnen Kostenträger. Als Deckungsbeitrag wird die Differenz zwischen dem erzielbaren Absatzpreis und den variablen Stückkosten bezeichnet. Im Ergebnis wird ein Kostenträger mit einem höheren Deckungsbeitrag auch mit entsprechend höheren Fixkosten belastet.

2.4.6.3.2 Bezugsgrößen

Wie bereits aus dem Zahlenbeispiel eines BAB deutlich wird, dienen Bezugsgrößen als Anhaltspunkt zur Verrechnung von Gemeinkosten auf die einzelnen Kostenträger und zur Durchführung der innerbetrieblichen Leistungsverrechnung.

Gemeinkosten der Kostenstelle : Bezugsgröße der Kostenstelle = **Kalkulationssatz**

Bezugsgrößen sind in mengenmäßige Bezugsgrößen und wertmäßige Bezugsgrößen zu unterscheiden.

Bei **mengenmäßigen Bezugsgrößen** werden Kalkulationssätze gebildet, um Gemeinkosten anhand von

- **Zähl**größen (z. B. Zahl der abgesetzten Produkte, Anzahl der Buchungen),
- **Zeit**größen (z. B. Maschinenstunden, Rüstzeiten, Meisterstunden, Fertigungszeit),
- **Raum**größen (z. B. qm-Fläche, Rauminhalt),
- **Gewichts**größen (z. B. Transportgewichte, Produktmenge in kg),
- technische **Maß**größen (z. B. PS, kWh, Kalorien)

auf die Kostenträger verteilt.

Beispiel:

Gesamtstromkosten: 400.000 €
Gesamtstromverbrauch: 5.000.000 kWh

Kalkulationssatz: $\frac{400.000\ €}{5.000.000\ kWh} = 0{,}08\ €/kWh$

Bei **wertmäßigen Bezugsgrößen** werden Kalkulationssätze gebildet, um Gemeinkosten anhand von

- **Kosten**größen (z. B. Fertigungsmaterialkosten, Fertigungskosten, Herstellkosten),
- **Einstands**größen (z. B. Wareneingangswert, Lagerzugangswert),
- **Absatz**größen (z. B. Warenumsatz, Kreditvolumen),
- **Bestands**größen (z. B. Rohstoffbestand, Anlagenbestand),
- **Verrechnungs**größen (z. B. Verrechnungspreise)

auf die Kostenträger zu verteilen.

Wertmäßige Bezugsgrößen werden immer dann gewählt, wenn das Verursachungsprinzip bei der Kostenverrechnung nicht angewendet werden kann.

Beispiel:

Vertriebskosten: 86.400 €
Herstellkosten der umgesetzten Produkte: 7.200.000 €

Kalkulationssatz: $\frac{86.400\ €}{7.200.000\ €} = 0{,}012 = 1{,}20\ \%$

Im Folgenden werden **typische Bezugsgrößen** für Gemeinkosten einzelner Kostenstellen gemäß des Kostenstellenplanes aufgeführt:

Bezeichnung der Kostenstelle	Bezeichnung der Bezugsgröße	Art der Bezugsgröße
Materialbereich	Fertigungsmaterial	wertmäßig
Fertigungsbereich	Maschinenstunden, Fertigungszeit	mengenmäßig
Vertriebsbereich	Herstellkosten der umgesetzten Produkte	wertmäßig
Verwaltungsbereich	Herstellkosten der umgesetzten Produkte, Fertigungskosten	wertmäßig

2.4.6.4 Verfahren zur innerbetrieblichen Leistungsverrechnung

Neben der betrieblichen Leistungserstellung in Form von Absatzleistungen/Außenaufträgen erstellt ein Betrieb auch Leistungen, die er selbst verbraucht. Diese Leistungen werden innerbetriebliche Leistungen genannt. Beispiele hierfür sind die Selbsterzeugung von Strom, eigene Transportleistungen, selbsterstellte Maschinen und Werkzeuge sowie eigene Reparaturleistungen.

Sofern innerbetriebliche Leistungen **aktivierbar** sind wie beispielsweise Maschinen und Werkzeuge, d. h. mehrjährig nutzbar, ergeben sich keine Probleme; denn sie werden wie Absatzleistungen zu Selbstkosten abgerechnet und auch als eigener Kostenträger behandelt.

Die Problematik beginnt bei innerbetrieblichen Leistungen, die nicht aktivierbar sind, wie beispielsweise selbsterstellter Strom, eigene Reparaturen und eigene Wasserversorgung. Sie werden in der Periode ihrer Erzeugung auch verbraucht und sind daher auch sofort zwischen der leistenden und empfangenen Kostenstelle im Rahmen der innerbetrieblichen Leistungserstellung zu verrechnen. Zusätzlich muss der Umstand Beachtung finden, dass zwischen den Kostenstellen kein einmaliger Leistungsaustausch, sondern ein ständiger Leistungsaustausch stattfindet. So braucht die Reparaturwerkstatt Strom und die Stromaggregate brauchen Reparaturen; diese Verflechtungen lassen sich beliebig fortsetzen.

Als direkte Folge kann die Hilfskostenstelle »Stromerzeugung« ihre Leistungen nicht kalkulieren, ohne im Vorwege den sekundären Gemeinkostenbetrag von den weiteren Hilfskostenstellen, in diesem Beispiel den der Hilfskostenstelle »Instandhaltung«, zu kennen. Somit liegt das Problem der innerbetrieblichen Leistungsverrechnung bei dem wechselseitigen Leistungsaustausch zwischen den einzelnen Hilfskostenstellen.

Bei der innerbetrieblichen Leistungsverrechnung sind drei Verfahren zu unterscheiden:

- **Anbauverfahren,**
- **Stufenleiterverfahren,**
- **Gleichungsverfahren.**

Bei der Erläuterung der einzelnen Verfahren wird jeweils auf das nachfolgende Zahlenbeispiel eingegangen, um die Unterschiede deutlich werden zu lassen.

	Hilfskostenstellen		
	Stromerzeugung	Wasserversorgung	Reparaturwerkstatt
Summe der primären Gemeinkosten	3.000 €	6.000 €	10.000 €
insgesamt abgegebene Leistungseinheiten	20.000 kWh	6.000 cbm	300 Rep.-Std.
davon an Hauptkostenstellen abgegebene Leistungseinheiten	14.000 kWh	5.600 cbm	240 Rep.-Std.
empfangene Leistungseinheiten von Hilfskostenstelle Stromerzeugung: Wasserversorgung: Reparaturwerkstatt:	 – 200 cbm –	 2.000 kWh – –	 4.000 kWh 200 cbm 60 Rep.-Std.

Zahlenbeispiel zur innerbetrieblichen Leistungsverrechnung

2.4.6.4.1 Das Anbauverfahren

Das Anbauverfahren als sehr grobes **Näherungsverfahren** dividiert die Summe der primären Gemeinkosten durch die Summe der an Hauptkostenstellen insgesamt abgegebenen Leistungseinheiten. Die Verteilung der primären Gemeinkosten auf die jeweiligen Hauptkostenstellen geschieht durch Multiplikation der soeben errechneten Kosten pro Leistungseinheit mit den jeweilig auf die Hauptkostenstelle entfallenden Leistungseinheiten. Einen wechselseitigen Leistungsaustausch unter den Hilfskostenstellen lässt dieses Verfahren völlig unberücksichtigt. Als Folge werden die Hilfskostenstellen, die viele innerbetriebliche Leistungen empfangen und/oder wenig innerbetriebliche Leistungen an andere Hilfskostenstellen abgeben, jetzt günstiger, denn ihre Verrechnungssätze sind zu niedrig.

Für das oben genannte Beispiel ergeben sich nach dem Anbauverfahren folgende Verrechnungssätze für innerbetriebliche Leistungen:

Hilfskostenstelle: Stromerzeugung	$\frac{3.000\ €}{14.000\ kWh}$	= 0,21 €/kWh
Hilfskostenstelle: Wasserversorgung	$\frac{6.000\ €}{5.600\ cbm}$	= 1,07 €/cbm
Hilfskostenstelle: Reparaturwerkstatt	$\frac{10.000\ €}{240\ Rep.\text{-}Std.}$	= 41,66 €/Rep.-Std.

Verrechnungssätze nach dem Anbauverfahren

2.4.6.4.2 Das Stufenleiterverfahren

Das Stufenleiterverfahren als grobes Näherungsverfahren berücksichtigt bereits einen wechselseitigen **Leistungsaustausch** unter den Hilfskostenstellen. Dabei wird zunächst die Kostenstelle abgerechnet, die am wenigsten Leistungen von anderen Hilfskostenstellen empfängt. Den ersten Verrechnungssatz erhält man durch Division der primären Gemeinkosten durch die Summe der insgesamt abgegebenen Leistungseinheiten. Bei der Reihenfolge im Rahmen der Abrechnung aller weiteren Hilfskostenstellen ist zu beachten, dass mit der Hilfskostenstelle fortzufahren ist, die am wenigsten Leistungen von einer noch nicht abgerechneten Hilfskostenstelle erhalten hat.

Dieses Verfahren lässt jedoch bei jeder abzurechnenden Hilfskostenstelle die erhaltenen Leistungen von denjenigen Hilfskostenstellen, die noch nicht abgerechnet worden sind, vollständig unberücksichtigt.

Für das oben genannte Beispiel ergeben sich nach dem Stufenleiterverfahren folgende Verrechnungssätze für innerbetriebliche Leistungen:

Hilfskostenstelle: Stromerzeugung	$\frac{3.000 \text{ €}}{20.000 \text{ kWh}} = 0{,}15 \text{ €/kWh}$
Hilfskostenstelle: Wasserversorgung	$\frac{6.000 \text{ €} + (2.000 \text{ kWh} \cdot 0{,}15 \text{ €/kWh})}{6.000 \text{ cbm} - 200 \text{ cbm}} = 1{,}09 \text{ €/cbm}$
Hilfskostenstelle: Reparaturwerkstatt	$\frac{10.000 \text{ €} + 4.000 \text{ kWh} \cdot 0{,}15 \text{ €/kWh}) + (200 \text{ cbm} \cdot 1{,}09 \text{ €/cbm})}{240 \text{ Rep.-Std.}}$ $= 45{,}07 \text{ €/Rep.-Std.}$

Verrechnungssätze nach dem Stufenleiterverfahren

2.4.6.4.3 Das Gleichungsverfahren

Das Gleichungsverfahren berücksichtigt als einziges Verfahren **in vollem Umfang** einen wechselseitigen Leistungsaustausch unter den Hilfskostenstellen. Dies geschieht mit Hilfe eines Systems linearer Gleichungen, in denen die ausgetauschten Mengenleistungen bekannt sind und die jeweiligen Kostensätze (k) als Unbekannte auftreten. Die Anzahl der Gleichungen entspricht hierbei der Anzahl der verrechneten Kostenstellen. Unter Zuhilfenahme von IT stellt der erhebliche Rechenaufwand kein Problem mehr dar.

Für das oben genannte Beispiel ergeben sich nach dem Gleichungsverfahren folgende Bestimmungsgleichungen:

Hilfskostenstelle: Stromerzeugung	$20.000\ k_{Strom} = 3.000 \text{ €} + 200\ k_{Wasser}$
Hilfskostenstelle: Wasserversorgung	$6.000\ k_{Wasser} = 6.000 \text{ €} + 2.000\ k_{Strom}$
Hilfskostenstelle: Reparaturwerkstatt	$240\ k_{Reparatur} = 10.000 \text{ €} + 4.000\ k_{Strom} + 200\ k_{Wasser}$

Bestimmungsgleichungen nach dem Gleichungsverfahren

Nach Auflösung der Gleichungen ergeben sich folgende Verrechnungssätze für innerbetriebliche Leistungen:

Hilfskostenstelle: Stromerzeugung	$k_{Strom} = 0{,}16 \text{ €/kWh}$
Hilfskostenstelle: Wasserversorgung	$k_{Wasser} = 1{,}05 \text{ €/cbm}$
Hilfskostenstelle: Reparaturwerkstatt	$k_{Reparatur} = 45{,}21 \text{ €/Rep.-Std.}$

Verrechnungssätze nach dem Gleichungsverfahren

Vergleicht man die Verrechnungssätze der genannten drei Verfahren, so treten ganz erhebliche Unterschiede zu Tage. Sie beruhen auf einer unterschiedlichen Berücksichtigung bzw. Nichtberücksichtigung der wechselseitigen Leistungsströme unter den Hilfskostenstellen.

	Anbauverfahren	**Stufenleiterverfahren**	**Gleichungsverfahren**
Hilfskostenstelle: Stromerzeugung in €/kWh	0,21	0,15	0,16
Hilfskostenstelle: Wasserversorgung in €/cbm	1,07	1,09	1,05
Hilfskostenstelle: Reparaturwerkstatt in €/Rep.-Std.	41,66	45,07	45,21

Vergleich der ermittelten Verrechnungssätze

2.4.7 Kostenträgerrechnung

Nachdem sämtliche Kosten im Rahmen der Kostenartenrechnung erfasst und nach Kostenarten gegliedert sowie in der Kostenstellenrechnung mit Hilfe des Betriebsabrechnungsbogens auf diejenigen Betriebsbereiche/Kostenstellen verteilt worden sind, in denen sie anfielen, hat die Kostenträgerrechnung im dritten Schritt die Aufgabe, für alle betrieblich erstellten Güter und Dienstleistungen die **Stückkosten** zu ermitteln.

2.4.7.1 Grundaufbau und Bedeutung der Kostenträgerrechnung

Als Kostenträger werden die betrieblichen Leistungen bezeichnet; denn sie haben die durch sie verursachten Kosten zu tragen. Zur Systematisierung der Kostenträger hat eine Unterscheidung in Absatzleistungen zu erfolgen, wobei hier nach Kunden- und Lagerauftrag sowie nach aktivierbaren und nicht aktivierbaren innerbetrieblichen Leistungen zu differenzieren ist.

Die Abbildung verdeutlicht diesen Zusammenhang:

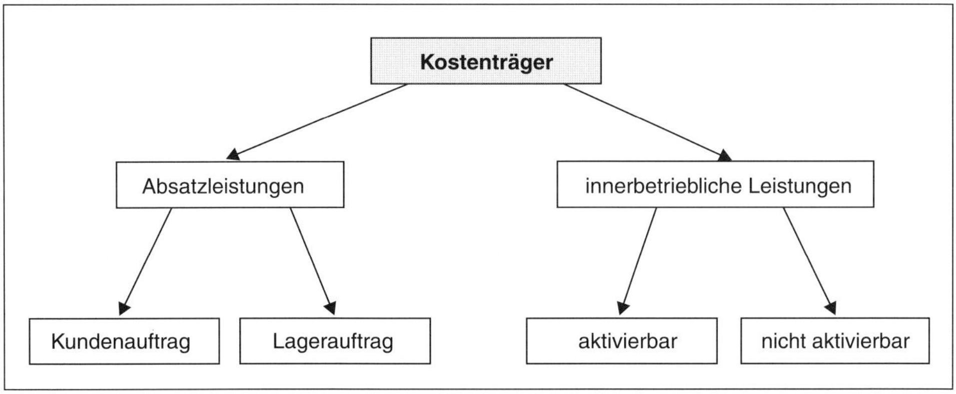

Systematisierung der Kostenträger

2.4.7.2 Aufgaben der Kostenträgerrechnung

Die Kostenträgerrechnung ermittelt die Herstell- und Selbstkosten der oben genannten Kostenträger. Sie werden für folgende Aufgaben benötigt:

- **Bewertung der Bestände** an Halb- und Fertigfabrikaten sowie der selbsterstellten Maschinen und Werkzeuge in der Handels- und Steuerbilanz. Der Wertansatz hat hier zu Herstellkosten zu erfolgen.
- **Durchführung der kurzfristigen Erfolgsrechnung** auf Grundlage der ermittelten Selbstkosten der Kostenträger für den Gesamtbetrieb oder für einzelne Betriebsbereiche.
- **Schaffung von Grundlagen für preispolitische Entscheidungen.** Sofern ein Betrieb aufgrund von Mitbewerbern nur beschränkt auf den Verkaufspreis Einfluss nehmen kann, beschränken sich preispolitische Entscheidung auf die Feststellung der langfristigen Preisuntergrenze, bei der gerade die Gesamtkosten gedeckt werden. Darüber hinaus muss bei bestimmten öffentlichen Aufträgen ein Selbstkostenpreis bei der Angebotskalkulation ermittelt werden.
- **Schaffung von Ausgangsdaten** zur Durchführung der Plankostenrechnung (siehe hierzu Abschn. 2.5.3).

Die Kostenträgerrechnung wird diesen Aufgaben in Form der Kostenträgerzeitrechnung und der Kostenträgerstückrechnung gerecht.

2.4.7.3 Die Kostenträgerzeitrechnung

Die Kostenträgerzeitrechnung ermittelt als Periodenrechnung die Gesamtkosten einer Periode, nach Kostenträgern gegliedert. Sie ist für die oben genannte Durchführung der kurzfristigen Erfolgsrechnung verantwortlich.

Wird diese um die Summe der erbrachten Leistungen ergänzt, so spricht man von der **Betriebsergebnisrechnung**.

Wird diese auf Grundlage der jeweiligen Kosten, die zur Erzielung des Umsatzes entstanden sind, durchgeführt, spricht man vom **Umsatzkostenverfahren**.

Sofern die gesamten Kosten einer Periode die Grundlage bilden, kommt das **Gesamtkostenverfahren** zur Anwendung.

Das Instrument der Kostenträgerzeitrechnung ist der **Betriebsabrechnungsbogen II** (BAB II).

Das übergeordnete Ziel ist hierbei, alle Einzel- und Gemeinkosten einer Abrechnungsperiode sowohl insgesamt als auch nach einzelnen Kostenträgern **differenziert** auszuweisen.

Im Detail ergeben sich folgende Unterziele:

- Ermittlung der **Herstellkosten** für den jeweiligen Kostenträger innerhalb einer Abrechnungsperiode. Diese sind für spätere Lagerbestandsbewertungen von unfertigen und fertigen Erzeugnissen erforderlich.
- Ermittlung der **Selbstkosten** für den jeweiligen Kostenträger innerhalb einer Abrechnungsperiode. Diese sind für eine ggf. erforderliche Bereinigung des Kostenträgerportfolios anhand von Wirtschaftlichkeits- und Rentabilitätsgesichtspunkten notwendig.
- Durchführung einer überwiegend monatlich erstellten **Erfolgsrechnung**. Hierzu werden pro Kostenträger die ermittelten Selbstkosten den Umsatzerlösen gegenübergestellt. An dieser Stelle wird der BAB II zur Steuergröße für den BAB I; denn das hier ermittelte Betriebsergebnis je Kostenträger kann zur Korrektur von ermittelten Über- und Unterdeckungen je Kostenträger aus dem BAB I herangezogen werden.

Das nachfolgende Zahlenbeispiel macht den Zweck des BAB II sehr deutlich; denn die Zeilen 1 – 13 umfassen die eigentliche Kostenträgerzeitrechnung und die Zeilen 14 – 17 die Ermittlung des Betriebsergebnisses.

BAB II	**Kostenträger**		
	Gesamt €	Kostenträger A €	Kostenträger B €
1. Fertigungsmaterial	378.000	194.500	183.500
2. + 15 % Materialgemeinkosten-Zuschlag	56.700	29.175	27.525
3. = Materialkosten	434.700	223.675	211.025
4. Fertigungslöhne	216.000	114.000	102.000
5. + 150 % Fertigungsgemeinkosten-Zuschlag	324.000	171.000	153.000
6. = Fertigungskosten	540.000	285.000	255.000
7. = Herstellkosten der Produktion (3. + 6.)	974.700	508.675	466.025
8. + Minderbestand unfertige Erzeugnisse	123.000	68.700	54.300
9. – Mehrbestand fertige Erzeugnisse	111.000	77.500	33.500
10. = **Herstellkosten des Umsatzes**	986.700	499.875	486.825
11. + 15 % Verwaltungsgemeinkosten-Zuschlag	148.005	74.982	73.024
12. + 8 % Vertriebsgemeinkosten-Zuschlag	78.936	39.990	38.946
13. = **Selbstkosten des Umsatzes**	1.213.641	614.847	598.795
14. Umsatzerlöse	1.332.500	703.300	629.200
15. = Umsatzergebnis (14. – 13.)	118.859	88.453	30.405
16. + Überdeckung gem. BAB I	4.534		
17. = **Betriebsergebnis** (15. + 16.)	123.393		

Zahlenbeispiel eines Betriebsabrechnungsbogens II (BAB II)

2.4.7.4 Die Kostenträgerstückrechnung

Die Kostenträgerstückrechnung ermittelt die Herstell- und Selbstkosten der jeweiligen Kostenträger eines Betriebes. Sie ist überwiegend für die Erfüllung der Aufgaben der Kostenträgerrechnung verantwortlich und wird im Folgenden ausführlich erläutert.

Die Kostenträgerstückrechnung ist die Kalkulation eines Betriebes!

Bei der Durchführung dieser Kalkulation ist die

- Divisionskalkulation von der
- Zuschlagskalkulation

zu unterscheiden.

2.4.7.4.1 Die Divisionskalkulation

Das wesentliche Merkmal der Divisionskalkulation ist, dass stets die Gesamtkosten des Betriebes oder eines Betriebsbereiches durch die Anzahl der hergestellten Güter/Kostenträger dividiert werden. Der Quotient ergibt die **Selbstkosten je Stück**.

Eine Unterscheidung in Einzel- und Gemeinkosten findet nicht statt.

2.4.7.4.1.1 Die einstufige Divisionskalkulation

Die einstufige Divisionskalkulation entspricht dem Grundgedanken dieses Verfahrens, dividiert die Gesamtkosten einer Periode durch die produzierte Leistungsmenge dieser Periode und erhält somit die Selbstkosten pro Stück:

$$k = \frac{K}{x}$$

K = Gesamtkosten einer Periode
x = produzierte Leistungsmenge einer Periode
k = Selbstkosten pro Stück

Die Anwendung dieses Verfahrens setzt voraus, dass

- keine Lagerbestandsveränderungen an Halb- und Fertigfabrikaten entstehen und
- ein einheitliches Produkt hergestellt wird.

Somit kommt die Anwendung der Divisionskalkulation nur für einen verschwindend geringen Teil aller Betriebe, nämlich für solche **mit einheitlicher Massenfertigung**, in Betracht. Als Beispiel sind Betriebe der Energieerzeugung und Grundstoffindustrien (z. B. Herstellung von Polypropylen zur Kunststofferzeugung) zu nennen.

2.4.7.4.1.2 Die zwei- und mehrstufige Divisionskalkulation

Lässt sich die Voraussetzung einer Konstanz der Lagerbestände nicht einhalten, findet die zweistufige Divisionskalkulation Anwendung. Bei diesem Verfahren erfolgt eine Trennung nach Herstellkosten und Verwaltungs- bzw. Vertriebskosten; denn der produzierten Menge sind die Herstellkosten gegenüberzustellen und der abgesetzten Menge sind die Verwaltungs- und Vertriebskosten gegenüberzustellen. Die Differenz beider Mengengrößen ergibt dann die Höhe der zu berücksichtigenden Lagerbestandsveränderung:

$$k = \frac{K_H}{x_p} + \frac{K_{VV}}{x_a} = k_H + k_{VV}$$

K_H = gesamte Herstellkosten einer Periode
K_{VV} = gesamte Verwaltungs- und Vertriebskosten einer Periode
x_p = produzierte Leistungsmenge einer Periode
x_a = abgesetzte Leistungsmenge einer Periode
k_H = Herstellkosten pro Stück
k_{VV} = Verwaltungs- und Vertriebskosten pro Stück
k = Selbstkosten pro Stück

In diesem Beispiel wird von einer Produktion auf einer Produktionsstufe ausgegangen. Mit jeder weiteren Produktionsstufe, auf der Lagerbestandsveränderungen auftreten können, wird aus einer zweistufigen eine mehrstufige Divisionskalkulation.

Dieses Verfahren setzt jedoch immer noch eine einheitliche Produktlinie und somit einen **Einproduktbetrieb** oder -betriebsbereich voraus.

2.4.7.4.1.3 Divisionskalkulation mit Äquivalenzziffern

Kann unter der Voraussetzung einer Konstanz der Lagerbestände die weitere Voraussetzung nach einer einheitlichen Produktlinie nicht mehr vollständig, sondern nur noch nach Sorten, wie beispielsweise in der Zigaretten- oder Bierindustrie, aufrechterhalten werden, findet die einstufige Divisionskalkulation mit Äquivalenzziffern Anwendung. Dieses Verfahren nutzt bei einer Fertigung von verschiedenen Sorten die Tatsache aus, dass die Kosten der verschiedenen Produktarten aufgrund von Ähnlichkeiten in der Fertigung in einem bestimmten Verhältnis zueinander stehen.

Die Äquivalenzziffer eines Produktes (als Verhältniszahl der Kostenbelastung) gibt dabei an, in welchem Verhältnis die Kosten dieses Produktes zu den Kosten eines Einheitsproduktes mit der Äquivalenzziffer 1 steht:

$$k_i = \frac{K}{a_i \cdot x_1 + a_2 \cdot x_2 + ... + a_n \cdot x_n} \cdot a_i$$

K = Gesamtkosten einer Periode
k_i = Selbstkosten pro Stück der Sorte i
a_i = Äquivalenzziffer der Sorte i
a_1 = Äquivalenzziffer des Produktes 1
x_1 = Gesamtmenge des Produktes 1
a_2 = Äquivalenzziffer des Produktes 2
x_2 = Gesamtmenge des Produktes 2
a_n = Äquivalenzziffer des letzten Produktes
x_n = Gesamtmenge des letzten Produktes

Das größte Problem entsteht bei der Ermittlung von Äquivalenzziffern, die der entsprechenden Kostenverursachung zu entsprechen hat. Dieses Verfahren setzt jedoch konstante Lagerbestände voraus.

Treten neben unterschiedlichen Sorten in der Produktlinie auch noch Lagerbestandsveränderungen auf, findet die **zweistufige** Divisionskalkulation mit Äquivalenzziffern Anwendung.

$$k_i = \left(\frac{K_H}{a_1 \cdot xp_1 + a_2 \cdot xp_2 + ... + a_n \cdot xp_n} + \frac{K_{VV}}{a_1 \cdot xa_1 + a_2 \cdot xa_2 + ... + a_n \cdot xa_n} \right) \cdot a_i$$

K_H = gesamte Herstellkosten einer Periode
K_{VV} = gesamte Verwaltungs- und Vertriebskosten einer Periode
k_i = Selbstkosten pro Stück der Sorte i
a_i = Äquivalenzziffer der Sorte i
a_1 = Äquivalenzziffer des Produktes 1
xp_1 = Gesamtproduktionsmenge des Produktes 1
xa_1 = Gesamtabsatzmenge des Produktes 1
a_2 = Äquivalenzziffer des Produktes 2
xp_2 = Gesamtproduktionsmenge des Produktes 2
xa_2 = Gesamtabsatzmenge des Produktes 2
a_n = Äquivalenzziffer des letzten Produktes
xp_n = Gesamtproduktionsmenge des letzten Produktes
xa_n = Gesamtabsatzmenge des letzten Produktes

In diesem Beispiel wird von einer Produktion auf einer Produktionsstufe ausgegangen. Mit jeder weiteren Produktionsstufe, auf der Lagerbestandsveränderungen auftreten können, wird aus einer zweistufigen eine **mehrstufige** Divisionskalkulation mit Äquivalenzziffern.

2.4.7.4.2 Die Zuschlagskalkulation

Die Zuschlagskalkulation kommt zur Anwendung, wenn sämtliche Voraussetzungen zur Anwendung der Divisionskalkulation nicht gegeben sind. Somit ist dieses Verfahren für Betriebe anzuwenden, die in mehrstufigen Produktionsabläufen bei unterschiedlicher Kostenverursachung und bei ständiger Veränderung der Lagerbestände an Halb- und Fertigfabrikaten ihre Leistungen erbringen. Dies trifft auf einen Großteil aller Betriebe zu.

Die Zuschlagskalkulation geht von einer Trennung von Einzel- und Gemeinkosten aus. Dabei werden die Einzelkosten den Kostenträgern verursachungsgerecht zugerechnet, die Gemeinkosten werden mit Hilfe von Kalkulationssätzen zugeschlagen. Bei der Behandlung der Gemeinkosten sind Verfahrensunterschiede festzustellen.

Der Zuschlagskalkulation liegt das folgende Schema zugrunde:

	Materialeinzelkosten	
+	Materialgemeinkosten	= **Materialkosten**
+	Fertigungseinzelkosten	
+	Fertigungsgemeinkosten	
+	Sondereinzelkosten der Fertigung	= **Fertigungskosten**
		= **Herstellkosten**
+	Verwaltungsgemeinkosten	
+	Vertriebsgemeinkosten	
+	Sondereinzelkosten des Vertriebs	= **Verwaltungs- und Vertriebskosten**
		= **Selbstkosten**

2.4.7.4.2.1 Die summarische Zuschlagskalkulation

Bei Anwendung der summarischen Zuschlagskalkulation werden die Gemeinkosten in einer Summe dem Kostenträger zugerechnet.

Zur Errechnung eines entsprechend notwendigen Zuschlagssatzes (in %) werden die gesamten Gemeinkosten in Beziehung zu den gesamten Einzelkosten eines Betriebes gesetzt.

$$\textbf{Zuschlagssatz (in \%)} = \frac{\text{gesamte Gemeinkosten}}{\text{gesamte Einzelkosten}} \cdot 100$$

Beispielhaft soll dieses Verfahren für die Kostenart des Fertigungslohnes durchgeführt werden:

gesamte Einzelkosten:	*800.000 €*
gesamte Gemeinkosten:	*1.200.000 €*
Zuschlagssatz:	*= 150 %*

d. h. für Fertigungseinzelkosten:		*80.000 €*
betragen die Fertigungsgemeinkosten:	*1,5 ·*	*80.000 €*
		= 120.000 €

Dieser Zuschlagssatz ist dann für sämtliche Kostenarten anzuwenden.

Dieses doch sehr pauschale Verfahren ist nur für Betriebe mit einem geringen Gemeinkostenanteil anwendbar.

2.4.7.4.2.2 Die differenzierte Zuschlagskalkulation

Von größerer Genauigkeit ist die differenzierende Zuschlagskalkulation. Bei diesem Verfahren werden nach Kostenstellen differenziert die Gemeinkosten einer Kostenstelle in Beziehung zu den jeweiligen Einzelkosten der Kostenstelle gesetzt.

$$\textbf{Zuschlagssatz einer Kostenstelle (in \%)} = \frac{\text{gesamte Gemeinkosten einer Kostenstelle}}{\text{gesamte Einzelkosten einer Kostenstelle}} \cdot 100$$

Beispielhaft soll dieses Verfahren für die Kostenstelle »Fertigung« durchgeführt werden:

gesamte Einzelkosten der Fertigung:	*125.000 €*
gesamte Gemeinkosten der Fertigung:	*25.000 €*
Zuschlagssatz:	*= 20 %*

D. h. für sämtliche Gemeinkosten der Fertigung wie beispielsweise

- *Materialgemeinkosten,*
- *Fertigungsgemeinkosten,*
- *Verwaltungsgemeinkosten*

beträgt der Zuschlagssatz 20 % der jeweiligen Einzelkosten.

2.4.7.4.2.3 Die Handelskalkulation

Die im Handel verwendete Methode zur Ermittlung eines Verkaufspreises wird Handelskalkulation genannt. Generell rechnet man hier dem Einkaufspreis der Ware jene Kosten hinzu, die diese in den Prozessschritten

- Einkauf,
- Lagerung und
- Verkauf

verursachen. Weit verbreitet ist im Handel folgendes Kalkulationsschema:

+ Listenpreis Hersteller
– USt
– Herstellerrabatt
= Rechnungspreis
– Herstellerskonto
= Bareinkaufspreis
+ Bezugskosten (Ust-frei)
= Einstandspreis
+ Handlungskostenzuschlag
= Selbstkosten
+ Gewinnmarge
= Barverkaufspreis
+ Kundenskonto
+ Vertreterprovision
= Zielverkaufspreis
+ Kundenrabatt
= Listenverkaufspreis
+ Mw.St
= **Bruttoverkaufspreis**

Handlungskostenzuschlag

Die Kosten, die bei der Erbringung der Leistungen des Handels entstehen, werden als Handlungskosten bezeichnet. Sie finden üblicherweise als Zuschlag auf den Einstandspreis ihre Berücksichtigung:

Einstandspreis + Handlungskostenzuschlag = **Selbstkosten**

Einstandspreis

Warenschulden sind gemäß § 448 BGB Holschulden. Daher gilt der Preis des Lieferanten, sofern nichts anderes vereinbart wurde, ab Werk oder Lager des Lieferanten. Sämtliche Transportkosten des Erwerbers (Verpackung, Fracht, Zoll, Versicherung) werden als Bezugskosten zusammengefasst:

Bareinkaufspreis + Bezugskosten = **Einstandspreis**

Provisionen und Preisnachlässe

Preisnachlässe (Skonti, Rabatte) sind bereits im Vorwege in den Angebotspreis einzurechnen:

- Für Kundenskonti und Vertreterprovisionen ist die Berechnungsgrundlage der Barverkaufspreis,
- für Kundenrabatte ist die Berechnungsgrundlage der Zielverkaufspreis.

2.4.8 Maschinenstundensatzrechnung

Aufgrund der stetig zunehmenden Automatisierung nimmt der Anteil des direkten Fertigungslohns an den Gesamtkosten ab. Dem gegenüber nehmen maschinenbezogene Kosten als Gemeinkosten erheblich zu. Somit müssen bei der Bildung von Gemeinkostensätzen immer höhere Gemeinkosten auf eine immer schmaler werdende Bezugsbasis »Fertigungslohn« bezogen werden. Die Fertigungsgemeinkostensätze steigen stetig. Die stetige, kritische Diskussion der unterstellten Proportionalität zwischen kaum noch nennenswert variablem Fertigungslohn und weitgehend fixen Fertigungsgemeinkosten wird mit steigender Diskrepanz noch kritischer.

2.4.8.1 Ermittlung der relevanten Kosten als Bezugsbasis

Als einziger Ausweg aus dieser Situation ist eine neue Bezugsbasis für die geschlüsselte Zurechnung der Fertigungsgemeinkosten zu den Kostenträgern zu finden. Es sollte eine Aufwandsgröße sein, die

- in einem direkten Verhältnis zur Ausbringungsmenge steht,
- sich als Aufwandsgröße variabel verhält und
- problemlos erfasst werden kann.

Als Lösung bietet sich die Nutzungszeit der Maschinen (**Maschinenstunde**) als Bezugsbasis und somit als kostenträgerbezogener Verteilerschlüssel für die Fertigungsgemeinkosten an.

Sie steht als zeitliche Aufwandsgröße wesentlich direkter in Bezug zur Ausbringungsmenge als der Fertigungslohn. Sie stellt beim derzeit hohen Automatisierungsgrad ein nennenswertes Aufwandsvolumen bei der Leistungserstellung dar und ist relativ einfach zu erfassen.

Bei der Berechnung des Maschinenstundensatzes setzt man die Fertigungsgemeinkostenarten, die mit der Nutzung der Maschinen und Anlagen im Zusammenhang stehen, ins Verhältnis zur Maschinennutzungszeit. Mit Hilfe des Maschinenstundensatzes können dann die Maschinengemeinkosten entsprechend einer kostenträgerspezifischen Maschinennutzungszeit direkt dem Kostenträger zugerechnet werden.

Verbleibende Fertigungsgemeinkostenarten, die nicht zum maschinenbezogener Aufwand hinzugerechnet werden können (z. B. Hilfslöhne, Gehälter, teilweise Hilfs- und Betriebsstoffe, Abschreibungen), werden in herkömmlicher Art und Weise über die Bezugsbasis der Fertigungslöhne kalkulativ weiterverrechnet.

Voraussetzung hierfür ist eine saubere Abgrenzung einzelner Maschinengruppen, Maschinen oder Arbeitsplätze als Kostenstelle und der Ausweis von deren **Maschinen-** oder **Platzkosten** mit dem Ziel einer höheren Genauigkeit in der Gemeinkostenverrechnung. Dem gegenüber stehen höherer Aufwand und Verkomplizierung der Kostenstellenrechnung.

Sinnvolle Anwendungsbeispiele der Maschinenstundensatzrechnung sind:

- Kapitalintensive Fertigungsprozesse, bei denen die Kosten für den Maschineneinsatz einen hohen Anteil an den Fertigungsgemeinkosten ausmachen;
- Fertigungskostenstellen mit Maschinen mit unterschiedlich hohen Fixkosten und/oder ungleichmäßiger Beanspruchung (sonst besteht die Gefahr, dass bei einem einheitlichen Fertigungsgemeinkostensatz Arbeiten auf einer Maschine mit hohen Gemeinkosten zu niedrig kalkuliert werden und umgekehrt).

2.4.8.2 Auswirkung der Kalkulation mit Maschinenstundensätzen

Die Auswirkung des Einbezugs der Kalkulation mit Maschinenstundensätzen zeigt das folgende Beispiel einer Kalkulation, die zunächst als differenzierte Zuschlagskalkulation unter Zurechnung von Fertigungsgemeinkosten und anschließend unter Berücksichtigung von Maschinenstundenkosten vorgenommen wird.

Die differenzierte Zuschlagskalkulation erbringt die folgenden Herstellkosten in €:

Differenzierte Zuschlagskalkulation		**Kostenträgergruppe**	
	Gesamt	**A**	**B**
1. Fertigungsmaterial	378.000	194.500	183.500
2. + 15 % Materialgemeinkosten-Zuschlag	56.700	29.175	27.525
3. = Materialkosten	434.700	223.675	211.025
4. Fertigungslöhne	216.000	114.000	102.000
5. + 150 % Fertigungsgemeinkosten-Zuschlag	324.000	171.000	153.000
6. = Fertigungskosten	540.000	285.000	255.000
7. = Herstellkosten der Produktion (3. + 6.)	**974.700**	**508.675**	**466.025**

Nach Einbezug der Maschinenstundensätze in die Kalkulation verändert sich das Bild wie folgt:

Kalkulation mit Maschinenstundensätzen		**Kostenträgergruppe**	
	Gesamt	**A**	**B**
1. Fertigungsmaterial	378.000	194.500	183.500
2. + 15 % Materialgemeinkosten-Zuschlag	56.700	29.175	27.525
3. = Materialkosten	434.700	223.675	211.025
4. Fertigungslöhne	216.000	114.000	102.000
+ Maschinenstundenkosten			
Maschinengruppe I 50,0 €/Std.	88.500	77.500	11.000
Maschinengruppe II 30,0 €/Std.	72.660	44.970	27.690
Maschinengruppe III 20,0 €/Std.	33.240	31.580	1.660
5. Summe Gruppen I bis III	194.400	154.050	40.350
6. + 60 % Restfertigungs-Gemeinkosten (Basis: 4.)	129.600	68.400	61.200
7. = Fertigungskosten (4. + 5. + 6.)	540.000	336.450	203.550
8. = Herstellkosten der Produktion (3. + 7.)	**974.700**	**560.125**	**414.575**

Die Anteile der einzelnen Kostenträger an den gesamten Herstellkosten der Produktion stellen sich nun als erheblich verändert dar.

2.4.8.3 Bildung von Maschinenstundensätzen

Der Maschinenstundensatz ermittelt sich aus dem Verhältnis der Summe der maschinenbezogenen Fertigungsgemeinkostenarten pro Jahr zur möglichen jährlichen Nutzungszeit bei geplantem Auslastungsgrad:

$$K_{Mh} = (K_{Masch} : T_{Nutzung}) \times (€ : h)$$

2.4.8.3.1 Maschinenbezogene Fertigungsgemeinkostenarten (K_{Masch})

Folgende Kostenarten lassen sich maschinenbezogen abgrenzen:

- $K_{Abschreibung}$: Kalkulatorische Abschreibungen
- K_{Zins} : Kalkulatorische Zinsen
- K_{Raum} : Raumkosten
- $K_{Energie}$: Energiekosten
- $K_{Instandhaltung}$: Instandhaltungskosten
- $K_{Werkzeug}$: Werkzeug- oder Vorrichtungskosten

Die kalkulatorischen **Abschreibungen** errechnen sich unter Berücksichtigung des geltenden Wiederbeschaffungswertes (einschl. Aufstellungs- und Anlaufkosten) und der voraussichtlichen Nutzungsdauer. Bei technisch veralteten Maschinen wird der Wiederbeschaffungswert einer vergleichbaren Maschine herangezogen. Die kalkulatorische Abschreibung soll der wirklichen Wertminderung der Maschine im Abrechnungszeitraum entsprechen.

Die kalkulatorischen **Zinsen** der Maschine errechnen sich aus dem durch den Wert der Maschine gebundene Kapital. Als Maschinenwert wird oftmals aus Vereinfachungsgründen im Sinne der Vergleichbarkeit verschiedener Perioden der halbe Wiederbeschaffungswert (Wertmittel über die gesamte Nutzungsdauer) angesetzt. Als Zinssatz wird meistens der aktuelle Zinssatz für langfristiges Fremdkapital angesetzt.

Die **Raumkosten** enthalten anteilig Zinsen und AfA auf Gebäude, Instandhaltungskosten, Versicherung und Gebäudereinigung. Es wird ein Kostensatz je qm gebildet und dann mit der genutzten Maschinenfläche multipliziert.

Die **Energiekosten** (Strom, Gas, Wasser usw.) werden durch Multiplikation des Leistungsverbrauches mit dem Leistungspreis ermittelt und auf die jährliche Nutzungsdauer hochgerechnet.

Die **Instandhaltungskosten** der Maschine (laufende Wartungen, Reparaturen) werden überwiegend über Jahresdurchschnittswerte über längere Zeiträume als Absolutbetrag ermittelt. Teilweise findet auch ein ermittelter Prozentsatz Anwendung, bezogen auf die kalkulatorischen Abschreibungen oder den Wiederbeschaffungswert.

Die **Werkzeug- oder Vorrichtungskosten** lassen sich überwiegend direkt einer konkreten Maschine zurechnen.

Bei zusammenhängenden Fertigungsanlagen – man spricht auch von Fertigungslinien – werden die Kosten für die gesamte Linie erfasst und zusammenhängend verrechnet.

2.4.8.3.2 Mögliche jährliche Nutzungszeit ($T_{Nutzung}$)

Die gesamte Maschinenzeit TG ist die Summe aus

- Nutzungszeit $T_{Nutzung}$
- Instandhaltungszeit $T_{Instandhaltung}$
- Ruhezeit T_{Ruhe}

Die Nutzungszeit $T_{Nutzung}$ wiederum ist eine Summe aus

- Lastlaufzeit $T_{Lastlauf}$
- Leerlaufzeit $T_{Leerlauf}$
- Hilfszeit T_{Hilfe}

Die **theoretisch** verfügbare Maschinenzeit ergibt sich grundsätzlich aus der Multiplikation

365 Kalendertage × 24 Stunden = 8.760 Stunden

Praktisch ergibt sich diese Zeit jedoch unter Berücksichtigung von Sonn- und Feiertagen und der täglichen Stundenzahl entsprechend der Schichtauslastung. Bei Einschichtbetrieb und durchschnittlich ansetzbaren 220 Arbeitstagen im Jahr ergibt sich eine gesamte Maschinenzeit von

220 Tagen × 8 Stunden = 1.760 Stunden.

2.5 Anwenden von Kostenrechnungssystemen

2.5.1 Vollkostenrechnung

Die bisherigen Ausführungen zu der Kostenarten-, Kostenstellen- und Kostenträgerrechnung sind zum einen von der Voraussetzung ausgegangen, dass es sich bei den verrechneten Kosten um Istkosten handelt und zum anderen, dass **alle** angefallenen Kosten zur Verteilung auf die jeweiligen Kostenträger gelangen. In diesem Fall spricht man von der Vollkostenrechnung.

Da die Kosten- und Leistungsrechnung jedoch auch die Aufgabe hat, im Rahmen der Bereitstellung entscheidungsrelevanter Informationen die Kalkulation der betrieblichen Leistung zu ermöglichen, kann es sinnvoll sein, nur die variablen Kosten auf die jeweiligen Kostenträger zu verrechnen und die fixen Kosten in Form eines so genannten Fixkostenblockes von der Verrechnung auszuschließen. In diesem Fall spricht man von der Teilkostenrechnung.

Ein Betrieb kann langfristig nur existieren, wenn aufgrund einer Preiserzielung auf den Absatzmärkten, die mindestens der langfristigen Preisuntergrenze entspricht, die Deckung der Gesamtkosten (fixe und variable Kosten) gewährleistet ist. Aus marktpolitischen Gründen, beispielsweise im Rahmen einer Marktverdrängungsstrategie bei Neueinführung eines Produktes, kann es notwendig werden, kurzfristig einen Preis zu verlangen, der nur die variablen Kosten deckt. Dieser stellt die so genannte kurzfristige Preisuntergrenze dar.

Es ist folglich unerlässlich, mit Hilfe der Verfahren zur Kostenauflösung eine Auflösung der Gesamtkosten in die fixen und variablen Bestandteile vorzunehmen.

2.5.2 Teilkostenrechnung

Die Deckungsbeitragsrechnung geht von dem Grundgedanken aus, dass der jeweilige Absatzpreis eines Produktes neben der Deckung der variablen Kosten auch zur Deckung des separat betrachteten Fixkostenblockes beitragen kann. Dieser Erlösanteil, der zur Deckung des Fixkostenblockes beiträgt, wird **Deckungsbeitrag** genannt.

Je nachdem, ob der Deckungsbeitrag für das einzelne Stück oder der Deckungsbeitrag für eine Periode betrachtet werden soll, unterscheidet man die

- Deckungsbeitragsrechnung als Stückrechnung und
- Deckungsbeitragsrechnung als Periodenrechnung.

2.5.2.1 Die Deckungsbeitragsrechnung als Stückrechnung

Die Deckungsbeitragsrechnung als Stückrechnung ermittelt den Deckungsbeitrag je Stück. Zur Ermittlung des Stück-Deckungsbeitrages werden vom jeweiligen Verkaufserlös (=Preis) die variablen Kosten des einzelnen Stückes abgezogen.

Stück-Deckungsbeitrag (db) = Verkaufserlös je Stück (p) – variable Kosten je Stück (k_v)

Die Kenntnis des Stück-Deckungsbeitrages für jede Produktart ist im Rahmen der betrieblichen Entscheidungsfindung eine wesentliche Entscheidungshilfe.

Zum einen richtet ein Unternehmen im Rahmen einer optimalen Sortimentsgestaltung, freie Produktionskapazitäten einmal vorausgesetzt, die Produktion auf die rentabelsten Produkte mit dem höchsten Stück-Deckungsbeitrag aus. Die Rangfolge der zu produzierenden Produkte ergibt sich dabei aufgrund der Höhe des jeweils absoluten Stück-Deckungsbeitrages. Die Übersicht zur Stück-Deckungsbeiträge der Produkte eines Industrieunternehmens verdeutlichen diesen Zusammenhang:

Produkt	Verkaufserlös je Stück	variable Kosten je Stück	Deckungsbeitrag je Stück
A	120 €	75 €	45 €
B	70 €	54 €	16 €
C	90 €	58 €	32 €
D	68 €	44 €	24 €

Die Rangfolge bei der Produktion der Produkte im Rahmen einer optimalen Produktionsentscheidung lautet somit: A C D B

Im Ergebnis ist festzuhalten, dass die Ertragslage eines Unternehmens verbessert werden kann, wenn sich die Produktionsentscheidung vorrangig an den Stück-Deckungsbeiträgen der zu produzierenden Produkte orientiert. Somit erfüllt der Stück-Deckungsbeitrag die Funktion eines Maßstabes für die **Erfolgswirksamkeit** betrieblicher Tätigkeiten.

Zum anderen ist der Stück-Deckungsbeitrag eine hervorragende Entscheidungshilfe bei der Frage einer Annahme/Ablehnung von weiteren Aufträgen, den so genannten **Zusatzaufträgen**. Von Zusatzaufträgen wird dann gesprochen, wenn zusätzlich zu dem bereits vorhandenen Produktionsvolumen, welches bereits den gesamten Fixkostenblock deckt, weitere Aufträge angenommen werden. Mit diesem Verhalten verfolgt die Betriebsführung eines Unternehmens die Zielsetzungen,

- die zur Zeit nicht ausgelasteten Produktionskapazitäten optimal zu nutzen und
- das Betriebsergebnis des Unternehmens zu verbessern.

Diese Zielsetzungen werden nur erreicht, wenn aus den Verkaufserlösen der angenommenen Zusatzaufträge sowohl die darauf entfallenen variablen Kosten gedeckt werden können und darüber hinaus ein Stück-Deckungsbeitrag von ≥0 € erzielt werden kann.

Beispiel:

Aus einem Zusatzauftrag ist bei variablen Kosten je Stück von 120 € ein Verkaufserlös je Stück von 125 € zu erzielen. Bei einer Produktionsmenge von 8.000 Stück verbessert sich das Betriebsergebnis um 40.000 €.

Fazit: Solange die variablen Kosten aus den Verkaufserlösen eines Zusatzauftrages gedeckt werden können und somit ein Stück-Deckungsbeitrag von ≥0 € erzielt wird, ist er zur Optimierung der vorhandenen Produktionskapazitäten anzunehmen.

2.5.2.2 Die Deckungsbeitragsrechnung als Periodenrechnung

Die Deckungsbeitragsrechnung als Periodenrechnung verfolgt den Grundgedanken, den Betriebsgewinn einer Periode zu ermitteln. Hierzu werden von den Umsatzerlösen einer Periode (= Summe der Verkaufserlöse aller abgesetzten Produkte) die gesamten variablen Kosten einer Periode abgezogen.

Umsatzerlöse der Periode (E)
– variable Kosten der Periode (K_v)

= **Deckungsbeitrag der Periode (DB)**

Da der Deckungsbeitrag der Periode auch ermittelt werden kann aus der Summe sämtlicher Stück-Deckungsbeiträge der abgesetzten Produkte, wird auch von einer **Gesamtdeckungsbeitragsrechnung** gesprochen.

Vergleicht man in einem zweiten Schritt den Deckungsbeitrag der Periode mit dem zu verrechnenden Fixkostenblock, so wird der Betriebsgewinn/-verlust einer Periode deutlich. Es gilt:

Deckungsbeitrag der Periode > Fixkostenblock der Periode = **Betriebsgewinn**

Deckungsbeitrag der Periode < Fixkostenblock der Periode = **Betriebsverlust**

Für Zwecke der Preiskalkulation ist der **Deckungsbeitragssatz** ($DB_{\%}$) bzw. **Stück-Deckungsbeitragssatz** ($db_{\%}$) von großer Bedeutung. Er gibt den prozentualen Anteil an, den das einzelne Fertigungsstück zur Deckung des gesamten Fixkostenblockes bei vorgegebener Absatzmenge mindestens zu erbringen hat.

Zur Ermittlung des Deckungsbeitragssatzes wird in einem ersten Schritt der absolute Deckungsbeitrag errechnet:

$$db_{abs} = \frac{K_f + G_p}{x_p}$$

db_{abs} = absoluter Deckungsbeitrag/Stück
K_f = Fixkostenblock
G_p = geplanter Gewinn
x_p = geplante Absatzmenge

Im zweiten Schritt wird zur Ermittlung des Stück-Deckungsbeitragssatzes (db %) der absolute Deckungsbeitrag in Beziehung zum geplanten Erlös (E) der Periode gesetzt:

$$db_{\%} = \frac{db_{abs} \cdot 100}{E}$$

Mit Hilfe des Deckungsbeitragssatzes ist ein Verkaufspreis zu kalkulieren, der sowohl die variablen Kosten je Stück als auch den jeweiligen Anteil des einzelnen Produktes zur Decckung des Fixkostenblockes abdeckt. Eine eventuelle Überdeckung wird als kalkulatorischer Periodenerfolg bezeichnet.

  Geplanter Stückerlös
– variable Kosten je Stück
– anteilige fixe Kosten (gemäß Deckungsbeitragssatz)

= kalkulatorischer Periodenerfolg je Stück

Beispiel:

Für ein neuartiges Werbegeschenk wird ein Verkaufspreis von 30 € als realisierbar eingeschätzt. Die variablen Kosten je Stück liegen bei 20 €. Es liegen für die laufende Periode Abnahmeverträge über 460 Stück vor, der Fixkostenblock beträgt 2.000 €, der Gewinn soll 2.500 € betragen.

Der Erlös beträgt 460 · 30 = 13.800 €

Ermittlung des absoluten db: $\frac{2.000 + 2.500}{460}$ *= 9,78 € je Stück*

Ermittlung des $db_{\%}$*:* $\frac{9,78 \cdot 100}{30}$ *= 32,6 %*

Kalkulation des Verkaufspreises:

	30,00 € geplanter Stückerlös
–	*20,00 € variable Kosten je Stück*
–	*9,78 € anteilige fixe Kosten (32,6 % von 30 €)*
	0,22 € kalk. Periodenerfolg je Stück

Die nun folgenden Ausführungen verwenden die Deckungsbeitragsrechnung als **Periodenrechnung**.

2.5.2.2.1 Die Deckungsbeitragsrechnung in einem Einprodukt-Unternehmen

Wie bereits des öfteren erwähnt, kann ein Unternehmen langfristig nur existieren, wenn aus den erzielten Absatzpreisen mindestens eine Deckung der Gesamtkosten erzielt werden kann (langfristige Preisuntergrenze).

2.5.2.2.1.1 Die Gewinnschwelle (Break-even-Point)

In einem Einprodukt-Unternehmen ist der Deckungsbeitrag der Periode zur Deckung des Fixkostenblockes aus der Herstellung und dem Absatz eines Produktes zu erbringen. Dem Wesen der Deckungsbeitragsrechnung entsprechend erfolgt eine Auflösung der Gesamtkosten in ihre variablen und fixen Bestandteile. Damit wird das Unternehmen zum einen in die Lage versetzt, den Deckungsbeitrag des Produktes zu ermitteln. Zum anderen lässt sich diejenige Ausbringungsmenge festlegen, bei der die Summe der Deckungsbeiträge dem Fixkostenblock entspricht. Dieser Punkt stellt die Gewinnschwelle dar; er wird auch als Break-even-Point bezeichnet, der sich grafisch und rechnerisch darstellen bzw. ermitteln lässt.

Bei der **grafischen Ermittlung** ist die Gewinnschwelle mit der entsprechenden Ausbringungsmenge am Schnittpunkt der Gesamtkostenkurve mit der Erlöskurve ablesbar. Die Abbildung verdeutlicht diesen Zusammenhang:

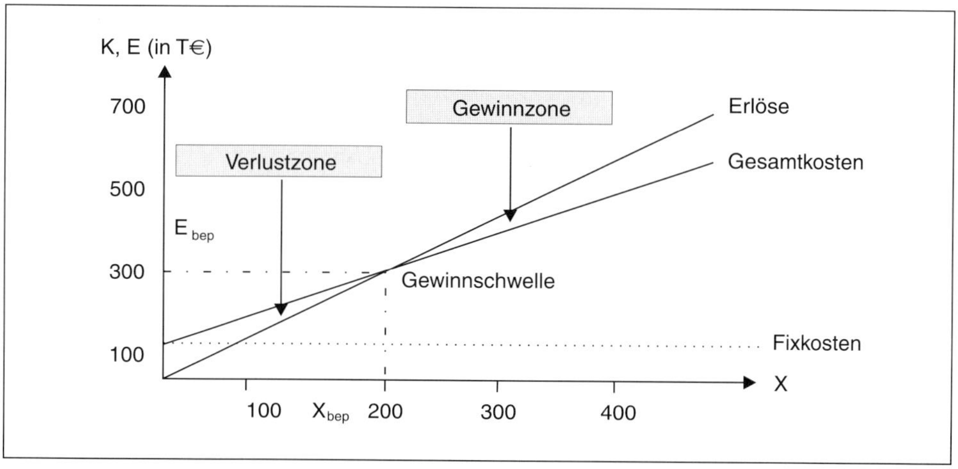

Grafische Ermittlung der Gewinnschwelle / des Break-even-Point

Bei der **rechnerischen Ermittlung** der Gewinnschwelle sind Erlösfunktion und Kostenfunktion gleichzusetzen, da die Gewinnschwelle am Schnittpunkt beider Geraden liegt:

In diesem Beispiel lauten die Erlösfunktion: $E = 1.500x$
und die Kostenfunktion: $K = 1.000x + 100.000$
Durch Gleichsetzung ergibt sich:

$$1.500x = 1.000x + 100.000$$
$$500x = 100.000$$
$$x = 200$$

Somit beträgt die Gewinnschwellenmenge 200 Stück.

Durch Einsetzen der Gewinnschwellenmenge in die Erlösfunktion ergibt sich der Gewinnschwellenumsatz:

$$E = 1.500 \cdot 200$$
$$E = 300.000$$

Somit beträgt der Gewinnschwellenumsatz 300.000 €.

2.5.2.2.1.2 Auswirkungen absatzfördernder Maßnahmen

Wie der Abbildung zu entnehmen ist, führen absatzfördernde Maßnahmen zu einer Erhöhung der Ausbringungsmenge und somit unter sonst gleich bleibenden Bedingungen zu einer Erhöhung des Gewinnes. In diesem Zusammenhang ist zu berücksichtigen, dass, lineare Kosten- und Erlösverläufe einmal vorausgesetzt, jede Menge, die größer als die Gewinnschwellenmenge ist, zu einem Gewinn führt. Zu erkennen ist diese Gewinnzone an dem Auseinanderklaffen der Erlös- und Kostenfunktion: die Erlösfunktion steigt schneller. Gegensätzliches gilt für eine Ausbringungsmenge, die kleiner als die Gewinnschwellenmenge ist.

Beispiel:

Der Beweis lässt sich antreten, indem eine Ausbringungsmenge, die größer als die Gewinnschwellenmenge ist (hier x = 250), sowohl in die Erlös- als auch in die Kostenfunktion eingesetzt wird:

Für die Erlösfunktion ergibt sich:

$$E = 1.500 \cdot 250$$
$$E = 375.000$$

Für die Kostenfunktion ergibt sich:

$$K = 1.000 \cdot 250 + 100.000$$
$$K = 350.000$$

Somit beträgt der Gewinn bei einer Ausbringungsmenge von 250 Stück 25.000 €.

2.5.2.2.1.3 Auswirkungen von Erweiterungsinvestitionen

Die Durchführung einer Erweiterungsinvestition hat zur Folge, dass sich die Fixkosten um den Betrag der getätigten Investition erhöht. Als Folge erhöht sich die Gewinnschwellenmenge, d. h. eine höhere Ausbringungsmenge ist zum Erreichen der Gewinnzone erforderlich.

Beispiel:

Unter Beibehaltung der Erlösfunktion: $E = 1.500x$
lautet die Kostenfunktion jetzt: $K = 1.000x + 130.000$
Durch Gleichsetzung ergibt sich:

$$1.500x = 1.000x + 130.000$$
$$500x = 130.000$$
$$x = 260$$

Somit beträgt die Gewinnschwellenmenge nach der Erweiterungsinvestition 260 Stück.

2.5.2.2.1.4 Auswirkungen von Beschäftigungsschwankungen

Für jedes Unternehmen lässt sich eine maximale Ausbringungsmenge feststellen; sie wird auch **Kapazitätsgrenze** genannt. Setzt man nun die augenblickliche Ausbringungsmenge zu der maximalen Ausbringungsmenge in Beziehung, erhält man den jeweiligen **Beschäftigungsgrad**.

Für ein Unternehmen, das beispielsweise pro Tag 50 Flugmotoren montieren kann (maximale Ausbringungsmenge/Kapazitätsgrenze), aber derzeit nur 40 Flugmotoren pro Tag montiert, beträgt der Beschäftigungsgrad 80 %.

Treten nun Schwankungen in der Ausbringungsmenge und somit im Beschäftigungsgrad eines Unternehmens auf, die in der täglichen Praxis üblich sind, entstehen Auswirkungen auf die Kosten- und Umsatzsituation und als Produkt dieser beiden Größen letztlich auch auf den Gewinn.

Der Umsatz eines Unternehmens ergibt sich aus der Multiplikation der abgesetzten Ausbringungsmenge mit dem jeweiligen Verkaufspreis. Treten nun im Verlauf von Beschäftigungsschwankungen Umsatzschwankungen auf, so sind diese entweder auf eine Veränderung der Ausbringungsmenge (= **mengenmäßige** Umsatzänderung) oder auf Veränderungen im Preisgefüge (= **wertmäßige** Umsatzänderung) zurückzuführen.

2.5.2.2.1.5 Auswirkungen von Kostensituationen

Beschäftigungsschwankungen haben neben den bereits erwähnten Auswirkungen auf die Umsatzsituation auch Auswirkungen auf die Kostensituation und somit auf den Gewinn eines Unternehmens. Dieser Fall tritt beispielsweise dann ein, wenn aufgrund von langfristigen Beschäftigungseinbußen Maschinen verkauft werden (Senkung des Fixkostenblockes) oder bei einer kurzfristigen Beschäftigungseinbuße Kurzarbeit eingeführt wird (Senkung der variablen Kosten).

Fazit: Eine Senkung des Fixkostenblockes hat eine Reduzierung der Gewinnschwellenmenge und eine Erhöhung des Gewinnes zur Folge.

In Anlehnung an das Ausgangsbeispiel auf der Vorseite haben sich die Fixkosten um 30.000 € auf 70.000 € verringert.

Unter Beibehaltung der Erlösfunktion	E	$= 1.500x$
lautet die Kostenfunktion jetzt:	K	$= 1.000x + 70.000$
Durch Gleichsetzung ergibt sich:	$1.500x$	$= 1.000x + 70.000$
	$500x$	$= 70.000$
	x	$= 140$

Als Folge hat sich die Gewinnschwellenmenge von ursprünglich 200 Stück auf 140 Stück reduziert.

Setzt man die ursprüngliche Gewinnschwellenmenge von 200 Stück, bei der der Erlös unverändert 300.000 € beträgt, in die veränderte Kostenfunktion ein, so ergibt sich:

$$K = 1.000 \cdot 200 + 70.000$$
$$K = 270.000$$

Gegenüber der ursprünglichen Kostenfunktion haben sich die Kosten um 30.000 € verringert; um diesen Betrag steigt der Gewinn. Bei einer Erhöhung des Fixkostenblockes gilt das Gegensätzliche.

Fazit: Eine Senkung der variablen Kosten hat eine Reduzierung der Gewinnschwellenmenge und eine Erhöhung des Gewinnes zur Folge.

Gegenüber dem Ausgangsbeispiel haben sich die variablen Kosten um 300 € auf 700 € verringert.

Unter Beibehaltung der Erlösfunktion	E	$= 1.500x$
lautet die Kostenfunktion jetzt:	K	$= 700x + 100.000$
Durch Gleichsetzung ergibt sich:	$1.500x$	$= 700x + 100.000$
	$800x$	$= 100.000$
	x	$= 125$

Als Folge hat sich die Gewinnschwellenmenge von ursprünglich 200 Stück auf 125 Stück reduziert.

Setzt man die ursprüngliche Gewinnschwellenmenge von 200 Stück, bei der der Erlös unverändert 300.000 € beträgt, in die veränderte Kostenfunktion ein, so ergibt sich:

$$K = 700 \cdot 200 + 100.000$$
$$K = 240.000$$

Gegenüber der ursprünglichen Kostenfunktion haben sich die Kosten um 60.000 € verringert; um diesen Betrag steigt der Gewinn. Bei einer Erhöhung der variablen Kosten gilt das Gegensätzliche.

2.5.2.2.1.6 Auswirkungen von Preisveränderungen

Preisveränderungen haben bei einer sonst unveränderten Kostenlage des Unternehmens Auswirkungen auf den Zeitpunkt der Deckung des Fixkostenblockes und somit bei unveränderter Ausbringungsmenge auch auf den Gewinn.

Fazit: Eine Senkung des Preises hat eine Erhöhung der Gewinnschwellenmenge und eine Verringerung des Gewinnes zur Folge.

In Anlehnung an das Ausgangsbeispiel hat sich der Preis um 100 € auf 1.400 € verringert.

Unter Beibehaltung der Kostenfunktion $K = 1.000x + 100.000$
lautet die Erlösfunktion jetzt: $E = 1.400x$
Durch Gleichsetzung ergibt sich: $1.000x + 100.000 = 1.400x$

$$100.000 = 400x$$
$$250 = x$$

Als Folge hat sich die Gewinnschwellenmenge von ursprünglich 200 Stück auf 250 Stück erhöht.

Setzt man die ursprüngliche Gewinnschwellenmenge von 200 Stück, bei der die Kosten unverändert 300.000 € betragen, in die veränderte Erlösfunktion ein, so ergibt sich:

$$E = 1.400 \cdot 200$$
$$E = 280.000$$

Gegenüber der ursprünglichen Erlösfunktion haben sich die Erlöse um 20.000 € verringert; um diesen Betrag sinkt der Gewinn, es entsteht sogar ein Verlust in Höhe von 20.000 €.

Fazit: Eine Erhöhung des Preises hat eine Reduzierung der Gewinnschwellenmenge und eine Erhöhung des Gewinnes zur Folge.

In Anlehnung an das Ausgangsbeispiel sich der Preis um 140 € auf 1.640 € erhöht.

Unter Beibehaltung der Kostenfunktion $K = 1.000x + 100.000$
lautet die Erlösfunktion jetzt: $E = 1.640x$
Durch Gleichsetzung ergibt sich: $1.000x + 100.000 = 1.640x$

$$100.000 = 640x$$
$$156,25 = x$$

Als Folge hat sich die Gewinnschwellenmenge von ursprünglich 200 Stück auf ca. 156 Stück verringert.

Setzt man die ursprüngliche Gewinnschwellenmenge von 200 Stück, bei der die Kosten unverändert 300.000 € betragen, in die veränderte Erlösfunktion ein, so ergibt sich:

$$E = 1.640 \cdot 200$$
$$E = 328.000$$

Gegenüber der ursprünglichen Erlösfunktion haben sich die Erlöse um 28.000 € erhöht; um diesen Betrag steigt der Gewinn.

2.5.2.2.2 Die Deckungsbeitragsrechnung in einem Mehrprodukt-Unternehmen

In einem Mehrprodukt-Unternehmen ist der Deckungsbeitrag der Periode zur Deckung des Fixkostenblockes aus der Herstellung und dem Absatz **aller** Produkte zu erbringen.

2.5.2.2.2.1 Der Gesamterfolg in Abhängigkeit von Produktgruppen

Zur Erzielung eines maximalen Gewinnes wird zu Beginn einer Abrechnungsperiode das Produktionsprogramm anhand der jeweiligen Deckungsbeiträge der einzelnen Produkte festgelegt. Diese Vorgehensweise setzt voraus, dass in sämtlichen Teilbereichen der betrieblichen Leistungserstellung keinerlei Engpässe auftreten und zu beachten sind.

Um im Rahmen dieses Entscheidungskriteriums eine höhere Genauigkeit zu erzielen, wird im Rahmen der Deckungsbeitragsrechnung in einem Mehrprodukt-Unternehmen der ermittelte Deckungsbeitrag aufgeteilt in einen **Deckungsbeitrag I** und **Deckungsbeitrag II**. Möglich wird dies durch eine Unterteilung des Fixkostenblockes in produktfixe und unternehmensfixe Kosten.

- Zu den **produktfixen Kosten** zählen die Kosten, die sich bei genauerer Betrachtung einem Produkt verursachungsgerecht zurechnen lassen. Hierzu gehören beispielsweise die Abschreibungen für eine Maschine, die ausschließlich für die Herstellung eines Produktes Verwendung findet.
- Zu den **unternehmensfixen Kosten** zählen die Kosten, die sich auch bei genauerer Betrachtung keinem Produkt verursachungsgerecht zurechnen lassen. Hierzu gehören beispielsweise die Gehälter der Geschäftsführung, die im Rahmen ihrer Tätigkeit für das gesamte Unternehmen tätig wird und nicht nur für ein bestimmtes Produkt.

Merke: Solange ein Produkt einen positiven Deckungsbeitrag II erzielt, ist es unwirtschaftlich, dieses aus der Produktion zu nehmen, da es immer noch zur Deckung der unternehmensfixen Kosten beiträgt.

Im Verlauf der Aufstellung eines gewinnmaximalen Produktionsprogramms ohne Berücksichtigung von betrieblichen Engpässen könnte sich folgendes Bild ergeben:

	Produkt A	**Produkt B**	**Produkt C**	**Produkt D**	**gesamt**
Verkaufserlös	271.200,00	40.441,00	178.800,00	586.640,00	1.077.081,00
– variable Kosten	164.520,00	20.910,00	86.880,00	412.713,00	685.023,00
= Deckungsbeitrag I	**106.680,00**	**19.531,00**	**91.920,00**	**173.927,00**	**392.058,00**
– produktfixe Kosten	34.720,00	15.280,00	98.040,00	114.210,00	262.250,00
= Deckungsbeitrag II	**71.960,00**	**4.251,00**	**– 6.120,00**	**59.717,00**	**129.808,00**
– unternehmensfixe Kosten					100.000,00
= Gewinn					**29.808,00**

Produktionsplanung anhand der jeweiligen Deckungsbeiträge II

Benutzt man im Rahmen einer Produktionsplanung, bei der keinerlei Engpässe zu beachten sind, den Deckungsbeitrag II als Entscheidungskriterium, so wird sofort deutlich, dass das Produkt C für die anstehende Abrechnungsperiode aus der Produktion zu nehmen ist, da es zum einen nicht zur Deckung der unternehmensfixen Kosten beiträgt und zum anderen mit diesem negativen Stückergebnis auch den Gewinn des gesamten Unternehmens belastet.

Nach Bereinigung des Produktionsprogramms ergibt sich folgende Gewinnsituation:

	Produkt A	Produkt B	Produkt D	gesamt
Verkaufserlös	271.200,00	40.441,00	586.640,00	898.281,00
– variable Kosten	164.520,00	20.910,00	412.713,00	598.143,00
= **Deckungsbeitrag I**	**106.680,00**	**19.531,00**	**173.927,00**	**300.138,00**
– produktfixe Kosten	34.720,00	15.280,00	114.210,00	164.210,00
= **Deckungsbeitrag II**	**71.960,00**	**4.251,00**	**59.717,00**	**135.928,00**
– unternehmensfixe Kosten				100.000,00
= **Gewinn**				**35.928,00**

Bereinigte Produktionsplanung anhand der jeweiligen Deckungsbeiträge II

2.5.2.2.2.2 Die Berücksichtigung von Engpässen

Die Ausgangssituation, dass bei einer anstehenden Produktionsplanung keinerlei Engpässe zu berücksichtigen sind, hat eher einen reinen theoretischen Nährwert. In der betrieblichen Praxis ist jedoch regelmäßig davon auszugehen, dass Engpässe unterschiedlichster Natur zu berücksichtigen sind.

Zu den betrieblichen Engpässen sind zu zählen:

- **Maschinenengpass:** Die Produktion wird durch sich ergebende knappe Maschinenzeiten auf einer Fertigungsstufe begrenzt.
- **Materialengpass:** Die Verfügbarkeit bestimmter Roh-, Hilfs- und Betriebsstoffe ist begrenzt.
- **Personalengpass:** Der Produktionsfaktor Arbeit steht auch in Zeiten einer hohen Arbeitslosigkeit in einigen Bereichen nicht unbegrenzt zur Verfügung. Gute Beispiele hierfür sind der seit Jahren vorherrschende Mangel an qualifizierten Facharbeitern sowie krankheits- oder streikbedingte Engpässe.
- **Raumengpass:** Die Produktion wird durch fehlende Produktions- und/oder Lagerhallen eingeschränkt.

Als Folge muss die Produktionsplanung so aufgebaut sein, dass die jetzt begrenzten betrieblichen Ressourcen gewinnmaximal genutzt werden.

Hierzu hat für Zwecke einer gewinnmaximalen Produktionsplanung in einem ersten Schritt eine Gewichtung des Deckungsbeitrages II mit der jeweiligen Engpasseinheit zu erfolgen. In einem zweiten Schritt ist anhand dieses entstandenen Deckungsbeitrages II je Engpasseinheit einer neue Reihenfolge der zu produzierenden Produkte festzulegen.

Es ergibt sich folgendes Bild, wenn beispielsweise von dem Rohstoff »Titan« zur Ersatzteilherstellung monatlich maximal 800 kg verfügbar sind:

	Produkt A	Produkt B	Produkt C	Produkt D	gesamt
Verkaufserlös	271.200,00	40.441,00		586.640,00	898.281,00
– variable Kosten	164.520,00	20.910,00		412.713,00	598.143,00
= **Deckungsbeitrag I**	**106.680,00**	**19.531,00**		**173.927,00**	**300.138,00**
– produktfixe Kosten	34.720,00	15.280,00		114.210,00	164.210,00
= **Deckungsbeitrag II**	**71.960,00**	**4.251,00**		**59.717,00**	**135.928,00**
benötigtes Titan in kg. mtl.	300	280		500	**1080**
Deckungsbeitrag II/kg Titan	**239,87**	**15,18**		**119,43**	
– unternehmensfixe Kosten					100.000,00
= **Gewinn**					**35.928,00**

Produktionsplanung anhand der jeweiligen Deckungsbeiträge II/kg Titan

Aus dem Beispiel wird deutlich, dass ohne Restriktionen bei der anstehenden Produktionsplanung insgesamt 1.080 kg Titan monatlich benötigt werden; der Gewinn würde in diesem Fall 35.928 € betragen. Da jedoch nur maximal 800 kg monatlich zur Verfügung stehen, sind diese mit einem gewichteten Deckungsbeitrag II in der Produktion gewinnmaximal einzusetzen.

In diesem Beispiel ist das dann der Fall, wenn lediglich die Produkte A (1. Rang) und D (2. Rang) gefertigt werden; denn das Produkt B weist den geringsten Deckungsbeitrag II auf und fällt somit heraus. Der Gewinn unter Beachtung dieses Engpasses beträgt dann 31.677 €.

Die Abbildung zeigt den Zusammenhang:

	Produkt A	Produkt B	Produkt C	Produkt D	gesamt
Verkaufserlös	271.200,00			586.640,00	857.840 ,00
– variable Kosten	164.520,00			412.713,00	577.233,00
= **Deckungsbeitrag I**	**106.680,00**			**173.927,00**	**280.607,00**
– produktfixe Kosten	34.720,00			114.210,00	148.930,00
= **Deckungsbeitrag II**	**71.960,00**			**59.717,00**	**131.677,00**
benötigtes Titan in kg. mtl.	300			500	**800**
Deckungsbeitrag II/kg Titan	**239,87**			**119,43**	
– unternehmensfixe Kosten					100.000,00
= **Gewinn**					**31.677,00**

Bereinigte Produktionsplanung anhand der jeweiligen Deckungsbeiträge II/kg Titan

Dieser Ablauf einer Produktionsplanung bei Rohstoffengpass lässt sich analog bei allen weiteren Engpassfaktoren anwenden.

2.5.2.2.2.3 Eigenfertigung oder Fremdbezug?

Im Rahmen einer gewinnmaximalen Produktionsplanung hat sich die Unternehmensleitung den Entscheidungen zu stellen,

- ob ein Produkt (als Halbfabrikat oder Fertigerzeugnis) kostengünstiger selbst herzustellen ist oder von außen zu beziehen ist (Eigenfertigung oder Fremdbezug?) und
- welches Fertigungsverfahren für den Fall der Eigenfertigung anzuwenden ist.

Welche Kosten bei dem Entscheidungsproblem »Eigenfertigung oder Fremdbezug?« (auch **Make or Buy-Entscheidung** genannt) für einen Vergleich heranzuziehen sind, ist abhängig von der Fristigkeit der Entscheidungen.

Bei einer **kurzfristigen Entscheidung** über Eigenfertigung oder Fremdbezug wird davon ausgegangen, dass die betrieblichen Kapazitäten für den Fall einer Eigenfertigung ausreichend bemessen sind und somit keine Investitionen mit der unmittelbaren Folge zusätzlicher Fixkosten notwendig werden; für den umgekehrten Fall des Fremdbezuges sind die im eigenen Unternehmen angefallenen Fixkosten aufgrund ihrer entscheidungsirrelevanten Natur kurzfristig nicht zu reduzieren. Als Folge sind diese bei der Entscheidungsfindung unberücksichtigt zu lassen.

Somit sind bei einer kurzfristigen Make or Buy-Entscheidung der Fremdbezugspreis (Pf) mit den **variablen** Stückkosten (k_v) zu vergleichen.

$$P_f \overset{\geq}{\underset{\leq}{=}} k_v$$

Bei einer **langfristigen Entscheidung** über Eigenfertigung oder Fremdbezug sind auch die Fixkosten in die Entscheidungsfindung mit einzubeziehen, denn langfristig sind Fixkosten variierbar und somit entscheidungsrelevant. Bei einer anderen Betrachtungsweise dieser Fragestellung ist festzustellen, dass es im Kern darum geht, ob eine Investition durchzuführen ist oder nicht.

Somit sind bei einer langfristigen Make or Buy-Entscheidung der Fremdbezugspreis (Pf) mit den **gesamten** Stückkosten (k) zu vergleichen.

$$P_f \begin{matrix} \geq \\ = \\ \leq \end{matrix} k$$

Einmal abgesehen von den Entscheidungsproblemen bei einer Produktionsplanung sind Make or Buy-Entscheidungen in sämtlichen Unternehmensbereichen zu treffen:

Beschaffung:
- Personaleinstellungen über eigenes Personalbüro oder Personalberatungsgesellschaft?
- Eigenherstellung oder Kauf/Miete/Leasing von Anlagegegenständen, Werkzeugen und Teilen?

Fertigung:
- Eigene Forschungs- und Entwicklungsabteilung oder Kauf von Patenten und Lizenzen?
- Eigenfertigung von Einzelteilen und Baugruppen oder reine Montagefertigung?

Vertrieb:
- Eigene Werbeabteilung oder Beauftragung einer Werbeagentur?
- Eigener Kundendienst oder Kundendienst über Fachhandel?
- Eigene Verkaufsorganisation oder Vertrieb über Groß- und Fachhandel?

Finanzen:
- Eigenes Mahn- und Inkassowesen oder Einschaltung einer Factoringgesellschaft?

Verwaltung:
- Eigenes Rechenzentrum oder Vergabe an externes Rechenzentrum?
- Eigene Kantine oder Bezug von Großküchenverpflegung?
- Eigene Organisations- und Revisionsabteilung oder Einschaltung externer Berater?

Die Vielzahl der Beispiele macht deutlich, dass jedes Unternehmen von derartigen Entscheidungen betroffen ist.

2.5.2.2.2.4 Vergleich verschiedener Fertigungsverfahren

Auch bei dem Entscheidungsproblem, welches Fertigungsverfahren für den Fall der Eigenfertigung anzuwenden ist, richten sich die Kosten, die für einen Vergleich der Fertigungsverfahren heranzuziehen sind, nach der Fristigkeit der Entscheidung.

Hierbei ist die

- kurzfristige Verfahrenswahl von der
- langfristigen Verfahrenswahl

zu unterscheiden.

Bei einer **kurzfristigen Verfahrenswahl** ist für eine vorgegebene Produktionsmenge zu entscheiden, auf welchen Maschinen diese hergestellt werden soll. Dabei wird davon ausgegangen, dass aufgrund des kurzfristigen Zeitraumes der betriebliche Maschinenpark unverändert bleibt und somit keine weiteren Investitionen mit der unmittelbaren Folge zusätzlicher Fixkosten notwendig werden.

Da Fixkosten definitionsgemäß bei kurzfristiger Betrachtungsweise entscheidungsirrelevant sind, sind sie bei dem Vergleich der Fertigungsverfahren unberücksichtigt zu lassen.

Somit sind bei der kurzfristigen Wahl eines optimalen Fertigungsverfahrens die jeweiligen variablen Stückkosten (k_v) der einzelnen Verfahren zu vergleichen. Die Produktion ist auf die Maschine zu verlagern, die unabhängig von den Fixkosten die geringsten variablen Stückkosten aufweist.

Beispiel:

Ein Unternehmen ist aufgrund der maschinellen Ausstattung in der Lage, ein Produkt auf drei unterschiedliche Arten zu produzieren. Jedes Fertigungsverfahren weist folgende unterschiedliche lineare Kostenfunktionen auf:

Verfahren 1: $K_1 = 100 + 0{,}50x$
Verfahren 2: $K_2 = 200 + 0{,}25x$
Verfahren 3: $K_3 = 300 + 0{,}15x$

Die Verkaufsabteilung rechnet für die betrachtete Periode mit einer Absatzmenge von 200 Stück.

Würden fälschlicherweise die gesamten Stückkosten (K), d. h. sowohl die fixen als auch die variablen Kostenbestandteile, zur Entscheidungsfindung herangezogen werden, ergäbe sich folgendes falsches Ergebnis:

Verfahren	Gesamtkosten €/Periode	gesamte Stückkosten €/Stück
1	100 + 0,50 · 200 = 200	200 : 200 = 1,00
2	200 + 0,25 · 200 = 250	250 : 200 = 1,25
3	300 + 0,15 · 200 = 330	330 : 200 = 1,65

Bei Betrachtung der gesamten Stückkosten würde man sich (fälschlicherweise) für das Verfahren 1 entscheiden.

Da jedoch die Fixkosten aller drei Fertigungsverfahren in der betrachteten Periode anfallen, unabhängig davon, ob auf diesen Maschinen produziert wird oder nicht, ergibt sich ein anderes Bild.

Verfahren	Fixkosten aller Verfahren €/Periode	gesamte Stückkosten €/Stück	davon variable Stückkosten €/Stück
1	100 + 200 + 300 = 600	600 + 0,50 · 200 = 700	0,50
2	100 + 200 + 300 = 600	600 + 0,25 · 200 = 650	0,25
3	100 + 200 + 300 = 600	600 + 0,15 · 200 = 630	0,15

Bei korrekter Behandlung der Fixkosten bei kurzfristiger Betrachtungsweise und unter Berücksichtigung der jeweiligen variablen Stückkosten (k_v) der einzelnen Verfahren wird man sich (korrekterweise) für das Verfahren 3 entscheiden.

Es wird deutlich, dass bei kurzfristiger Betrachtungsweise nur die variablen Stückkosten (k_v) zur Findung eines optimalen Fertigungsverfahrens herangezogen werden können.

Wesentliches Merkmal einer **langfristigen Verfahrenswahl** ist die Tatsache, dass Fixkosten variierbar und somit entscheidungsrelevant sind. Das Unternehmen kann frei entscheiden, die Fixkosten durch Investitionen (Erweiterungs-, Ersatz- oder Rationalisierungsinvestitionen) zu erhöhen oder durch Desinvestitionen (Anlagenverkauf, -abbau oder -stilllegung) zu verringern.

Für den **Investitionsfall** sind die genannten Kriterien der Kosten- und Leistungsrechnung für den Fall der kurzfristigen Verfahrenswahl (Orientierung an den variablen Stückkosten k_v) zusätzlich um Komponenten der Investitionsrechnung (vgl. ausführlich Gliederungspunkte zur Investitionsrechnung) zur Findung eines optimalen langfristigen Fertigungsverfahrens zu ergänzen.

Konkret bedeutet dies eine zusätzliche Betrachtung der Anschaffungskosten für die Maschinen der jeweiligen Verfahren in der Weise, dass die am Anfang einer Investition zwangsläufig entstehende Anschaffungsauszahlung unter Berücksichtigung von Zinsen und Zinseszinsen sowie der jährlichen Ausbringungsmenge für die Dauer ihrer voraussichtlichen Nutzung jährlich zu bewerten ist.

Der **Desinvestitionsfall** tritt in einem Unternehmen dann ein, wenn auf Dauer auf ein Fertigungsverfahren und somit auf die Maschine/n verzichtet werden kann. Neben der Orientierung an den variablen Stückkosten (k_v) der Maschine hat auch hier eine Bewertung der historischen Anschaffungsauszahlung unter Zins- und Zinseszinsgesichtspunkten zu erfolgen. Darüber hinaus muss untersucht werden, welche Kosten sich bei einer Stilllegung in welcher Höhe reduzieren und welche Restwerte für den Fall eines endgültigen Verkaufes einer Maschine realisiert werden können (vgl. auch hier ausführlich die entsprechenden Gliederungspunkte zur Investitionsrechnung).

2.5.3 Plankostenrechnung

Die traditionelle Form der Kosten- und Leistungsrechnung, wie sie auch Gegenstand der bisherigen Ausführungen war, basiert auf der Verrechnung von den tatsächlich angefallenen Kosten einer Periode auf die produzierten und abgesetzten Kostenträger. Hierbei ist der Umstand zu berücksichtigen, dass bis spät in die dreißiger Jahre die wesentliche Aufgabe der Kosten- und Leistungsrechnung aus der **Nachkalkulation** der betrieblichen Leistung bestand. Für diesen Zweck war die bisherige Verfahrensweise durchaus ausreichend.

Nach dem 2. Weltkrieg verschob sich der Schwerpunkt hin zu einer wirksamen **Kostenkontrolle**. Der hierzu notwendige Vergleich des Zahlenmateriales verschiedener Abrechnungsperioden wurde wesentlich durch Kostenschwankungen gestört. Der Wunsch nach Ausschaltung dieser zufälligen Schwankungen, die bei der Verrechnung von tatsächlich angefallenen Kosten unvermeidbar sind, führte zur Entwicklung der Plankostenrechnung. Bei diesem Verfahren werden die tatsächlichen Kosten, die Istkosten, durch geplante Kosten aus der Betriebsplanung, den so genannten Plankosten, ersetzt.

2.5.3.1 Notwendigkeit einer Plankostenrechnung

2.5.3.1.1 Vor- und Nachteile der Istkostenrechnung

Die Istkostenrechnung, die definitionsgemäß die tatsächlich angefallenen Kosten einer Periode auf die produzierten und abgesetzten Kostenträger verrechnet, findet ihre Vorteile in der Ermöglichung einer Nachkalkulation durch Ermittlung der Stückkosten sowie in einer einfachen abrechnungstechnischen Handhabung.

Die wesentlichen Nachteile dieses Verfahrens liegen zum einen in der schlechten Vergleichbarkeit und Auswertung des Zahlenmateriales verschiedener Abrechnungsperioden, da die Kosteneinflussfaktoren zufälligen Schwankungen unterworfen werden wegen

- Preisschwankungen auf den Beschaffungsmärkten,
- erhöhten Ausschusses,

– größerer Anzahl von Arbeits- und/oder Maschinenstunden,
– erhöhten Material- und/oder Energieverbrauches sowie
– Schwankungen in der Auslastung.

Zum anderen ist eine effektive Kostenkontrolle durch das Fehlen von Sollwerten als Vergleichswerte für einen Soll-/Ist-Vergleich nicht möglich.

Darüber hinaus ist die Istkostenrechnung trotz ihrer einfachen Handhabung als schwerfällig zu bezeichnen; denn für jede Periode sind die Kalkulationssätze für sämtliche betrieblichen Leistungen neu zu bilden.

2.5.3.1.2 Vor- und Nachteile der Plankostenrechnung

Die Plankostenrechnung schließt diese Schwankungen aus, da sie die Kosten nicht aus Vergangenheitswerten abgeleitet, sondern im Vorwege anhand von betriebswirtschaftlichen Eckdaten für eine anstehende Periode plant.

Auf die charakteristischen Verfahren und deren Vor- und Nachteile wird im Folgenden ausführlich eingegangen.

2.5.3.2 Methoden der Plankostenrechnung

Die Nachteile der Istkostenrechnung führten mit dem Ersetzen von Istkosten durch Plankosten zur Entwicklung der Plankostenrechnung.

Charakteristisch für die Plankostenrechnung ist, dass die Einzelkosten nach Kostenträgern und die Gemeinkosten nach Kostenstellen differenziert für eine festgelegte Planungsperiode, meistens für ein Jahr, geplant und festgelegt werden.

Der Aufbau und die Durchführung einer Plankostenrechnung vollzieht sich überwiegend in folgenden Schritten:

- Planung von Planpreisen, um Preisschwankungen von der Kosten- und Leistungsrechnung fernzuhalten und um einen Vergleichswert für die Istpreise zu schaffen;
- Einteilung des Betriebes in Kostenstellen oder Verfeinerung eines bestehenden Systems für die speziellen Zwecke der Plankostenrechnung;
- Planung der Einzelkosten der jeweiligen Kostenträger für jede Kostenstelle;
- Planung der Gemeinkosten für jede Kostenstelle:
  - Festlegung der Bezugsgrößen,
  - Festlegung der Planbeschäftigung,
  - Aufstellung eines Gemeinkostenplanes entsprechend der Planbeschäftigung,
  - Bildung von Plankalkulationssätzen für jede Kostenstelle;
- Ermittlung und Analyse von Kostenabweichungen.

Im Verhalten bei Abweichungen von der Planbeschäftigung ist die

– **starre** Plankostenrechnung von der

– **flexiblen** Plankostenrechnung

zu unterscheiden.

2.5.3.2.1 Die starre Plankostenrechung

Die starre Plankostenrechnung plant die Kosten der Kostenstellen auf Basis eines festgelegten Beschäftigungsgrades, der für die Dauer der Planperiode konstant und somit starr gehalten wird.

Die Planbeschäftigung bildet in Verbindung mit den Plan-Gesamtkosten (Einzel- und Gemeinkosten) die Grundlage zur Bestimmung des Plankalkulationssatzes für jede einzelne Kostenstelle:

$$kp = \frac{Kp}{xp}$$

Kp = Plan-Gesamtkosten bei Planbeschäftigung
xp = Planbeschäftigung
kp = Plankalkulationssatz

Die starre Plankostenrechnung geht von der wenig realistischen Voraussetzung aus, dass die zu Beginn der Periode festgelegte Planbeschäftigung der Ist-Beschäftigung zum Ende der Periode vollkommen entspricht.

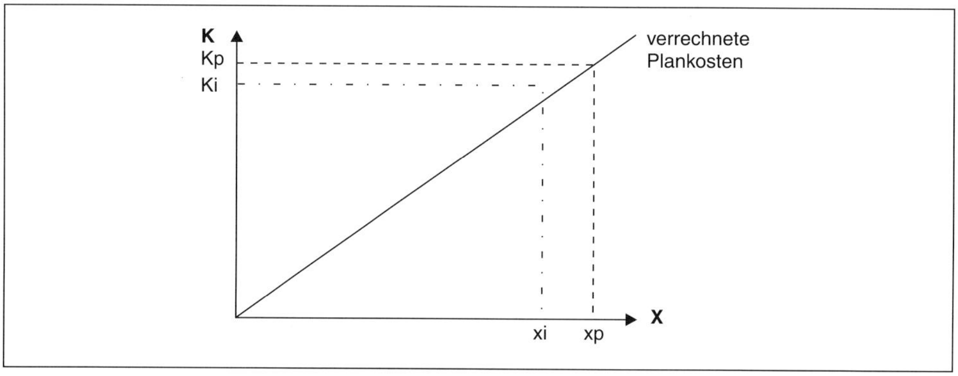

Verhalten der starren Plankostenrechnung bei Beschäftigungsänderung

Kp = Plan-Gesamtkosten bei Planbeschäftigung
Ki = Ist-Gesamtkosten bei Istbeschäftigung
xp = Planbeschäftigung
xi = Istbeschäftigung

Treten nun im Verlauf der Periode entgegen der Planung Beschäftigungsänderungen auf, geht die starre Plankostenrechnung von der falschen Annahme aus, dass sich die Gesamtkosten ändern, d. h. sowohl die fixen Kosten als auch die variablen Kosten. Es ist jedoch nur den variablen Kosten zueigen, dass sie sich bei Beschäftigungsschwankungen verändern; die fixen Kosten verändern sich nicht!

- Bei **Unterschreitung** des Plan-Beschäftigungsgrades werden zuwenig Kosten verrechnet, da aufgrund der Gesamtkostenbetrachtung fälschlicherweise auch die fixen Kosten proportionalisiert werden und sich somit reduzieren.
- Bei **Überschreitung** des Plan-Beschäftigungsgrades werden zuviel Kosten verrechnet, da aufgrund der Gesamtkostenbetrachtung fälschlicherweise auch die fixen Kosten proportionalisiert werden und sich somit erhöhen.

Dementsprechend ist eine Kostenkontrolle bei Beschäftigungsschwankungen nicht möglich, da es aufgrund der künstlichen Differenzen zwischen den Istkosten und den verrechneten Plankosten zu falschen Interpretationen der Kostenabweichung kommt.

2.5.3.2.2 Die flexible Plankostenrechnung

Die flexible Plankostenrechnung vermeidet den Kardinalfehler der starren Plankostenrechnung, die Proportionalisierung von Fixkosten bei Beschäftigungsänderungen, durch Aufteilung der Gesamtkosten in ihre variablen und fixen Bestandteile.

Die Plankosten der jeweiligen Ist-Beschäftigung werden hier als **Sollkosten** bezeichnet:

$$ks = Kp_{fix} + \frac{Kp_{var}}{xp} \cdot xi$$

ks = Sollkosten bei Istbeschäftigung
Kp_{fix} = fixe Plankosten
Kp_{var} = variable Plankosten
xp = Planbeschäftigung
xi = Istbeschäftigung

Sie berücksichtigen bei einem Ist-Beschäftigungsgrad, der geringer als der Plan-Beschäftigungsgrad ist, dass nur die variablen Kostenbestandteile abgebaut werden können und die fixen Kostenbestandteile in ihrer vollen Höhe bestehen bleiben. Entsprechendes gilt bei einem Ist-Beschäftigungsgrad, der höher als der Plan-Beschäftigungsgrad liegt. Die Abbildung verdeutlicht den Zusammenhang:

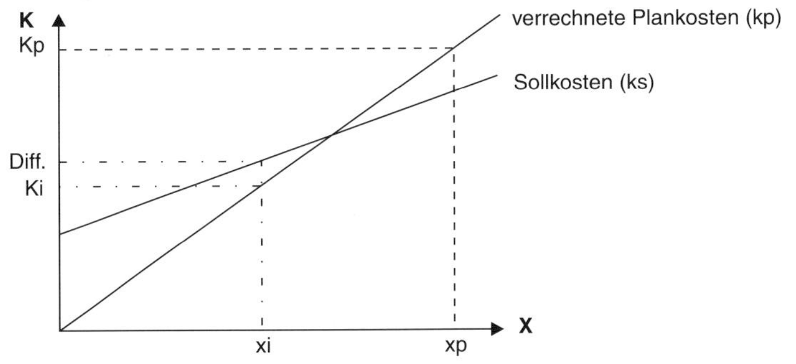

Vergleich der verrechneten Plankosten (starre Plankostenrechnung) mit den Sollkosten (flexible Plankostenrechnung) bei Beschäftigungsänderung

Es wird am Verlauf der verrechneten Plankosten (kp – starre Plankostenrechnung) im Vergleich zum Verlauf der Sollkosten (ks – flexible Plankostenrechnung) bei Ist-Beschäftigung (xi) deutlich, dass die flexible Plankostenrechnung keine Proportionalisierung der fixen Kostenbestandteile vornimmt, sondern diese in voller Höhe beibehält.

Zusätzlich ermöglicht die flexible Plankostenrechnung eine wirksame Kostenkontrolle bei Beschäftigungsschwankungen, da bei jedem Ist-Beschäftigungsgrad die variablen Kostenbestandteile für Zwecke einer Proportionalisierung isoliert werden können.

2.5.3.3 Verfahren zur Kostenplanung

Wie bereits erwähnt, ist für die Plankostenrechnung charakteristisch, dass die Einzelkosten nach Kostenträgern und die Gemeinkosten nach Kostenstellen differenziert für eine festgelegte Planungsperiode geplant werden.

Diese Kostenplanung, manchmal auch **Kostenauflösung** genannt, setzt jedoch neben der Bestimmung der Höhe der Gemeinkosten auch eine Aufteilung der Gesamtkosten in ihre fixen und variablen Bestandteile voraus. Auch für die Qualität betrieblicher Entscheidungen ist die Kenntnis der Höhe der variablen Kosten von entscheidender Bedeutung, da nur diese entscheidungsabhängig sind. Dabei werden aus der Höhe und den Kostenanteilen der Istkosten der gegenwärtigen und vergangenen Perioden Rückschlüsse für die Kostenplanung zukünftiger Perioden geschlossen.

Für die Durchführung der Kostenplanung/Kostenauflösung sind im Wesentlichen vier Verfahren zu unterscheiden:

- Direkte Methode der Kostenauflösung,
- mathematische Kostenauflösung,
- grafische Kostenauflösung,
- Variatormethode.

2.5.3.3.1 Die direkte Methode der Kostenauflösung

Die direkte Methode der Kostenauflösung basiert auf der empirischen Durchführung von Einzeluntersuchungen für die jeweilige Kostenart. Hierzu wird für jede Kostenstelle eine geeignete Bezugsgröße festgelegt und anschließend angemessene Beschäftigungsgrade bestimmt. In einem zweiten Schritt werden für diese Beschäftigungsgrade aufgrund von Messungen, Berechnungen und Verbrauchsanalysen die variablen und fixen Kostenbestandteile ermittelt und zu den Gesamtkosten zusammengefasst. Aus dem Verlauf der Gesamtkosten bei verschiedenen Beschäftigungsgraden lässt sich dann der Verlauf der Sollkosten ableiten.

Die empirische Erfassung der Kostenbestandteile könnte für die Kostenstelle »Drehbank« folgendermaßen aussehen (der Strompreis beträgt 0,10 €/kWh, die monatliche Grundgebühr 50 €, die Bezugsgröße sind die Laufstd./Monat).

Laufstunden je Monat	**fixe Kosten in €**		**variable Kosten in €**		**Gesamtkosten in €**	
	gesamt	**je Std.**	**gesamt**	**je Std.**	**gesamt**	**je Std.**
100	50,00	0,50	120,00	1,20	170,00	1,70
110	50,00	0,45	132,00	1,20	182,00	1,65
120	50,00	0,42	144,00	1,20	194,00	1,62
130	50,00	0,38	156,00	1,20	206,00	1,58
140	50,00	0,36	168,00	1,20	218,00	1,56
150	50,00	0,33	180,00	1,20	230,00	1,53
160	50,00	0,31	192,00	1,20	242,00	1,51
170	50,00	0,29	204,00	1,20	254,00	1,49
↑ Beschäftigungsgrad	aus Messungen, Berechnungen und Verbrauchsanalysen					

Variable und fixe Kostenbestandteile bei verschiedenen Beschäftigungsgraden

Nach Übernahme der Werte in ein Kostendiagramm ergibt sich der folgende Kostenverlauf für die Sollkosten, aus dem der Anteil der fixen Kosten deutlich sichtbar wird:

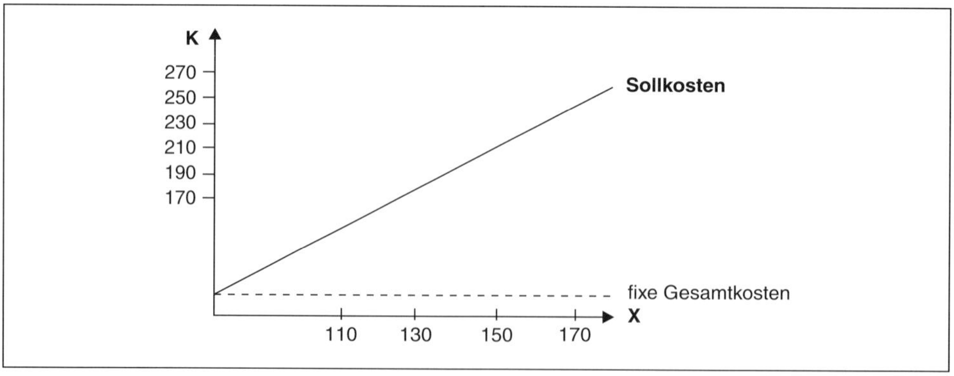

Sollkostenverlauf anhand von Messungen

Mit Hilfe der direkten Methode der Kostenauflösung sind sehr genaue Kostenvorgaben möglich und eröffnen somit Kostenersparnispotenziale.

Als wesentlicher Nachteil dieses Verfahrens ist dessen Unwirtschaftlichkeit zu nennen, denn es erfordert neben einem erheblichen Zeit- und Arbeitsaufwand den Einsatz von qualifizierten Fachkräften.

2.5.3.3.2 Die mathematische Kostenauflösung

Die mathematische Kostenauflösung vergleicht die Änderungen in den Gesamtkosten unter Berücksichtigung der zugrunde gelegten Beschäftigungsänderung.

Für die Anwendung dieses Verfahrens müssen zwei Voraussetzungen gegeben sein:

- Die Gesamtkosten für unterschiedliche Beschäftigungsgrade müssen bekannt sein.
- Der Verlauf der variablen Kostenanteile ist linear.

Im weiteren Verlauf werden zwei Wertepaare, bestehend aus einem beliebigen Beschäftigungsgrad mit den dazugehörigen Gesamtkosten, ausgewählt. Sie sollen möglichst weit auseinander liegen und repräsentativ sein, d. h. kein Ausreißer sein.

Zur Ermittlung der variablen Stückkosten (k_{vp}) werden diese in einem ersten Schritt in die nachfolgende Formel eingesetzt:

$$k_{vp} = \frac{K2 - K1}{B2 - B1}$$

k_{vp} = variable Stückkosten
K1 = Gesamtkosten Wertepaar 1
B1 = Beschäftigungsgrad Wertepaar 1
K2 = Gesamtkosten Wertepaar 2
B2 = Beschäftigungsgrad Wertepaar 2

Nach Errechnung der variablen Stückkosten werden in einem zweiten Schritt die **fixen Gesamtkosten (K_{fp})** errechnet:

$$K_{fp} = K1 - k_{vp} \cdot B1$$

oder auch

$$K_{fp} = K2 - k_{vp} \cdot B2$$

K_{fp} = fixe Gesamtkosten
k_{vp} = variable Stückkosten
K1 = Gesamtkosten Wertepaar 1
B1 = Beschäftigungsgrad Wertepaar 1
K2 = Gesamtkosten Wertepaar 2
B2 = Beschäftigungsgrad Wertepaar 2

Mit den Ergebnissen der fixen Gesamtkosten und den variablen Stückkosten für zwei verschiedene Beschäftigungsgrade lässt sich der Kostenverlauf der Sollkosten in einem Kostendiagramm grafisch darstellen:

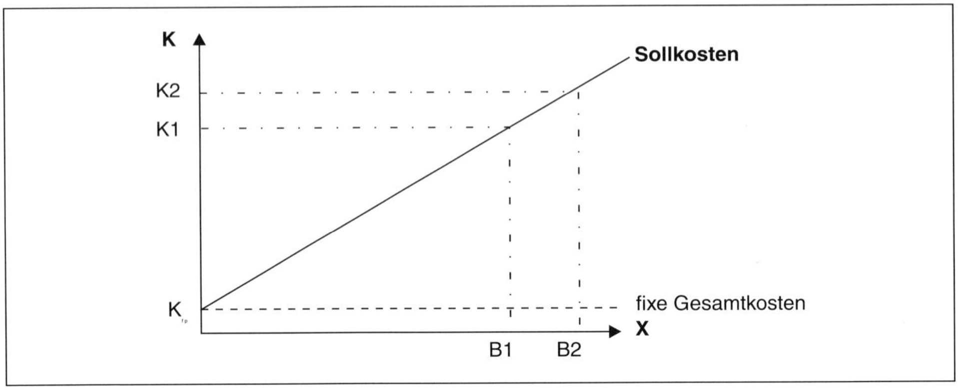

Sollkostenverlauf anhand von zwei Wertepaaren

Beispiel:

Für die Kostenstelle »Bohrerei« werden bei der Anwendung der mathematischen Kostenauflösung folgende Wertepaare ausgewählt:

Monate	**Gesamtkosten**	**Beschäftigungsgrad**
	(€/Monat)	Fertigungsstunden (h/Monat)
Januar März	15.000 20.000	290 540

Wertepaare zur Anwendung der mathematischen Kostenauflösung

Nach Einsetzen in die Formeln ergibt sich:

$$k_{vp} = \frac{20.000 - 15.000}{540 - 290}$$

d. h.

$$k_{vp} = \frac{5.000}{250}$$

$$k_{vp} = 20$$

Für die Errechnung der fixen Gesamtkosten (1. Alternative) gilt:

$$20.000 - (20 \cdot 540) = K_{fp}$$

d. h.

$$20.000 - 10.800 = K_{fp}$$

$$9.200 = K_{fp}$$

Somit betragen die variablen Stückkosten 20 € bei fixen Gesamtkosten in Höhe von 9.200 €.

Die mathematische Kostenauflösung ermöglicht bei einem angemessenen Zeitaufwand sehr genaue Kostenvorgaben. Als wesentlicher Nachteil dieses Verfahrens ist die beschränkte Anwendungsmöglichkeit auf lediglich lineare Kostenfunktionen; eine Kostenauflösung beispielsweise für eine Kostenfunktion mit U-förmigem Kostenverlauf ist nicht möglich.

2.5.3.3.3 Die grafische Kostenauflösung

Im Rahmen der grafischen Kostenauflösung werden für eine Vielzahl von Wertepaaren die dazugehörigen Gesamtkostengrößen und Beschäftigungsgrade in einem Kostendiagramm eingetragen.

Zur Ermittlung der Sollkosten zieht man, von der Ordinate, an der ein Beschäftigungsgrad von 0 liegt, eine Sollkostenlinie so durch die eingetragene Punktwolke, dass sich positive und negative Abweichungen von dieser Linie in etwa ausgleichen. Etwaige Ausreißer werden dabei als nicht repräsentativ betrachtet und nicht berücksichtigt.

Die Höhe der fixen Gesamtkosten (K_{fp}) liegen am Ursprung der Sollkostenlinie, d. h. dort, wo ein Beschäftigungsgrad von 0 anliegt.

Beispiel:
Für die Kostenstelle »Fräserei« stehen zur Anwendung der grafischen Kostenauflösung sämtliche ermittelten Wertepaare zur Verfügung:

Monate	**Gesamtkosten** (€/Monat)	**Beschäftigungsgrad** Maschinenstunden (h/Monat)
Januar	2.700	780
Februar	2.800	850
März	3.050	1.050
April	3.200	1.160
Mai	2.750	920
Juni	2.450	740
Juli	2.250	630
August	2.600	750
September	2.000	880
Oktober	3.050	980
November	3.000	1.040
Dezember	2.350	550

Wertepaare zur Anwendung der grafischen Kostenauflösung

Nach Eintragung der Werte in ein Kostendiagramm und Ziehung der Sollkostenlinie durch den Schwerpunkt der Punktewolke ist der Kostenverlauf der Sollkosten sowie die Höhe der fixen Gesamtkosten gut erkennbar:

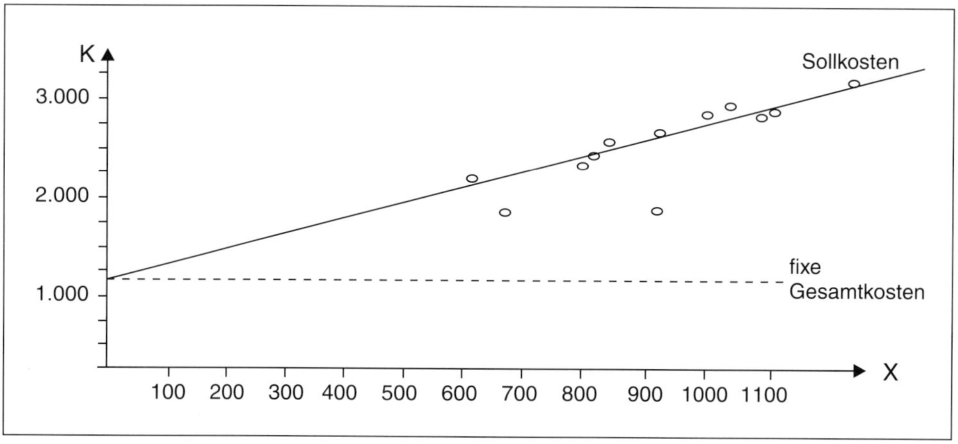

Sollkostenverlauf anhand einer Punktewolke

Die Vorteile der grafischen Kostenauflösung liegen in der einfachen Handhabung sowie in einer guten Erkennung von sprungfixen Kosten. Allerdings führt es ohne eine Kombination mit der direkten Methode der Kostenauflösung oder der mathematischen Kostenauflösung nur zu näherungsweisen Lösungen; denn die manuelle Eintragung in das Kostendiagramm birgt große Fehlerquellen in sich.

2.5.3.3.4 Die Variatormethode

Die Variatormethode kann bei linearen Kostenfunktionen verwendet werden. Hier geht man von einer bestimmten Planbeschäftigung aus, die mit 100 % angesetzt wird. Der **Variator** gibt an, um welchen Prozentsatz sich die Gesamtkosten bei der Beschäftigungsvariation von 10 % ändern.

Mit ihm lassen sich die Kosten der Planbeschäftigung von 100 % in Kosten bei anderen Beschäftigungsgraden umrechnen.

Beispiel:

Gegeben ist die lineare Kostenfunktion

$$K = 2.880 + 43{,}2x$$

Die Planbeschäftigung wird mit

$x = 100$ *angesetzt.*

Entsprechend rechnet man den Maßstab der Beschäftigung, der beispielsweise in Fertigungsminuten gemessen wird, in Beschäftigungsgrade um. Ist die Planbeschäftigung bei 100 % gleich 1.000.000 Fertigungsminuten, so werden bei 80 % gleich 800.000 Fertigungsminuten erreicht.

Im Beispiel betragen die Gesamtkosten bei Planbeschäftigung 7.200 €; sie setzen sich aus Fixkosten in Höhe von 2.880 € und proportionalen Kosten in Höhe von 4.320 € zusammen. Für den schlimmen Fall, dass die Beschäftigung 0 % beträgt, fallen definitionsgemäß nur die Fixkosten an. Die Änderung der Gesamtkosten beträgt dann 60 %. Variiert die Beschäftigung um 10 %, so ändern sich die Gesamtkosten entsprechend um 6 %. Der Variator ist somit in diesem Beispiel 6.

2.5.3.4 Kostenbegriffe in der flexiblen Plankostenrechnung

Wie bereits erwähnt, vermeidet die flexible Plankostenrechnung den Kardinalfehler der starren Plankostenrechnung, nämlich die Proportionalisierung von Fixkosten bei Beschäftigungsänderungen, indem sie die Gesamtkosten in ihre variablen und fixen Bestandteile aufteilt.

- Von **Plankosten** spricht man in der starren Plankostenrechnung, wenn die tatsächlichen Kosten, die so genannten Istkosten, durch geplante Kosten aus der Betriebsplanung ersetzt werden. Die Ursachen dieser Entwicklung finden sich in den veränderten Aufgaben der Kosten- und Leistungsrechnung: Bis spät in die dreißiger Jahre war die wesentliche Aufgabe der Kosten- und Leistungsrechnung die Nachkalkulation der betrieblichen Leistung. Hierfür war die Verrechnung der Istkosten einer Periode ausreichend. Später dann verschob sich der Schwerpunkt hin zu einer wirksamen Kostenkontrolle. Um den Vergleich des Zahlenmateriales verschiedener Abrechnungsperioden nicht durch Kostenschwankungen, wie sie bei der Verrechnung von tatsächlich angefallenen Kosten unvermeidbar sind, zu stören, wurden diese durch die Verrechnung von geplanten Kosten ausgeschaltet.

– Als **Sollkosten** bezeichnet man in der flexiblen Plankostenrechnung die Plankosten der jeweiligen Ist-Beschäftigung. Sie berücksichtigen bei einem Ist-Beschäftigungsgrad, der geringer als der Plan-Beschäftigungsgrad ist, dass nur die variablen Kostenbestandteile abgebaut werden können und die fixen Kostenbestandteile in ihrer vollen Höhe bestehen bleiben. Entsprechendes gilt bei einem Ist-Beschäftigungsgrad, der höher als der Plan-Beschäftigungsgrad liegt:

$$ks = Kp_{fix} + \frac{Kp_{var}}{xp} \cdot xi$$

ks = Sollkosten bei Istbeschäftigung
Kp_{fix} = fixe Plankosten
Kp_{var} = variable Plankosten
xp = Planbeschäftigung
xi = Istbeschäftigung

– Der Plankalkulationssatz der starren Plankostenrechnung, auch **Plankostenverrechnungssatz** genannt, ergibt sich aus den Plan-Gesamtkosten bei Planbeschäftigung.

$$kp = \frac{Kp}{xp}$$

Kp = Plan-Gesamtkosten bei Planbeschäftigung
kp = Plankalkulationssatz

– Treten nun in der starren Plankostenrechnung, wie in der täglichen Praxis fast nie vermeidbar, Beschäftigungsänderungen auf, werden die Plankosten der Ist-Beschäftigung angepasst; man spricht von **verrechneten Plankosten**.

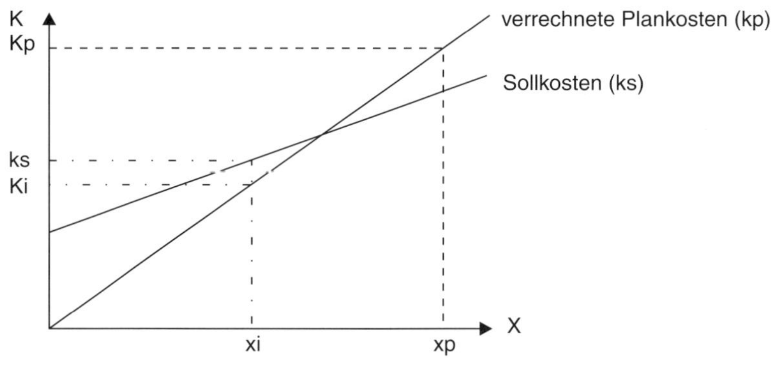

Vergleich der verrechneten Plankosten (starre Plankostenrechnung) mit den Sollkosten (flexible Plankostenrechnung) bei Beschäftigungsänderung; Ki = Plan-Gesamtkosten bei Planbeschäftigung

Wie bereits erwähnt, wird dann vom Kardinalfehler der starren Plankostenrechnung gesprochen, wenn der hier erwähnte Versuch der Proportionalisierung der Plan-Gesamtkosten und nicht nur der variablen Plankosten unternommen wird.

2.5.3.5 Abweichungsanalyse

Die wesentliche Aufgabe der Plankostenrechnung ist die Bereitstellung von Sollwerten zur Durchführung eines Soll-Ist-Vergleiches als **effektive Kostenkontrolle**.

Sie verfolgt das Ziel, Abweichungen von Kostenvorgaben sichtbar zu machen, um dadurch Unwirtschaftlichkeiten im Rahmen der betrieblichen Leistungserstellung aufzudecken und beseitigen zu können. Als Gründe für Abweichungen können neben Fehlleistungen von an der Produktion beteiligten Mitarbeitern auch falsche, d. h. zu optimistische oder zu pessimistische Plandaten sowie nicht vorhersehbare Änderungen in den Rahmenbedingungen in Frage kommen.

Bei der Durchführung einer Abweichungsanalyse ist zu unterscheiden zwischen der

- Beschäftigungsabweichung,
- Verbrauchsabweichung,
- Gesamtabweichung.

2.5.3.5.1 Die Beschäftigungsabweichung

Die Beschäftigungsabweichung gibt die Differenz zwischen den Sollkosten zu Beginn einer Abrechnungsperiode und den verrechneten Plankosten zum Ende einer Abrechnungsperiode bei Ist-Beschäftigung an.

Die Beschäftigungsabweichung spiegelt den Kardinalfehler der starren Plankostenrechnung wider, auch die fixen Kostenanteile auf Beschäftigungsänderungen umzulegen und somit zu proportionalisieren.

Wie bereits dargelegt, legt der Plankalkulationssatz der starren Plankostenrechnung die Plan-Gesamtkosten auf die Planbeschäftigung um. Dies hat bei Beschäftigungsabweichungen zur Folge, dass bei Unterschreitung des Plan-Beschäftigungsgrades zu wenig Kosten verrechnet werden, da aufgrund der Gesamtkostenbetrachtung fälschlicherweise auch die fixen Kosten proportionalisiert werden und sich somit reduzieren; bei Überschreitung des Plan-Beschäftigungsgrades werden entsprechend zuviel Kosten verrechnet:

Sollkosten – verrechnete Plankosten = **Beschäftigungsabweichung**

2.5.3.5.2 Die Verbrauchsabweichung

Zur Ermittlung der Verbrauchsabweichung müssen im Vorwege sämtliche weiteren Kostenbestimmungsfaktoren mit ihren außerplanmäßigen Auswirkungen auf den Soll-Ist-Vergleich wie beispielsweise Lohn- und Preisschwankungen ausgeschlossen werden. Dies geschieht durch Ersetzen der Istpreise durch Planpreise, die diese Einflüsse bereits planmäßig enthalten.

Die Verbrauchsabweichung gibt die Differenz zwischen den geplanten und den tatsächlichen Verbrauchsmengen an. Sie lässt sich rechnerisch ermitteln, indem man die Istmenge zu Planpreisen der Planmenge zu Planpreisen bei Ist-Beschäftigung gegenüberstellt. Dieser Mehr- oder Minderverbrauch an Gütern ist nach erfolgtem Ausschluss der weiteren Kostenbestimmungsfaktoren direkt und im vollen Umfang vom entsprechenden Kostenstellenleiter zu verantworten.

  Istmenge · Planpreis (bei Ist-Beschäftigung)
– Planmenge · Planpreis (bei Ist-Beschäftigung)

= **Verbrauchsabweichung**

2.5.3.5.3 Die Gesamtabweichung

Die Summe aus der Beschäftigungsabweichung und der Verbrauchsabweichung ergibt die Gesamtabweichung.

Sie spiegelt die Differenz zwischen den verrechneten Plankosten und den Istkosten (Istmenge · Planpreis) bei Istbeschäftigung wieder.

Beschäftigungsabweichung + Verbrauchsabweichung = **Gesamtabweichung**

oder auch

verrechnete Plankosten – Istkosten (Istmenge · Planpreis) = **Gesamtabweichung**

Sämtliche Abweichungen sind auch grafisch zu ermitteln:

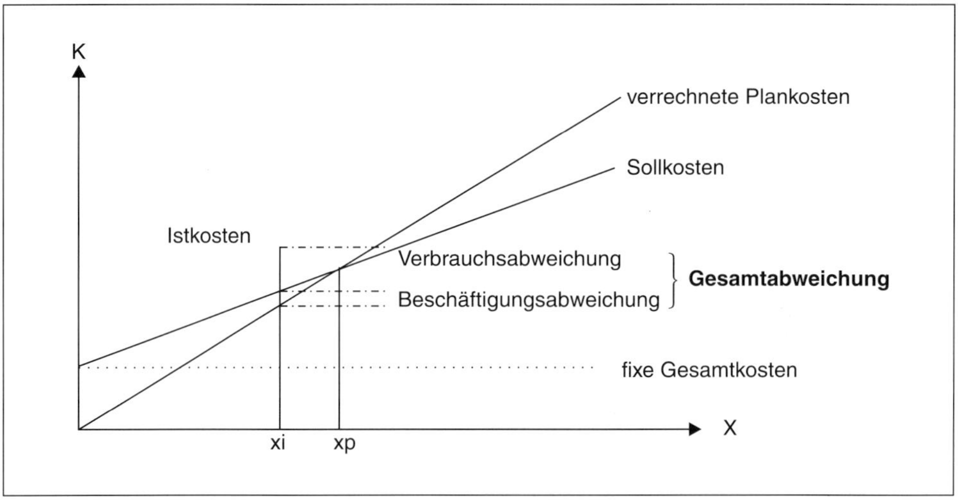

Grafische Ermittlung der Beschäftigungs-, Verbrauchs- und Gesamtabweichung

2.5.4 Modernes Kostenmanagement

2.5.4.1 Target Costing

Des Target Costing, entstanden in den 1970er Jahren in Japan, beantwortet anhand einer retrograden Kalkulation die Frage, was ein Produkt kosten **darf**. Das traditionelle Kostenmanagement hingegen fragt anhand einer Cost-plus-Rechnung (Kosten + Gewinn = Preis), was ein Produkt kosten **wird**.

Für diese retrograde Vorgehensweise ist eine Marktforschungsanalyse eine unabdingbare Voraussetzung, um einen wettbewerbsfähigen Marktpreis (**Target Price**) und Präferenzen der potenziellen Kunden eines Produktes ermitteln zu können. Von diesem Target Price wird die angestrebte Gewinnmarge (**Target Profit**) abgezogen. Aus der Summe ergibt sich der Betrag der maximal zulässigen Kosten zur Erreichung des Zielgewinns (**Allowable Costs**). Diese Allowable Costs werden den Standardkosten des Unternehmens gegenübergestellt: Im Idealfall entsprechen die Standardkosten den Allowable Costs und versetzen das Unternehmen in die Lage, den vollständigen Target Profit ohne weitere Anpassungen zu erreichen. Für den häufiger anzutreffenden Fall, dass die Standardkosten über den Allowable Costs liegen, sind unter Anwendung von weiteren betriebswirtschaftlichen Instrumenten (z. B. Prozesskostenrechnung) Target Costs festzulegen, um den Target Profit zu erreichen.

Der große Vorteil des Target Costing liegt darin begründet, dass bereits zu Beginn der Produktentwicklungsphase verbindliche Kostenvorgaben mit steuerndem Charakter vorliegen. Ferner wird über die ermittelten Kundenpräferenzen eine Gewichtung der angestrebten Produkteigenschaften vorgenommen und somit ermittelt, ob diese ggf. bereits überentwickelt sind oder noch weiterer Wertsteigerungsbedarf besteht.

Zwei Phasen des Target Costing lassen sich unterscheiden:

- Die Zielkostenermittlungsphase und
- die Zielkostenspaltungsphase.

2.5.4.1.1 Zielkostenermittlungsphase

Die Zielkostenermittlungsphase hat zum Ziel, die Gesamtkosten eines Produktes festzusetzen. Großen Einfluss haben dabei die Marktsituation und die Strategie des Unternehmens.

Die betriebswirtschaftliche Theorie kennt dabei zwei Vorgehensweisen:

- Der **Market-into-Company-Ansatz** setzt die Target Costs gleich den Allowable Costs und holt somit den Markt in das Unternehmen.
- Der **Out-of-Company-Ansatz** ermittelt die Target Costs anhand der technischen und betriebswirtschaftlichen Möglichkeiten des Unternehmens.

In der Praxis sind diese theoretischen Ansätze in der Reinform kaum anzutreffen. Hier werden meist Target Costs festgesetzt, die zwischen den Standardkosten und den Allowable Costs liegen. Mit dieser Mischform wird eine Reduzierung der Entwicklungskosten bei gleichzeitig realistischen Zielvorgaben sichergestellt.

2.5.4.1.2 Zielkostenspaltungsphase

Die Zielkostenspaltungsphase hat zum Ziel, eine Aufgliederung der Gesamtzielkosten auf einzelne Komponenten- oder Funktionsebenen zu erreichen. Ohne diese weitere Differenzierung wäre eine effektive Abstimmung und Zielerreichungskontrolle kaum zu erreichen.

Die Zielkostenspaltung genießt aus folgenden Gründen eine hohe Bedeutung für die Anwendung des Target Costing:

- Es entsteht ein realistisches Bild von der ressourcenmäßigen Inanspruchnahme der Komponenten- und Funktionsebenen innerhalb des Unternehmens.
- Das Unternehmen wird in die Lage versetzt, durch eine marktbegründete Zuweisung der Ressourcen gleichzeitig eine kundenwunschbezogene Produktfunktionalität sicherzustellen.

Eine übersichtliche Ergebnisdarstellung erfolgt häufig über ein Zielkostenkontrolldiagramm, in dem die Kundenpräferenzen den Standardkosten jeder einzelnen Komponente gegenübergestellt werden.

Beispiel:

Kunden eines Uhren- und Schmuckherstellers werden befragt, welche Eigenschaften ihnen an Armbanduhren besonders wichtig sind. Die Auswertung der Befragung ergibt, dass der Wert einer Armbanduhr, wie er sich für den Träger darstellt, zu 40 % durch die Funktionalität, zu 35 % durch die Optik, zu 20% durch die Marke und zu 5 % durch sonstige Faktoren bestimmt wird. Ein Kunde, der für eine Armbanduhr 500 € auszugeben bereit ist, ist demnach bereit, sich die Funktionalität 200 €, die Optik 175 € und das mit der Marke verbundene Image 100 € kosten zu lassen; auf sonstige Faktoren verwendet er lediglich 25 €.

Nun stellt sich die Frage nach dem Wert einzelner Komponenten. Das Entwicklerteam ermittelt, dass immerhin 20 % der Funktionalität und 40 % der Optik durch das Uhrenarmband bestimmt werden. Damit entfallen 110 € (= 20 % von 200 € plus 40 % von 175 €) bzw. 22 % des der Uhr vom Kunden beigelegten Wertes auf das Armband. Somit können theoretisch bis zu 22 % der Herstellkosten auf das Armband entfallen.

Im Wesentlichen ist der Erfolg des Target Costing auf die Auswirkungen einer erfolgreichen Zielkostenerreichung zurückzuführen, da auf diesem Wege ein in sich stimmiges, marktorientiertes und innovatives Produkt erstellt wird. Ferner kann eine erfolgreiche Zielkostenerreichung gerade in einem multinationalen Unternehmen zu umfangreichen Reorganisationsmaßnahmen führen, wenn beispielsweise eine bestimmte Aufgabe (z. B ein Motor zu Kosten von 4.900 €) an verschiedene Werke in unterschiedlichen Ländern gestellt wird.

2.5.4.2 Prozesskostenrechnung

Die Prozesskostenrechnung ist ein innovativer Ansatz in der Kostenrechnung und verfolgt zum einen das Ziel, die Transparenz in den Gemeinkostenbereichen eines Unternehmen zu erhöhen. Zum anderen verspricht man sich Verbesserungen bei der seit ewigen Zeiten andauernden Diskussion, Gemeinkosten möglichst **verursachungsgerecht** zu verrechnen.

Als geistiger Vater und Vorreiter der Prozesskostenrechnung gilt der Amerikaner Robert KAPLAN.

Im Grundsatz geht die Prozesskostenrechnung von der Überlegung aus, dass aus Aktivitäten Kosten entstehen, wobei Einzelaktivitäten zu Teil- und Hauptprozessen (z. B. Reklamationsbearbeitung, Fakturenerstellung, Konfektionierung) aggregierbar sind. Konkret werden nun die Kosten eines Gemeinkostenbereiches in Beziehung zu den Durchsatzmengen eines Teil- bzw. Hauptprozesses gesetzt.

Auf diesem Wege lassen sich Aussagen über die durchschnittlich anfallenden Kosten beispielsweise einer Reklamationsbearbeitung, einer Fakturenerstellung oder einer Konfektionierung machen.

Ferner erlauben moderne ERP-Systeme (z. B. SAP, Navision, vgl. Abschn. 4.6.3.1.3) genaue Aussagen über den tatsächlichen Wertbeitrag einzelner oder mehrerer Prozessschritte und ermöglichen somit belastbare Aussagen über den Sinn oder Unsinn von Outsourcing oder die Quantifizierbarkeit von Prozessen in der IT (so genannte Service Levels).

Prozesskostenrechnung ist ein interessantes **Controllinginstrument**, da der Anteil der Gemeinkosten indirekter Bereiche an den Gesamtkosten immer mehr zunimmt.

In Fachkreisen wird die Prozesskostenrechnung auch als **Activity Based Costing** (ABC) bezeichnet.

2.5.4.3 Benchmarking

Als Benchmarking (vgl. auch Abschn. 1.7.3.2.2) bezeichnet man das systematische Vergleichen von

- Dienstleistungen,
- Prozessen,
- Methoden und
- Praktiken.

Ziel ist das Auffinden von Stärken und Schwächen. Es ist ein in der heutigen Wirtschaft häufig genutztes **wettbewerbswirtschaftliches Analyseinstrument**. Es kann sowohl zwischen Abteilungen, Bereichen, Unternehmen als auch Volkswirtschaften eingesetzt werden.

Auch in jeder Evolution und Gesellschaft findet Benchmarking seine Anwendung, wenn Lebewesen andere Lebewesen beobachten, bewundern und versuchen, von den Besten zu lernen oder sie nachzuahmen. Dabei ist der erste natürliche Schritt herauszufinden, **wie** dieses Lebewesen etwas macht. Durch Nachahmung und Weiterentwicklung wird dann versucht, sich schrittweise dem höheren Niveau anzunähern.

Um in kürzester Zeit Verbesserungen zu erzielen, führte der US-Konzern XEROX 1979 das Benchmarking in der Form ein, dass die besten Methoden von anderen Unternehmen systematisch gesammelt und adaptiert wurden. Mittels Analyse und Vergleich von Produkten und Prozessen von Mitbewerbern wurde von XEROX eine neue Qualitätswissenschaft entwickelt. 1989 bekam das Unternehmen in den USA den angesehenen Malcolm Baldrige Quality Award. Auch die MIT-Benchmarking-Studie der Automobilindustrie aus dem Jahre 1990 von James P. WOMACK erlangte Berühmtheit. Hier wurde der seinerzeit deutliche Vorsprung der japanischen Automobilhersteller gegenüber amerikanischen und europäischen Mitbewerbern anhand detaillierter Benchmarking-Kenngrößen aufgezeigt. So betrug beispielsweise die Lagerreichweite der japanischen Unternehmen lediglich 1,4 Tage, während in den USA 8,1 Tage und in Europa sogar 16,3 Tage anfielen – mit entsprechend negativen Auswirkungen auf das gebundene Kapital.

In der Europäischen Union wird das Benchmarking seit Ende 1996 zum Vergleich der Leistungskraft der einzelnen Arbeitsmärkte der EU-Länder herangezogen. Ziel hierbei ist es, Schwächen einzelner Mitgliedstaaten offen zu legen und den jeweiligen Regierungen die Augen für dringend benötigte Reformen zu öffnen.

Es gibt **verschiedene Formen** des Benchmarking als wettbewerbswirtschaftliches Analyseinstrument:

- **Internes Benchmarking:** Als erste und einfachste Form werden innerhalb eines Unternehmens interne Abläufe analysiert und verschiedene Geschäftsbereiche hinsichtlich Kosten und Leistungen miteinander verglichen. Da alle Beteiligten für dasselbe Unternehmen arbeiten, ist ein Benchmark hier relativ einfach durchzuführen. Problembehaftet wird es gewollt oder ungewollt dann, wenn sich ein Konkurrenzkampf zwischen den Abteilungen entwickelt.
- **Wettbewerbsorientiertes Benchmarking:** Es erfolgen spezifische Konkurrenzvergleiche, vor allem bei Schlüsselprodukten oder - prozessen. Konkret wird dabei das eigene Unternehmen mit anderen verglichen. Viele Unternehmen sind jedoch bei dem Austausch von Geschäftsgeheimnisse mit den größten Konkurrenten zögerlich und geben teilweise auch absichtlich Falschinformationen heraus.
- **Funktionales Benchmarking:** Hier werden betriebliche Abläufe, Produkte, Dienstleistungen oder Prozesse mit denen in anderen Branchen verglichen. Man sucht nach Ideen und Prozessen für das eigene Unternehmen, die auf vergleichbaren Gebieten in anderen Branchen bereits erfolgreich waren.
- **Generisches Benchmarking:** Es werden lediglich Statistiken mit anderen Firmen verglichen. Diese Form des Benchmarkings ist in Verbindung mit anderen Erscheinungsformen geeignet, neue Ideen oder Trends zu erkennen und zu entwickeln.

Das Benchmarking von Kosten- und Leistungsstandards, die andere Organisationen bereits erreicht haben, erleichtert das Aufbrechen bestehender ineffizienter Prozesse und Strukturen innerhalb der eigenen Organisation.

2.6 Berücksichtigen von unternehmensbezogenen Steuern bei betrieblichen Entscheidungen

2.6.1 Grundbegriffe

Steuern gehören neben Gebühren und Beiträgen zu den Finanzabgaben, die kraft Gesetz von der öffentlichen Hand (Bund, Länder, Gemeinden) zur Erzielung von Einnahmen erhoben werden können.

Die gesetzliche Grundlage hierzu ist in den Artikeln 105 ff. des Grundgesetzes, der Abgabenordnung als »Grundgesetz der Steuern« und weiteren Einzelsteuergesetzen zu finden. Außerdem sind im Steuerrecht Durchführungsverordnungen, Rechtsprechungen der Finanzgerichte (einschließlich Bundesfinanzhof als oberstes Gericht/letzte Instanz) und Verwaltungsanweisungen zur Behandlung von steuerlichen Problemen heranzuziehen.

Nach § 3 Abs. 1 Abgabenordnung (AO) unterscheiden sich **Steuern** von Gebühren und Beiträgen dadurch, dass sie keine Gegenleistung für eine Leistung eines öffentlich-rechtlichen Gemeinwesens darstellen, während **Gebühren** erst bei Inanspruchnahme einer bestimmten Einzelleistung der öffentlichen Hand festgelegt werden (z. B. Passgebühr, Beglaubigungsgebühr). **Beiträge** werden erhoben, wenn jemand die Möglichkeit zur Nutzung einer öffentlichen bzw. der Öffentlichkeit zugänglichen Einrichtung hat, und zwar unabhängig davon, inwieweit diese tatsächlich in Anspruch genommen wird (z. B. Vereinsbeiträge, Kammerbeiträge).

Steuerliche Nebenleistungen im Sinne des § 3 Abs. 3 AO sind Verspätungszuschläge, Säumniszuschläge, Kosten, Zinsen und Zwangsgelder, die die Finanzbehörden infolge ihrer gesetzlichen Tätigkeit erheben können.

Bund, Länder und Gemeinden sind die **Steuergläubiger**, denen die Einnahmen aus dem Steueraufkommen je nach Steuerart allein oder anteilig zustehen. Der Gesetzgeber hat die **Steuerpflicht** vom Eintritt bestimmter Tatbestände abhängig gemacht, die in den jeweiligen Gesetzen aufgeführt sind. Wird der Steuertatbestand in qualitativer Hinsicht (d. h. nach Art, Eigenschaft) betrachtet, so spricht man auch vom **Steuerobjekt**, bei quantitativer Betrachtungsweise (d. h. Menge, Wert) von der **Bemessungsgrundlage**. Tatbestände können Gegenstände, Vermögen und Einkommen sein. Auf die Bemessungsgrundlagen werden dann bei der Berechnung der Steuer(schuld) die per Gesetz vorgeschriebenen Steuertarife angewendet.

Steuertarife sind Zusammenstellungen in Form von Tabellen oder Formeln, die für jede Bemessungsgrundlage den entsprechenden Steuersatz (Prozent-/Promillesätze) oder Steuerbetrag (Geldbetrag je Einheit) angeben.

Außerdem sind noch Freibeträge und Freigrenzen zu berücksichtigen. Bei einem **Freibetrag** wird ein im Gesetz festgelegter Betrag von der Bemessungsgrundlage abgezogen, der dadurch steuerfrei ist. Handelt es sich um einen Betrag, bis zu dem die Bemessungsgrundlage steuerfrei bleibt und erst bei dessen Überschreitung voll besteuert wird, so bezeichnet man diesen als **Freigrenze**.

Derjenige, der den Steuertatbestand verwirklicht, an den das Gesetz die steuerliche Leistungspflicht bindet, ist der **Steuerschuldner**. Er ist jedoch nicht zwangsläufig identisch mit dem Steuerzahler oder Steuerhaftenden, der die Steuern tatsächlich entrichtet. Der Steuerschuldner muss die Steuer nicht unbedingt wirtschaftlich tragen, sondern kann diese auf den **Steuerdestinatar (Steuerträger)** abwälzen, z. B. in Form einer Umlage auf den Kunden.

2.6.1.1 Besteuerungsgrundsätze

Aus dem Fundamentalprinzip der **Steuergerechtigkeit** werden folgende Besteuerungsgrundsätze abgeleitet :

Prinzip der Gesetzmäßigkeit bzw. Tatbestandsmäßigkeit der Besteuerung, d. h. eine Steuer kann nur dann rechtmäßig erhoben werden, wenn der konkrete Sachverhalt mit dem Steuertatbestand (in der Gesetzesgrundlage) übereinstimmt, sodass das Gesetz anwendbar wird;

Übermaßverbot, d. h. die steuererhebende Behörde muss sich gegebenenfalls an dem im Gesetz vorgegebenen Ermessensspielraum bei der Beurteilung eines Sachverhalts orientieren und darf ihn keineswegs überschreiten;

Prinzip der Gleichmäßigkeit der Besteuerung, d. h. gleiche Sachverhalte müssen gleich beurteilt werden und gleiche Konsequenzen in steuerlicher Hinsicht haben. Willkürliche Unterschiede bei der Steuererhebung und -festsetzung sind verboten. Dies geschieht im Sinne des Gleichheitsgrundsatzes des Art. 3 Grundgesetz;

Prinzip des Steuergeheimnisses, d. h. Amtsträger (auf Seiten der Finanzbehörden) müssen nach § 30 AO das Steuergeheimnis (Angaben zu den persönlichen Verhältnissen des Steuerpflichtigen, Betriebs/Geschäftsgeheimnisse) und die Vorschriften des Datenschutzes beachten – an die Verletzung des Steuergeheimnisses sind strafrechtliche Folgen (§ 355 AO) geknüpft;

Untersuchungsgrundsatz, d. h. die Finanzbehörden werden beim Ermittlungsverfahren von Amts wegen tätig und führen Ermittlungen von Amts wegen aus (Vergleich: Finanzgerichte dürfen nur auf Verlangen des Klägers tätig werden). Dabei müssen sich die Behörden an die Zumutbarkeit der Ermittlungen und an den Grundsatz der Verhältnismäßigkeit (Frage: »Steht der Arbeitsaufwand in Relation zum steuerlichen Erfolg?«) halten.

2.6.1.2 Das Besteuerungsverfahren

Der Begriff des Besteuerungsverfahrens umfasst sämtliche **Verfahrensschritte** vom Entstehen des Anspruchs des Steuergläubigers bis zu den Rechtsfolgemöglichkeiten des Steuerpflichtigen.

Das Ermittlungsverfahren

Im Rahmen des Ermittlungsverfahrens wird die **Besteuerungsgrundlage** ermittelt (§ 199 AO). Im Verlauf dessen treffen den Steuerpflichtigen Mitwirkungspflichten (z. B. Abgabe der Steuererklärung, Auskunftspflicht) und Aufzeichnungs- und Buchführungspflichten. Kommt er diesen Pflichten nicht nach, können Verspätungszuschläge bei Missachtung der Fristen und Zwangsgelder erhoben werden. Verspätungszuschläge liegen im Ermessen der Behörden und sind nur bei unentschuldbaren Säumnissen möglich. Sie betragen 10 v. H. der festgesetzten Steuer, aber höchstens 25.000 € (§ 152 Abs. 2 AO). Der Grundsatz der Verhältnismäßigkeit ist zu beachten. Gem. § 162 AO können Finanzbehörden eine Schätzung der Besteuerungsgrundlagen vornehmen, wenn eine sichere Ermittlung anders nicht gewährleistet ist.

Das Festsetzungsverfahren

Die Steuerschuld wird ihrer Höhe nach durch den Erlass des **Steuerbescheids** (Verwaltungsakt) gem. § 155 AO festgesetzt. In diesem werden die Ermittlung der Besteuerungsgrundlagen, Rechtsbehelfe, die erlassende Behörde u. a. aufgeführt.

Die Besteuerungsgrundlagen können aber auch in einem gesonderten Bescheid (z. B. Einheitswertbescheid, Bescheid zur Ermittlung des Gewerbesteuermessbetrags) festgestellt und mitgeteilt werden, der zur Steuerfestsetzung dann innerbehördlich weitergeleitet wird.

Die meisten Steuerbescheide ergehen unter **Vorbehalt der Nachprüfung**, sodass Einsprüche von Seiten des Steuerpflichtigen einfacher möglich sind. Der Vorbehalt wird mit einer abschließenden Prüfung durch die Finanzbehörden (z. B. Betriebsprüfung, Lohnsteuerprüfung) aufgehoben. Erst dann beginnt die Festsetzungspflicht zu laufen, während der ein Bescheid nur noch unter bestimmten Bedingungen auf Antrag änderbar ist. Ergeht ein Steuerbescheid ohne Vorbehalt der Nachprüfung, beginnt die Festsetzungsfrist mit dem Tag der Bekanntgabe. Nach Ablauf dieser Frist ist der Bescheid endgültig.

Das Ermittlungsverfahren und das Feststellungsverfahren werden auch unter dem Begriff des **Veranlagungsverfahrens** zusammengefasst.

Das Erhebungsverfahren

Hier findet die **Realisierung** des Steuerschuldanspruchs statt (§ 218 AO). Steuern können erst erhoben werden, wenn sie entstanden, festgesetzt und fällig sind. Nähere Regelungen bezüglich der Fälligkeitsfristen für die verschiedenen Steuerarten findet man in den jeweiligen Einzelsteuergesetzen (z. B. Lohnsteuer am 10. Tag nach Ablauf des Lohnsteuer-Anmeldungszeitraums, Einkommensteuer-Abschlusszahlung 1 Monat nach Bekanntgabe des Einkommensteuerbescheids). Wird die Fälligkeitsfrist nicht eingehalten, können **Säumniszuschläge** erhoben werden. Sie sind für jeden versäumten Monat (voll und angefangen) in Höhe von 1 v. H. des rückständigen auf 50 abgerundeten Steuerbetrags zu entrichten. Eine Schonfrist von 3 Tagen wird dem Steuerschuldner gem. § 240 AO bei Versäumnis gewährt.

Im Ermessen der Behörden liegt die Möglichkeit zur **Stundung** der Steuerschuld, d. h. das Verschieben der Fälligkeit (§ 222 AO). Die Behörden können ganz oder teilweise stunden, wenn der Vollzug der Steuerschuld aus persönlichen oder sachlichen Gründen eine erhebliche Härte für den Steuerschuldner bedeuten würde, und der Steueranspruch nicht als gefährdet erscheint.

Das Erhebungsverfahren endet mit Zahlung, Aufrechnung, Erlass oder Verjährung der Steueransprüche (§ 47 AO).

Das Vollstreckungsverfahren

Nach Ablauf der Fälligkeitsfrist können die Finanzbehörden durch Pfändung des beweglichen Vermögens und ggf. Zwangsversteigerung die Steuerschuld beitreiben.

Das Rechtsbehelfsverfahren

Es gewährleistet die vom Grundgesetz garantierte Rechtssicherheit, hier den Rechtsschutz für den Steuerpflichtigen. Zu unterscheiden sind das außergerichtliche und das gerichtliche Rechtsbehelfsverfahren. Im außergerichtlichen Rechtsbehelfsverfahren (§ 347 ff AO) besteht die Möglichkeit des Einspruchs gegen einen Steuerbescheid und der Beschwerde gegen andere Verwaltungsakte. Dadurch werden die ergangenen Verwaltungsakte (z. B. Lohnsteuerbescheid) angefochten.

Ein Einspruch muss in der Regel innerhalb eines Monats nach Bekanntgabe des Verwaltungsakts an die erlassende Behörde gerichtet werden. Erst nach erfolglos eingelegtem Einspruch kann ein gerichtliches Verfahren (z. B. Klage vor dem Finanzgericht) von dem Steuerpflichtigem als Kläger eingeleitet werden. Als letzte Instanz kann der Bundesfinanzhof im Wege der Revision die Sache prüfen.

2.6.1.3 Zuständigkeit der Finanzverwaltung

Zuständigkeit bedeutet das Recht und die Pflicht einer bestimmten Behörde, in einem bestimmten Fall tätig zu werden. Unter räumlichen und sachlichen Gesichtspunkten ergibt sich eine Aufteilung der Zuständigkeit auf verschiedene Behörden.

Eine **sachliche Abgrenzung** bezüglich des Tätigkeitsbereichs erfolgt durch das Grundgesetz und die Landesverfassungen. Erlässt eine sachlich unzuständige Behörde einen belastenden Verwaltungsakt, ist dieser nichtig.

Die **örtliche Zuständigkeit** beinhaltet die Zuweisung so genannter Amtsbezirke in Bezug auf den Aufgabenbereich gleichartiger Behörden.

Bei Finanzämtern unterscheidet das Gesetz zwischen Lage-, Betriebs- und Wohnsitzfinanzämtern; außerdem haben sich die Bezeichnungen als Tätigkeits-, Verwaltungs-, Geschäftsleitungs- und Unternehmensfinanzamt eingebürgert (z. B. für Einkommensteuer: »Wohnsitzfinanzamt«, für Umsatzsteuer: »Unternehmensfinanzamt«, für Körperschaftsteuer: »Geschäftsleitungsfinanzamt«).

2.6.1.4 Aufbau der Finanzbehörden

Welche Behörden die Bezeichnung »Finanzbehörde« umfasst, legt § 6 AO fest. Finanzbehörden verwalten die Steuern und führen bestimmte andere Aufgaben aus, die ihnen das Gesetz übertragen hat. Eine grundsätzliche Regelung ist in Art. 108 Grundgesetz zu finden. Dort werden die Verwaltung von Zöllen, Monopolen und Verbrauchsteuern den Bundesfinanzbehörden unterstellt, die Verwaltung von Besitz- und Verkehrsteuern dagegen den Landesfinanzbehörden. Weitere gesetzliche Regelungen sind im Finanzverwaltungsgesetz und der Abgabenordnung zu finden.

Die Hierarchie der Finanzbehörden gestaltet sich wie folgt:

Oberste Behörde:	Bundesministerium der Finanzen und oberste Landesbehörde
Bundesoberbehörde:	Bundesmonopolverwaltung, Bundesamt für Finanzen und Zollkriminalamt
Landesoberbehörde:	Rechenzentren
Mittelbehörde:	Oberfinanzdirektionen der Länder
Örtliche Behörde:	Finanzamt, besondere Landesbehörden, Hauptzoll- und Zollfahndungsämter

In den Aufgabenbereich der **Ministerien** fallen die maßgeblichen Organisations- und Personalentscheidungen, die sachliche Anwendung der Steuergesetze in Form von Verwaltungsanweisungen, die Haushaltsplanung und zum Teil die oberste Leitung der Vermögensverwaltung. Ein Ministerium hat die Möglichkeit, sich durch den Erlass von Rechtsverordnungen an der Rechtsetzung zu beteiligen. Die **Oberfinanzdirektion** als Behörde auf Bundes- und Landesebene hat die Aufgaben einer Aufsichtsbehörde gegenüber nachgeordneten Dienststellen, einer Rechtsbehelfsbehörde im Rahmen von Beschwerdeverfahren und bisweilen der zuständigen ersten Instanz im Rahmen von Rechtsbehelfsverfahren zu erfüllen. Hauptaufgabe der **Finanzämter** ist die Verwaltung der Besitz- und Verkehrsteuern, wobei sie entweder in eigener Verantwortung oder im Auftrag des Bundes (Auftragsverwaltung) tätig werden. Außerdem sind sie an der Verwaltung von Realsteuer (z. B. Festsetzung des Messbetrags für die Gewerbesteuer) und an der staatlichen Vermögens- und Liegenschaftsverwaltung beteiligt. Sitz und Bezirk der Finanzämter, sowie gegebenenfalls Rationalisierungen bei gleichartigen Aufgaben, obliegen den Ministerien.

2.6.1.5 Aufbau des Steuerrechts

Das Steuerrecht beinhaltet förmliche Gesetze und Rechtsverordnungen (= Gesetze im materiellen Sinn, die einer Ermächtigung durch ein förmliches Gesetz bedürfen) und gliedert sich in:

- **Allgemeine Steuergesetze,** die solche Vorschriften enthalten, die für mehrere oder für alle Steuerarten gültig sind. Hierzu gehören
  - die **Abgabenordnung**, die das steuerliche Verfahrensrecht beinhaltet,
  - das **Bewertungsgesetz**, das die Anleitungen zur Ermittlung von Substanzwerten (vor allem Grundstücks- und Gebäudewerten) enthält, die in verschiedenen Einzelgesetzen Verwendung finden,
  - die **Finanzgerichtsordnung**, die das Verfahren vor den Finanzgerichten und dem Bundesfinanzhof regelt;
- **Einzelsteuergesetze**, die die Regelungen für jeweils eine Steuerart enthalten. Wichtige Einzelgesetze sind z. B.
  - das Einkommensteuergesetz (EStG),
  - das Körperschaftsteuergesetz (KStG),
  - das Gewerbesteuergesetz (GewStG),
  - das Umsatzsteuergesetz (UStG);
- **Rechtsverordnungen**, die zu einzelnen Gesetzen erlassen werden, wie z. B.
  - die Einkommensteuerdurchführungsverordnung (EStDV),
  - die Lohnsteuerdurchführungsverordnung (LStDV),
  - die Umsatzsteuerdurchführungsverordnung (UStDV).

Richtlinien, die vom Bundesminister der Finanzen als Verwaltungsanweisungen für die Finanzbehörden zu einzelnen Gesetzen erlassen wurden (z. B. EStR), haben keinen Gesetzesrang und sind damit für Bürger und Gerichte nicht verbindlich.

2.6.1.6 Aktualität

Das Steuerrecht ist wie kaum ein anderes Recht in Deutschland von ständigen Änderungen betroffen. Daher ist, ergänzend zu jedem Lehrbuch, die Hinzuziehung der originalen Gesetzestexte in ihrer aktuellen Fassung unverzichtbar. Für den »Geprüften Technischen Betriebswirt« empfiehlt sich die Anschaffung einer preisgünstigen Textausgabe, die die wichtigsten Steuergesetze enthält. Diese ist aus Kostengründen der Anschaffung von Einzelgesetzen oder einer Loseblattsammlung mit laufenden Nachlieferungen vorzuziehen.

2.6.2 Steuereinteilung

Die Einteilung von Steuern kann nach verschiedenen Kriterien erfolgen:

- Einteilung nach der **Überwälzbarkeit** (nach der wirtschaftlichen Auswirkung beim Steuerschuldner):
  - **direkte** Steuer: Steuerschuldner und Steuerdestinatar sind identisch (z. B. Einkommensteuer, Körperschaftsteuer);
  - **indirekte** Steuer: Steuerschuldner und Steuerdestinatar sind verschiedene Personen, sodass eine Überwälzung stattfindet (z. B. Umsatzsteuer, Versicherungsteuer, alle Verbrauchsteuern).

- Einteilung nach **Ertragshoheit**:
  - **Gemeinschaftsteuer:** Die Steuereinnahmen werden auf Bund und Länder (Körperschaftsteuer) oder auf Bund, Länder und Gemeinden (Einkommen-, Umsatzsteuer) verteilt;
  - **Bundessteuer** (Zölle, Versicherungsteuer, Solidaritätszuschlag, Verbrauchsteuern außer Biersteuer);
  - **Ländersteuer** (Kraftfahrzeugsteuer, Biersteuer, Grunderwerbsteuer, Erbschaftsteuer);
  - **Gemeindesteuer** (Gewerbesteuer, Grundsteuer, Hundesteuer, Vergnügungsteuer).
- Einteilung nach dem **Gegenstand der Besteuerung** (nach Finanzverwaltungspraxis):
  - **Besitzsteuern** erfassen die wirtschaftliche Leistungsfähigkeit einer natürlichen/juristischen Person (z. B. Einkommensteuer, Körperschaftsteuer, Gewerbesteuer);
  - **Real-/Sachsteuern** erfassen die Ertragsfähigkeit einer Sache (z. B. Gewerbesteuer);
  - **Verkehrsteuer:** Besteuerung von Rechtsvorgängen und Vermögensverkehr (z. B. Grunderwerbsteuer, Umsatzsteuer);
  - **Verbrauchsteuer:** Belastung bei Ge-/Verbrauch von Gegenständen (z. B. Genuss- und Nahrungsmittelsteuern, Einfuhrumsatzsteuer);
  - **Zölle:** Besteuerung von grenzüberschreitenden Warenbewegungen.
- Unterscheidung nach **Personensteuern** und **Sachsteuern:**
  - **Personensteuern** (Subjektsteuern): werden aufgrund der Leistungsfähigkeit einer natürlichen oder juristischen Person erhoben (z. B. Einkommensteuer, Körperschaftsteuer);
  - **Sachsteuern** (Objektsteuern) erfassen den Steuergegenstand (z. B. Grundsteuer, Gewerbesteuer).
- Unterscheidung nach der **Abzugsfähigkeit** bei der Gewinnermittlung:
  - **Abzugsfähige** Steuern stellen Betriebsausgaben dar (z. B. KFZ-Steuer für Fuhrpark im Betriebsvermögen);
  - **nicht** abzugsfähige Steuern (z. B. Einkommensteuer und Erbschaftsteuer; diese werden der Privatsphäre der Eigentümer zugerechnet).

2.6.3 Unternehmensbezogene Steuerarten

2.6.3.1 Einkommensteuer

Einkommensteuerpflicht besteht nach § 1 EStG für alle natürlichen Personen mit ihrem Einkommen, unabhängig von ihrer Geschäftsfähigkeit. Die Einkommensteuerpflicht ist **unbeschränkt**, wenn die Person ihren Wohnsitz oder gewöhnlichen Aufenthalt im Inland hat. Zu diesem gehören das Staatsgebiet der Bundesrepublik Deutschland , die Enklave Büsingen und auch ein Schiff unter inländischer Flagge auf hoher See. Gewöhnlicher Aufenthalt bedeutet, dass der Steuerpflichtige mehr als sechs Monate im Jahr (Veranlagungszeitraum) im Inland verbringt. Es wird das **Welteinkommen** des Steuerpflichtigen der Besteuerung zugrunde gelegt, d. h. ausländische Einkünfte (z. B. Einkünfte aus ausländischen Kapitalanlagen) werden auch besteuert. Besteht mit dem entsprechendem Land, aus dem die Einkünfte zufließen, ein **Doppelbesteuerungsabkommen**, so können unter bestimmten Voraussetzungen die eventuell bereits im Ausland auf die Einkünfte abgeführten Steuern auf die Einkommensteuerschuld angerechnet werden.

Natürliche Personen ohne Wohnsitz oder gewöhnlichen Aufenthalt im Geltungsbereich des Einkommensteuergesetzes unterliegen der **beschränkten** Einkommensteuerpflicht, wenn sie inländische Einkünfte beziehen. Nur diese sind dann steuerpflichtig (§ 49 EStG).

Die Bemessungsgrundlage für die Ermittlung der Einkommensteuer ist das zu versteuernde Einkommen, wobei zunächst die Summe der sieben Einkunftsarten berechnet wird. Die Einkünfte können positiv oder negativ sein, sodass ein Verlustausgleich unter den verschiedenen Einkunftsarten möglich ist. Bei ausländischen Verlusten ist dieser Ausgleich gemäß § 2 a EStG jedoch beschränkt.

2.6.3.1.1 Einkunftsarten nach Einkommensteuergesetz

Das Einkommensteuergesetz (EStG) unterscheidet folgende Einkunftsarten:

1. Einkünfte aus Land- und Forstwirtschaft
2. Einkünfte aus Gewerbebetrieb
3. Einkünfte aus selbstständiger Arbeit
4. Einkünfte aus nichtselbstständiger Arbeit
5. Einkünfte aus Kapitalvermögen
6. Einkünfte aus Vermietung und Verpachtung
7. Sonstige Einkünfte
8. **Summe der Einkünfte**

Diese Einkunftsarten werden nach Art der Ermittlung in Gewinneinkünfte und Überschusseinkünfte unterschieden:

Zu den **Gewinneinkünften** gehören die Einkünfte aus Land- und Forstwirtschaft, aus Gewerbebetrieb und aus selbstständiger Arbeit, bei denen Betriebseinnahmen und Betriebsausgaben im Rahmen der Gewinnermittlung gegenübergestellt werden. Betriebseinnahmen können dem Betrieb aus Grund- oder Hilfsgeschäften zufließen. Darlehen und Einlagen von Gesellschaftern zählen nicht dazu.

Bei den **Überschusseinkünften** (Einkünfte gem. § 2 Abs. 1 Nr. 4–7 EStG) werden Einnahmen und Werbungskosten gegeneinander aufgerechnet. Werbungskosten im Sinne des § 9 EStG sind Aufwendungen zum Erwerb, zur Sicherung und Erhaltung der Einnahmen, die nur bei den Überschusseinkünften auftreten und nur dort abzugsfähig sind. Bei den Betriebsausgaben und den Werbungskosten treten häufig Probleme bei der Abgrenzung zu den Aufwendungen privater Lebensführung auf, da sie sowohl privat als auch betrieblich/beruflich veranlasst sein können. Grenzfälle werden teilweise vom Gesetzgeber von vornherein ausgeschlossen oder in ihrer Höhe begrenzt.

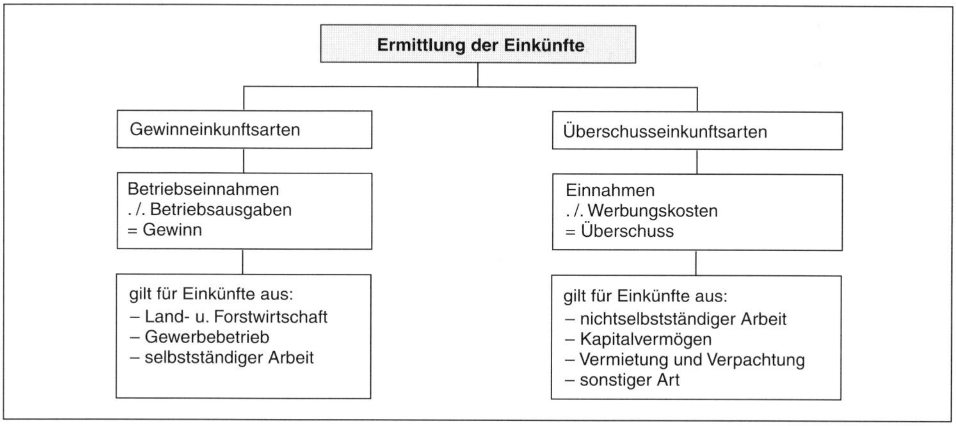

Ermittlung der Einkünfte

Innerhalb einer Einkunftsart sind Verlustausgleiche durch Saldierung der positiven und negativen Ergebnisse desselben Veranlagungszeitraums unbeschränkt möglich (**horizontaler Verlustausgleich**). Dabei kann sich ein negativer Saldo ergeben. Ausnahmen bilden die privaten Veräußerungsgeschäfte (§ 22 EStG, vgl. Erläuterung in Abschn. 2.6.3.1.1.7) sowie Einkünfte aus bestimmten Steuersparmodellen.

Die Salden aus den einzelnen Einkunftsarten werden miteinander verrechnet und sind uneingeschränkt ausgleichsfähig (**vertikaler Verlustausgleich**): Ein Verlust aus Gewerbebetrieb kann so z. B. durch positive Einkünfte aus nichtselbstständiger Arbeit ausgeglichen werden. Dann noch verbleibende Verluste können durch **Verlustrücktrag** in den vorangegangenen Veranlagungszeitraum oder, wenn dies nicht möglich ist, durch **Verlustvortrag** in künftige Veranlagungszeiträume übertragen werden. Verlustrück- und -vorträge sind jedoch in ihrer Höhe jeweils begrenzt.

Bei den Überschusseinkünften angesetzte **Werbungskosten** gem. § 9 Abs. 1 EStG müssen in einem direkten Zusammenhang mit den erzielten Einnahmen stehen, um bei der Überschussermittlung berücksichtigt werden zu können. Grundsätzlich werden nur Aufwendungen (Werbungskosten) mit erbrachtem Nachweis (ordnungsgemäßem Beleg) gemäß dem hier geltenden Zufluss-Abfluss-Prinzip anerkannt. Um dies ein wenig zu vereinfachen, gibt es verschiedene Pauschbeträge, mit denen die entsprechenden Werbungskosten abgegolten werden, z. B. den Arbeitnehmer-Pauschbetrag bei Einkünften aus nichtselbstständiger Arbeit. Für den Ansatz der Pauschale bei tatsächlich geringeren Werbungskosten ist kein weiterer Nachweis erforderlich. Sind die Werbungskosten jedoch tatsächlich höher, so ist hierfür ein Nachweis zu erbringen, damit die höheren Aufwendungen vom Finanzamt anerkannt werden.

Kosten der privaten Lebensführung sind grundsätzlich nicht abziehbar (§ 12 EStG). Ausnahmen stellen Aufwendungen dar, die als **Sonderausgaben** oder außergewöhnliche Belastungen anerkannt werden. Sonderausgaben sind nur solche Aufwendungen, die nicht bereits als Werbungskosten oder Betriebsausgaben abzugsfähig sind (§ 10 EStG). Der Abzug ist zum Teil beschränkt. Darunter fallen insbesondere im Rahmen einer Höchstbetragsrechnung die Vorsorgeaufwendungen (Arbeitnehmeranteil an der Sozialversicherung, Lebens-, Haftpflicht-, Unfallversicherungsbeiträge). Wie Sonderausgaben kann der Steuerpflichtige den **Verlustabzug** gemäß § 10d EStG geltend machen.

Aufwendungen gem. § 33 EStG, die einem Steuerpflichtigen zwangsläufig in größerem Maße erwachsen, sind als **außergewöhnliche Belastungen** anzusetzen, wenn er sich ihnen nicht entziehen kann und sie im Verhältnis größer sind als bei der Mehrzahl der Steuerpflichtigen mit gleichen Einkommens-, Vermögens- und Familienverhältnissen. Dem Antrag dazu muss grundsätzlich der Nachweis folgen. Durch den Gesetzgeber wird eine vom Einkommen abhängige zumutbare Eigenbelastung gegengerechnet. Krankheits-, Unfall-, Sterbekosten gehören ebenso dazu wie Aufwendungen für die Berufsausbildung von Kindern, für die Kinderbetreuung, bei Pflegebedürftigkeit und Behinderungen. Für die letztgenannten Fälle sind Pausch- und Freibeträge im Gesetz vorgesehen, die teilweise gestaffelt sind und ohne Nachweis der tatsächlichen Aufwendungen in Ansatz gebracht werden können. Zu beachten und gegenzurechnen sind Höchstbeträge und – beispielsweise beim Ausbildungsfreibetrag – eigene Einkünfte und Bezüge der Kinder oder andere Zuschüsse, die entweder der Steuerpflichtige selbst oder die Kinder erhalten haben.

Die Einkommensteuer ist nach § 51a EStG eine **Maßstabsteuer für Zuschlagsteuern**, d. h. das Festsetzungs- und Erhebungsverfahren und die ermittelte Bemessungsgrundlage werden für die Zuschlagsteuer und deren Ermittlung übernommen, z. B. für die Kirchensteuerberechnung und -erhebung. Die Mitteilung hierüber erfolgt zusammen mit der Festsetzung des Solidaritätszuschlages im Rahmen des Einkommensteuerbescheids.

2.6.3.1.1.1 Einkünfte aus Land- und Forstwirtschaft (§ 13 EStG)

Unter Einkünften aus Land- und Forstwirtschaft ist gem. § 13 EStG die planmäßige Nutzung der natürlichen Kräfte des Bodens und die Vermehrung der gewonnenen Erzeugnisse zu verstehen. Ob dies auf eigenem oder auf fremden Boden (Pacht) stattfindet, ist nicht maßgeblich.

Das Wirtschaftsjahr der Land- und Forstwirte geht, abweichend vom Kalenderjahr, vom 1. Juli bis zum 30. Juni des Folgejahres. Die Gewinnermittlung kann durch Buchführung und Bestandsvergleich (§ 4 Abs. 1 EStG), durch eine Einnahmen-Überschussrechnung (§ 4 Abs. 3 EStG), durch Schätzung oder nach Durchschnittssätzen erfolgen. Die Buchführungspflicht bei Land- und Forstwirten beginnt erst mit dem Überschreiten gesetzlicher Grenzen. Die Ermittlung nach Durchschnittssätzen knüpft das Gesetz an bestimmte Voraussetzungen (§ 13a EStG). Land- und Forstwirten steht nach § 13 Abs. 3 EStG ein Freibetrag zu, der bei Ermittlung des Gesamtbetrags der Einkünfte Berücksichtigung findet.

2.6.3.1.1.2 Einkünfte aus Gewerbebetrieb (§ 15 EStG)

Einkünfte aus Gewerbebetrieb i. S. d. § 15 EStG sind

- Einkünfte aus gewerblichen Unternehmen,
- Gewinnanteile der Gesellschafter von Personengesellschaften (OHG, KG) und
- Gewinne bei der Veräußerung gewerblicher Betriebe (ganz oder teilweise) und bei der Veräußerung wesentlicher Beteiligungen an Kapitalgesellschaften (AG, GmbH).

Ein Gewerbebetrieb wird definiert durch

- **Selbstständigkeit:** Tätigkeit auf eigene Rechnung und in eigener Verantwortung;
- **Nachhaltigkeit:** Tätigkeit mit Absicht der Wiederholung;
- **Gewinnerzielungsabsicht:** Kann Nebenzweck sein;
- **Beteiligung** am allgemeinen wirtschaftlichen Verkehr.

Um eine Gleichbehandlung der Steuerpflichtigen herzustellen, hat der Gesetzgeber die Möglichkeiten zur Geltendmachung von Betriebsausgaben in einigen Fällen begrenzt. Dies sind Vorschriften

- zur Begrenzung der **Abschreibungen** durch Festsetzung von betriebsgewöhnlichen Nutzungsdauern in den vom Bundesfinanzminister erlassenen **AfA-Tabellen**, die grundsätzlich nicht unterschritten werden dürfen, sowie durch die Festlegung auf bestimmte zulässige Methoden;
- zur Bildung von **Rückstellungen**, die auf bestimmte Anwendungsfälle beschränkt sind;
- über die **Zurechnung von Vermögensteilen** zum Betriebs- bzw. Privatvermögen:
  - Wirtschaftsgüter, die zu mehr als 50 % eigenbetrieblich genutzt sind, gehören zum **notwendigen Betriebsvermögen** und müssen beim Betrieb bilanziert werden,
  - Wirtschaftsgüter mit mehr als 90 %iger Privatnutzung stellen **notwendiges Privatvermögen** dar und dürfen nicht als Betriebsvermögen bilanziert werden,
  - für Wirtschaftsgüter mit einer eigenbetrieblichen Nutzung zwischen 10 % und 50 % besteht ein Wahlrecht: Sie können dem Betriebsvermögen zugerechnet werden (»**gewillkürtes Betriebsvermögen**«) oder im Privatvermögen verbleiben.

Werden Gegenstände des Betriebsvermögens privat genutzt, muss die private Nutzung buchhalterisch als Entnahme behandelt werden. Andererseits muss der Betrieb die betriebliche Nutzung privater Gegenstände an die Privatsphäre vergüten.

2.6.3.1.1.3 Einkünfte aus selbstständiger Arbeit (§ 18 EStG)

§ 18 Abs. 1 Nr. 1 Satz 2 EStG zählt eine Reihe von Berufen auf, aus denen Einkünfte aus selbstständiger Arbeit erzielt werden.

Zum einen sind dies die so genannten **freiberuflichen Tätigkeiten**, die auch als »**Katalogberufe**« bezeichnet werden. Im Einzelnen ist dies die selbstständige Berufstätigkeit in

- Heilberufen: Ärzte, Zahnärzte, Tierärzte, Heilpraktiker, Krankengymnasten;
- freien rechts-, steuer- und wirtschaftsberatenden Berufen: Rechtsanwälte, Notare, Patentanwälte, Wirtschaftsprüfer, Steuerberater, Steuerbevollmächtigte, beratende Volks- und Betriebswirte, vereidigte Buchprüfer und Bücherrevisoren;
- naturwissenschaftlichen/technischen Berufen: Vermessungsingenieure, Ingenieure, Handelschemiker, Architekten, Lotsen;
- sprach- und informationsvermittelnden Berufen: Journalisten, Bildberichterstatter, Dolmetscher, Übersetzer;
- und ähnlichen Berufen.

Des weiteren sind die Einkünfte der Einnehmer einer staatlichen Lotterie Einkünfte aus selbstständiger Arbeit, soweit sie nicht Einkünfte aus Gewerbebetrieb sind. Als Einkünfte aus sonstiger selbstständiger Arbeit nennt das Gesetz die Vergütungen für die Vollstreckung von Testamenten, für Vermögensverwaltung und für die Tätigkeit als Aufsichtsratsmitglied. Auch Gewinne, die aus dem Verkauf von Vermögens, mit dem Einkünfte aus selbstständiger Arbeit erzielt wurden, sind ihrerseits Einkünfte aus selbstständiger Arbeit.

Die Abgrenzung der Einkünfte aus selbstständiger Arbeit von den Einkünften aus Gewerbebetrieb ist zum Teil schwierig vorzunehmen.

Der Gewinn/Verlust kann wie bei den anderen Gewinneinkünften durch **Betriebsvermögensvergleich** (Bestandsvergleich nach § 4 Abs. 1 EStG) ermittelt werden. Dies trifft für buchführungspflichtige Gewerbetreibende zu. Gewerbetreibende oder Freiberufler, die freiwillig Bücher führen, ermitteln ihren Gewinn unter Beachtung handelsrechtlicher Grundsätze der ordnungsmäßigen Buchführung nach § 5 Abs. 1 EStG (Bestandsvergleich).

Beim **Bestandsvergleich** wird die Bewertung des Betriebsvermögens zum Bilanzstichtag nach Vorgaben des Bewertungsgesetzes vorgenommen. Diese Bewertungen wirken neben den betrieblich veranlassten Aufwendungen gewinnbeeinflussend. Für die betrieblich veranlassten Aufwendungen gilt, ebenso wie bei der Ermittlung der Überschusseinkünfte, das Zufluss-Abfluss-Prinzip.

Beispiel:

	in Tsd. €	
	31.12.09	*31.12.10*
Anlagevermögen	*1.000*	*800*
+ Umlaufvermögen	*700*	*950*
= Summe Aktiva	*1.700*	*1.750*
– Fremdkapital	*900*	*800*
= Betriebsvermögen	***800***	***950***
Betriebsvermögen 31.12.10		*950*
– Betriebsvermögen 31.12.09		*800*
Zwischensumme		*150*
+ Entnahmen		*70*
– Einlagen		*15*
= Gewinn		***205***

Steuerpflichtige, die nicht der Buchführungspflicht unterliegen und auch nicht freiwillig Bücher führen, ermitteln den Gewinn anhand einer **Einnahmen-Überschuss-Rechnung** nach § 4 Abs. 3 EStG (Überschuss der Betriebseinnahmen über die Betriebsausgaben).

Bis zum 31.12.2003 war diese Gewinnermittlung formlos vorzunehmen. Ursprünglich war schon ab dem Wirtschaftsjahr der Einsatz eines **einheitlichen Formulars** für die Einnahmen-Überschuss-Rechnung vom Bundesministerium der Finanzen vorgesehen gewesen. Nach heftiger Kritik aus der Wirtschaft aufgrund der mangelnden Verständlichkeit wurde jedoch in 2004 vollständig auf den Einsatz des Formulars verzichtet. Mit Schreiben vom 10. Februar 2005 wurde ein neugestaltetes Formular mitsamt einer Anleitung veröffentlicht, das für die Gewinnermittlung der Wirtschaftsjahre ab 2005 verwendet werden muss. Wenn allerdings die Betriebseinnahmen weniger als 17.500 € betrugen, ist wie bisher auch eine formlose Gewinnermittlung zulässig.

Für Existenzgründer und Kleinunternehmer sieht das Gesetz zur Förderung von Kleinunternehmern und zur Verbesserung der Unternehmensfinanzierung gewisse Erleichterungen vor. Dazu gehört die Anhebung der Buchführungspflichtgrenzen:

	vor 2007	**ab 2007**	**ab 2008**
Umsatzgrenze	350.000 €	500.000 €*	500.000 €
Gewinn aus Gewerbebetrieb	30.000 €	30.000 €	50.000 €*
Wirtschaftswert Land- u. Forst-Wirtschaft	25.000 €	25.000 €	25.000 €
Gewinn aus Land- u. Forstwirtschaft	30.000 €	30.000 €	50.000 €

* Die Umsatzgrenze von 500.000 € und die Gewinngrenze von 50.000 € gilt mit Inkrafttreten des Bilanzrechtsmodernisierungsgesetzes (BilMoG) am 29. Mai 2009 auch für Einzelkaufleute.

2.6.3.1.1.4 Einkünfte aus nichtselbstständiger Arbeit (§ 19 EStG)

Einkünfte aus nichtselbstständiger Arbeit gem. § 19 EStG gehören zu den Überschusseinkünften. Sie fließen meist im Rahmen eines Arbeitsverhältnisses zu, und zwar in Form von Lohn/Gehalt, anderen Bezügen und Vorteilen (z. B. Tantiemen, Entschädigungen, Lohnfortzahlung, Provisionen, Sachbezügen). Die vom Arbeitgeber (Steuerhaftenden) an das Finanzamt für den Arbeitnehmer abgeführte **Lohnsteuer** wird nach § 38 EStG als Einkommensteuervorauszahlung betrachtet. Sie wird bei der Veranlagung zur Einkommensteuer auf die festgesetzte Steuer angerechnet. Ebenso wird mit der Lohn-Kirchensteuer und dem Solidaritätszuschlag verfahren.

Die herkömmliche **Lohnsteuerkarte** wurde durch das Steueränderungsgesetz 2003 durch die elektronische Datenübermittlung vom Arbeitgeber an das Finanzamt ersetzt, die seit dem Veranlagungszeitraum 2005 von allen Arbeitgebern mit Ausnahme der privaten Haushalte, die geringfügig Beschäftigte abrechnen, durchzuführen ist. Die Arbeitnehmer erhalten vom Arbeitgeber eine der elektronischen Meldung entsprechende Bescheinigung, die sie für ihre Steuererklärung nutzen können.

2.6.3.1.1.5 Einkünfte aus Kapitalvermögen (§ 20 EStG)

Für die Ermittlung der Einkünfte aus Kapitalvermögen (§ 20 EStG) werden herangezogen:

- Gewinnanteile (Dividenden), Ausbeuten und sonstige Bezüge aus Aktien, Genussrechten, GmbH-Anteilen und ähnlichen Anteilen,
- Einnahmen aus der Beteiligung als typischer stiller Gesellschafter,
- Zinsen und sonstige Erträge aus Kapitaleinlagen (wobei Ausnahmen und Freibeträge/ -grenzen gesondert an anderer Stelle im Gesetz geregelt sind),

sofern sie nicht einer anderen Einkunftsart zuzurechnen sind (befinden sich Wertpapiere z. B. im Betriebsvermögen eines Gewerbetreibenden, rechnet man die Zinseinnahmen zu den Einkünften aus Gewerbebetrieb; gleiches gilt für die Vergütungen, die an Gesellschafter von Personengesellschaften gezahlt werden).

Bei den zugeflossenen Dividenden (an natürliche Personen) und bestimmten Veräußerungsgewinnen ist nach dem **Halbeinkünfteverfahren** (bis 31.12.2008) nur die Hälfte als Einnahme zu erfassen, die andere Hälfte bleibt steuerfrei. Diese steuerfreie Hälfte unterliegt nicht dem Progressionsvorbehalt (vgl. Abschn. 2.6.3.1.3). Allerdings können auch die mit den Kapitalerträgen zusammenhängenden Werbungskosten nur noch zur Hälfte abgezogen werden.

Die **Kapitalertragsteuer** (auch **Zinsabschlagsteuer** genannt) wird (bis 31.12.2008) von allen Kapitalerträgen einbehalten und im Besteuerungsverfahren vollständig angerechnet oder erstattet (also nicht nur zur Hälfte), soweit kein Freistellungsbescheid vorliegt. Dieser kann in Höhe des Freibetrags für Einkünfte aus Kapitalvermögen den Kreditinstituten erteilt werden, sodass ein Steuerabzug von vornherein unterbleibt. Zum 1.1.2009 wurden das Halbeinkünfteverfahren und die Kapitalertragsteuer durch das Teileinkünfteverfahren und die Abgeltungssteuer ersetzt (vgl. auch Abschn. 2.6.3.2.3).

Ein großes Problem für den Fiskus in Zusammenhang mit Kapitalerträgen stellt die Kapitalflucht ins Ausland dar. Mit dem Ende 2003 verabschiedeten **Gesetz zur Förderung der Steuerehrlichkeit** wurde für den Zeitraum vom 1.1.2004 bis 31.12.2004 (31.3.2005) die befristete Möglichkeit einer straf- und bußgeldfreien Nacherklärung von steuerpflichtigen Erträgen gegen Zahlung eines moderaten Abgeltungssatzes von 25 % (35 %) zuzüglich des Solidaritätszuschlages eröffnet. Man erhoffte sich damit die Erfassung von Auslandsvermögen bzw. den Rückfluss dieser Vermögen nach Deutschland. Jedoch blieb der erzielte Effekt mit einer Mehreinnahme von 1,4 Mrd. € weit hinter den ursprünglichen Erwartungen (von fünf Mrd. €) zurück. Am 1.4.2005 trat der zweite Teil des Gesetzes in Kraft, nach dem die Finanzbehörden das Recht haben, Konten- und Depotabfragen bei Kreditinstituten vorzunehmen.

Seit Juli 2005 gilt die **EG-Richtlinie zur Zinsbesteuerung** (in Deutschland umgesetzt mit der **Zinsinformationsverordnung**), mir der die grenzüberschreitende Steuerflucht bekämpft werden soll. Danach müssen sich die EU-Mitgliedstaaten einschließlich ihrer abhängigen und assoziierten Gebiete gegenseitig über die Zinserträge von Bürgern aus anderen EU-Ländern informieren. 22 Staaten praktizieren einen automatischen Auskunftsaustausch. Österreich, Luxemburg und Belgien haben die Anwendung dieses Austauschs mit Hinweis auf ihr Bankgeheimnis bisher abgelehnt und erheben statt dessen eine **pauschale Quellensteuer**, die zunächst 15 % betrug (bis 30.6.2008) aktuell 20 % beträgt und am 30.6.2011 auf 35 % steigen wird. Von diesen Steuereinnahmen behält der erhebende Staat jeweils nur 25 %, während 75 % an den Wohnsitzstaat des Steuerpflichten abgeführt werden. Zu dieser Regelung haben sich auch die Nicht-EU-Staaten Andorra, Liechtenstein, Monaco, San Marino und die Schweiz verpflichtet.

2.6.3.1.1.6 Einkünfte aus Vermietung und Verpachtung (§ 21 EStG)

Als Einkünfte aus Vermietung und Verpachtung werden nach § 21 EStG diejenigen Einkünfte bezeichnet, die aufgrund der Vermietung und Verpachtung von Grundstücken (bebaut und/oder unbebaut), Wohnungen und Rechten dem Steuerpflichtigen zufließen. Sie sind nur als solche zu erfassen, wenn sie nicht vorrangig einer anderen Einkunftsart zuzurechnen sind. So werden die Einnahmen, die ein Landwirt mit der Verpachtung von Grund und Boden erzielt, seinen Einkünften aus Land- und Forstwirtschaft zugeordnet. Bezieht ein Gewerbetreibender Einnahmen durch die Vermietung eines im Betriebsvermögen befindlichen Hauses, dann gehen diese in die Gewinnermittlung des Gewerbebetriebs ein.

2.6.3.1.1.7 Sonstige Einkünfte (§ 22 EStG)

Einkünfte, die nicht bereits zu den Einkünften gem. § 2 Abs. 1 Nr. 1-6 EStG gehören, werden als sonstige Einkünfte im Sinne des § 22 EStG erfasst. Somit findet im Einkommensteuergesetz eine abschließende Regelung der Einkunftsarten statt. Vor allem Einkünfte aus wiederkehrenden Bezügen (z. B. Ertragsanteil von Leibrenten), aus Leistungen (z. B.

gelegentliches Vermitteln) und aus Abgeordnetenbezügen werden hier erfasst. Ebenso dazu gehören Gewinne oder Verluste aus **privaten Veräußerungsgeschäften**. Zu diesen privaten Veräußerungsgeschäften zählt die Anschaffung und Veräußerung von Grundstücken, grundstücksgleichen Rechten und Gebäuden (Ausnahme bei Nutzung zu eigenen Wohnzwecken), Außenanlagen und Gebäudeteilen, die selbstständige unbewegliche Wirtschaftsgüter sind, wenn Anschaffung und Veräußerung innerhalb von zehn Jahren erfolgen, bei anderen Wirtschaftgütern (insbesondere Wertpapieren) innerhalb eines Jahres. Ein privates Veräußerungsgeschäft i.S.d. § 23 EStG liegt auch vor, wenn die Veräußerung der Wirtschaftsgüter früher erfolgt als der Erwerb. Dazu rechnen noch Termingeschäfte, sofern der Zeitraum zwischen Erwerb und Beendigung des Differenzausgleichs, Geldbetrags oder Vorteils nicht mehr als ein Jahr beträgt.

Als Anschaffung gilt auch die Überführung eines Wirtschaftsguts in das Privatvermögen des Steuerpflichtigen. Ebenso zählt bei Grundstücken die Einlage in ein Betriebsvermögen als Veräußerung, wenn die Veräußerung aus dem Betriebsvermögen innerhalb von zehn Jahren nach Anschaffung erfolgt.

Verluste dürfen nur bis zur Höhe des Gewinns aus privaten Veräußerungsgeschäften im gleichen Jahr ausgeglichen werden. Sie dürfen zwar nicht nach § 10d EStG abgezogen werden, können aber doch mit Gewinnen aus privaten Veräußerungsgeschäften des Vorjahres zurückgetragen oder auf entsprechende Gewinne des Folgejahres vorgetragen werden.

2.6.3.1.2 Ermittlung des zu versteuernden Einkommens

Das zu versteuernde Einkommen wird nach folgendem Schema ermittelt (R 2 Absatz 1 EStR):

1 Summen der Einkünfte aus den Einkunftsarten (§ 2 Abs. 3 Satz 2 EStG)

2 + Hinzurechnungsbetrag (§ 52 Abs. 3 Satz 3 EStG, § 8 Abs. 5 Satz 2 AIG

3 = Summe der Einkünfte (§ 2 Abs. 2 EStG)

4 – Altersentlastungsbetrag (§ 24a EStG)

5 Entlastungsbetrag für Alleinerziehende (§ 24b EStG)

6 – Freibetrag für Land- und Forstwirte (§ 13 Abs. 3 EStG)

7 = Gesamtbetrag der Einkünfte (§ 2 Abs. 3 Satz 1 EStG)

8 – Verlustabzug nach § 10d EStG

9 – Sonderausgaben (§§ 10a, 10b, 10c EStG)

10 – außergewöhnliche Belastungen (§§ 33 bis 33c EStG)

11 – Steuerbegünstigung der zu Wohnzwecken genutzten Wohnungen, Gebäude und Baudenkmale sowie der schutzwürdigen Kulturgüter (§§ 10e bis 10i EStG, 52 Abs. 21 Satz 6 EStG i.d.F. vom 16.04.1997; BGBl. I S. 821 und § 7 FördG)

12 + zuzurechnendes Einkommen gemäß § 15 Abs. 1 Außensteuergesetz

13 = Einkommen (§ 2 Abs. 4 EStG)

14 – Freibeträge für Kinder (§§ 31, 32 Abs. 6 EStG)

15 – Härteausgleich nach § 46 Abs. 3 EStG, § 70 EStDV

16 = zu versteuerndes Einkommen (§ 2 Abs. 5 EStG)

Die Einkommensteuer ist eine Jahressteuer, d. h. die Bemessungsgrundlage (zu versteuerndes Einkommen) ist nach Ablauf eines Kalenderjahres (= Veranlagungszeitraum) neu zu ermitteln.

Bei Einkünften aus Land- und Forstwirtschaft und bei Gewerbebetrieben mit abweichendem Wirtschaftsjahr sind der Veranlagungszeitraum und das Kalenderjahr nicht identisch. Ein abweichendes Wirtschaftsjahr ist nur im Einvernehmen mit dem Finanzamt wählbar.

2.6.3.1.3 Steuertarif der Einkommensteuer

Um die festzusetzende Einkommensteuer zu erhalten, d. h. den Betrag, den der Steuerpflichtige tatsächlich bezahlen muss, wird zunächst der Einkommensteuertarif gem. § 32 a EStG (Einkommensteuertabellen) auf die Bemessungsgrundlage angewendet.

Ob die Grundtabelle oder die Splittingtabelle zur Anwendung kommt, hängt von der Veranlagungsform ab. Bei Einzelpersonen (Ledigen) wird eine Einzelveranlagung durchgeführt (**Grundtabelle**). Werden mehrere Personen zusammen zur Einkommensteuer veranlagt (Ehegatten), so erfolgt eine Zusammenveranlagung (**Splittingtabelle**), wobei die Einkünfte der Partner addiert und anschließend halbiert werden. Die für jede Hälfte fällige Einkommensteuer wird anschließend verdoppelt. Im Ergebnis werden Ehepaare mit unterschiedlich hohen Einzeleinkünften geringer belastet als bei Einzelveranlagung. Unter besonderen Umständen (z. B. im Jahr der Heirat) kann eine getrennte oder besondere Veranlagung beantragt werden.

Bilden mehrere Personen eine Gemeinschaft (Praxisgemeinschaft, Sozietät, Erbengemeinschaft mit steuerpflichtigen Einkünften), so erfolgt zunächst eine einheitlich gesonderte **Feststellungserklärung**. Anhand dieser wird jedem Beteiligten sein Gewinn-/Verlustanteil an den Einkünften der Gemeinschaft zugewiesen.

Der **Grundtarif** nach der Grundtabelle für die Einkommensteuer ist wie folgt gegliedert (alle Angaben nach ESt-Tarif 2010):

Tarifzone 1	Grundfreibetrag bis 8.004 €
Tarifzone 2 + 3	Progressionszone, in der das Einkommen, das den Grundfreibetrag übersteigt, mit 14 % bis 42 % besteuert wird (Berechnung gemäß der Formel in § 32 a Abs. 1 EStG)
Tarifzone 4	Konstante Zone, in der das Einkommen ab 52.882 € gleichmäßig mit 42 % besteuert wird
Tarifzone 5	Ab 250.731 € (Ledige) bzw. 501.462 € (Ehepaare) wird jeder übersteigende Betrag mit 45% besteuert

Steuerfreie Einkommen werden nicht direkt besteuert. Allerdings finden sie indirekt Berücksichtigung bei der Ermittlung des Einkommensteuertarifs, indem sie der Steuerbemessungsgrundlage zunächst zugeschlagen werden zu dem Zweck, den hierfür gültigen (entsprechend höheren) Steuersatz zu errechnen. Dieser wird dann auf das tatsächlich zu versteuernde Einkommen angewendet. Dieses als **Progressionsvorbehalt** bezeichnete Verfahren wird mit **Lohnersatzleistungen** (z. B. Arbeitslosengeld, Krankengeld, Mutterschaftsgeld) und mit solchen **ausländischen** Einkünften, die aufgrund einer schon im Ausland vorgenommenen Besteuerung und bestehender **Doppelbesteuerungsabkommen** im Inland steuerfrei sind, praktiziert.

2.6.3.2 Körperschaftsteuer

Die Körperschaftsteuer (KSt) wird auch als die Einkommensteuer der Körperschaften bezeichnet, auch wenn die Einkommensbegriffe abweichend definiert sind.

Körperschaften im Sinne des § 1 Abs. 1 Körperschaftsteuergesetz (KStG) sind rechtsfähige und nicht rechtsfähige Gesellschaften, Personenvereinigungen und Vermögensmassen sowie Betriebe gewerblicher Art von juristischen Personen des öffentlichen Recht (z. B. GmbH, AG, Erwerbsgenossenschaften, Versicherungsvereine).

2.6.3.2.1 Steuerpflicht und Bemessungsgrundlage der Körperschaftsteuer

Die Körperschaftsteuer besteuert das Einkommen der Körperschaften. Ähnlich wie bei der Einkommensteuer unterscheidet der Gesetzgeber zwischen unbeschränkter und beschränkter Steuerpflicht. Voraussetzung für die **unbeschränkte Steuerpflicht** ist der Aufenthalt der Geschäftsleitung (Mittelpunkt der geschäftlichen Oberleitung) oder der Sitz des Unternehmens (festgelegt im Gesellschaftsvertrag oder in der Satzung) im Inland. Besteuert werden alle in- und ausländischen Einkünfte. Liegt kein inländischer Firmensitz oder keine inländische Geschäftsleitung vor, ist die Steuerpflicht auf die inländischen Einkünfte der Körperschaft beschränkt.

Steuerpflichtige ausländische Einnahmen können in Folge bestehender **Doppelbesteuerungsabkommen** bei Anwendung der Freistellungsmethode steuerfrei sein, oder die gezahlte Steuer wird bei der Anrechnungsmethode im Körperschaftsteuerermittlungsverfahren berücksichtigt.

Veranlagungszeitraum für die Körperschaftsteuer ist das Kalenderjahr (§ 7 Abs. 3 KStG). Die Körperschaftsteuer ist nach Ablauf des Kalenderjahres für dieses festzusetzen.

Bemessungsgrundlage für die Steuerberechnung ist das zu versteuernde Einkommen des abgelaufenen Kalenderjahres; somit ist das Kalenderjahr identisch mit dem Ermittlungszeitraum. Für buchführungspflichtige Körperschaften (Kaufleute nach §§ 1, 2 HGB), die ein abweichendes Wirtschaftsjahr vereinbart haben, gilt dieses als Ermittlungszeitraum für das zu versteuernde Einkommen (Bemessungsgrundlage), d. h. das Einkommen gilt als in dem Jahr bezogen, in dem das Wirtschaftsjahr endet.

Im Körperschaftsteuerrecht können grundsätzlich alle Einkunftsarten – mit Ausnahme der Einkünfte aus nichtselbstständiger Arbeit, die nur für natürliche Personen denkbar sind – vorkommen. Pausch- und Freibeträge der verschiedenen Einkunftsarten werden entsprechend berücksichtigt. Die Einkünfte von juristischen Personen, die nach HGB buchführungspflichtig sind, sind jedoch sämtlich als Einkünfte aus Gewerbebetrieb zu behandeln.

Das **zu versteuernde Einkommen** ist das Einkommen, vermindert um die **Freibeträge** nach §§ 24, 25 KStG. Gesellschaftliche Vermögensmehrungen (Einlagen der Gesellschafter) und gesellschaftliche Vermögensminderungen (Ausschüttungen, Kapitalrücklagen) dürfen das Einkommen nicht beeinflussen, d. h. sie haben keine Auswirkung auf den Gewinn/Verlust. Die erfolgsneutrale Behandlung erfolgt wie bei der Behandlung der Entnahmen und Einlagen beim Vermögensvergleich nach § 4 Abs. 1 EStG, der vor allem bei der Einkunftsermittlung zu körperschaftsteuerlichen Zwecken bei Einkünften aus Gewerbebetrieb durchgeführt wird. Bei den Körperschaften entsprechen die steuerlich nicht abziehbaren Aufwendungen (z. B. Körperschaftsteuer, 50% der Aufsichtsratsvergütungen, Umsatzsteuer auf Eigenverbrauch) den Entnahmen und werden dem Gewinn hinzugerechnet. Die steuerfreien Vermögensvermehrungen (z. B. Kapitalerhöhungen, Sanierungsgewinne, steuerfreie Zinsen) werden als Einlagen vom Gewinn abgezogen. Zu den Aufwendungen, die nach der Gewinnermittlung noch abzugsfähig sind, gehören Aufwendungen, wie Kosten der Ausgabe von Gesellschaftsanteilen oder Spenden.

Bei der Ermittlung des zu versteuernden Einkommens ist zwischen der Korrektur der Gewinnermittlung (§ 7 Abs. 1 KStG) und der Weiterentwicklung zum zu versteuernden Einkommen (Abschnitt 24 KStR) zu unterscheiden:

Korrektur der Gewinnermittlung:
1. Bilanzgewinn/-verlust
2. + verdeckte Gewinnausschüttungen, Ausschüttungen jeder Art (§ 8 Abs. 3 KStG)
3. + nichtabzugsfähige Aufwendungen gem. § 10 KStG
4. + anzurechnende KSt auf vereinnahmte Kapitalerträge
5. + Zuführungen zu den Rücklagen
6. – nicht steuerpflichtige Vermögensmehrungen
7. – Freibetrag nach § 16 Abs. 4 EStG

Unter einer **verdeckten Gewinnausschüttung** ist eine Vermögensminderung oder verhinderte Vermögensmehrung zu verstehen, die durch eine Zuwendung an einen beteiligten Gesellschafter zustande kommt, sich auf die Höhe des Einkommens auswirkt und in keinem Zusammenhang mit einer Ausschüttung steht (BFH-Urteil vom 7.12.1983).

Beispiele:

- *Unangemessen hohe Gehälter aus Dienstverhältnissen eines Gesellschafters;*
- *überhöhte Honorare für freie Dienstleistungen (z. B. Beratungen), die ein Gesellschafter für die Gesellschaft erbracht hat;*
- *unangemessene Zinsen für Ausleihungen von Gesellschaftern;*
- *unangemessen niedrige oder fehlende Zinsen für Ausleihungen an Gesellschafter;*
- *unangemessen hohe Preise für Lieferungen, die von gesellschaftereigenen Firmen bezogen wurden;*
- *unangemessen hohe Mieten für von einem Gesellschafter überlassene Gegenstände;*
- *zu mietgünstige oder mietfreie Überlassung von Gegenständen an Gesellschafter zur Miete.*

Eine bestimmte Mindestbeteiligung des Gesellschafters an der Gesellschaft muss nicht vorhanden sein. Die verdeckte Gewinnausschüttung muss dem Bilanzgewinn hinzugerechnet werden, ebenso wie nicht abzugsfähige Aufwendungen, damit sie in die Besteuerung einbezogen werden.

Die an die Gesellschafter ausgeschütteten Gewinnanteile, die aus dem Gewinn des vorangegangenen Wirtschaftsjahres stammen, bezeichnet man als **offene Gewinnausschüttung**. Die Ausschüttungen können auch aus früher erzielten und noch einbehaltenen Gewinnen erfolgen. Außerdem ist die Ausschüttung auf verbriefte und unverbriefte Genussrechte möglich, verbunden mit dem Recht auf Beteiligung am Gewinn und am Liquidationserlös.

Gewinn- und andere Ausschüttungen sind Einkommensverwendungen, die das zu versteuernde Einkommen einer Körperschaft nicht mindern dürfen. Die ausgeschütteten Gewinnanteile sind Einkünfte aus Kapitalvermögen bei den Gesellschaftern, sofern sich die Beteiligungen im Privatvermögen befinden, bzw. betriebliche Einkünfte, falls die Gesellschaftsanteile zu einem Betriebsvermögen gehören.

Es ergibt sich dieses Schema für die **Ermittlung des zu versteuernden Einkommens**:

1 Gewinn/Verlust lt. Steuerbilanz bzw. korrigierter Handelsbilanz
2 + Hinzurechnung von verdeckten Gewinnausschüttungen (§ 8 Abs. 3 Satz 2 KStG)
3 – Abzug von Gewinnerhöhungen im Zusammenhang mit bereits in vorangegangenen Veranlagungszeiträumen versteuerten verdeckten Gewinnausschüttungen
4 + Berichtigungsbetrag nach § 1 AStG
5 – Einlagen (§ 4 Abs. 1 Satz 5 EStG)
6 + nichtabziehbare Aufwendungen (z. B. § 10 KStG, § 4 Abs. 5 EStG, § 160 AO)
7 + Gesamtbetrag der Zuwendungen nach § 9 Abs. 1 Nr. 2 KSt

8 – Kürzungen/Hinzurechnungen nach § 8b KStG und § 3c Abs. 1 EStG
9 – sonstige inländische steuerfreie Einnahmen (z. B. Investitionszulagen)
10 – Korrekturen bei Organschaft im Sinne der §§ 14, 17 und 18 KStG
11 – Hinzurechnungen und Kürzungen bei ausländischen Einkünften
12 – Hinzurechnungen und Kürzungen bei Umwandlung
13 – Sonstige Hinzurechnungen und Kürzungen
14 = Steuerlicher Gewinn
15 – Abzugsfähige Zuwendungen nach § 9 Abs. 1 Nr. 2 KStG
16 – Bestimmte Zurechnungen des Einkommens von Organträgern/-gesellschaften
17 = Gesamtbetrag der Einkünfte
18 – Verlustabzug nach § 12 Abs. 3 Satz 2 bzw. § 15 Abs. 4 UmwStG
19 – Verlustabzug nach § 10d EStG
20 = Einkommen
21 – Freibetrag für bestimmte Körperschaften (§ 24 KStG)
22 – Freibetrag nach § 25 KStG
23 = zu versteuerndes Einkommen

2.6.3.2.2 Körperschaftsteuersatz

Mit Inkrafttreten des Steuersenkungsgesetzes (StSenkG) wurde der Steuersatz auf die einheitliche Höhe von 25 % festgesetzt, die bis 31.12.2007 galt. Seit 1.1.2008 beträgt der Körperschaftsteuersatz nur noch 15 %. Hinzu kommt der Solidaritätszuschlag von 5,5 %. Vor Inkrafttreten des StSenkG wurden ausgeschüttete und nicht ausgeschüttete (thesaurierte) Gewinne unterschiedlich besteuert; heute gilt der einheitliche Steuersatz unabhängig vom Kapitalverbleib.

2.6.3.2.3 Halbeinkünfteverfahren, Abgeltungsteuer und Teileinkünfteverfahren

Mit Inkrafttreten des StSenkG wurde für die Veranlagungszeiträume ab 2001 das seit 1977 gültige Anrechnungsverfahren abgeschafft und durch das so genannte **Halbeinkünfteverfahren** ersetzt. Dies bedeutet, dass Dividenden und steuerpflichtige Gewinne aus der Veräußerung von Kapitalbeteiligungen jenseits der Freigrenze des § 23 EStG nur mit dem halben Betrag der Einkommensteuer (und infolge dessen auch dem Solidaritätszuschlag) unterworfen werden. Damit wird eine Doppelbelastung ausgeschütteter Gewinne (bei der Kapitalgesellschaft mit Körperschaftsteuer und in der Privatsphäre des Anteilseigners mit Einkommensteuer) abgemildert. Die Anwendung des Halbeinkünfteverfahrens endete allerdings mit dem 31.12.2008: es wurde durch das nachfolgend beschriebene **Teileinkünfteverfahren** abgelöst.

Mit der Unternehmensteuerreform 2008 wurde die Einführung einer **Abgeltungsteuer** beschlossen, die ab 1.1.2009 mit 25 % zuzüglich Solidaritätszuschlag und Kirchensteuer (bis höchstens 28 %) auf Einkünfte aus Kapitalvermögen (mit Ausnahmen, auf die hier aber nicht eingegangen werden soll) und auf private Veräußerungsgewinne erhoben wird. Die betreffenden Einkünfte müssen dann nicht mehr der Einkommensteuer unterworfen werden, können aber freiwillig zur Einkommensteuer veranlagt werden. Dies lohnt, wenn der persönliche Steuersatz des Steuerschuldners geringer ist als der Abgeltungsteuersatz.

Dividenden, GmbH-Gewinnanteile und aus ihnen resultierende Veräußerungsgewinne fließen ab 1.1.2009 zu 60 % in den steuerpflichtigen Gewinn ein. Aus dem Halbeinkünfteverfahren wurde somit ein Teileinkünfteverfahren.

Seit 1.1.2009 werden **private** Kapitaleinkünfte mit einer Abgeltungssteuer belegt. Damit werden sowohl das oben geschilderte Halbeinkünfteverfahren als auch die bisherige Kapitalertragsteuer (die für Zeiträume bis 31.12.2008 als Quellensteuer direkt auf Erträge aus Kapitalvermögen erhoben wird und faktisch eine Einkommensteuervorauszahlung darstellt) abgelöst.

Die **Abgeltungssteuer** auf Zinsen, Dividenden, Erträge aus Investmentfonds und Zertifikaten in Höhe von 25 % zuzüglich Solidaritätszuschlag und ggf. Kirchensteuer (insgesamt max. 28 %) wird von den inländischen Kreditinstituten, bei denen die Kapitalanlage besteht, unmittelbar abgezogen und an die Finanzbehörden abgeführt. In Höhe des Sparer-Pauschbetrages von 801 € pro Person, der den bisherigen Sparerfreibetrag (bis 31.12.2008: 750 € pro Person) ablöste, können vom Anleger Freistellungsaufträge erteilt werden. Mit dem Abzug der Abgeltungssteuer entfällt die Pflicht zur Angabe der betreffenden Kapitalerträge in der Einkommensteuererklärung. Steuerpflichtige mit einem geringeren persönlichen Steuersatz können aber deren Einbeziehung in die Einkommensteuerveranlagung beantragen, damit ihre Kapitalerträge nur diesem geringeren Steuersatz unterworfen werden.

Der Abgeltungssteuersatz gilt nur, wenn der Anteilseigner eine natürliche Person ist, und auch dann nur, wenn es sich bei den Kapitalerträgen nicht um Gewinne aus der Veräußerung von Anteilen an Kapitalgesellschaften im Sinne des § 17 Abs. 1 EStG (d.h. wenn der Veräußerer innerhalb der letzten fünf Jahre am Kapital der Gesellschaft unmittelbar oder mittelbar zu mindestens 1 % beteiligt war) handelt. Bei Veräußerungsgewinnen ist die Abgeltungssteuer nur dann anwendbar, wenn die betreffenden Kapitalanlagen nach dem 31.12.2008 angeschafft wurden.

Erträge aus Beteiligungen an Kapitalgesellschaften, die Betriebsvermögen von Einzelunternehmungen oder Personengesellschaften darstellen, und daraus resultierende Veräußerungsgewinne unterliegen dem **Teileinkünfteverfahren** und sind ab 2009 zu 60 % in den steuerpflichtigen Gewinn einzubeziehen. Dementsprechend werden die mit diesen Erträgen korrespondierenden Werbungskosten gleichfalls zu 60 % abzugsfähig.

In den Fällen, in denen der Anteilseigner selbst eine Kapitalgesellschaft ist, gilt dagegen Steuerfreiheit gem. § 8b Abs. 1 KStG, das allerdings durch das pauschale Betriebsausgabenabzugsverbot von 5 % des Ausschüttungs-/Veräußerungsgewinnbetrages gemäß § 8b Abs. 5 KStG zu einer faktisch 95 %igen Steuerfreiheit relativiert wird.

2.6.3.3 Gewerbesteuer

2.6.3.3.1 Rolle des Finanzamts und der Gemeinde

Die Gewerbesteuer (GewSt) ist eine sach- oder objektbezogene Steuer, die den Gewerbebetrieb (Steuerobjekt) besteuert. Die Besteuerung erfolgt unabhängig von den persönlichen Verhältnissen des Unternehmers.

Sie ist eine **Gemeindesteuer**, deren Aufkommen eine bedeutende Einnahmequelle für die Gemeinden darstellt, sodass diese sehr daran interessiert sind, Gewerbebetriebe anzusiedeln. Für die Festsetzung und Erhebung sind grundsätzlich die Gemeinden zuständig.

Die **Finanzämter** sind bei der Festsetzung insofern beteiligt, als die Gewerbesteuermessbeträge von ihnen festgesetzt werden. Der Unternehmer reicht seine Gewerbesteuererklärung beim Finanzamt ein und erhält einen Gewerbesteuermessbetragsbescheid, der auch an die Gemeinden weitergeleitet wird. Von den Gemeinden wird daraufhin die Gewerbesteuer festgesetzt und erhoben; der Gewerbesteuerbescheid kommt von der Gemeinde. Für den Gewerbetreibenden (Steuerschuldner) war die Gewerbesteuer bis 31.12.2007 eine Betriebssteuer, die bei der Gewinnermittlung als Betriebsausgabe abgezogen werden konnte.

Mit der Unternehmenssteuerreform 2008 wurde die Abzugsfähigkeit der Gewerbesteuer als Betriebsausgabe abgeschafft. Damit ist für Zeiträume ab 2008 auch keine Rückstellung für Gewerbesteuer mehr zu bilden.

2.6.3.3.2 Gegenstand der Gewerbesteuer

Gegenstand der Besteuerung ist jeder im Inland betriebene Gewerbebetrieb. Dabei kann es sich auch nur um inländische Betriebsstätten handeln. Gehören mehrere Betriebsstätten (z. B. Filialen) zu einem Gewerbebetrieb, werden alle zusammen als ein Gewerbebetrieb besteuert. Wenn sich die Betriebsstätten in unterschiedlichen Gemeinden befinden, wird die Gewerbesteuer zwischen den entsprechenden Gemeinden aufgeteilt. Hat ein Unternehmer mehrere Betriebe, so ist jeder einzelne Betrieb ein Steuerobjekt.

Das Gewerbesteuergesetz unterscheidet zwischen stehendem Gewerbe und Reisegewerbe. Stehendes Gewerbe ist alles, was kein Reisegewerbe ist. Der Inhaber eines Reisegewerbes muss entweder eine Reisegewerbekarte oder einen Blindenwaren-Vertriebsausweis besitzen, um sein Gewerbe ausüben zu können. Die Unterscheidung ist dafür ausschlaggebend, welcher Gemeinde das Gewerbesteueraufkommen zusteht. Beim Reisegewerbe ist die Gemeinde hebeberechtigt, in der sich der Mittelpunkt der Tätigkeit befindet. Das stehende Gewerbe unterliegt in derjenigen Gemeinde der Gewerbesteuerpflicht, in der sich die Betriebsstätte befindet.

An das Vorliegen eines Gewerbebetriebes sind folgende **Voraussetzungen** geknüpft:

- Die Tätigkeit muss selbstständig ausgeübt werden;
- die Tätigkeit muss nachhaltig ausgeübt werden;
- es muss die Absicht zur Gewinnerzielung bestehen;
- der Betrieb beteiligt sich am allgemeinen wirtschaftlichen Verkehr;
- es handelt sich nicht um eine Land- oder Forstwirtschaft im Sinne des § 13 EStG;
- es handelt sich nicht um die Ausübung eines freien Berufes oder einer selbstständigen Arbeit im Sinne des § 18 EStG.

Fehlt bei einem **Einzelgewerbetreibenden** die Absicht zur Gewinnerzielung, liegt Liebhaberei vor. Das von ihm betriebene Gewerbe ist somit nicht gewerbesteuerpflichtig.

Die Gewerbesteuerpflicht beginnt und endet je nach Form des Gewerbebetriebs unterschiedlich. Bei Einzelgewerbetreibenden und Personengesellschaften sowie nicht rechtsfähigen und eingetragenen Vereinen beginnt die Steuerpflicht erst zu dem Zeitpunkt, an dem **alle** Tätigkeitsmerkmale erfüllt sind. Reine Vorbereitungshandlungen wie das Anmieten von Räumen oder eine Handelsregistereintragung begründen aber noch keine Steuerpflicht. Das Ende der Steuerpflicht besteht in der tatsächlichen Einstellung des Betriebs. Eine vorübergehende Unterbrechung (z. B. bei Saisonbetrieben) bedeutet nur, dass der Betrieb ruht, aber kein Ende der Steuerpflicht.

Mit Eintragung ins Handelsregister unterliegen **Kapitalgesellschaften** automatisch der Steuerpflicht. Wenn schon vor der Handelsregistereintragung Vorbereitungshandlungen vorgenommen wurden, sind auch diese bereits steuerpflichtig. Die Aufnahme einer Tätigkeit bedeutet in jedem Fall den Beginn der Steuerpflicht. Mit Einstellung jeglicher Tätigkeit der Kapitalgesellschaft, d. h. mit der Liquidation des Unternehmens und Verteilung des Liquidationserlöses an die Gesellschafter, endet die Steuerpflicht.

§ 3 GewStG führt die Betriebe auf, die von der Gewerbesteuer **befreit** sind. Hierzu gehören die Deutsche Bundesbank, die Deutsche Post AG, die staatlichen Lotterieunternehmen, Krankenhäuser, Alten- und Pflegeheime sowie bestimmte Betriebe der Hochsee- und Küstenfischerei.

2.6.3.3.3 Berechnung der Gewerbesteuer

Die Gewerbesteuer dient der Besteuerung des Gewerbeertrags. **Gewerbeertrag** ist nach § 7 GewStG der nach den Vorschriften des Einkommensteuergesetzes oder des Körperschaftsteuergesetzes zu ermittelnde Gewinn aus Gewerbebetrieb, modifiziert um Hinzurechnungen (§ 8 GewStG) und Kürzungen (§ 9 GewStG). Maßgebend ist nach § 10 GewStG der Gewerbeertrag, der in dem Erhebungszeitraum bezogen wird, für den der Steuermessbetrag festgesetzt wird.

Auf den Gewerbeertrag kommt – bei natürlichen Personen und Personengesellschaften nach Abzug eines **Freibetrages** von 24.500 € – eine Steuermesszahl (§ 11 GewStG) zur Anwendung, die dann zu einem Gewerbesteuermessbetrag führt, der von Finanzamt festgesetzt wird. Die Steuermesszahl beträgt seit 1.1.2008 3,5 % (zuvor 5 %). Für Zeiträume vor dem 1.1.2008 wurde der Messbetrag bei natürlichen Personen und Personengesellschaften durch Anwendung von gestaffelten Steuermesszahlen auf den Gewerbeertrag errechnet. Bis zu einem Betrag von 72.500 € (24.500 € Freibetrag, 4 · 12.000 € mit ermäßigten Messzahlen von 1 % bis 4 %, gestaffelt in Schritten zu je 12.000 €) ergab sich aus diesem Verfahren ein ermäßigter Steuermessbetrag. Mit der Unternehmenssteuerreform 2008 wurde diese Staffelung für Zeiträume ab 1.1.2008 abgeschafft.

Auf den Messbetrag werden die **Hebesätze** der Gemeinden angewendet, sodass sich die Gewerbesteuerschuld ergibt. Die Festsetzung und Erhebung der Gewerbesteuer erfolgt für das Kalenderjahr (Erhebungszeitraum). Der Gewerbeertrag wird dem Erhebungszeitraum zugerechnet, in dem er zufließt. Bei einem abweichenden Wirtschaftsjahr wird der Gewerbeertag dem Erhebungszeitraum zugeordnet, in dem das abweichende Wirtschaftsjahr endet.

Den maßgeblichen Gewerbeertrag ermittelt man nach folgendem Schema:

  Gewinn aus Gewerbebetrieb (nach Vorschriften des EStG oder KStG)
\+ Hinzurechnungen (§ 8 GewStG)
– Kürzungen (§ 9 GewStG)
– Gewerbeverlust aus Vorjahren (§ 10 a GewStG)

= **Gewerbeertrag** (abzurunden auf volle 50)
– Freibetrag beim Gewerbeertrag (§ 11 Abs. 1 GewStG)

= **verbleibender** Betrag
x Steuermesszahl nach dem Gewerbeertrag (§ 11 GewStG)

= **Steuermessbetrag** nach dem Gewerbeertrag

Für Zwecke der Gewerbesteuer werden einige **Hinzurechnungen** und **Kürzungen** vorgenommen, durch die der Gewinn zu einem objektiven Ertrag werden soll, unabhängig von der Person des Unternehmers.

Hinzugerechnet werden nur Beträge, die im Zuge der Gewinnermittlung bereits abgezogen wurden. Dies sind insbesondere (gem. § 8 GewStG, Rechtsstand nach Unternehmenssteuerreform 2008):

- Ein Viertel der Summe aus
  - Entgelten für Schulden,
  - Renten und dauernden Lasten (ohne Pensionsverpflichtungen),
  - Gewinnanteilen des stillen Gesellschafters,
  - einem Fünftel der Miet- und Pachtzinsen einschließlich Leasingraten für die Benutzung von beweglichen Wirtschaftsgütern des Anlagevermögens, die im Eigentum eines anderen stehen,

  - dreizehn Zwanzigstel der Miet- und Pachtzinsen einschließlich Leasingraten für die Benutzung der unbeweglichen Wirtschaftsgüter des Anlagevermögens, die im Eigentum eines anderen stehen,
  - einem Viertel der Aufwendungen für die zeitlich befristete Überlassung von Rechten,

  soweit die Summe den Betrag von 100.000 € übersteigt

- bestimmte Gewinnanteile und Verlustanteile gem. § 8 Nrn. 4, 5 und 8 GewStG,
- und weitere, zuvor gewinnmindernd berücksichtigte Beträge gem. § 8 Nrn. 9–12 GewStG.

Kürzungen erfährt die Summe aus Gewinn und Hinzurechnungen z. B. durch 1,2 % des gem. § 121a BewG zu 140 % angesetzten Einheitswerts des Grundbesitzes im Betriebsvermögen (§ 9 Nr. 1 GewStG), sofern dieser nicht von der Grundsteuer befreit ist.

Freibetrag für natürliche Personen und Personengesellschaften

Von dem abgerundeten Gewerbeertrag wird bei natürlichen Personen und Personengesellschaften nun ein Freibetrag in Höhe von 24.500 € abgezogen, bevor auf ihn die Steuermesszahl für den Gewerbeertrag angewendet wird, sodass man den Steuermessbetrag erhält. Die Steuermesszahl beträgt 3,5 %.

Mit der Senkung der Messzahl von zuvor 5 % wurde die zuvor beschriebene Staffelung, die ebenfalls nur für natürliche Personen und Personengesellschaften galt, abgeschafft.

Für Kapitalgesellschaften gibt es keinen Freibetrag.

Steuermessbetrag und Hebesatz

Dieser Steuermessbetrag wird von den Betriebsstättenfinanzämtern veranlagt und der jeweiligen Gemeinde mitgeteilt. Diese wendet ihren Hebesatz an und ermittelt so die Steuerschuld. Die einzelnen Hebesätze variieren stark. Vor Inkrafttreten des **Steuervergünstigungsabbaugesetzes** (StVergAbG) war eine »Steueroase« wie die schleswig-holsteinische Gemeinde Norderfriedrichskoog mit einem Hebesatz von 0 noch möglich; nunmehr aber gilt, dass Mutterunternehmen der Gewerbesteuermessbetrag der Tochterkapitalgesellschaft zugerechnet (und somit einer Besteuerung zugeführt) wird, wenn deren Sitzgemeinde den Gewerbesteuer-Hebesatz von 200 Prozent unterschreitet. Personengesellschaften und Einzelunternehmen in Gemeinden mit einem Hebesatz von unter 200 % wird die Anrechnung der Gewerbesteuer auf die Einkommensteuer gem. § 35 EStG versagt.

Derart niedrige Hebesätze sind allerdings die Ausnahme, wie die nachstehende Übersicht zur Gewerbesteuer (Stand: 1.1.2008) zeigt:

Plön	350 %
Duderstadt	360 %
Erfurt	400 %
Berlin	410 %
Gießen, Stuttgart	420 %
Kiel	430 %
Düsseldorf	445 %
Köln	450 %
Frankfurt a.M.	460 %
Hamburg	470 %
München	490 %

2.6.3.3.4 Gewerbesteuerrückstellung nach der 5/6 -Methode (bis 31.12.2007)

Solange die Gewerbesteuer als Betriebsausgabe bei der Gewinnermittlung abzugsfähig war, konnten Gewerbetreibende, die einen Vermögensvergleich durchführen, nicht nur bereits gezahlte Gewerbesteuervorauszahlungen als Betriebsausgabe abziehen oder rückständige Vorauszahlungen als Schuld ansetzen, sondern mussten auch eine zu erwartende Abschlusszahlung in der Schlussbilanz berücksichtigen. Gemäß den Grundsätzen ordnungsmäßiger Buchführung bestand in der Regel **Passivierungspflicht**.

Die Berechnung der Gewerbesteuerrückstellung war insofern schwierig, als von einem vorläufigen Gewinn auszugehen war, dem die bereits getätigten Gewerbesteuervorauszahlungen hinzugerechnet wurden, und eine Gewerbesteuerberechnung im Voraus vorgenommen wurde.

Aus Vereinfachungsgründen konnten $^5/_6$ der vorläufigen Gewerbesteuerschuld angesetzt werden, wobei die Gewerbesteuer noch nicht als Betriebsausgabe behandelt wurde:

	Vorläufiger Gewinn aus Gewerbebetrieb
+	Gewerbesteuervorauszahlungen
=	Gewinn ohne Berücksichtigung der Gewerbesteuer
+	Hinzurechnungen (§ 8 GewStG)
–	Kürzungen (§ 9 GewStG)
–	Gewerbeverlust (§ 10 a GewStG)
=	Gewerbeertrag ohne Berücksichtigung der Gewerbesteuer
–	Freibetrag (§ 11 Abs. a GewStG)
=	verbleibender Betrag (abgerundet)
x	Steuermesszahl nach dem Gewerbeertrag
=	Gewerbesteuermessbetrag nach dem Gewerbeertrag
x	Hebesatz der Gemeinde
=	vorläufige Gewerbesteuer
	davon $^5/_6$
–	Gewerbesteuervorauszahlungen
=	**Gewerbesteuerrückstellung (bis 31.12.2007)**

2.6.3.3.5 Anrechnung der Gewerbesteuer auf die Einkommensteuer der Personengesellschaften

Der Gewerbetreibende als **Steuerschuldner** konnte die Gewerbesteuer für Zeiträume vor dem 1.1.2008 als Betriebsausgabe abziehen. Aus dieser Abzugsfähigkeit von der eigenen Bemessungsgrundlage resultierten die oben gezeigten komplizierte In-Sich-Berechnungen. Für Zeiträume ab dem 1.1.2008 wurde im Zuge der Unternehmenssteuerreform 2008 der Betriebsausgabenabzug für die Gewerbesteuer abgeschafft. Die gezahlte Gewerbesteuer kann (bis 31.12.2007 mit dem 1,8fachen, ab 1.1.2008 mit dem 3,8 fachen des Gewerbesteuermessbetrages) auf die Einkommensteuer angerechnet werden. Bis zu einem Hebesatz von 380 % ist die Belastungswirkung der Gewerbesteuer hierdurch eliminiert.

Wie bereits erwähnt, findet eine Anrechnung auf die Einkommensteuer nach dem StVergAbG jedoch nicht statt, wenn der gemeindliche Hebesatz 200% nicht erreicht.

2.6.3.4 Umsatzsteuer

Die Umsatzsteuer ist eine sach- oder objektbezogene Steuer. Sie besteuert den Umstand, dass eine **Leistung** ausgeführt wird, d. h. einen Abnehmer (unabhängig von seiner Person) gefunden hat.

Sie zählt zu den **Verkehrsteuern**, da wirtschaftliche Verkehrsvorgänge (z. B. Verkauf von Ware, Ausführen einer Dienstleistung) besteuert werden (mit Ausnahme der Einfuhrumsatzsteuer, die im Sinne der Abgabenordnung eine **Verbrauchsteuer** darstellt).

Das Aufkommen der Umsatzsteuer steht dem Bund mit einem Vorweg-Anteil von 5,63 %, den Gemeinden (2,2 % vom Rest), Bund und Ländern (restlicher Betrag im Verhältnis 49,6:50,4, jedoch sind dabei noch bestimmte Festbeträge als Ab- und Zuzüge zu berücksichtigen) als **Gemeinschaftsteuer** gemeinsam zu. Verwaltet wird sie durch die Länder, entweder in eigener Sache oder im Auftrag des Bundes. Die Steuererhebung erfolgt durch die Finanzämter, in deren Amtsbezirken die Unternehmer ihre Umsätze überwiegend ausführen. Ausnahme ist die Einfuhrumsatzsteuer, die in den Zuständigkeitsbereich der Zollverwaltung fällt.

2.6.3.4.1 Systematik der Umsatzbesteuerung

Die Besteuerung erfolgt **indirekt**, da der ausführende Unternehmer zwar Steuerschuldner, aber nicht Steuerdestinatar ist. Die von dem Unternehmer zu zahlende Umsatzsteuer für eine von ihm ausgeführte Leistung (z. B. Verkauf von Mehl) kann er bei der Preisgestaltung auf den Kunden abwälzen. Ist der abnehmende Kunde Unternehmer (z. B. Bäcker) und führt wiederum eine Leistung aus (Verkauf von Brötchen), kann er wiederum die für seine Leistung zu entrichtende Umsatzsteuer auf seine Kunden (Endverbraucher) abwälzen.

Dem Endverbraucher ist so etwas nicht möglich: daher ist er letztlich wirtschaftlicher Träger der Umsatzsteuer (»Steuerdestinatar«). Der Unternehmer dagegen ist dazu berechtigt, die von ihm gezahlte Umsatzsteuer auf Leistungen anderer Unternehmer (z. B. Umsatzsteuer, die auf dem vom Bäcker gekauften Mehl lastet) als Vorsteuer zurückzubekommen.

2.6.3.4.2 Grundbegriffe des Umsatzsteuerrechts

Unternehmer gem. § 2 UStG ist, wer eine gewerbliche oder berufliche Tätigkeit selbstständig zur Erzielung von Einnahmen ausübt. Dies muss nachhaltig, d. h. mit Wiederholungsabsicht, erfolgen. Die Gewinnerzielungsabsicht kann, im Gegensatz zur Einkommen- und Gewerbesteuer, bei der Umsatzsteuer fehlen. Als Unternehmer kommen natürliche Personen, juristische Personen und nicht rechtsfähige Personenzusammenschlüsse in Betracht, die selbstständig handeln, d. h. rechtlich unabhängig tätig werden.

Nur Unternehmer können steuerbare Leistungen bewirken, und nur sie sind vorsteuerabzugsberechtigt. Dabei unterliegen nur Leistungen dem Umsatzsteuerrecht, die ein Unternehmer im Rahmen seines Unternehmens und in seiner Eigenschaft als Unternehmer ausführt. Gewerbetreibende, Freiberufler (z. B. Ärzte und Anwälte) sowie Vermieter sind Unternehmer in diesem Sinne.

Als **Inland** bezeichnet das Umsatzsteuergesetz das Gebiet der Bundesrepublik Deutschland ohne die Zollausschlüsse (Hoheitsgebiete, die einem ausländischem Zollgebiet angeschlossen sind, z. B. Büsingen) und ohne die Zollfreigebiete (gehören weder zum Inland noch zu anderen Zollgebieten, z. B. Helgoland, Freihäfen Hamburg, Emden, etc.). Außerdem muss es sich bei der ausgeführten Leistung um einen Leistungsaustausch handeln, d. h. Leistung und Gegenleistung müssen vorliegen. Die Gegenleistung wird im Normalfall in Form eines vereinbarten Entgelts erbracht, z. B. durch Zahlen des Kaufpreises. Das Entgelt begründet so auf der einen Seite die Steuerbarkeit, auf der anderen Seite ist es die Bemessungsgrundlage für die Umsatzsteuer.

Das **Gemeinschaftsgebiet** umfasst nach § 1 Abs. 2a UStG das Inland und die Gebiete der übrigen Mitgliedstaaten der Europäischen Gemeinschaft, die nach dem Gemeinschaftsrecht als Inland dieser Mitgliedstaaten gelten. Das Fürstentum Monaco gilt als Gebiet der Französischen Republik, die Insel Man gilt als Gebiet des Vereinigten Königreichs Großbritannien und Nordirland. Drittlandgebiet ist schließlich das Gebiet, das nicht Gemeinschaftsgebiet ist.

2.6.3.4.3 Steuergegenstand

Gegenstand der Besteuerung ist der Umsatz (Leistungsaustausch), an den der Gesetzgeber in § 1 Abs. 1 Nr. 1–5 UStG folgende **Steuertatbestände** knüpft bzw. der aus folgenden Vorgängen bestehen kann:

- Lieferungen und sonstige Leistungen,
- gleichgestellte Leistungen,
- Einfuhr,
- innergemeinschaftlicher Erwerb.

Lieferung und sonstige Leistung

Eine **Lieferung** besteht darin, dass dem Lieferungsempfänger die Verfügungsmacht an einem Gegenstand verschafft wird. **Sonstige Leistungen** sind Leistungen, die keine Lieferungen sind. Sie können auch im Unterlassen oder Dulden einer Handlung oder eines Zustands bestehen. Lieferung und sonstige Leistung werden auch unter dem Oberbegriff **Leistung** zusammengefasst. Die Leistung muss einheitlich und selbstständig sein, wobei eine Unterscheidung in Hauptleistung und unselbstständige Nebenleistung möglich ist.

Beispiel:

Besteht die Leistung in der Lieferung von Tomaten, so sind die Tomaten die Hauptleistung, die Verpackung aus Transportgründen die unselbstständige Nebenleistung, die das Schicksal der Hauptleistung teilt (bzgl. Leistungsart, Steuersatz, Steuerbefreiungen).

Weiterhin muss die Leistung von einem Unternehmer im Rahmen seines Unternehmens im Inland gegen Entgelt ausgeführt worden sein.

Spezielle Lieferungen oder sonstige Leistungen werden z. B. in der Bauwirtschaft erbracht. Rechtlich liegt einer Bauleistung in der Regel ein Werkvertrag oder ein Werklieferungsvertrag zugrunde. Daher unterscheidet auch das Umsatzsteuerrecht zwischen Werklieferung und Werkleistung.

Eine **Werklieferung** ist gegeben, wenn der Unternehmer ein bestelltes Werk unter Verwendung selbst beschaffter Hauptstoffe erstellt (§ 3 Abs. 4 UStG), eine **Werkleistung**, wenn keine Hauptstoffe verwendet (Aushub der Baugrube) oder diese vom Bauherren gestellt werden. Wie Werklieferungen oder Werkleistungen werden auch Teilleistungen behandelt, für die das Entgelt gesondert vereinbart und abgerechnet wird. Allerdings muss die Leistung, wirtschaftlich betrachtet, auch teilbar sein und in Teilen geschuldet werden.

Nach § 1 Abs. 1a UStG wird klargestellt, dass Umsätze im Rahmen einer Geschäftsveräußerung an einen anderen Unternehmer für dessen Unternehmen nicht der Umsatzsteuer unterliegen. Eine Geschäftsveräußerung liegt vor, wenn ein Unternehmen oder ein in der Gliederung eines Unternehmens gesondert geführter Betrieb im ganzen entgeltlich oder unentgeltlich übereignet oder in eine Gesellschaft eingebracht wird.

Gleichgestellte Leistungen

Einer Lieferung gegen Entgelt nach § 3 Abs. 1b UStG sind gleichgestellt:

- Die Entnahme eines Gegenstandes durch einen Unternehmer aus seinem Unternehmen für Zwecke, die außerhalb seines Unternehmens liegen;
- die unentgeltliche Zuwendung eines Gegenstandes, durch einen Unternehmer an sein Personal für dessen privaten Bedarf (Ausnahme: Aufmerksamkeiten);
- jede andere unentgeltliche Zuwendung, ausgenommen Geschenke von geringem Wert (z. B. Werbegeschenke) und Warenmuster für Zwecke des Unternehmens;

Voraussetzung ist, dass der Gegenstand oder seine Bestandteile zum vollen oder teilweisen Vorsteuerabzug berechtigt haben.

Eine ähnliche Gleichstellungsregel findet sich für sonstige Leistungen in der Vorschrift des § 3 Abs. 9a UStG, wonach einer sonstigen Leistung gegen Entgelt gleichgestellt werden:

- Die Verwendung eines dem Unternehmen zugeordneten Gegenstandes, die zum vollen oder teilweisen Vorsteuerabzug berechtigt hat, durch eine Unternehmer für Zwecke, die außerhalb seines Unternehmens liegen, oder für den privaten Bedarf seines Personals (Ausnahme: Aufmerksamkeiten);
- die unentgeltliche Erbringung einer anderen sonstigen Leistung durch den Unternehmer für Zwecke, die außerhalb seines Unternehmens liegen, oder für den privaten Bedarf seines Personals (Ausnahme: Aufmerksamkeiten).

Einfuhr

Der Steuertatbestand der Einfuhr liegt vor, wenn Gegenstände aus **Drittländern** ins Inland eingeführt werden. Die Einfuhr löst Einfuhrumsatzsteuer aus, die durch die Zollverwaltung erhoben und verwaltet wird.

Innergemeinschaftlicher Erwerb

Mit Inkrafttreten des **Umsatzsteuer-Binnenmarktgesetzes** zum 1.1.1993 wurde der innergemeinschaftliche Erwerb als neuer Steuertatbestand für den gewerblichen Warenverkehr eingeführt. Die Warenlieferung muss von einem Unternehmer (im Rahmen seines Unternehmens) an einen anderen Unternehmer in einem anderen Mitgliedsstaat (Bestimmungsland) erfolgen. Jeder Unternehmer, der sich am innergemeinschaftlichen Warenverkehr beteiligt , erhält eine länderspezifische **Umsatzsteueridentifikationsnummer**, die er im Zusammenhang mit allen innergemeinschaftlichen Warenlieferungen an andere Unternehmer angeben muss. Der Steuertatbestand der innergemeinschaftlichen Einfuhr im Handelsverkehr ist damit aufgehoben. Der ausführende Unternehmer im Ursprungsland wird von der Besteuerung befreit, d. h. Steuerpflichtiger ist der Erwerber im Bestimmungsland. Die Durchfuhr durch die Mitgliedsstaaten stellt keinen innergemeinschaftlichen Erwerb dar.

2.6.3.4.4 Steuerbarkeit und Steuerpflicht

Werden die aufgeführten Steuertatbestände erfüllt, so sind die Umsätze steuerbar, d. h. das Umsatzsteuergesetz ist anwendbar. Fehlt einer der gesetzlichen Tatbestände, so ist der Umsatz nicht steuerbar, da das Umsatzsteuergesetz nicht zur Anwendung kommen kann. Dies ist z. B. der Fall, wenn die Leistung nicht im Inland ausgeführt wird oder keine Gegenleistung vorhanden ist, wie etwa bei Schadensersatzleistungen (z. B. Versicherungszahlungen).

Steuerbarkeit bedeutet aber noch nicht, dass der Umsatz auch tatsächlich Umsatzsteuer auslöst. Damit Umsatzsteuer erhoben werden kann, muss der Umsatz **steuerbar** und **steuerpflichtig** sein und nicht unter eine der Steuerbefreiungen im Umsatzsteuergesetz fallen.

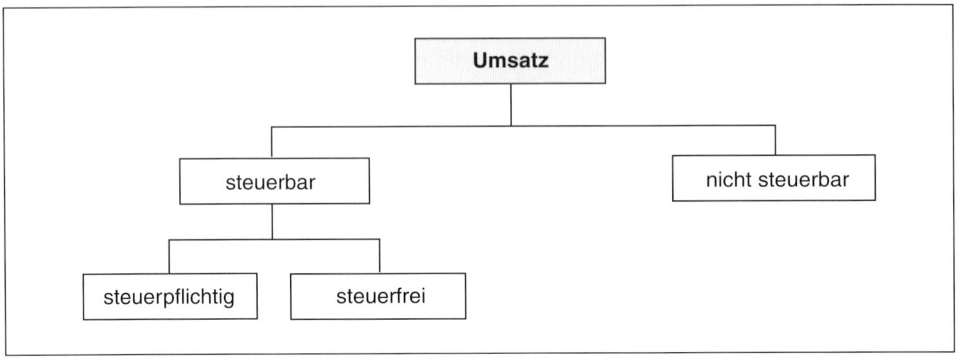

Steuerbarkeit und Steuerpflicht

Eine Leistung ist also steuerbar, wenn sie von einem Unternehmer im Rahmen seines Unternehmens im Inland gegen Entgelt ausgeführt wird, und sie ist steuerpflichtig, soweit keine Befreiungsvorschrift besteht.

Der **Ort der Leistung** hängt von der Art der Leistung ab. Ort der Lieferung ist grundsätzlich der Ort, an dem die Verfügungsmacht über den Gegenstand der Lieferung vom Lieferanten auf den Abnehmer übergeht. Bei einer Abhollieferung geschieht dies am Ort der Übergabe, der meist mit dem Sitz des leistenden Unternehmers übereinstimmt. Wird zwischen Verkäufer (leistender Unternehmer) und Käufer (Abnehmer) noch ein Dritter (z. B. Spediteur) geschaltet oder wird im Auftrag des Käufers an einen Dritten geliefert, so bestimmt sich der Ort der Leistung nach der vereinbarten Lieferungsart. Eine Versendungs- oder Beförderungslieferung gilt dort ausgeführt, wo der Gegenstand der Lieferung dem Transporteur übergeben wird oder die Beförderung beginnt. Versendung bedeutet, dass der Lieferant den Gegenstand durch einen selbstständigen Beauftragten versendet, Beförderung, dass der liefernde Unternehmer selbst bzw. sein unselbstständiger Erfüllungsgehilfe den Liefergegenstand zum Abnehmer oder einem Dritten transportiert.

Bei einer sonstigen Leistung ist der **Ort der Ausführung** (Ort der sonstigen Leistung) nicht so einfach zu bestimmen. Nach dem Grundsatz des § 3a Abs. 1 UStG ist eine sonstige Leistung da ausgeführt, wo der leistende Unternehmer sein Unternehmen betreibt. Wurde die Leistung in einer Betriebsstätte des Unternehmens ausgeführt, also nicht im Sitz des Unternehmens, ist der Belegenheitsort (Ort der Betriebsstätte) der Ort der Ausführung. Zahlreiche Ausnahmen werden in den § 3a Abs. 2 und 3b UStG aufgeführt. Grundstücksbezogene Leistungen werden am Lageort des Grundstücks erbracht. Bei verschiedenen unternehmerischen Tätigkeiten (z. B. Beratung, Unterhaltungskunst etc.) gilt die Leistung am Tätigkeitsort oder am Erfüllungsort als ausgeführt. Vermittlungsleistungen kommen dort zur Ausführung, wo die vermittelte Leistung durchgeführt wird.

Exkurs: Elektronische Dienstleistungen

Eine besondere Schwierigkeit stellt die Bestimmung des Leistungsortes bei elektronischen Dienstleistungen dar: Was gilt als Ort der Leistung bei einer im Internet heruntergeladenen Software? Hierzu erging auf europäischer Ebene die sog. **E-Commerce-Richtlinie**, genauer »die Richtlinie 2002/38/EG des Rates zur Änderung und vorübergehenden Änderung der Richtlinie 77/388/EWG bezüglich der mehrwertsteuerlichen Behandlung der Rundfunk- und Fernsehdienstleistungen sowie bestimmter elektronisch erbrachter Dienstleistungen (ABl EG 2002 Nr. L 128 S. 41)«, die mit dem Gesetz zum Abbau von Steuervergünstigungen und Ausnahmeregelungen (StVergAbG) in deutsches Recht umgesetzt wurde. Damit sollen gleiche Wettbewerbsbedingungen für Unternehmer geschaffen werden, die aus der EU oder aus Drittländern elektronische Dienstleistungen anbieten. Dazu gehört, dass Unternehmer in der EU, die elektronische Dienstleistungen gegenüber Drittlandsunternehmern erbringen, von der EU-Umsatzsteuer entlastet werden. Werden solche Leistungen aus einem Drittland bezogen, muss sichergestellt sein, dass auch hier Umsatzsteuer erhoben wird. Das gilt sowohl für elektronische Dienstleistungen als auch Rundfunk- und Fernsehdienstleistungen.

Zu den elektronischen Dienstleistungen zählen z. B.:

- Bereitstellung von Websites, Webhosting, Fernwartung von Hard- und Software;
- Bereitstellung von Software und deren Aktualisierung;
- Bereitstellung von Bildern, Texten, Informationen (Datenbanken);
- Bereitstellung von Musik, Filmen, Spielen, Sendungen und Veranstaltungen;
- Fernunterrichtsleistungen.

Die E-Commerce-Richtlinie regelt demnach nur **Leistungen**, die auf elektronischem Wege erbracht werden. Bei Leistungen, die über das Internet nur **vermittelt** werden (z. B. Buchbestellungen), gelten die allgemeinen Vorschriften des Umsatzsteuerrechts. Ebenso wird die Übermittlung eines Gutachtens per E-Mail nicht durch den Übertragungsweg zu einer elektronischen Dienstleistung.

Bei der Bestimmung des Leistungsortes wird auf den Wohnort des Abnehmers abgestellt, an dem der Verbrauch der Leistung angenommen wird.

Dabei kann man folgende Fallgruppen zusammenfassen:

Leistender	**Empfänger**	**Ergebnis**
EU-Unternehmer	Drittland	keine USt
EU-Unternehmer	EU-Unternehmer	USt im EU-Land des Empfängers (Sitz)*
EU-Unternehmer	EU-Privatperson	USt im EU-Land des Leistenden (Sitz)
Drittlandsunternehmer	EU-Unternehmer	USt im EU-Land des Empfängers (Sitz)*
Drittlandsunternehmer	EU-Privatperson	USt im EU-Land des Empfängers (Wohnsitz)

* Hier wird die Steuerschuldnerschaft auf den Leistungsempfänger verlagert, sodass den leistenden Unternehmer im Bestimmungsland keine umsatzsteuerlichen Pflichten treffen.

Spezielle Probleme ergeben sich, wenn ein Drittlandsunternehmer Internetdienstleistungen an verschiedene Privatpersonen in mehreren EU-Ländern erbringt. Hier kommt ihm die EU-Richtlinie mit einer Vereinfachung entgegen: denn er kann sich in einem EU-Land seiner Wahl, dem sog. **Identifizierungsmitgliedstaat**, umsatzsteuerlich anmelden. Hier muss er seine Umsatzsteueranmeldungen abgeben und seine Steuerschuld entrichten.

Das heißt nun nicht, dass sich der Unternehmer das Land mit dem günstigsten USt-Satz aussuchen darf. Die Richtlinie bestimmt, dass stets der Steuersatz des Landes gilt, in dem der private Leistungsempfänger ansässig ist. Entsprechend muss der leistende Unternehmer seine Umsätze nach Ländern gesondert melden. Der Identifizierungsmitgliedstaat verteilt dann die vereinnahmte Umsatzsteuer an die betreffenden Mitgliedstaaten weiter (**Revenue-Sharing-System**).

2.6.3.4.5 Steuerbefreiungen

Nur steuerbare Leistungen können von der gesetzlichen Umsatzsteuerpflicht befreit werden. Um dem Prinzip der einheitlichen Leistung gerecht zu werden, gelten die Steuerbefreiungen gegebenenfalls für die Haupt- und die unselbstständige Nebenleistung und den zugehörigen Eigenverbrauch. Die Steuerbefreiungen lassen sich wie folgt unterteilen:

- Steuerbefreiungen mit Vorsteuerabzug,
- Steuerbefreiungen mit Optionsrecht,
- Option mit Vorsteuerabzug,
- Option ohne Vorsteuerabzug,
- Steuerbefreiungen ohne Vorsteuerabzug.

Bei den **steuerbefreiten Umsätzen mit Vorsteuerabzug** muss der Unternehmer keine Umsatzsteuer für die von ihm ausgeführten Umsätze abführen, darf aber die ihm von anderen Unternehmern in Rechnung gestellte Umsatzsteuer als Vorsteuer beim Finanzamt geltend machen. Führt er nur derartige Umsätze aus, bekommt er die Vorsteuer vom Finanzamt ganz erstattet, hat er noch steuerpflichtige Umsätze, so erfolgt eine Verrechnung der zu erstattenden Vorsteuer mit der abzuführenden Umsatzsteuer (Vorsteuerabzug). Zu dieser Steuerbefreiung gehören die im § 4 Nr. 1–7 UStG aufgeführten Umsätze (z. B. Umsätze der See- und Luftschifffahrt, Ausfuhrlieferungen). Bei den Ausfuhrlieferungen muss zwischen Exporten in Drittländer und in EG-Mitgliedsstaaten unterschieden werden. Exporte in Drittländer müssen mit Ausfuhrnachweis an einen ausländischen Unternehmer (ohne Sitz im Inland) in das Drittlandsgebiet gelangen. Die innergemeinschaftlichen Lieferungen sind für den Lieferanten steuerbefreit, d. h. die Besteuerung erfolgt nach dem **Bestimmungslandprinzip** beim Abnehmer. Ausgenommen ist der innergemeinschaftliche nicht kommerzielle Reiseverkehr (Reise als Privatmann), bei dem die erworbenen Waren (Lieferung) im Ursprungsland besteuert werden. Beim kommerziellen Reiseverkehr gelten wiederum die Vorschriften des innergemeinschaftlichen Erwerbs, also das schon erwähnte Bestimmungslandprinzip.

Bei anderen steuerfreien Umsätzen kann ein Vorsteuerabzug nicht erfolgen (§ 4 Nr. 8 ff i. V. m. § 15 Abs. 2 UStG). Hierunter fallen vor allem die Umsätze mit Versicherungsleistungen, aus der Tätigkeit als Bausparkassenvertreter/Versicherungsvertreter/Versicherungsmakler und aus heilberuflichen Tätigkeiten (z. B. Arzt).

Das **Optionsrecht** besteht auf der Seite des leistenden Unternehmers, der, indem er die Option ausübt, auf die Steuerbefreiung verzichtet. Die von ihm getätigten Umsätze werden also als normal steuerpflichtig behandelt. Der Verzicht kann ohne einen speziellen Antrag erfolgen. Möglich ist er jedoch nur bezüglich der Umsätze, die an einen anderen Unternehmer für dessen Unternehmen ausgeführt werden. Eine bestimmte Bindungsdauer gibt es für den Unternehmer nicht.

Die Wahrnehmung des Optionsrechts erfolgt häufig unter wirtschaftlichen Gesichtspunkten; denn es wird die Berechtigung zum Vorsteuerabzug angestrebt, der zum Teil erhebliche wirtschaftliche Vorteile mit sich bringt. Weiterhin ist der Unternehmer durch die Option dazu berechtigt, Rechnungen im Sinne des § 14 UStG auszustellen, was beim empfangenden Unternehmer auch wiederum den Vorsteuerabzug auslösen kann.

Die Möglichkeit zur Option besteht für folgende Umsätze:

- Finanzumsätze (Geld- und Kapitalverkehr),
- Grundstücksumsätze (Vermietung und Verpachtung),
- Umsätze von Blinden (Blindenwerkstätten).

Beschränkungen der Optionsmöglichkeit bei den aufgeführten Umsätzen bestehen insofern, dass z. B. bei einem Grundstückserwerb, der zunächst grundsätzlich steuerfrei nach § 4 Nr. 9a UStG ist, Verkäufer und Käufer Unternehmer sind und das Grundstück zu dem

Unternehmen des Käufers gehört (ganz oder größtenteils). Bei den Vermietungen ist nach kurzer und langer Frist zu unterscheiden. Kurzfristige Vermietungen (z. B. Pensionen) sind steuerpflichtig, langfristige sind steuerfrei, und es besteht dabei unter bestimmten Voraussetzungen des Recht zu optieren. Die Vermietung muss an einen Unternehmer zu unternehmerischen Zwecken erfolgen (gewerbliche Vermietung), damit das Optionsrecht genutzt werden kann. Vermietung von Wohnraum ist grundsätzlich steuerfrei, und es kann nicht optiert werden.

2.6.3.4.6 Soll- und Ist-Versteuerung

Das Entstehen der Steuer hängt nicht, wie beispielsweise bei der Einkommensteuer, von der Festsetzung durch das Finanzamt ab, sondern von der Art der Versteuerung der Entgelte. Zu unterscheiden ist zwischen der Versteuerung nach vereinbarten Entgelten (Soll-Versteuerung, § 13 Abs. 1 Nr. 1a UStG) und nach vereinnahmten Entgelten (Ist-Versteuerung, § 13 Abs. 1 Nr. 1b UStG).

Bei der **Soll-Versteuerung** entsteht die Steuer mit Ablauf des Voranmeldungszeitraums, in dem die Leistung ausgeführt worden ist. Bemessungsgrundlage sind die vereinbarten Entgelte. Der Zahlungseingang ist für diese Art der Versteuerung nicht nötig, und oftmals sind die Zahlungen noch nicht zugeflossen. Die Steuer entsteht also zusammen mit der Forderung des leistenden Unternehmers. Eine Rechnung muss schon gestellt sein. Werden Rechnungen für bereits ausgeführte Teilleistungen oder Abschlagsrechnungen geschrieben, so gehen sie ebenfalls mit in die Bemessungsgrundlage ein. Leistet der empfangende Unternehmer eine Vorauszahlung oder einen Abschlag auf eine noch nicht ausgeführte Leistung/Teilleistung, so erfolgt die Versteuerung schon mit Vereinnahmung des Entgelts.

Die Steuer entsteht gem. § 13 Abs. 1 Nr. 1a UStG unabhängig von der Höhe der Teilleistung und davon, ob bereits eine Rechnung gestellt worden ist oder nicht. Die Soll-Versteuerung ist aber der Regelfall.

Die **Ist-Versteuerung** ist nur auf Antrag möglich, wenn der Gesamtumsatz im vorangegangenen Kalenderjahr unter einer bestimmten Betragsgrenze lag, der Unternehmer von der Buchführungs- und Abschlusspflicht befreit ist oder der Unternehmer seine Umsätze als Freiberufler (§ 18 Abs. 1 Nr. 1 EStG) tätigt.

Die Betragsgrenze, die bis 30.6.2006 bei 125.000 € lag, wurde durch das Gesetz zur steuerlichen Förderung von Wachstum und Beschäftigung für gewerbliche Unternehmer der alten Bundesländer auf 250.000 € verdoppelt. Für gewerbliche Unternehmer in den neuen Bundesländern gilt bis 31.12.2009 eine erhöhte Umsatzgrenze von 500.000 €. Damit sollen kleinen und mittleren Unternehmen Liquiditätsvorteile verschafft werden.

Überschreitet der Gesamtumsatz des Unternehmens die Grenze, folgt der Übergang zur Soll-Versteuerung. Der Unternehmer kann freiwillig jederzeit zur Soll-Versteuerung übergehen, auch wenn sein Umsatz unterhalb der Grenze liegt.

Die Steuer entsteht mit Ablauf des Voranmeldungszeitraums, in dem die Entgelte dem Unternehmen zufließen (bar, per Scheck, Bankgutschrift etc.). Wenn kein Entgelt vereinbart wurde (z. B. Eigenverbrauch), ist der Zeitraum maßgeblich, in dem die Leistung ausgeführt wurde, unabhängig von der Art der Versteuerung.

2.6.3.4.7 Steuerschuld, Steuersatz und Zahllast

Zur Berechnung der Umsatzsteuerschuld wird der Steuersatz auf die Bemessungsgrundlage angewendet. Der Regelsteuersatz (allgemeiner Steuersatz) beträgt 19 % seit 1.1.2007.

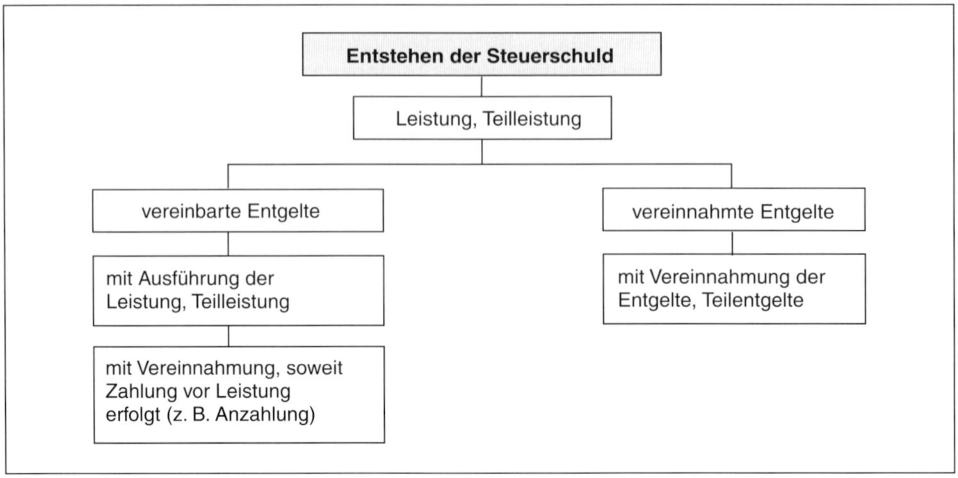

Entstehen der Steuerschuld

Der **Regelsteuersatz** gilt für alle Umsätze, außer wenn eine Besteuerung nach Durchschnittssätzen (§§ 23, 24 UStG) stattfindet oder die Umsätze dem **ermäßigten Steuersatz** in Höhe von 7 % (§ 12 Abs. 2 UStG) unterliegen. Zu den Umsätzen mit ermäßigtem Steuersatz, der aktuell **nicht** angehoben wurde, gehören vor allem die Aufwendungen für das tägliche Leben des Einzelnen, am bedeutendsten sind Lebensmittel und nicht-alkoholische Getränke.

Weitere Umsatzarten, auf die gem. Anhang des Umsatzsteuergesetzes der ermäßigte Steuersatz angewendet wird, sind z. B.:

- Land- und forstwirtschaftliche Erzeugnisse,
- Futtermittel,
- Erzeugnisse des graphischen Gewerbes (Zeitungen, Bücher),
- Kunstgegenstände und Kunstsammlungen,
- Beförderungsleistungen im öffentlichen Nahverkehr innerhalb einer Gemeinde oder bei einer Entfernung unter 50 km,
- ab 1.1.2010: Hotelübernachtungen.

Bei den Lebensmitteln ist noch zu beachten, dass der Genuss in Gaststätten (Verzehr an Ort und Stelle) nicht begünstigt wird, jedoch Außerhauslieferungen wieder dem ermäßigtem Steuersatz unterliegen.

Die **Bemessungsgrundlage** ist der in € lautende Geldbetrag, der meist dem als Gegenleistung erhaltenen Entgelt entspricht und auf den die Steuersätze Anwendung finden. Das Entgelt ist sowohl die Bemessungsgrundlage für die festzusetzende Steuer als auch ein Tatbestandsmerkmal für die Steuerbarkeit der ausgeführten Leistung. Entgelt ist alles, was der Leistungsempfänger zum Erhalt der Leistung aufwendet, wobei die Umsatzsteuer abgezogen wird. Die Bemessungsgrundlage ist also der Nettobetrag. Wird das Entgelt in ausländischer Währung entrichtet, ist eine Umrechnung in vorzunehmen. Bemessungsgrundlage ist das tatsächlich gezahlte Entgelt, das durch die Gewährung von Skonti, Rabatten und anderen Preisnachlässen vom vereinbarten Entgelt abweichen kann. Preisnachlässe mindern also die Bemessungsgrundlage. Die gesamten vom Leistungsempfänger geleisteten Aufwendungen (für Haupt- und Nebenleistung) können nicht nur in einem Geldbetrag bestehen, sondern auch in anderen Leistungen (z. B. Inzahlunggabe des Altwagens bei einem Neukauf). Zahlungszuflüsse ohne direkten Zusammenhang mit der Leistung, die nicht direkt einer Gegenleistung zuzuordnen sind (z. B. Schadensersatzleistungen), unterliegen nicht der Umsatzbesteuerung und gehen nicht mit in die Bemessungsgrundlage ein. Fehlt es am Entgelt in Form eines Geldbetrags, werden **Ersatzwerte** als Bemessungsgrundlage herangezogen:

- Tausch: gemeiner Wert der Gegenleistung,
- Warenentnahmen: gezahlter Einkaufspreis der Ware,
- Entnahme einer sonstigen Leistung: darauf entfallene Kosten,
- Leistungen des Arbeitgebers an Arbeitnehmer: darauf entfallene Kosten.

Um die Feststellung der darauf entfallenen Kosten bei den Leistungen an Arbeitnehmer zu vereinfachen, können bei Sachbezügen (z. B. Ausgabe von Mahlzeiten) die lohnsteuerlichen Werte (Sachbezugstabelle) als Bemessungsgrundlage herangezogen werden. Es gibt zur Vereinfachung die Möglichkeit, Pauschbeträge für Sachentnahmen, z. B. bei Bäckereien, Fleischereien, zu verwenden. Für gelegentliche Leistungen des Unternehmers an nahe stehende Personen oder Angehörige der Arbeitnehmer wird z. B. bei Warenverkäufen mit erheblichen Preisnachlässen der aktuelle Einkaufspreis als Mindest-Bemessungsgrundlage genommen.

Für die Einfuhrleistungen gilt der **Zollwert** als Bemessungsgrundlage. Der Zollwert ist der Wert der eingeführten Ware; die Höhe des tatsächlich gezahlten Entgelts ist für die Steuerfestsetzung somit irrelevant.

Die bei Anwendung des Steuersatzes auf die Bemessungsgrundlage erhaltene Steuerschuld ist meist nicht identisch mit der an das Finanzamt zu entrichtenden Umsatzsteuerschuld (Steuerzahlungsschuld aufgrund einer abgegebenen Umsatzsteuererklärung oder Umsatzsteuer-Voranmeldung); denn die Steuerzahlungsschuld entsteht erst nach Abzug der Vorsteuerbeträge im jeweiligen Veranlagungszeitraum oder Voranmeldungszeitraum.

Ob und in welchen **Zeiträumen** (quartalsweise oder monatlich) ein Unternehmer zur Abgabe von Umsatzsteuervoranmeldungen verpflichtet ist, oder ob er lediglich die Umsatzsteuererklärung nach Ablauf des Veranlagungszeitraums beim Finanzamt einreichen muss, ist abhängig von der Höhe des Umsatzes, den das Unternehmen im vorangegangenen Wirtschaftsjahr erreicht hat. Steuerschuldner ist bei inländischen Leistungen und Einfuhr der leistende Unternehmer, beim innergemeinschaftlichen Erwerb infolge des Bestimmungslandprinzips der empfangende Unternehmer.

2.6.3.4.8 Vorsteuerabzug

Der Vorsteuerabzug findet im Zusammenhang mit der Erstellung der Umsatzsteuererklärung oder der Umsatzsteuervoranmeldungen statt. Dabei wird zunächst die Umsatzsteuerschuld errechnet, von der dann die abzugsfähigen Vorsteuerbeträge abgezogen werden, sodass man am Ende die zu entrichtende **Umsatzsteuerzahllast** (eventuell Erstattung) erhält. Mit Hilfe des Vorsteuerabzugs wird das System der Umsatzsteuer als eine Mehrwertsteuer verwirklicht; denn es wird zwar jeder Umsatz (Leistungsaustausch) besteuert, aber der Endverbraucher ist allein wirtschaftlicher Träger der Umsatzsteuer. Durch den Vorsteuerabzug kann sich ein Unternehmer die von ihm an einen anderen Unternehmer gezahlte Umsatzsteuer als Vorsteuer wieder holen, sodass er von der Mehrbelastung entlastet wird (Ausnahme: Kleinunternehmer).

Der Vorsteuerabzug ist möglich, wenn einem Unternehmer von einem anderen Unternehmer die Umsatzsteuer mit in Rechnung gestellt wird und die Leistung bereits ausgeführt ist. Der andere Unternehmer muss jedoch dazu berechtigt sein, die Umsatzsteuer in Rechnung zu stellen. Beide müssen Unternehmer im Sinne des Umsatzsteuergesetzes sein. Auch ein Unternehmer ohne Sitz im Inland kann zum Vorsteuerabzug berechtigt sein, wenn er für einen inländischen Umsatz Ware im Inland gekauft hat. Bezahlt ein Unternehmer für eine noch nicht erhaltene Leistung einen Abschlag, kann er die in der Rechnung gesondert ausgewiesene und von ihm zunächst zu tragende Umsatzsteuer als Vorsteuer abziehen.

Die für eine Einfuhr entrichtete Einfuhrumsatzsteuer kann der Unternehmer im Rahmen des Vorsteuerabzugs geltend machen, wenn er diese durch einen zollamtlichen Beleg nachweisen kann.

Den ausgestellten Rechnungen ist eine erhöhte Aufmerksamkeit entgegenzubringen. Gem. § 14 UStG muss z. B. die zu entrichtende Umsatzsteuer gesondert ausgewiesen werden. Zu dem gesondertem Steuerausweis ist nur ein Unternehmer einem anderen Unternehmer gegenüber berechtigt. Eine zum Vorsteuerabzug berechtigende Rechnung muss insgesamt **folgende Angaben** enthalten:

- den vollständigen Namen und die vollständige Anschrift des leistenden Unternehmers und des Leistungsempfängers,
- die Umsatzsteueridentifikationsnummer des leistenden Unternehmers,
- das Ausstellungsdatum,
- eine fortlaufende, zur eindeutigen Identifizierung nur einmalig vergebene Rechnungsnummer,
- Menge und Art (handelsübliche Bezeichnung) des Gegenstands oder Art und Umfang der sonstigen Leistung,
- Zeitpunkt der Lieferung oder sonstigen Leistung,
- das Entgelt für die Lieferung oder sonstige Leistung, aufgeschlüsselt nach Steuersätzen und einzelnen Steuerbefreiungen,
- den anzuwendenden Steuersatz und den auf das Entgelt entfallenden Steuerbetrag oder den Hinweis auf die Steuerbefreiung,
- ggf. einen Hinweis auf die Aufbewahrungspflicht.

Bei einer Abrechnung über eine steuerfreie Leistung muss zudem die Vorschrift der Steuerbefreiung in der Rechnung angegeben werden.

Eine Rechnung wird dabei als Schriftstück definiert, bei dem es sich um eine papiermäßig verkörperte menschliche Gedankenerklärung handelt, die einen Urheber erkennen lässt. Im Zeitalter des E-Commerce klingt diese Definition mehr als verstaubt. Neuerdings sind auch elektronisch erstellte Rechnungen anerkennungsfähig, wenn sie eine Signatur nach dem **Signaturgesetz** tragen.

Ein Abweichen von den gesetzlichen Anforderungen ist nur bei den so genannten **Kleinbetragsrechnungen** möglich. Bei Kleinbetragsrechnungen ist gem. § 33 UStDV die Angabe des Bruttobetrags und des angewandten Steuersatzes ausreichend. Für diese Vereinfachungen darf der Rechnungsbetrag (inkl. Umsatzsteuer) 150 € nicht übersteigen.

Bei Rechnungen über Leistungen im innergemeinschaftlichen Handelsverkehr müssen noch weitere zusätzliche Angaben enthalten sein. Die **Umsatzsteueridentifikationsnummern** des leistenden und des erwerbenden Unternehmers sind ebenso erforderlich wie der Hinweis auf die Steuerfreiheit für den leistenden Unternehmer. Die für ein innergemeinschaftlich erworbenes Wirtschaftsgut geschuldete Umsatzsteuer kann der Unternehmer als Vorsteuer abziehen. Die Ermittlung der geschuldeten Umsatzsteuer und der Abzug als Vorsteuer erfolgt im selben Voranmeldungszeitraum, sodass sie sich ausgleichen. Der Unternehmer wird also von der Belastung in Folge der Besteuerung des innergemeinschaftlichen Erwerbs (Bestimmungslandprinzip) durch den Vorsteuerabzug wieder entlastet.

Ein Vorsteuerabzug kann gesetzlich ausgeschlossen oder eingeschränkt sein: So wird für Repräsentationsaufwendungen kein Abzug gewährt. Hierzu besagt § 15 Abs. 1a UStG: »Nicht abziehbar sind Vorsteuerbeträge, die auf Aufwendungen, für die das Abzugsverbot des § 4 Abs. 5 Satz 1 Nr. 1 bis 4, 7 oder des § 12 Nr. 1 des Einkommensteuergesetzes gilt, entfallen.« Im Einzelnen sind dies:

- Aufwendungen für Geschenke an Personen, die nicht Arbeitnehmer des Steuerpflichtigen sind.2Satz 1 gilt nicht, wenn die Anschaffungs- oder Herstellungskosten der dem Empfänger im Wirtschaftsjahr zugewendeten Gegenstände insgesamt 35 Euro nicht übersteigen;
- Aufwendungen für die Bewirtung von Personen aus geschäftlichem Anlass, soweit sie 70 Prozent der Aufwendungen übersteigen, die nach der allgemeinen Verkehrsauffassung als angemessen anzusehen und deren Höhe und betriebliche Veranlassung nachgewiesen sind (der Ausschluss gilt nicht für Bewirtungsaufwendungen, soweit § 4 Abs. 5 Satz 1 Nr. 2 des Einkommensteuergesetzes einen Abzug angemessener und nachgewiesener Aufwendungen ausschließt);
- Aufwendungen für Einrichtungen des Steuerpflichtigen, soweit sie der Bewirtung, Beherbergung oder Unterhaltung von Personen, die nicht Arbeitnehmer des Steuerpflichtigen sind, dienen (Gästehäuser) und sich außerhalb des Orts eines Betriebs des Steuerpflichtigen befinden;
- Aufwendungen für Jagd oder Fischerei, für Segeljachten oder Motorjachten sowie für ähnliche Zwecke und für die hiermit zusammenhängenden Bewirtungen;
- andere als die in § 4 Abs. 5 Satz 1 Nr. 1 bis 6 und 6b bezeichneten Aufwendungen, die die Lebensführung des Steuerpflichtigen oder anderer Personen berühren, soweit sie nach allgemeiner Verkehrsauffassung als unangemessen anzusehen sind.

  (§ 5 Satz 1 Nr. 1 bis 4 und 7 EStG);
- die für den Haushalt des Steuerpflichtigen und für den Unterhalt seiner Familienangehörigen aufgewendeten Beträge. Dazu gehören auch die Aufwendungen für die Lebensführung, die die wirtschaftliche oder gesellschaftliche Stellung des Steuerpflichtigen mit sich bringt, auch wenn sie zur Förderung des Berufs oder der Tätigkeit des Steuerpflichtigen erfolgen (§ 12 Nr. 1 EStG).

Andere Vorsteuerbeträge, die im Zusammenhang mit gemischt genutzten Wirtschaftsgütern anfallen, sind abzugsfähig, wenn der Unternehmer hauptsächlich vorsteuerabzugsfähige Umsätze (Abzugsumsätze) tätigt. Die auf den Privatanteil entfallenden Vorsteuerbeträge können auch abgezogen werden, da dies durch die Eigenverbrauchsbesteuerung abgegolten wird. Handelt es sich um gemischt genutzte vertretbare Sachen, d. h. Sachen, die gemessen/gewogen/gezählt werden können, wird sofort eine Aufteilung der Vorsteuerbeträge in abziehbare und nicht abziehbare Beträge vorgenommen. Erhält beispielsweise ein Unternehmer eine Heizöllieferung, von der er 20% für sein privates Wohnhaus verwendet, so wird der in der Rechnung gesondert ausgewiesene Vorsteuergesamtbetrag aufgeteilt, und nur 80% kann der Unternehmer zum Abzug bringen.

Ändern sich die Verhältnisse so, dass ein Vorsteuerabzug z. B. nicht mehr möglich wäre, muss innerhalb eines bestimmten Zeitraums eine Berichtigung des Vorsteuerabzugs vorgenommen werden. Der Berichtigungszeitraum beträgt im Normalfall fünf Jahre, nur bei Grundstücken und Häusern wird er auf zehn Jahre ausgedehnt.

Beispiel:

Ein Investor erstellt ein Geschäftshaus und vermietet Büroräume an eine Handelsfirma. Da die Handelsfirma zum Vorsteuerabzug berechtigt ist, kann der Investor zur Umsatzsteuer optieren und die Vermietungsumsätze der Umsatzsteuer unterwerfen. Entsprechend kommt er in den Genuss des Vorsteuerabzugs. Nach Ablauf von sieben Jahren zieht die Handelsfirma aus und in den Räumen soll eine Außenstelle des Arbeitsamtes eingerichtet werden. Gegenüber dem Arbeitsamt ist keine Option möglich, der Investor *verwendet die Immobilie nunmehr zur Ausführung steuerfreier Umsätze. Gegenüber der erstmaligen Verwendung haben sich die Verhältnisse geändert; insoweit hat eine zeitanteilige Korrektur der Vorsteuer zu erfolgen. Von der ursprünglich gezogenen Vorsteuer sind $^3/_{10}$ im Wege der Vorsteuerkorrektur zurückzuzahlen.*

2.6.3.4.9 Einfuhrumsatzsteuer

Für Ausfuhren und innergemeinschaftliche Lieferungen gilt wie für alle Warenbewegungen zwischen Unternehmen das Bestimmungslandprinzip, d.h. sie sind im Inland steuerfrei und werden im Empfängerland umsatzbesteuert. Für Einfuhren und innergemeinschaftlichen Erwerb gilt damit Steuerfreiheit im Herkunftsland und Umsatzbesteuerung im Inland.

Die Einfuhrumsatzsteuer entsteht nur bei Einfuhren aus Drittländern und nicht beim innergemeinschaftlichen Erwerb. Sie wird von der Zollverwaltung erhoben und daher in Umsatzsteuervoranmeldungen und -erklärungen nicht erfasst. Gem. § 15 Abs. 1 Nr. 2 UStG kann sie vom Importeur als Vorsteuer abgezogen werden.

2.6.3.4.10 Leistungsaustausch innerhalb der EU

Da innerhalb der EU keine Zölle erhoben werden und die Grenzen für den Warenverkehr offen sind, kann bei Warenbewegungen von einem EU-Land in das andere keine Einfuhrumsatzsteuer durch die Zollverwaltung erhoben werden. Daher gilt seit 1993 die Regelung, dass der innergemeinschaftliche Erwerb in der Umsatzsteuervoranmeldung bzw. Umsatzsteuererklärung des Importeurs zu erfassen ist. Die Erwerbssteuer ist als Vorsteuer abzugsfähig.

2.6.3.4.11 Kleinunternehmerregelung

Für inländische Kleinunternehmer im Sinne des § 19 UStG gibt es einige Erleichterungen beim Besteuerungsverfahren, die ihre Existenz sichern sollen. Liegt der Gesamtumsatz eines kleinen Unternehmens im vorangegangenen Wirtschaftsjahr unter 17.500 € und im laufenden Wirtschaftsjahr vermutlich unter 50.000 €, sind die Umsätze steuerfrei, und der Unternehmer ist Kleinunternehmer nach § 19 UStG. Der dafür maßgebliche Umsatz ist der Gesamtumsatz nach vereinnahmten Entgelten (Ist-Versteuerung) mit Umsatzsteuer, abzüglich der Umsätze mit Wirtschaftsgütern des Anlagevermögens (brutto). Wenn die Umsätze des Kleinunternehmers steuerfrei sind, ist er nicht zum Vorsteuerabzug berechtigt und darf keine Rechnungen mit gesondertem Steuerausweis ausstellen. § 19 Abs. 2 UStG beinhaltet für den Kleinunternehmer die Möglichkeit zur **Option**, d. h. er kann damit auf die Steuerbefreiung verzichten. Die Option muss gegenüber dem Finanzamt erklärt werden und bindet den Kleinunternehmer fünf Jahre daran. Optiert er also, unterliegen seine Umsätze der Regelbesteuerung, er ist bei Ausführung der entsprechenden Umsätze vorsteuerabzugsberechtigt und darf Rechnungen mit gesondertem Steuerausweis erstellen. Beim Überschreiten der Freigrenzen unterliegt er ebenso der Regelbesteuerung.

2.6.3.4.12 Aufzeichnungspflichten

§ 22 UStG verpflichtet den Unternehmer zu Aufzeichnungen über seine Umsätze. Diese Vorschrift bezweckt, dass die Berechnung der Umsatzsteuerzahllast in den abzugebenden Umsatzsteuervoranmeldungen und in der Umsatzsteuererklärung für den Unternehmer selbst und für das Finanzamt bei Nachprüfung der Angaben verdeutlicht wird. Die Abgabe der Voranmeldungen und der Steuererklärung, die die Zahllast auslösen, erfolgt unter dem Vorbehalt der Nachprüfung. Für einen sachverständigen Dritten muss es innerhalb einer angemessenen Zeit möglich sein, einen Überblick über die Umsätze und den Vorsteuerabzug zu bekommen und die Steuerberechnung nachzuvollziehen (§ 63 USt-Durchführungsverordnung). Der Umfang der Aufzeichnungspflichten hängt von der Art der Besteuerung (Soll-/Ist-Versteuerung) ab.

Aufzeichnungspflichten

Entgelte, getrennt nach Steuersätzen	Bemessungsgrundlagen, getrennt nach Steuersätzen
– vereinbarte Entgelte – vereinnahmte Entgelte – Teilentgelte – Entgeltänderungen	– für einer Leistung gleichgestellte Lieferungen oder sonstige Leistungen – für die Einfuhr – für den innergemeinschaftlichen Erwerb

Aufzeichnungspflichten

Bei der Regelbesteuerung sind die Bemessungsgrundlagen (vereinnahmte bzw. vereinbarte Entgelte, netto ohne Umsatzsteuer) und gegebenenfalls die Ersatzwerte getrennt nach Steuersätzen und nach steuerpflichtigen und steuerfreien Umsätzen aufzuzeichnen. Außerdem unterliegen die Vorsteuerbeträge, unterteilt in abziehbare und nicht abziehbare Beträge, ebenso wie die entrichteten Einfuhrumsatzsteuerbeträge und die Umsatzsteuerbeträge im Zusammenhang mit dem innergemeinschaftlichen Erwerb den Aufzeichnungspflichten.

2.6.4 Bedeutung und Wirkung der Steuern

2.6.4.1 Bedeutung der Steuern in der Finanzwirtschaft

Steuerzahlungen führen zu Mittelabflüssen und wirken damit unmittelbar **liquiditätsverengend**. Durch die Notwendigkeit, auf die meisten Steuerarten regelmäßige Vorauszahlungen zu leisten, sind Verzögerungen der Steuerabflüsse kaum möglich.

Vorauszahlungstermine sind

für die Umsatzsteuer:	jeweils der 10. Kalendertag des Folgemonats, sofern die Umsatzsteuer des Vorjahres mehr als 6.136 € betrug;
für die Einkommen- und Körperschaftsteuer:	jeweils der 10. der Monate März, Juni, September und Dezember;
für die Gewerbe- und Grundsteuer:	jeweils der 15. der Monate Februar, Mai, August und November;
für die Verbrauchsteuern:	jeweils der 15. Kalendertag des Folgemonats.

Unter Rentabilitätsgesichtspunkten muss gelten, dass alle Anstrengungen zu unternehmen sind, den **Steuerbarwert** zu minimieren, d. h. die Fälligkeit von Steuern so weit wie möglich in die Zukunft zu verlegen. Dies kann vor allem durch die Ausschöpfung von Wahlrechten bei der Vornahme von Abschreibungen (insbesondere Sonder- und Ansparabschreibungen und bei der Bildung von Rückstellungen und Sonderposten mit Rücklageanteil erreicht werden.

2.6.4.2 Auswirkung der Steuern auf Aufwand und Kosten

Steuern stellen betriebliche Ausgaben und Aufwand dar, sofern sie nicht auf die Besteuerung natürlicher oder juristischer Personen abstellen.

Aufwandswirksame Steuern sind u. a.

- KFZ-Steuer,
- Grundsteuer,
- Verbrauchsteuern (z. B. Mineralölsteuer),
- Versicherungssteuer.

Nicht aufwandswirksame Personensteuern (Privatsteuern) sind vor allem

- Einkommensteuer (mit Solidaritätszuschlag),
- Körperschaftsteuer (mit Solidaritätszuschlag),
- Kirchensteuer,
- seit 1.1.2008: Gewerbesteuer.

Körperschaften stellen die Körperschaftsteuer zwar als Aufwandsposition in ihrer Gewinn- und Verlustrechnung dar; jedoch muss sie für Zwecke der Ertragsbesteuerung dem Gewinn wieder hinzugerechnet werden. Personengesellschaften und Einzelunternehmungen verweisen die Einkommensteuer von vornherein in die Privatsphäre des Unternehmers bzw. der Gesellschafter; sie stellt in keinem Falle betrieblichen Aufwand dar.

Steuern können auch **Anschaffungsnebenkosten** darstellen; dies gilt für

- Grunderwerbsteuer und
- Zölle.

Sie sind dem jeweiligen Bestandskonto zuzuschlagen.

Steuern, für die das Unternehmen nur Steuerschuldner, aber nicht wirtschaftlicher Steuerträger ist, stellen für das Unternehmen **durchlaufende Posten** dar.

Dies gilt vor allem für

- die Umsatzsteuer,
- von Arbeitnehmern einbehaltene Lohn- und Kirchensteuern zzgl. Solidaritätszuschlag,
- Verbrauchsteuern, die in die Verbrauchspreise einkalkuliert und so an den Verbraucher weitergegeben werden, z. B. Mineralölsteuer, Tabaksteuer.

Steuern, die vereinnahmt und erst später abgeführt werden (etwa die Mineralölsteuer in den Betrieben der Mineralölindustrie), können vorübergehend zinsbringend angelegt werden und dem Unternehmen damit sogar einen Vorteil einbringen; dem gegenüber steht der mit der Steuerabwicklung verbundene Verwaltungsaufwand und der Liquiditäts- und Renditenachteil bei zunächst vorzulegenden Steuern (insbesondere der Vorsteuer), die erst zu einem späteren Zeitpunkt wieder eingeworben werden können, sowie bei denjenigen Steuern, auf die Vorauszahlungen zu leisten sind.

Der Einbezug von nicht-aufwandswirksamen Steuern als Kosten in die Kosten- und Leistungsrechnung ist umstritten. Ein Vorschlag lautet, Steuern nur insoweit einzubeziehen, als sie unternehmerische Entscheidungen beeinflussen, was im Umkehrschluss bedeutet, dass sie nur dann zu berücksichtigen sind, wenn sie in ihrer Entstehung bzw. Höhe durch unternehmerische Entscheidungen beeinflusst werden.

2.6.4.3 Bedeutung der Steuern im konstitutiven Bereich

2.6.4.3.1 Bedeutung der Steuern bei Wahl der Rechtsform

Bei der Wahl der Rechtsform eines Unternehmens spielen neben Haftungs- und anderen Gesichtspunkten auch steuerliche Überlegungen eine Rolle. Unterschiede in der Besteuerung der Rechtsformen bestehen insbesondere zwischen Kapital- und Nicht-Kapitalgesellschaften und kommen in Abweichungen bei den anzuwendenden Steuerarten, bei Freibeträgen und Steuertarifen zum Ausdruck. Allerdings wird im Steuerrecht mehr und mehr der – auch im Sinne der europäischen Harmonisierung wesentliche – Gedanke der rechtsformneutralen Besteuerung vorangetrieben. Die geschilderte pauschale Anrechnung der Gewerbesteuer auf die Einkommensteuer der Personenunternehmen gemäß § 35 EStG, die mit dem Steuersenkungsgesetz 2000 zulässig wurde, ist Ausdruck dieser Bemühung.

Wesentliche Unterschiede sind die folgenden.

- **Unterschiedliche Personensteuern:** Kapitalgesellschaften zahlen Körperschaftsteuer (durchgängiger Tarif: 15 %); auf ausgeschüttete Gewinne wird in der privaten Sphäre der Ausschüttungsempfänger das Halbeinkünfteverfahren bei der Einkommensteuer (Spitzensteuersatz: 42 % / 45 %) angewendet. Eigentümer bzw. Gesellschafter von Personengesellschaften werden mit der vollen Höhe ihrer Gewinnanteile zur Einkommensteuer veranlagt. Im Bereich des einkommensteuerlichen Spitzensatzes ist die Ausschüttungsbelastung aus Sicht des Empfängers nahezu gleich hoch.
- **Unterschiedliche Besteuerung thesaurierter Gewinne:** Thesaurierte Gewinne sind in Kapitalgesellschaften nur mit 15 % belastet, während Gewinnanteile, die auf Gesellschafter von Nichtkapitalgesellschaften entfallen, auch im Falle der Gewinneinbehaltung mit deren persönlichem Einkommensteuersatz belastet werden. Die oben erwähnte pauschale Anrechnung der Gewerbesteuer schafft hier einen – vielfach ausreichenden – Ausgleich.
- **Unterschiedliche Behandlung** von Verträgen »Gesellschaft mit Gesellschaftern«: Vertragliche Beziehungen zwischen Kapitalgesellschaften und ihren Gesellschaftern werden steuerlich im Sinne des Vertragsgegenstandes anerkannt, d. h.:
  - Mitarbeitende Gesellschafter werden wie Arbeitnehmer behandelt, sie erhalten ein aufwandswirksames Entgelt und entsprechende Sozialleistungen. In ihrer Privatsphäre wird das Arbeitseinkommen als Einkommen aus nichtselbstständiger Tätigkeit behandelt.
  - Mietverträge führen auf Ebene der Gesellschaft und auf Ebene des Gesellschafters zu (positiven oder negativen) Einkünften aus Vermietung und Verpachtung.
  - Ausschüttungen führen zu Einkünften aus Kapitalvermögen, für die entsprechende Werbungskosten und Sparerfreibeträge in Anspruch genommen werden können.

  Bei Personengesellschaften entstehen bei den Gesellschaftern in jedem Falle gewerbliche Einkünfte. Im Verlustfall werden ihnen Verlustanteile zugewiesen, die (mit Einschränkungen) mit Einkünften aus anderen Einkunftsarten verrechnet werden können und damit die Einkommensteuerbelastung des Gesellschafters schmälern können. Verluste von Kapitalgesellschaften werden nicht verteilt, sondern auf Ebene der Gesellschaft zurück- oder vorgetragen.
- **Freibeträge und Staffelsätze bei der Gewerbesteuer:** Kapitalgesellschaften werden durchgängig mit einer Steuermesszahl von 3,5 % auf den Steuermessbetrag belastet. Freibeträge stehen ihnen dabei nicht zu. Personengesellschaften erhalten einen Freibetrag von 24.500 €; angewendet; alle übersteigenden Beträge werden mit 3,5 % Gewerbesteuer belegt.

2.6.4.3.2 Bedeutung der Steuern bei Wahl des Unternehmensstandorts

Bei der **nationalen Standortwahl** sind die Hebesätze, die die Gemeinde bei der Gewerbesteuer und der Grundsteuer autonom erhebt, ein Kriterium, das allerdings nicht überschätzt werden darf: Die Kommunen können ihre Hebesätze jährlich ändern! Wie oben bereits gezeigt wurde, sind »Steueroasen« mit Hebesätzen von unter 200 % inzwischen ausgetrocknet. Die Hebesätze sind jedoch nach wie vor sehr unterschiedlich und reichen

- bei der Gewerbesteuer von 200 % in einigen Kleingemeinden bis über 500 %,
- bei der Grundsteuer B von 320 % bis 600 %.

Auch bei der **internationalen Standortwahl** steht die Frage der Besteuerung vielfach nicht im Vordergrund; vielmehr orientieren sich vor allem produzierende Unternehmen vorrangig an Arbeitskosten, Mitarbeiterverfügbarkeit und -qualifikation, Nähe zu Rohstoffen, Zuliefer- und Absatzmärkten. Ausnahmen stellen Unternehmenskonstrukte dar, die als »**Holding**« bezeichnet werden und die Ausnutzung von Steuervorteilen als ein wesentliches Ziel betrachten. Ein nicht geringer Teil des internationalen Handels findet innerhalb derartig organisierter, international tätiger Unternehmen statt, die ihre Leistungen so zwischen ihren multinationalen Niederlassungen zu verteilen und verrechnen bestrebt sind, dass Unternehmensgewinne dort anfallen, wo sie am geringsten besteuert werden.

Holding ist eine Organisations-, keine Rechtsform. Dabei steht der Begriff der Holding in der einschlägigen Literatur für unterschiedliche Organisationsstrukturen international tätiger Unternehmen. Generell besteht eine Holding-Organisation aus einer Zentrale, die aus steuerlichen Gründen in einem Land mit attraktiven Rahmenbedingungen angesiedelt wird, und mehreren Tochtergesellschaften in verschiedenen Ländern, die ihre Gewinne an die Zentrale ab- und damit einer günstigeren Besteuerung als im jeweiligen Niederlassungsland zuführen.

Während die Harmonisierungsbestrebungen im europäischen Binnenmarkt mehr und mehr zu einer Annäherung der Steuerbelastungen für Unternehmen führen und die Steuer als Niederlassungskriterium damit insgesamt neutralisieren, können im außereuropäischen Ausland durchaus sehr abweichende Besteuerungsbedingungen angetroffen werden. Mit vielen Staaten bestehen Doppelbesteuerungsabkommen, die vor allem die Einkommen- und Körperschaftsteuer betreffen und zum Inhalt haben, dass die betreffende Steuer nur in einem der Vertragsstaaten erhoben wird. In der Regel gilt für diese Einkommen in dem jeweils anderen Staat ein Progressionsvorbehalt. Gewinne ausländischer Beteiligungen, an denen die inländische Gesellschaft mit mindestens 10 % beteiligt ist (»**Schachtelprivileg**«; dieser Begriff bezeichnet den Umstand, dass hier ein steuerliches Privileg deswegen ausgeschöpft werden kann, weil eine bestimmte vom Gesetz geforderte Beteiligungsgröße vorliegt), genießen unter bestimmten Voraussetzungen eine Freistellung von der inländischen Gewerbesteuer.

3 Finanzierung und Investition

3.1 Analysieren finanzwirtschaftlicher Prozesse unter zusätzlicher Berücksichtigung des Zeitelements

3.1.1 Finanzwirtschaftliche Prozesse

3.1.1.1 Betrieblicher Leistungsprozess und Finanzwirtschaft

Zur Einrichtung und Aufrechterhaltung des betrieblichen Leistungsprozesses wird Kapital benötigt. Die Aktivitäten des Unternehmens zur Deckung des Kapitalbedarfs werden als Finanzierung bezeichnet.

Dieser enge Finanzierungsbegriff erfasst aber nicht die Finanzierungsmaßnahmen einer Vermögensumschichtung. Wird z. B. eine Maschine verkauft, stellt sich dieser Vorgang auf der Aktivseite der Bilanz lediglich als Vermögensumschichtung von langfristig gebundenem Vermögen (Maschine) in freie Finanzmittel (Geld) dar.

Daher wird in der Literatur auch ein weiterer Finanzierungsbegriff verwendet: Finanzierung im weiteren Sinne sind danach sämtliche Maßnahmen zur Änderung der betrieblichen **Kapitalausstattung** (Kapitalbeschaffung, Kapitalrückführung, Kapitalumschichtung).

Ziel der Finanzierung ist es, ein **Gleichgewicht** zwischen den finanziellen Bedarfen/Verpflichtungen und den zu ihrer Erfüllung bereitstehenden Mitteln zu schaffen. Kernaufgaben der Finanzierung sind die Eröffnung und Sicherung ausreichender **Finanzierungsquellen** und die Auswahl von unter Rentabilitätsgesichtspunkten optimalen **Finanzierungsformen**.

Wichtige Informationen für finanzwirtschaftliche Entscheidungen liefert die Finanzanalyse, die die finanzielle Lage des Unternehmens zu beurteilen hat. Der zu deckende Kapitalbedarf wird durch eine Finanzplanung ermittelt.

3.1.1.2 Zusammenhang von Finanzierung und Investition

Im vorangegangenen Kapitel 2 wurde deutlich, dass der Zweiteilung der Unternehmensbilanz folgende Systematik zugrunde liegt:

- Die Passivseite der Bilanz zeigt die **Vermögensquellen**, gibt also Auskunft über die Herkunft der dem Unternehmen zur Verfügung stehenden Mittel.
- Die Aktivseite der Bilanz zeigt die **Vermögensverwendung**, gibt also Auskunft darüber, welchen Zwecken die verfügbaren Mittel zugeführt wurden.

Ebenso wie die Begriffe »Vermögensquellen« und »Vermögensverwendung« sind die ihnen zuzuordnenden Begriffe »Finanzierung« und »Investition« zwei Seiten derselben Medaille: Während sich die Finanzierung mit der Beschaffung von Kapital befasst, widmet sich die Investition seiner Verwendung.

3.1.1.3 Zielsetzung der Finanzwirtschaft

Nicht jede Finanzierung, die die Einhaltung des finanziellen Gleichgewichts gewährleistet, ist auch eine optimale Finanzierung. Das finanzielle Zielsystem der Unternehmung besteht aus mehreren, teilweise voneinander abhängigen Komponenten:

- Sicherheit (substanzielle Kapitalerhaltung),
- Rentabilität (optimale Kapitalverwendung),
- Liquidität (finanzielles Gleichgewicht),
- Unabhängigkeit (Kapitalstruktur).

3.1.1.3.1 Sicherheit

Die Zielkomponente »Sicherheit« berührt die Existenzfrage des Unternehmens. Im Regelfall liegt einer Unternehmensgründung die Vorstellung eines wachsenden, zumindest aber hinreichende Erträge abwerfenden Unternehmens mit unbegrenzter Lebensdauer zugrunde. Unverzichtbare Voraussetzung für ein Überleben des Betriebes ist aber, dass die laufenden Kosten und der Lebensunterhalt des Unternehmers aus den Erlösen gedeckt werden können; anderenfalls müsste die Kapitalsubstanz angegriffen werden. Ist diese erst verzehrt, kann das Unternehmen nicht mehr weiter existieren. Sicherheit ist daher gleichbedeutend mit substanzieller Kapitalerhaltung.

3.1.1.3.2 Rentabilität

Die Zielkomponente »Rentabilität« strebt nach einer **optimalen** Kapitalverwendung. Sie ist das elementare Erfolgskriterium, das Aussagen liefert über die **Umsatzrendite** als Verhältnis von Gewinn und Umsatz und über die **Kapitalrendite** als Verhältnis von Gewinn und Fremdkapitalzinsen zu eingesetztem Kapital.

Die Berechnung der Rentabilität ist Gegenstand der Betrachtung in Abschnitt 3.1.2.4.

3.1.1.3.3 Liquidität

Zahlungsunfähigkeit ist das auf einem Mangel an Zahlungsmitteln beruhende dauernde Unvermögen des Schuldners, seine sofort zu erfüllenden Geldschulden im Wesentlichen zu begleichen. Nach § 17 der Insolvenzordnung ist die Zahlungsunfähigkeit ein Insolvenzgrund.

Daher wird es Ziel des Unternehmens sein, eine Situation anzustreben, in der die Zahlungsfähigkeit so gesichert ist, dass den fälligen Zahlungsverpflichtungen jederzeit entsprochen werden kann. Wird dieser Zustand erreicht, befindet sich das Unternehmen im finanziellen Gleichgewicht.

Die Betrachtungen über die Liquidität im Hinblick auf das finanzielle Gleichgewicht können stichtagsbezogen (statisch) oder zeitraumbezogen (dynamisch) angestellt werden.

Statische Liquidität

Die statische Liquidität wird durch Gegenüberstellung der liquiden Mittel und Verbindlichkeiten an einem bestimmten Stichtag ermittelt. Die bereits in Abschnitt 2.3.3.3 vorgestellten statischen Liquiditätsgrade setzen Bilanzpositionen der Aktivseite und der Passivseite zueinander ins Verhältnis.

Die Abstufung (Graduierung) der Liquiditätsgrade erfolgt nach dem Kriterium »Zeit«: Wie schnell ist das einbezogene Umlaufvermögen in Geld verwandelbar? Für Forderungen aus bereits getätigten Umsätzen ist die Liquidierbarkeit in kürzerer Frist möglich als für Teile des Vorratslagers, für die erst ein Käufer gefunden werden muss. Deswegen werden erstere auch in die graduelle Liquidität II einbezogen, die für kurzfristigen Verbindlichkeiten mindestens 100 % betragen soll, während letztere nur in die – mit 200 % angestrebte – Liquidität III eingerechnet werden.

Die statische Liquiditätsbetrachtung weist gravierende **Schwächen** auf:

- Die Betrachtung ist rein vergangenheitsbezogen. Nach dem Stichtag entstehende Verbindlichkeiten werden nicht berücksichtigt.
- Die Fälligkeiten der Zahlungsverpflichtungen werden nicht genannt, sodass die Übereinstimmung von Zahlungseingangs- und -ausgangsfristen (Fristenkongruenz) nicht überprüft werden kann.
- Laufende Zahlungsverpflichtungen (z. B. Personalkosten, Steuern, Energiekosten) werden nicht einbezogen, weil sich die Betrachtung auf Verbindlichkeiten aus Lieferungen und Leistungen beschränkt.
- Finanzierungsspielräume (Kreditlinien) werden nicht beachtet.

Dynamische Liquidität

Das finanzielle Gleichgewicht muss nachhaltig und dauerhaft gesichert sein. Deswegen ist eine dynamische Liquiditätsbetrachtung notwendig, d. h. die Feststellung, ob die zukünftigen Ausgaben durch den Bestand an Zahlungsmitteln und die zukünftigen Einnahmen gedeckt werden können.

Die dynamische Liquidität ist dann gesichert, wenn gilt:

$$\text{Zahlungsmittelbestand} + \text{Einnahmen} - \text{Ausgaben} \geq 0$$

Diese Gegenüberstellung von zukünftigen Auszahlungs- und Einzahlungsreihen wird regelmäßig in einem **Finanzplan** dargestellt. Die Finanzplanung wird in Abschnitt 3.5.6 behandelt.

3.1.1.4 Konflikte der Finanzwirtschaft

Finanzierungsentscheidungen haben auf eine optimale Ausgewogenheit aller Komponenten zu achten. Dabei können aber Zielkonflikte unter den einzelnen Subzielen auftreten. Besteht z. B. ein sehr hohes Bankguthaben, das die Summe aller Verbindlichkeiten bei weitem übersteigt, ist zwar die Liquidität derzeit gesichert; unter Rentabilitätsgesichtspunkten ist aber zu fragen, ob diese Überliquidität nicht besser verzinslich angelegt werden kann.

Andererseits entstehen einem Unternehmen mit erheblichen Liquiditätsengpässen regelmäßig auch Rentabilitätsprobleme, weil laufend Überziehungskredite beansprucht werden müssen oder Skontoabzüge bei Lieferantenrechnungen vielleicht schon lange nicht mehr möglich sind.

Diese negativen Einflüsse auf die Rentabilität haben regelmäßig zur Folge, dass die zukünftigen Einzahlungs- und Auszahlungsreihen zu einer verschlechterten dynamischen Liquidität führen. Daraus resultieren dann wieder neue Rentabilitätsprobleme.

Beispiel:

Ein Unternehmen ordert regelmäßig Heizöl. Für die als optimal ermittelte Bestellmenge von 10.000 l gilt ein Preis von 0,35 €/l. Bei Bezahlung innerhalb von 14 Tagen werden 2 % Skonto gewährt. Die Kosten pro Lieferung berechnen sich wie folgt:

10.000 l · 0,35 €/l	*= 3.500 €*
– 2 % Skonto	*70 €*
Kosten gesamt	*3.430 €*
Preis pro Liter	*0,343 €*

Durch einen Liquiditätsengpass können derzeit jedoch nur 5.000 l je Bestellung bezogen werden. Der Preis erhöht sich dadurch auf 0,38 /l, Skonto kann nicht mehr beansprucht werden. Der Preisunterschied von 0,343 € zu 0,38 € macht ca. 11 % aus. Hinzu kommen Sekundärwirkungen, die aus dem Verlassen der optimalen Bestellmenge resultieren, z. B. Zunahme der Bestellkosten durch häufigere Bestellvorgänge und Leerkosten durch nicht ausgenutzte Lagerkapazitäten.

Aus dem vorstehenden Beispiel wird deutlich, dass Rentabilität und Liquidität in einer funktionalen Beziehung zueinander stehen. **Liquiditätsengpässe** haben genauso wie **Überliquidität** einen negativen Einfluss auf die Rentabilität. Dazwischen liegt der optimale Bereich, in dem die Zahlungsbereitschaft bei größtmöglicher Rentabilität gesichert werden kann **(optimale Liquidität)**.

Die optimale Liquidität kann dadurch gefördert werden, dass im Kurzfristbereich solche Finanzierungsmittel ausgewählt werden, die sich den Schwankungen des Kreditbedarfs elastisch anpassen können: Neben Lieferantenkrediten bietet sich hier der Kontokorrentkredit an, der zwar relativ hochverzinslich ist, jedoch nur so weit in Anspruch genommen werden muss, wie er benötigt wird.

3.1.1.5 Zeit als wesentlicher Faktor

Für die finanzwirtschaftliche Analyse ist die Zeit von besonderer Bedeutung:

- Unter **Rentabilitätsgesichtspunkten** ist ein Mittelzufluss einer bestimmten Höhe um so wertvoller, je zeitnäher er der Gegenwart liegt. Statische Betrachtungen vernachlässigen diesen Effekt; in dynamischen Betrachtungen wird die Bedeutung der Zeit als entscheidungsrelevante Größe offenkundig.
- Unter **Liquiditätsgesichtspunkten** sind die Zeitpunkte erwarteter Zu- und Abflüsse bedeutend: Aus der Nichtbeachtung von Fristenkongruenzen kann Zahlungsunfähigkeit – und in der Folge die Insolvenz – resultieren.
- Unter **Sicherheitsgesichtspunkten** erhöht sich das Risiko mit der zeitlichen Entfernung: Prognosen sind zunehmend unsicher, je weiter die erwarteten Ein- und Auszahlungen in der Zukunft liegen.

Insbesondere die Rentabilitätsauswirkung wird in Abschnitt 3.2 ausführlich behandelt werden.

3.1.2 Analyse der finanzwirtschaftlichen Prozesse

Für die Untersuchung und Beurteilung der finanziellen Lage eines Unternehmens oder bei der Entscheidung über die Auswahl einer bestimmten Finanzierungsform stützt sich die Praxis häufig auf verschiedene Finanzierungsregeln. Diese Regeln beziehen sich auf ein bestimmtes Verhältnis von Bilanzpositionen zueinander (sog. Bilanzstrukturnormen). Anhand der geforderten Sollrelationen wird, insbesondere im Hinblick auf die Kreditwürdigkeit, die Qualität einer Finanzierungsentscheidung gemessen.

Die Finanzierungsregeln lassen sich wie folgt einteilen:

- **Fristigkeitsregeln** vergleichen die Dauer des bereitgestellten Kredites mit der Nutzungsdauer des anzuschaffenden Vermögensgegenstandes. Soll z. B. eine Maschine mit einer wirtschaftlichen Nutzungsdauer von fünf Jahren angeschafft werden, sollten die Kreditmittel auch über diesen Zeitraum zur Verfügung stehen. Dann decken sich Kapitalbereitstellungsfrist und Kapitalbindungsfrist, sie sind **kongruent** (deckungsgleich).

– **Quantitätsregeln** beziehen sich auf das optimale Finanzierungsvolumen.

– **Rentabilitätsregeln** regeln das Verhältnis von Finanzierungskosten und Finanzerträgen.

In Kapitel 2 wurden die wesentlichen Finanzierungsregeln bereits im Rahmen der Bilanzanalyse behandelt. An dieser Stelle sollen diese Ausführungen nun vertieft und um weitere Begriffe und Kennzahlen ergänzt werden.

3.1.2.1 Vertikale Finanzierungsregeln

Mit steigendem Fremdkapitalanteil steigt auch die Abhängigkeit von externen Kapitalgebern und damit das Risiko des Unternehmens. Die **vertikale Kapitalstrukturregel** misst diese Abhängigkeit, indem sie die Passivpositionen »Fremdkapital« und »Eigenkapital« zueinander in ein Verhältnis setzt, das auch als (statischer) **Verschuldungsgrad** bezeichnet wird (allerdings wird dieser Begriff, wie in Abschn. 2.3.3.1 bereits dargelegt, häufig auch für das Verhältnis zwischen Fremd- und Gesamtkapital verwendet).

Die in der Literatur ab und zu anzutreffende Forderung, wonach dieses Verhältnis von Fremd- zu Eigenkapital 1 : 1 zu betragen habe, d. h., dass jeder Euro Fremdkapital durch gleich hohes Eigenkapital gedeckt sein müsse, ist aber für die deutsche Industrie als überzogen zu beurteilen: Dem hier oft weniger als 20% ausmachenden Eigenkapitalanteil am Gesamtkapital (Eigenkapitalquote; aber auch hier ist die Begriffsverwendung uneinheitlich) entspricht ein Verschuldungsgrad > 4.

Bei der Beurteilung der Bedeutung einer solchen Kennzahl muss beachtet werden, dass Vermögenszusammensetzung, Branche und Rechtsform einen erheblichen Einfluss auf die Kapitalstruktur ausüben. Die Kapitalstruktur eines Maklers, der nur »Telefon und Schreibtisch« benötigt, ist z. B. gegenüber derjenigen eines kapitalintensiven Werftbetriebs nahezu unbedeutend.

3.1.2.2 Horizontale Finanzierungsregeln

Die »**Goldene Bilanzregel**« ist eine horizontale Kapital-Vermögensstrukturregel. Sie besagt in ihrer engsten Fassung, dass das Anlagevermögen durch Eigenkapital und langfristiges Fremdkapital zu finanzieren ist, das Umlaufvermögen hingegen durch kurzfristiges Fremdkapital. Hintergrund dieser Forderung ist, dass Eigen- und langfristiges Fremdkapital als langfristig verfügbar angesehen werden, und damit nur zur Finanzierung ebenso langfristig zur Verfügung stehenden Vermögens verwendet werden sollen. Das Umlaufvermögen verbleibt regelmäßig nur kurz im Betrieb und kann daher entsprechend kurzfristig finanziert werden. Die goldene Bilanzregel ist daher den **Fristigkeitsregeln** zuzurechnen.

Die weitere Fassung der Goldenen Bilanzregel geht von der Feststellung aus, dass bestimmte Teile des Umlaufvermögens nicht nur kurzfristig gebunden sind, sondern – vor allem in Form von »eisernen Beständen« bei den Vorräten – langfristig. Wenn diese Teile des Umlaufvermögens als langfristiges Vermögen aufgefasst werden, kann ihre Finanzierung auch entsprechend langfristig sein; es kann hierfür Eigenkapital oder langfristiges Fremdkapital Verwendung finden.

Bei dieser verfeinerten Fassung der Goldenen Bilanzregel ist aber unberücksichtigt geblieben, dass auch ein kurzfristiger Kontokorrentkredit durchaus langfristig sein kann, nämlich dann, wenn er über einen ausreichend langen Zeitraum gewährt wird. So hat ein Minussaldo auf dem Bankkonto, der z. B. über fünf Jahre besteht, durchaus langfristigen Charakter. Auch bei Lieferantenkrediten ergeben sich Sockelbeträge, die über eine lange Zeit bestehen können.

Die »**Goldene Finanzierungsregel**« (auch als Goldene Bankregel bezeichnet) geht deshalb etwas pauschaler vor, indem sie fordert, dass grundsätzlich alle langfristig gebundenen Vermögensgegenstände durch langfristiges Kapital zu finanzieren sind. Entsprechend ist bei kurzfristig gebundenem Vermögen auch nur kurzfristiges Kapital einzusetzen. Es wird also die Übereinstimmung von Kapitalüberlassungsdauer und Kapitalverwendungsdauer gefordert (Grundsatz der **Fristenkongruenz**).

3.1.2.3 Finanzanalyse

Wichtigste und bekannteste Kennzahl der Finanzanalyse ist der **Cash-Flow**. Er wurde bereits in Abschnitt 2.3.4.4 hergeleitet. In Zusammenhang mit der Finanzierung wird er als **Indikator für die Schuldentilgungskraft** des Unternehmens interpretiert: Maximal in Höhe des Cash-Flow kann eine Rückzahlung von Krediten erfolgen. Wie bereits gezeigt wurde, wird der Cash-Flow auch für die Finanzierung von Investitionsvorhaben benötigt und für Ausschüttungen an Anteilseigner herangezogen; langfristig muss die Rückzahlung aufgenommenen Fremdkapitals aber aus dem Cash-Flow des Betriebes erbracht werden können.

Wird die aktuelle Verschuldung ins Verhältnis zum Cash-Flow des letzten Geschäftsjahres gesetzt, ergibt sich als Kennzahl der **dynamische Verschuldungsgrad**. Er zeigt an, wie viele Jahre das Unternehmen – bei ansonsten unveränderten Bedingungen – benötigt, um seine Schulden aus dem laufenden Cash-Flow zu tilgen. Angestrebt wird ein möglichst geringer Wert.

Zudem stellt die Finanzanalyse auf die bereits behandelten **Liquiditätsgrade** ab (vgl. Abschn. 2.3.3.3). Als weiteren Liquiditätsindikator betrachtet es das **Working Capital** als absolute oder relative Kennzahl (»Working Capital Ratio«).

	absolut	**relativ (»ratio«)**
Working Capital	Umlaufvermögen – kurzfristige Verbindlichkeiten	$\frac{\text{Umlaufvermögen} \cdot 100}{\text{kurzfristige Verbindlichkeiten}}$

Je größer das verbleibende, nicht kurzfristig finanzierte Umlaufvermögen ist, desto größer ist die finanzielle Beweglichkeit und Sicherheit des Unternehmens.

Aus dem Working Capital kann das **Net** (auch: Netto) **Working Capital** errechnet werden, indem neben den kurzfristigen, nicht verzinslichen Verbindlichkeiten auch die liquiden Mittel abgezogen werden.

	absolut	**relativ (»ratio«)**
Net Working Capital	Umlaufvermögen – kurzfristige Verbindlichkeiten – liquide Mittel	$\frac{\text{Umlaufvermögen} - \text{liquide Mittel}}{\text{kurzfristige Verbindlichkeiten}}$

Das Ergebnis zeigt an, welcher Betrag (bzw. Anteil) des Umlaufvermögens langfristig finanziert ist und damit dauerhaft Kapital bindet. Soweit es sich hierbei nicht um zwingend notwendige eiserne Reserven handelt, sollte dieser Teil des Umlaufvermögens möglichst abgebaut werden, um die Kapitalbindungskosten zu verringern. Dieser Abbau kann durch die Verkürzung der Außenstandsdauer der Forderungen oder der Umschlagsdauer der Vorräte befördert werden.

3.1.2.4 Rentabilitätskennziffern

Die Finanzierungsentscheidung muss zwischen den – nachfolgend näher beschriebenen – Formen der Finanzierung auswählen und dabei ein optimal ausgewogenes Verhältnis zwischen Eigen- und Fremdkapital unter Berücksichtigung der Kapitalkosten anstreben.

Die Kosten für das aufgenommene Fremdkapital hängen dabei von der Auswahl der Finanzierungsinstrumente und den verfügbaren Sicherheiten ab. Neben dem Preisniveau auf dem Kapitalmarkt spielen also auch individuelle Umstände eine preisbestimmende Rolle. Nicht zuletzt hat auch das bestehende Verhältnis von Eigen- und Fremdkapital (Verschuldungsgrad) Einfluss auf die Kapitalkosten. Mit zunehmender Verschuldung steigt das Risiko der Gläubiger, die diesen Umstand durch einen höheren Zins berücksichtigen werden.

Ausgangswert der Betrachtung ist die **Gesamtkapitalrentabilität** r_{GK}, die sich wie folgt errechnet:

$$r_{GK} = \frac{G + Z}{EK + FK}$$

mit

G = Gewinn
EK = eingesetztes Eigenkapital
FK = eingesetztes Fremdkapital
Z = Fremdkapitalzinsen; Betrag aus FK · i mit i = Zinssatz

Dabei wird von der Überlegung ausgegangen, dass das eingesetzte Gesamtkapital sowohl den Gewinn als auch die auf das Fremdkapital entfallenden Zinsen erwirtschaftet hat. Bezieht man den erwirtschafteten Gewinn auf das Eigenkapital, so ergibt sich die Eigenkapitalrendite r_{EK} aus

$$r_{EK} = \frac{G}{EK}$$

bzw., wenn die Gesamtkapitalrendite bekannt ist, aus

$$r_{EK} = r_{GK} + (r_{GK} - i) \cdot \frac{FK}{EK}$$

Unter der Annahme einer konstanten Gesamtkapitalrendite können anhand dieser Formeln die Auswirkungen von Finanzierungsentscheidungen auf die Eigenkapitalrendite untersucht werden.

Die Zusammenhänge zwischen Verschuldungsgrad und Kapitalkosten bei gegebener Gesamtkapitalrendite sollen an nachfolgendem Beispiel verdeutlicht werden.

Die West-Star-AG weist folgende Jahresabschlusspositionen aus:

Eigenkapital (EK)	*= 200.000 €*
Fremdkapital (FK)	*= 300.000 €*
FK-Zinsen (FK · i)	*= 21.000 € (= 7 %)*
Gewinn (G)	*= 29.000 €*

Die Gesamtkapitalrentabilität r_{GK} beträgt:

$r_{GK} = (G + FK \cdot i) : (EK + FK) = 0{,}1 = 10\ \%$

Die Eigenkapitalrentabilität r_{EK} ergibt sich aus dem Verhältnis von Gewinn zu eingesetztem Eigenkapital:

$r_{EK} = G : EK = 0{,}145 = 14{,}5\ \%$

Wegen guter Ertragsaussichten soll nun eine Investition von 100.000 € in ein neues Ölfeld vorgenommen werden. Es wird erwartet, dass die Gesamtkapitalrendite weiterhin 10% beträgt. Wird für diese Investition ausschließlich Eigenkapital verwendet, ergibt sich:

r_{GK}	$= 600.000 \cdot 10\ \%$	$= 60.000$ €
$Z = FK \cdot i$	$= 300.000 \cdot 7\ \%$	$= 21.000$ €
$300.000 \cdot r_{EK}$		$= 39.000$ €

$$r_{EK} = 0{,}13 = 13\ \%$$

Bei der Finanzierung der Investition durch neues Fremdkapital, für das ein Zins von 8 % anzusetzen ist, zeigen sich folgende Ergebnisse:

r_{GK}	$= 600.000 \cdot 10\ \%$	$= 60.000$ €
z_{alt}	$= 300.000 \cdot 7\ \%$	$= 21.000$ €
z_{neu}	$= 100.000 \cdot 8\ \%$	$= 8.000$ €
	$200.000 \cdot r_{EK}$	$= 31.000$ €

$$r_{EK} = 0{,}155 = 15{,}5\ \%$$

Bei zunehmender Verschuldung muss zwar mit höheren Zinsen gerechnet werden, die Eigenkapitalrendite steigt aber dennoch von 14,5 % auf 15,5 %, weil die durchschnittlichen Fremdkapitalkosten (29.000 : 400.000 = 7,25 %) noch unter der Gesamtkapitalrendite von 10 % liegen. Würden die Kapitalkosten nach Ablauf der Kapitalbindungsdauer auf 10 % steigen, bräche die Eigenkapitalrendite zusammen:

r_{GK}	$= 600.000 \cdot 10\ \%$	$= 60.000$ €
z	$= 400.000 \cdot 10\ \%$	$= 40.000$ €
	$200.000 \cdot r_{EK}$	$= 20.000$ €

$$r_{EK} = 0{,}1 = 10\ \%$$

Die Eigenkapitalrendite ist von 15,5 % auf 10 % gesunken. Die bisher positiven Differenzen aus $r_{GK} - z$ können der Eigenkapitalrendite nicht mehr zugeschlagen werden. Eine Zinserhöhung auf z. B. 11 % hätte sogar zur Folge, dass die Eigenkapitalrendite mit 8 % unter die Gesamtkapitalrendite fiele.

Diese Wirkungen machen deutlich, dass die Eigenkapitalrendite abhängig ist von dem Verschuldungsgrad und dem Verhältnis von Gesamtkapitalrendite und Zinssatz. Bei positiver Differenz ($r_{GK} > z$) führt zunehmender Fremdkapitaleinsatz zu einer steigenden Eigenkapitalrendite. Die Steigerungsrate hängt dabei vom Verschuldungsgrad (FK : EK) ab. Bei diesen Auswirkungen spricht man vom **Leverage Effect** (»Hebelwirkung« des Fremdkapitals auf die Eigenkapitalrendite).

Zu beachten ist aber, dass das Risiko negativer Einflüsse (der Leverage Effect verkehrt sich ins Gegenteil) auf die Eigenkapitalrendite (bei $r_{GK} < z$) mit steigendem Verschuldungsgrad drastisch zunimmt. Das **Leverage-Optimum** liegt in dem Punkt, in dem die Kosten der zuletzt aufgenommenen Fremdkapitaleinheit der Gesamtkapitalrendite entsprechen. Damit sind die erhöhenden Einflüsse auf die Gesamtkapitalrendite ausgeschöpft.

3.2 Vorbereiten und Durchführen von Investitionsrechnungen einschließlich der Berechnung kritischer Werte

3.2.1 Vorbereitungen von statischen und dynamischen Investitionsrechnungen

Die Vorbereitung, Durchführung und Kontrolle von Investitionsvorhaben lässt sich in folgende Teilschritte untergliedern:

- Anregung der Investition,
- Beschreibung der Investition,
- Festlegen der Ziele und Bewertungskriterien,
- Ermittlung von Investitionsalternativen,
- Vorauswahl von Investitionsalternativen,
- Messung der Vorteilhaftigkeit der ausgewählten Alternativen,
- Bestimmung der vorteilhaftesten Alternative und Entscheidung,
- Realisierung der Investition,
- Kontrolle der Investition.

3.2.1.1 Anregung der Investition

Die Anregung zur Durchführung von Investitionen kann sowohl von interner als auch von externer Seite erfolgen.

Interne Quellen:

Die Bereiche mit dem größten Investionsvorhaben bzw. -volumen geben naturgemäß am häufigsten Anregungen zu entsprechenden Investitionen. Hierzu gehören Fertigung, Forschung und Entwicklung, Vertrieb und, sofern vorhanden, der Bereich Investitionsplanung.

Externe Quellen:

Oftmals geben Kunden oder auch Konkurrenten entsprechende Anregungen zu Investitionen. Auch Beratungsunternehmen, beauftragt mit Rationalisierungsprojekten, geben in diesem Zusammenhang gerne entsprechende Investitionsanregungen. Ferner verpflichtet der Gesetzgeber durch neue, meist strengere Gesetze gerade im Bereich des Umweltschutzes die Unternehmen zu Investitionstätigkeiten.

3.2.1.2 Beschreibung der Investition

Im Rahmen einer Investitionsbeschreibung ist das Investitionsproblem darzustellen und zu begründen. Ferner ist auf die Dringlichkeit einzugehen; die Vor- und Nachteile der Investition sind zu beschreiben.

3.2.1.3 Festlegen der Ziele und Bewertungskriterien

Sämtliche Ziele eines geplanten Investitionsvorhabens sowie die Kriterien, die zur Bewertung herangezogen werden sollen, sind festzulegen. Man unterscheidet zwischen Zielen und Bewertungskriterien.

Ziele:

Hier ist zwischen Sachzielen (z. B. Aufbau einer Fertigung in Brasilien) und Formalzielen (Reduzierung des Co_2-Ausstosses um 20%) zu unterscheiden (vgl. Abschn. 5.1.2.3.1).

Bewertungskriterien:

Gerade bei der Festlegung von Bewertungskriterien bei Investitionsvorhaben sind betriebswirtschaftliche Kenngrößen sehr gut anwendbar. Hier lässt sich quantitativ vorgeben, welcher Wert mindestens erreicht werden muss oder maximal nicht überschritten werden darf. Zu den betriebswirtschaftlichen Kenngrößen gehören Kosten, Gewinn, Rentabilität, Amortisationszeit, Kapitalwert, interner Zinsfuß und auch Annuität.

3.2.1.4 Ermittlung von Investitionsalternativen

Anhand folgender Quellen bzw. Vorgehensweisen sind mögliche Alternativen im Rahmen eines Investitionsvorhabens zu ermitteln:

- Kataloge, Preislisten,
- Prospekte, Zeitungen,
- Fachzeitschriften,
- Branchenhandbücher,
- Bezugsquellenverzeichnisse,
- Lieferantenkarteien,
- Internet,
- Brainstorming.

3.2.1.5 Vorauswahl von Investitionsalternativen

Durch Festlegen von so genannten Begrenzungsfaktoren ist eine erste Vorauswahl zu treffen:

- **Wirtschaftlich:** Hier schafft die Angabe eines Maximalbetrages für die Anschaffungs- bzw. Herstellungskosten einen Begrenzungsfaktor.
- **Technisch:** Hierzu gehören Leistungsparameter, die eine anzuschaffende Maschine mindestens zu erreichen hat.
- **Sozial:** Ist die neue Maschine in der Handhabung so ausgeprägt, dass beispielsweise behinderte Menschen diese auch bedienen können? Entspricht sie den Sicherheitsanforderungen?
- **Rechtlich:** Hierzu gehören unter anderem die Emissionsparameter, die entsprechenden Umweltgesetzen zu genügen haben.

3.2.1.6 Messung der Vorteilhaftigkeit der ausgewählten Alternativen

Die Messung der Vorteilhaftigkeit erfolgt gewöhnlich mit einer oder mit mehreren kombiniert angewandten Methoden der Investitionsrechnung; dies sind im Wesentlichen die

- Kostenvergleichsrechnung,
- Gewinnvergleichsrechnung,
- Rentabilitätsrechnung,
- Amortisationsrechnung,
- Kapitalwertmethode,
- interne Zinsfuß-Methode,
- Annuitätenmethode,
- dynamische Amortisationsrechnung.

3.2.1.7 Bestimmung der vorteilhaftesten Alternative und Entscheidung

Nach Bildung einer **Rangordnung** unter den Investitionsalternativen erfolgt eine Entscheidungsvorbereitung und die finale Entscheidung. Hierzu sind die entsprechenden Gremien (z. B Geschäftsführer, einzelnes Vorstandsmitglied, Gesamtvorstand, Aufsichtsrat) je nach Bedeutung der Investition sowie Größe und Struktur des Unternehmens und seiner Unternehmensorganisation einzubeziehen.

3.2.1.8 Realisierung der Investition

Im Rahmen der Realisierungsphase einer Investition erfolgen Bestellung und Kauf der Investitionsobjekte, Beschaffung, Montage und eventuelle Probeläufe sowie spätere technische Abnahmen und ggf. Korrekturen.

3.2.1.9 Kontrolle der Investition

Zu einem festzulegenden Zeitpunkt nach Beendigung des Investitionsvorhabens hat eine Kontrolle hinsichtlich der abgegebenen Parameter, Kosten, Nutzen und angesetzter Einspar- bzw. Rationalisierungspotenziale zu erfolgen. Die Kontrolle kann in Form einer individuellen oder einer summarischen Kontrolle erfolgen.

Mögliche **Zeitpunkte** einer Kontrolle können sein:

- Ende der Anlaufperiode (Erreichen der geplanten Parameter),
- Verfügbarkeit verbesserter Investitionsobjekte,
- Zeitpunkt von Programmumstellungen,
- Ende der Amortisationszeit,
- Ende der Nutzungsdauer.

3.2.2 Investitionsarten und deren Wirkung

Zum Verständnis des Wesens der Investition ist eine klare begriffliche Trennung zur Finanzierung von wesentlicher Bedeutung.

- Die **Finanzierung** ist der Investition zeitlich vorgeschaltet und befasst sich im Kern mit der **Beschaffung von Kapital**. Diese Kapitalbeschaffung findet ihren Niederschlag auf der Passivseite der Bilanz, die die einzelnen Positionen der Mittelbeschaffung abbildet. Hieraus wird deutlich, welche Teile des Kapitals dem Unternehmen vom Unternehmer selbst, von weiteren Mitunternehmern, Anteilseignern (z. B. Aktionären), Kreditinstituten und/oder weiteren Kreditgebern (z. B. Lieferanten) zur Verfügung gestellt worden sind.
- Die **Investition** befasst sich in einem zweiten Schritt mit der **Verwendung des bereitgestellten Kapitals**. Diese finanziellen Mittel können im Rahmen der betrieblichen Leistungserstellung verwendet werden zur Beschaffung von Sachvermögen (z. B. Maschinen und Vorräte), immateriellem Vermögen (z. B. Patente und Lizenzen) oder Finanzvermögen (z. B. Beteiligungen und Wertpapiere). Die Verwendung des bereitgestellten Kapitals findet ihren Niederschlag auf der Aktivseite der Bilanz, die die einzelnen Positionen der Mittelverwendung abbildet.

Merke: Investitionen werden finanziert durch Bereitstellung von Kapital zur Beschaffung von Vermögenswerten. Beide Begriffe stehen in einem engen Zusammenhang; denn zum einen ist ein Investitionsplan ohne praktische Bedeutung, wenn die geplanten Investitionen nicht finanziert werden können, zum anderen ist die mit Zinsbelastungen verbundene Kapitalbeschaffung für das Unternehmen ohne Bedeutung, wenn sie keine gewinnbringende Verwendung findet.

Je nach Art der angeschafften Vermögensgegenstände lassen sich Investitionen unterscheiden in

- Sachinvestitionen,
- Finanzinvestitionen,
- immaterielle Investitionen.

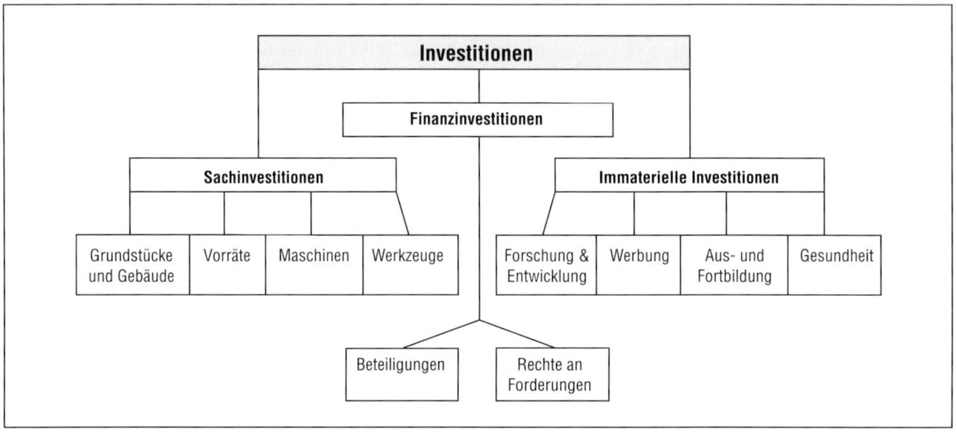

Investitionsarten im Überblick

3.2.2.1 Sachinvestition

Von einer Sachinvestition wird dann gesprochen, wenn die bereitgestellten Kapitalmittel zur Beschaffung von Grundstücken und Gebäuden, Vorräten, Maschinen und Werkzeugen verwendet werden. Je nach Verwendungszweck lassen sich die Sachinvestitionen weiter unterteilen in Anfangs- oder Errichtungsinvestitionen, Ersatz- oder Erhaltungsinvestitionen, Rationalisierungsinvestitionen sowie Erweiterungs- oder Ergänzungsinvestitionen. In der betrieblichen Praxis sind die Grenzen zwischen Ersatz- und Rationalisierungsinvestition eher fließender Natur; denn jede Ersatzinvestition wird auch einen Rationalisierungseffekt beinhalten.

3.2.2.2 Finanzinvestition

Bei einer Finanzinvestition erwirbt das Unternehmen Beteiligungen an anderen Unternehmen oder Rechte an Forderungen. Die Forderungsrechte können sowohl festverzinslich (z. B. Rentenpapiere, Bundesobligationen) als auch mit variabler Verzinsung (z. B. Geldmarktpapiere und so genannte Finanzinnovationen wie beispielsweise floating-rate-notes) ausgestattet sein.

3.2.2.3 Immaterielle Investition

Im Gegensatz zu den bisher genannten Investitionen, bei denen sowohl die erforderlichen Auszahlungen als auch die erzielten Einzahlungen in Form von Umsatzerlösen, Gewinnanteilen oder Zinserträgen feststell- und zurechenbar sind, ist bei einer **immateriellen**

Investition zwar die erforderliche Auszahlung feststellbar, jedoch nicht die erzielte Einzahlung. Hierzu gehören Forschungs- und Entwicklungsinvestitionen, Werbeinvestitionen sowie Sozialinvestitionen in die Aus- und Fortbildung sowie in die Gesundheit der Mitarbeiter.

3.2.2.4 Grundsätze der Invesitionsrechnung

Will nun ein Unternehmen eine Investition zur Erweiterung des Betriebes, zum Ersatz von abgenutzten oder veralterten Anlagen oder aus sozialen Erwägungen heraus tätigen, so stehen hierfür meist verschiedene Anlagevarianten und/oder Produktionsverfahren zur Auswahl. Zur Entscheidungsfindung, welche Anlage oder Verfahren für die betrieblichen Erfordernisse die vorteilhafteste ist, ist neben einer **technischen Bewertung** in Form einer Betrachtung der maximalen Ausbringungsmenge auch der Umstand zu berücksichtigen, dass das Unternehmen für die Beschaffung und zur Nutzung Auszahlungen zu tätigen hat, die über die entsprechenden Einzahlungen aus den Verkaufserlösen der abgesetzten Güter **zu decken** sind.

Ein wichtiges Hilfsmittel zur Beurteilung der Vorteilhaftigkeit eines Investitionsprojektes oder mehrerer Investitionsalternativen ist die Investitionsrechnung. Mit Hilfe von Investitionsrechnungen werden Investitionsentscheidungen vorbereitet. Ziel ist es, die Rentabilität einer geplanten Investition zu ermitteln und zugleich festzustellen, ob sich das mit Durchführung der Investition gebundene Kapital in einer Höhe verzinst, die mindestens der Verzinsung einer alternativen Anlagemöglichkeit entspricht.

Sämtliche Methoden der Investitionsrechnung berücksichtigen diese Verzinsung einer alternativen Anlagemöglichkeit durch Einbeziehung eines **Kalkulationszinsfußes**. Seine Festlegung hat sich an den Finanzierungsverhältnissen und den erwarteten Risiken zu orientieren:

- Soll eine Investition **vollständig durch Eigenkapital** finanziert werden, so kann davon ausgegangen werden, dass dem Unternehmen als Alternative zur Durchführung der Investition beispielsweise die Geldanlage am Kapitalmarkt offensteht. Von daher wird der Kalkulationszinsfuß in diesem Fall niemals kleiner sein als der realisierbare Habenzinssatz einer bestimmten Kapitalmarktanlage. In der betrieblichen Praxis wird der Kalkulationszinsfuß beträchtlich über dem Kapitalmarktzins liegen, da das Unternehmen durch die Kapitalbindung in ein Investitionsobjekt ein Risiko eingeht; denn die jährlich zu erwartenden Einzahlungen, die Nutzungsdauer sowie der Restwert stellen unsichere Größen dar. Merke: Je größer das mit der Durchführung einer Investition verbundene Risiko eingeschätzt wird, desto höher wird ein Unternehmen den Kalkulationszinsfuß ansetzen.
- Wird ein Unternehmen eine Investition **vollständig durch Fremdkapital** finanzieren, so hat sich der Kalkulationszinsfuß am Fremdkapitalzinssatz zu orientieren. Er wird generell nicht niedriger sein als der Zinssatz, den das Unternehmen für die Überlassung des Fremdkapitals zu zahlen hat; dieser Vergleichswert repräsentiert eher die Untergrenze, weil die zu erwartenden Risiken in voller Höhe denen einer vollständigen Eigenkapitalfinanzierung entsprechen.
- Für den Fall einer **Mischfinanzierung** aus Eigen- und Fremdkapital ergibt sich der anzuwendende Kalkulationszinsfuß aus dem gewichteten arithmetischen Mittelwert des Kalkulationszinsfußes für den Eigenkapitalanteil und des Kalkulationszinsfußes für den Fremdkapitalanteil.

In der **betrieblichen Praxis** ist festzustellen, dass der überwiegende Anteil der Unternehmen den Zinssatz für langfristiges Fremdkapital als Basis zur Bestimmung des Kalkulationszinsfußes heranziehen. Nur in Ausnahmefällen findet die Kapitalstruktur des jeweiligen Unternehmens, d. h. das Verhältnis von Eigen- und Fremdkapital, Berücksichtigung.

Zur Berechnung der Kapitalkosten ist das **durchschnittlich gebundene Kapital** (dgK) von ausschlaggebender Bedeutung. In der Praxis zeigen sich bei der Behandlung des Kapitaleinsatzes (KE) unterschiedliche Ansätze. Im Folgenden wird von einer Nutzungsdauer n = 5 Jahren ausgegangen.

Es wird **die volle** Investitionsauszahlung herangezogen:

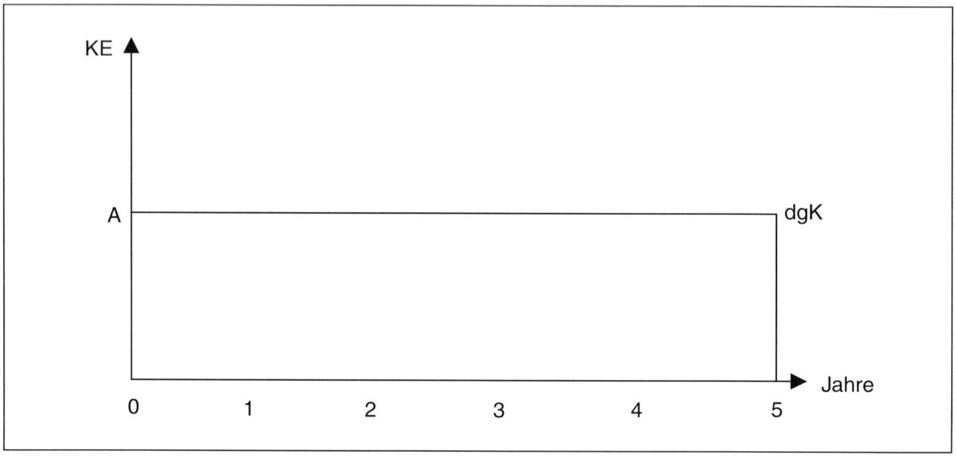

Es gilt: dgK = A mit A = Investitionsauszahlung

In der Praxis ist dieser Ansatz nur dann sinnvoll, wenn das gebundene Kapital nach n Jahren in voller Höhe wiedergewonnen wird.

Es wird **die Hälfte** der Investitionsauszahlung herangezogen:

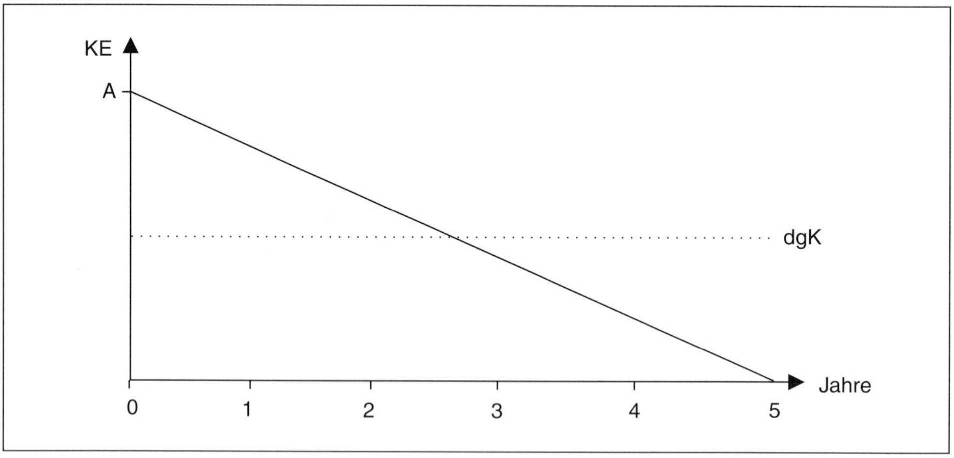

Es gilt: $dgK = \frac{A}{2}$

Bei diesem Ansatz reduziert sich das gebundene Kapital kontinuierlich. Der zugrunde liegende Investitionsgegenstand besitzt nach n Jahren keinen Restwert mehr.

Es wird **die Hälfte der Investitionsauszahlung** herangezogen; zum Ende der Investitionsperiode verbleibt ein zu berücksichtigender Restwert (R):

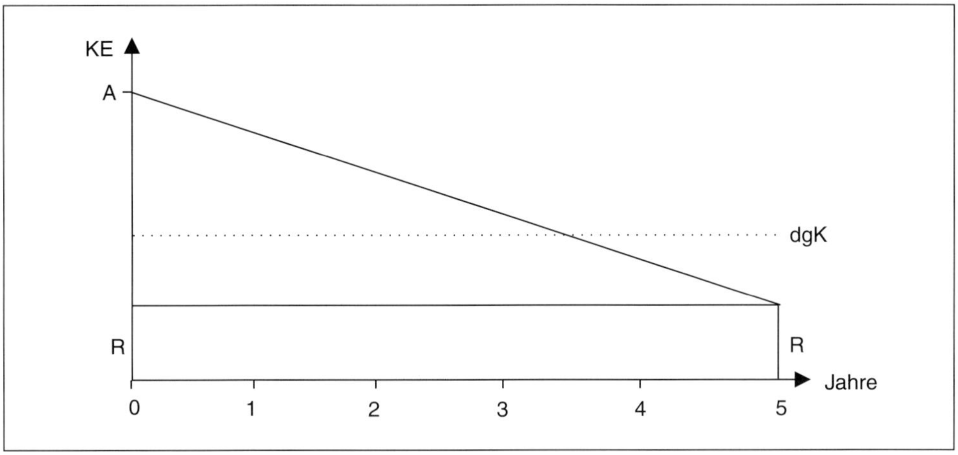

Es gilt: $$dgK = \frac{A + R}{2}$$

Bei diesem Ansatz reduziert sich das gebundene Kapital kontinuierlich auf den nach n Jahren zu berücksichtigenden Restwert.

Das durchschnittlich gebundene Kapital bemisst sich nach **der Höhe des jeweiligen Restbuchwertes** einer Periode:

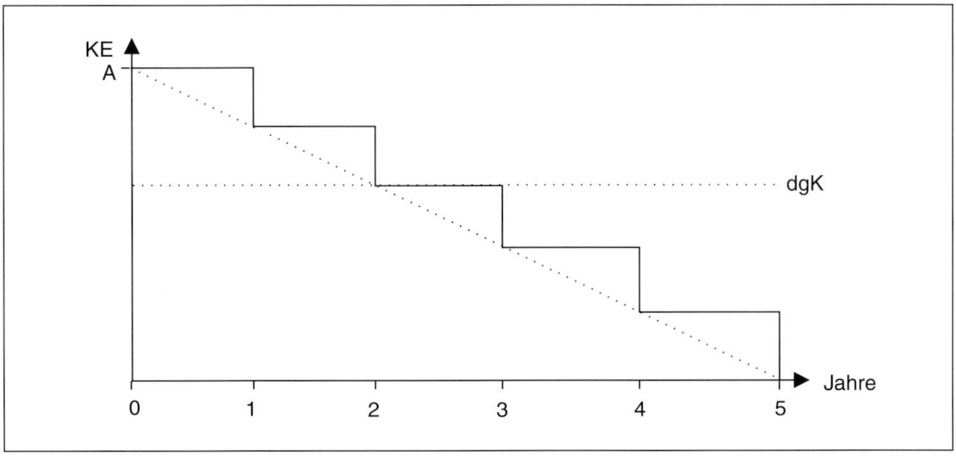

Es gilt: $$dgK = \frac{A}{2} \cdot \frac{n + 1}{n}$$

Bei diesem Ansatz reduziert sich das gebundene Kapital kontinuierlich entsprechend dem Restbuchwert der jeweiligen Periode. Dieser Ansatz führt im Zeitablauf zu steigenden Jahresrentabilitäten, da der Restbuchwert von Periode zu Periode abnimmt und somit die Größe, durch die man den Periodengewinn dividiert. Der zugrunde liegende Investitionsgegenstand besitzt nach n Jahren keinen Restwert mehr.

Das durchschnittlich gebundene Kapital bemisst sich nach der **Höhe des jeweiligen Restbuchwertes** einer Periode. Zum Ende der Investitionsperiode verbleibt ein zu berücksichtigender Restwert:

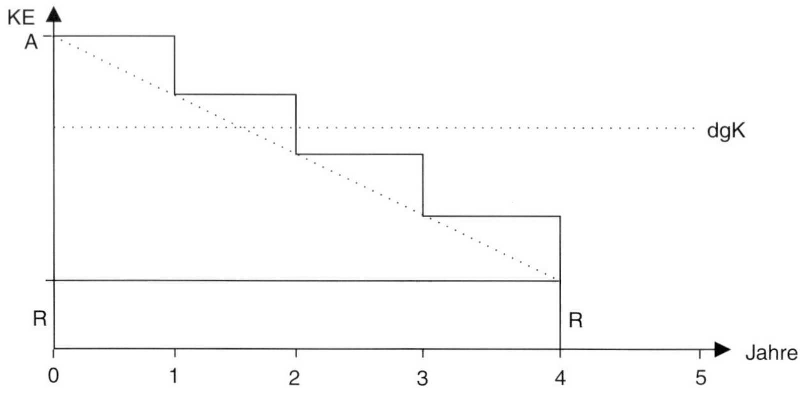

Es gilt: $$dgK = \frac{A - R}{2} \cdot \frac{n + 1}{n} + R$$

Bei diesem Ansatz reduziert sich das gebundene Kapital kontinuierlich entsprechend dem Restbuchwert der jeweiligen Periode auf den nach n Jahren zu berücksichtigenden Restwert. Auch dieser Ansatz führt im Zeitablauf zu steigenden Jahresrentabilitäten, da der Restbuchwert von Periode zu Periode abnimmt und somit die Größe, durch die man den Periodengewinn dividiert.

Praxis und Theorie haben im Verlauf der Entstehungsgeschichte der Investitionsrechnung eine Vielzahl von Methoden der Investitionsrechnung entwickelt.

Je nachdem, ob der Zeitfaktor unberücksichtigt bleibt oder Berücksichtigung findet, sind

– **statische Verfahren** (Hilfsverfahren der Praxis) von
– **dynamischen Verfahren** (finanzmathematische Verfahren)

zu unterscheiden.

3.2.3 Finanzmathematische Grundlagen

3.2.3.1 Zinsrechnung

3.2.3.1.1 Die einfache kaufmännische Zinsformel

Die deutsche kaufmännische Zinsmethode legt der Berechnung 30 Zinstage pro Monat und 360 Zinstage pro Jahr zugrunde.

Die Zinsformel lautet

$$\text{Zinsbetrag} = K \cdot p \cdot \frac{t}{360}$$

mit

K = Kapitalbetrag
p = Jahreszinssatz
t = Tage

oder, wenn der Jahreszinssatz nicht dezimal (z. B. 0,07), sondern als absoluter Satz (7) geschrieben wird:

$$\text{Zinsbetrag} = \frac{K \cdot p \cdot t}{100 \cdot 360}$$

Man sollte sie ohne Mühe nach K, p und t umformen können:

$$K = \frac{z \cdot 100 \cdot 360}{p \cdot t}$$

$$p = \frac{z \cdot 100 \cdot 360}{K \cdot t}$$

$$t = \frac{z \cdot 100 \cdot 360}{K \cdot p}$$

3.2.3.1.2 Zinseszinsrechnung

3.2.3.1.2.1 Aufzinsung

Die Zinsen eines Jahres erbringen im folgenden Jahr selbst Zinsen. Die neuen Zinsen werden also nicht allein vom Kapital K, sondern vom Kapital plus Zinsen (K+Z) errechnet:

$$K_1 = K_0 + Z = K_0 + K_0 \cdot p/100$$
$$= K_0 \cdot (1 + p/100)$$

in diesem Ausdruck kann 1 + p/100 durch q ersetzt werden: $K_1 = K_0 \cdot q$

Im nächsten Jahr gilt:

$$K_2 = K_1 + Z = K_1 + K_1 \cdot p/100$$
$$= K_1 \cdot (1 + p/100)$$
$$= K_1 \cdot q \quad \text{mit} \quad K_1 = K_0 \cdot q\text{, also}$$
$$= K_0 \cdot q \cdot q$$
$$= K_0 \cdot q^2$$

Für das dritte Jahr ergibt sich analog $K_3 = K_0 \cdot q^3$, usw. Ganz allgemein gilt: $K_n = K_0 \cdot q^n$

3.2.3.1.2.2 Barwertberechnung (Abzinsung)

Der Barwert ist der auf die Gegenwart abgezinste Wert eines zukünftigen Betrages. Wenn gilt

$$K_n = K_0 \cdot q^n$$

dann ist

$$K_0 = K_n / q^n$$

oder, anders ausgedrückt,

$$K_0 = K_n \cdot q^{-n}$$

(Es gilt – ohne dass dies hier mathematisch hergeleitet werden soll – : $q^{-n} = \frac{1}{q^n}$)

Beispiele zur Auf- und Abzinsung enthält Abschnitt 3.2.5.1.

3.2.3.1.3 Rentenrechnung

3.2.3.1.3.1 Rentenbarwert

Der Rentenbarwertfaktor ist der **Kehrwert des Annuitätenfaktors** (vgl. Abschn. 3.2.3.2.2). Er wird auf eine gleichbleibende Rate angewendet; das Ergebnis gibt an, welchem Kapitalwert diese Rate (Rente) entspricht. Der Rentenbarwertfaktor wird in den üblichen finanzmathematischen Tabellen (die auch in Klausuren verwendet werden können) angegeben und soll hier nicht hergeleitet werden.

3.2.3.1.3.2 Ewige Rente

Bei Renten, die 30 Jahre oder länger gezahlt werden, wird häufig mit einem Näherungswert gerechnet, mit dessen Hilfe der Ertragswert E (= Barwert der Rentenbeträge) ermittelt wird.

$$E = \frac{\text{jährliche Nettoeinzahlung}}{\text{Zinssatz}}$$

Der Ertragswert ist nicht der Kapitalwert! Dieser ergibt sich, indem vom Ertragswert die Höhe der Anschaffungsauszahlung, z.B. der einmaligen Zahlung des Rentenempfängers in eine Lebensversicherung, abgezogen wird.

3.2.3.1.3.3 Ewige Rendite

Die ewige Rendite ist das Gegenstück zur ewigen Rente. Sie gibt an, wie hoch eine Einmalzahlung, auf die eine unbegrenzte Folge jährlicher Auszahlungen erfolgt, verzinst wird. Sie ergibt sich aus

$$r = \frac{\text{jährliche Nettoeinzahlung}}{\text{Anschaffungsauszahlung}}$$

3.2.3.2 Kredittilgung

Für Kredite können unterschiedliche Tilgungsmodelle vereinbart werden. Die üblichen Modelle werden im Folgenden behandelt.

3.2.3.2.1 Endfällige Tilgung

Das Fremdkapital wird während der gesamten Laufzeit nicht getilgt, sondern nur verzinst, wobei die Zinsen abfließen und nicht der bestehenden Schuld zugeschlagen werden. Die Zinsberechnung erfolgt dann nach der oben dargestellten kaufmännischen Zinsformel.

3.2.3.2.2 Annuitätentilgung

Die Annuität ist ein gleichbleibender Betrag, der sich aus Tilgung, Zinsen und ersparten Zinsen zusammensetzt und in jeder Periode von 1 bis n gezahlt werden muss, damit das Anfangskapital bis zum Zeitpunkt n zurückverdient und zugleich der dem Kalkulationszinsfuß entsprechende Zins erwirtschaftet wird (z. B. Hypothekendarlehen mit gleichbleibender Rate).

Auf eine Herleitung der Annuität soll verzichtet werden. Der Annuitätsfaktor a, der auch als Kapitalwiedergewinnungsfaktor KWF bezeichnet wird, wird üblicherweise (auch in Klausuren) aus einer Tabelle abgelesen.

Die Formel lautet

$$a \text{ (oder AN)} = \frac{q^n \cdot (q-1)}{q^n - 1}$$

a wird mit dem Kapitalwert multipliziert; das Ergebnis ist die Annuität.

3.2.3.2.3 Ratentilgung

Ratentilgung ist die regelmäßige Rückführung des geschuldeten Betrages, üblicherweise in gleich hohen Tilgungsraten. Je nach Kreditvereinbarung wird die Berücksichtigung der Kreditsummenminderung bei der Zinsberechnung taggenau oder zu bestimmten Terminen vorgenommen. Die Art der Tilgungsverrechnung wirkt sich auf die Effektivverzinsung aus.

Bei gleichmäßigen Raten kann der gesamte Zinsbetrag näherungsweise dadurch ermittelt werden, dass der Zinssatz auf den halben Kreditbetrag angewendet wird.

3.2.3.3 Effektivverzinsung

Der in einem Kreditvertrag vereinbarte Zinssatz wird **Nominalzinssatz** genannt. Neben ihm fallen meistens weitere Kreditkosten an, die entweder als Bearbeitungsgebühr sofort bei Kreditaufnahme fällig und zusätzlich zahlbar sind oder von der Kreditsumme abgezogen und vom Kreditgeber einbehalten werden. Hierdurch wird der Nominalzins erhöht.

Der tatsächliche Zinssatz wird als Effektivverzinsung bezeichnet. Nach § 492 Abs. 1 Zif. 5, Abs. 2 BGB und § 6 Preisangabenverordnung (PAngV) ist der Ausweis der Effektivverzinsung in allen Kreditverträgen der gewerblichen Kreditwirtschaft zwingend vorgeschrieben.

Schätz- und Wertermittlungsgebühren, Bereitstellungszinsen, Zuschläge bei Teilauszahlungen und Kontoführungsgebühren sind im effektiven Zinssatz nicht berücksichtigt.

Die Berechnung erfolgt näherungsweise mittels der so genannten **Uniform-Formel**:

$$\frac{\text{Kreditkosten} \cdot 24}{(\text{Laufzeit} + 1) \cdot \text{Nettodarlehensbetrag}} \cdot 100 = \textbf{effektiver Jahreszins (in \%)}$$

Diese Näherungsformel ist für die Zinsausweisung in Kreditverträgen nicht zugelassen; hierfür muss eine wesentlich kompliziertere, im Ergebnis genauere Berechnung angestellt werden.

3.2.4 Statische Verfahren

Bei den statischen Methoden der Investitionsrechnung handelt es sich in den überwiegenden Fällen um Faustregeln, die sich im Laufe der Zeit aus der betrieblichen Praxis heraus gebildet haben. Die im direkten Vergleich zu den dynamischen Methoden der Investitionsrechnung fehlende finanzmathematische Basis hat zur Folge, dass zeitliche Unterschiede bei Ein- und Auszahlungen, die sonst durch Auf- und Abzinsungen auf einen gemeinsamen Stichtag Berücksichtigung finden, entweder überhaupt nicht oder nur unvollkommen berücksichtigt werden. Daher verwenden die statischen Methoden die Begriffe »Einzahlung« und »Auszahlung« überhaupt nicht, sondern orientieren sich an den Begriffspaaren »Aufwand« und »Ertrag« aus der Finanzbuchhaltung und »Kosten« und »Leistungen« aus der Kosten- und Leistungsrechnung.

Zu den **statischen Methoden** der Investitionsrechnung gehören die

- Kostenvergleichsrechnung,
- Gewinnvergleichsrechnung,
- Rentabilitätsrechnung,
- Amortisationsrechnung.

3.2.4.1 Die Kostenvergleichsrechnung

Die Kostenvergleichsrechnung nimmt bei gegebener Ausbringungsmenge einen Vergleich der in einer Periode anfallenden Kosten von zwei oder mehreren Investitionsobjekten vor. Dabei kann es sich im Rahmen einer **Ersatzinvestition** um den Vergleich einer alten mit einer neuen Anlage oder im Rahmen einer **Erweiterungsinvestition** um den Vergleich von mehreren Neuanlagen handeln.

Kriterium für die Vorteilhaftigkeit ist die jeweilige **Kostendifferenz**. Konkret werden hierfür die jeweils relevanten **Gesamtkosten (K)** einer Periode, nämlich die Kapitalkosten (Abschreibungen und Zinsen) und die Betriebskosten (Lohn-, Material-, Energie- und Instandhaltungskosten) einer Anlage verglichen.

Die Anschaffung von Anlage 1 ist günstiger als diejenige von Anlage 2, wenn gilt:

$$K_1 < K_2$$

In der grafischen Darstellung ergibt sich folgendes Bild:

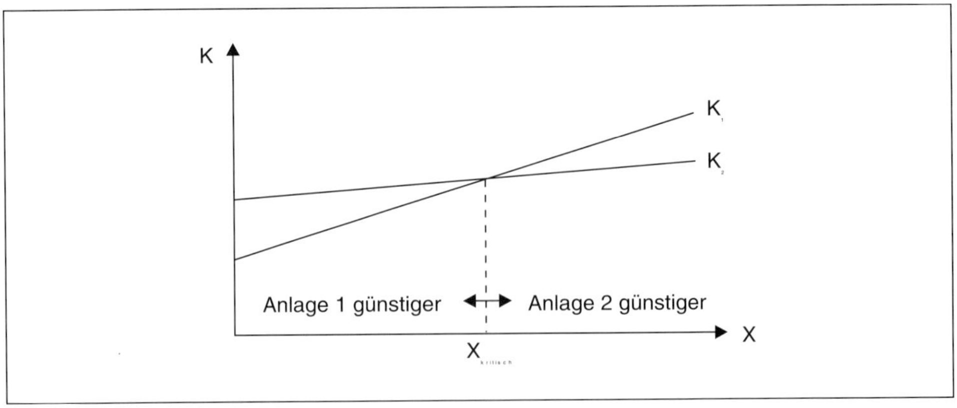

Kostenvergleichsrechnung in einer Periodenbetrachtung

Zwei Anlagen weisen die gleichen Ausbringungsdaten und die gleiche Nutzungsdauer auf, unterscheiden sich aber hinsichtlich der Anschaffungskosten, des Restwertes und der Betriebskosten (in €).

	Anlage 1 (in €)	**Anlage 2 (in €)**
Anschaffungskosten	1.000.000,00	1.200.000,00
Jährliche Betriebskosten:		
– Lohnkosten	120.000,00	90.000,00
– Wartungskosten	30.000,00	20.000,00
– Energiekosten	14.000,00	12.000,00
– Materialkosten	66.000,00	58.000,00
AfA/betriebsgewöhnl. Nutzungsdauer: 8 Jahre/linear	125.000,00	137.500,00
Restwert	0,00	100.000,00
Anteilige Raumkosten	40.000,00	40.000,00
Finanzierungskosten: 8 %/dgK 50 % der Investitionsauszahlung	40.000,00	52.000,00
Gesamtkosten pro Periode:	**435.000,00**	**409.500,00**

Im Rahmen der Gesamtkostenbetrachtung pro Periode stellt die Anlage 2 die günstigere Alternative dar.

Bei der Ermittlung der Abschreibung **AfA** wird mit linearen Beträgen gerechnet; dabei kann ein eventueller Restwert **R** durch vorherigen Abzug von der Abschreibungsbasis (= Anschaffungswert) **A** berücksichtigt werden. Notwendig ist die Abschätzung der betriebsgewöhnlichen Nutzungsdauer **n**.

$$AfA = \frac{A}{n} \qquad \text{oder} \qquad AfA = \frac{A - R}{n}$$

Die kalkulatorischen Zinsen werden durch Anwendung des Kalkulationszinsfußes auf das gebundene Kapital ermittelt.

Das gebundene Kapital ist

- entweder der volle ursprüngliche Investitionsbetrag
- oder die Hälfte des ursprünglichen Investitionsbetrages
  (= durchschnittlich gebundenes Kapital = üblicher Ansatz)

(In Zusammenhang mit der Rentabilitätsrechnung wird eine dritte Definition, nämlich »Buchwert der Investition«, eingebracht, hier aber noch nicht!)

Unter Ansatz des durchschnittlichen gebundenen Kapitals ergibt sich also ein kalkulatorischer Zins von

$$z = \frac{A}{2} \cdot i$$

Für den Fall, dass ein Restwert zu berücksichtigen ist, gilt

$$z = \frac{A - R}{2} \cdot i + R \cdot i, \text{ was } z = \frac{A + R}{2} \cdot i \text{ entspricht.}$$

Begründung: Der Restwert ist die ganze Zeit gebunden und fließt daher in die Durchschnittsberechnung nicht ein; er muss vielmehr die ganze Zeit über voll verzinst werden! Kapitalbindung in Form eines Restwertes erhöht also die Zinskosten (würde aber, bei dynamischer Betrachtung, den Barwert erhöhen, weil er eine Abschlusseinzahlung darstellt).

Stimmen die Kapazitäten der zu vergleichenden Anlagen nicht überein, so sind nicht die o. g. Gesamtkosten der Periode, sondern die jeweiligen **Kosten pro Stück (k)** zu vergleichen. Hier muss jedoch beachtet werden, dass diese Stückkosten vom Grad der Kapazitätsauslastung abhängig sind. Somit führt eine Kostenvergleichsrechnung auf Stückkostenbasis nur dann zu einer richtigen Investitionsentscheidung, wenn die Anlage mit den geringeren Stückkosten die höhere Auslastung aufweist und die Erträge pro Stück der betrachteten Anlagen konstant sind; auch hier ist Anlage 1 günstiger, wenn gilt:

$$k_1 < k_2$$

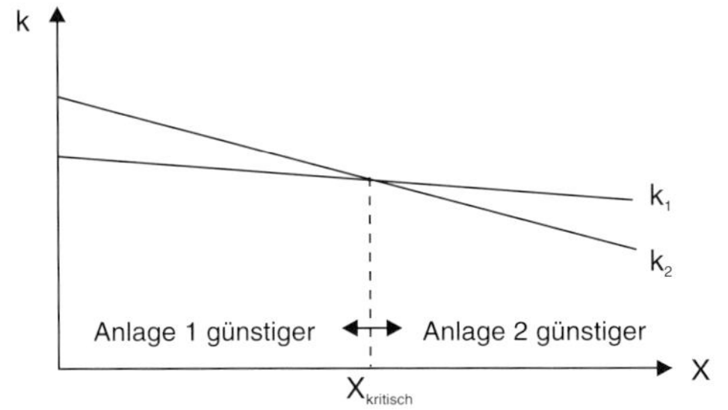

Kostenvergleichsrechnung in einer Stückkostenbetrachtung

Zwei Anlagen weisen bei annähernd identischen Kostenstrukturen stark unterschiedliche Ausbringungsdaten auf (Kostenbeträge ohne Zusatz in €):

	Anlage 1 (in €)	**Anlage 2 (in €)**
Anschaffungskosten	1.000.000,00	1.200.000,00
Jährliche Leistung	50.000 Stück	70.000 Stück
Jährliche Betriebskosten:		
– Lohnkosten[1)]	110.000,00	120.000,00
– Wartungskosten[2)]	30.000,00	35.000,00
– Energiekosten[1)]	14.000,00	15.000,00
– Materialkosten[1)]	66.000,00	71.000,00
Betriebsgewöhnliche Nutzungsdauer: 8 Jahre/linear[2)]	125.000,00	137.500,00
Restwert	0,00	100.000,00
Anteilige Raumkosten[2)]	40.000,00	40.000,00
Finanzierungskosten:[2)] 8 %/dgK 50 % der Investitionsauszahlung	40.000,00	52.000,00
Stückkosten pro Periode:	**8,50/Stück**	**6,72/Stück**

[1)] variable Kosten [2)] fixe Kosten, zu denen auch AfA und Zinsen gehören

Im Rahmen der Stückkostenbetrachtung pro Periode stellt die Anlage 2 die günstigere Alternative dar.

Zur Entscheidungsfindung bei Alternativenvergleich ist die Ermittlung der **kritischen Menge** ($x_{kritisch}$) von großer Bedeutung. Dieser Wert gibt an, ab welcher Ausbringungsmenge auf einer Anlage kostengünstiger im Vergleich zu einer anderen Anlage produziert werden kann. Neben der bereits in den obigen Beispielen dargestellten grafischen Ermittlung ist diese auch rechnerisch zu ermitteln.

Hierzu sind in der Kostenvergleichsrechnung die Gesamtkosten (K) der jeweils zu vergleichenden Alternativen nach ihren variablen (k_v) und fixen Bestandteilen (K_f) aufzuteilen, gleichzusetzen und nach x aufzulösen:

$$K_{f_1} + k_{v_1} \cdot x = K_{f_2} + k_{v_2} \cdot x$$

Wird nun die Kostenvergleichsrechnung als Entscheidungskriterium für den optimalen Zeitpunkt einer **Ersatzinvestition** herangezogen, so werden die Gesamtkosten pro Periode der alten Anlage im Rahmen der Restnutzungsdauer mit den Gesamtkosten pro Periode im Rahmen der geplanten Nutzungsdauer der neuen Anlage verglichen.

Dabei ist zu unterscheiden zwischen

- der **Nettovergleichsmethode**, die lediglich die **Betriebskosten** der Altanlage mit den **Betriebs- und Kapitalkosten** der Neuanlage vergleicht, und
- der **Bruttovergleichsmethode**, die die **Betriebs- und Kapitalkosten** der Altanlage den **Betriebs- und Kapitalkosten** der Neuanlage gegenüberstellt.

Da in der betrieblichen Praxis eher davon auszugehen ist, dass der Unternehmer die Altanlage ersetzen wird, wird im nachfolgenden (nicht auf das vorherige Bespiel Bezug nehmenden) Zahlenbeispiel die **Nettovergleichsmethode** angewendet. Der Zentralverband der Elektrotechnischen Industrie (ZVEI) zum Beispiel empfiehlt seinen Mitgliedern ebenfalls die Nettovergleichsmethode.

	Altanlage (€)	**Neuanlage (€)**
Anschaffungskosten		1.200.000,00
Jährliche Betriebskosten:		
– Lohnkosten	120.000,00	45.000,00
– Wartungskosten	130.000,00	20.000,00
– Energiekosten	44.000,00	12.000,00
– Materialkosten	65.000,00	48.000,00
Betriebsgewöhnliche Nutzungsdauer: 8 Jahre/linear		150.000,00
Restnutzungsdauer		8 Jahre
Finanzierungskosten: 8 %/dgK 50 % der Investitionsauszahlung		48.000,00
Gesamtkosten pro Periode nach Nettovergleichsmethode	**359.000,00**	**323.000,00**

Hier lohnt sich der Sofortersatz der Altanlage.

Neben der generellen Schwäche der statischen Methoden der Investitionsrechnung, dass zeitliche Unterschiede bei Ein- und Auszahlungen, die sonst durch Auf- und Abzinsungen auf einen gemeinsamen Stichtag Berücksichtigung finden, entweder überhaupt nicht oder nur unvollkommen berücksichtigt werden, weist die Kostenvergleichsrechnung weitere Schwächen auf:

- Die Kostenvergleichsrechnung wendet eine sehr kurzfristige Betrachtungsweise an, bei der sich keine sicheren Rückschlüsse auf die zukünftige Kosten- und Erlösentwicklung der Investition schließen lassen.
- Für den Fall einer Ersatzinvestition findet der Restwert der zu ersetzenden Anlage keine Berücksichtigung.
- Das Verfahren erlaubt keinerlei Aussagen über die Verzinsung des eingesetzten Kapitals (Rentabilität der Investition).

3.2.4.2 Die Gewinnvergleichsrechnung

Die Gewinnvergleichsrechnung findet Anwendung, wenn die Kostenvergleichsrechnung zu keiner klaren Vorteilhaftigkeit einer Alternative führt. Dies ist regelmäßig dann der Fall, wenn den betrachteten Alternativen verschiedene Erträge zuzurechnen sind, weil beispielsweise eine neue Anlage das Produkt in einer besseren als der bisherigen Qualität herstellen kann. Dieser Umstand erlaubt als Folge eine Anhebung des Verkaufspreises.

Kriterium für die Vorteilhaftigkeit ist der jeweilige **Gewinn (G)**. Er stellt die Differenz von **Kosten (K)** und **Erlösen (E)** dar. Dies geschieht in der Weise, dass in Ergänzung zur Kostenvergleichsrechnung die Verkaufserlöse mit in die Vergleichsrechnung einbezogen werden.

Ersatzinvestitionen:

Hier erfolgt ein Vergleich des durchschnittlichen Periodengewinns der alten Anlage mit dem zu erwartenden durchschnittlichen Periodengewinn der neuen Anlage.

Erweiterungsinvestitionen:

Es erfolgt ein Vergleich der jeweiligen durchschnittlichen Periodengewinne der verschiedenen Investitonsalternativen.

Anlage 2 ist Anlage 1 vorzuziehen, wenn gilt

$$E_1 - K_1 < E_2 - K_2, \text{ vereinfacht ausgedrückt: } G_1 < G_2$$

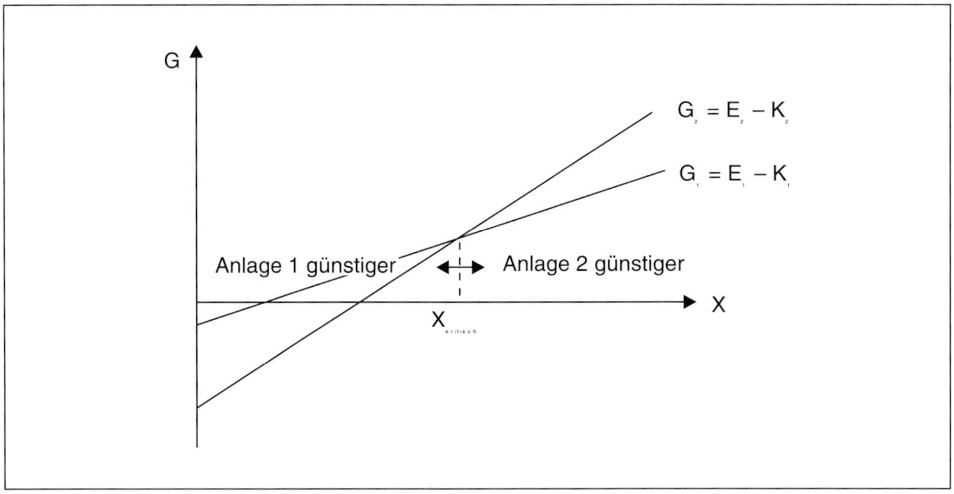

Gewinnvergleichsrechnung in einer Periodenbetrachtung

Wird das Zahlenbeispiel der Kostenvergleichsrechnung um die Angaben der erwarteten durchschnittlichen Periodenerlöse und somit um den jeweils zu erwartenden Periodengewinn ergänzt, ergibt sich eine veränderte Entscheidungssituation. Im vorliegenden Fall kann bei einem jährlichen Ausstoß von 50.000 Stück ein Marktpreis von 14,00/Stück erzielt werden. Bei 70.000 Stück sinkt dieser auf 10,50/Stück.

Hierzu eine Übersicht:

	Anlage 1 (in €)	**Anlage 2 (in €)**
Anschaffungskosten	1.000.000,00	1.200.000,00
Jährliche Leistung	50.000 Stück	70.000 Stück
Erzielbarer Marktpreis/Stück	14,00	10,50
Jährliche Betriebskosten:		
– Lohnkosten[1)]	110.000,00	120.000,00
– Wartungskosten[2)]	30.000,00	35.000,00
– Energiekosten[1)]	14.000,00	15.000,00
– Materialkosten[1)]	66.000,00	71.000,00
Betriebsgewöhnl. Nutzungsdauer: 8 Jahre/linear[2)]	125.000,00	137.500,00
Restwert	0,00	100.000,00
Anteilige Raumkosten[2)]	40.000,00	40.000,00
Finanzierungskosten:[2)] 8 %/dgK 50 % der Investitionsauszahlung	40.000,00	52.000,00
Gesamtkosten pro Periode	425.000,00	470.500,00
Gesamterlös pro Periode	700.000,00	735.000,00
Gesamtgewinn pro Periode:	**275.000,00**	**264.500,00**

[1)] variable Kosten [2)] fixe Kosten, zu denen auch AfA und Zinsen gehören

Im Rahmen der Gesamterlösbetrachtung pro Periode stellt nun die Anlage 1 die günstigere Alternative dar.

Auch bei der Gewinnvergleichsrechnung lässt sich eine kritische Menge grafisch und rechnerisch ermitteln. Dies macht aber nur Sinn, wenn der Deckungsbeitrag für alle möglichen Absatzmengen als konstant angenommen werden kann, also nicht, wie im obigen Beispiel, von der Absatzmenge abhängt.

Denkbar wäre z. B., dass der Preisunterschied zwischen den auf den verschiedenen Anlagen hergestellten Produkten aus einem Qualitätsunterschied resultiert, der mit dem unterschiedlichen Fertigungsprozess einhergeht.

Hierzu ist in der Gewinnvergleichsrechnung der Deckungsbeitrag pro Stück (db) der jeweils zu vergleichenden Alternativen zu ermitteln, von den Gesamtkosten pro Periode in Abzug zu bringen, gleichzusetzen und nach x aufzulösen.

Es gilt: $db_1 \cdot x - K_{f_1} = db_2 \cdot x - K_{f_2}$

Eine kritische Menge außerhalb des Leistungsbereiches ist möglich.

	Anlage 1 (in €)	**Anlage (in €)**
1. Anschaffungskosten	35.000	45.000
2. Betriebskosten pro Jahr		
– Lohnkosten	8.000	6.000
– Instandhaltungskosten	3.500	2.000
– Energie- und Materialkosten	2.250	2.000
– Abschreibungen (5 bzw. 8 Jahre Nutzungsdauer)	7.000	5.625
– Anteilige Raumkosten	800	700
– Zinsen (8 % Fremdfinanzierung gemäß Durchschnittswertverzinsung/d. h. auf 17.500 € bzw. 22.500 €)	1.400	1.800
Kosten der Periode gesamt	22.950	18.125
Erlöse der Periode (durchschnittlich erwartet)	25.500	20.250
Gewinn der Periode (durchschnittlich erwartet)	**2.550**	**2.125**

Die Gewinnvergleichsrechnung hat gegenüber der Kostenvergleichsrechnung den Vorteil einer größeren Anwendungsbreite. Neben den generellen Schwächen der statischen Methoden der Investitionsrechnung weist jedoch auch dieses Verfahren eine Reihe von **Schwächen** auf, die mit denen der Kostenvergleichsrechnung weitgehendst übereinstimmen:

- Die sehr kurzfristige Betrachtungsweise lässt keine sicheren Rückschlüsse auf die zukünftige Kosten- und Erlösentwicklung der Investition zu.
- Für den Fall einer Ersatzinvestition findet der Restwert der zu ersetzenden Anlage keine Berücksichtigung.
- Dieses Verfahren erlaubt keinerlei Aussagen über die Verzinsung des eingesetzten Kapitals (Rentabilität der Investition).

3.2.4.3 Die Rentabilitätsrechnung

Die Rentabilitätsrechnung als dritte Methode der hier genannten statischen Verfahren der Investitionsrechnung ermittelt die Rentabilität der betrachteten Investitionsalternativen.

Sie ergibt sich aus dem Verhältnis des durchschnittlichen Periodengewinnes zum gebundenen Kapital.

$$\text{Rentabilität} = \frac{\text{Periodengewinn} \cdot 100}{\text{gebundenes Kapital}}$$

Kriterium für die Vorteilhaftigkeit einer Investition ist die jeweilige **Rentabilität (R)**. Im Rahmen einer anstehenden Ersatzinvestition vergleicht man die erzielte Rentabilität der zu ersetzenden Anlage mit der erwarteten Rentabilität der neuen Anlage. Bei Erweiterungsinvestitionen erfolgt ein Vergleich der jeweils zu erwartenden Rentabilität der verschiedenen Investitonsalternativen. Anlage 2 ist Anlage 1 vorzuziehen, wenn gilt:

$$R_1 < R_2$$

Der Periodengewinn kann in der Form »Gewinn plus Zinsen« (Bruttoverzinsung) oder ohne Aufschlag der kalkulatorischen Zinsen (Nettoverzinsung) herangezogen werden. Im letzteren Fall ergibt die Berechnung die Verzinsung, die über die kalkulatorischen Zinsen hinaus entsteht. Die Beurteilung der Vorteilhaftigkeit wird hiervon nicht berührt.

Das folgende Beispiel verdeutlicht die Vorgehensweise der Rentabilitätsrechnung und macht den Unterschied der unterschiedlichen Ansätze bei der Definition des gebundenen Kapitals deutlich:

Ein Unternehmen plant die Anschaffung einer modernen CNC-Maschine, die im Vergleich zur alten Anlage eine jährliche Materialeinsparung von 30.000 € ermöglichen soll. Die Investitionskosten betragen 100.000 €, die Nutzungsdauer wird mit 5 Jahren veranschlagt.

1. Ansatz: *Das gebundene Kapital entspricht in voller Höhe dem ürsprünglichen Investitionsbetrag.*

$$\text{Rentabilität: } \frac{30.000 \cdot 100}{100.000} = 30\ \%$$

2. Ansatz: *Das durchschnittlich gebundene Kapital einer Investition findet Anwendung, d. h. die Hälfte des ursprünglichen Investitionsbetrages.*

$$\text{Rentabilität: } \frac{30.000 \cdot 100}{50.000} = 60\ \%$$

3. Ansatz: *Das gebundene Kapital ergibt sich anhand des jeweiligen Buchwertes einer Investition. Es reduziert sich in jeder Periode um den Betrag der Abschreibungen. Geht man in diesem Beispiel von einer lineraren Abschreibung bei einer Nutzungsdauer von fünf Jahren aus, so beträgt der jährliche Abschreibungssatz 100.000 € : 5 = 20.000 €.*

Jahr	Buchwert zum Jahresbeginn (€)	Rentabilität des jeweiligen Jahres
1	100.000	$\frac{30.000 \cdot 100}{100.000} = 30\ \%$
2	80.000	$\frac{30.000 \cdot 100}{80.000} = 37{,}5\ \%$
3	60.000	$\frac{30.000 \cdot 100}{60.000} = 50\ \%$
4	40.000	$\frac{30.000 \cdot 100}{40.000} = 75\ \%$
5	20.000	$\frac{30.000 \cdot 100}{20.000} = 150\ \%$

Tabelle zur Jahresrentabilitätenrechnung

Der Mittelwert (R_M) der jeweiligen Jahresrentabilitäten ergibt sich aus:

$$\frac{30 + 37{,}5 + 50 + 75 + 150}{5} = 68{,}5\ \%$$

Je nach Ansatz im Rahmen der Definition des gebundenen Kapitals ergeben sich Rentabilitäten der geplanten Investition zwischen 30 – 68,5 %. In der Praxis dominiert Ansatz 2, d. h. die Verwendung des durchschnittlich gebundenen Kapitals zur Ermittlung der Rentabilität.

Das nachfolgende Beispiel soll im Rahmen des Alternativenvergleiches die Problematik stark abweichender Anschaffungsauszahlungen und Periodengewinnen verdeutlichen. In diesen Fällen ist es nicht ausreichend, lediglich die für die Alternativen jeweils ermittelten Rentabilitäten miteinander zu vergleichen; vielmehr muss die Möglichkeit der Anlage des nicht benötigten Anschaffungsbetrages berücksichtigt werden.

Ein Unternehmen hat zwei Aufträge erhalten, kann aber aus Kapazitätsgründen nur einen davon annehmen. Jeder der beiden Aufträge erfordert die Anschaffung einer neuen Maschine. Hinsichtlich der Nutzungsdauer unterscheiden sich diese Maschinen nicht, wohl aber bei den Anschaffungskosten.

Auftrag 1: *Anschaffungskosten 250.000 €, erwarteter Restwert 50.000 €, angenommener Durchschnittsgewinn pro Jahr 42.000 €.*

Auftrag 2: *Anschaffungskosten 200.000 €, erwarteter Restwert 40.000 €, angenommener Durchschnittsgewinn pro Jahr 30.000 €.*

Hieraus ergeben sich folgende Rentabilitäten:

Auftrag 1: $\frac{42.000 \cdot 100}{150.000} = 28\ \%$

Auftrag 2: $\frac{30.000 \cdot 100}{120.000} = 25\ \%$

Würde man sich auf diese Betrachtung beschränken, wäre Auftrag 1 der lukrativere.

Berücksichtigt man aber die Differenz der Anschaffungskosten von 50.000 €, ergibt sich die folgende weitere Überlegung:

Würde der durchschnittliche Kapitaleinsatz beim ungünstigeren zweiten Auftrag von 120.000 € ebenfalls mit 28 % verzinst, betrüge der Gewinn 33.600 €, also 3.600 € mehr als veranschlagt. Diesen Betrag müsste das durchschnittlich nicht gebundene Kapital von

$$\frac{50.000 + 10.000}{2} = 30.000$$

(die 10.000 € stellen dabei die Differenz der Restwerte dar!)

mindestens erwirtschaften, wenn die zweite Alternative der ersten mindestens gleichwertig sein sollte. Dies wiederum entspricht einer Rentabilität des Differenzbetrages von

$$\frac{3.600 \cdot 100}{30.000} = 12\ \%.$$

Lässt sich also mit dem Differenzbetrag ein Ertrag von mehr als 12 % erzielen, ist der Auftrag 2 der lukrativere!

Bei Anwendung der Rentabilitätsrechnung wird im Rahmen der Berechnung der Rentabilität einer Investition und somit des eingesetzten Kapitals eine wesentliche Schwäche sowohl der Kostenvergleichs- als auch der Gewinnvergleichsrechnung ausgeschaltet. Neben den weiterhin geltenden generellen Schwächen der statischen Methoden der Investitionsrechnung weist auch dieses Verfahren wesentliche der bisher genannten Schwächen auf:

- Die sehr kurzfristige Betrachtungsweise lässt keine sicheren Rückschlüsse auf die zukünftige Kosten- und Erlösentwicklung der Investition zu.
- Für den Fall einer Ersatzinvestition findet der Restwert der zu ersetzenden Anlage keine Berücksichtigung.

3.2.4.4 Die Amortisationsrechnung

Die Amortisationsrechnung als vierte und letzte Methode der hier genannten statischen Verfahren der Investitionsrechnung ermittelt die Amortisationsdauer einer Investition und vergleicht diese mit denen anderer Investitionen oder mit der vom Unternehmen vorgegebenen maximalen Amortisationsdauer.

Als Amortisationsdauer wird dabei der Zeitraum bezeichnet, in dem die Anschaffungsausgaben einer Anlage durch die jährlich erwarteten Einzahlungsüberschüsse (d. h. Einzahlungen abzüglich laufender Betriebskosten) gedeckt werden.

Kriterium für die Vorteilhaftigkeit ist somit die jeweilige Amortisationsdauer (t). Im Rahmen einer anstehenden **Ersatzinvestition** wird eine alte Anlage nur dann ausgetauscht, wenn sich die neue Anlage aufgrund ihrer geringeren Kosten oder höheren Kapazitäten innerhalb einer kürzeren Zeit amortisiert als in der vom Unternehmen vorgegebenen maximalen Amortisationsdauer (t_{max}):

$$t_1 < t_{max}$$

Im Fall einer **Erweiterungsinvestition** erfolgt ein Vergleich der jeweiligen Amortisationsdauern der Investitionsalternativen (t_1/t_2). Es ist hier jedoch zu beachten, dass eine Investition nur dann in die engere Wahl kommt, wenn ihre Amortisationsdauer kürzer ist als die maximale Amortisationsdauer:

$$t_1 < t_2 < t_{max}$$

In der Praxis kommt der Amortisationsdauer besonders unter **Risikogesichtspunkten** eine große Bedeutung zu. Hierbei gelten Investitionen mit einer kurzen Amortisationsdauer als relativ sicher, solche mit relativ langer Amortisationsdauer als vergleichsweise riskant. Der Grund hierfür findet sich in einer zunehmenden Unsicherheit bei Ausdehnung des Planungshorizontes.

Betrachtet man die **Anschaffungsausgaben (A)** einer Anlage und die jährlich erwarteten **Einzahlungsüberschüsse (E)** im Zeitablauf, so wird im Rahmen einer grafischen Darstellung der Zusammenhang sehr deutlich:

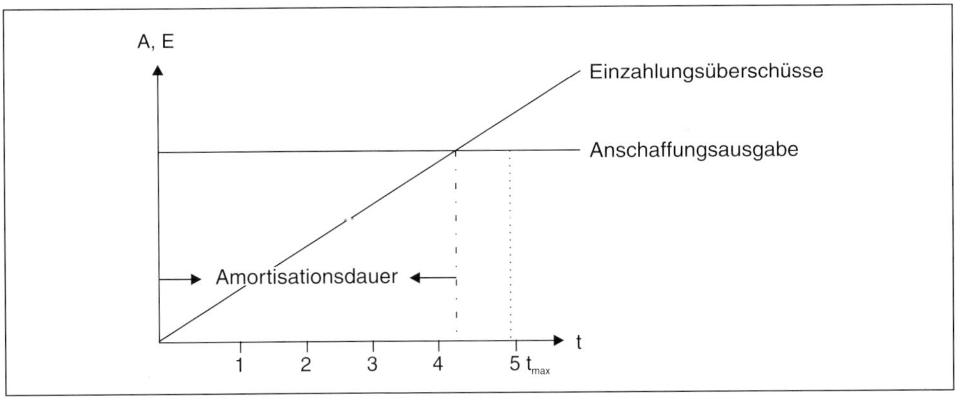

Amortisationsdauer im Zeitablauf

Die Amortisationsrechnung unterteilt sich in die

- **Statische Amortisationsrechnung:** Sie ermittelt lediglich den Zeitraum, der vergeht, bis die Anschaffungsauszahlung mit den später anfallenden positiven Rückflüssen wiedergewonnen wird. Eine etwaige Verzinsung bleibt unberücksichtigt.
- **Dynamische Amortisationsrechnung:** Sie ermittelt jenen Zeitraum, innerhalb dessen das eingesetzte Kapital zuzüglich einer Verzinsung der ausstehenden Beträge wiedergewonnen wird.

  Das Beispiel verdeutlicht diese Unterscheidung:

  Von einer Investition mit einer Anschaffungsauszahlung von 200.000 € erwartet der Investor innerhalb von sechs Jahren einen Rückfluss von 450.000 €.

a) Es wird von Rückflüssen in gleichbleibender Höhe ausgegangen.
b) Es wird folgende Reihe von Rückflussbeträgen erwartet:

Jahr	Rückflussbetrag (€)
1	30.000
2	50.000
3	100.000
4	120.000
5	100.000
6	50.000

zu a) Es wird von einem jährlichen Rückfluss von 450.000/6 = 75000 € ausgegangen. Die Amortisation tritt damit nach 200.000/75.000 = 2,67 Jahren ein.

zu b) Eingedenk des unregelmäßigen Rückflusses ergibt sich folgende Entwicklung des »Restbetrags«, ausgehend vom Einmalbetrag von 200.000 €:

Jahr	Rückflussbetrag (€)	Restbetrag (€) von 200.000
1	30.000	– 170.000
2	50.000	– 120.000
3	100.000	– 20.000
4	120.000	+ 100.000
5	100.000	+ 200.000
6	50.000	+ 250.000

Der Anschaffungsbetrag ist unter den gegebenen Annahmen erst nach Ablauf des dritten Jahres vollständig zurückgeflossen.

Beträgt beispielsweise die Anschaffungsausgabe für einen Flugmotorenprüfstand inkl. Fundament und Lärmschutzwall 250.000 € bei jährlich zu erwarteten Einzahlungsüberschüssen von 50.000 € (jährliche Einzahlungen 80.000 € abzüglich 30.000 € jährliche laufende Betriebskosten), so beträgt die Amortisationsdauer:

250.000 : 50.000 = 5 Jahre

Die Amortisationsrechnung ist grundsätzlich als Zusatzkriterium für Investitionsentscheidungen brauchbar, im Wesentlichen für die Beurteilung des Risikos und der Liquidität. Optimale Anwendung findet sie als **Ergänzung** zu einer der im Folgenden dargestellten dynamischen Methoden der Investitionsrechnung.

Ein Unternehmen, dass sich bei anstehenden Investitionsentscheidungen **einzig und allein** auf die Aussagen der Amortisationsrechnung verlässt, geht folgende Gefahren ein:

- Eine einzelne Investition kann trotzdem vorteilhaft sein, obwohl sie über der maximalen Amortisationsdauer liegt.
- Investitionsalternativen, die aufgrund gleicher Amortisationszeiten als ebenbürtig bezeichnet werden müssten, weisen regelmäßig wesentliche Unterschiede in ihrer Vorteilhaftigkeit auf.
- Es besteht die Gefahr einer zeitlichen Betrachtungsasymmetrie, da kurzfristige Entscheidungen bei dieser Methode den langfristigen Entscheidungen vorgezogen werden.

Zusätzlich sind neben den bereits genannten generellen Schwächen die weiteren Kritikpunkte zu beachten, dass

- für den Fall einer Ersatzinvestition der Restwert der zu ersetzenden Anlage keine Berücksichtigung findet und
- dieses Verfahren keinerlei Aussagen über die Verzinsung des eingesetzten Kapitals (Rentabilität der Investition) erlaubt.

Ferner ist dem Umstand Beachtung zu schenken, dass die maximale Amortisationsdauer auf einer subjektiven Schätzung des investierenden Unternehmens beruht und in der Praxis regelmäßig wesentlich unter der wirtschaftlichen Nutzungsdauer einer Anlage liegt.

3.2.5 Dynamische Verfahren

Die dynamischen Verfahren der Investitionsrechnung zeichnen sich im Gegensatz zu den statischen Verfahren im Wesentlichen dadurch aus, dass sie die Vorteilhaftigkeit einer Investition nicht nur für eine Periode, sondern für die **gesamte Lebensdauer** einer Investition untersuchen.

Berechnungsgrundlage für diesen Zeitraum bilden **Ein- und Auszahlungsreihen**, die den Zu- und Abfluss von Zahlungsmitteln aufzeigen:

Die Auszahlungsreihen setzen sich dabei zusammen aus den Anschaffungsauszahlungen für die Anlage und den laufenden Auszahlungen für die Aufrechterhaltung der Betriebsbereitschaft (Betriebskosten) und den proportionalen Auszahlungen für Roh-, Hilfs- und Betriebsstoffe sowie den Personalkosten.

Die Einzahlungsreihen entstehen überwiegend aus dem Absatz der mit Hilfe der angeschafften Anlage produzierten Güter.

Zu den dynamischen Methoden der Investitionsrechnung gehören die

- Kapitalwertmethode,
- interne Zinsfuß-Methode,
- Annuitätenmethode,
- dynamische Amortisationsrechnung.

3.2.5.1 Die Kapitalwertmethode

Die Kapitalwertmethode beruht auf der Überlegung, die Summe aller Einzahlungen mit der Summe aller Auszahlungen einer Investition zu vergleichen, um hieraus Kriterien für eine Vorteilhaftigkeit ableiten zu können.

Man hat hierbei jedoch den Umstand zu berücksichtigen, dass sämtliche Ein- und Auszahlungen, die im Zusammenhang mit einer getätigten Investition im Verlauf der gesamten Lebensdauer dieser Anlage einmal anfallen werden, in ihrer Höhe und in ihrem Zeitpunkt unterschiedlich sind.

Um nun eine **Vergleichbarkeit** dieser beiden Zahlungsströme herstellen zu können, sind sämtliche Ein- und Auszahlungen auf einen einheitlichen Zeitpunkt zu beziehen. In Bezug auf den Wert, den Zahlungen zu einem einheitlichen Zeitpunkt annehmen, sind Barwerte von Endwerten zu unterscheiden:

Wird eine zukünftige Ein- oder Auszahlung auf einen gegenwärtigen Zeitpunkt bezogen, so spricht man von **Abzinsung** (vgl. Abschn. 3.2.3.1.2.2). Der Wert, den diese zukünftige Zahlung (K_n) bei einem Kalkulationszinsfuß (i) gegenwärtig annimmt, wird als **Barwert** bezeichnet.

Der Zahlungsstrahl verdeutlicht die Problemstellung bei der Frage, welchen heutigen Barwert (K_0) eine Zahlung bei einem Kalkulationszinsfuß (i) hat, die in (n) Jahren fällig wird.

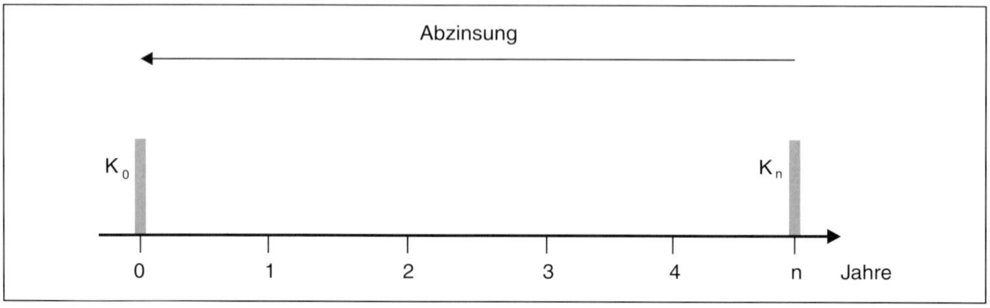

Abzinsung einer zukünftigen Zahlung (K_n) auf ihren Barwert (K_0)

Die Abzinsungsformel lautet:

$$K_0 = K_n \cdot \frac{1}{(1 + i)^n}$$

oder auch:

$$K_0 = K_n \cdot (1 + i)^{-n}$$

K_0 = Barwert einer Zahlung
K_n = Endwert einer Zahlung
i = Kalkulationszinsfuß (als Dezimalzahl, d. h. 6 % entsprechen dem Dezimalwert 0,06)
n = Anzahl der Jahre

Beispiel:

Ein Geschäftsführer erwartet in 5 Jahren eine Abfindung in Höhe von 150.000 €. Wie viel ist diese Zahlung unter Zugrundelegung eines Kalkulationszinsfusses von 8 % heute wert?

$K_0 = 150.000 \cdot (1 + 0,08)^{-5}$
$K_0 = 150.000 \cdot 0,68058$
$K_0 = 102.087$

Die Abfindung hat heute einen Wert von 102.087 €.

Wird im entgegengesetzten Fall eine gegenwärtige Ein- oder Auszahlung unter Berücksichtigung von Zinseszinsen auf einen zukünftigen Zeitpunkt bezogen, so spricht man von **Aufzinsung**. Der Wert, den diese gegenwärtige Zahlung (K_0) bei einem Kalkulationszinsfuß (i) zukünftig annimmt, wird als **Endwert** bezeichnet.

Der Zahlungsstrahl verdeutlicht auch hier die Problemstellung bei der Frage nach einer Aufzinsung:

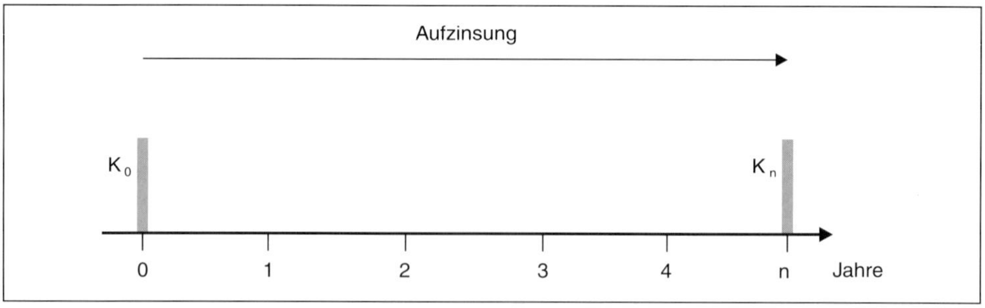

Aufzinsung einer gegenwärtigen Zahlung (K_0) auf ihren Endwert (K_n)

Die Aufzinsungsformel lautet:

$$K_n = K_0 \cdot (1 + i)^n$$

K_n = Endwert einer Zahlung
K_0 = Barwert einer Zahlung
i = Kalkulationszinsfuß (als Dezimalzahl)
n = Anzahl der Jahre

Beispiel:

Ein Schüler bekommt von seiner Oma 80.000 € heute geschenkt. Wie hoch wird der Betrag in 8 Jahren sein, wenn er zu 7 % unter Berücksichtigung von Zinseszinsen in Höhe des Kalkulationszinsfußes bei einem Geldinstitut angelegt wird?

$$K_n = 80.000 \cdot (1 + 0{,}07)^8$$
$$K_n = 80.000 \cdot 1{,}71819$$
$$K_n = 137.455{,}20$$

In 8 Jahren ist Omas Geschenk 137.455,20 € wert.

Kriterium für die Vorteilhaftigkeit einer Investition ist der **Kapitalwert (C)**. Er ergibt sich aus der Differenz der Summe der Barwerte aller Einzahlungen (E_0) und der Summe der Barwerte aller Auszahlungen (A_0):

$$C_0 = E_0 - A_0$$

Stehen die Barwerte aller Einzahlungen und Auszahlungen nicht zur Verfügung, so kann der Kapitalwert alternativ auch über eine Abzinsung der Nettoeinzahlungen (Differenz Einzahlung (E_n) – Auszahlung (A_n)) eines jeweiligen Jahres erfolgen (siehe auch das folgende Beispiel):

$$C_0 = \sum (E_n - A_n) \cdot (1 + i)^{-n}$$

Eine Investition ist dann vorteilhaft, wenn ihr Kapitalwert (C_0) gleich Null oder positiv ist:

- Ist dieser gleich **Null**, so wird gerade noch die Mindestverzinsung erreicht, d. h. die Einzahlungsüberschüsse reichen aus, um die Anfangsauszahlung zu tilgen und das investierte Kapital in Höhe des Kalkulationszinsfußes zu verzinsen.
- Ist der Kapitalwert **positiv**, so wird neben der Mindestverzinsung ein weiterer Einzahlungsüberschuss erzielt.
- Ergibt sich ein **negativer** Kapitalwert, wird deutlich, dass die Mindestverzinsung nicht erreicht wird und das zu investierende Kapital an anderer Stelle, beispielsweise im Rahmen einer Geldanlage auf dem Kapitalmarkt, eine höhere Rendite erzielen würde. Im Fall einer Ersatzinvestition wird eine alte Anlage nur dann ausgetauscht, wenn der Kapitalwert gleich Null oder positiv ist:

$$C_0 \geq 0$$

Bei einer Erweiterungsinvestition ist die Anlage, die unter den vorhandenen Alternativen den höchsten (positiven) Kapitalwert errreicht, die vorteilhafteste. Das folgende Beispiel untersucht eine Investition auf ihre Vorteilhaftigkeit (alle Werte bis zum Ende dieses Abschnitts in €):

Zeitpunkt	Anschaffungsjahr	1. Nutzungsjahr	2. Nutzungsjahr	3. Nutzungsjahr	4. Nutzungsjahr	gesamt €
Einzahlung	–	3.000	*2.000*	2.000	2.000	9.000
Auszahlung	– 6.000	–1.000	– 500	–300	–	– 7.800
Nettoeinzahlung	– 6.000	2.000	1.500	1.700	2.000	1.200

Bei erster Betrachtung fällt auf, dass die Investition ohne Ansatz eines Kalkulationszinsfußes in der Summe einen Einzahlungsüberschuss von 1.200 € erreicht. Hat das Unternehmen nun für diese Investition ein Bankkredit in Anspruch zu nehmen, der mit 8 % verzinst wird, so ist als Folge ein Kalkulationsfuß von mindestens 8 % anzusetzen:

$C_0 = -6.000 + (2.000 \cdot 1{,}08^{-1}) + (1.500 \cdot 1{,}08^{-2}) + (1.700 \cdot 1{,}08^{-3}) + (2.000 \cdot 1{,}08^{-4})$

$C_0 = -6.000 + 1.852 + 1.286 + 1.349 + 1.470$

$C_0 = -6.000 + 5.957$

$C_0 = -43$

Aufgrund des negativen Kapitalwertes ist die Investition nicht vorteilhaft, da die effektive Verzinsung geringer ist als der Kalkulationszinsfuß und somit die Kreditkosten für den Bankkredit nicht gedeckt werden.

Nun werden Investitionsalternativen unter Anwendung der Kapitalwertmethode verglichen:

Im Zuge einer geplanten Investition kommen zwei unterschiedliche Anlagentypen mit einer jeweiligen Nutzungsdauer von 4 Jahren in Betracht. Für diese Alternativen wurden die in den folgenden zwei Tabellen dargestellten Daten ermittelt (Beträge in €).

*Alternative **A***

Zeitpunkt	t = 0	t = 1	t = 2	t = 3	t = 4
Einzahlung		300.000	400.000	500.000	400.000
Auszahlung	600.000	200.000	200.000	200.000	200.000

*Alternative **B**:*

Zeitpunkt	t = 0	t = 1	t = 2	t = 3	t = 4
Einzahlung		500.000	450.000	400.000	350.000
Auszahlung	600.000	200.000	200.000	250.000	280.000

1.) Ermitteln Sie jeweils die Nettoeinzahlung!
2.) Ermitteln Sie die günstigste Alternative unter Anwendung der Kapitalwertmethode (Zinssatz: 8 %)!

Lösung

*Alternative **A***

Zeitpunkt	t = 0	t = 1	t = 2	t = 3	t = 4
Einzahlung		300.000	400.000	500.000	400.000
Auszahlung	600.000	200.000	200.000	200.000	200.000
Nettoeinzahlg.	–600.000	100.000	200.000	300.000	200.000

*Alternative **B***

Zeitpunkt	t = 0	t = 1	t = 2	t = 3	t = 4
Einzahlung		500.000	450.000	400.000	350.000
Auszahlung	600.000	200.000	200.000	250.000	280.000
Nettoeinzahlg.	–600.000	300.000	250.000	150.000	70.000

Für Alternative A errechnet sich der Kapitalwert zu

Summe C_{0A} *= –600.000 + 92.590 + 171.460 + 238.140 + 147.000 = 49.190*

Summe C_{0B} *= –600.000 + 277.770 + 214.325 + 119.070 + 51.450 = 62.615*

Während also bei »naiver« Addition der Einzahlungsüberschüsse die Alternative A mit 800.000 gegenüber 770.000 vorn liegt, weist B dank der gegenwartsnah höheren Zuflüsse den höheren Kapitalwert auf. Damit ist B vorzuziehen.

Die Ermittlung dieser Vorteilhaftigkeit hätte auch anders erfolgen können, nämlich über die Berechnung des Kapitalwertes der **Differenzinvestition**. Diese ergibt sich aus dem Vergleich der Nettoeinzahlungen der Alternativen:

Zeitpunkt	**t = 0**	**t = 1**	**t = 2**	**t = 3**	**t = 4**
Nettoeinzahlg. A	–600.000	100.000	200.000	300.000	200.000
Nettoeinzahlg. B	–600.000	300.000	250.000	150.000	70.000
Differenz	0	–200.000	–50.000	150.000	130.000

Die Differenz bezeichnet die Abweichung von A in Bezug auf B. Ist ihr Kapitalwert positiv, so ist A vorteilhafter als B; ist der Kapitalwert negativ, ist B vorteilhafter als A. Aber Vorsicht: Es ist jedoch damit noch nichts darüber gesagt, ob die vorteilhaftere Alternative auch dem Vorteilhaftigkeitskriterium $C_0 > 0$ *standhält!*

Im gegebenen Fall ergibt sich

Summe C_{0D} *= –185.180 – 42.865 + 119.070 + 95.550 = –13.425*

Das Ergebnis bestätigt das zuvor gefundene Urteil: Alternative B ist vorzuziehen.

Den hier als Differenzinvestition bezeichneten Unterschiedsbeträgen kommt eine weitere Bedeutung zu: Wenn sie nämlich für die Durchführung von weiteren Investitionen (Ergänzungsinvestitionen) verwendet werden, müsste auch der aus ihnen erwachsende Vorteil in die Betrachtung einbezogen werden.

Da sich bei abweichenden Anschaffungsauszahlungen und regelmäßig abweichenden Zahlungszuflüssen praktisch jährlich weitere Investitionen (die auch Finanzanlagen sein können) ergeben können, die zu berücksichtigen wären, wird die Zahl der zu berechnenden Alternativen jedoch schnell unüberschaubar groß. Sie durchzuspielen stünde in keinem wirtschaftlichen Verhältnis zum Ergebnis, zumal ja – hieran sollte man sich immer wieder erinnern – die allen Berechnungen zugrunde liegenden Zahlungsreihen nur auf Annahmen beruhen und die Genauigkeit der Prognose mit der zusätzlichen Aufnahme immer weiterer korrespondierender Zahlungsreihen zusehends abnimmt.

3.2.5.2 Die interne Zinsfuß-Methode

Die interne Zinsfuß-Methode geht im Gegensatz zur Kapitalwertmethode nicht von einer gegebenen Mindestverzinsung in Form des Kalkulationszinsfusses aus, sondern sucht nach dem Zinssatz, bei dem der Kapitalwert einer Investition gleich Null ist. Dieser Zinssatz wird als **interner Zinsfuß (r)** bezeichnet.

Auf Höhe des internen Zinsfusses ist die Summe der Barwerte aller Einzahlungen (E_0) mit der Summe der Barwerte aller Auszahlungen (A_0) identisch. Man ermittelt den internen Zinsfuß (r) in der Konsequenz dadurch, dass man die Formel der Kapitalwertmethode gleich Null setzt und nach r auflöst:

$$\sum_{n=0}^{n} (E_n - A_n) \cdot (1 + r)^{-n} = 0$$

Als Ergebnis wird die Effektivverzinsung einer Investition sichtbar.

Kriterium für die Vorteilhaftigkeit ist somit im Rahmen dieser Methode der jeweilige interne Zinsfuß (r).

Im Rahmen einer anstehenden Ersatzinvestition ist der interne Zinsfuß allein ohne große Aussagekraft. Man kann die Vorteilhaftigkeit einer Investition erst ermitteln, wenn man die vom Unternehmen zur Deckung der Kapitalkosten erforderliche Mindestverzinsung, ausgedrückt durch den Kalkulationszinsfuß, kennt. Eine Investition ist erst dann als vorteilhaft einzustufen, wenn ein Vergleich des internen Zinsfusses (r) mit dem Kalkulationszinsfuß (i) zeigt, dass der interne Zinsfuß nicht kleiner ist.

Für eine **Ersatzinvestition** gilt: $r \geq i$

Für eine anstehende Erweiterungsinvestition ist unter mehreren Alternativen diejenige Investition als die vorteilhafteste anzusehen, die den höchsten internen Zinsfuß aufweist. Es können jedoch nur die Investitionen direkt verglichen werden, deren jeweiliger interner Zinsfuß nicht kleiner als der unternehmensindividuelle Kalkulationszinsfuß ist. Sofern der interne Zinsfuß der vorteilhaftesten Investition unter dem Kalkulationszinsfuß liegt, darf diese Investition nicht getätigt werden, da die Kapitalkosten dann nicht gedeckt werden.

Für eine **Erweiterungsinvestition** gilt: $r_1 > r_2 \geq i$

Beispiel:

Eine Ersatzinvestition ist gekennzeichnet durch eine Anschaffungsauszahlung in Höhe von 9.000 € und einer einmaligen Einzahlung im ersten Nutzungsjahr über 9.500 €. Die Zinskosten der Finanzierung über ein Bankdarlehen betragen 10 %.

$$0 = -9.000 + 9.500 \cdot (1 + r)^{-1}$$

$$9.000 \cdot (1 + r)^{1} = 9.500$$

$$(1 + r) = \frac{9.500}{9.000} = 1{,}0555$$

$$r = 0{,}0555$$

Der interne Zinsfuß dieser Investition beträgt 5,55 %. Da jedoch die Zinskosten der Finanzierung 10 % betragen und somit auch der Kalkulationszinsfuß mit mindestens 10 % zu veranschlagen ist, ist diese Investition unvorteilhaft – die Kapitalkosten werden nicht gedeckt.

Der internen-Zinsfuß-Methode haftet das große Problem an, dass sie nur dann vom Rechenaufwand überschaubar bleibt, wenn sich Ein- und Auszahlungen über maximal drei Jahre verteilen; bei einer Verteilung auf vier und mehr Jahre sind mathematisch nur noch **Näherungslösungen** möglich. Bereits bei zwei Jahren sind mehrere Lösungen möglich, die eine Interpretation des Ergebnisses nötig werden lassen.

3.2.5.3 Die Regula-Falsi-Methode

Ein bekanntes Näherungsverfahren ist die Regula-Falsi-Methode. Es verwendet folgende Werte:

- Den gefundenen posititiven Barwert BW,
- die (positive) Differenz der beiden ausprobierten Zinssätze i_2 (höherer Zinssatz) und i_1 (niedrigerer Zinssatz),
- die (positive) Differenz der Barwerte der Einzahlungsüberschüsse U_1 (Überschüsse bei Anwendung von i_1) und U_2 (Überschüsse bei Anwendung von i_2).

Die »Regula-Falsi-Formel« lautet

$$r = i_1 + \frac{(i_2 - i_1)\ BW}{U_1 - U_2}$$

Beispiel:

Eine geplante Investition erfordert eine Anschaffungsauszahlung von 1.000.000 €. Ab dem ersten Jahr wird mit konstanten jährlichen Auszahlungen von 30.000 € und konstanten jährlichen Einzahlungen von 380.000 € gerechnet. Die Laufzeit ist auf fünf Jahre beschränkt. Ein Restwert ist nicht zu berücksichtigen. Gefordert ist eine Mindestverzinsung von 20 %. Neben der Beurteilung, ob das Vorhaben die Mindestverzinsung erfüllt und damit grundsätzlich sinnvoll ist, soll der in der Investition belegene Zinssatz näherungsweise angegeben werden.

Lösung:

Die Anwendung der Kapitalwertmethode unter Zugrundelegung eines Zinses von 20 % erbringt einen positiven Kapitalwert von

$$\text{Summe } C_0 = -1.000.000 + 350.000 \cdot 2{,}991$$
$$= -1.000.000 + 1.046.850$$
$$= 46.850$$

Damit ist die grundsätzliche Vorteilhaftigkeit der Investition nachgewiesen.

Die Berechnung mit einem Vergleichszins von 23 % erbringt

$$\text{Summe } C_0 = -1.000.000 + 350.000 \cdot 2{,}804$$
$$= -1.000.000 + 981.400$$
$$= -18.600$$

Der der Investition inneliegende Zinssatz liegt also zwischen 20 % und 23 %. Die Anwendung der Regula-Falsi-Formel ergibt

$$r = 0{,}20 + \frac{(0{,}23 - 0{,}20) \cdot 46.850}{1.046.850 - 981.400}$$

$$= 0{,}20 + \frac{1.405{,}5}{67.450} = 0{,}22084$$

Probe:

Für einen Zins von 22 % weist die Investition folgenden Barwert auf:

$$\text{Summe } C_0 = -1.000.000 + 350.000 \cdot 2{,}864 = -1.000.000 + 1.002.400 = 2.400$$

Dieser Wert bewegt sich nahe Null, so dass sich die obige Rechnung bestätigt findet.

Je dichter die durch Probieren ermittelten oberen und unteren Zinssätze beieinander liegen, desto exakter wird das mit der Regula-Falsi-Methode auffindbare Näherungsergebnis.

3.2.5.4 Die Annuitäten-Methode

Die Annuitätenmethode vergleicht die durchschnittlichen jährlichen Auszahlungen (**DJA**) einer Investition mit den durchschnittlichen jährlichen Einzahlungen (**DJE**). Eine Investition ist bei gegebenem Kalkulationszinsfuß dann vorteilhaft, wenn die **Annuität**, d. h. die Differenz zwischen durchschnittlichen jährlichen Einzahlungen und durchschnittlichen jährlichen Auszahlungen **nicht negativ** ist.

Im Folgenden wird davon ausgegangen, dass die Höhe der jährlichen Ein- und Auszahlungen konstant ist. Es ist jedoch im Rahmen der Ermittlung der durchschnittlichen jährlichen Einzahlungen und Auszahlungen der Umstand zu berücksichtigen, dass zusätzlich sowohl die Anschaffungsauszahlung als auch ein möglicher Restwert zum Ende der Nutzungsdauer gleichmäßig auf die Jahre der Nutzung zu verteilen sind.

1. Problem: Die Anschaffungsauszahlung (K_0) ist gleichmäßig auf die Nutzungsdauer der Anlage zu verteilen.

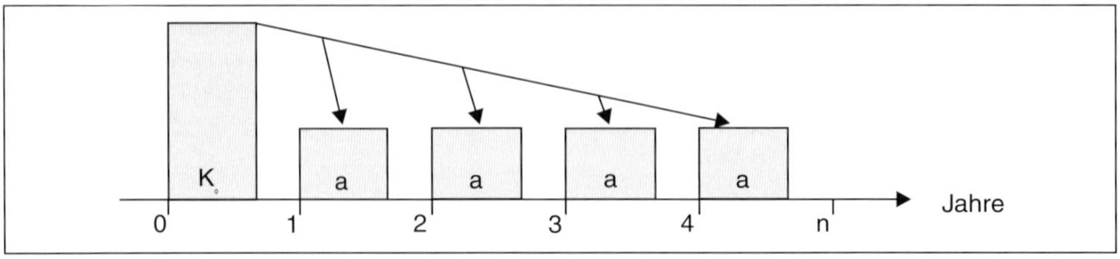

Verteilung der Anschaffungsauszahlung gleichmäßig auf die Nutzungsdauer

Zur Ermittlung einer Zahlungsreihe, die eine einmalige, zum Zeitpunkt t = 0 anfallende Auszahlung gleichmäßig auf die Jahre der Nutzungsdauer verteilt, ist der Barwert dieser Anschaffungsauszahlung (K_0) mit dem u. g. Annuitätenfaktor zu multiplizieren.

$$a = K_0 \cdot \frac{i(1 + i)^n}{(1 + i)^n - 1}$$

a = jährliche gleichmäßige Auszahlung
K_0 = Barwert einer Zahlung
i = Kalkulationszinsfuß (als Dezimalzahl)
n = Anzahl der Jahre

2. Problem: Ein möglicher Restwert (R) zum Ende der Nutzungsdauer ist gleichmäßig auf die Jahre der Nutzung zu verteilen.

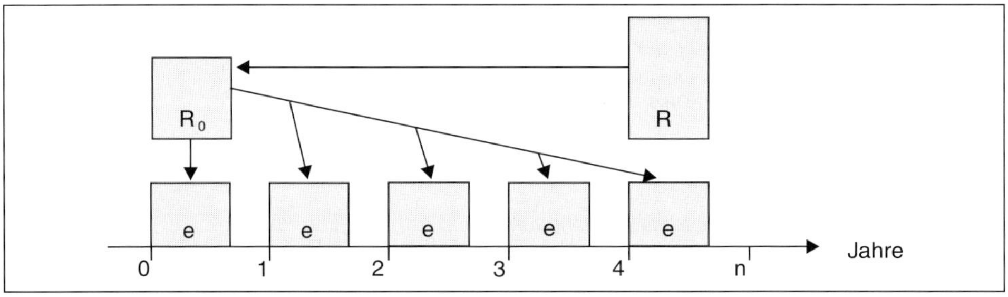

Verteilung des abgezinsten Restwertes gleichmäßig auf die Nutzungsdauer

Zur Ermittlung einer Zahlungsreihe, die eine einmalige, zum Zeitpunkt t = n anfallende Restzahlung gleichmäßig auf die Jahre der Nutzungsdauer verteilt, ist diese auf ihren Barwert bei t = 0 abzuzinsen (R_0) und mit dem bereits angesprochenen Annuitätenfaktor zu multiplizieren. Kürzt man diese mathematische Formel, so ergibt sich der **Restwertverteilungsfaktor**, mit dem der Restwert zu multiplizieren ist:

$$e = R \cdot \frac{i}{(1 + i)^n - 1}$$

e = jährliche gleichmäßige Einzahlung
R = Restwert
i = Kalkulationszinsfuß (als Dezimalzahl)
n = Anzahl der Jahre

Mit der Erläuterung dieser beiden Probleme wird das wesentliche Merkmal der Annuitätenmethode sichtbar, dass sämtliche Einmalzahlungen in (gleichmäßige) Zahlungsreihen **umgerechnet** werden.

Kriterium für die Vorteilhaftigkeit einer Investition ist die **Annuität (A)**, d. h. die Differenz zwischen den durchschnittlichen jährlichen Einzahlungen (DJE) und durchschnittlichen jährlichen Auszahlungen (DJA):

$$DJE \geq DJA$$

Ist der Kapitalwert (C_0) einer Investition bekannt, lässt sich die Annuität (A) auch durch Multiplikation mit dem **Barwertfaktor** ermitteln:

$$A = C_0 \cdot \frac{(1 + i)^n - 1}{i(1 + i)^2}$$

Im Fall einer Ersatzinvestition wird eine alte Anlage nur dann ausgetauscht, wenn die Annuität, d. h. der durchschnittliche Einzahlungsüberschuss gleich Null oder positiv ist. Bei einer Erweiterungsinvestition ist die Anlage, die unter den vorhandenen Alternativen die höchste (positive) Annuität errreicht, als die vorteilhafteste anzusehen.

Die **DJE** ergeben sich aus der Formel:

$$DJE = e + R \cdot \frac{i}{(1 + i)^n - 1}$$

DJE = durchschnittliche jährliche Einzahlungen
e = jährliche gleichmäßige Einzahlung
R = Restwert
i = Kalkulationszinsfuß (als Dezimalzahl)
n = Anzahl der Jahre

Im Ergebnis wird die Einzahlungsreihe um einen fiktiven Betrag erhöht, der wirtschaftlich den Restwert einer Anlage repräsentiert. Die Abbildung verdeutlicht diesen Zusammenhang:

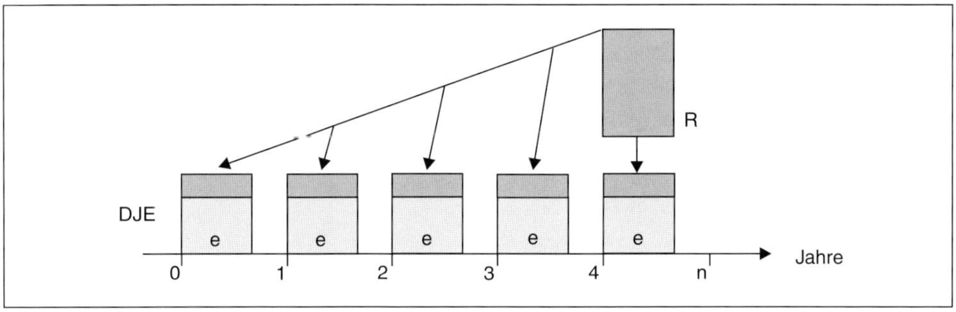

Verteilung des Restwertes einer Anlage gleichmäßig auf die Nutzungsdauer

Die **DJA** ergeben sich aus der Formel:

$$DJA = a + A \cdot \frac{i(1 + i)^n}{(1 + i)^n - 1}$$

DJA = durchschnittliche jährliche Auszahlungen
a = jährliche gleichmäßige Auszahlung
A = Anschaffungsauszahlung
i = Kalkulationszinsfuß (als Dezimalzahl)
n = Anzahl der Jahre

Im Ergebnis wird die Auszahlungsreihe um einen fiktiven Betrag erhöht, der wirtschaftlich die Anschaffungsauszahlung repräsentiert. Die Abbildung verdeutlicht wieder diesen Zusammenhang:

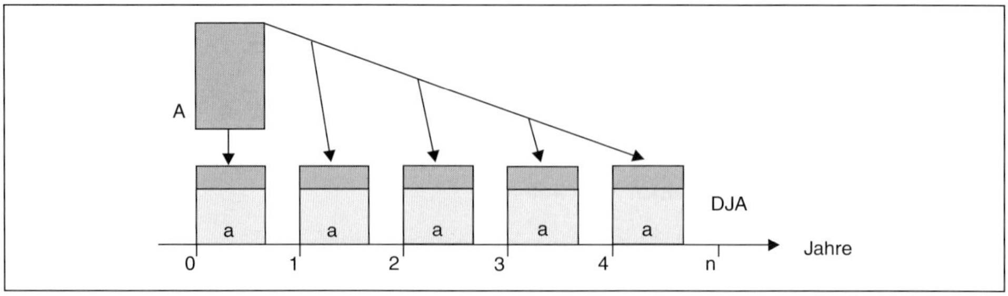

Verteilung der Anschaffungsauszahlung gleichmäßig auf die Nutzungsdauer

Beispiel:

Ein Unternehmen plant den Kauf einer Rübenrodungsanlage im Wert von 20.000 €. Die Lebensdauer dieser Anlage wird mit vier Jahren veranschlagt. In jedem Jahr werden gleichhohe und somit durchschnittliche Einzahlungen von 9.000 € und Auszahlungen von 4.000 € erwartet. Der Restwert der Anlage, der ebenfalls nach vier Jahren zu realisieren ist, wird auf 8.000 € geschätzt. Ist die Investition unter Zugrundelegung eines Kalkulationszinsfusses von 8 % vorteilhaft?

1. Schritt: ***Errechnung der DJE***

$$DJE = e + R \cdot \frac{i}{(1+i)^n - 1}$$

$$DJE = 9.000 + 8.000 \cdot 0{,}2219218$$

$$DJE = 9.000 + 1.775$$

$$DJE = 10.775$$

2. Schritt: ***Errechnung der DJA***

$$DJA = a + A \cdot \frac{i(1+i)^n}{(1+i)^n - 1}$$

$$DJA = 4.000 + 20.000 \cdot 0{,}301921$$

$$DJA = 4.000 + 6.038$$

$$DJA = 10.038$$

3. Schritt: ***Vergleich von DJE und DJA***

$DJE \geq$ DJA

DJE = 10.775

DJA = 10.038

Diff. = 737

Die Investition bringt durchschnittlich pro Jahr eine/n Annuität/Einzahlungsüberschuss ***von 737 €*** *und ist daher als vorteilhaft zu bezeichnen.*

3.2.5.5 Dynamische Amortisationsrechnung

Die dynamische Amortisationsrechnung berücksichtigt im Gegensatz zu der statischen Amortisationsrechnung im Rahmen der Berechnung der Zeitdauer des Mittelrückflusses auch den unterschiedlichen zeitlichen Zahlungsanfall durch Diskontierung der Zahlungen zum Kalkulationszinssatz:

$$A_0 = \sum_{t=1}^{t^{ad}} (e_t - a_t) \cdot \frac{1}{(1+i)^t}$$

t^{ad} = dynamische Amortisationszeit = Zeitraum, für den der Kapitalwert gleich Null wird.

Die Dynamische Amortisationsrechnung entspricht vom Grundsatz her der Internen Zinsfußmethode. Bei der Annahme von konstanten jährlichen Zahlungsüberschüssen Ü kann der Ansatz ebenso über den Diskontierungssummenfaktor (DSF) gewählt werden. Die Amortisationszeit n kann anhand der nachfolgend genannten Prämisse in der Tabelle des DSF abgelesen werden:

$$Ü = e_t - a_t = const.$$

Der berechnete Wert kann zwischen zwei Tabellenwerten liegen und wird über eine Annäherung weiter spezifiziert. Durch Subtrahierung des niedrigeren n-Wertes vom berechneten Wert und Division der Differenz zwischen niedrigerem und höherem n-Wert sind die auf den niedrigeren n-Wert aufzuschlagenden Monate dezimal zu ermitteln.

Bis zum Zeitpunkt t^{ad} ist das investierte Kapital einschließlich der Zinsen auf das gebundene Kapital zurückgeflossen. Die Amortisationszeit entspricht somit der Mindestnutzungsdauer für ein Investitionsobjekt; eine kürzere dynamische Amortisationszeit entspricht im Allgemeinen einem geringeren Investitionsrisiko.

Die dynamische Amortisationsrechnung entspricht der statischen Amortisationsrechnung mit dem zusätzlichen Vorteil, dass die Zeitpräferenz als dynamische Komponente Berücksichtigung findet. Langfristige Investitionen mit hohen Anfangsauszahlungen werden somit tendenziell schlechter gestellt.

Mit Hilfe der dynamischen Amortisationsrechnung kann keine wirtschaftliche Vorteilhaftigkeit (Rentabilität) festgestellt werden. Sie ist somit neben den anderen Investitionsrechnungsverfahren lediglich als zusätzliche Entscheidungshilfe bei der Beurteilung von Investitionsobjekten anzusehen.

3.2.6 Kritische-Werte-Rechnungen (Break-even-Analyse)

In der betrieblichen Praxis ist es oftmals zweckmäßig, die Ergebnisse von durchgeführten Wirtschaftlichkeitsrechnungen durch die Ermittlung kritischer Werte zu ergänzen.

Merke: Der kritische Wert (Break-even-Point) einer Variablen in bezug auf eine Investition ist der Wert der betreffenden Variablen, bei dem sich die Investition gerade noch (oder gerade eben) lohnt!

Kritische Werte lassen sich für die folgenden Einflussgrößen ermitteln:

- **Menge:**
  Die kritische Absatzmenge ist der Wert der am Markt abzusetzenden Stückzahl, der jährlich mindestens erreicht werden muss, damit sich die Investition lohnt (= Mindestwert).
- **Preise:**
  Der kritische Verkaufspreis ist der Wert des am Markt erzielbaren Verkaufspreises, der mindestens erreicht werden muss, damit sich die Investition lohnt (= Mindestwert).
- **Kosten:**
  Die kritische Anschaffungsauszahlung ist der Wert der einmaligen Anschaffungskosten, den die Investition gerade noch verträgt, ohne unwirtschaftlich zu werden (= Höchstwert).

Bei Überschreitung des Höchstwertes oder Unterschreiten des Mindestwertes ist das Objekt unvorteilhaft.

Die kritische Werte-Rechnung ist **eine** von drei möglichen Formen der Empfindlichkeits- oder Sensibilitätsanalyse (neben Dreifach-Rechnung und Zielgrößen-Änderungsrechnung), die jedoch von der Mehrheit der deutschen Großunternehmen so durchgeführt wird.

Im Rahmen der nachfolgenden Ermittlung von kritischen Werten erfolgt eine Anlehnung an die drei geläufigsten dynamischen Investitionsverfahren.

Es gilt:

	Investition	$C_0 = 0$	(Kapitalwertmethode)
Kritischer Wert →	gerade noch/eben vorteilhaft →	$r = i$	(interne Zinsfuß-Methode)
		DJE = DJA	(Annuitätenmethode)

Je nach verwendeter Methode folgt eine Bedingungsgleichung, die die Ermittlung des kritischen Wertes gestattet.

1. **Kapitalwertmethode**: Soll der kritische Wert mit Hilfe der Kapitalwertmethode ermittelt werden, so ist der Kapitalwert C_0 gleich Null zu setzen:

   $$C_0 = 0$$

2. **Annuitätenmethode**: Soll der kritische Wert mit Hilfe der Annuitätenmethode ermittelt werden, so setzt man die durchschnittlichen jährlichen Einzahlungen und die durchschnittlichen jährlichen Auszahlungen gleich. Genauso gut kann man die Ermittlung durch Nullsetzen des durchschnittlichen jährlichen Überschusses errechnen; denn wegen DJÜ = $C_0 \cdot$ KWF (Kapitalwiederbeschaffungsfaktor) beruht auch dieses Verfahren auf der Kapitalwertmethode: Für jeden kritischen Variablenwert, bei dem $C_0 = 0$ ist, gilt gleichzeitig DJÜ = 0. Die Bedingungsgleichungen lauten also

   DJE = DJA oder

   DJÜ = 0

3. **Interne Zinsfuß-Methode**: Soll der kritische Wert mit Hilfe der internen Zinsfuß-Methode ermittelt werden, so ist die betreffende Variable so zu wählen, dass der Kalkulationszinssatz gleich dem internen Zinsfuß wird:

   $$r = i$$

Diese Methode ist in der Praxis zunehmend unüblich und wird daher im nachfolgenden Beispiel nicht weiter berücksichtigt.

Das Beispiel verdeutlicht die Vorgehensweise:

Die Firma Knitterfrei möchte eine neuartige Antifaltencreme mit Frischzellenextrakt auf den Markt bringen. Für die Produktion des Präparates müsste eine Erweiterungsinvestition vorgenommen werden. Wo liegt der kritische Verkaufspreis, damit sich die Investition gerade noch rechnet? Folgende Angaben sind verfügbar:

Absatzmenge (Tuben/Jahr)	*300.000*
Variable Auszahlungen (€/Stück)	*20*
Feste Auszahlungen (€/Jahr)	*180.000*
Anschaffungsauszahlung (€)	*5.000.000*
Nutzungsdauer (Jahre)	*5*
Restwert (€)	*0*
Kalkulationszinssatz (%)	*12*

Kritischer Verkaufspreis je Tube nach der ***Kapitalwertmethode:***

$$C_0 = \sum_{n=0}^{n} (E_n - A_n) \cdot (1 + i)^{-n}$$

$$C_0 = -5.000.000 + (300.000p_{kr} - 6.180.000) \cdot 3{,}604776$$

$$0 = -5.000.000 + (300.000p_{kr} - 6.180.000) \cdot 3{,}604776$$

$$p_{kr} = 25{,}22 \text{ (€/Tube)}$$

Kritischer Verkaufspreis je Tube nach der ***Annuitätenmethode:***

DJÜ = DJE – DJA

1. Schritt: ***Errechnung der DJE***

$$DJE = e + R \cdot \frac{i}{(1 + i)^n - 1}$$

2. Schritt: ***Errechnung der DJA***

$$DJE = a + A \cdot \frac{i(1 + i)^n}{(1 + i)^n - 1}$$

3. Schritt: ***DJÜ gleich Null setzen***

$$DJÜ = 300.000p_{kr} - (6.180.000 + 5.000.000) \cdot 0{,}277410$$

$$0 = 300.000p_{kr} - (6.180.000 + 5.000.000) \cdot 0{,}277410$$

$$p_{kr} = 25{,}22 \text{ (€/Tube)}$$

3.2.7 Auswirkungen von Investitionen auf das Working Capital

3.2.7.1 Definition des Working Capital

Als Working Capital (Betriebskapital) wird in der Betriebswirtschaftslehre dasjenige Umlaufvermögen bezeichnet, das durch langfristiges Kapital (z. B. Eigenkapital, langfristiges Fremdkapital, Pensionsrückstellungen) gedeckt ist. Es wird berechnet durch die Subtraktion der kurzfristigen Verbindlichkeiten vom Umlaufvermögen:

Working Capital = Umlaufvermögen – kurzfristiges Fremdkapital

Alternativ wird aber auch ein Prozentwert genutzt:

$$\textbf{Working Capital} = \frac{\text{Umlaufvermögen}}{\text{kurzfristiges Fremdkapital}} \cdot 100$$

Dieser gibt an, zu wie viel Prozent das kurzfristige Fremdkapital durch das Umlaufvermögen gedeckt ist.

Das Working Capital als Ausdruck des Netto-Umlaufvermögen ist eine absolute **Kennzahl zur Beurteilung der Liquidität** und beinhaltet den längerfristig finanzierten Teil des Umlaufvermögens:

	Bestände (Roh-, Hilfs-, Betriebsstoffe, Fertigwaren)
+	Forderungen aus Lieferungen und Leistungen
–	Verbindlichkeiten aus Lieferungen und Leistungen
+	Erhaltene Anzahlungen
–	Geleistete Anzahlungen
=	**Working Capital**

Eine Veränderung des Netto-Umlaufvermögen findet nicht statt bei Geschäftsfällen, die ausschließlich kurzfristige Bilanzpositionen (z. B. Rückzahlung kurzfristiger Verbindlichkeiten mit Barmitteln) oder ausschließlich langfristige Bilanzpositionen (z. B. Zuweisung zu Rücklagen) berühren. Verändert wird es ausschließlich durch bilanzielle Buchungsvorgänge, die langfristige und kurzfristige Bilanzpositionen gleichzeitig berühren (z. B. Verkauf eines Grundstücks mit Bargeldzufluss, Rückzahlung langfristiger Schulden mit Barmitteln).

Ziel eines jeden Unternehmens muss sein, das Working Capital im positiven Bereich zu halten. Ein negatives Working Capital bedeutet fehlende Deckung des Anlagevermögens und des langfristigen Umlaufvermögens durch das Eigenkapital und das langfristige Fremdkapital und damit einen Verstoß gegen die goldene Bankregel.

3.2.7.2 Auswirkungen auf Investitionen

Eine Optimierung des Netto-Umlaufvermögens **erhöht die Innenfinanzierungsspielräume** nachhaltig; hierdurch wird Eigenkapital für notwendige Investitionen und Desinvestitionen geschaffen.

Unmittelbare Folgen für die einzelnen Komponenten des Working Capital (z. B. Forderungslaufzeit, Lagerbestände) haben u. a. die Komplexität des Produktprogramms, Sortimentsveränderungen, spezifische Machtverhältnisse auf den Märkten, Gestaltungsmaßnahmen bei der Bilanzierung (z. B. Factoring von Forderungen), die Wertschöpfungstiefe und Internationalisierungsschritte (z. B. Finanzierung von Lagerbeständen im Zielland).

3.3 Durchführen von Nutzwertrechnungen

3.3.1 Ziele und Kriterien der Nutzwertrechnung

Die vorstehend vorgestellten Methoden und Verfahren der Investitionsrechnung stützen sich durchweg auf ein einziges entscheidungsrelevantes Kriterium, das zudem quantitativer Natur ist: für die Kostenvergleichsrechnung sind dies Kosten, für die Amortisationsrechnung die Amortisationszeit, für die Barwertmethode die Summe der abgezinsten Barwerte aller Einzahlungsüberschüsse aus einer Investition.

Mehrere Kriterien zugleich oder qualitative Kriterien (vgl. Abschn.7.3.2) können diese Methoden nicht berücksichtigen.

In Fällen, bei denen

- mehr als ein Kriterium oder
- qualitative Kriterien

in einer Entscheidung berücksichtigt werden sollen, werden Nutzwertrechnungen eingesetzt. Diese werden nicht nur in Zusammenhang mit Investitionsentscheidungen praktiziert; vielmehr finden sich zahlreiche betriebliche Anwendungsmöglichkeiten. Beispiele hierfür sind die unternehmerische Standort- und Rechtsformentscheidung, die Lieferantenauswahl, Entscheidungen über Produkte und Sortimente usw.

Die Durchführung einer Nutzwertanalyse ist ein mehrstufiger Prozess.

3.3.2 Bewertungskriterien und -maßstäbe

Die **Auswahl** der Kriterien, aufgrund derer die Entscheidung getroffen werden soll, wird häufig zweistufig erfolgen:

1. Festlegung von Begrenzungskriterien, die unbedingt erfüllt sein müssen, oder Ausschlusskriterien, die auf keinen Fall vorliegen dürfen. In Frage kommen hierfür u.a.
   - **Wirtschaftliche Bewertungskriterien**, z. B. Kaufpreise;
   - **technische Bewertungskriterien**, z. B. Ausbringungsmengen (Kapazitäten);
   - **soziale Bewertungskriterien**, z. B. gesundheitliche Belastungen;
   - **rechtliche Bewertungskriterien**, z. B. Umweltauflagen;
   - **qualitätsmäßige Bewertungskriterien**, z. B. Mindestqualität des Outputs;
   - **Sicherheitskriterien**, z. B. das Vorliegen bestimmter Sicherheitszertifikate.

   Alle in Frage kommenden Alternativen werden zunächst auf diese Kriterien hin überprüft und dadurch einer ersten Filterung unterzogen. Nur die verbleibenden Alternativen werden in der folgenden Stufe betrachtet. Ist die Anzahl der Alternativen für eine Untersuchung immer noch zu groß, kann eine Verschärfung oder Erweiterung der Begrenzungs- und Ausschlusskriterien erwogen werden.
2. **Festlegung** der entscheidungsrelevanten Kriterien und ihrer Bedeutung. Die oben aufgeführten Kriterienkategorien können dabei um weitere Aspekte ergänzt werden, deren Auswahl letztlich vom Untersuchungsgegenstand abhängt.

Beispiel:

Bei der anstehenden Entscheidung, welcher von mehreren in die engere Wahl gezogenen Maschinen der Vorzug gegeben werden soll, sollen neben dem Kaufpreis, den Folgekosten und der Kapazität auch qualitative Kriterien wie Wartungsfreundlichkeit und einfache Bedienbarkeit, Schulungsbedarf der Mitarbeiter und Outputqualität berücksichtigt werden.

Die Kriterienauswahl sollte die folgenden Grundsätze beachten:

- **Operationalität:** Die Kriterien müssen »handhabbar« sein, also möglichst exakt beschrieben und möglichst »messbar«. Letzteres ist bei qualitativen Merkmalen dann gegeben, wenn eine Einordnung auf einer Skala von »schlecht« bis »sehr gut« möglich ist (ordinale Skalierbarkeit; zur ordinalen und kardinalen Skalierung vgl. Abschn. 7.3.2).
- **Hierarchiebezogenheit:** Bewertungskriterien, die zur gleichen Kategorie gehören, sollen zusammen angeordnet werden.
- **Unterschiedlichkeit/Überschneidungsfreiheit:** Die ausgewählten Kriterien müssen sich auf unterschiedliche Merkmale beziehen.
- **Nutzenunabhängigkeit:** Die Kriterien müssen voneinander unabhängig sein, d. h. das Vorliegen oder die Ausprägung eines Merkmals darf nicht vom Vorliegen oder der Ausprägung eines anderen Merkmals abhängen.

3.3.3 Bewertungsmaßstäbe/-skalierung

Die ausgewählten Kriterien werden von unterschiedlicher Bedeutung sein und sollen dementsprechend mit unterschiedlichen Gewichtungen in die Beurteilung einfließen, die zunächst festzulegen sind.

Häufig werden hierfür Prozentwerte vergeben, die sich in der Summe zu 100 % addieren.

Beispiel:

Bei der oben skizzierten Entscheidung sollen die ausgewählten Kriterien mit folgenden Gewichtungen berücksichtigt werden:

Kaufpreis:	*15 %*
Folgekosten:	*10 %*
Kapazität:	*20 %*
Wartungsfreundlichkeit:	*10 %*
Bedienbarkeit:	*10 %*
Schulungsbedarf:	*5 %*
Outputqualität:	*30 %*

3.3.4 Nutzenmessung

Für jede der Alternativen wird jedes einzelne Kriterium bewertet und dadurch mit einem **Teilnutzenwert** versehen. Diese Bewertung kann z. B. in Form von »Schulnoten« (von 1 = sehr gut bis 6 = sehr schlecht) oder auch in einem differenzierteren Punkteschema erfolgen, wobei aufsteigende oder absteigende Reihenfolge möglich ist (die für alle Kriterien eingehalten und bei der Auswertung unbedingt beachtet werden muss!).

Beispiel:

Für die Bewertung der Anschaffungsalternativen wurde ein Punktschema gewählt, das von 0 Punkten (bestmöglicher Wert) bis 10 Punkten (schlechtestmöglicher Wert) reicht.

Die Kaufpreise der betrachteten Alternativen liegen zwischen 50.000 € und 100.000 €. Die Bewertung soll in Schritten von jeweils einem Punkt je 5.000 €, beginnend mit 50.000 € = 0 Punkte, vorgenommen werden. Damit ergibt sich die folgende Wertskala:

Kaufpreis (€)	Punkte
50.000	0
55.000	1
60.000	2
65.000	3
70.000	4
75.000	5
80.000	6
85.000	7
90.000	8
95.000	9
100.000	10

Alternative A mit einem Anschaffungspreis von 55.000 € erhält für dieses Kriterium also 1 Punkt, Alternative B mit 65.000 € wird mit 3 Punkten bewertet. Der »Nutzen« ist in diesem Beispiel um so größer, je kleiner der Punktwert ist.

Insgesamt (auf die Einzelheiten zur Bewertung der anderen Kriterien wird hier verzichtet) stellt sich die Teilnutzenbewertung wie folgt dar:

Alternative	Kaufpreis	Folgekosten	Kapazität	Wartung	Bedienung	Schulung	Outputqualität
A	1	5	10	8	5	7	8
B	3	9	7	4	4	8	6
C	4	6	4	5	7	3	5
D	8	3	4	8	9	4	3
E	10	7	2	1	1	2	1

Anschließend wird der Nutzwert jedes einzelnen Kriteriums in Bezug auf jede einzelne Alternative bestimmt, indem auf jeden Teilnutzwert die obige Gewichtung angewendet wird.

Der Kaufpreis soll mit 15 % in die Gesamtbewertung einfließen. Für Alternative A werden also 0,15 Punkte vergeben, für Alternative B 0,45 Punkte.

Schließlich wird der Gesamtnutzen je Alternative errechnet, indem die Summe der gewichteten Teilnutzen gebildet wird.

Alternative	Kaufpreis	Folgekosten	Kapazität	Wartung	Bedienung	Schulung	Outputqual.	GESAMT	RANG
A	0,15	0,50	2,00	0,80	0,50	0,35	2,40	**6,70**	**5**
B	0,45	0,90	1,40	0,40	0,40	0,40	1,80	**5,75**	**4**
C	0,60	0,60	0,80	0,50	0,70	0,15	1,50	**4,75**	**2**
D	1,20	0,30	0,80	0,80	0,90	0,20	0,90	**5,10**	**3**
E	1,50	0,70	0,40	0,10	0,10	0,10	0,30	**3,20**	**1**

Entsprechend der gewählten Bewertungsskala zeigt der kleinste Gesamtwert die insgesamt beste Alternative an.

Mittels der Nutzwertanalyse wurden unterschiedliche Kriterien mit unterschiedlichen Dimensionen und Charakteristika gewissermaßen »gleichnamig« gemacht und verschmolzen **(amalgamiert)**.

3.4 Ermittlung der wirtschaftlichen Nutzungsdauer und Bestimmung des optimalen Ersetzungszeitpunktes

Die Nutzungsdauer einer Anlage ist für die Anwendung sämtlicher Methoden der Investitionsrechnung von elementarer Bedeutung. Hierbei ist jedoch die technische Nutzungsdauer von der wirtschaftlichen Lebensdauer einer Anlage zu unterscheiden.

3.4.1 Die technische Nutzungsdauer

Die technische Nutzungsdauer einer Anlage beschreibt den Zeitraum, in dem eine Anlage technisch einwandfreie Leistungen abgeben kann. Sie kann durch die technische Ausgestaltung der Anlage, die Wahl der Nutzungsintensität und durch die Gestaltung der Wartungs- und Reparaturpolitik wesentlich beeinflusst werden und ist daher regelmäßig länger als die wirtschaftliche Nutzungsdauer.

3.4.2 Die wirtschaftliche Nutzungsdauer

Im Gegensatz dazu umschreibt die wirtschaftliche Nutzungsdauer einer Anlage den Zeitraum, in dem es **wirtschaftlich sinnvoll** ist, eine Anlage zu nutzen. Somit umschreibt sie die gewinnmaximale Investitionsdauer, in der der Kapitalwert bzw. die Annuität den maximalen Wert erreicht. Die wirtschaftliche Nutzungsdauer einer Anlage wird beeinflusst durch zunehmende Betriebskosten aufgrund höheren Verschleißes mit zunehmendem Alter, sinkende Einnahmen durch rückläufigen Absatz bei älteren Produkten und durch einen fortschreitenden technischen Wandel, der laufend neue Anlagen mit Leistungs- und/oder Kostenvorteilen auf den Markt bringt. Die wirtschaftliche Nutzungsdauer ist regelmäßig kürzer als die technische Nutzungsdauer (s. o.).

Die wirtschaftliche Nutzungsdauer einer Anlage ist dann beendet, wenn die Einzahlungen einer Periode nicht mehr ausreichen, um

- die **laufenden Betriebskosten der jeweiligen Anlage zu decken**: Hierzu gehören auch planmäßige Instandhaltungsaufwendungen wie beispielsweise laufende Wartungen und die Versorgung mit Ersatzteilen, um die Voraussetzungen zu schaffen, dass die Anlage weiterhin technisch genutzt werden kann. Eine Abgrenzung zu den Wartungsaufwendungen, die eine Verlängerung der technischen Nutzungsmöglichkeit ermöglichen, ist in der Praxis sehr schwierig. Meist werden nur diejenigen Reparaturkosten zu den laufenden Betriebskosten gezählt, die bereits bei Inbetriebnahme absehbar waren;
- die **Minderung des Restverkaufserlöses in der laufenden Periode zu decken**: Sofern die Einzahlungen der laufenden Periode geringer sind als diese Minderung im Restwert der Anlage, wäre es aus Investitionsgesichtspunkten günstiger gewesen, die Anlage bereits in der vorherigen Periode zu veräußern;
- die **Zinsen auf den Restverkaufserlös zu decken**: Sie sind zu berücksichtigen, da man aus Opportunitätskostengesichtspunkten heraus zu Beginn der jeweiligen Periode den erwarteten Restverkaufserlös aus dem Unternehmen entnehmen und anderweitig auf dem Kapitalmarkt anlegen könnte;
- die **Ertragssteuern auf den Teil der Einnahmen zu decken**, der den steuerlichen Gewinn ausmacht.

Welche Methode der Investitionsrechnung zur Bestimmung der wirtschaftlichen Nutzungsdauer einer Anlage herangezogen wird, ist abhängig von der **Anzahl** der aufeinander folgenden Investitionen sowie von der Frage, ob es sich um **identische** oder **unterschiedliche** Investitionen handelt.

3.4.2.1 Bestimmung der wirtschaftlichen Nutzungsdauer bei einer einmaligen Investition

Bei einer einmaligen Investition erfolgt die Bestimmung der wirtschaftlichen Nutzungsdauer mit Hilfe der **Kapitalwertmethode**.

Hierbei ist für jede Periode der technischen Nutzungsdauer unter Berücksichtigung der Nettoeinzahlungen ($E_n - A_n$) der jeweiligen Periode und des Restwertes der Anlage (R_n) in der jeweiligen Periode der Kapitalwert zu bestimmen. Vereinfacht ausgedrückt geht man in jeder Periode erneut davon aus, dass die Investition in der betrachteten Periode abgebrochen wird und der Restwert der Anlage vereinnahmt wird.

Merke: Das Optimum der wirtschaftlichen Nutzungsdauer liegt in der Periode, in der der Kapitalwert sein Maximum erreicht!

Das nachfolgende Zahlenbeispiel unter Zugrundelegung eines Kalkulationszinsfusses von 10 % verdeutlicht die Vorgehensweise:

Periode	**0**	**1**	**2**	**3**	**4**	**5**	**6**	**7**	**8**	**9**
Anschaffungsauszahlung (€)	1.000									
Nettoeinzahlung ($E_n - A_n$) (€)		275	269	250	231	212	181	150	101	12
Restwert der Anlage (R) (€)		812	650	512	400	288	195	102	15	0
Kapitalwert (C_0)		–12	9	45	91	129	162	182	183	181

Für die hier dargestellte Anlageninvestition liegt die optimale wirtschaftliche Nutzungsdauer bei 8 Perioden/Jahren; hier erreicht der Kapitalwert (C_0) sein Maximum. An der Tatsache, dass der Restwert der Anlage in der 9. Periode/Jahr den Wert von Null annimmt, ist zu erkennen, dass auch das Ende der technischen Nutzungsdauer erreicht wird.

3.4.2.2 Bestimmung der wirtschaftlichen Nutzungsdauer bei wiederholten und identischen Investitionen

Für den Fall von wiederholten identischen Investitionen ist zu unterscheiden zwischen einer einmaligen identischen Wiederholung, einer mehrmaligen identischen Wiederholung und einer unendlichen identischen Wiederholung.

Es sei jedoch nochmals angemerkt, dass identische Wiederholungen in der Praxis keine wesentliche Bedeutung haben, da durch einen fortschreitenden technischen Wandel laufend neue Anlagen mit Leistungs- und/oder Kostenvorteilen auf den Markt kommen.

Bei einer **einmaligen identischen Wiederholung** ist zunächst die optimale wirtschaftliche Nutzungsdauer nach den Grundsätzen einer einmaligen Investition (Kapitalwertmethode) für die Folgeinvestition zu berechnen. In einem zweiten Schritt werden für die Erstinvestition bei alternativen Nutzungsdauern der Kapitalwert der jeweiligen Periode unter Einbeziehung des jeweils abgezinsten Maximalkapitalwertes der Folgeinvestition berechnet.

Das Optimum der wirtschaftlichen Nutzungsdauer der Erstinvestition liegt in der Periode, in der der ermittelte Gesamtkapitalwert sein Maximum erreicht (s. o.).

Das folgende Zahlenbeispiel verdeutlicht unter Zugrundelegung eines Kalkulationszinsfusses von 10 % und unter Beachtung des ermittelten Ergebnisses aus dem vorhergehenden Beispiel die Vorgehensweise:

Periode	**1**	**2**	**3**	**4**	**5**	**6**	**7**	**8**	**9**
max. Kapitalwert (C_{02}) der Folgeinvestition	183	183	183	183	183	183	183	183	183
Kapitalwert der Erstinvestition (C_{01})	–12	9	45	91	129	162	182	183	181
abgezinstes Kapitalwertmax. der Folgeinvestition	166	151	137	125	114	103	94	85	78
Gesamtkapitalwert (Zeilen 2 + 3)	**154**	**160**	**182**	**216**	**243**	**265**	**276**	**268**	**259**

Das Maximum des Gesamtkapitalwertes von 276 findet sich in der 7. Periode. Dies ist somit die optimale wirtschaftliche Nutzungsdauer der Erstinvestition. Gemäß obiger Definition, die eine Berechnung der optimalen wirtschaftlichen Nutzungsdauer für eine Folgeinvestition gemäß der Vorgehensweise für eine einmalige Investition vorschreibt, liegt diese bei 8 Perioden/Jahren.

Bei einer **mehrmaligen identischen Wiederholung** lassen sich die gewonnenen Erfahrungen bei einmaliger identischer Wiederholung zu der Regelmäßigkeit zusammenfassen, dass unter sonst gleichbleibenden Bedingungen die optimale wirtschaftliche Nutzungsdauer jeder neuen Anlage länger als die ihrer Vorgängerin und kürzer als die ihrer Nachfolgerin sein wird. Man spricht in diesem Zusammenhang auch vom »General Law of Replacement«.

Die **unendliche identische Wiederholung** beinhaltet in ihrem Kern in Anlehnung an die gemachten Aussagen bei mehrmaliger identischer Wiederholung, dass jede Investition unendlich viele Folgeinvestitionen aufweist und damit auch jedes Glied in dieser unendlichen Kette die gleiche optimale wirtschaftliche Nutzungsdauer aufweisen muss. Für diesen Fall bietet sich zur Berechnung die Annuitätenmethode an, die bereits in ihrer Vorgehensweise die Anforderungen für den Fall einer unendlichen Wiederholbarkeit beinhaltet.

Merke: Das Optimum der wirtschaftlichen Nutzungsdauer jeder einzelnen Investition liegt in der Periode, in der die Annuität ihr Maximum erreicht!

Das folgende Zahlenbeispiel führt das bisherige Beispiel unter den geänderten Prämissen und unter Zugrundelegung eines Kalkulationszinsfusses von 10 % fort (vgl. auch hierzu die Ausführungen zur Annuitätenmethode):

Periode	**1**	**2**	**3**	**4**	**5**	**6**	**7**	**8**	**9**
Kapitalwert (C_0)	-12	9	45	91	129	162	182	183	181
Barwertfaktor (für i = 0,1)	0,91	1,74	2,49	3,17	3,79	4,36	4,87	5,34	5,76
Annuität	**-13,2**	**5,2**	**18,1**	**28,7**	**34**	**37,2**	**37,4**	**34,3**	**31,4**

Das Maximum der Annuität in Höhe von 37,4 befindet sich in der 7. Periode. Dies ist somit die optimale wirtschaftliche Nutzungsdauer sämtlicher Investitionen im Rahmen einer unendlichen identischen Investitionskette.

3.4.2.3 Bestimmung der wirtschaftlichen Nutzungsdauer bei nicht-identischen Investitionen

Die nicht-identische Wiederholung einer Investition ist in der täglichen Praxis von Unternehmen die Regel, da durch einen fortschreitenden technischen Wandel laufend neue Anlagen mit Leistungs- und/oder Kostenvorteilen auf den Markt kommen.

Für diesen Fall einer nicht-identischen Wiederholung ist ein Wechsel der Betrachtungsweise vorzunehmen: Bisher wurde mit Berechnung der optimalen wirtschaftlichen Nutzungsdauer die Zukunft einer Investition (ex-ante-Betrachtung) bewertet.

Im Rahmen der in diesem Fall anstehenden Fragestellung, ab wann es wirtschaftlich sinnvoll ist, eine alte, technisch aber noch nutzungsfähige Anlage, deren Wartungs- und Reparaturkosten von Periode zu Periode steigen, durch eine neue, moderne Anlage zu ersetzen, ist die bisherige ex-ante-Betrachtung aufgrund ständiger Datenänderungen und damit einhergehenden Abweichungen von den Planzahlen nur auf sehr komplizierten Wegen durchzuführen. Einfacher ist es, im Rahmen einer vergangenheitsbezogenen Betrachtung (ex-post-Betrachtung) den Zeitpunkt des Wechsels von einer alten Anlage auf eine neue Anlage zu bestimmen. Die Betriebswirtschaft behandelt dieses Thema unter dem Stichwort des **optimalen Ersetzungszeitpunktes**.

Eine der Möglichkeiten zur Bestimmung des optimalen Ersetzungszeitpunktes ist die (statische) **Kostenvergleichsrechnung**. Sie geht von der Grundüberlegung aus, dass sich der Ersatz einer alten Anlage durch eine neue Anlage in dem Zeitpunkt lohnt, wenn die Durchschnittskosten der neuen Anlage geringer sind als die Grenzkosten der alten Anlage. Zur Wiederholung sei angemerkt, dass diejenigen Kosten als Grenzkosten bezeichnet werden, die bei der Produktion eines weiteren Stückes anfallen. Für dieses Beispiel einer vergangenheitsbezogenen Betrachtungsweise sind es im Umkehrschluss diejenigen Kosten, die bei einem sofortigen Ersatz vermieden werden könnten. In der betrieblichen Praxis wird diese Überlegung regelmäßig zu Beginn einer neuen Periode angestellt.

Merke: Der optimale Ersetzungszeitpunkt liegt in der Periode, in der die Durchschnittskosten der neuen Anlage geringer als die Grenzkosten der alten Anlage sind!

In der grafischen Betrachtungsweise tritt der optimale Ersetzungszeitpunkt unter Kostenvergleichsgesichtspunkten sehr deutlich zu Tage:

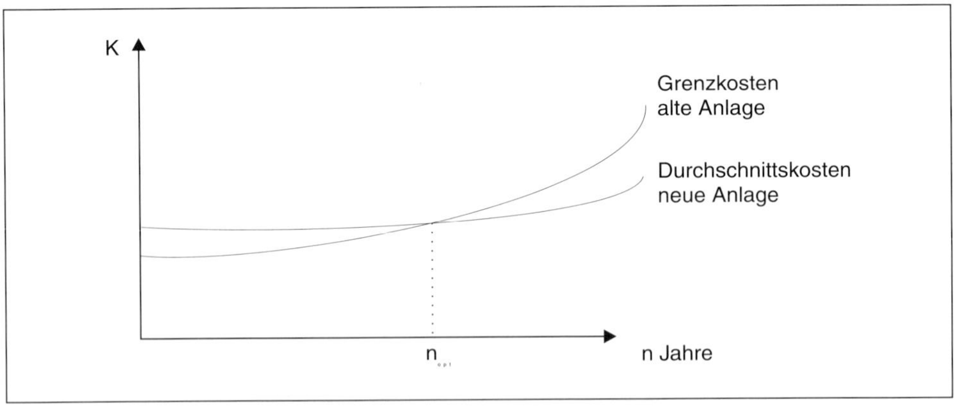

Optimaler Ersetzungszeitpunkt unter Kostenvergleichsgesichtspunkten

Konkret sind bei der Kostenvergleichsrechnung die Annuitäten der jeweiligen Periode der neuen Anlage mit den Grenzkosten der alten Anlage **zu vergleichen**.

Bei einem zugrundeliegenden Kalkulationszinsfuß von 10 % werden folgende Anlagen verglichen:

***Alte Anlage:** Sie hat zu Beginn der betrachteten Periode noch einen Restwert von 20.000 €. Ihr Anschaffungspreis betrug vor 2 Jahren 70.000 €, die restliche Nutzungsdauer wird mit 3 Jahren geschätzt.*

Periode	**1**	**2**	**3**
lfd. Betriebs- und Instandhaltungskosten	22.000	24.000	26.000
Restwert	15.000	8.000	0

***Neue Anlage:** Ihr Anschaffungspreis wird auf 80.000 € veranschlagt. Die erwarteten laufenden Betriebs- und Instandhaltungskosten sowie die erwarteten Restwerte der jeweiligen Perioden sind der untenstehenden Tabelle zu entnehmen:*

Periode	**1**	**2**	**3**	**4**	**5**
lfd. Betriebs- und Instandhaltungskosten	10.000	11.000	12.000	13.000	17.000
Restwert	50.000	35.000	25.000	16.000	500

*In einem **1. Schritt** sind für die neue Anlage die Annuitäten/Durchschnittskosten für die jeweilige Periode zu berechnen. Dies erfolgt durch eine Multiplikation der kumulierten Kapitalwerte (C_0) mit dem Annuitätenfaktor.*

Periode	**1**	**2**	**3**	**4**	**5**
1. Auszahlung der Periode	10.000,00	11.000,00	12.000,00	13.000,00	17.000,00
2. Barwert der Auszahlung	9.091,00	9.090,40	9.015,60	8.879,00	10.555,30
3. Barwerte Auszahlungen (kumuliert)	9.091,00	18.181,40	27.197,00	36.076,00	46.631,30
4. Anschaff.-Auszahl. abzügl. Barwert des Restwertes	34.545,00	51.076,00	61.217,50	69.072,00	79.689,50
5. Kapitalwert kumuliert (Summe aus 3. u. 4.)	43.636,00	69.257,40	88.414,50	105.148,00	126.320,80
6. Annuitätenfaktor	1,1000	0,5762	0,4021	0,3155	0,2638
7. Annuität	47.999,60	39.906,10	35.551,50	33.174,20	33.323,40

Das Minimum der Annuität der neuen Anlage zeigt den optimalen Ersetzungszeitpunkt der neuen Anlage an.

*In einem **2. Schritt** sind für die alte Anlage die Grenzkosten der jeweiligen Periode zu bestimmen. Hierzu zählen neben den laufenden Betriebs- und Instandhaltungskosten auch die Abnahme des Restwertes der alten Anlage sowie der Zinsverlust auf den (höheren) Restwert der Vorperiode. Als Zinssatz wird auch hier der Kalkulationszinsfuß von 10 % angesetzt.*

Periode	**0**	**1**	**2**	**3**
1. Restwert	20.000,00	15.000,00	8.000,00	0,00
2. lfd. Betriebs- und Instandhaltungskosten		22.000,00	24.000,00	26.000,00
3. Abnahme des Restwertes (Vergleich zur Vorperiode)		5.000,00	7.000,00	8.000,00
4. Zinsverlust (aus Restwerterlös Vorperiode)		2.000,00	1.500,00	800,00
5. Grenzkosten (Summe aus 2., 3. u. 4.)		29.000,00	32.500,00	34.800,00

In einem ***3. Schritt*** *sind die Annuitäten/Durchschnittskosten der neuen Anlage mit den Grenzkosten der alten Anlage für die jeweilige Periode zu vergleichen.*

Periode	**1**	**2**	**3**	**4**	**5**
Annuität/Durchschnittskosten der neuen Anlage	47.999,60	39.906,10	35.551,50	33.174,20	33.323,40
Grenzkosten der alten Anlage	29.000,00	32.500,00	34.800,00	–	–

Gemäß dem Kriterium der Kostenvergleichsrechnung liegt der optimale Ersetzungszeitpunkt in der Periode, in der Durchschnittskosten der neuen Anlage geringer als die Grenzkosten der alten Anlage sind. Demzufolge ist die alte Anlage entsprechend der erkennbaren Zahlungsreihenentwicklung zum Ende der 3. Periode ihrer geschätzten Restnutzungsdauer gegen die neue Anlage auszutauschen.

3.5 Beurteilen von Finanzierungsformen und Erstellen von Finanzplänen

3.5.1 Kriterien zur Unterscheidung von Finanzierungsquellen

Kriterien zur Unterscheidung von Finanzierungsquellen sind

- **Kapitalherkunft:** Woher/von wem stammen die Mittel? Aus der Antwort ergibt sich die Zuordnung des Kapitals zur Innenfinanzierung bzw. Außenfinanzierung.
- **Rechtsstellung der Kapitalgeber:** In welcher rechtlichen Beziehung stehen die Kapitalgeber zum Unternehmen? Hieraus resultiert die Einteilung in Eigenfinanzierung und Fremdfinanzierung.
- **Fristigkeit**: Wie lange stehen die Mittel zur Verfügung? Hieraus ergibt sich insbesondere die Verwendungsmöglichkeit des Kapitals im Vermögensbereich.
- **Anlass**: Wofür werden die Mittel benötigt/eingesetzt?

Die Abbildung vermittelt einen Überblick.

Finanzierungsquellen nach...

...Herkunft der Mittel	...rechtlicher Stellung der Kapitalgeber	...Fristigkeit	... Anlass
- Innen-finanzierung - Außen-finanzierung	- Eigen-finanzierung - Fremd-finanzierung	- kurzfristige (bis 1 Jahr) - mittelfristige (bis 4 Jahre) - langfristige (ab 4 Jahre) Finanzierung	- Gründung - Umwandlung - Fusion - Sanierung - Expansion - Kapital-erhöhung

Finanzierungsquellen

3.5.2 Kriterien zur Entscheidungsfindung für Finanzalternativen

Welches Finanzierungsinstrument im Bedarfsfalle ausgewählt wird, wird wesentlich von den folgenden Kriterien bestimmt:

- **Betragshöhe:** Etliche Finanzierungsinstrumente lohnen erst ab einer gewissen Betragshöhe, da ihr Einsatz mit erheblichem Zeit- und Geldaufwand verbunden ist. So wird z. B. die Aufnahme eines neuen Gesellschafters in eine Personengesellschaft erst ab einem fünf- oder sechsstelligen Betrag interessant sein; eine Eigenkapitalbeschaffung über die Börse wird erst bei Millionenbeträgen lohnend.

- **Kosten:** Die verschiedenen Finanzierungsinstrumente können sich hinsichtlich der mit der Finanzierung verbundenen Kosten stark unterscheiden. Neben den laufenden Kosten (in erster Linie Zinsen) sind einmalige Kosten – Bearbeitungsgebühren, Auf- und Abgelder, Schätzkosten, Notarkosten, Auflassungskosten usw. – zu berücksichtigen.
- **Fristigkeit:** Mittel, die nur für kurze Zeit benötigt werden, beschafft man über andere Instrumente als Mittel, die dem Betrieb dauerhaft zur Verfügung stehen sollen.
- **Flexibilität:** Finanzmittel, die nicht ständig benötigt werden, sondern Spitzenbedarfe abdecken sollen, dürfen (vor allem aus Kostengründen) auch nicht ständig in Anspruch genommen werden. Anstelle von Darlehen mit fest vereinbarter Tilgung kommt hierfür z. B. eher ein Kontokorrentkredit in Frage.
- **Externe Einflussnahme:** Fremdkapital bedingt Abhängigkeiten von außenstehenden Dritten. Wo diese nicht eingegangen werden sollen (aber auch, wenn Fremdkapital nicht zur Verfügung gestellt wird), kommt nur Eigenfinanzierung in Betracht.
- **Sicherheiten:** Einige Finanzierungsinstrumente stehen nur in Zusammenhang mit bestimmten Sicherheiten (z.B. beleihbaren Grundstücken, abtretbaren Forderungen, sicherungsübereignungsfähigen Gegenständen) zur Verfügung.

3.5.3 Sicherheiten

Bei der Kreditvergabe in allen vorstehend beschriebenen Fällen wird neben der persönlichen Kreditwürdigkeit die Stellung von Kreditsicherheiten eine bedeutende Rolle spielen. Sollte der Schuldner seinen Zahlungsverpflichtungen nicht nachkommen können, hat der Kreditgeber die Möglichkeit der Befriedigung aus den gestellten Sicherheiten. Bei der Bewertung des Kreditausfallrisikos sind zunehmend strenge Maßstäbe anzulegen; Näheres wird unter den Stichworten »Basel II« und »Unternehmensrating« in Abschnitt 3.5.7 ausgeführt.

3.5.3.1 Personenbezogene Sicherheiten

Die Stellung von Kreditsicherheiten kann durch eine **Bürgschaft** erfolgen (§§ 765–777 BGB). Unter Kaufleuten ist die Bürgschaft formlos, d. h. auch mündlich, möglich, wenn sie für den Bürgen ein Handelsgeschäft darstellt. Wesentliche **Formen** der Bürgschaft sind

- die **selbstschuldnerische Bürgschaft**: Dabei verzichtet der Bürge auf die »Einrede der Vorausklage«, d. h. der kann nicht verlangen, dass gegen den Hauptschuldner zunächst ein Vollstreckungstitel erwirkt und eine fruchtlose Vollstreckung erfolgt sein muss, bevor er selbst in Anspruch genommen werden kann: vielmehr kann er unmittelbar zur Ableistung der Schuld herangezogen werden. Bürgschaften, die ein Kaufmann abgibt, sind immer selbstschuldnerisch, § 349 HGB.
- die **Ausfallbürgschaft**: Dabei kann der Bürge die Begleichung der Schuld verweigern, solange der Gläubiger in Zwangsvollstreckung oder Insolvenz beim Schuldner nicht endgültig gescheitert ist.

Der Bürgschaft **verwandt** sind die folgenden Rechtsgeschäfte.

- Die **Schuldübernahme**: Dabei schließen der Gläubiger einer Schuld, der aktuelle Schuldner und ein neuer Schuldner eine Vereinbarung, nach der der neue Schuldner die Verbindlichkeiten des alten Schuldners gegenüber dem Gläubiger übernimmt.

- Der **Kreditauftrag**: »Wer einen anderen beauftragt, im eigenen Namen und auf eigene Rechnung einem Dritten ein Darlehen oder eine Finanzierungshilfe zu gewähren, haftet dem Beauftragten für die aus dem Darlehen oder der Finanzierungshilfe entstehende Verbindlichkeit des Dritten als Bürge« (§ 778 BGB).
- Die **Garantie** (Erfüllungsgarantie): Hierunter ist der vertragliche Eintritt für die ordnungsgemäße Erfüllung eines Anspruchs zu verstehen. Dieser Anspruch kann einen bestimmten Erfolg oder auch die Zusicherung des Nichteintritts eines (meist Schadens-)Ereignisses beinhalten. Von der Bürgschaft unterscheidet sich die Garantie insoweit, als sie nicht von einer zu sichernden Hauptforderung abhängig ist, sondern einen selbstständigen Anspruch begründet.
- Die **Patronatserklärung**: Hierunter wird in der Wirtschaftspraxis und der Auslegung durch die Rechtsprechung eine garantie- oder ausfallbürgschaftsähnliche Verpflichtung einer Konzern-Muttergesellschaft gegenüber einem Dritten, für die Verbindlichkeiten ihrer Tochtergesellschaft aufzukommen, verstanden. Es handelt sich dabei um ein gesetzlich nicht geregeltes Rechtsinstitut.

3.5.3.2 Dingliche Sicherheiten

Dingliche Sicherheiten begründen Verwertungsrechte an

- **unbeweglichen Sachen:** hierzu gehören Grundstücke, Gebäude, auch Schiffe, die im Rahmen von Hypotheken und Grundschulden als Sicherheiten dienen können;
- **beweglichen Sachen:** Mobiliar, technische Geräte, Fahrzeuge und viele weitere materielle Gegenstände können verpfändet oder sicherungsübereignet werden;
- **Forderungen:** Diese können im Rahmen einer »Zession« abgetreten werden.

3.5.3.2.1 Hypotheken und Grundschulden

Hypotheken und Grundschulden sind beschränkte dingliche **Pfandrechte** (vgl. Abschn. 3.5.3.2.2.1) an Grundstücken, aufgrund derer ein Gläubiger seine Forderungen durch Verwertung des Grundstücks befriedigen kann.

Beiden ist gemeinsam, dass sie im **Grundbuch** eingetragen werden.

Das Grundbuch ist ein amtliches Verzeichnis, in dem die Lage, die Eigentumsverhältnisse und die mit einem Grundstück verbundenen Rechte und Pflichten in drei Abteilungen verzeichnet werden:

- **Erste Abteilung:** Enthält den oder die Eigentümer, ggf. mit Anteilsangabe oder Angabe des Gemeinschaftsverhältnisses (z. B. »in Erbengemeinschaft«), sowie Erbbauberechtigte.
- **Zweite Abteilung:** Enthält Lasten und Beschränkungen, z. B. Wege-, Überfahrts- oder Leitungsrechte, Wohnungsrechte und **Auflassungsvormerkungen** (Ankündigungen eines Eigentümerwechsels, die zwischen Kaufvertragsabschluss und Eigentumsverschaffung eingetragen werden).
- **Dritte Abteilung:** Grundpfandrechte.

Die Grundbuchämter sind in den meisten Bundesländern den Amtsgerichten angegliedert.

Rechtlich unterscheiden sich Hypotheken und Grundschulden durch die Art der Bindung der Sicherheit an den Kredit:

- Die **Hypothek** (§§ 1113 – 1190 BGB) ist eine **akzessorische** Sicherheit (von accessio: Anhängsel), d. h. sie ist derart an die Kreditforderung gebunden, dass sie mit dem Erlöschen der Forderung ebenfalls erlischt. Die Beweislast hinsichtlich des Bestehens einer Forderung liegt beim Gläubiger. Die noch im Grundbuch eingetragene Hypothek wandelt sich automatisch in eine Eigentümergrundschuld, die bei einer erneuten Kreditaufnahme an den Kreditgeber abgetreten werden kann. Regelfall ist die Verkehrshypothek, die im Gegensatz zur Sicherungshypothek einige Ausnahmen von der strengen Akzessorietät zulässt, sowie die Ausstellung eines Hypothekenbriefs (**Briefhypothek**; anderenfalls: **Buchhypothek**).
- Die **Grundschuld** ist **nicht-akzessorisch**, besteht also als Sicherheit auch dann weiter, wenn die ursprüngliche Forderung zurückgezahlt ist. Sicherheiten dieser Art werden auch als fiduziarische Sicherheiten (von fiducia: Vertrauen) bezeichnet. Die Beweislast hinsichtlich des Nicht-Bestehens einer Forderung liegt beim Schuldner. Der Vorteil der Grundschuld gegenüber der Hypothek besteht darin, dass sie unkompliziert als Sicherheit für erneute Kreditaufnahmen herangezogen oder auch abgetreten werden kann. Auch bei der Grundschuld werden **Briefgrundschuld** und **Buchgrundschuld** unterschieden.

Hypotheken und Grundschulden werden in der dritten Abteilung des Grundbuchs eingetragen, wobei der **Rang** der Eintragung eine entscheidende Rolle spielt: Im Falle der Verwertung wird zunächst der erste Rang voll befriedigt, danach der zweite usw. Die Konditionen eines mit einem Grundpfandrecht besicherten Kredits hängen sowohl vom Rang der Eintragung als auch davon ab, inwieweit die Kredithöhe innerhalb der vom Kreditgeber errechneten **Beleihungsgrenze** liegt. Diese ist ein Prozentsatz des **Beleihungswerts**.

In die Berechnung des Beleihungswerts fließt neben dem Sachwert von Boden und Gebäuden auch ein Ertragswert (meist auf Basis dauerhaft erzielbarer Mieterträge ermittelt) ein. Das Ergebnis liegt in der Regel deutlich unter dem **Verkehrswert**, also dem Preis, der im Veräußerungsfall am Markt erzielbar wäre.

Die **Eintragung** erfolgt aufgrund einer Hypotheken- oder Grundschuldbestellung, die von einem Notar durchgeführt werden muss. Mit eingetragen werden üblicherweise Zinsansprüche des Gläubigers, deren Höhe diejenige des gewährten Kredits meist deutlich übersteigt. Damit sichert der Gläubiger Zinsschwankungen und die Deckung der Kosten für den Fall der Zahlungsunfähigkeit des Kreditnehmers ab.

Ein den Grundpfandrechten vergleichbares Pfandrecht ist die **Schiffshypothek**. Diese wird im Schiffsregister eingetragen. Für Schiffe im Bau werden Schiffsbauwerkhypotheken gewährt, die im Schiffbauregister eingetragen werden.

3.5.3.2.2 Sicherheiten an beweglichen Sachen

3.5.3.2.2.1 Verpfändung

Ein Pfandrecht (§§ 1204 ff BGB) ist ein dingliches, akzessorisches (d.h. zwingend an die bestimmte Forderung gebundenes) Recht zur Sicherung einer Forderung. Zur Bestellung eines **rechtsgeschäftlichen Pfandrechts** ist neben der Einigung auch notwendig, dass dem Gläubiger der **Besitz** (d.h. die tatsächliche Herrschaft) an der Sache verschafft wird.

Durch die Verpfändung wird der Pfandgläubiger (Pfandnehmer) nicht Eigentümer, sondern nur Besitzer des verpfändeten Gegenstandes. Bei Nichterfüllung seiner Forderung ist er zur Verwertung der Sache berechtigt.

Als Pfandgegenstände kommen neben materiellen Gegenständen auch »Werte«, etwa Lebensversicherungen, in Frage. In Zusammenhang mit Unternehmenskrediten werden z. B. vorwiegend Wertpapiere verpfändet.

Neben rechtsgeschäftlichen Pfandrechten gibt es auch **gesetzliche Pfandrechte**, z. B. das **Vermieterpfandrecht** (§§ 562 ff BGB), das dem Vermieter zur Sicherung seiner Forderungen aus dem Mietverhältnis ein Pfandrecht an den eingebrachten Sachen des Mieters einräumt, und das Pfandrecht des **Spediteurs** am beförderten Gut zur Sicherung seiner aus dem Speditionsvertrag begründeten Forderungen (§ 464 HGB).

Letztlich gibt es in Deutschland noch das in der Zwangsvollstreckung entstehende **Pfändungspfandrecht**, das durch einen Gerichtsvollzieher vollzogen wird mit dem Ziel, aus dem Versteigerungserlös der gepfändeten Gegenstände eine Forderung des vollstreckenden Gläubigers zu befriedigen.

3.5.3.2.2.2 Eigentumsvorbehalt

Ein Eigentumsvorbehalt wird vereinbart, wenn der Lieferant aus einem Vertrag (in der Regel einem Kaufvertrag) zur Vorleistung verpflichtet ist. Er bewirkt, dass der Vertragsgegenstand zwar übergeben wird, aber so lange im Eigentum des Lieferanten verbleibt, bis der Kaufpreis vollständig bezahlt ist. Möglich ist der Eigentumsvorbehalt nur bei beweglichen Sachen, nicht bei Grundstücken (wo die **Auflassung** eine ähnliche Wirkung entfaltet, vgl. Abschn. 3.5.3.2.1).

Der einfache Eigentumsvorbehalt dient allein der Sicherung der Forderung aus dem Kaufpreis. Soll er für sämtliche Forderungen des Verkäufers gegen den Käufer gelten, muss ein **erweiterter Eigentumsvorbehalt** vereinbart werden.

Der Eigentumsvorbehalt erlischt nicht nur mit der vollständigen Bezahlung, sondern auch durch Weiterveräußerung, wenn der Erwerber die Sache gutgläubig (ohne Kenntnis oder ohne grob fahrlässige Unkenntnis des Eigentumsvorbehalts) erwirbt, sowie durch Verarbeitung oder Umbildung der Sache, wodurch der Hersteller zum Eigentümer wird (§ 950 BGB). Im Geschäftsleben sind Wiederverkauf und Weiterverarbeitung aber die Regel: Daher wird in der Regel ein **verlängerter Eigentumsvorbehalt** vereinbart, der folgende Klauseln beinhalten kann:

- **Verarbeitungsklausel:** Damit wird die Ausweitung des Eigentumsvorbehalts auf das aus dem gelieferten Stoff hergestellte Erzeugnis vereinbart, Sind in das neue Erzeugnis Stoffe mehrerer Lieferanten eingeflossen, die ebenfalls mit Eigentumsvorbehalt belegt waren, muss ausdrücklich ein anteiliges Miteigentum an dem neuen Gegenstand vereinbart werden.
- **Weiterveräußerungsklausel:** Damit wird die dem Käufer aus dem Weiterverkauf zustehende Forderung im Voraus an den Lieferanten abgetreten **(Sicherungsabtretung)**.

3.5.3.2.2.3 Sicherungsübereignung

Sicherungsübereignung wird vereinbart, wenn der Sicherheitengeber die tatsächliche Herrschaft über den die Sicherheit darstellenden Gegenstand behalten soll. In diesem Falle wird das Eigentum übertragen und damit sichergestellt, dass der Gegenstand vom Sicherheitengeber nur bestimmungsgemäß genutzt, nicht aber veräußert oder belastet werden kann. Die Sicherungsübereignung ist im deutschen Recht nicht ausdrücklich geregelt, aber in der Praxis – vor allem zur Sicherung der Forderungen von Kreditinstituten, die ein erhebliches Interesse an »besitzlosen Pfändern« besitzen – weit verbreitet und rechtlich anerkannt.

Problematisch ist die mögliche **Kollision** der Sicherungsübereignung mit einem auf dem zu übereignenden Gegenstand liegenden Eigentumsvorbehalt: Da ein gutgläubiger Erwerb durch den Sicherheitennehmer nicht möglich ist (dieser würde nämlich voraussetzen, dass ihm der unmittelbare Besitz an der Sache verschafft würde), bleibt der Gegenstand Eigentum des Vorbehaltsverkäufers. Weitere Risiken bestehen in der Möglichkeit der Doppelübereignung durch den Besitzer, im Wertverlust des Gegenstandes durch Gebrauch und die Gefahr des Untergangs.

Wird ein Warenlager mit wechselndem Lagerbestand übereignet, kann der Sicherheitengeber die Freigabe bestimmter Sicherheiten verlangen, wenn der Gesamtwert des Lagerbestands die vereinbarte **Deckungsgrenze** (meistens 110 – 150 % der zu sichernden Forderung) übersteigt und eine entsprechende **Freigabeklausel** vereinbart wurde.

3.5.3.2.3 Sicherheiten an Forderungen: Die Zession

Die Abtretung einer Forderung durch den Gläubiger an einen Dritten wird als Zession bezeichnet. Der Abtretende ist der Zedent, der Dritte – im Allgemeinen eine Bank, die eine Vorfinanzierung leistet – wird Zessionar genannt. Die Abtretung geht über eine Verpfändung hinaus, weil der Zessionar selbst zum Gläubiger wird und wie dieser agieren, die Forderung also z. B. verkaufen kann. Zessionen können unterschieden werden:

- Nach der **Anzahl** der abgetretenen Forderungen:
  - **Einzelzession:** Eine bestimmte Forderung wird abgetreten;
  - **Rahmenzession:** Die Abtretung betrifft mehrere Forderungen, entweder als
    - **Mantelzession:** Bis zu einer bestimmten Kredithöhe werden Forderungen abgetreten, die durch eine an den Zessionar übergebene Forderungsliste bestimmt sind. Der Zedent verpflichtet sich, eingezogene Forderungen durch andere Forderungen zu ersetzen. Deren Abtretung wird wiederum erst mit Einreichung der Forderungsliste rechtswirksam;
    - **Globalzession:** Die Forderungen des Zedenten werden in ihrer Gesamtheit oder soweit sie ein bestimmtes Merkmal erfüllen (z. B. Forderung gegen eine bestimmte Kundengruppe, Kunden mit Namen L–Z) abgetreten. Der Forderungsübergang erfolgt bereits mit Entstehen der Forderung; die Einreichung von Forderungslisten hat nur noch deklaratorische Wirkung.
- Nach der **Offenlegung**:
  - **Offene Zession:** Der Schuldner der Forderung wird über die Abtretung in Kenntnis gesetzt und kann ab dann mit befreiender Wirkung nur noch an den Zessionar zahlen, es sei denn, er hätte die Abtretung gem. § 399 BGB ausgeschlossen (wodurch die Abtretung bei Vorliegen eines beidseitigen Handelsgeschäfts nicht unwirksam wird, vgl. § 354a HGB). Meistens wird der Schuldner zur Bestätigung der Kenntnisnahme aufgefordert.
  - **Stille Zession:** Der Schuldner der Forderung wird über die Abtretung nicht in Kenntnis gesetzt. Im Allgemeinen behält sich der Zessionar vor, die stille Zession in eine offene Zession umzuwandeln, und lässt entsprechende Blankobenachrichtigungen vom Kunden unterschreiben.

Die Kredithöhe wird meist auf 70 % – 80 % der Forderungswerte begrenzt. Das Ausfallrisiko verbleibt beim Zedenten.

3.5.4 Außenfinanzierung

Werden dem Unternehmen von außen neue Mittel zugeführt, spricht man von Außenfinanzierung. Stammen diese Mittel von Geldgebern, die nicht am Unternehmen beteiligt sind, liegt eine Fremdfinanzierung vor. Bei der Eigenfinanzierung stammen die neu zugeführten Mittel aus dem Kreis der bisherigen Gesellschafter oder aus der Aufnahme von neuen Gesellschaftern.

Die Abbildung soll die einzelnen Formen von Eigen- und Fremdfinanzierung verdeutlichen.

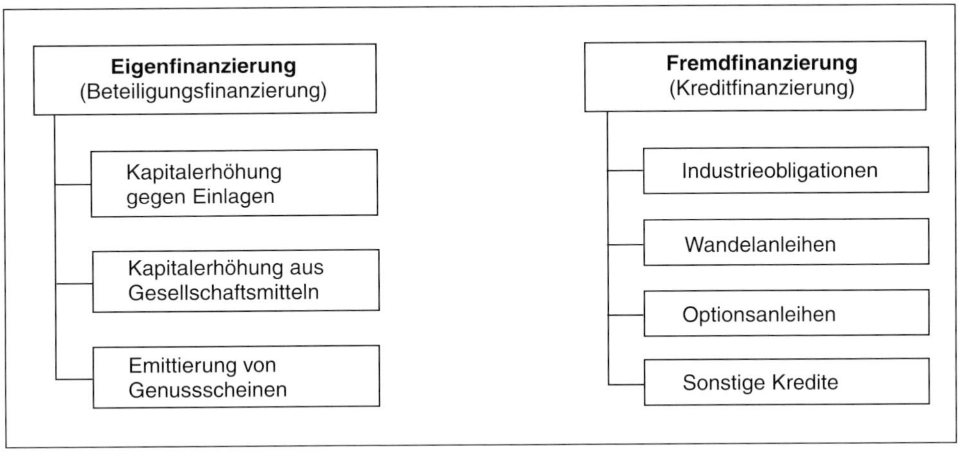

Eigen- und Fremdfinanzierung

3.5.4.1 Eigenfinanzierung

Ziel der Eigenfinanzierung ist die Zuführung neuen **Eigenkapitals**.

Eine Finanzierung mit Eigenkapital ist von fundamentaler Bedeutung für die Deckung des Kapitalbedarfs, da Fremdkapital regelmäßig erst bei einer ausreichenden Basis an vollhaftendem Eigenkapital zur Verfügung gestellt wird.

Die bisherigen Gesellschafter können ihre vorhandenen Einlagen erhöhen, oder es wird versucht, die notwendigen Finanzmittel durch die Beteiligung neuer Gesellschafter aufzubringen. In beiden Fällen spricht man auch von **Beteiligungsfinanzierung**.

Die Möglichkeiten der Aufbringung von Eigenkapital durch eine Beteiligungsfinanzierung sind von der Rechtsform des Unternehmens abhängig. Die mit einer Beteiligung verbundenen Gesellschaftsrechte und -pflichten sind je nach Rechtsform unterschiedlich geregelt.

Auch der Zugang zur Börse setzt eine bestimmte Rechtsform voraus.

3.5.4.1.1 Eigenfinanzierung für Unternehmen ohne Börsenzugang

Einzelunternehmen (EU), Personengesellschaften (OHG, KG), der GmbH und der kleineren AG sind der Zugang zur Börse verwehrt.

Für diese Unternehmen gibt es keinen institutionalisierten Kapitalmarkt, sie müssen sich selbst nach geeigneten Mitgesellschaftern umsehen:

- **EU, OHG:** Nimmt der Einzelunternehmer einen neuen Eigenkapitalgeber auf, entsteht regelmäßig eine OHG, d. h. der Kapitalgeber kann Mitgesellschafter werden. Nach dem Gesetz stehen ihm grundsätzlich die gleichen Rechte zu, wie dem bisherigen Einzelunternehmer (Stimmrecht, Recht zur Geschäftsführung und Vertretung, Gewinnbezugsrecht, Beteiligung am Liquidationserlös). Daneben tritt er aber auch in die Haftung für Gesellschaftsschulden. Die Aufnahme eines neuen Gesellschafters in ein Einzelunternehmen ist in jedem Falle eine einschneidende Umgestaltung des bisherigen Unternehmens. Gleiches gilt, wenn in eine bestehende OHG ein neuer Gesellschafter aufgenommen wird.

- **KG:** Der neue Gesellschafter hat vielfach kein eigentliches Interesse an einer Gesellschafterstellung mit allen Rechten und Pflichten. In diesem Fall kann für ihn die Einräumung einer Stellung als Kommanditist innerhalb einer zu gründenden Kommanditgesellschaft vorteilhaft sein. Der Kommanditist hat regelmäßig weniger Rechte und ist vor allem in seiner Haftung beschränkt. Die verbleibenden Gesellschafter behalten die Geschäftsführungskompetenz, der Kommanditist hat lediglich Kontrollrechte.
- **GmbH:** Die Aufnahme eines neuen GmbH-Gesellschafters zieht einen geänderten Gesellschaftsvertrag nach sich.

3.5.4.1.2 Beteiligungsfinanzierung von Unternehmen mit Zugang zur Börse

Unternehmen mit Zugang zur Börse finden hier einen organisierten Markt für den Handel mit Gesellschaftsanteilen vor. Dieser Kapitalmarkt ist aber regelmäßig den großen Aktiengesellschaften vorbehalten.

Die Aktie verbrieft ein **Mitgliedschaftsrecht** an einer Aktiengesellschaft. Der Aktionär hat

- ein Recht auf Zahlung der Dividende,
- ein Stimm- und Auskunftsrecht,
- ein Bezugsrecht bei der Ausgabe neuer (»junger«) Aktien und letztlich
- den Anspruch auf einen Anteil am Liquidationserlös.

Das gezeichnete Kapital einer Aktiengesellschaft, also dasjenige Kapital, das von den Aktien nominell repräsentiert wird, heißt **Grundkapital** (im Gegensatz zum Stammkapital der GmbH).

Nach ihrer Rechtsstellung, ihrer Übertragbarkeit und sonstigen Kriterien werden im Wesentlichen folgende Aktientypen und -begriffe unterschieden:

- **Stammaktie:** Normaltyp; verbrieft gleiches Stimmrecht, Recht auf Dividende und Liquidationserlös;
- **Vorzugsaktie:** Ohne Stimmrecht, dafür mit erhöhtem Dividendenanspruch;
- **Inhaberaktie** (Normaltyp): Der Inhaber gilt als Eigentümer, Übertragung erfolgt durch Einigung und Übergabe.
- **Namensaktie:** Übertragung erfolgt durch Einigung, Übergabe und Indossament. Sonderform ist die »vinkulierte Namensaktie«, deren Übertragung die Gesellschaft zustimmen muss (z. B., weil der Erwerber den Emissionskurs nicht voll eingezahlt hat).
- **Junge Aktie:** Wird zwecks Kapitalerhöhung ausgegeben.
- **Eigene Aktie:** Vom Unternehmen an der Börse selbst zurückgekaufte Anteile (vgl. Abschn. 2.2.8.2.2.2).
- **Stückaktie:** Aktie, die keinen festen Nennwert besitzt, sondern einen prozentualen Anteil am Unternehmen repräsentiert. Dieser Anteil ist auf der Aktie ebenfalls nicht vermerkt. Er (wie auch der rechnerische Nennwert der Aktie) ergibt sich durch Division des Grundkapitals durch die Anzahl der Aktien. Seit ihrer Zulassung in Deutschland (1998) sind nennwertlose Aktien weit verbreitet.
- **Nennwertaktie:** Aktie, die demgegenüber einen festen Nennwert besitzt.

Wesentliche Wertbegriffe sind die folgenden:

Nennwert: auch **Nominalwert**; Wert, mit dem eine Aktie am Grundkapital (haftendes Kapital, vgl. Abschn. 2.2.8.2.1) beteiligt ist. Aktien, die einen aufgedruckten Wert aufweisen, gibt es in Deutschland mit einem Wert ab 1 €.

Kurswert: Wert, mit dem eine Aktie an der Börse gehandelt wird.

Börsenkurs: Kurswert.

Bilanzkurs: Rechnerischer Wert einer Aktie, der sich wie folgt errechnet:

$$\frac{\text{Gesamtes Eigenkapital (Grundkapital, Rücklagen, Gewinn)}}{\text{Grundkapital}} \cdot \text{Nennwert der Aktie}$$

Dieser rechnerische Wert berücksichtigt allerdings stille Reserven nicht.

Zum Eigenkapital der AG gehören ferner die **Rücklagen** (vgl. Abschn. 2.2.8.2.2).

Zur Erweiterung der Eigenkapitalbasis bietet das Aktiengesetz (AktG) drei Formen der Kapitalerhöhung an:

- die ordentliche Kapitalerhöhung,
- die bedingte Kapitalerhöhung und
- das »genehmigte Kapital«.

Eine weitere Form, die Kapitalerhöhung aus Gesellschaftsmitteln – das ist die Umwandlung von Rücklagen und Gewinnvorträgen in Grundkapital – führt zu einer **Umschichtung** im Eigenkapitalbereich, aber nicht zum Zufluss neuer Mittel. Die Kapitalerhöhung aus Gesellschaftsmitteln ist ein reiner Passivtausch, ein Finanzmittelzuwachs erfolgt aber nicht. Die Aktionäre erhalten hierbei Gratisaktien anstatt einer Dividendenausschüttung. Der Jahresüberschuss wurde zuvor den offenen Rücklagen zugeführt, diese werden jetzt in Grundkapital umgewandelt. Mit dieser Maßnahme will die Gesellschaft die langfristige Verfügbarkeit des Kapitals sicherstellen – verbliebe es in den Rücklagen, könnten die Aktionäre Ausschüttung verlangen.

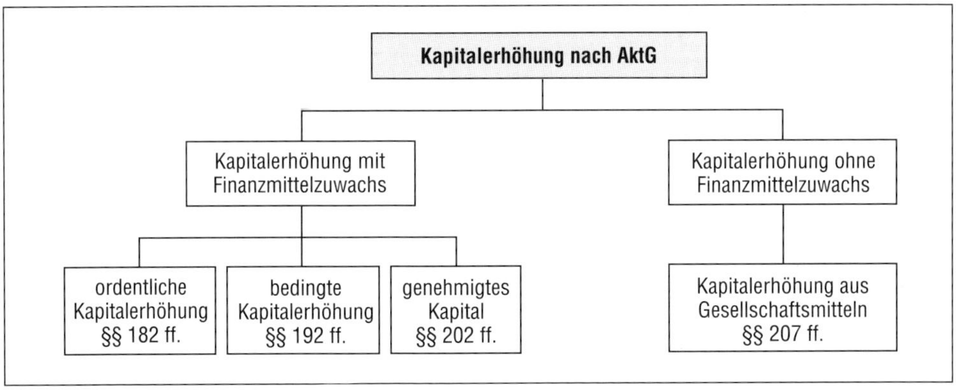

Kapitalerhöhung nach AktG

3.5.4.1.2.1 Ordentliche Kapitalerhöhung

Die ordentliche Kapitalerhöhung ist eine Kapitalerhöhung gegen Einlagen. Sie erfolgt durch Ausgabe junger Aktien gegen Gewährung eines **Bezugsrechts** an die Altaktionäre. Durch die Ausgabe neuer Aktien erhöht sich die Anzahl aller auf dem Markt vorhandenen Aktien. Die Folge davon ist regelmäßig ein Kursverfall. Zum Ausgleich dieses rechnerischen Verlustes dient das Bezugsrecht. Es hat einen bestimmten Wert und kann vom Altaktionär verkauft werden, andernfalls berechtigt es zu einem günstigen Bezugspreis für **junge Aktien**.

Der rechnerische Wert des Bezugsrechtes kann mit Hilfe der Bezugsrechtformel errechnet werden:

$$KB = \frac{KA - KE}{\frac{AA}{AN} + 1}$$

$$KN = \frac{AA \cdot KA + AN \cdot KE}{AA + AN}$$

mit

KB = Kurs des Bezugsrechtes
KA = Kurs der Altaktien
KN = Kurs der Aktien nach Kapitalerhöhung
KE = Ausgabe-(Emissions-)kurs
AA = Anzahl der Altaktien
AN = Anzahl der jungen Aktien

Beispiel:

Die Fixoform AG benötigt für eine geplante Betriebserweiterung insgesamt 30.000.000 € an neuem Kapital. Das Grundkapital beträgt derzeit 100.000.000 €. An nennwertlosen Aktien sind 1.000.000 Stück in Umlauf, die an der Börse zum Kurs von 180 € je Stück gehandelt werden. Das gesamte Eigenkapital einschließlich der Rücklagen und des Gewinns beträgt zur Zeit 150.000.000 €. Die jungen Aktien sollen zum Kurs von 150 € ausgegeben werden.

Um das für die Betriebserweiterung notwendige Kapital als tatsächlichen Zufluss zu erhalten, müssen also 200.000 neue Aktien ausgegeben werden (denn: 30.000.000 : 150 = 200.000). Das Bezugsverhältnis (Verhältnis der Anzahl Altaktien zur Anzahl neuer Aktien) ist damit 10 : 2 bzw. 5 : 1. Jeder Altaktionär erhält 1 Bezugsrecht je alter Aktie; jeweils 5 dieser Bezugsrechte berechtigen – unter Zuzahlung von 150 € – zum Kauf einer neuen Aktie. Wer keine alten Aktien besitzt, muss 5 Bezugsrechte kaufen, um – ebenfalls unter Zuzahlung von 150 € – eine neue Aktie erwerben zu können.

Der Kurswert der Fixoform-Aktie wird sich nach dem Vollzug der Kapitalerhöhung rechnerisch bei

$$\frac{1.000.000 \text{ Stück} \cdot 180 \text{ €} + 200.000 \text{ Stück} \cdot 150 \text{ €}}{1.200.000 \text{ Stück}} = 175 \text{ €/Stück einstellen.}$$

Damit wird der Altaktionär gegenüber dem gegenwärtigen Zustand eine Kurseinbuße von 5 € (180 € – 175 €) je Aktie erleiden. Deswegen wird er pro Bezugsrecht, das er an der Börse verkauft, wenn er es nicht selbst ausüben will, 5 € verlangen. Auf diese Weise ist er bei Nichtausübung wirtschaftlich nicht schlechter gestellt als vorher (allerdings ist sein Anteil am Vermögen der AG geschrumpft).

Der Einsatz der Bezugsrechtsformel erbringt dasselbe Ergebnis:

$$KB = \frac{180 - 150}{\frac{1.000.000}{200.000} + 1} = \frac{30}{6} = 5$$

Ein Anteilseigner, der bisher 5 % des Grundkapitals und damit 50.000 Aktien hält, müsste, um denselben Anteil zu behalten, 10.000 Aktien zukaufen. Er erhielte – vgl. das errechnete Bezugsverhältnis – hierfür 50.000 Bezugsrechte, die einen Wert von 250.000 € repräsentieren, und müsste zusätzlich 10.000 · 150 € = 1.500.000 € aufwenden. Sein Gesamtaufwand wäre damit 1.750.000 €.

Ein Neuaktionär, der 10.000 Aktien junge Aktien erwerben wollte, müsste (die entsprechende Verfügbarkeit von Bezugsrechten an der Börse vorausgesetzt) hierfür zahlen:

an Bezugsrechten 50.000 · 5 € =	*250.000 €*
an Emissionskurs 10.000 · 150 € =	*1.500.000 €*
Gesamt	*1.750.000 €*

3.5.4.1.2.2 Bedingte Kapitalerhöhung und genehmigtes Kapital

Die **bedingte Kapitalerhöhung** kann von der Hauptversammlung für bestimmte Zwecke beschlossen werden. Dabei soll die Kapitalerhöhung nur insoweit durchgeführt werden, als von einem Umtausch oder Bezugsrecht Gebrauch gemacht wird, das die Gesellschaft auf neue Aktien einräumt. Dabei kann es um die Gewährung von Umtausch- oder Bezugsrechten an Gläubiger von Wandelschuldverschreibungen gehen oder um die Vorbereitung von Unternehmenszusammenschlüssen. Letztlich kann die bedingte Kapitalerhöhung noch zur Gewährung von Bezugsrechten an Arbeitnehmer und Mitglieder der Geschäftsführung im Wege eines Zustimmungs- oder Ermächtigungsbeschlusses dienen.

Beim **genehmigten Kapital** kann die Satzung den Vorstand für höchstens fünf Jahre nach Eintragung der Gesellschaft ermächtigen, das Grundkapital bis zu einem bestimmten Nennbetrag durch Ausgabe neuer Aktien gegen Einlagen zu erhöhen. Der Vorstand kann damit innerhalb der Fünf-Jahres-Frist eine günstige Kapitalmarktsituation abwarten, um die neuen Aktien zu platzieren.

3.5.4.1.2.3 Kapitalbeteiligungsgesellschaften

Eine weitere Quelle zusätzlichen Eigenkapitals gewinnt immer mehr an Bedeutung: es kann von speziell für diesen Zweck gegründeten Kapitalbeteiligungsgesellschaften zur Verfügung gestellt werden. Diese Gesellschaften beteiligen sich in der Regel als stiller Gesellschafter für einen begrenzten Zeitraum (bis zu 10 Jahren). Ähnliche Funktionen üben so genannte Venture-Capital-Gesellschaften aus, die für bestimmte Anlässe **Wagniskapital** anbieten (meistens für Investitionen im High-Tech-Bereich).

Derartige Unternehmensbeteiligungsgesellschaften treten häufig in der Rechtsform der Aktiengesellschaft auf und beziehen ihr Eigenkapital über die Börse. Diese Mittel werden dann als Beteiligung an (nicht börsennotierte) mittelständische Unternehmen weitergegeben.

3.5.4.2 Mezzanine Finanzierungen

Der grundsätzliche Charakter von mezzaninen Finanzierungen wurde bereits in Abschnitt 2.2.9 dargestellt.

Hier erfolgt nun die Beschreibung der einzelnen Finanzierungsinstrumente, namentlich

- nachrangige Darlehen,
- partiarische Darlehen,
- Gesellschafterdarlehen,
- stille (typische und atypische) Beteiligungen,
- Wandelschuldverschreibungen und
- Genussscheine.

Diese haben grundsätzlich die folgenden Merkmale gemeinsam (wobei Ausgestaltungen im Einzelfall so vorgenommen werden können, dass einzelne dieser Merkmale dann nicht mehr zutreffen):

- Die Gläubiger werden gegenüber Fremdkapitalgebern nachrangig behandelt;
- die Gläubiger werden gegenüber Eigenkapitalgebern bevorzugt behandelt;
- das gegenüber der Fremdkapitalgewährung höhere Risiko wird durch entsprechend höhere Vergütung ausgeglichen, in der Regel wird neben einer Festverzinsung ein »Equity Kicker« gewährt;
- die Entgelte für die Kapitalüberlassung (Ausschüttungen) werden steuer- und handelsrechtlich als Betriebsaufwand behandelt (Ausnahme: atypische stille Gesellschaft);
- Die Kapitalüberlassung erfolgt langfristig (5 bis 10, bei stillen Beteiligungen bis zu 30 Jahre).

3.5.4.2.1 Nachrangige Darlehen

Nachrangige Darlehen sind unbesicherte und daher mit einem höheren Risiko behaftete Darlehen, die dann zu den mezzaninen Finanzierungen gezählt werden, wenn neben einem festen Zinssatz auch ein **Equity Kicker** (vgl. Abschn. 2.2.9), d. h. eine gewinnabhängige Zahlung, vereinbart wird.

3.5.4.2.2 Partiarische Darlehen

Partiarische Darlehen sind **Beteiligungsdarlehen**, bei denen dem Darlehensgeber eine Beteiligung am Unternehmensumsatz oder -gewinn – je nach Vertragsausgestaltung in Verbindung mit einem garantierten Mindestbetrag oder Mindestzins – zugestanden wird.

Partiarische Darlehen ähneln der stillen Beteiligung; jedoch bilden Darlehensgeber und -schuldner keine Gesellschaft, und der Darlehensgeber nimmt keinen Einfluss auf die Geschäftsführung. Einnahmen aus partiarischen Darlehen stellen steuerlich Einkünfte aus Kapitalvermögen dar. Eine Verlustbeteiligung des Darlehensgebers ist ausgeschlossen.

3.5.4.2.3 Gesellschafterdarlehen

Darlehen von Gesellschaftern können Eigenkapital darstellen. Dies ist der Fall, wenn

- der eingezahlte Betrag vertraglich bei Eintritt des Gesellschafters in die Gesellschaft zu zahlen war,
- keine Zinsen gezahlt werden,
- der Betrag aus Gewinnanteilen des Gesellschafters stammt,
- mit dem Betrag eine Rücklage gebildet wurde.

Gesellschafterdarlehen können nach dem GmbH-Gesetz auch als Eigenkapital angesehen werden, wenn sie der Gesellschaft zu einem Zeitpunkt gewährt wurden, »...in dem ihr die Gesellschafter als ordentliche Kaufleute Eigenkapital zugeführt hätten (Krise der Gesellschaft)...« (§ 32a GmbHG). Im Insolvenzfall ist die Rückforderung des gewährten Betrags durch den Gesellschafter nicht möglich.

3.5.4.2.4 Stille Beteiligung (typisch/atypisch)

Die **typische** stille Beteiligung (stille Gesellschaft) tritt nach außen nicht in Erscheinung: Sie wird nicht im Handelsregister eingetragen und kommt auch nicht in der Rechtsform zum Ausdruck; der Inhaber des Handelsgewerbes firmiert weiterhin aus Einzelunternehmer. Der stille Gesellschafter leistet eine Einlage in das Unternehmen, die zivilrechtlich in das Vermögen des Unternehmers (als so genanntem tätigen Teilhaber) übergeht und nicht – wie etwa bei OHG und KG – ein gemeinsames Gesellschaftsvermögen darstellt. In der Bilanz wird sie auf der Passivseite gesondert angegeben, jedoch ohne dass der Name des still Beteiligten angegeben werden muss. Die Einlage erfolgt in der Regel mit einer langen Laufzeit (bis zu 30 Jahren), während derer eine Kündigung ausgeschlossen werden kann.

Der Unternehmer betreibt sein Geschäft weiterhin im eigenen Namen und auf eigene Rechnung. Dennoch liegt eine Gesellschaft vor, aus der dem stillen Gesellschafter Kontrollrechte zustehen (vergleichbar denen des Kommanditisten in der KG). Der stillen Gesellschafter haftet nicht für die Verbindlichkeiten des tätigen Teilhabers. Aus seiner Beteiligung steht ihm eine **Gewinnbeteiligung** zu; allerdings erwächst aus ihr auch eine **Verlustbeteiligung**, die aber vertraglich beschränkt oder ausgeschlossen werden kann.

Einkünfte des stillen Gesellschafters aus dieser typischen stillen Beteiligung sind Einkünfte aus Kapitalvermögen.

Eine **atypische** stille Gesellschaft ist dadurch gekennzeichnet, dass der stille Gesellschafter im Innenverhältnis so gestellt wird, als sei er am Gesellschaftsvermögen ebenso beteiligt wie der Gesellschafter einer OHG. Im Falle der Auflösung der Gesellschaft unterscheiden sich seine schuldrechtliche Stellung und das ihm zustehende Auseinandersetzungsguthaben nicht von derjenigen eines OHG-Gesellschafters.

3.5.4.2.5 Wandelschuldverschreibungen

Wandelschuldverschreibungen (Wandelanleihen) sind **Anleihen**, die dem Inhaber das Recht einräumen, sie innerhalb einer Wandlungsfrist zu feststehenden Bedingungen in Aktien einzutauschen. Eine ausführlichere Behandlung enthält Abschnitt 3.5.4.3.3.2.

3.5.4.2.6 Genussscheine

Der Genussschein ist eine **Mischform** aus Aktie und Anleihe und durch Elemente aus beiden Anlageformen gekennzeichnet. Dabei kann die Ausgestaltung sehr unterschiedlich sein: Hinsichtlich der Ausschüttung kommt eine feste Verzinsung oder eine Gewinnbeteiligung (ggf. auch Umsatzbeteiligung) oder eine Mischung aus beidem in Betracht. Der Genussschein kann mit Optionen verbunden sein, die zum Bezug von Aktien oder zur Wandlung in Aktien berechtigen. Auch eine Beteiligung am Liquidationserlös kann vereinbart werden; dann allerdings können die Ausschüttungen auf Ebene der Gesellschaft nicht mehr als Betriebsausgaben behandelt werden.

3.5.4.3 Langfristige Fremdfinanzierung

Erfolgt die Bereitstellung von Finanzmitteln nicht aus dem Kreis der Gesellschafter, sondern durch unternehmensfremde Personen oder Institutionen, so spricht man von Fremdfinanzierung. Es wird dem Unternehmen also **Gläubigerkapital** zugeführt. Hierdurch werden die Herrschaftsrechte in dem Unternehmen grundsätzlich nicht verändert. Regelmäßig wird Fremdkapital befristet zur Verfügung gestellt. Die Konditionen (Tilgung und Zinssatz) können für die gesamte Laufzeit des Darlehens oder für einen kürzeren Zeitraum festgelegt werden.

Je nach Dauer der Fremdkapitalüberlassung wird unterschieden zwischen **langfristigem Fremdkapital** (Laufzeit 4 Jahre und länger) und **kurzfristigem Fremdkapital** (Laufzeit weniger als 4 Jahre). Eine andere, ebenso häufig anzutreffende Unterteilung kennt zusätzlich den Begriff der mittleren Frist: Hiernach gelten Finanzierungen mit einer Laufzeit zwischen 1 und 4 Jahren als mittelfristig; als kurzfristig sind demnach Finanzierungen nur bis zu einem Jahr Laufzeit zu betrachten.

Eine Übersicht zu den wichtigsten Kreditarten bietet die Abbildung.

Kreditarten nach...

...Herkunft der Mittel	...rechtlicher Sicherung	...Fristigkeit	...Gegenstand
Bankkredite - Kontokorrentkredit - Darlehen - Diskontkredit - Lombardkredit **Kredite von Betrieben/von privat** - Darlehen - Obligation - Lieferantenkredit, - Kundenkredit **Kredite der öffentlichen Hand**	**Schuldrechtliche Sicherung** - Avalkredit - Forderungsabtretung **Sachenrechtliche Sicherung** - Grundpfandrechte - bewegliche Pfandrechte - Sicherungs- übereignung - Eigentumsvorbehalt	- **kurzfristige** (bis 1 Jahr) - **mittelfristige** (bis 4 Jahre) - **langfristige** (ab 4 Jahre) **Kredite**	**Sachkredite**, z. B. - Lieferantenkredit, - Naturalkredit **Geldkredite**, z. B. - Darlehen - Anzahlungen **Kreditleihe**, z. B. - Avalkredit - Akzeptkredit - Akkreditiv

Kreditarten

3.5.4.3.1 Investitionskredit

Ein Investitionskredit wird für die Finanzierung von Anlagevermögen aufgenommen. Dementsprechend handelt es sich um einen langfristigen Kredit, dessen Laufzeit der Nutzungsdauer des Investitionsgutes entsprechen sollte.

Erfolgt die Tilgung jeweils in gleich hohen Beträgen, spricht man von einem **Tilgungsdarlehen**. Die Belastung aus diesem Darlehen erhält man erst, wenn zu diesen Beträgen die jeweiligen Zinsen addiert werden. Da sich der Zinsbetrag nach der jeweils verbliebenen Restschuld bemisst, sinkt der Schuldendienst (Tilgung plus Zinsen) im Zeitverlauf.

Wird dagegen für die Gesamtbelastung aus Zinsen und Tilgung von vornherein ein gleichbleibender Betrag (Annuität) festgelegt, liegt ein **Annuitätendarlehen** vor.

Bei **Rückzahlungsdarlehen** ist keine laufende Tilgung vorgesehen, sondern ein bestimmter Termin, zu dem das gesamte Darlehen zur Rückzahlung fällig wird. Dieser Zeitpunkt braucht nicht festgelegt zu sein, es genügt, dass vereinbart wird, dass das Darlehen zum Zeitpunkt der Kündigung zurückzuzahlen ist (Kündigungsdarlehen).

3.5.4.3.2 Schuldscheindarlehen

Schuldscheindarlehen sind langfristige (Groß-)Kredite, die mit einem beweiserleichternden Dokument ausgestattet werden. Dieser Schuldschein ist aber kein Wertpapier: Der Gläubiger kann die Forderung auch ohne Besitz des Dokuments geltend machen.

Schuldscheindarlehen belaufen sich meist auf große Beträge (in Millionenhöhe). Ihre Höchstlaufzeit beträgt 15 Jahre; die Besicherung erfolgt in der Regel durch Grundschulden. Darlehensnehmer sind öffentliche Stellen oder Wirtschaftsunternehmen mit einwandfreier Bonität, Darlehensgeber sind Versicherungsunternehmen, Träger der Sozialversicherung oder der Bundesanstalt für Arbeit, also **Kapitalsammelstellen**. Bei der Ausleihung dieser Mittel wird regelmäßig ein Vermittler (eine Bank oder ein Bankenkonsortium) eingeschaltet, der als erster Kreditgeber auftritt, auch die Kreditwürdigkeitsprüfung übernimmt und sich um die Beschaffung der **Deckungsstockfähigkeit** bemüht: Nach den Bestimmungen des Versicherungsaufsichtsgesetzes dürfen die Versicherungen ihre Mittel nur in bestimmte Vermögensanlagen investieren. Zur Bestreitung möglicher Verpflichtungen aus den jeweiligen Versicherungsverträgen ist ein Sondervermögen (der Deckungsstock) zu bilden.

3.5.4.3.3 Schuldverschreibung/Industrieobligation

Die Fremdkapitalbeschaffung kann auch über den Kapitalmarkt durch die Herausgabe von **Schuldverschreibungen** (auch als Anleihen oder Obligationen bezeichnet) erfolgen. Schuldverschreibungen sind schuldrechtliche Wertpapiere, die auf einen festen Nennbetrag lauten und in der Regel Inhaberpapiere sind.

Emittenten (Herausgeber) von Schuldverschreibungen sind

- Gebietskörperschaften (Bund, Länder und Kommunen): Ihre Schuldverschreibungen heißen z. B. Staatsobligationen, Bundesanleihen, Kommunalobligationen),
- Banken (Bankschuldverschreibungen),
- Unternehmen (Industrieanleihen, -obligationen).

Industrieobligationen sind langfristige Finanzierungsinstrumente für große Unternehmen. Sie dienen der Darlehensaufnahme durch große Industrie- und Handelsunternehmen, wobei emissionsfähige Unternehmen ihre Emissionen über die Börse platzieren. Das Ausgabevolumen ist in der Regel ein hoher Millionenbetrag. Der Nennwert ist fest (z. B. 100 €, 1.000 €); häufig erfolgt aber Ausgabe unter pari, wobei das Disagio den Unterschied zwischen Nominal- und Effektivzins begründet.

Der Effektivzins bemisst sich dabei nach der Formel

$$r = \frac{i \cdot N + \frac{N - K}{t}}{K}$$

mit

K = Emissionskurs
N = Nennbetrag
t = Jahre
i = Zinssatz (dezimal)

Dies ist nur ein approximativer Satz; tatsächlich liegt der Effektivzins etwas darunter, da das Disagio erst am Ende der Laufzeit realisiert und nicht über die Laufzeit verteilt wird.

Beispiel:

Einem Anleger stehen folgende Industrieschuldverschreibungen zum Kauf zur Auswahl. Welche bietet die höhere Effektivverzinsung?

a) Nominalzins 7,5 %, Emissionskurs K = 99, Laufzeit t = 12 Jahre
b) Nominalzins 6,5 %, Emissionskurs K = 97, Laufzeit t = 10 Jahre

Durch Einsetzen in die obige Formel ergibt sich

*für **a**:*

$$r_a = \frac{7{,}5 + \frac{1}{12}}{99} = 0{,}07659$$

Der Effektivzinssatz beträgt ca. 7,66 %.

für ***b****:*

$$r_b = \frac{6{,}5 + \frac{3}{10}}{97} = 0{,}0701$$

Die Alternative a) bietet also die höhere Rendite.

Industrieobligationen können ggf. zum Börsenhandel zugelassen werden und demnach einen veränderlichen Wert (Börsenkurs) aufweisen. Ihre Rückzahlung durch die Gesellschaft erfolgt entweder als Gesamttilgung am Laufzeitende, im freihändigen Rückkauf über die Börse (gern dann, wenn die Börsennotierung unter dem Nominalwert liegt; entweder um Verbindlichkeiten zu verringern oder zur Kurspflege, d. h. zur vertrauenssteigernden Stabilisierung des Börsenkurses der Obligation) oder als Ratentilgung. Im letzteren Falle erfolgt der Aufruf der zur Tilgung vorzulegenden Obligationen nach Auslosung, d. h. für den Inhaber der Obligation steht nicht von vornherein fest, wann er seinen Anlagebetrag zurückerhält.

Hinsichtlich der Rendite lässt sich allgemein feststellen, dass der Effektivzins mit kürzerer Laufzeit steigt. Dennoch kann der vorzeitige Aufruf einer Obligation für die betroffenen Anleger ärgerlich sein, nämlich dann, wenn das Zinsniveau zum Rückzahlungszeitpunkt niedriger ist als das mit der Obligation verbundene, eine Wiederanlage also nur zu schlechteren Bedingungen möglich ist; hinzu kommt, dass der Kurswert der (relativ hochverzinsten) Obligation in der geschilderten Situation relativ hoch sein dürfte.

3.5.4.3.3.1 Zinsvariable Anleihen und Null-Kupon-Anleihen

Im Allgemeinen wird mit der Industrieobligation ein Festzinssatz verbunden. Sonderformen sind

- **Floating Rate Notes (FRN):** Sie orientieren sich an einem Referenzzins, in der Regel am Euro-Marktzins EURIBOR (European Interbank Offered Rate). Möglich ist ein garantierter Mindestzins (Floor Rate), Höchstzins (Cap) oder eine Kombination aus beidem (Collar).
- **Gewinnschuldverschreibungen:** Sie garantieren Grundverzinsung und Gewinnbeteiligung in Form einer begrenzten Dividende.
- **Zerobonds (Null-Kupon-Anleihen):** Sie werfen keine Zinsen ab, werden aber weit unter pari ausgegeben und zu 100 % nach Fristablauf zurückgekauft.

3.5.4.3.3.2 Wandelanleihen (Wandelschuldverschreibungen)

Wandelanleihen **(Convertible Bonds)** gleichen während ihrer Laufzeit den Industrieobligationen, können aber am Ende ihrer Laufzeit wahlweise getilgt oder in Aktien des emittierenden Unternehmens umgetauscht werden.

Das Wandlungsverhältnis (Aktien je Anleihe) muss schon bei Emission bekannt gegeben werden, kann sich aber während der Laufzeit ändern. Die Wandlung wird aus jungen Aktien vorgenommen; damit Altaktionäre nicht benachteiligt werden, müssen sie bei Emission von Wandelanleihen ein Bezugsrecht erhalten.

Das Bezugsrecht orientiert sich am Bezugsverhältnis. Dieses ergibt sich aus dem Verhältnis von Grundkapital und Nennwert der Wandelschuldverschreibung:

$$\textbf{Bezugsverhältnis} = \frac{\text{Grundkapital}}{\text{Nennwert Wandelschuldverschreibung}}$$

Ein Bezugsverhältnis von z. B. 7:1 ermöglicht dem Besitzer von 7 Aktien im Nennwert von 100 € den Bezug einer Wandelschuldverschreibung mit einem Nennbetrag von ebenfalls 100 €. Weil das Bezugsrecht selbstständig an der Börse handelbar ist, können über entsprechenden Bezugsrechterwerb weitere Wandelschuldverschreibungen unabhängig von etwa vorhandenen Aktien angeschafft werden. Nach Ablauf der festgelegten Frist kann gemäß dem Umtauschverhältnis der Umtausch in Aktien erfolgen.

Wandelschuldverschreibungen sind meist gering verzinst, haben aber einen spekulativen Reiz. Ihre Eigentümer werden von ihrem Wandlungsrecht regelmäßig dann Gebrauch machen, wenn der Wandlungszeitpunkt mit einem höheren regulären Kurs zusammenfällt.

3.5.4.3.4 Optionsanleihen

Die Optionsanleihe entspricht der Industrieobligation mit dem Unterschied, dass sie dem Anleger die Möglichkeit eröffnet, junge Aktien aus einer eigens zu diesem Zweck durchgeführten Kapitalerhöhung hinzuzukaufen. Die Anleihe selbst wird (im Gegensatz zur Wandelanleihe) nicht gewandelt, sondern zurückgezahlt. Bei Ausgabe der Option müssen die Optionsbedingungen (Optionsfrist, Optionsverhältnis, Optionspreis) festgelegt und bekannt gegeben werden. Altaktionäre erhalten wiederum Bezugsrechte für Optionsanleihen.

Der Optionsanleihe liegt ein **Optionsschein (Warrant)** bei, der an der Börse verkauft werden kann.

Beispiel:

Die XY-AG hat im Jahr 01 Optionsanleihen herausgegeben. Diesen lag ein Optionsschein bei, der hier als XY (01) bezeichnet wird und im Optionsverhältnis 1:1 zum Bezug einer jungen Aktie berechtigt. Per heute wird dieser Optionsschein mit 30 € gehandelt. Der Optionspreis der jungen Aktie, der sich während der Optionsfrist – Ablauf: 31.12.08 – nicht verändert, beträgt 200 €. Die »normale« XY-Stammaktie wird derzeit für 125 € gehandelt.

(Erläuterung: Die Preisdifferenz zulasten der Option zuzüglich der jungen Aktie erklärt sich daraus, dass der Markt derzeit eine Kurssteigerung für die XY-Aktie erwartet. Wer heute den Optionsschein kauft, kann mit der Einlösung bis zum Ende der Optionsfrist warten und die – vermutlich im Vergleich zum regulären Kurs billig eingekaufte – junge Aktie dann gut verkaufen).

Anleger Meier erwartet, dass die XY-Aktie am 01.01.09 um 400 € kosten wird. An dieser Preissteigerung möchte er so viel wie möglich mitverdienen. Es stellen sich ihm nur zwei echte Handlungsalternativen, nämlich

- *Kauf eines Optionsscheins heute und der Erwerb einer jungen Aktie am 31.12.08 (sofortiger Jungaktienkauf wäre unsinnig): In diesem Falle zahlt er heute 30 € für den Optionsschein und 200 € für die junge Aktie am 31.12.08. Erfüllt sich seine Kurserwartung, kann er die Aktie Anfang des Jahres 09 für 400 € verkaufen und hat 170 € »verdient«. Ist der Kurs statt dessen unter 200 € gefallen, sodass sich der Kauf der jungen Aktie nicht mehr lohnt, hat er nur 30 € »verspekuliert«.*
- *Kauf einer Altaktie heute für 125 € und Verkauf Anfang 09 für 400 €: In diesem Falle beträgt der »Verdienst« 275 € und damit deutlich mehr als im ersten Fall. Bedenkt man, dass im zweiten Falle Dividendenzahlungen hinzuzurechnen sind, fällt die Gegenüberstellung noch mehr zugunsten der zweiten Alternative aus, es sei denn, es gäbe günstigere Anlagealternativen. Grund für diese so genannte Hebelwirkung: Der Anleger büßt mit geringerem Gewinn dafür, dass er mit geringerer Summe, also geringerem Risiko, spekuliert! Ist der Kurs jedoch entgegen der ursprünglichen Erwartung deutlich gefallen und auch keine nennenswerte Dividende geflossen, verliert Meier unter Umständen mehr als die 30 €, die er im ersten Falle eingesetzt hat.*

3.5.4.4 Kurzfristige Fremdfinanzierung

Bei der kurzfristigen Fremdfinanzierung wird zwischen Handelskrediten und kurzfristigen Bankkrediten unterschieden. Zu den Handelskrediten zählen die Lieferantenkredite und die Kundenanzahlungen.

3.5.4.4.1 Kontokorrentkredit

Der Kontokorrentkredit wird auf dem laufenden Konto als Kreditlinie eingeräumt. Zwar ist er zinslich im Vergleich zum Bankdarlehen relativ teuer; allerdings fallen Zinsen nur auf die Inanspruchnahme an, und es besteht in der Regel keinerlei Zweckbindung. Durch laufende Eingänge wird der Kredit immer wieder – wenigstens teilweise – zurückgeführt. Der Kontokorrentkredit eignet sich auf keinen Fall für eine Dauer-Inanspruchnahme, da er gemäß § 355 HGB von beiden Vertragsparteien jederzeit kündbar ist. Sicherheit wird durch Sicherungsübereignung, Abtretung von Forderungen oder Bürgschaft geleistet.

3.5.4.4.2 Lieferantenkredit

Die Laufzeit von Lieferantenkrediten bemisst sich meist in Tagen oder Wochen, allenfalls in Monaten. Die maximale Kreditdauer, also die Zeitspanne, die der Lieferant zwischen dem Rechnungszugang und dem Zahlungseingang akzeptiert, ergibt sich aus den Zahlungsbedingungen. Diese verbinden die Kreditgewährung häufig mit einer Skontogewährung als Anreiz zur rascheren Bezahlung. Durch den Verzicht auf Skontoziehung ist die Kreditinanspruchnahme regelmäßig sehr teuer.

Beispiel:

> *Die in einem Zusatz unter der Rechnung wiedergegebene Zahlungsbedingung besagt »Zahlung binnen 10 Tagen abzgl. 2 % Skonto oder binnen 30 Tagen ohne Abzug«. In diesem Falle wird Skonto für eine um 20 Tage vorgezogene Zahlung gewährt. 20 Tage kommen in 360 Jahreszinstagen 18mal vor: 2 % entsprechen damit einem Jahreszinssatz von 18 · 2 % = 36 %. Daher lohnt sich die vorzeitige Zahlung auch dann, wenn dafür ein Kontokorrentkredit in Anspruch genommen werden muss.*

3.5.4.4.3 Kundenanzahlungen

Kundenanzahlungen werden in aller Regel zinslos gewährt. Sie werden vereinbart und vom Kunden akzeptiert, wenn die Erbringung der Gegenleistung längere Zeit in Anspruch nimmt und Vorleistungen vom Hersteller erfordert, die er sonst auf andere Weise vorfinanzieren müsste. Anzahlungen werden auch gern als Instrument zur Sicherstellung der Abnahme eingesetzt.

3.5.4.4.4 Wechselkredit

Ein Wechselkreditgeschäft liegt vor, wenn zahlungshalber ein Wechsel an einen Gläubiger übergeben oder an ein Kreditinstitut verkauft (»diskontiert«) oder durch eine Bank bevorschusst wird. Hierdurch wird die Zahlung eines ansonsten sofort fälligen Betrages auf einen Zeitpunkt in der Zukunft verlagert.

Mit der Ablösung des Diskontgeschäfts als einem wesentlichen Geldmengensteuerungsinstrument der Bundesbank per 1.1.1999 (mit Übergang zur Europäischen Zentralbank und zum Euro) hat der Wechsel an wirtschaftlicher Bedeutung eingebüßt. Viele Fachleute erwarten aber eine »Renaissance« in Zusammenhang mit der Neuregelung der Eigenkapitalrichtlinien für Banken (»Basel II«) und der damit für kleine und mittelständische Betriebe einhergehenden Verteuerung von Bankkrediten. Daher folgt eine kurze Darstellung des **Wechsels**.

Der Wechsel ist ein traditionelles Zahlungs-, Sicherungs- und Kreditmittel, dessen rechtlicher Rahmen Gegenstand eines eigenen Gesetzes, nämlich des **Wechselgesetzes** (WechselG), ist. Aus diesem Gesetz resultiert die **Wechselstrenge**, die dem aus einem Wechsel Berechtigten umgehende (deutlich rascher als bei sonstigen Rechtsansprüchen übliche) Durchsetzung seiner Ansprüche im Falle der Nichtzahlung durch den Wechselschuldner ermöglicht. Dabei sind Einreden aus dem dem Wechsel ursprünglich zugrunde liegenden Grundgeschäft nicht zulässig.

Regelfall im Handelsverkehr ist der **Gezogene Wechsel**: Im Text der Urkunde fordert der **Aussteller** des Wechsels eine andere Person (den **Bezogenen**) auf, einen bestimmten Betrag zu einer bestimmten Zeit entweder an ihn selbst oder an eine dritte Person (den **Wechselnehmer**) zu zahlen. Beim Handelswechsel liegt diesem Vorgang ein Handelsgeschäft zugrunde, bei dem der Wechselaussteller als Lieferer, der Wechselbezogene als Kunde fungiert. Hintergrund ist meist der Wunsch des Kunden nach Einräumung eines mehrmonatigen Zahlungsziels, dem die Bedürfnisse des Lieferers nach Sicherheit einerseits und sofortiger Liquidität andererseits entgegenstehen. Mit dem Wechsel kann beiden Seiten Genüge getan werden: Je nach Vereinbarung braucht der Kunde den Betrag erst bei Fälligkeit des Wechsels (üblicherweise nach 3 bis 6 Monaten) zu zahlen, während der Lieferer mit dem Wechsel eine Urkunde besitzt, die er seinerseits als Zahlungsmittel verwenden oder an seine Hausbank »verkaufen« kann.

Die Weitergabe an eine dritte Person (z. B. einen Lieferer des Ausstellers zwecks Begleichung einer Verbindlichkeit) erfolgt durch Einigung, Übergabe der Wechselurkunde und **Indossament**: Letzteres ist der Vermerk der Weitergabe des Wechsels auf der Rückseite (ital. »in dosso«: auf dem Rücken) der Urkunde. Das Indossament besteht mindestens aus Datum und Unterschrift (**Kurzindossament**), üblicherweise aber aus dem Vermerk »für mich an die Order des Kaufmanns Heinrich Müller, Oldenburg; Ort, Datum, Unterschrift des Indossanten« (**Vollindossament**). Das Indossament begründet die Haftung aller in der Indossantenkette Beteiligten. Im Falle der Nichteinlösung des Wechsels durch den Bezogenen kann derjenige, der den Wechsel gerade besitzt, Wechselprotest erheben (bei einem Notar oder Gerichtsbeamten, u. U. auch bei einem Postbeamten), wodurch der Wechsel zum **Protestwechsel** wird. Der Wechselinhaber kann nun den ihm unmittelbar vorgehenden Indossanten (»Reihenregress«) oder einen beliebigen vorgehenden Indossanten (»Sprungregress«, der alle übersprungenen Indossanten von der Haftung entbindet) zur Zahlung in Anspruch nehmen; der auf diese Weise in den Besitz des Protestwechsels gekommene Indossant kann ebenso verfahren, bis der Wechsel beim Aussteller angekommen ist. Dieser wiederum treibt seine Ansprüche unter Inanspruchnahme der Wechselstrenge beim Bezogenen ein.

Die Haftung des Indossanten kann durch Anbringung eines so genannten **Angstindossaments** (mit dem Zusatz »ohne Obligo«) ausgeschlossen werden; allerdings wird die Weitergabe dieses Wechsels anschließend kaum noch möglich sein. Weitere Sonderformen des Indossaments sind das **Rektaindossament** (»nicht an Order« = schließt die weitere Weitergabe aus), das **Inkassoindossament** (»nur zum Inkasso« = begründet nicht den Eigentumsübergang der Urkunde, sondern lediglich den Auftrag – z. B. an die Hausbank –, die Wechselsumme einzuziehen) und das **Pfand- oder Prokuraindossament**.

Ein **Solawechsel** oder **Eigener Wechsel** liegt vor, wenn im Text der Urkunde nicht ein anderer zur Zahlung aufgefordert wird, sondern der Aussteller selbst ein unbedingtes Zahlungsversprechen abgibt (»Gegen diesen Wechsel zahle ich...«). Auch dieser Wechsel ist durch Indossament übertragbar.

Eine Sonderform innerhalb der Wechselkreditgeschäfte ist der **Akzeptkredit**. Dabei zieht der Betrieb einen Wechsel auf seine eigene Hausbank. Diese diskontiert ihn selbst, oder der Betrieb kann den Wechsel weitergeben.

In diesem Falle erhält der Betrieb kein Geld, sondern den von der Bank unterschriebenen und damit »guten« Wechsel, um damit seinerseits Rechnungen zu bezahlen. Der Betrieb muss die Wechselsumme am Tag der Fälligkeit bereitstellen. Neben dem Zins fällt eine Akzeptprovision an.

3.5.4.4.5 Dokumentenakkreditiv

Ein Dokumentenakkreditiv **(Warenakkreditiv)** wird bevorzugt zur Absicherung von Auslandsgeschäften eingesetzt. Es dient beiden Vertragspartnern, indem es dem Exporteur einer Ware den Gelderhalt und dem Importeur die Aushändigung der zur Warenauslösung erforderlichen Dokumente (meist in unwiderruflicher Form) zusichert.

Der Käufer (Importeur) beauftragt seine Hausbank, gegen Vorlage bestimmter Dokumente eine Zahlung an den Verkäufer (Exporteur) der Ware zu leisten. In die Abwicklung wird ebenfalls die Hausbank des Verkäufers eingebunden. Ihr obliegt die Eröffnung des Akkreditivs, was für sie bedeutet, dass sie die Warendokumente (z. B. Transportdokumente/Konnossement; Begleitpapiere/Ursprungszeugnis; Versicherungszertifikate) von ihrem Kunden (dem Verkäufer) entgegennimmt, die beweisen, dass die Ware versandt worden ist, und die Auszahlung des Vertragsentgelts an den Verkäufer vornimmt.

Die beiden beteiligten Banken tauschen Zug-um-Zug Dokumente und Geld aus. Letztlich wird der Käufer mit dem Betrag belastet und erhält im Gegenzug die Dokumente, die es ihm ermöglichen, die Ware auszulösen.

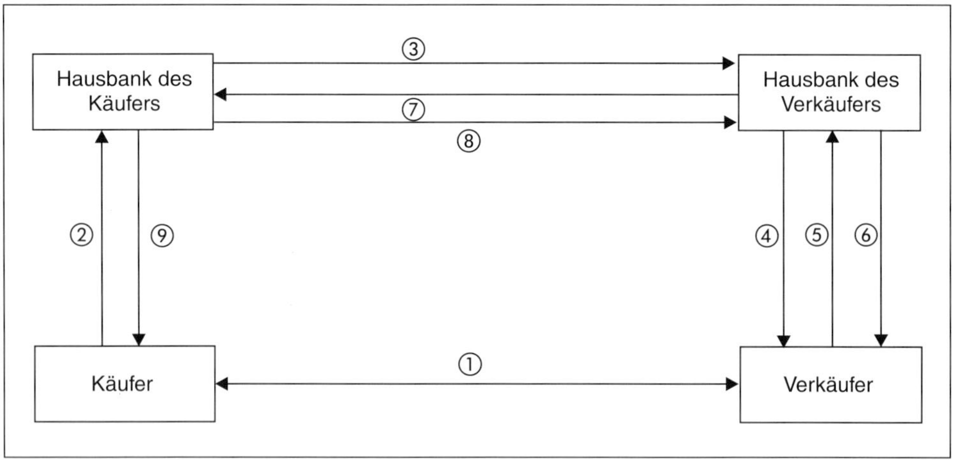

Einfaches Dokumentenakkreditiv

1. Kaufvertrag
2. Antrag des Käufers auf Akkreditiveröffnung an seine Hausbank
3. Mitteilung über Akkreditiveröffnung an die Hausbank des Verkäufers
4. Anzeige der Akkreditiveröffnung an den Verkäufer
5. Einreichung der Dokumente bei der Hausbank des Verkäufers
6. Auszahlung an den Verkäufer nach Prüfung der Dokumente
7. Versand der Dokumente an die Hausbank des Käufers
8. Überweisung des Kaufpreises an die Hausbank des Verkäufers nach Prüfung der Dokumente
9. Aushändigung der Dokumente an den Käufer; zugleich Kontobelastung

Beim Akkreditiv handelt es sich also eher um ein Sicherungs- als um ein Kreditmittel. Eine Kreditform, die Elemente des Akkreditivs einsetzt, ist der **Rembourskredit**. Dabei verschafft der Importeur dem Exporteur ein Bankakzept, das dieser gegen Einreichung der Dokumente erhält und zur Diskontierung einreicht.

3.5.4.4.6 Avalkredit

Der Avalkredit (Kreditleihe) ist eine Kreditform, bei der kein Geld hergegeben wird. Der Kreditnehmer ist vielmehr daran interessiert, dass eine Bank einem Dritten für die Begleichung von Schulden gegen Bezahlung bürgt (daher auch die Bezeichnung Bürgschaftskredit).

3.5.4.5 Sonderformen

Zu den klassischen Formen der Fremdfinanzierung gibt es eine Reihe alternativer Finanzierungsinstrumente, von denen folgende hier behandelt werden sollen:

- Leasing,
- Factoring,
- Forfaitierung und
- Asset-Backed-Securities.

3.5.4.5.1 Leasing

Beim **Leasingsvertrag** überlässt der Leasinggeber dem Leasingnehmer das Leasinggut zur Nutzung gegen Zahlung eines Entgelts. Rechtlich handelt es sich dabei um einen Mietvertrag (§ 535 BGB) mit besonderen vertraglichen Vereinbarungen, z. B. dass Wartungen und Instandsetzungen, die beim Mietvertrag vom Vermieter geschuldet werden, im Falle des Leasing üblicherweise dem Leasingnehmer obliegen.

Formen des Leasing können nach folgenden Kriterien unterschieden werden:

- Nach der Person des Leasinggebers:
  - **direktes Leasing (Herstellerleasing;** Vertriebs-/Absatzleasing): Leasinggeber ist der Hersteller oder eine von ihm gegründete Leasinggesellschaft;
  - **indirektes Leasing:** Der Gegenstand wird durch eine unabhängige Leasinggesellschaft verleast, die ihn zu diesem Zweck erwirbt.
- Nach der Person des Leasingnehmers:
  - **Unternehmensleasing**,
  - **Konsumentenleasing** an private Haushalte,
  - **Kommunalleasing** an Gebietskörperschaften (Länder, Kommunen oder kommunale Zweckverbände...).
- Nach dem Leasinggegenstand:
  - **Mobilien-Leasing**: Gegenstand sind bewegliche Güter, z. B. Fahrzeuge, Computer...;
  - **Immobilien-Leasing:** Gegenstand sind Grundstücke, Gebäude, Schiffe...
- Nach der Leasing-Laufzeit:
  - **Operate Leasing:**
    - kurzfristig, Laufzeit meist unter einem Jahr,
    - i.d.R. jederzeit kündbar,

  - Leasinggegenstand wird häufig mehrfach in Folge an verschiedene Leasingnehmer verleast;
- **Finance Leasing**:
  - mittel- bis langfristig,
  - i.d.R. während der Grundmietzeit unkündbar,
  - Leasinggegenstand wird nach Nutzung durch den ersten Leasingnehmer meistens nicht weiter verleast.
- Nach Zuständigkeit für Dienstleistungen:
  - **Full-Service-Leasing:** Wartung, Reparatur, Versicherung usw. wird vom Leasinggeber übernommen;
  - **Teil-Service-Leasing:** Die Kosten für o.g. Leistungen werden geteilt;
  - **Net-Leasing:** Die Kosten für o.g. Leistungen trägt der Leasingnehmer.
- Nach der Amortisation:
  - **Full-Pay-Out-Leasing:** Vollamortisationsvertrag, muss während der Grundmietzeit unkündbar gestellt sein und zum Vertragsende eine Kauf- oder Mietverlängerungsoption beinhalten;
  - **Non-Full-Pay-Out-Leasing:** Teilamortisationsvertrag, die Anschaffungs- bzw. Herstellungskosten des Leasinggegenstandes werden nur zu einem vorab festgelegten Prozentsatz amortisiert, die nicht amortisierten Teile werden durch Ausgleichszahlungen vom Leasingnehmer an den Leasinggeber erstattet.

Abgrenzung, Gestaltung, steuerliche und bilanzielle Darstellung von Leasingverträgen sind in vier Leasingerlassen des Bundesministers der Finanzen aus den Jahren 1971 – 1975 sowie 1991 geregelt. Aus ihnen ergibt sich, welche Finanzierungsformen als Leasing gelten können und die Anerkennung der Leasingraten als **Betriebsaufwand** rechtfertigen.

Häufigste Form ist das **Finanzierungsleasing** (Finance Leasing), auf das deshalb hier näher eingegangen werden soll. Es ist auf alle Güter anwendbar und wird immer dann gewählt, wenn der Leasinggegenstand als Spezialanfertigung nur für den Leasingnehmer von Nutzen ist. Finance Leasing ist im Wesentlichen durch folgende Merkmale gekennzeichnet:

- Der Abschluss erfolgt über eine feste Grundmietzeit, während derer keine Kündigung möglich ist;
- das Kreditrisiko (Amortisationsrisiko) liegt beim Leasinggeber;
- das Investitionsrisiko (Wertverlustrisiko) liegt beim Leasingnehmer;
- werterhaltende Maßnahmen (Versicherung, Wartung) leistet der Leasingnehmer,
- die Vertragsdauer umfasst den größten Teil der erwarteten Lebensdauer (nach Leasingerlass 40 – 90 %, nach US-GAAP > 75 %).

Üblich ist die Vereinbarung fester Raten. Für die Zeit nach Ablauf der Grundmietzeit kann dem Leasingnehmer eine **Kaufoption** oder **Mietverlängerungsoption** eingeräumt werden. Auch Verträge ohne Optionsrecht und/oder mit automatischer Mietverlängerung kommen vor.

Die (meistens aus steuerlichen Gründen gewünschte) **Bilanzierung** des Leasinggegenstandes erfolgt beim Leasinggeber, wenn

- kein Optionsrecht oder aber eine Kaufoption mindestens zum Buchwert vereinbart wurde oder
- eine Mietverlängerungsoption vereinbart wurde, in der die Anschlussmiete die lineare Abschreibungsrate, bezogen auf den Listenpreis, übersteigt.

Auch beim weniger verbreitete Operate Leasing wird der Leasinggegenstand beim Leasinggeber bilanziert.

Leasingraten können als betrieblicher Aufwand verbucht werden – anders als Kreditraten, bei denen dies nur für die Zinsanteile gilt (andererseits können beim Leasing aber keine Abschreibungen geltend gemacht werden). Auch deswegen ist Leasing eine weit verbreitete Alternative zur klassischen Kreditfinanzierung.

Der **Kreditrahmen** insgesamt wird allerdings durch Leasing regelmäßig nicht erhöht: Auch beim Leasing erfolgen Bonitätsprüfungen und Wirtschaftlichkeitsuntersuchungen unter dem Aspekt der bisherigen Verschuldung.

Als Finanzierungsinstrument verursacht Leasing **Kosten**, in die u. a. eine Verzinsung, kalkulatorische Wagnisse und der Gewinn des Leasinggebers eingehen. Weitere Kosten treffen in der Regel den Leasingnehmer durch Übernahme von Fracht-, Montage-, Wartungs- und Versicherungskosten. Auch ist die finanzielle Abhängigkeit während der nicht kündbaren Grundmietzeit beträchtlich; zwar entfällt der Liquiditätsabfluss bei Anschaffung, aber die Liquiditätsbelastung durch die Leasingraten ist hoch.

Bei der Beurteilung ist auch zu beachten, wie hoch der Anteil an Leasingfinanzierungen in der Gesamtfinanzierung ist. Sind eine Vielzahl von Leasingverträgen abgeschlossen worden, ergibt sich meist keine Möglichkeit, flexibel z. B. auf Umsatzeinbrüche zu reagieren. Ein über einen Bankkredit finanziertes Fahrzeug ließe sich eventuell noch verkaufen und ggf. durch ein billigeres ersetzen, ein Leasingvertrag hingegen muss teurer »abgelöst« werden. Weitere Risiken können sich ergeben, wenn der vertraglich festgelegte Restwert des Leasinggutes bei Vertragsablauf am Markt nicht erzielt werden kann.

Allerdings kann Leasing Einfluss auf bestimmte Bilanzrelationen nehmen und diese günstig beeinflussen, z. B. die Eigenkapitalquote. Die folgende Berechnung zeigt einen **Sale-and-Lease-Back-Fall** (die Immobilie des Unternehmens wird an die Leasinggesellschaft verkauft und zurückgeleast).

Bilanz 31.12.04
in Tsd.€

Grundstück mit Gebäude	5.000	Eigenkapital	900
div. Aktiva	4.000	Darlehen 7 %	5.000
		div. Passiva	3.100
Summe Aktiva	9.000	Summe Passiva	9.000

Würde jetzt die Immobilie zum Verkehrswert von 6 Mio. € veräußert, könnte das Darlehen mit einem Zinssatz von 7 % zurückgezahlt werden. Zusätzlich hätte man einen Gewinn und einen entsprechenden Liquiditätszufluss von 1 Mio. €; dem gegenüber steht gewinnmindernd und liquiditätswirksam die Leasingrate von 400.000 €.

Bilanz 31.12.05
in Tsd.€

Liquide Mittel	600	Eigenkapital	1.500
div. Aktiva	4.000	div. Passiva	3.100
Summe Aktiva	4.600	Summe Passiva	4.600

Die Eigenkapitalquote verbessert sich von 900 : 9000 = 10 % auf 1.500 : 4.600 = 32,6 %. Außerdem ist die Bilanzsumme deutlich gesunken, was z. B. die Größenmerkmale des § 267 HGB hinsichtlich der Einteilung einer Kapitalgesellschaft in eine große, mittlere oder kleine Gesellschaft berühren kann.

3.5.4.5.2 Factoring

Factoring ist ein Instrument zur Finanzierung des Absatzes. Dabei bietet ein Factoringinstitut **(Factor)** die Übernahme der ausstehenden Kundenforderungen zum Zwecke der Vorfinanzierung an. Im Gegensatz zur Zession, die lediglich eine Forderungsabtretung darstellt, handelt es sich hierbei um einen Forderungskauf (§ 453 BGB), wobei der Factor die Forderungen vor Fälligkeit ankauft und dafür einen Zinssatz berechnet, der regelmäßig etwas über dem Kontokorrentzins liegt. Daneben kommt es zu Einbehaltungen von Teilbeträgen der Forderungen durch den Factor zum Ausgleich möglicher Kürzungsansprüche und Mängelrügen.

Beim **echten Factoring**, das in Deutschland der Regelfall ist, übernimmt der Factor neben der Finanzierungsfunktion auch das Ausfallrisiko (Delkrederefunktion des Factoring); ansonsten liegt **unechtes Factoring** vor (letzteres stellt lediglich eine Bevorschussung der Forderungen und damit ein echtes Kreditgeschäft dar).

Der Factor verfügt meist über eine leistungsfähige Verwaltung, sodass er für kleine und mittlere Kunden Debitorenbuchhaltung und Mahnwesen gegen eine Gebühr von bis zu 3 % der übernommenen Forderungen anbieten kann (Dienstleistungsfunktion des Factoring). Übernimmt er auch das Ausfallrisiko der Forderungen, ist mit einer Delkrederegebühr von etwa 0,2 % bis 1,2 % zu rechnen. Diese Art des Factoring wird **Full-Service-Factoring** genannt. Wird zwar die Finanzierungs- und die Delkrederefunktion in Anspruch genommen, nicht aber die Dienstleistungsfunktion (die der Kunde selbst treuhänderisch für den Factor durchführt), wird hierfür der Begriff des **Bulk Factoring** verwendet. Wird dem Schuldner einer verkauften Forderung der Verkauf nicht angezeigt, handelt es sich um **stilles Factoring**. Üblicher in Deutschland ist das **offene Factoring**, bei dem der Kunde aufgefordert wird, direkt an den Factor zu zahlen. Nutzt der Kunde dagegen die Delkredere- und die Dienstleistungs-, nicht aber die Finanzierungsfunktion, liegt Fälligkeitsfactoring vor.

Vorteile des Factoring für den Factoringkunden bestehen vor allem darin, dass er dank der verbesserten Liquidität unter Umständen auf teure Lieferantenkredite verzichten und Lieferantenskonto ziehen kann, dass er (im Gegensatz zu einem Kontokorrentkredit) außer den Forderungen keine weiteren Sicherheiten aufbringen muss und – beim echten Factoring – von Forderungsausfällen nicht betroffen ist.

3.5.4.5.3 Forfaitierung

Das vor allem im Auslandsgeschäft praktizierte Forfaitierung (Forfaiting) ähnelt dem Factoring; jedoch wird bei Zahlungsausfall auf einen Rückgriff gegen den Verkäufer verzichtet. Verkäufer ist meist ein inländischer Lieferant, der seine Forderung gegen den ausländi-

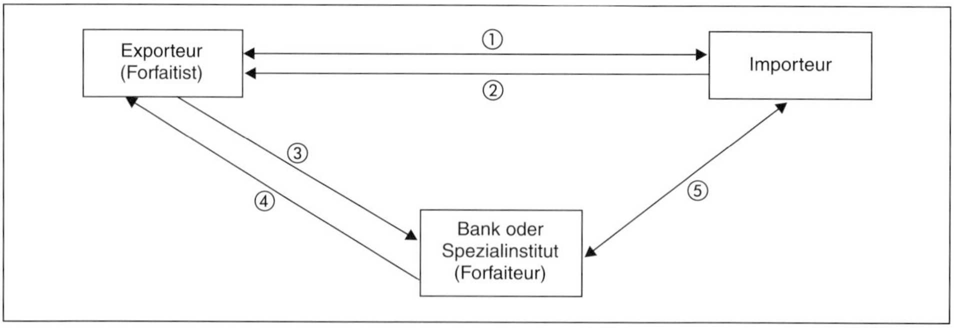

1. Kaufvertrag zwischen Ex- und Importeur begründet eine Forderung des Exporteurs gegen den Importeur
2. Importeur übergibt einen Wechsel (meist Solawechsel) an den Exporteur
3. Exporteur verkauft die Forderung an den Forfaiteur
4. Forfaiteur zahlt den Forderungsbetrag mit Diskontabschlag
5. Forfaiteur präsentiert Wechsel bei Fälligkeit; Importeur zahlt

schen Käufer an ein Kredit- oder Spezialinstitut verkauft. Diese Forderung besteht meist in Form eines durch eine Bankgarantie, Bankbürgschaft oder ein Akkreditiv abgesicherten **Solawechsels**, den der ausländische Importeur beibringt.

Mit der Diskontierung des Wechsels (Schritt 4) verliert der Forfaiteur den Anspruch gegen den Exporteur und kann sich nur noch beim Importeur befriedigen.

3.5.4.5.4 Hybride Finanzierungen, Securitizations/ Asset-Backed Securities

Hybride Finanzierungen sind meist Mischformen aus der Verbindung von Eigen- oder Fremdfinanzierungsinstrumenten (vgl. auch »Mezzanine Finanzierungen«, Abschn. 3.5.4.2) mit Finanzierungsderivaten. Derivate wie Optionen oder Termingeschäfte sind Finanzierungsinstrumente, deren Wert von Bezugsgrößen wie Aktienkurs, Rohstoffpreis, Indizes abgeleitet werden. So lässt sich z. B. eine Wandelanleihe aufteilen in eine Anleihe mit kombinierter Option. Eine Wandelanleihe kann auch mit einem Termingeschäft verknüpft werden. Dazu gehören auch Indexzertifikate, die wirtschaftlich eine Beteiligung an einem bestimmten Index (z. B. DAX) darstellen, oder »Credit Linked Notes« als Kombination einer Anleihe mit einer Kreditabsicherung. Diese Formen werden auch als **Compound Instruments** bezeichnet.

Securitizations enthalten Elemente des Factoring. Ein Unternehmen (der so genannte **Originator**) verkauft seine Forderungen ganz oder teilweise an eine **Zweckgesellschaft** (SPV). Diese refinanziert den Kaufpreis durch die Herausgabe von Wertpapieren (**Asset-Backed Securities**), z. B. Schuldverschreibungen. Der Originator behält aber die Verpflichtung, die Forderungen einzuziehen und an die Zweckgesellschaft weiterzuleiten. Mit dem Erlös kann der Originator Verbindlichkeiten tilgen und erwirkt neben dem Finanzierungseffekt durch diese Bilanzverkürzung zusätzlich eine Verbesserung seiner Bilanzkennzahlen.

Durch Einbeziehung internationaler Finanzmärkte und Ausnutzung internationaler Besteuerungsunterschiede lässt sich die Effektivität solcher Kombinationen noch optimieren. Der etwa Mitte der neunziger Jahre aufgeflammte Trend zum **Cross-Border-Leasing (CBL)** insbesondere mit den USA, das unterschiedliche Steuervorschriften beider Länder ausnutzte, kam durch gesetzliche Änderungen in den USA inzwischen zum Erliegen. Bis 2004 konnten in den USA Abschreibungen auf einen Leasinggegenstand beim Leasinggeber sofort in voller Höhe beansprucht werden. Dieser Vorteil wurde teilweise in der Leasingrate an deutsche und europäische Unternehmen, aber auch zahlreiche Kommunen weitergegeben, die Teile ihres Anlagevermögens an einen US-Trust verleasten, den darauf fälligen Mietzins in einer Summe im Voraus (teilweise für 100 Jahre) ausgezahlt erhielten, das Anlagevermögen zugleich zurückleasten und hierfür im Inland ihrerseits steuerliche Vorteile geltend machten. 2005 wurde der Abschluss neuer CBL-Verträge in den USA verboten; inzwischen wird seitens der amerikanischen Finanzverwaltung erwogen, Steuervorteile auch aus zuvor abgeschlossenen Verträgen wegen missbräuchlicher Steuerumgehung nicht mehr zu gewähren.

3.5.5 Innenfinanzierung

Bei den vorstehend beschriebenen Finanzierungsformen sind dem Unternehmen stets Mittel von außen zugeführt worden. Der Begriff Innenfinanzierung beschreibt nun die Finanzierungsformen, bei denen – im Gegensatz zur Beschaffung neuer Mittel – der Abfluss vorhandener Mittel verhindert oder gebundenes Kapital freigesetzt wird.

3.5.5.1 Selbstfinanzierung

Die Selbstfinanzierung – d. h. Finanzierung des Betriebes aus eigener Kraft – kann in offener oder in stiller Form erfolgen.

- **Offene Selbstfinanzierung:** Der erwirtschaftete Gewinn wird nicht an die Anteilseigner ausgeschüttet oder aus dem Unternehmen entnommen, sondern einbehalten (**thesauriert**) und dem Eigenkapital (bei Einzelunternehmungen und Personengesellschaften) bzw. den **Rücklagen** (bei Kapitalgesellschaften; vgl. Abschn. 2.2.8.2.2) zugeführt.
- **Stille Selbstfinanzierung:** Ihr Instrument sind die stillen Reserven. Diese werden gebildet durch
  - überhöhte Bemessung der Abschreibung oder
  - Überbewertung von Rückstellungen.

  Beide Maßnahmen führen zu erhöhten Aufwendungen und entsprechend geringerer Steuerzahllast, ohne dass jedoch mit diesen Aufwendungen Auszahlungen verbunden wären: Hierin besteht der Finanzierungseffekt.

In Folgeperioden kommt es aber zu Gewinnerhöhungen.

Beispiele:

Im Jahr der Anschaffung einer Maschine vermindert eine Sonderabschreibung den Gewinn, aber auch den Buchwert der Maschine, nach dem sich die Abschreibungen in den Folgejahren bemessen. Diese fallen entsprechend geringer aus mit der Folge des höheren Gewinnausweises.

Für eine unterlassene Instandsetzung wird eine hohe Rückstellung gebildet. Nach Durchführung der Reparatur im Folgejahr muss der Betrag, um den die Rückstellung den tatsächlichen Rechnungsbetrag übersteigt, gewinnerhöhend aufgelöst werden.

Die Steuerzahlung wird lediglich zeitlich nach hinten verlagert, aber nicht aufgehoben. Der Finanzierungseffekt ist daher ein Stundungseffekt.

Ähnlich wirkte die **Ansparrücklage** (rechtlich zulässig bis 31.12.2007, vgl. Abschn. 2.2.4.4) für eine geplante Investition.

Häufig stellt die Selbstfinanzierung die einzige Finanzierungsmöglichkeit dar, wenn nicht hinreichend Sicherheiten vorhanden sind und ein Zugang zum Kapitalmarkt nicht gegeben ist. Dafür nimmt die Selbstfinanzierung auch keinerlei Einfluss auf die Verschiebung von Herrschafts- und Mitspracherechten und verursacht keinen zusätzlichen Kapitaldienst.

3.5.5.2 Finanzierung aus Kapitalfreisetzung

Finanzierungseffekte gehen vor allem davon aus, dass gebundenes Kapital im Rahmen der betrieblichen Tätigkeit freigesetzt wird und erneut zur Verfügung steht (Rückflussfinanzierung).

3.5.5.2.1 Finanzierung aus Umsatzerlösen

Die Finanzierung aus Umsatzerlösen wird auch als **Überschussfinanzierung** oder **Cash-Flow-Finanzierung** bezeichnet. Sie besteht darin, dass

- das Kapital, das für die in den Erzeugnissen enthaltenen, für ihre Herstellung notwendigen Vorleistungen aufgewendet werden musste (Material-, Personal- , Energieaufwand usw.), durch den Verkauf wieder freigesetzt wird und damit für neue Materialkäufe, Lohnzahlungen usw. zur Verfügung steht;

– auch solche Aufwendungen, die nicht zu direkten Zahlungsmittelabflüssen führen (Abschreibungen und Rückstellungen), sowie Gewinnaufschläge in die Verkaufspreise einkalkuliert werden und zu Mittelzuflüssen führen, die für Finanzierungszwecke eingesetzt werden können.

Bei der nachfolgend beschriebenen Finanzierung aus Abschreibungsgegenwerten handelt es sich daher auch um eine Finanzierung aus Umsatzerlösen.

3.5.5.2.1.1 Finanzierung aus Abschreibungsgegenwerten

Nicht nur die erhöhte Bemessung der Abschreibung kann zu einem Finanzierungseffekt führen, sondern die Abschreibung generell.

Der weite Finanzierungsbegriff schließt auch Vorgänge ein, die auf die Freisetzung von gebundenem Kapital zielen. Hier kommt es zwar nicht zu einem Zufluss neuer Mittel, aber bestehende Mittel werden für weitere Aufgaben freigesetzt. Voraussetzung ist allerdings, dass die Abschreibungen über die Umsatzerlöse verdient wurden und als Einzahlung zugeflossen sind.

Beispiel:

Ein Ein-Produkt-Unternehmen nimmt die Produktion mit zehn gleichartigen Maschinen auf. Jede Maschine kostet 100.000 € und wird über 8 Jahre linear abgeschrieben. Die Abschreibungen wurden in den Verkaufspreis einkalkuliert und fließen daher über die Umsatzerlöse an das Unternehmen zurück.

Diese Abschreibungsrückflüsse, die anfangs noch nicht für Ersatzbeschaffungen benötigt werden, setzt das Unternehmen zur Kapazitätserweiterung ein und kauft weitere Maschinen. In den Folgejahren werden die rückfließenden Abschreibungen weitestmöglich zur Anschaffung neuer, zusätzlicher Maschinen verwendet (wobei angenommen wird, dass gleichartige Maschinen weiterhin verfügbar und im Preis unverändert sind). Restbeträge aus Vorjahren werden sobald als möglich mitverwendet.

Die folgende Aufstellung zeigt die Entwicklung der maschinellen Ausstattung des Unternehmens:

Jahr	Maschinen-anzahl	jährliche AfA	Neuan-schaffungen	Ver-schrottungen	Rest-betrag €
1	10	125.000	1	0	25.000
2	11	137.500	1	0	62.500
3	12	150.000	2	0	12.500
4	14	175.000	1	0	87.500
5	15	187.500	2	0	75.000
6	17	212.500	2	0	87.500
7	19	237.500	3	0	25.000
8	22	275.000	3	10	0
9	15	187.500	1	1	87.500
10	15	187.500	2	1	75.000
11	16	200.000	2	2	75.000
12	16	200.000	2	1	75.000
13	17	212.500	2	2	87.500
14	17	212.500	3	2	0
usw.					

Finanzierung aus Abschreibungsgegenwerten: Der Lohmann-Ruchti-Effekt

Der in diesem Modell zu beobachtende **Kapazitätserweiterungseffekt** wird als **Lohmann-Ruchti-Effekt** oder Marx-Engels-Effekt bezeichnet.

Zu beachten ist allerdings die **Totalkapazität**, die in Fortführung des obigen Beispiels erklärt werden soll:

Jede Maschine stellt pro Jahr 1.000 Produkteinheiten her, im Laufe ihres Lebens also 8.000 Stück. Zehn neue Maschinen haben also eine Totalkapazität von 80.000 Stück. Vergleicht man nun die Totalkapazität im ersten Jahr (10 neue Maschinen) mit derjenigen jedes anderen Jahres, so ist diese im Lohmann-Ruchti-Modell gleich hoch. Bei Verzicht auf die Neuanschaffungen wäre die Totalkapazität kontinuierlich gesunken.

Die nachfolgende Abbildung zeigt die Berechnung der Totalkapazität zu Beginn des 14. Jahres.

... im ersten Jahr:	**... im 14. Jahr (Jahresanfang)**	
10 neue Anlagen	2 neue Anlagen	= 16000 Stück
Totalkapazität:	2 einjährige Anlagen	= 14000 Stück
	2 zweijährige Anlagen	= 12000 Stück
10 x 8000 =	2 dreijährige Anlagen	= 10000 Stück
	1 vierjährige Anlage	= 4000 Stück
	3 fünfjährige Anlagen	= 9000 Stück
	3 sechsjährige Anlagen	= 6000 Stück
	2 siebenjährige Anlagen	= 2000 Stück
	Zwischensumme:	73000 Stück
	rechnerische Berücksichtigung der Restmittel (87.500 = 7/8 Anlage)	7000 Stück
80000 Stück	← **Totalkapazität** →	**80000 Stück**

Totalkapazität zum Vergleich

Der Vorteil der Ausweitungsstrategie besteht offensichtlich in der Ausweitung der Periodenkapazität: Im Beispiel können im 14. Jahr mit 17 Maschinen 17.000 Produkteinheiten hergestellt werden. Dass die Totalkapazität und auch der Buchwert der Maschinen jedoch stets gleich bleibt (Restbeträge, die in einem Jahr nicht angelegt werden können, einmal unberücksichtigt), ist Begründung für die Erkenntnis »eine Maschine wirft keine Jungen«.

Gegen die Politik der Kapazitätserweiterung aus Abschreibungsrückflüssen lassen sich eine Reihe von **Einwendungen** vorbringen:

- Die Abschreibungsbeträge müssen tatsächlich verdient werden und zurückfließen;
- das Verfahren setzt die unrealistische Möglichkeit der (preis)identischen Ersatzbeschaffung voraus;
- Folgeinvestitionen (Mehrbedarf an Gebäuden, Vorräten, Arbeitskräften) müssen ebenfalls finanziert werden;
- der Bedarf für mehrere identische Anlagen muss vorhanden sein;
- alternative Anlagemöglichkeiten, deren Rendite möglicherweise höher ausfiele, werden vernachlässigt;
- der mit der Ausweitung der Periodenkapazität einhergehende Mehrausstoß kann einen Preisverfall bewirken, dieser wiederum kann die Rendite schwächen;
- der Mengeneinbruch im Jahr der ersten Ersatzbeschaffung kann Marktanteile kosten und rufschädigend wirken.

3.5.5.2.1.2 Finanzierung aus Rückstellungen

Ähnlich der Finanzierung aus Abschreibungsgegenwerten kann auch von anderen Aufwandsgegenwerten ein Finanzierungseffekt ausgehen. Müssen für bestimmte Aufwendungen Rückstellungen gebildet werden, führt dies zunächst zu einer Verkürzung des Gewinns; die Mittel fließen dagegen erst später ab.

Der Finanzierungseffekt der meisten Rückstellungen ist eher kurzfristiger Natur (z. B. Steuerrückstellungen). Dennoch hat der Sockelbetrag jährlich neu bemessener Steuerrückstellungen einen langfristigen Charakter.

Große Bedeutung hat die Finanzierung aus Rückstellungen im Bereich der **Pensionsrückstellungen**: Werden Pensionszusagen gegeben, ist hierfür nach der wahrscheinlichen, zukünftigen Belastung eine gewinnmindernde Rückstellung zu bilden. Bis zum Abfluss dieser Mittel durch Erreichen der Altersgrenze des Mitarbeiters, unter Umständen also über viele Jahre und Jahrzehnte, kann der Betrieb über diese Finanzmittel verfügen.

Neben dem Steuerverlagerungseffekt kommt auch hier der geschilderte Effekt der Finanzierung aus Umsatzerlösen zum Tragen: Denn auch Rückstellungsbeträge werden in die Verkaufspreise einkalkuliert und fließen über die Umsatzerlöse an das Unternehmen zurück.

3.5.5.2.2 Finanzierung aus Vermögensumschichtung

Ebenfalls zu keinem Zufluss zusätzlicher Mittel kommt es bei der Finanzierung aus Vermögensumschichtung. Hier wird bisher gebundenes Kapital freigesetzt, sodass es für andere Zwecke verwendet werden kann (z. B. Verkauf von nicht mehr benötigten Vermögensteilen und Verwendung des Erlöses zum Kauf einer neuen Maschine).

Möglich ist auch eine Finanzmittelbeschaffung durch den Verkauf von betriebsnotwendigen Vermögensgegenständen. Diese wurde bereits in Abschnitt 3.5.4.5 unter den Stichworten »Sale-and-Lease-Back« sowie »Cross Border Leasing« erörtert.

3.5.6 Finanzplanung

3.5.6.1 Bestimmungsgrößen des Kapitalbedarfs

Jeder Betrieb benötigt, um arbeiten zu können, ein bestimmtes Maß an Anlage- und Umlaufvermögen, für das Kapital bereitgestellt werden muss. Der Kapitalbedarf ist allgemein definiert als Differenz zwischen kumulierten Ausgaben und erzielten kumulierten Einnahmen für einen bestimmten Zeitraum. Der Kapitalbedarf hängt ab von der Höhe und dem zeitlichen Anfall der Ein- und Auszahlungsreihen. Da diese Größen zum Zeitpunkt der Finanzierungsentscheidung noch unbekannt sind, muss der Kapitalbedarf durch eine Prognose ermittelt werden. Einflussgrößen der Kapitalbedarfsplanung sind z. B. folgende:

- **Prozessanordnung und -geschwindigkeit:**

  Beispiel:

  Werden 5 Anhänger der Reihe nach gefertigt, ist der Kapitalbedarf geringer als bei einer Fertigung aller Anhänger zusammen. Der Verkaufserlös kann als Finanzmittelrückfluss für die Ausgaben der Produktion der folgenden Anhänger verwendet werden.

- **Beschäftigungsschwankungen:** Ausgaben für nicht voll genutzte Produktionseinrichtungen verursachen einen Kapitalbedarf, weil entsprechende Einnahmerückflüsse fehlen oder zu gering sind.

- **Preisniveau:** Die Zahlungsreihen basieren auf den Preisen für die abgesetzten oder eingekauften Produkte.

  Preissteigerungen auf dem Stahlmarkt führen zu einem zusätzlichen Kapitalbedarf bei der Produktion von Anhängern.

- **Betriebsgröße:** Regelmäßig wird die Veränderung der Betriebsgröße auch auf den Kapitalbedarf einwirken, besonders in Schwellensituationen vor der nächst höheren Betriebsgröße.
- **Produktionsprogramm:**

  Wird neben der Produktion von Anhängern auch die Produktion der vorher zugekauften Achsen selbst übernommen, wird die Erweiterung der Produktion zunächst einen zusätzlichen Kapitalbedarf verursachen. Zukünftig kann der Kapitalbedarf aber dann sinken, wenn die Produktion weniger Ausgaben verursacht als der Zukauf von fertigen Achsen.

3.5.6.2 Ermittlung des Kapitalbedarfs

Da der Kapitalbedarf von den Aus- und Einzahlungsreihen abhängig ist, muss die Kapitalbedarfsplanung bei der Prognose der Ein- und Auszahlungen ansetzen. Planungsinstrument ist der Finanzplan als systematische Darstellung aller Ein- und Auszahlungen des Unternehmens. Für jeden Planungszeitraum ergibt sich der auftretende Kapitalbedarf als Überschuss über die Einnahmen und Bestände an vorhandenen Mitteln.

Ist lediglich eine grobe Schätzung erforderlich, so lässt sich der Kapitalbedarf k auch mit folgender Faustformel ermitteln:

$$k = \text{Invest.-Kap.-Bedarf} + \text{durchschn. Ausgaben/Tag} \cdot \text{Vorleistungsdauer in Tagen}$$

Der Investitionskapitalbedarf kann aus dem Investitionsplan entnommen werden. Unter Vorleistungsdauer versteht man die Zeitspanne, die benötigt wird, bis die Produktionsausgaben wieder zu Einnahmen geführt haben. Diese Zeitspanne hängt ab von der durchschnittlichen Lagerdauer, der durchschnittlichen Produktionszeit und dem durchschnittlichen Kundenziel. Der so ermittelte Kapitalbedarf lässt sich durch die Vereinbarung von Anzahlungen und die Inanspruchnahme von Lieferantenkrediten noch senken.

Der Investitionskapitalbedarf ermittelt sich aus den Anschaffungskosten für das Anlagevermögen, welches für den Betrieb zur dauernden Nutzung bestimmt ist.

Beispiel:

Ein Betrieb verfügt über das folgende Anlagevermögen:

Grund und Boden	*150.000 €*
Gebäude	*500.000 €*
Maschinen	*270.000 €*
Betriebsausstattung	*80.000 €*
Kapitalbedarf gesamt:	*1.000.000 €*

Nun werden die durchschnittlichen Ausgaben pro Tag ermittelt und mit der Vorleistungsdauer (Kapitalbindungsdauer) gewichtet:

Die Vorleistungsdauer sei mit 47 Tagen angenommen, in denen bis zum ersten Geldeingang alle Kosten vorzufinanzieren sind, z. B.:

Materialkosten	*3.000 €*
Fertigungskosten	*2.000 €*
durchschnittliche Kosten pro Tag:	*5.000 €*
Kapitalbedarf 5.000 · 47 Tage =	*235.000 €*

Damit ergibt sich ein ***Gesamtkapitalbedarf*** *von 1.235.000.*

Die Ergebnisse stellen aber letztlich nur Näherungswerte dar, weil der betriebliche Ablauf doch komplizierter und feingliedriger ist, als er sich mit Durchschnittswerten darstellen ließe.

3.5.6.3 Deckung des Kapitalbedarfs

Die Deckung des Kapitalbedarfs kann mit Eigenkapital oder Fremdkapital erfolgen. Hinsichtlich der Festlegung der Kapitalstruktur ist die beschriebene Hebelwirkung zusätzlichen Fremdkapitals (»Leverage Effect«) zu beachten.

3.5.6.4 Liquiditätsplanung und -steuerung

Die Planung und Steuerung der Liquidität ist eine der vorrangigen Aufgaben des betrieblichen Finanzwesens, da eine jederzeitige Liquidität zu den Existenzbedingungen des Unternehmens zählt. Wie schon zuvor gezeigt wurde, reicht die Berechnung der Liquiditätsgrade aus den Zahlen des Jahresabschlusses bei weitem nicht aus; denn sie kann nur vergangenheitsbezogene Einzelwerte liefern und berücksichtigt laufende Zahlungsverpflichtungen, z. B. Lohn- und Gehalts-, Miet- und Zinszahlungen überhaupt nicht. Es bedarf also einer zukunftsbezogenen, inhaltlich und zeitlich möglichst präzisen Finanzplanung.

Liquiditätsplan	**Januar**		**Februar**		**März**	
	Sollwert €	Istwert €	Sollwert €	Istwert €	Sollwert €	Istwert €
1. Bestand an flüssigen Mitteln (Kasse, Bank, freie Kredite)						
2. Zahlungseingänge (Forderungen, Barverkäufe, Anzahlungen); Überschuss Vormonat						
= **Summe Einnahmen**						
3. **Ausgaben**						
Lohn, Gehalt, soziale Aufwendungen						
Zahlung an Lieferanten						
Bareinkäufe						
Einlösung von Wechseln						
Tilgung von Krediten						
Zinsen						
Miete, Nebenkosten						
Versicherungen						
Steuern						
sonstige Ausgaben						
Privatentnahmen (Fehlbetrag Vormonat)						
= **Summe Ausgaben**						
4. **Ergebnis**						
Überschuss (+)						
Fehlbetrag (–)						

Liquiditätsplan (Musterformular)

Die Vorplanung der betrieblichen Zahlungsströme sollte nach Möglichkeit jeweils für ein Jahr im Voraus erfolgen, wenigstens aber drei Monate umfassen. Hierzu sind alle erwarteten Einzahlungen und Auszahlungen aus allen betrieblichen Bereichen in ihrer Höhe und mit ihren Zahlungszeitpunkten zu erfassen.

Gestaltungsmöglichkeiten sind so auszuschöpfen, dass eine weitgehende Fristenkongruenz hergestellt wird. Dabei sind aus Rentabilitätsgründen sowohl Überliquiditäten (die besser angelegt werden könnten) also auch Unterliquiditäten (die teure Kreditinanspruchnahmen, meist als Kontokorrentkredit) zur Folge haben, zu vermeiden.

3.5.7 Unternehmensrating

Mit Richtlinien, die der in Basel ansässige Ausschuss für Bankenaufsicht für die Mindestausstattung mit Eigenkapital kreditgebender Banken erarbeitet hat, bekam die Bewertung des Kreditausfallrisikos bei den Banken ein neues Gewicht. Dieser Ausschuss wurde 1975 von Vertretern der Bankenaufsichtsbehörden und Zentralbanken der G10-Staaten und Luxemburg, der Schweiz sowie Spanien gegründet. Seine Aufgabe ist der Vorschlag von Richtlinien an die Europäische Union.

Die **erste Eigenkapitalrichtlinie** entstand 1988. Damals sollten einheitliche Regelungen für die Eigenkapitalhinterlegung der Banken für ausgegebene Kredite geschaffen werden. Die als **Basel I** bezeichnete Regel sah vor, dass für jeden Kredit eine Unterlegung mit 8 % Eigenkapital erfolgen musste. Unterschiedliche Kreditrisiken spielten bei dieser eher pauschalen Regel keine Rolle. Die Vorschriften der **zweiten Eigenkapitalrichtlinie** (**Basel II**) zielten auf eine exaktere Bewertung des individuellen Ausfallrisikos und eine stärkere Berücksichtigung dieses Umstandes bei der Kalkulation des Kreditzinses. Die Eigenkapitalunterlegung des Kreditinstitutes wurde darin von der Bonitätseinschätzung der jeweiligen Kreditnehmer abhängig gemacht (je besser deren Beurteilung ausfällt, umso weniger Eigenkapital muss unterlegt sein). Die Kreditkosten für das Unternehmen können in diesem Fall relativ günstig ausfallen. Umgekehrt bindet eine schlechte Bonität mehr Eigenkapital der Bank, was die Kreditkosten verteuert. In Reaktion auf die Finanzmarktkrise von 2008/2009 wird aktuell an einer Ergänzung des Regelwerks gearbeitet, das gegenwärtig noch inoffiziell als »**Basel III**« bezeichnet wird.

In der Bundesrepublik Deutschland ist die angemessene Eigenmittelausstattung von Finanzinstituten in der **Solvabilitätsverordnung** vom 14.12.2006 umgesetzt worden.

3.5.7.1 Auswirkungen von Bonitätsprüfungen auf Banken und Unternehmen

Die Einschätzung der Kundenbonität erfolgt im **Rating-Verfahren** (to rate = einschätzen). Dessen Ergebnis ist eine Aussage über die Fähigkeit und rechtliche Verpflichtung eines Schuldners, seinen Zins- und Tilgungsverpflichtungen termingerecht und vollständig nachzukommen.

Das Rating-Verfahren kann extern von anerkannten **Rating-Agenturen** oder von den Banken selbst intern durchgeführt werden. Für Kapitalmarkttransaktionen ist das **externe** Rating-Verfahren vorgeschrieben. Ein **internes** Rating durch die kreditvergebende Bank ist vor jeder Kreditvergabe aufsichtsrechtlich zwingend vorgeschrieben und muss danach laufend aktualisiert werden. Die gesetzliche Verpflichtung der Banken, nach § 18 Kreditwesengesetz (KWG) ab einer gewissen Kredithöhe eine Bonitätsprüfung durchzuführen, bleibt dadurch unberührt und besteht **neben** der Ratingverpflichtung weiter.

3.5.7.2 Quantitative und qualitative Beurteilungsfaktoren

Schwerpunkte der Rating-Verfahren liegen in der Analyse

- der Markt- und Wettbewerbssituation,
- des Produkt- und Leistungsangebots,
- der Führungs- und Steuerungsqualität,
- der zukünftigen Entwicklungen,
- der Informationspolitik und
- der Kontoführung einschließlich eines Finanzprofils.

Da das Rating über die Fähigkeit eines Unternehmens Auskunft geben soll, den zukünftigen Zins- und Tilgungszahlungen fristgerecht nachkommen zu können, spielt die Liquiditätsentwicklung eine zentrale Rolle, ebenso wie die Eigenkapitalausstattung als Voraussetzung für die Beschaffung von Finanzierungsmitteln. Dazu gehört auch die **Eigenkapitalquote**. So wird zukünftig bei den Finanzierungsinstrumenten auch der Einfluss auf ratingrelevante Größen zu beachten sein.

Im Rahmen eines solchen Ratings wird erwartet, dass Unternehmer die zukünftige Entwicklung ihres Unternehmens plausibel abbilden können. Die Anforderungen an eine solche Unternehmensdarstellung hängt von Größe und Komplexität des kreditnehmenden Unternehmens ab.

Der Markt, die Stellung des Unternehmens im Markt und im Verhältnis zu seinen Mitbewerbern ist transparent darzustellen. Dabei darf sich die aufgezeigte Unternehmensplanung nicht auf eine bloße Ertragsvorschau beschränken; Planbilanzen und Plan-Cashflow-Rechnungen gehören ebenfalls dazu. Planungsmängel weisen auf ein mangelhaftes Controlling hin.

Die starke Bedeutung der Unternehmensplanung im Rating-Prozess bietet neben erhöhten Anforderungen aber auch Chancen; denn eine professionelle Planung verbessert das Rating-Ergebnis ebenso wie eine offensive Informationspolitik gegenüber den Kreditinstituten.

Im bankeninternen Rating-Verfahren selbst spielen beim **qualitativen Rating** harte und weiche Faktoren eine Rolle.

Zu den **harten Faktoren zählen**

- Überziehungsverhalten,
- Kundenbeziehungen,
- Alter der Entscheidungsträger,
- Nachfolgeregelung,
- Leitungserfahrung,
- Branchenerfahrung,
- Alter des Unternehmens,
- Rechtsform des Unternehmens,
- Rechnungslegung,
- Controlling, Finanzplanung, Businessplan,
- unterjährige Unterlagen (Zwischenberichte, betriebswirtschaftliche Auswertungen),
- Kreditverwendung,
- Risikovorsorge des Unternehmers,
- besondere Verbindungen,
- Abnehmerabhängigkeiten,
- Konkurrenzsituation,
- Versicherungsschutz,
- Umweltrisiken.

Bei **Existenzgründern** kommen folgende Kriterien hinzu:

- Zusammensetzung des Gründerteams,
- Produkt/Dienstleistung,
- Risiken des Vorhabens,
- Eigenkapitaleinsatz.

Die **weichen Faktoren** (z. B. für kleinere Unternehmen) werden wie folgt gewichtet:

- Unternehmensführung: 40 %,
- Unternehmensplanung und Steuerung: 20 %,
- Marktstellung und Produktpalette: 30 %,
- Wertschöpfungskette: 10 %.

Neben dem qualitativen Rating erfolgt zusätzlich ein »**Bilanz-Rating**« (quantitatives Rating), in dem die Finanz-, Ertrags- und Vermögenslage analysiert und gewichtet wird.

Literaturverzeichnis

Abels, H.: Wirtschafts- und Bevölkerungsstatistik, Grundlagen mit Beispielen, 4. Aufl., Wiesbaden 1993

Baßeler, U., Heinrich, J., Utecht, B.: Grundlagen und Probleme der Volkswirtschaft, 18. Aufl., Köln 2006

Beck´sches Handbuch der Rechnungslegung, München 2005

Camp, R.C.: Benchmarking, München, Wien 1994

Coenenberg, A.G.: Jahresabschluss und Jahresabschlussanalyse, 20. Aufl., 2005

Däumler, K.D.: Betriebliche Finanzwirtschaft, Herne, Berlin 1997

Däumler, K.-D.: Grundlagen der Investitions- und Wirtschaftlichkeitsrechnung, 10. Aufl., Berlin 2000

Däumler, K.D., Grabe, J.: Kostenrechnung 2. Deckungsbeitragsrechnung, Herne, Berlin 2002

Dörsam, P.: Grundlagen der Investitionsrechnung anschaulich dargestellt, 4. Aufl., Heidenau 2004

Dörsam, P.: Grundlagen der Finanzierung anschaulich dargestellt, 3. Aufl., Heidenau 2004

Falterbaum, H., Beckmann, H.: Buchführung und Bilanz. Steuerrecht für Studium und Praxis, Osnabrück 2001

Gabler Kompakt Lexikon Wirtschaft, 9. Aufl., Wiesbaden 2006

Gabler Wirtschaftslexikon, 16. Aufl., 2004

Haberstock, L., Breithecker, V.: Kostenrechnung I – Einführung, Berlin 2002

Kosiol, E.: Kosten- und Leistungsrechnung: Grundlagen, Verfahren, Anwendungen, Berlin, New York 1979

Meyer, C.: Bilanzierung nach Handels- und Steuerrecht, 17. Aufl., Herne, Berlin 2006

NWB-Textausgabe: Wichtige Wirtschaftsgesetze für Bachelor, Bd. 1, Herne 2009

NWB-Textausgabe: Wichtige Steuergesetze mit Durchführungsverordnungen, 58. Aufl., Herne, Berlin 2009

Rolfes, B.: Moderne Investitionsrechnung, 3. Aufl., München 2003

Schierenbeck, H.: Grundzüge der Betriebswirtschaftslehre, 16. Aufl., München 2003

Schmalen, H.: Grundlagen und Probleme der Betriebswirtschaft, Köln 1999

Schmidt, E.-H. et al: Der Industriemeister, Lehrbuch 1, 15. Aufl., Hamburg 2007

Statistisches Bundesamt Deutschland: Amtliche Statistik, www.destatis.de

Wöhe, G., Döring, U.: Einführung in die allgemeine Betriebswirtschaft, 22. Aufl., München 2005

ZVEI Schriftenreihe 5: Leitfaden für die Beurteilung von Investitionen, hsgg. v. Betriebswirtschaftlichen Ausschuss des Zentralverbandes der elektrotechnischen Industrie e.V., Frankfurt 1971

Stichwortverzeichnis

Inhaltsübersicht LEHRBUCH 2:

A Grundlagen wirtschaftlichen Handelns und betrieblicher Leistungsprozess

Inhaltsübersicht LEHRBUCH 3:

B Management und Führung

I Organisation und Unternehmensführung

II Personalmanagement

9 Moderations- und Präsentationstechniken

9.1 Professionelles Führen und Moderieren von Gesprächen mit Einzelpersonen oder Gruppen
9.2 Berücksichtigen von rhetorischen Kenntnissen, Argumentations- und Problemlösungstechniken
9.3 Professionelles Vorbereiten und Vorstellen von Präsentationen

10 Personalplanung und -beschaffung

10.1 Anwenden der Personalplanung als Teil der Unternehmensplanung
10.2 Ermitteln des qualitativen und quantitativen Personalbedarfs eines Unternehmens
10.3 Beschaffen von Personal unter Berücksichtigung der Grundsätze der Personalpolitik

11 Personalentwicklung und -beurteilung

11.1 Auswählen und Einsetzen von Mitarbeitern
11.2 Beurteilen von Mitarbeitern nach vorgegebenen Beurteilungssystemen
11.3 Durchführen von Mitarbeitergesprächen und Festlegen von Zielvereinbarungen
11.4 Anfertigen von Stellenbeschreibungen
11.5 Erarbeiten von Schulungsplänen und Ergreifen von Maßnahmen zur Qualifizierung der Mitarbeiter

12 Personalentlohnung

12.1 Auswählen geeigneter Entlohnungsformen
12.2 Auswählen von Kriterien zur Festlegung der Entgelthöhe

13 Personalführung einschließlich Techniken der Mitarbeiterführung

13.1 Anwenden und Beurteilen der diversen Führungsstile und Führungsverhalten
13.2 Zielorientiertes Führen von Gruppen unter gruppenpsychologischen Aspekten
13.3 Zielorientiertes Führen von Mitarbeitern

14 Arbeitsrecht

14.1 Rechtsgrundlagen und Gestaltungsfaktoren des Arbeitsrechts
14.2 Wesen und Zustandekommen des Arbeitsvertrags
14.3 Arten des Arbeitsverhältnisses
14.4 Haftung des Arbeitnehmers
14.5 Beendigung des Arbeitsverhältnisses
14.6 Betriebsverfassungsrecht
14.7 Tarifvertragsrecht
14.8 Arbeitskampfrecht
14.9 Arbeitsgerichtsbarkeit

15 Sozialwesen

15.1 Ziele betrieblicher Sozialpolitik
15.2 Instrumente betrieblicher Sozialpolitik
15.3 Inhalte und Möglichkeiten des betrieblichen Sozialwesens
15.4 Gesetzliche soziale Absicherung

III Informations- und Kommunikationstechniken

16 Datensicherung, Datenschutz und Datenschutzrecht

16.1 Risiken der Informationstechnologie erkennen und reduzieren
16.2 Möglichkeiten der technischen Datensicherung anwenden
16.3 Gesetze, Verordnungen und Richtlinien zum Schutz von Daten

17 Auswahl von IT-Systemen und Einführung von Anwendersoftware

17.1 Beurteilen von IT-Systemen
17.2 Auswählen von IT-Systemen
17.3 Einführen aktueller Software

18 Übergreifende IT-Systeme

18.1 Gestalten von Wissensmanagement einschließlich Management-Informationssystemen
18.2 Erstellen von Lastenheften für spezielle Unternehmensanforderungen
18.3 Berücksichtigung der Softwareergonomie bei der Softwareentwicklung
18.4 Einführen aktueller Anwendersoftware: Phasen und Probleme
18.5 Phasen und Probleme der Softwareeinführung im Unternehmen

19 Kommunikationsnetze, auf Medien bezogen

19.1 Beurteilung aktueller Kommunikationssysteme und -dienste für spezifische Unternehmensanforderungen nach Kosten-Nutzen-Gesichtspunkten
19.2 Auswählen, Einsetzen und Anwenden aktueller Kommunikationssysteme und -dienste im betrieblichen Leistungsprozess

20 Grundlagenwissen EDV

20.1 Informationen und Daten
20.2 Die Darstellung von Informationen – Zahlensysteme und Codes
20.3 Kenngrößen und Maßeinheiten
20.4 Die Speicherung von Daten
20.5 Der Aufbau eines EDV-Systems
20.6 Künstliche Intelligenz und Expertensysteme
20.7 Datenbank- und Informationssysteme
20.8 Angewandte Arbeitstechniken der Programmentwicklung

C Fachübergreifender technikbezogener Prüfungsteil

21 Projektarbeit und Fachgespräch